イギリス現代史
1900–2000

ピーター・クラーク——著

西沢 保・市橋秀夫・椿 建也・長谷川淳一——他訳

名古屋大学出版会

地図1　グレート・ブリテン島と北アイルランド

目次

プロローグ

歴史、とりわけ国民の歴史を見ようとする際の伝統的な動機の一つは、精神を刺激し奮い立たせることであった。シェークスピアはもちろん彼のいう「歴史劇」を書いたが、それは「王権に統《す》べられた島」としての「このイングランド」［『リチャード二世』より］というイメージを確立しようとするものであった。またミルトンは、神と「神に選ばれたイングランド人」［『出版の自由』より］との特別の関係を高らかに謳いあげた。作り出された時にはすばらしい名言であったが、いずれも時代とともに陳腐な決まり文句と化していった。それでも一九四〇年には、こうした英雄的な表現が依然として人々の共感を呼んだ。ウィンストン・チャーチル［（一八七四～一九六五）、政治家。一九〇六年から自由党政府の商相、内相、植民地相歴任。海相（一九一一～一五）。第一次大戦後保守党に復帰、蔵相（一九二四～二九）。挙国一致政府首相、防衛相（一九四〇～四五）。保守党政府首相（一九五一～五四）。『第二次大戦回顧録』でノーベル文学賞（一九五三）］は、一致団結した「大英帝国と英連邦諸国」が独立で自らを救い、そうすることによって破局の瀬戸際にある世界をも救う天命を帯びているという意識を喚起することができたのであった。チャーチルの天賦の才は、時間が実際に刻々と過ぎていく中で、この「最良の時」を歴史に刻みつけたことであった。貴族の家系にあってアメリカ人を母親にもつチャーチルは、典型的なイギリス市民ではなかった。左翼作家ジョージ・オーウェル［（一九〇三～五〇）、小説家、批評家。『ビルマの日々』（一九三四）で世に出る。社会主義を信奉、スペイン市民戦争にも参加。『動物農場』（一九四五）、『一九八四年』（一九四九）などで知られる］もまた典型的なイギリス人とは言えなかったが、一九四〇年に本能的に出てきた反応は、彼をして当面チャーチルの立場を揺るぎなく支持させることになった。「間違った構成員が権力を握っている家族」とは、祖国についてのオーウェルの有名な比喩であるが、それでもその家族は「その中だけで通用する言語と共通の記憶」［『ライオンと一角獣――社会主義とイギリス精神』より］という絆で結ばれていたのであった。

「わが島の歴史」について、このような国民主義的解釈をする際の一つの困難は、国民を構成するものが何であり、誰なのかという問題がつきまとうことであった。一九〇〇年に連合王国（United Kingdom）は、本質的に北大西洋上の二つの大きな島からなっていた。グレート・ブリテン島では、イングランドが全土の半分よりもわずかに多くを占め、ウェールズとスコットランドが残りの部分を占めていた。バーナード・ショー［（一八五六～一九五〇）、アイルランド生まれの劇作家、批評家。イギリス近代演劇の確立者で『やもめの家』（一八九二）をはじめ五〇編の戯曲を著わす。社会主義に傾倒し、フェビアン協会で活動。ノーベル文学賞（一九二五）］が「ジョン・ブルの他の島」と呼んだところでは、南の諸州に集中する圧倒的多数のカトリック系住民が、非常に明確なアイルランド人としてのナショナル・アイデンティティをもっていた。そしてそれが、北部諸州の多くに集中していた主にプロテスタント系の〔イギリス本土との〕合同《ユニオン》支持者との間で、政治的亀裂を露わにしていた。これはすでに統合されない連合王国（disunited kingdom）であり、とくにアイルランドが共和国として自らの独立を達成した際には、その度合がもっとひどくなるのであった。しかし、国境をめぐる紛争がその後も続き、北アイルランドは連合王国の一部であり続けた。二〇世紀の歴史は、アイルランド問題について、分割が巧妙でも永続的な解決でもなかったこと、ましてや予め定められた運命などではなかったことをはっきりと示している。それはまた、ウェールズとスコットランドにおけるナショナル・アイデンティティの表明――一方はより文化的であり、他方はより政治的である――が、世界各地でナショナリズムを強調し再創造しようとする、もっと摩擦が大きく血なまぐさい様々な企ての反映であることもはっきりと示している。

イギリス史（British history）は一般に、無視するというかたちでナショナリズムを扱ってきた。チャーチルとオーウェルは、全イギリス人（Britons）を無断で暗黙裡にイングランド史（English history）の舞台に登場させるという慣習と化したやり方を踏襲した。そこでは少数のタータンをまとった通行人やケルト族の見物人が、「意味不明の」ウェールズ語をぶつぶつ繰り返して喧騒シーンを演じているだけだと見なされた。ペンギン版イギリス史叢書（Penguin History of Britain）が、単純にもペリカン版イングランド史叢書（Pelican History of England）と呼ばれたシリーズにとって代わるのは、時代の変化を示す徴候である。その一巻である本書でも、二〇世紀の最初の四半期における連合王国の一部としてのアイルランド史、あるいはそれ以降の北アイルランド、および全期間におけるスコットランドとウェールズとに必ずしも十分な注意が払われているとは言えない。しかし、それらがまさに存在していることに無頓着ではないことを本書は示しているし、たとえ「イギリス問題《ブリティッシュ・プロブレム》」の諸側面を十分に探究できていないにしても、イギリス人（Britons）という用語が問題を含むものであることを本書は認識している、と私は信じている。ともかく、イングランド人とイギリス人、イングランドとイギリスは容認できる同意語ではなくなっているのである。

歴史はしばしば現在を賛美し、その特定の観点を正当化するものとして書かれてきた。それは、結局のところ不可避で満足のいく結果に向かって激しく戦い抜かれた進歩の物語として、過去を表現してきた。イギリス史の「ウィッグ的」解釈は多くの形をとっているが、いずれも現在は賛美に値するという確信にもとづいている。現在の我々が進歩を特権的に受け継いでいると想定すれば、先人たちが、我々の価値観と功績をどれだけ予見し推進することに成功したかという基準で、自信をもって彼らを採点することができた。この試験に及第しない者は、（E・P・トムスンの有名な言い回しで）「後世から途方もない見下し」を被ることになった。今日の歴史家たちは、（少なくともお互いの著作において）このようなウィッグ的見下しの観点がもつ危険性を重々承知している。しかし、イギリス史がもはや勝ち誇った物語のとりこになっていない主な理由は、もちろん単に我々が方法論的に啓蒙されたためだけではない。それは、今日において、いくらかでも賛美すべき多くのものがあるという確信をイギリスの歴史家たちが喪失しているからである。

それどころか、二〇世紀イギリス史は、賛美ではなく、いったいどこで道を誤ったのかという問題に集中する、衰退の歴史となるきらいがある。この見方は、理解はできるが近視眼的である。なぜなら、それは今やしばしば時代遅れと見なされる類の歴史――軍事的であれ政治的であれ、あるいは経済的であれ、国家間の競争が包括的なテーマとされる歴史を意味するからである。セラーとイェートマンは、学校の歴史教科書の諷刺を意図した『一〇六六年とその他諸々』［W. C. Sellar and R. J. Yeatman, *1066 and All That* (London, 1930) は、イギリスの国民主義的な歴史の見方を皮肉って非常に人気を博し、版を重ねた］で、イギリスがいったん最高の国でなくなれば、そこで歴史に終止符《フル・ストップ》が打たれるというよくある見方を巧みにとらえた。我々は今日、むしろそれを休止符《セミ・コロン》と見ようとし、その後の時期については衰退が執拗に分析される。確かに一九〇〇年と二〇〇〇年との間のイギリス史は、このような観点を無視することは到底できない。

一九〇〇年のイギリスは、議論の余地はあるにせよ、世界の最強国であった。しかし、すでにアメリカ合衆国がより多くの資源を支配し、深刻な衝突が起これはそれを動員できたし、ドイツはヨーロッパ大陸における軍事的優位を拡張し、海軍力にも手を広げようとしていた。島国であるイギリスが、自然の与える戦略的な利点を利用できたのは海軍のおかげであった。世界中に広がる一連の主要基地をもった海軍の覇権の維持は、大英帝国を獲得し維持する手段でもあった。世界の陸地の広大な領域が地図の上で赤く塗られており――北極に近いカナダから熱帯アフリカ、西インド諸島およびインドの特定プランテーション作物地域から、オーストラリアおよびニュージーランドの温帯草原地まで、カナダのプレーリーから南アフリカの金鉱まで――、世界中の物産はイギリスの食卓にのぼり、世界中の富がイギリスの財布を満たした。このために何ら閉ざされた保護主義的体制などがあったわけではなく、自由市場をもとに世界に広がるネットワークがあり、ロンドンのシティが多角的な取引を巧妙に取り仕切っていた。海軍、帝国、および金本位制が連動して互いに支え合い、それらは同時に、イギリスの力と優位の三つの象徴であり三つの柱であった。

かつて共に立ち、支え合っていた柱が、共にぐらつくというのは不思議なことでない。第一次大戦は各々の柱を揺さぶり、それぞれある程度回復はしたものの、一九三一年の危機は、それらの脆さが同時に暴露された瓦解の時であった。第二次大戦後の空軍力の時代に、海軍は凌駕され、英連邦は帝国の亡霊に過ぎなくなり、スターリング地域はかつてロンドンが支配した国際金本位制の縮小された幻影となった。このような新しい現実に目覚めることは、苦い経験であった。それにもかかわらず、経済的にせよ政治的にせよ、二〇〇〇年の時点で、イギリスがなおも世界最高の国であるなどとは誰も考えないとしても、異なった種類の歴史的評価というものは可能であろう。

結局のところ、歴史というのは一体何について語るのであろうか？　過去に起こった文字通りすべてのことではないにせよ、これまで知られてきたものよりも広い範囲の人間の経験についてであることは確かである。近年、然るべき評価を受けるようになった「新しい歴史」は、これまでの多くの盲点を救い出した。社会史がより多くの注目を集めるようになっただけでなく、女性と子供、家族と生殖、性的関係と性差、レジャーと買い物、スポーツと娯楽、メディアと大衆文化、これらすべてが重要な研究分野となった。このことはある程度、社会史研究における生産を中心にした労働史という古い関心から、消費の諸形態により関心を寄せる文化史への推移を表している。また現代は学際的研究の推進力が相対的に強く、これまで相互交流のなかった異なる分野の歴史研究の垣根を取り払いつつある。そのことは、たとえば二〇世紀イギリスの政治経済学の研究において、経済問題に政治的側面を付与し、また思想を全面的にその歴史的文脈の中に位置づけようとすることに見られる。

本書は、新しい歴史の見本だとは言わないけれども、その成果に対する目配りは怠っていないつもりである。そして同時に、二〇世紀イギリス史には他の観点があることも示唆している。

今日のイギリスと比べると、一九〇〇年には大抵の人々の生涯はもっと短く、そうかといって幸せでもなかった。結核、ジフテリア、しょう紅熱、インフルエンザ、それに肺炎のような病気は、死病として恐れられていた。多くの人々、とくに大家族をもった母親は、しばしば日々の糧にも事欠いていた。結婚した女性は妊娠を一〇回も経験することがあり、流産、死産、および幼児死亡はごく普通のことであった。当時の言い回しにもあるように、「週に一ポンドばかりの」日雇い労働者の賃金で、さらに扶養家族が増えるという見通しは悪夢であっただろう。その後のインフレーションを考慮して、この額をたとえば四〇倍にしてみても様相はあまり変わらない。避妊の策は幼稚で、夫婦の間でさえも性行為に対する大きな暗黙の抑制があった（他方、同性愛行為は犯罪とされることによって抑制されていた）。女性は、その従属的な社会的経済的地位を反映して一人前の市民権をもてず、大抵は結局、専業主婦となって、電気器具、合成洗剤、あるいはその後のあらゆる種類の文明の利器なしに、非常に骨の折れる家事をこなしていた。児童労働は依然として普通のことであった。児童の圧倒的多数は、十代前半に教育を終え、長時間働いた。多くの男性にとって、絶えざる恐怖は仕事ができないことであり、それを乗り切るための国家による失業給付も疾病給付もなく、誰もが十分な医療処置を利用できるようになるのは半世紀後のことであった。

二〇世紀のイギリス人の歴史を書くには、複数の観点を取り入れる余地がある。必要なことは、イギリスを転換させた政治的経済的変化が理解できるような説明であり、同時に立ち止まって、他の諸側面、すなわちこの前例のない変化の時代を生きた丸々三世代の経験の多様な側面をつなぎ合わせるような説明である。この物語を、単純に衰退のそれとして語れるはずはない。国際的な指導権の栄誉は二〇世紀の間に他国のものとなったけれども、イギリスは依然として栄光の時をもっていたのであり、そのすべてが幻想というわけではなかった。そして、イギリス人は希望を育《はぐく》んだのであり、そのすべてが見当違いであったわけでもない。見下そうとする後世の人々は、見向きもせずにそれらを捨て去るのではなく、理解しようと努力すべきである。

第1章　国民の食糧には手をつけるな 一九〇〇～〇八年

1　通商国家

二〇世紀初めのイギリス国民は、パンが生命の糧だということを、聖書の文句だけでなく自分の目で見て知っていた。労働者階級の多くの家庭ではパンが主食で、それが毎回の食事の大きな存在であって、時に少量のバター（マーガリンがすでにバターよりも安い代替物であったが）、あるいは工場製のジャムが添えられることもあった。新鮮な果物や野菜は、ジャガイモを別にすれば、多くの都市部では珍しかった。古きイギリスのロースト・ビーフは、大衆の食卓をにぎわす食物というよりも、魅力的な愛国的感情をかきたてる象徴のようなものであった。

それにもかかわらず、一九〇〇年にイギリス国民は歴史上未曾有の平均的生活水準を享受していた。一九世紀の第3四半期、大いなるヴィクトリア朝の繁栄と普通に考えられている時期に、賃金の上昇は物価の上昇を上回っていた。確かに平均賃金が平均的家庭の栄養を改善するためには、歴史家がしばしば想定するよりも長い時間がかかったかもしれない。しかし結局、栄養の改善は実現した。一八八〇年代に、同時代の人々は大不況について語り始めたが、それは何よりも物価と利潤の低迷であった。それは産業に不気味な問題の影を投げかけていたが、当時の大抵の雇用労働者にとって、貨幣賃金は総じて安定的で生活費は低下した。こうして実質賃金はじわじわ上昇し、新しい世紀になって物価が安定しても止まることがなかった。農業の不況は本物で、およそ六エーカーにつき一エーカーの土地が作物生産から消えていった。衰退が最も急速に進んだのは小麦生産であった。小麦生産に三〇〇万エーカー以上の土地が利用された最後の年は一八八二年で、二〇年後には半分以下になった。イギリスの農業者が伝統的に生産した食糧、とりわけ穀物（小麦、大麦、オート麦、その他の穀類）の価格低落の犠牲になったのは農業であった。他方、穀物を主食とする消費者には、これはいわばボーナスであった。パンは安かったし、同じ賃金でより多くのものを買えるようになった。大抵の人々にとって、一九世紀の最後の四半世紀に生活水準は持続的に上昇し、それは大不況ではなく大いなる進歩の始まりとなったのである。

こういったことのすべては、人口の著しい増大にもかかわらず達成された。イングランドとウェールズの人口は、一九世紀を通して飛躍的に増えた。一八〇一年の最初の国勢調査で九〇〇万人に接近していたが、その後一八八一年に二六〇〇万人になるまで、年率一パーセントをかなり超えて増大した。その後、人口成長率はいくらか緩やかになったが、一九一一年までは依然として年率一パーセントを（わずかに）超えたままであり、一九一一年の国勢調査では三六〇〇万人になった。スコットランドの人口は、イングランドおよびウェールズのおよそ八分の一であった。それは、似てはいるがやや緩やかな成長の軌跡を描いて、一九一一年に四八〇万人に達した。イギリスの人口は、こうして一九世紀に実質的に四倍になったのである。

これと対照的にアイルランドでは、人口は一八四五年に八三〇万人のピークに達したが、一八四〇年代後半に破局的な飢饉があった。一九〇一年に、アイルランドの人口は四五〇万人以下になっていた。

しかし、飢饉の直接の結果として、人口が激減したわけではなかった。もっと重要なのは間接的な影響の方で、それが出生率を低下させ、その後一世紀におよぶ集団移住を促進したのであった――後者は、人口減少の原因としてはあまり重要でないが、結果はより明白であった。もともとアイルランド人移民は主にイギリスに移住し、それは季節的で、ともかく一時的なものであった。しかし、飢饉に続く一〇年間は、一〇〇万人を超える永住移住者が、主にアメリカ合衆国に向けて怒涛のように押し寄せた。一八八〇年代になってもアメリカへのアイルランド人移民は、依然として年間六万人以上であったが、その三〇年後には半分以下に減少した。第一世代の移住者からかなり後になっても、アメリカにおけるアイルランド人社会は、家族の絆と民族的愛国心の双方によって母国との結びつきを維持し、そのいずれもがドルの流出をもたらした。アイルランド系アメリカ人の親戚からの送金は、アイルランド国内経済に非常に重要な役割を果たしていた。さらに、パーネル〔一八四六～九一、アイルランドの政治指導者。自治獲得運動を推進〕のもとで国民党政治が新たに発足して以来、政治献金はアイルランド自治を獲得するための運動を支えていた。これは海外の親類縁者との情緒的な結びつきが、二〇世紀初めの連合王国の政治を決定的に左右したことを思い起こさせる一件であった。それはアイルランドの場合だけでなく、もっと広い帝国的な意味合いをもつ現象であった。

二〇世紀初めのイギリスは、一〇〇年前に比べると、四倍の人口を養わなければならなかった。この問題は、いかに解決すべきだったのであろうか。これこそ、一九世紀の政治経済学の中心問題であった。アイルランドの悲惨な事例は、それがいかに難題であったかを示している。農業資源の豊かな島国が、国内の食糧供給の増大よりも急速に増殖する人口を維持できなかったのである。周知のように経済学者マルサス〔（一七六六～一八三四）、『人口論』（一七九八）の著者〕は、食糧生産の算術級数的増加率と人間の生殖における幾何級数的増大率との隔たりが広がっていることを警告していた。そして、アイルランドは一八四〇年代にマルサスの罠にはまったようであった。人口増大の形状が同じように急勾配であった連合王国の他のところは、何故同じような運命に遭遇しなかったのであろうか。

政治学と経済学が協力して答えをひねり出した。一八四六年というアイルランド飢饉の年に穀物法が撤廃され、消費者大衆が買える価格で小麦を輸入することに対して、イギリスの国内市場が開放された（これが目下のアイルランド危機に役立つことはなかったのであるが）。しかし、イギリスの小麦生産は、依然として強い国内需要に支えられ、三〇年後に蒸気船が輸送価格の革命を起こすまでは、痛手をこうむることがなかった。* 穀物法撤廃の長期的な影響は、まず輸入が押し寄せ、次いで急増したことである。一八四六年は、小麦の輸入が一〇〇万ハンドレッド・ウェイト〔ハンドレッド・ウェイトは五〇・八キログラム〕以下の最後の年であった。一八七五年にこの数字は五〇〇〇万ハンドレッド・ウェイトになり、一九一〇年には一億ハンドレッド・ウェイトを超えた。今やイギリス国内の小麦生産では、イギリス国民の四人に一人しか養うことができなかった。イギリス人の食事の基礎成分の輸入が、このように一〇倍に増えたことは、自由貿易の勝利を画するものであった。しかし、これは話の半分でしかなかった。

＊　一八七七年にイギリス産小麦は、依然としてクォータ当たり五六シリング九ペンス（二・八四ポンド）で売れ、それは穀物法が効力を持っていた最後の何年かにおけるのと大体同じであった。しかし、次の一五年間に船による輸送費が四〇パーセント削減され、それに続く一〇年間に輸送費はさらに下がることになった。一八九四年に小麦価格は二三シリング（一・一五ポンド）以下に落ち込み、高値でも三〇シリング（一・五〇ポンド）という状況が、第一次大戦まで続いた。

北アメリカの平原をイギリスの農場に対する本当の競争相手にしたのは、陸上と海上の双方におけるイギリスの蒸気技術であった。アメリカの鉄道建設を助けたのは、イギリス資本主義だけでなく――鉄道資材の輸出は一八八〇年代末には年間一〇〇万トンを超えていた――、イギリスの海運業もまた非常に重要な役割を果たした。イギリスで登録された蒸気船の数が帆船を抜くのは、一九〇三年であった――それぞれが一万をわずかに超えていた――が、トン数ではすでに二〇年間にわたって蒸気船が優っていた。一八九五年には、総トン数で一〇〇〇万トン以上の蒸気船が登録されていた。そして一九一四年までに、この数字はほぼ倍になった。世界の商船のおよそ半分が、イギリス国旗を掲げていたのである。

関税廃止の要点は国際分業による生産の極大化であり、最も効率的な方法で生産される財貨を最も低い価格で、最大限に交換することであった。自然のものであれ製造されたものであれ、特定の資源や技術をもつ諸国間で世界貿易の量を拡大することが、自由貿易の意義であった。イギリスの輸出、輸入双方の貿易量は、一九一〇年には、一九世紀中葉の六倍以上（すなわち一人当たり三倍）に増えていた。二〇世紀初頭における品目別の輸入内訳は、だいたい一定していた。食料、飲料、タバコが勘定の半分近くを占め、原材料が三分の一、そして製造品の輸入が残りの四分の一であった。勘定の別の側では、製造品がイギリスの輸出収益の三分の二をもたらしていた。

ここに自由貿易論が想定する、高度に発達した国際分業の生きた実例がある。古典派経済学の公理通りに、イギリスは広範な食料生産を止め、その代わりに製造品に価値を付加することに集中し、その製造品は海外のより有利な条件のもとで生産される安価な食料と交換された。実際には、イギリスの貿易はもっと高度に専門化し、三つの主要な費目が輸出勘定を占めていた。これら三つの財貨の一つが、鉄鋼製品の全体であることは――ここでも群を抜いて鉄道であるが――、別に驚くことでなく、輸出品の一〇パーセント以上を占めていた。石炭も同様であり、一九一〇年のイギリスには一〇〇万人の炭坑労働者がいた。しかし、何といっても飛び抜けていた輸出産業は綿繊維で、それだけで第一次大戦前の全輸出の四分の一を占めていたのである。

輸出貿易が一産業に格別に依存していたというだけでなく、その産業はイングランドの一地方であるランカシャーに特異に集中し、それはまた海外の一市場であるインドに極端に依存していた。ここに、一九世紀後半の国際分業のもとで確立していた、イギリス市場に対する外国産食料の圧倒的な輸入浸透と裏腹の関係にあった産業の存在がある。穀物法廃止の時には一〇億ヤードであった綿製品の輸出が、一〇年以内に二倍になり、さらに一八八〇年までには再び倍になった。輸出は伸長し続け、一八九〇年に五〇億ヤードを超え、一九〇五年に六〇億ヤードを超過して、一九一三年の異常な好況の年には七〇億ヤードに達した。連合王国の国内市場で消費される綿製品は、全部でわずか一〇億ヤードであったから、ランカシャーの工場の八分の七は明らかに輸出市場に依存していたことになる。

繊維産業が、障害のない巨大な外国貿易の流れに依存していたことは、別の方法でも計測できる。好況の年には、繊維の原材料、主に原綿がイギリスの全輸入の二〇パーセントを超え、一九〇七年と一九一三年には、額にしておよそ一億三〇〇〇万から一億五〇〇〇万ポンドになった。これら両年における繊維の輸出価額は、一億八〇〇〇万から二億ポンドになった。二つの数字の差が、ランカシャーで付加された価値の大まかな目安である――イギリス国民も原綿から綿製品を製造する過程で衣類を供給されていた事実を考えると、これは過小評価になる。綿貿易によるイギリスの利益は、二つの巨額な数字のこういった差異から生まれ、それが少なくとも年間五〇〇〇万ポンドの水準であったことが、この大まかな計算によって分かる。*

＊　この一部はランカシャーの資本家の利潤になったが、大半は工場労働者の毎週の賃金に支払われた。一九〇七年に綿工業には、二〇万人をわずかに超える常勤の男性労働者と三五万人の常勤女性労働者がいた。男性が週平均二ポンド――ミュール紡績工よりもやや少ないが、大抵の織物工よりも多い――、女性が週に約一ポンド支払われるとすれば、概数の合計で週に七五万ポンド、年間四〇〇〇万ポンドになる。こういう賃金水準で見ると、綿業がいかに五〇万以上の労働者――おそらく全体で二〇〇万〜三〇〇万人になる家族――の労働力を直接に維持していたかが容易に分かる。これが、第一次大戦前夜に人口五〇〇万人になろうとしていたランカシャーの地域経済に、間接的な影響を与えなかったはずはない。

綿工業興隆のロマンス物語は、イギリスが世界の工場としての地位を維持するという、ほとんど天命とも言える感覚を支えたマンチェスター神話の一部であった。しかし、実際に進行していた事態については、それほど自己満足的でない見方があり、綿工業の不安定な基盤をほのめかしていた。というのも、一九世紀末にランカシャーは、インドにおける大量消費のために、太番手（糸の細さ）の安い綿製品を生産することにますます特化していたからである。より豊かで洗練された細番手の市場は、すでにとりわけヨーロッパの他の工業国家との生産競争にさらされていた。この意味でランカシャーが太番手に特化を強いられたのは悪い知らせで、その生産過程では商品により少ない価値しか付加できず、利鞘が少なかったのである。このことが、物価のわずかな上昇に対しても、綿工業を非常に敏感にさせたのであった。

他の工業国家の興隆にもかかわらず、連合王国は世界貿易を支配し続けた。相当な程度に農業生産物を自足でき、工業製品に対する保護された国内市場をもつドイツやアメリカと違って、連合王国は食料の輸入と製造品の輸出に依存していた。世界の製造品輸出に占めるそのシェアは、一九世紀末の大半において四〇パーセント以上であったが、エドワード時代にはおよそ三〇パーセントに低下した。これは、絶えず増大し続ける世界総額のなかで、依然としてすばらしく高い割合であった。さらにロンドンは、世界貿易が実際に営まれる国際金融の網の目の中心であった。金が国際決済の究極的な手段ではあったが、第一次大戦前にポンド・スターリングは、ことわざにもあるように、金と同様に強かったのである。

金本位制というのは、イングランド銀行が、通貨を一定重量の金と交換することを保証するものであった。これが、金本位制を同様に採用している他の通貨に対するポンドの価値を決めた。一九一四年以前の四〇年間、ポンドは絶えず二五フランス・フランをわずかに超え、二〇ドイツ・マルクをわずかに超え、そして、偶像視されるようになった平価である四・八六アメリカ・ドルの価値があった。実際上、国際的な為替平価を支配したのはスターリングであった。輸出・輸入の価格はスターリングで定められ、決済はイギリスの銀行で行われ、保険および他の金融サービスは、ロンドンのシティを基盤にしたネットワークを通して提供された。こうしたサービスはもちろん商品の輸出に劣ることなく、外国に提供されてイギリスの目に見えない輸出となった。確かにこれらの収入は、世界の他の部分に対する連合王国の国際収支における決定的に重要な費目であった。

　事実は、イギリスが目に見える貿易で恒常的に赤字だったことである。世紀転換期の大抵の年に、輸入は輸出を優に一億ポンド以上超過していた。その差は、後にいくらか狭まり、一九一三年に（例外的に輸出のよかった年であるが）、赤字は八二〇〇万ポンドに止まった。その後も赤字は続いたけれども、当時は気に止める者もいなかった。

　その後の統計の助けを借りると、「目に見えな」くとも、その理由を理解するのは困難ではない。シティの収益だけで、第一次大戦直前の何年分かの支払い差額を埋めるのに十分であった。一九〇〇～〇二年のような好景気の年で、サービス業の純収益が目に見える赤字の半分足らずしかカバーしない時でも、海外資産から生じる他の目に見えない収入が、依然として経常収支全体に小さな余剰を生み出していた。景気の悪い年の国際収支を和らげたのも、イギリスの海外投資から生じるこの増大する収入であった。景気のいい年には、輸入に支払うための資金繰りをする必要がないのだから、それはさらなる資本輸出の原資となった。こうしてイギリスは、ランティエの収入を生むだけでなく、累積的に大きくなる富をさらに自己増殖する海外資産を持ったのである。これこそは、A・C・ベンソン〔（一八六二～一九二五）、文学者、著述家。モーダリン・カレッジ（ケンブリッジ）学寮長（一九一五～二五）〕のエドワード朝的頌歌によれば、神が強大にし——ともかく強大な富を持たせ——、さらに強大になるよう懇請された「希望と栄光の国」であった。

　同じように古い愛国的な歌が、ブリタニアは七つの海を支配することを求める時、それは抜け目のないビジネスの主張を確認するものであった。イギリスの海運会社は、旅客と貨物運輸の双方ともに多くの国際航路を支配していた。これも目に見えない輸出収入の源泉で、輸出をさらに有利にし、国際収支に対する輸入費用を相殺していた。なぜなら、スターリングでの運賃が出航および入港便の双方から生じたからである。商船隊の戦略的な仕事は、外国から大量の食糧を国民に輸送することであった。それを防衛する仕事は、イギリス海軍が引き受けていた——これが、世界貿易の海運網を守るための柔軟な対応の究極的な姿であった。ヴィクトリア時代の公共支出の控え目な水準からすれば、防衛費は安いものではなかった。陸軍と同じように海軍は、一八九〇年代末には予算のほとんど五分の一を占めていた。にもかかわらず、何人かの同時代人が論じたように、年間二〇〇〇万ポンドの海軍予算を、その四〇倍もの額になる外国貿易に対する保険の支払いだと考えれば、この二・五パーセントという保険料は不当には思われないだろう。しかし、二〇世紀には、この保険料が上昇することになった。

2　帝国主義

ヴィクトリア時代の急進主義者たちは、自由貿易を、商業利害の紐を通じて平和な世界を生み出す神の外交に好んでなぞらえたが、現実はもっと厳しいものであった。併合によってではなく、経済利害の非公式の帝国に依拠した自由貿易帝国主義の存在を、歴史家たちは明らかにしてきた。非公式の帝国主義は、契約を実現できる開かれた市場を確保するために必要な力を行使するという、イギリスにとっては最小限の労力ですむ計算に基づいていた。これは、競争的な資本主義企業が繁栄できる条件であった。一旦このような条件が確立されると、それを利用するのは個々のイギリスのビジネスマン次第であり、彼らは一九世紀を通して非常によくやった。要求されたのは、スポーツのように公平な競争のための対等な条件だけであり、そのルールを作り、他の誰よりも長く訓練してきたイギリスは、最も有利なスタートをきったのである。

しかし、イギリスの競合者たちは、最強者の勝利を見るのがしだいに嫌になった。なかでも自国の市場で保護主義的傾向を強めたフランスとドイツは、彼ら自身の保護主義的帝国を確立しようとし、そこでは当然、イギリスの企業家たちは不利であった。一九世紀末にイギリスがアフリカをめぐる争奪戦に参加したのは、この意味で防衛的な動きであった。イギリスは大いに先手を取って新植民地をわが物にし、それを保護主義から防衛し、旧植民地であるスエズ以東を守るという戦略上の優先課題を強行しようとした。

どういう意味合いにおいても、イギリス帝国主義を消極的だと考える理由はない。イギリス帝国は、一九世紀を通して、平均して一年に一〇万平方マイル大きくなったという事実が、それを自ら語っている。しかし、新しく獲得した領土、とくに一九世紀最後の二〇年間に獲得したアフリカ植民地は、大きな経済的褒賞ではなかった。西ヨーロッパや北アメリカの豊かな市場と比べると、アフリカ貿易は本国経済にとってあまり重要ではなく、その後も重要にならなかった。もちろん、アフリカ貿易を営むイギリスの会社にとってはきわめて重要であり、それらの会社は当然にも圧力団体をつくってイギリス政府の援助を取りつけ、世論を喚起して自分たちの利益を促進しようとした。しかし、総じてそのようなやり方が、非常に目立った成果をあげることはなかった。

その顕著な例外が南アフリカであった。一八九九年から一九〇二年にかけてのボーア戦争は、イギリス最後の帝国主義的企てであり、少なくも野心的には最大規模のものであった。それには三重の理由があり、様々なやり方で三つの異なる支持基盤に訴えていた。戦略上の理由は、きわめて伝統的なものであった。すなわち、喜望峰をインドへの海路の守護神と見て、ケープおよびナタール州というイギリス既存の植民地の保全を枢要だと考えた。かくて、今や二つのボーア共和国内に確立されたたオランダ生まれの植民者の権利を、イギリスの至上の力に対する耐えがたい脅威と見なすのであった。こういう考え方は、多少被害妄想的に見えるかもしれないが、首相ソールズベリ卿［（一八三〇～一九〇三）、保守党の政治家。首相（一八八五～八六、八六～九二、九五～一九〇二）］が、かつて外務省に在任していた長い期間に作りあげた、イギリスの帝国運営原則の範囲内に十分入るものであった。貴族的蔑視をもって君臨した戦争においてソールズベリを悩ましたのは、金権主義と民主主義という二つの新しい要素が、帝国主義の理由づけの中に混入してきたことであった。

貨幣はいつでも物を言うが、ボーア戦争中、その響きはとくに騒々しかった。一種特異な教条的キリスト教に帰依する遊牧民で、もっと古い世代のボーア人が、イギリス人から逃れてアフリカ南部の荒野を彷徨《さまよ》い歩いていた時、思いもかけずに世界で最も豊かな金鉱にたどり着き、結局そこに居着いたというのが事実であった。発見された金鉱の規模は一八九〇年代に明らかになったが、ちょうど世界貿易を円滑にするためにより多くの金が必要とされ、その価値を異常な高さにまで引き上げていた時であった。イギリス企業はボーア人に代わって、彼らだけではできそうもないこと、すなわちランド鉱山の独占的採掘をするよう競い合った。それはまさにロンドン市場が歓喜するような海外投資の機会であり、イギリスの会社は資金を注ぎ込んで利潤目当てに格闘した。他方、成金になったアフリカの百万長者は、競ってロンドンの上流社会への道を求めた。この金の帝国主義プロジェクトを実現する途上に唯一立ちはだかったのが、いわゆるトランスヴァール独立共和国（およびその同盟者であるオレンジ自由国）というどうにもならない蒙昧主義であった。ロンドンのシティが渇望のあまり苛立ち、急進的批判者が投機的帝国主義について非難をこめて語ったのは、少しも不思議でない。

しかし、帝国主義は民衆の理解を得ることも必要であり、それが一般受けするかどうかはまったく自明でなかった。ソールズベリのような政治家は、グラッドストーン［（一八〇九～九八）、自由党の政治家。首相（一八六八～七四、八〇～八五、八六、九二～九四）］のミドロジアン・キャンペーンを思い起こして身震いした。その時は、反帝国主義の熱弁の勢いに押されて、一八八〇年に自由党が勝利したのであった。（ビーコンズフィールド伯として貴族になった）ディズレーリ［（一八〇四～八一）、保守党の政治家、小説家。首相（一八六八、七四～八〇）］は、インドにおけるイギリスの主権という考えに取り付かれて、ヴィクトリア女王をインド女帝にしたのであるが、大衆の関心を惹き付けることはできなかった。グラッドストーンは、「ビーコンズフィールド主義からの解放」を約束していたが、実際には彼自身の政府もエジプト占領に進む羽目になった。帝国主義を政治問題にして、その勢いを再度方向づけたのはジョゼフ・チェンバレン［（一八三六～一九一四）、一八八六年にアイルランド自治法案に反対し、デヴォンシャー、ソールズベリらと統一党を結成］であり、一八九五年から一九〇三年に彼が植民地大臣をしている時であった。

アイルランド自治をめぐって、グラッドストーンと袂を分かった元急進主義者チェンバレンは、今やソールズベリの統一党内閣において、保守党の閣僚たちと鼻を突き合わせて仕事をしていた。そのことの意味の一つは、彼の以前の国内改革計画の多くは棚上げされるか、少なくとも帝国主義政策の中に組み入れ直されるということであった。いずれにせよ、彼は今や保守党がより共有しやすいイギリス帝国への情熱で一杯であったからで、それも受け入れやすいことであった。

しかし、チェンバレンの主要な関心は、インドにおけるイギリスの主権を中心とするディズレーリの帝国ではなかった。この点で彼は、カーゾン卿［（一八五九～一九二五）、保守党の政治家。インド総督（一八九九～一九〇五）、外相（一九一九～二四）］のようなトーリー帝国主義者とはかなり違っていた。カーゾン卿は、一八九九年から一九〇五年までインド総督として権力と名声の絶頂を昇りつめた。インドのことをしきりに持ち上げただけでなく、カーゾンはインドにおけるイギリスの主権の維持に生涯をかけると宣言していた。「インドを支配する限り、我々は世界の最強国であり」、「それを失えば、まっさかさまに三流国に転落するだろう」と彼は主張した。というのも、彼は一九〇三年に華麗なインド風戴冠式をとり行い、それが国王＝皇帝（King-Emperor）の最高権威を厳かに主張し、彼という総督の人柄を見事に表現していたからである。それにもかかわらず虚飾の下には、インドを帝国の宝として高く評価する怜悧な営利上の計算があった。土地でも人口でも、インドに比べると他のイギリス領は小さく見え、インドはそれだけで一気にイギリス帝国をロシアやアメリカと並ぶ世界リーグに引き入れた。貿易でイギリスの収支をバランスさせていたのはインドであり、綿製品の輸出から生じる恒常的利益が他の市場の慢性的赤字を補っていた。とりわけ軍事・財政資源において、イギリスが欲するままに大量の陸軍力を提供したのは、自己資金調達をするインド軍であった。ちょうどラディヤード・キプリング［（一八六五～一九三六）、インド生まれの小説家、詩人。ノーベル文学賞（一九〇七）］が、鋭い皮肉でしばしば観察したように、帝国の支配者たちの意に介することのない命令で、彼らはダーティ・ワークをするべく定期的に召集されたのであった。

カーゾンとは対照的にチェンバレンは、白人居住者のグレーター・ブリテンに対する帝国主義的情熱を持ち続けた。カナダは長い間、自治領として自治を維持していたし、オーストラリアとニュージーランドの植民地は、一九〇七年に同じような地位を正式にもらえることになっていた。チェンバレンはまったく自治の擁護者であり、自治領をイギリス海洋帝国を結集する際の協力者と見なしていた。その結果、想定されるロシアの策略に対して、インド主義者が陸軍の装備に集中したのと対照的に、チェンバレンはより強力な海軍の関与を考えていた。海外における強力な子孫と本国との結合が維持されれば、イギリス人の移民は、帝国規模における人的資源の戦略的再配置と見なすことができた。すなわち、それは国内における資源への圧迫を緩和すると同時に、ユニオン・ジャック旗下の新しい領土への入植であった。こうすることによって、ドイツとアメリカの勢力の拡張と人口増大に対して、イギリスの動かしがたい劣位を何とか打破しようとしたのであった。チェンバレンは、「旧世界の均衡を回復するために、新世界に植民地を引き入れる」ことを真剣に考え始めていた。

一八八〇年代にイギリスからの移民は、年間に差し引き約一〇万人であった。イギリスの統計によれば、半分以上はアメリカに行き、アメリカの統計ではそれ以上であった。一八九〇年代末までに、イギリスからの移民は、おそらく年間に差し引き二万人の小集団に減った。その時アイルランドからの移民は、人口がはるかに少ないにもかかわらず、依然としてその数字のほぼ二倍であった。カナダへの移民は初期の数字では誇張されていて、その多くはアメリカへの間接的な移民であった。一八九〇年代のどの年においても、それが一万人を超えていたかどうかは疑わしい。南洋州［オーストラリア、ニュージーランドとその近海諸島］への移民の数は、一八八〇年代半ばに目まぐるしく激増した後、今や一万人を大きく下回っていた。他方、南アフリカへの移民は、一八九五年に一万二〇〇〇人のピークに達し、一八九九年の戦争勃発時には実際マイナスになっていた。希望を抱いて地球狭しと移動する人々を、一つのエル・ドラドから次のそれへと導く景気のサイクルとともに、相次ぐゴールドラッシュの誘いが、統計上の変動の多くを説明することは容易に見て取れる。

愛着ある昔ながらの国旗のもとで、豊かな新しい土地に居住できる機会は、確かに帝国の労働者階級の選挙民を納得させるような恩恵の一つであった。必要なことは、ただ鳴り物入りで宣伝することであった。チェンバレンは政治生涯最後の一〇年間を、大衆的帝国主義を作りだす使命に没頭することになった。その中に南アフリカが登場し、そこにはイギリス人が進んで行って、豊かになれそうな最も確かな機会があった。チェンバレンは南アフリカを白人の国にすると訴え、一九〇〇年の総選挙での統一党の勝利が明らかにしたように、それは民主主義に強力に訴える議論であった。

ボーア戦争が終わると、南アフリカへのイギリス人移民は一時期どっと増え、一九〇二〜〇三年には五万人を超えた。しかし、白人労働の機会は、けっして前評判ほどには増えなかった。イギリス人高等弁務官ミルナー［（一八五四〜一九二五）、政治家。南アの高等弁務官（一八九七〜一九〇五）、戦時内閣閣僚、植民地相（一九一九〜二一）］のもとで、年季奉行契約の中国人労働者を金鉱で使う政策が、経済を動かすのに最も容易な道だと考えられた。それは、イギリス国内で「中国人奴隷」を公に非難する自由党の訴えとなった。そこには、冷遇される人種の解放を要求してきた運動に連なる博愛の伝統に根ざした人道主義の立派な大義があった。中国人労働者は、イギリス人労働者に対してもっと強い経済的影響力をもった。なぜならそれは、労働組合の賃金率や労働条件を掘り崩すと思われたからである。南アフリカを黄色人の国にしようとして戦う者はいなかったし、反チェンバレン派がこの問題を一見高邁に見えるやり方で利用したことには、醜い人種差別の底流があった。それやこれやで南アフリカは、それまでに煽り立てられたきらびやかな夢を実現することはできなかった。

本当に日常的な向上の機会は、帝国の他の場所——すなわちオーストラリアとニュージーランド、そしてとりわけカナダにあった。植民地への移住者が実際に期待できたのは、低開発国における困難ではあるが健全な生活であり、そこでは食料、土地、および仕事のどれもがイギリスよりも豊富であった。エドワード時代に、移民は飛躍的に増大した。一九〇三～〇九年の七年間に、一〇〇万人を優に超える移民が連合王国を去り、次の四年間にはさらに一〇〇万人が去った。こういう数字は、一八八〇年代初めのピーク時のそれに十分匹敵したが、他方で二つの歴史的変化があった。一八八〇年代には、各年における全移民の半数以上がアイルランドからだったのに対して、一九一〇年以降は、九〇パーセント近くがイギリスからの移民であった。移民の行き先も変わった。アメリカは依然として大量のアイルランド人を引きつけたが、イングランド、ウェールズ、およびスコットランドからの移民は、今や帝国を選ぶようになっていた。

オーストラリアとニュージーランドへのイギリス人移民は、二〇世紀初めの一〇年間に多く、一九〇一～〇三年の三年間に両方合わせて一万五〇〇〇人であったのが、一九一一～一三年の三年間には合計二〇万人以上になった。アメリカへの移民数は、カナダ経由のイギリス人移民がおそらく隠されているという不一致はあるが、二〇世紀初めにカナダが、一〇〇万人を超えるイギリス市民の目的地だったことは注目すべきである。その半数は、一九一〇～一三年の四年間においてであった。

帝国内の移動におけるこの急激な変貌の理由は、単純明快でない――しかし、プッシュとプル双方の要因で大きいのは、経済的動機であった。帝国への移民は確かによりうまく振興された。潜在的な移民を目当てにしたプロパガンダが、この時期のカナダ政府によって意図的に強化された。「農業者の応募だけを求む」というのが、そのスローガンであった。しかし、イギリスの農場からの大移動はすでに過去のことであり、新時代のイギリス人移民の多くは都市労働者であった。このようなイギリス人移住者のある者は、草原が開発されるにつれて、仕方なく、農業者になった。一九〇一～一一年にかけて、カナダへの全移民の三〇パーセントは、サスカチェワン［カナダ南西部の州］およびアルバータという西部の州を目指していた。そこの人口は一〇年間に四倍になり、一九一一年まではイギリス人の割合が、オンタリオよりも相対的に高くなっていた（絶対数では東部が多かった）。西部開拓が終息して、アメリカの農業者を北部に押し上げてきたために、カナダからアメリカへの人口の流れはとうとう逆転したのである。

イギリス人移民を帝国に押し出したことのあまりに多くを、帝国主義的な情熱のせいにするのはナイーブだろうが、情緒的な絆は、明らかに彼らのある者を――まったくあまりにも早く――引き戻すのに一定の役割を果たした。一五〇万人の兵士が、自治領から第一次大戦に従軍することになったのである。彼らのどれくらいが近年の移民者で、帝国の隅々に運命的な航海をした後に、続けて致命的な航海をして母国に戻ったのかを知ることは興味深いだろう。勝利は相対的にぎりぎりのものだったから、グレーター・ブリテンの貢献は決定的に重要であった。

　ここには土地と人口、資本と労働、すべて地球的規模での複雑な平準化の過程があった。辺境地はまだ、白人移住者を抑制する割り当てによって制限されていなかったし、イギリスでは通商停止や関税が経済力を抑制することもなかった。その結果、帝国の穀倉が、すばらしい見込みと高い願望をもった大々的なビジネスに仕立て上げられた。カナダ産小麦のイギリスへの輸入は、一九〇三年にまず一〇〇〇万ハンドレッド・ウェイトを超え、一九一四年には三〇〇〇万に達した。それは、帝国に対する利害の焦点が動いたことを示していた――すなわち、一世代前のインドの主権から世紀転換期における南アフリカの金鉱への利害に、そしてカナダの穀倉地帯およびオーストラリア、ニュージーランドの新しい牧草地への利害の移動であった。

3　ジョーの戦い

　南アフリカにおけるチェンバレンの外交政策は、帝国主義を明らかに民主主義的な方向に向けた。ボーア戦争も、他の手段によるこの外交の継続であった。それはすべて投票箱への訴えとなって表れた。イギリス政府の開戦理由は、もちろん露わな経済用語で声明されたのではなく、ソールズベリは「我々は金鉱を求めるのではない」と淡々と述べていた。その代わりに新聞の見出しを独占したのは、ヨハネスバーグへのイギリス人移民アイトランダー［居留外国人］の嘆きであった。その中でも一番重要なのは、彼らに投票権を認めるまで、トランスヴァール共和国がその資格獲得に長い居住期間を強制したという事実であった。何と非民主主義的なことか！　選挙演説で使われた議論には、確かに多くの矛盾もあったが、すべてが統一党側のものというわけではなかった。グラッドストーン的伝統に漬かったまま、正当に自由を求めて闘う少数民族のボーア人に魂を注いでいる自由党員は、敵対していた統一党員と同様に、南アフリカを当然黒人の国だと考えるという主張にはしばしば盲目であった。

　一九〇〇年の選挙は「カーキ」選挙と言われた。「ジョーの戦い」が、他の問題の影を薄くしたことは否定しがたい。投票は、戦争が勝利で終結しそうになった時に行われたが、選挙運動でチェンバレンの熱狂的愛国主義《ジンゴイズム》は少しも遠慮することがなかった。彼はある支持者に電報を打って、「政府が失うすべての議席は、ボーア人が獲得する」と言った。それは物議をかもすほどの反響を呼び、途中で「獲得する」が「に売られる」に代わっても、事態が収まるわけではなかった。結果が、ウェストミンスター議会で一〇〇議席を超える統一党の安定多数になったことは、おそらく驚くに足りない。それは同時代人のより強い注意を引いた。なぜなら、戸主選挙権導入後のあらゆる選挙がそうだったように、振り子は政権党と反対の方に揺れると思われていたからである。ソールズベリは、ここ三〇年来、過半数を失わずに総選挙を勝ち抜いた最初の首相であったが、老首相は、このことの意味に妙に戸惑っていた。

ちょうどいい時期に単一の争点でもぎ取ったこの勝利が、どこか人為的だとソールズベリがいぶかったのはおそらく当たっていた。対立候補がいる統一党候補への投票は、平均して自由党を四パーセント上回っただけであるが、この数字は誤解を生みやすい。というのも、これは実際、一九世紀最後の総選挙で、全議員の三分の一以上は無競争で当選したからである。一六三人を下らない統一党議員が対立候補なしに当選したという事実から（対立候補なしに当選した自由党議員がわずか二二人であったのに比べて）、統一党の勝利は容易に予想される結果であったことが分かる。勝利宣言を早くしすぎたことが、すぐに明らかになった。というのも、ボーア人が長期戦のゲリラ活動を起こして、帝国主義的装いをした騒がしい熱狂的愛国主義者たちを嘲ったからである。この点を、あの鋭く内省的な帝国主義者ラディヤード・キプリングは見落とすことなく、彼は島国的なイギリス人を次のように非難した。

> あれは我々の誤り、それも非常に大きな誤りで、天の裁きではなかった。
> 我々は軍隊を自分たちの考えで、非常に小さい島の上で準備した。

南アフリカにおける長引いた泥まみれの戦争は、チェンバレンに一つ大きな慰めを与えた。それは、植民地が見せた忠誠心であった。オーストラリアとニュージーランドからの兵士、カナダからの志願兵が、南アフリカの草原でイギリス兵と一緒に戦うために送られ、彼らは実戦でしばしばイギリス兵よりも役立った。「我々はすばらしい教訓を得、その教訓がこの上ない吉事をもたらす」とキプリングが考えたのは、正しかったのであろうか？　彼のヒーローであるチェンバレンは、引き出すべき教訓について思案した。こうしてイギリス軍の限界が明らかになり、「非常に小さい島」よりももっと大きな舞台で考える必要性が提起された。その必要とは、それぞれの利己心に訴える制度的枠組みを現実的に強化するとともに、帝国が発揮したすばらしい忠誠心を固めることであった。関税を基礎にした帝国特恵計画というチェンバレンの大きな構想が実を結んだのは、戦争の後、一九〇二～〇三年の冬の数カ月間に、イギリス植民地とそれに付け加わった南アフリカの二つの共和国を一巡するため、彼がイギリス本土を離れていた時のことであるが、それは偶然ではなかった。

元急進主義者（ex-Radical）のチェンバレンは、依然として本質的な点で（小文字rの）急進主義者であった。彼は、民衆のための立派な大義を掲げて世論を煽動することが自分の政治目標を達成する手段だと信じていた。彼は偉大な雄弁家ではなかったが、人々に強い印象を投影する力強い壇上の演説家に自分を仕立て上げていた。彼はよく知られた小道具――右目に片眼鏡をし、ボタン穴に赤いランを差した――で、諷刺画家の恰好の対象となった。その中で最も才能があったのはF・カラザース・グールド〔(一八四四～一九二五)、諷刺漫画家。自ら *Picture Politics* を編集(一八九四～一九一四)〕で、彼の諷刺漫画は自由党系の新聞に広く印刷され、彼が諷刺した「ジョー」は絶妙であった。チェンバレンの財政政策は諷刺されたかもしれないが、彼はその過程で傷つくことはなく、反対であった。チェンバレンは自分の意見を広めるために、「激しく引き裂くようなプロパガンダ」を信頼していた。彼はそれまでずっとそうした方法を用いてきており、それを変えるには年を取りすぎていた(一九〇三年に、彼は六七歳になった)。これは伝統的な保守主義と袂を分かつやり方で、伝統的保守主義は、貴族的支配階級への恭順な支持を結集するために、土地、財産および既成の制度、とりわけイングランド国教会といった社会的保守主義の諸力に頼ってきた。チェンバレンは、そのいずれをも嫌っていた。社会的には、彼は自力で築き上げたバーミンガムの実業家で、土地利害を寄生的だと非難することで有名であった。また彼は、(信仰を失っていたにしても)宗教的にはユニテリアンで非国教徒であった。

チェンバレンは、保守党員と一緒に仕事をする用意はあったが、彼らと同じではなかった。彼らの指導者であるロバート・アーサー・ギャスコイン・セシル、第三代ソールズベリ侯爵は、別世界の人物であった。チェンバレンは、国王エドワードの戴冠の時に開かれた一九〇二年の帝国会議で、植民地の首相たちと親しく話している時の方が幸せであった。皮肉なことに、チェンバレンが自動車事故に遭い一時的に動けなくなったのも会議中のことであった。そして彼が動けないでいる間に、ヴィクトリア時代の偉大な生残者ソールズベリは静かに世を去ったのである。後継者は一族の中で決められ、母がセシルの一員であるアーサー・バルフォア〔(一八四八～一九三〇)、保守党の政治家。首相(一九〇二～〇五)〕が、自分の叔父から首相の座を引き継いだ。政府はセシル家の血縁で一杯だったために、気の利いた人はそれをホテル・セシルと呼んだほどであった。イートン校とケンブリッジのトリニティ・カレッジで学んだバルフォアは、なるべくして首相になった。チェンバレンより一〇歳以上も若かったが、閣僚の経験はバルフォアの方が長く、一八七〇年代まで遡るほどであった。彼は、そのけだるい優雅さに知的鋭敏さと政治的冷酷さを隠した表情のない人物であった。

奇妙なことに、チェンバレンはソールズベリとは相互に尊敬し合う関係であったが、バルフォアとの間ではそれが弱かった。彼らのぎこちない協力関係は、最初からよくないスタートをきった。二つのでき事がチェンバレンの自尊心をかき乱したのである。まず第一に、政府を支持する自由統一党の守護者の立場にあった彼は、教育法によって挑戦を受けた。それはソールズベリ内閣の最後の時期に導入され、バルフォアが立法化を推進した。その行政上の合理性は十分に正当であった。一九〇二年教育法は、その場しのぎで地域ごとに選ばれていた教育委員会に代えて、イングランドとウェールズの初等教育を州議会の所管とした。その上さらに、州議会はその地域のすべての学校を管轄する地方当局になった。それは、一四歳までの児童を教育する初等学校だけでなく、初等教育を終えてさらに教育を受けようとする生徒のための新しい中等学校も管轄することになった。こうして狭き門ではあったが、初めて社会的上昇への道が開かれ、公立学校へ通う子供たちにも初等教育より上の学歴を取得する機会が提供された。それは、上流階級と専門職階級の庇護を受けて、授業料を払う学校——その最も著名なものが「パブリック・スクール」である——に通う生徒たちに比肩しうるものであった。

さらに、社会的に認められた教育水準をもつあらゆる初等学校は、地方財産税として徴収される「地方税」の援助を受けられることになった。ここには政治上のトゲがあった。というのも、宗教の管理下にある学校がこうして財政的援助の資格を得たからである。カトリックの学校が建てられている地域、とりわけアイルランド人社会がある大都市では、それは「地方税をもらうローマ・カトリック」を意味した。当時もっと重要だったのは、何千とあるイングランド国教会の初等学校も同様に、その地方の州議会の援助を受けられるようになったことであった。大概の自由党議員にとって、これは忌まわしいことであった。彼らの多くは、何であれ宗教的活動への助成に対して原則的に反対意見をもち（チェンバレンが一八七〇年代にしていたように）、世俗的な公教育実現のための運動をしていた。

一九〇二年法に最も激しく反対したのは、非国教徒——とくにメソディスト、バプティスト、組合教会派——であった。地方税を払わないで、消極的抵抗をする者もいた。歴史的に見ると非国教徒《ディセント》は、信教《コンフェショナル》国家における国教遵奉《コンフォーミティ》という考え方に異議を唱えてきた。この亡骸は葬り去られていたが、イングランド国教会の特権の残滓として立ち現れてきた当世の亡霊は、依然として厄払いが必要であった。一八七〇年から非国教徒《ノンコンフォーミスト》は、国教会派の学校を建設するために（運営するためにではなく）、国家の補助が提供され続けていたことを容認してきたが、いかなる特定宗派の教育も施さない、（公費で運営される）公立初等学校（board school）を支持していた。くすぶっていたこの問題が、バルフォア教育法でかき乱されて、ヴィクトリア時代の政党政治を賑わしていた教会《チャーチ》と礼拝堂《チャペル》との歴史的敵愾心を再燃させたのである。

これに対してチェンバレンは、自分が信仰にいかに懐疑的であろうと、無関心ではいられなかった。自由統一派という彼の血筋が、一八八六年以降保守党《トーリー》と協同し、一八九五年から一緒に政府に加わることを可能にした唯一の方法は、このようなデリケートな問題について語るのを避け、そういう問題が出てきた時には、いつも急いで話題をアイルランドと帝国に変えることであった。チェンバレンは国中のいたる所で、教育法反対の煽動が、依然として忠実に礼拝堂に行く彼の古い支持者たちに、抑えられていた自由党への共感を思い起こさせていることを知っていた。植民地大臣として同僚に対して公に反対はしなかったが、彼の立場はよく理解され、一九〇二～〇三年の冬を南アフリカの太陽の日差しのもとで過ごそうと決めたことで、それ以上に発言をする必要はなくなった。

南アフリカから戻ってくると、彼はバルフォア政府から二度目の屈辱を受けた。一九〇三年四月の予算は、近年あらゆる輸入穀物に課されてきた穀物関税を廃止した。それは、トン当たりわずか五シリング（二五ペンス）という名目程度のもので、国内生産物に与える保護もまったく最少限にすぎなかった。一体、今なぜいじるのだろう？　明らかにチェンバレンが、最近の帝国会議で耳にした訴えに同調して、外国産小麦に対する植民地産小麦の特恵をイギリス市場に導入するという考えを、すでにちらつかせていたからであった。もしも最低限の穀物関税を――植民地からの輸入に対してだけ――かけないことにすれば、それはイギリスの消費者に容易に気づかれることなく帝国特恵に向かうジェスチャーになったであろう。これこそ大蔵大臣のチャールズ・リッチー〔（一八三六〜一九〇六）、保守党の政治家。商相（一八九五〜一九〇〇）、蔵相（一九〇二〜〇三）〕が、関税を完全に廃止することによって閉ざしてしまった可能性であった。決定そのものにチェンバレンは怒り、同僚からの支援がないことに憤慨した。

もしもリッチーとバルフォアが、チェンバレンをかくも簡単に挫折させられると本当に考えていたのであれば、彼らはチェンバレンという男をよく知らなかったのである。一九〇三年五月、愛するバーミンガムのタウンホールを埋め尽くした集会で、チェンバレンは関税改革運動に着手した。ある意味で彼の提案は、何も目新しいものではなかった。彼は以前から、帝国を一つに結びつける特恵関税が望ましいことについて、多くのことを暗に語っていた。問題は、カナダにとって有益な特恵があるとすれば、穀物特恵以外ではないということであった。オーストラリアとニュージランドからの食料輸入は、主に冷凍肉と乳製品で、それほど競争に直面することはなかった。したがって、外国穀物に対する新しい関税が、チェンバレンの政策綱領の主要項目になることは避けられなかった。

彼は言い訳をしなかったし、それは彼のやり方でなかった。チェンバレンがバーミンガム演説をする前から、統一党はすでに低調であった。後になって非難された時に、関税改革は政府が抱える困難の直接の理由ではないし、まして真の原因ではないと、彼はきっぱりと言った。その原因を、彼は教育法のせいにした。チェンバレンは、政党の内でも外でも、自分を批判する連中よりももっと大きな報償を目標にゲームをしていた。国民の意志を奮い立たせて、イギリスの衰退を防ぐためのまさに十字軍を、彼は提唱したのである。レオ・エイメリー〔（一八七三〜一九五五）、保守党の政治家、帝国運動の指導者。植民地相、自治領相（一九二四〜二九）、インド・ビルマ相（一九四〇〜四五）〕のような若く熱心なチェンバレンの支持者にとって、その時は、ちょうどルターが宗教改革の諸命題をウィッテンベルクの教会の扉に釘で打ちつけた時のようなものであった。そしてそれは、エドワード時代のイギリス政治に大いなる変化を起こすことになったのである。

関税論争は、ある程度まで利益団体の衝突であった。いちばん古い保護主義の利害は、もちろん農業であり、（したがって一八四六年まで穀物法があった）。しかし、帝国特恵は十分に保護主義的ではなかった。それは、カナダ産小麦の輸入によって、すでに圧倒されているイギリス農業者をおよそ利するものではなく、おそらくカナダ産小麦が市場に氾濫し続けるのであった。農業と対照的に、商業および金融利害は国際主義的になる傾向があった。取引業者と貿易業者、海運業者と保険業者、割引業者と銀行家、こういった人たちはいずれも自由貿易に既得権益をもっていた。金本位制とともに、自由貿易は、商品、労働、および資本の国際自由市場の枠組みを確立していた。そしてロンドンのシティは、それらが生み出す利益のフローから一定割合を吸い上げる用意と力があった。

チェンバレンは、生産者——バーミンガムの半径三〇マイル以内にいる金属業者のような——に対して、実業家の政策を提供した。彼らのような生産者は、国内市場で外国の競争に脅かされていた。反対にマンチェスターの半径三〇マイル以内にいる綿工業者は、イギリスの生産費を押し上げざるをえないような政策から得るものはほとんどなく、失うものは多かった。ここに輸出工業にとっての問題があった。食糧を高価にする法案に見合った賃金を労働者に払い、そのための費用の上昇が輸出価格に転嫁されれば、海外市場が失われる。これこそ経営者たちの大きな悩みの種であった。他方、国内の生活費の上昇にもかかわらず、労働費用がもとのままに抑えられれば、これは実質賃金の切り下げになり、賃金取得者を直接に困らせることになった。

これは、倫理的意味合いの強い経済論議であった。一九世紀後半の正統的自由貿易思想が、不動のものとして確立していることに、関税改革論者はすぐに気づいた。それは、ヴィクトリア時代中期のイギリス、とりわけ一八五三年および一八六〇年代初期のグラッドストーンの著名な予算によって確立していた「財政構造《フィスカル・コンスティテューション》」の一部であった。「無税の朝食」に対する急進主義者の要求を満足させた輸入関税の撤廃は、歳入を所得税に依存し、より富裕な階級に直接税を負担させることによって可能になった。しかし、節倹を旨とする大蔵省のグラッドストーン的教義は、財政負担の大きさを意図的に制限した。国家の役割は一般的合意によって最小化され、労働者階級は過度の介入から自由になり、中流階級は過度の支出を免れた。グラッドストーン主義の思想的勝利は、こうした考えを公平だと思わせて、浸透させたことであった。

自由貿易の道徳的価値は、誰をも特別に優遇せず、どの階級をも贔屓せず、いかなる特定の利害も持たないことであった。だから、いわば社会全般を犠牲にして、セクト的利害のための競争的な争奪にチェンバレンが門戸を開くように見えた時、道徳的な非難が起こったのである。政党の活動家による「幹部会」とか「推進会議」を発達させて、イギリス政治をアメリカ化したことにチェンバレンは責任があると長い間考えられていたという事実は、関税の導入によって、一九世紀末のアメリカで悪名高かった政治腐敗を、彼が持ち込もうとしたという非難に色を添えた。

関税改革を大衆運動にすることが、困難な闘いであることをチェンバレンは十分に承知していた。財政問題を導入したのだから、食糧に課税せざるを得ないということを辛抱強く主張して、それをやり遂げることが、直感にもとづいた彼の行動であった。なぜなら事の性質上、税は収入をもたらし、新しい税は新しい収入をもたらす、そして新しい収入があれば、新しい政府支出が可能になるのであった。社会改良と関税改革は一つになるかもしれない。かくて、労働者階級の選挙民に福祉の利便を与え、わずかな経済的損失は償われるのであった。

このような論理が、フェビアン社会主義者バーナード・ショーによって、例の挑発的な仕方で詳細に説明された。帝国主義も社会改良も、一九世紀の正統的レッセ・フェールが認めたよりもはるかに強い国家の役割を認めている、とショーは論じた。こうして、グラッドストーン主義への反対を共通の基盤にすると、国家社会主義者は帝国主義や保護主義に対してなんの不服もないはずであった。国家の補助による老齢年金計画を導入する考えを、かなりの間チェンバレンは暖めていたが、何もできないでいた。下院で自由党の一平議員（デーヴィッド・ロイド＝ジョージ）になじられて、チェンバレンは、自分が提唱する関税による収入で年金を賄えるようになるかもしれないという考えを仄めかした。

一九〇三年の夏の間にチェンバレンは、どうしたものかこの大いなる計画を自分の指の間から滑り落とした。それどころか、バルフォア内閣の策略的な内部抗争に巻き込まれて、彼は脇にそれてしまった。世知に長け抗争にまったくうんざりした首相は、帝国特恵に（あるいは他の何に対しても）、意気込みを示さなかった。かつてバルフォアは、自分とチェンバレンの違いを若者と老人の違いになぞらえたが、――一二歳若いバルフォアは、今度はそれにひねりを加えて「自分が老人だ」と言った。バルフォアの懐疑的で鋭い知性は、古い教条的な自由貿易、あるいは彼が好んで呼んだ「島国的自由貿易」を擁護することは有利でないと見ていた。懐疑主義によって彼は、他国の関税に対する報復を目的にした関税を原則的に支持するところまで進んだ。次いでその敏さから彼は、もしこの戦略によって世界中が関税を下げることに成功すれば、報復論者を教条的自由貿易論者よりももっと強い自由貿易論者にするだろうと主張した。

チェンバレンはこのような議論にまったく説得されることなく、注意をそらす散漫な議論だとして無視した。しかし、彼は、内閣の自由貿易論者、とくに自由統一党の名目上の指導者であるデヴォンシャー公爵［（一八三三～一九〇八）、政治家で一八八六年に自由統一党を結成］と和解しようとした。デヴォンシャーとチェンバレンは、共にアイルランド自治に反対した仲間として一緒にされてきた。彼らは、二〇年前にグラッドストーン内閣にいた時、日ごろ反目し合っていた。今やバルフォアは、旧ウィッグ伝来の財政的保守主義とチェンバレンの性急な経済的急進主義の間で引き裂かれていた。デヴォンシャーと彼の支持者たちは、食糧課税に反対する立場をとっていた。チェンバレンは、自分の計画は平均的な家庭の食糧税を引き上げるものではないと主張して、彼らと和解しようとしたのである。

実際には、紅茶と砂糖――国内で競争がないプランテーション作物――は、すでに収入関税を課されており、収入関税は保護主義的とは見なされず、したがって自由貿易の教義の下でも容認できるものであった。このことが、チェンバレンの巧妙な手だて――あまりに巧妙すぎた――を可能にした。彼は、紅茶税と砂糖税の廃止によって、計画された小麦税の超過費用を相殺すると約束して、想定される労働者階級の家計収支の負担を、細目にわたって調整しようとした。しかし、それは国庫から、老齢年金をまかなうために必要な新たな税収を奪うことになった。歳入という帽子からうさぎを取り出すように社会改良を実現すると約束しながら、チェンバレンは空の帽子をもったまま残された。手品はデヴォンシャー公爵をさえ感心させることができず、公爵は関税改革に最後まで敵対的であった。

政府の分裂は一九〇三年の秋に頂点に達した。国内で自由に自分の政策のための運動を展開するために、チェンバレンは植民地大臣を辞めた。バルフォアはこの機会を捉えて、リッチーと他の教条的自由貿易論者を内閣から外したが、その策謀の過程で、迂闊にもデヴォンシャーを失った。若いオースティン・チェンバレン［（一八六三～一九三七）、保守党の政治家。蔵相（一九〇三～〇五、一九～二二）、外相（一九二四～二九）。ロカルノ条約成立の功でノーベル平和賞（一九二五）］が、彼の父親と関税改革論者をなだめるべく大蔵大臣に就任した。

何年もの間、自由党を弱らせてきた党派争いは、今度は代わって統一党を苦しめた。熱心なチェンバレン派は、帝国特恵、食糧税、およびすべての「徹底」を求めた。自由食糧論者(Free Fooders) はまとまりのない残党で、ある者は若いウィンストン・チャーチル――綿工業の町オールダム選出の議員――のように、反対党に転じて自由党に加わった。他の者たちはデヴォンシャー公爵の指導を期待したが、ますます空しくなるだけであった。その間に、バルフォア派は妥協点を見出した。ある者は関税改革に傾き、ある者は自由貿易に傾いたが、大半は単純に良き保守党員で、党を一つに保ついかなる原則でも喜んで受け入れる用意があった。バルフォア自身の学者然とした論点の大半は、支持者に理解されなかった。下院で反対党に繰り返し挑戦を受け、一連の絶望的な戦術的策略によって、彼は党が一つだという外見だけを維持するところまで追いやられた。ある時には、自由貿易問題を投票にかけるよりも、自分の支持者を議会の外に連れ出したのである。

チェンバレンは自分の議論を国民にぶつけた。自由貿易に反対する絶え間ない宣伝活動を組織するために、関税改革同盟が結成された。それは資金も十分で組織も整い、運動の進め方にも新しい専門的手法を取り入れ、その訴えを広めるために、蓄音機や映画といった新しい技術を積極的に利用した。スターとして人々の注目を引いたのは、依然としてチェンバレン自身で、一連の説得的な演説で自由貿易に反対する議論を展開した。引用した統計が正確でないと政策顧問から言われても、「以前にもそれを使っている」と答えるだけであった。彼は反撃に転じ、自由貿易の地ランカシャーの大集会で演説することを憚らなかった。産業が次から次へと衰退し、イギリス製造業の基盤が浸食されていることに注意を向け、「綿工業も衰退する」と警告した。偉大な国家の商業が、「ジャムやピクルス」あるいは「人形の目」のような製造業に依存できるという考えを、彼は退けた。こうして、イギリス経済における製造業の基盤の重要性をめぐって、長きにわたる論争が開始されたのである。今は彼自身も利子所得で生活していたが、チェンバレンは工業生産者の代弁者であり続けた。そして、歴史家がロンドン・シティの「ジェントルマン資本主義」と名づけたものを、そのコスモポリタン的な自由市場の論理への深い関わりとともに嫌悪したのであった。

4　一九〇六年への道

一八八六年のアイルランド自治をめぐる危機は、自由党を分裂させ、国内の支持は激減した。その後二〇年にわたって、統一党が議会最大の党派で、わずかに一八九二年から九五年の間、少数派の自由党政府が、アイルランド国民党の支持に頼って政権の座に就いただけであった。ボーア戦争は自由党の困難を大きくしただけで、新しい指導者のサー・ヘンリー・キャンベル＝バナマン［（一八三六～一九〇八）、アイルランド生まれの自由党政治家。首相（一九〇五～〇八）］は、「ボーア支持派」と「自由帝国主義者」に分裂した両派の間に不安げにまたがっていた。こういうレッテルは、便宜的な呼び名にすぎなかった。「ボーア支持派」は、熱狂的愛国主義者《ジンゴイスト》が政府の批判者たちを嘲るために使い始めた名称を、彼らが大胆に用いたものであった。「自由帝国主義者」という言葉にも、文字通りの正確さはない。要は、自由党が低迷していたということである。ソールズベリは首相を退任する際に、思ったよりもいかにうまく、保守党が民主主義の抬頭をかわしてきたかを回顧した。彼は、アイルランド自治を利用して、所有者階級を侮りがたい抵抗の政党に結集させるという生涯の政治目標を達成したのであった。

しかし、政府支持の階級的基盤には、労働者をどうするのだという厄介な問題があった。組織された労働者の政党というのは、新しい考えではなかった。第二次選挙法改正のもとで（イギリスの都市選挙区における戸主選挙権の導入とともに）、都市労働者が選挙権をもつようになってから、そのことはある意味で予想されていた。しかし、実現したのは、相当数の労働組合候補者を支援する地方の自由党組織との非公式の取り決めだけであった。これがいわゆるリブ＝ラブで、当初その大部分は職能別組合の代表者であった。自由党を、組織された労働者とか、まして社会主義の道具にすることなく、それを可能にしたのは、グラッドストーン流大衆主義《ポピュリズム》の一つの成果であった。労働組合会議（ＴＵＣ）は、労働立法の事柄に関して、院外活動方式を用いて相当の成果を収めていた。一九〇〇年までに一三〇〇を超える労働組合が結成され、組合員も合計二〇〇万人になった。彼らの六〇パーセントは、年間二〇〇万ポンドの収入をもつ一〇〇の大組合に所属していた。

一八八四〜八五年の第三次選挙法改正は、戸主選挙権を州選挙区に広げて、リブ＝ラブ議員のもう一つの小隊である炭坑労働者を迎え入れた。非国教徒の政治文化（大体はメソディスト派）が強い大抵の鉱山では、自由党組織が、炭坑労働者連合の（組合支部の）事実上の協力者になった。こうして戸主選挙権のもとでは、二つの条件が満たされれば、労働代表を選出することは少しも困難でなかった。その条件とは、第一に、一つの組合が特定の選挙区を支配することであり、第二に、その全組合員が、実質的に同じ政党の支持者である（実際は自由党）ことであった。しかし、最初の条件を満たしたのは、炭坑労働者と綿業労働者だけであった。二番目の条件を満たしたのは炭坑労働者だけであったが、ランカシャーの鉱山では、彼らさえも安全でなかった。理由は、リブ＝ラブ体制の拡大を妨害するのに十分な数の保守党支持の労働者がランカシャーにはいたからで、労働者を代表する一般的なやり方としてリブ＝ラブ体制に明るい将来があったわけではない。

それでも二〇世紀が近づくと、議会の直接代表は、まさに労働組合が自ら必要と決めたものになった。法廷での一連の不利な判決によって彼らの法的立場が脅かされている時には、それが彼ら自身の利害を守る唯一の方法だと見なされた。一八九三年から独立労働党（ＩＬＰ）という団体が存在していたが、その名称は明らかに同じ願望を公言していた。これは社会主義者が――なかでも一番よく知られていたのはケア・ハーディ［（一八五六〜一九一六）、政治家。労働党創設者の一人］であるが――組合主義者に対して、自分たちの政党に加わるよう呼びかけたものであった。この大きな計画は失敗し、選挙の上でＩＬＰは敗者であった。

一九〇〇年に結成された労働者代表委員会（ＬＲＣ）は、逆のやり方で問題に取り組んだ。すなわち、ＴＵＣが諸々の社会主義組織に呼びかけて、自分たちの政党に加わるように促したのである。ヨークシャーとランカシャーに支部が集中していたＩＬＰだけでなく、首都における集産主義者《コレクティヴィスト》の小さな頭脳集団《シンクタンク》であるフェビアン協会も加わった。シドニーとビアトリス・ウェッブ［ウェッブ夫妻、シドニー（一八五九〜一九四七）、ビアトリス（一八五八〜一九四三）、フェビアン主義の指導的理論家。「国民的最低限」を唱え、社会改良を推進した］の驚異的な研究調査を宣伝する、バーナード・ショーの抑えがたい才能によって、フェビアン協会は異常な注目を集めた。すべてのヨーロッパ諸国と同様に、イギリスにも、小規模ではあったが、マルクス主義者の組織である社会民主連盟（ＳＤＦ）もあった。ＳＤＦの外見は世俗主義的で、無信仰のロンドンで目立っており、地方色が強く非国教徒の政治文化をもつＩＬＰとは、スタイルだけでなく教養も違っていた。ＳＤＦは、正確にもＬＲＣが社会主義政党でないと見てとると、ほとんどすぐに脱退した。

ＬＲＣは数多くの関連する組合を結集したが、その後も続いた法廷の判決、とくに一九〇一〜〇二年に起きたタフ・ヴェイル事件の判決によって、結集する組合数はちょうど折りよく増えた。こういう判決が積み重ねられた結果、平和的なピケの合法性は掘り崩されて、労働争議で損失を受けた雇用者に対する損害支払い責任が、労働組合に負わせられるようになった。グラッドストーンとディズレーリのおかげで労働争議は法律で保護されている、と信じる世代の組合主義者が育っていた。彼らは今やタフ・ヴェイルの罠に遭遇したのであって、ストライキに敗れれば負けであるし、ストライキに勝っても、うまく訴訟を起こされれば、彼らはやはり負けるのであった。

LRCの結成によって、自由党と労働派との相互関係は新たなものになった。重要な動きは、自由党の院内幹事長ハーバート・グラッドストーン［（一八五四〜一九三〇）、政治家。W・E・グラッドストーンの最後の子］――彼の父親が組織された労働者を初めて自由党の傘下に入れたのであるが――と、ラムゼイ・マクドナルド［（一八六六〜一九三七）、政治家。労働党政府首相（一九二四、二九〜三一）、挙国一致政府首相（一九三一〜三五）。史上初の労働党内閣を組織したが、後に党を除名（一九三一）］――近年LRCの代表に選ばれた有能な社会主義評論家――との合意であった。グラッドストーン＝マクドナルド協定は、労働派の候補者のために、イングランドとウェールズにおける四〇におよぶ選挙区を選定した。これらの選挙区でグラッドストーンは、労働派候補者のために自由党候補者が引き下がるという絶対的な保障を与えることができたわけではないし、それ以上にマクドナルドが、労働派あるいは社会主義者の候補者が他の選挙区でいきなり出馬することを確実に阻止できたわけでもない。また協定が公にされたわけでもないが、それにもかかわらず、これが第一次大戦までの選挙政治の基本原則になった。すなわち、自由党と労働派の協力のための新しい型がつくられたのであり、リブ＝ラブ・モデルが古くなったのにともなって、当時の人々はそれをプログレッシヴ連合（Progressive Alliance）と呼んだ。

プログレッシヴ協定を実際に効力あるものにしたのは、自由党と労働派のイデオロギーが本質的に非常に近かったことである。長年、自由党の指導者は労働者階級の候補者をもり上げるのに前向きだったが、それには実効性がなかった。今や労働者階級は、四〇名近くの労働代表というまとまった数の議席を提供されたのである。彼らは主にしっかりした良識ある労働組合の役員で、TUCが支配する正式の全国組織によって公認され、資金を得ていた。彼らは皆、労働立法を公正に施行させる決意をしていたが、ほとんど誰もが自由党の見解に深く染まっていた。フェビアン流の社会帝国主義論に、労働派の政治家が揺さぶられることはなかった。彼らは、時に自らを社会主義者と呼んだかもしれないが、グラッドストーン的伝統にどっぷり漬かっていた。ジョーの戦争にも敵対的で、ジョーの甘言に彼らは感化されなかった。もしこの点について再確認が必要なら、自由党のあらゆる大義の中でも最高のものである自由貿易の擁護に、労働派が事実上全員一致で結集したことによって、そのことは直ちに明らかになるのであった。

自由貿易を防衛する必要が、最近二〇年間で初めて、古い自由主義連合をもう一度結束させた。指導的な自由党員は、彼らの昔の信条が書かれている演説集のほこりを払って、自分たちの方針を復唱した。コブデン［（一八〇四〜六五）、反穀物法同盟の指導者、自由貿易の主唱者］にとって自由貿易が正しければ、自分たちにとっても正しいと彼らは確信していた。キャンベル＝バナマンは太った何の心配もない利子生活者で、外国の温泉を好み、実際に大陸に滞在していない時にはフランスの小説を好んで読んだ。その放縦な生活様式から、彼がコスモポリタン的な自由貿易の倫理に何ら不満のないことは明白であったが、骨の折れる演説は他人に任せて満足していた。

　自由貿易運動における実際の指導者は、「C-B」［キャンベル＝バナマン］の後継者として頭角を現していたH・H・アスキス［(一八五二〜一九二八)、自由党の政治家。自由党政府首相（一九〇八〜一五）、連立政府首相（一九一五〜一六）］であった。ヨークシャーに生まれ、若い時に洗礼名（ハーバート）で知られたアスキスは、自力で成功した弁護士であり、オックスフォードのベイリオル・カレッジで古典を修めたこともあって、一分のすきもないほどに磨き上げられた明敏な知性をもっていた。内務大臣として彼は、グラッドストーンの最後の内閣で一番若く最も頭のいい閣僚であった。そしてその長老を主賓に迎えて、非常にはっきりと主義主張をする女性相続人マルゴー・テナント［(一八六四〜一九四五)、一八九四年にアスキスと結婚。『自伝』（一九二〇〜二二）などの著書がある。］と結婚した（彼の最初の妻は幼い子供を残して死んでいた）。二人目の妻には、彼の二番目の名（ヘンリー）がよりふさわしく思われた。そしてマルゴーの悪名高い影響力は、彼女が開いた粋なパーティの場以外でも発揮された。

　アスキスは、執拗な頑固さと容易に動じない沈着さで自由貿易の論理を駆使しながら、チェンバレンに倣って国中を遊説して歩いた。ボーア戦争の間、彼と彼の同僚であるR・B・ホールデン［(一八五六〜一九二八)、弁護士、自由党の政治家。陸相（一九〇五〜一二）、大法官（一九一二〜一五）］およびサー・エドワード・グレイ［(一八六二〜一九三三)、自由党の政治家。第一次大戦参戦時の外相（一九〇五〜一六）］は、自由帝国主義者として知られ、元首相のローズベリ卿［(一八四七〜一九二九)、自由党の政治家。首相（一八九四〜九五）］の陰に隠れて目立たなかった。今や大勢は動いていた。ローズベリは自由党の軌道をまったく離れ、アスキスが一人立ちし、自由貿易の闘士としてうまく党内の自分の立場を強化した。実際のところ自由帝国主義は、対外政策でも国内政策でも、進んでグラッドストーン的な路線の先を見る用意があるという以上のものではなかった。キャンベル＝バナマンがそうだったように、アスキスは本性からして中道派であった。ボーア支持派が「C-B」を英雄に仕立てたのは、ようやく戦争が終盤になってから、「野蛮なやり方」をすると言って、彼が政府を非難した時であった。今や憎悪と相互不信は、自由貿易という魔法の杖のもとで魔術のように霧散した。アスキスの言うことを聞いた後、キャンベル＝バナマンは、「こんなすばらしい同僚たちが道を踏み外すなどということが考えられるだろうか？」と感慨深げに語った。

　後にチャーチルが言ったチェンバレンの「天候を左右する」能力が、一九〇三〜〇六年におけるほど劇的な——あるいは逆の——効果をもったことはなかった。太陽の光が統一党を照らさなくなり、補欠選挙で数多くの見事なまでの敗北を被り、次いで総選挙の洪水で押し流されたのであった。それは、一部にはタイミングが悪いためでもあった。チェンバレンが、イギリス経済の悲観的見通しを説き始めてから四年のうちに、イギリスの輸出は五〇パーセント上昇していた。一九〇四年に六パーセントのピークに達した失業率は、その後急速に低下した。

「関税改革は、すべての者に仕事を提供することである」というチェンバレンのスローガンは、その保護主義的訴えとともに、今のところほとんど手応えがなかった。それに代わって、単純で万人平等主義的な自由貿易の使い古されたスローガンが勝利を収めたのである――「国民の食糧には手をつけるな」、さもなければ「食糧はもっと高くなる」。自由党の無数の演説壇上には、自由貿易が小さな家庭のつましい貧民に与える大きなパンと、強欲な関税改革論者ならそれしか認めないだろうという小さなパンとが並べて置かれた。自由党支持派の煽動家は、パンを焼いて、イギリス人の食卓に似つかわしい大きなふっくらした自由貿易のパンと、外国人が甘んじなければならない小さく貧相な保護主義者のパンとの違いを、真《ま》に受けやすい聴衆に示して見せた。相互的な帝国特恵についての本当のねらい――保護主義下の植民地が、帝国以外からの輸入関税をさらに引き上げないで、イギリス製品を自由に受け入れるのかどうか――は、ほとんど議論されることがなかった。

バルフォアの最後の戦術的策略は一九〇五年一二月にやってきた。彼は議会を解散するというよりも辞任したのである。したがって、総選挙の後ではなく前に、自由党政府を組閣する必要があった。バルフォアは、その総選挙が問題を起こして亀裂を顕わにすることを願ったが、実際には反対の結果になった。アスキス、グレイ、およびホールデンは、キャンベル＝バナマンを健康上の理由から上院に祭り上げ、新政府を自分たちで運営するという計画（「レルーガス協約」）を密かに抱いていた。彼らは、この政治的暗殺行為を、選挙が迫った人目を引く中で行うつもりはなかった。また、キャンベル＝バナマンが、国王の要請を受け入れて、自ら組閣する決意を抱いていたことを、考慮に入れてもいなかった。ましてや、アスキスが大蔵省、グレイが外務省、ホールデンが陸軍省を与えられたので、いずれにしろ彼らが実質的に政府を運営するようになることを十分認識してもいなかった。要するに、組閣は自由党の結合を固めたのであり、こうしてようやくキャンベル＝バナマンは、長いことその到来を告げられていた自由貿易問題を国民に問う日付を、一九〇六年一月に定めることができたのである。

もちろん他にも争点はあった。統一党は、過去二〇年間のどの選挙でもそうだったように、合同《ユニオン》が危ないと叫んだ。しかし、キャンベル＝バナマンのアイルランドに対する「地道な」政策が効を奏して、今回はデヴォンシャー公爵も恐れず、次の議会にもう一度自治法案が出てくることはないと見ていた。多くの統一党自由貿易論者が、自由党に投票しても構わないと感じたことはほとんど疑いなかった。彼らの中には、非国教徒で、依然として教育法に激怒して投票する者もいた。教育法は、以前から自由党選挙区を掻き立てていた問題で、活動家の義憤を再燃させたのである。

中国人労働の問題は、類似の効果をもって優しい良心を掻き乱した。しかし、その実際の効果は、新しいプログレッシヴ派の支持層に対する暗黙のメッセージであった。労働組合が強い都市部や工業地域では、中国人労働問題は、統一党政府が労働者をそもそもどのように扱うかを例証するものであった。このより大きな象徴的意味合いを、たいていの統一党候補者は理解していなかった。この問題を目立たせたのは自由党のペテン以外の何者でもないと、彼らはきめつけていたのである。社会改良の具体的な政策に関して、自由党綱領は労働者階級の選挙民に対し実質的に何も提示していなかったのであるから、それが隙間を埋めたことは確かである。

第一次大戦以前の選挙は二〜三週間かかり、まず大都市と都市選挙区全体の投票が行われ、次いで州選挙区の投票が行われた。これが、一九〇六年の選挙結果をより大きなドラマにした。というのも、最初の日に、一世代にわたって統一党が支配してきたランカシャーで、目のさめるようなプログレッシヴ派の勝利が話題を独占したからである。バルフォア自身が、マンチェスターで議席を失った。これは、単に綿業が自由貿易を強く擁護したというだけではなかった。自由党の地滑り的勝利はイギリス全体にわたり、イングランドのシャーが付く州〔農業が基盤であった〕と、大聖堂のある町でさえもそうであった。これに加えて、さらに三〇名の労働派議員が当選した。スコットランドでは、労働派議員が二人とも自由党の対立候補を破った。しかし、イングランドとウェールズでは、二〜三名の労働派の勝利以外は、全部が選挙区におけるプログレシッヴ派の協力による勝利であって、それが自由党、労働派双方の代表者数を最大にしたのであった。

統一党の得票率は、イギリス全土で平均一〇パーセント以上落ちた。イングランドで、対立候補なしに当選した統一党議員はわずか四名だったのに対して、自由党議員の方は一五名であった。これは、一九〇〇年と比べると大きな違いであった。実際のところ、無競争で当選した八三議員のうち七四名はアイルランド国民党員で、彼らが対立候補なしに当選した議員の多くを占めた。新しい議会は古い議会の均衡をきれいに逆転させ、四〇二名の自由党議員が最大多数政党として、四〇〇名の統一党議員にとって代わった。アイルランドの代表だけは大きな変化がなく、南から八二名の国民党議員、北からは一五名の統一党議員（プラス三名の自由党議員と一名の無党派議員）であった。これに加えて、一九二九年までのすべての選挙がそうだったように、リヴァプール・スコットランド選挙区〔リヴァプールのアイルランド人密集区〕から、一名のアイルランド国民党議員が当選した。一九〇〇年には議会に四〇二名の統一党議員がいたのであるが、今回は一五七名に減り、アイルランド島を除くイギリスの五六〇選挙区からは、わずかに一三〇名であった。他方、一九〇〇年に一八四名であった自由党議員は、一九〇六年には四〇〇名になった。これは新政府の強い立場を控え目に言っているのであり、労働党（これ以降この名称を用いることになった）がさらに三〇名という頼もしい議席を占め、アイルランド国民党が統一党を支持することはほとんどありそうもなかった。

反対派議員の実際の区分は、自由統一党と保守党（両党は一九一二年に正式に合併することになった）ではなく、チェンバレン派とその他との間にあった。関税改革は打倒されていたのであるが、統一党内における影響力は強まり、チェンバレンはその流れを摑むかに見えた。もちろん党内の意見対立がいいはずはなく、帝国特恵から離れた候補者も、依然として保護主義者の汚名を着せられていた。しかしチェンバレン自身、好機を捉える時間的余裕がなかった。一九〇六年の夏、彼は脳卒中の発作に見舞われた。病状が深刻であることを家族はできるだけ長く隠したので、バルフォアは病後の見通しを自分で立てようとして、拡大鏡を使って新聞の写真を凝視するしかなかった。病弱なチェンバレンは、一九一四年までバーミンガムの自分の屋敷で生き続けたが、自分が仕組んだ政治戦略のその後の展開に間欠的に電報で介入するだけであり、もう支配し指揮し決定する力はなかった。

5　ビアリッツへの道

多数派の自由党政府というのは、久しぶりのことであった。ヴィクトリア女王は、在位最後の一五年間は自由党政府を相手にする必要がなかった。国王エドワード七世〔一八四一〜一九一〇、国王（一九〇一〜一〇）。ヴィクトリア女王の長男、外交政策に関心をもった〕は、母親よりも政治的な偏向が少なかった。ヴィクトリア女王はディズレーリに魅了され、激しい反グラッドストーン主義者になっていたのである。国王エドワード七世はキャンベル＝バナマンと、この二人の放縦で太りすぎた老人が湯治にマリエンバード〔ボヘミア西部の鉱泉・保養の町〕を訪れた時、まずまずの親交を結んだ。「平和の調停者エドワード」の政治的影響は、当時、過大に評価された。「ヨーロッパのおじ」は、彼の親類縁者たち、ウィルヘルム皇帝ともニコライ大帝とも、もちろん良好な関係を維持しようとした——彼らは皆家族であった。国王は、統一党政府が一九〇四年に調印した英仏和親協定を承認した。しかし当時、誰がそれをしなかったであろうか？

協定は、急速に孤立しそうになったイギリスの国際的立場を回復しようとして取られた、いくつかの外交政策の一つであった。イギリスは「親族に囲まれ援護されて光栄ある孤立」を楽しんでいる、とチェンバレンは語ることができたかもしれない。しかし、ボーア戦争は帝国の役割をすっかり拡張し、イギリスは他の列強との衝突を避けなければならないという現実を痛切に感じていた。一九〇〇年にソールズベリを継いで外務大臣になり、統一党政府の瓦解までその地位にいたランズダウン侯爵〔一八四五〜一九二七、政治家。カナダ総督、インド総督を経て外相（一九〇〇〜〇五）、ドイツとの和平を説き失脚（一九一三）〕は、巧妙な調停を、ありがたくない変化の中で生き残るための手段であり代償だと心得る、基本的にはウィッグ的本性の持主であった。ドイツはもはやビスマルク時代のように、イギリス海軍とイギリス帝国の支配を尊重することに満足しないことを、ランズダウンは知っていた。ドイツは新しい艦隊を建造中であり、皇帝は、熱帯アフリカの陽の当たるちっぽけな場所には満足せず、中国からサハラに至る有望な領土に飢えた目を向け続けていた。理論上は、潜在的な衝突の原因をなくすために、ランズダウンはドイツとの条約を好んだのであろう。しかし、そのことの代価が、仏露同盟にドイツが対抗することをイギリスが支援するという公約であったために、ランズダウンは再考を余儀なくされたのであった。

事実は、ヨーロッパ諸列強間の同盟関係に入ることに、イギリスはまだ利害をもっていなかったことである。それよりも、地球の西半球での目立った問題を片づける方が先決で、イギリス海軍は、もうアメリカ艦隊とは張り合わない（とくにパナマ運河が建設された後は）ことが基本的に合意された。同じように一九〇二年にランズダウンは、日本との条約を締結して極東におけるイギリス海軍の行動を制限した。日本は、その産業と軍事力を見せつけた最初のアジアの国であった。アメリカや日本との戦争の危険をなくすことによって、イギリスの重大な利害は少しも妥協させられたわけではない。しかし、日本とロシアとの戦争が勃発すれば（早くも一九〇四年に起こったように）、イギリスの同盟国をフランスの同盟国と戦わせることになり、戦争をヨーロッパに逆輸入する恐れがあった。これこそ、イギリスが――そしてフランスも――避けようとしたことで、結果的に両国の協定締結に拍車をかけることになった。それは主に、植民地をめぐる激しい競争をやめて、友好的な関係を回復しようとする断固とした努力であった。それは、同盟と言えるようなものではなく、ましてやドイツに対する同盟などではなかった。日本の勝利によって極東の戦争が終わると、ロシアとの同様な合意が（自由党の外務大臣グレイのもとで）、一九〇七年に可能となった。協力のための妥協のなかで、これら二人のウィッグは――一人は今や統一党、一人は今も自由党であるが――、交渉によって、イギリスのような満たされた強国によく合ったヨーロッパの平和を達成したように見えた。それは、一九一六〜一七年というはるかに望みの薄い状況のもとで、ランズダウンが追求することになったのとほとんど同じ目標であった。

エドワード時代は短くはあったが、国王が作りだした（あるいは誰かがささやいたように、落としめた）独特の雰囲気をもっていた。ほどなくヴィクトリア時代は、とかく立派さ端正さをもった重厚なものとして回顧されるようになった。それは面白くなく、周知のように生真面目な時代であった。老女王の死は、心理的な重荷を取り払ったようであった。エドワードは反逆者でもなければ、まったくの聖人君子というわけでもなかった。彼には愛人が何人もいたし、また宮廷の口やかましい厳格さを和らげて、あまり排他的でないものにした。彼は、社会的素性の怪しげな富豪たちとしきりに親しくしようとし、彼らのもてなしを締まりなく黙って受け入れた。上流社会の人々は、彼の庇護のもとで顕示的消費の新しい基準をつくった。多数の勢子［獲物を追い出す人］の助けを借りた狩猟隊が、ライチョウ猟場で一日に千単位の獲物を取った。大量の死骸は戦中の塹壕を予見するようであった。おびただしい量の食事が次から次へと出され、来客は様々な食物を選んで最高級のワインで流し込んだ。

シャンペンが尊重されるようになり、あるサークルでは食事のたびに飲まれた（ウィンストン・チャーチルの場合には、それが生涯の習慣となったのである）。

この時期ほど、たくさんの百万長者がいたことはなかった。彼らは概して、産業よりも金融で財をなした。そして、たとえ北部で生きてきても、自分のため（あるいは子孫のために）、地主階級の仲間入りをして南部で生涯を終えようとした。それはイギリスにおけるエリート移動の古い型で、貴族は新しい資金で、世代ごとに入れ替わり新たに補充された。しかし、エドワード時代ほど、旧来の資産家がひどく脅かされたと思われたことはなかった。社会的には金権主義者の下品さが、彼らの自尊心を傷つけ、経済的には三〇年にわたる農業の衰退が大打撃を与えていた。すなわち、農業の衰退によって、地価は下がり、地代は減り、いつも自分たちは金持ちだと考えて（それに見合った生活をして）きた地主の収入は減退した。政治的に見ると、いきなりホテル・セシルが倒産し、「ベスト・クラブ・イン・ロンドン」（下院）が大勢の急進主義者で占められているのを、土地貴族層は知ることになった。

上院はたしかに、議会用語にもあるように「もう一つの場所」であった。一八九三年に第二次アイルランド自治法案を、上院が一〇対一の大差で否決して以来、政治上の決定権は動いていなかった。グラッドストーンの怒号にもかかわらず、上院がまんまとそれを押し通したという事実は、二つのことを示している。第一はもちろん、一九世紀末に代議制政府の勝利があれほど語られたにもかかわらず、上院が世襲による第二議会としての国制上の役割を果たしているという現実であった。議会の上下両院で、統一党が自由党を数の上で凌駕していた二〇年間、双方の衝突の危険は隠されてはいたが、取り除かれてはいなかった。自治問題の大敗に関するもう一つの点は、それがアイルランドの問題であったことである。イギリスでは、自治を支持する多数は得られなかった。アイルランド国民党員の投票によって、法案は下院を通過していた。これは手続き上まったく正当であったが、重い内容をもつ提案が不人気だったために、選挙民に対して上院の行動を非難する訴えは失敗する運命にあった。要するに問題は、国制上のものではなく、政治的なものであった。

この点を、バルフォアよりもはっきり認識した者はいなかった。急にお膳立てされた一九〇六年の補欠選挙で下院に復帰した彼は、第一次選挙法改正以降最大の下院の多数派に立ち向かっていることを知った。バルフォアがいかにも彼らしく狡猾な討論の策を弄そうとした時、キャンベル＝バナマンはそれをあっさりと払いのけ、「この愚行はもうたくさんだ」とコメントして割れるような喝采を浴びた。議会における多数が最良のしっぺ返しだというディズレーリの格言は、こうして容赦なく確認された。しかし、バルフォアの方もしっぺ返しできることを知っており、それが彼を当代野党の最強の党首にした。統一党の貴族はランズダウン侯爵の指揮下にあり、彼とバルフォアは、上院に固有の保守多数派を保守党のために当然利用すべきだ、というきわめて単純な原理を用いた。こうして人気のある法案は、その条項を保守党貴族《トーリー》がいかに見当違いだと考えようと、通過させたのであった。それとは対照的に、自由党だけに利するような法案は、たとえそれが一九〇六年選挙を勝ち取った政策綱領の中にあるようなものであっても、妨害行為の格好の的になったのである。

一九〇六年の労働争議法を、上院は妨害しなかった。それは、タフ・ヴェイル問題への対応で、労働党への恩義に対して政府が報いるものであった。政府の法務官が、健全で憎悪を買わないような労働組合の法的地位を定めようと模索した後になって、労働組合会議（TUC）自身の解決に単純に従うのが最も簡単なやり方だと、非常に多くの自由党議員がすでに認めていることが明らかになった。法案は、もともと一八七〇年代に立法化された変則的な規定に戻り、労働争議をめぐる訴訟に対して、労働組合に独自な法的免責を与えることによって組合を保護するものであった。この立法措置は、イギリスの労働立法に対する労使の自主性尊重（政府不介入）の方針の画期となり、二〇世紀の大半を生き残ることになった。政治的には、組織労働者の力を示したのである。

支持者に対して政府がその他の借りを返すことは、それほど簡単ではなかった。禁酒勢力は、自由党の選挙運動の中でいつものように声高であった。ちょうど醸造業者とパブの主人が、保守党の側でそうだったのと同じである。統一党政府による酒類販売免許法（一九〇四年）は、その「産業」の既得権益に対して寛大すぎて、多くの都市部に信じられないほどたくさんあった酒類販売免許を消滅させる効果がほとんどなかった。したがって、自由党は一九〇八年に独自の法案を通過させたが、上院がそれを否決した。自由党は宣伝活動で、醸造に利害をもつかなりの数の保守党貴族《トーリー》に注意を向けた。「ビール貴族」が、爵位を授かったイギリス産業家の最大部分であることは確かで、それは醸造業が最も古くから確立したイギリスの大規模産業であったためでもある。その「産業」が、保守党の資金に重要な財政上の寄与をしていることも事実であった。しかし、販売免許証は実際のところ減らされていて、禁酒は（北ウェールズ以外では）もはや大きな支持を得られなかった。そして自由党は、もちろん飲酒問題で選挙を戦おうとはしなかった。それは、急速に過去のものになりつつあった。

バルフォア教育法を部分修正しようとする政府の試みも、同じような運命に出会った。イングランド国教会に対するその弱腰に、多くの自由党員が心を痛めていた。しかし、教育委員会に戻るという考えが、うまくいく見込みはなかった。そこで政府は、全員が納得し面目を保てるような、単純に穏当な妥協策を望んだ。バルフォアは、それを断固拒もうとした。一九〇六年の最初の努力（ビレル法案）は、カトリックの学校に抜け道を与えたまま、非国教徒をなだめるために考案された。上院は内密の策を弄して、それを否認するよりも骨抜きにしようとした。上院の議事手続き上の罠にはまってぐらついた法案は、政府によって廃案とされた。一九〇八年に行われた二度目の試み

（マッケナ法案）は、一面で非国教徒を保護しようとし、また大半が上院議員であるイングランド国教会主教席の党派的でない人々の賛同を得ようとした。保守党は、主教を動揺させようとしたのではなく、法案をひっくり返そうとしただけであった。結果的に、彼らは成功した。なぜなら、法案は根底において、イングランド国教会も非国教会派《チャペル》も本当に喜ばせるものではなかったからである。

大々的な勝利をした後の二〜三年間に、自由党を勝利に導いた目まぐるしいほどの熱狂の多くは消散した。野党の策略に対して、政府は戦える状態になかったというのが事実で、政府には国民に訴えられる戦略がなかったのである。早くも古びてしまった政府は、教育やパブに関する方策をいじっているだけで、一九〇六年に自由党に投票した大半の人々にとって、もはや価値をもたないように思われた。総選挙の一大スローガン（自由貿易）が、活動の指針を含んでいなかったという事実によって、自由党勝利の消極的な側面が遅まきながら明らかになったのである。

一つ明白なことは、キャンベル゠バナマンに指導を求めるのは無理だということであった。理由はよく分からないが、なぜか彼は自由党内で大いに愛され、他方、もっとよく分かる理由で、保守党議員にあまり嫌われていなかった——保守党議員に対して、自分を嫌ったり恐れたりするような理由を与えなかったのである。ダウニング街一〇番地の首相の座に就こうという決意を決定的にしたのは彼の妻であったが、彼女の致命的な病気は、官邸での彼の生活を破滅させ、彼は一度ならず心臓発作に襲われた。そして一九〇八年四月に辞表を出した時には、彼は瀕死の病人であった。かろうじて国制上の手続きが遵守された。国王は外国で療養中のため、わざわざ帰国する気もなかった。そこで、国王の手にキスをするため、フランスのホテルに出向いていかなければならなかったのは、アスキスの方であった。平和の調停者エドワードが、在位中最後の首相を任命するのに、ビアリッツ〔フランスとスペインの間の大西洋岸にあるビスケー湾に臨む都市〕よりもふさわしい場所はなかった。

第2章　静観しよう　一九〇八～一六年

1　福祉

一九八〇年のイギリス本土に住んでいる者は、一九〇〇年に生きていた場合よりも、事実上誰でも次の誕生日を迎えられる可能性がはるかに高かった。一九〇〇年に、四五歳以下の男性の死亡率は、一九八〇年より六倍高く、女性の場合は一〇倍も高かった。それは、一九〇〇年に女性が男性よりも弱かったからではなく、二〇世紀の進行とともに、男性に対して女性が潜在的にもっている優位点が現実のものになったからである。死亡はもちろん年齢に関係していて、その意味で当時の老齢期は一〇年ないし二〇年早かった。* 一九八〇年に、女性は六五歳を過ぎて初めて、次の年も生きられる可能性が九九パーセント以下になったのであるが、一九〇〇年には早くも四五歳の誕生日に同じ可能性に直面していた。

＊　一九八〇年における五五～六四歳の男性の死亡率は、一九〇〇年における四五～五四歳の男性のそれよりも低くなり、寿命が一〇年延びたことになる。また五五～六四歳の女性については、一九八〇年の死亡率は、一九〇〇年の三五～四四歳の女性のそれとほとんど同じであり、寿命が二〇年延びたことになる。

いつでもそうであるが、平均余命における劇的な変化の影響が最も強く出るのは、非常な高齢者よりも非常に若年の者の場合であった。イングランドおよびウェールズにおいて、一二カ月未満の乳幼児死亡率は一九八〇年に一〇〇〇人につき一二人であった。ところが、一九〇〇年にはそれが一六三人で、今日の第三世界を思わせるような水準であった。こうして、六人の子供がいる家庭では——肉体労働者の家では依然としてめずらしくなかったが——、一人の赤ん坊が死ぬ可能性が高く、他の子供たちも成人する前に死ぬ危険が十分にあった。五歳から三五歳までの若青年層が、中年をかなり過ぎてから死を迎えるようになるのは、二〇世紀の後半になってからであった。ヴィクトリア時代だけでなくエドワード時代の小説に、悲しむ親類縁者から成人男女および少年少女が死によって奪い去られる悲惨な臨終の場面があるのは少しも不思議ではない。若者の死亡率は、第一次大戦とともにおぞましいほどのピークに達した。

イングランドの『国教会祈禱書』が、我ら、命の半ばにも死に臨むと語る時、それは文字通りのことを言っていた。死は人生の現実であり、ヴィクトリア時代の人々は様々なやり方でそれに対処していた。ある人々にとって死は超越的な宗教的経験であり、とくに救済を共に信じる家族全員が臨終の床に集まる場合にはそうであった。死後の世界を約束するキリスト教が、早死の災難によって引き裂かれた多くの家族に慰めを与えたことは当然だと思われる。かといって、ジョゼフ・チェンバレンが、二度にわたって妻と死別した後、キリスト教への信仰を失ったことも同様に理解できるし、デーヴィッド・ロイド＝ジョージ〔（一八六三～一九四五）、自由党の政治家。蔵相（一九〇八～一五）、首相（一九一六～二二）。蔵相として「人民予算」を提出（一九〇九）、国民保険法（一九一〇）により、社会保険制度の基礎をつくる。アスキスに代わって連立内閣を組織し戦争の遂行に努める〕が自分の愛する娘を亡くしたことに納得できず、信仰を捨てたことも理解できる。キリスト教信者にとってもそうでない者にとっても、非常に入念になりがちな喪の儀式は、死別をあきらめるための実際的な便法であった。婉曲な言い方は、多少なりとも打撃を和らげた。死者は「過ぎ去った」とか「召された」、あるいは、一九一二年に死んだ救世軍の創設者ウィリアム・ブース将軍〔（一八二九～一九一二）、ブース将軍として知られ救世軍を創設（一八七八）〕の墓石にあるように、「より高い聖職に就かれた」などと表現された。

一九〇〇年のイギリス人は、現代のイギリス人よりも短命であっただけでなく、身長も低かった。二つの事実はもちろん関係していて、身長は明らかに栄養水準の長期的な指標であるし、同様に栄養水準は平均余命に影響した。一九世紀の終わりに、イングランドの大人の平均身長はおよそ五フィート七インチ（一・七メートル）で、スコットランドではそれよりもおそらく一インチ高かった。男性が六フィートになることはまれであった。「身長六フィートの人」は目立つ存在で、一・八メートルという背丈がめずらしくなくなったずっと後まで、その言葉が根強く残ったほどである。一八七〇年頃からどの年齢層の子供も背がより高くなり、よりはやくそうなった。一九三〇年代までは、変化の速度は目立つことなく、おそらく一世紀に一インチであった。しかし、次の半世紀にその速度は四倍になり、イギリス人の身長は一九七〇年代に遺伝的安定期に達した。今や成人男子は平均一・七六メートルで、イングランドではスコットランドよりもわずかに高い。成長の速度は、二〇世紀にはとくに労働者階級の子供がはやく、伸びは一〇代の少年が最も大きかった。身長と体重の違いは、明らかに社会階級に関係していた。栄養が十分な階級の出身であるイートン校および他のパブリック・スクールの少年は、一九世紀の終わりに今日と同じくらいの身長であった。同様にオックスフォードとケンブリッジの学部生は、一九〇〇年には、頭脳よりも体格において労働者階級の若者よりも明らかに優れていた。対照的にランカシャーの綿紡績工の身長は、幼児労働と後世の人々が粗末だと考えたであろう食事とが重なって、成長を妨げられていた。

貧困はおよそ新しい問題ではなかった。一九世紀初めの人々は「イギリスの状態」を論じたし、世紀の終わりには「社会問題」が論じられた。ロンドンのスラムのぞっとするような混沌は、一八八〇年代の衝撃的な出来事であった。チャールズ・ブース〔（一八四〇～一九一六）、社会調査の創始者。『ロンドンの民衆の生活と労働』全一七巻（一九〇二～〇三）をまとめる〕と彼を補助するチームによる大規模な貧困調査は、一八九〇年代に一連の分厚い報告書として次々に出版された。後の世代であれば、このようなプロジェクトは、ブースのようなリヴァプールの海運業者が資金提供をするのではなく、学術的な資格のある社会学者が研究評議会《リサーチ・カウンシル》や財団の資金援助を得て行うものであった。当初ブースは、社会主義者のプロパガンダが貧困問題を過剰に騒ぎ立てていることを示したいと思い、調査をしながら自分の方法論を考え出した。彼は、自分の調査チームが文字通り街路ごとに調査した印象を克明に記した。シーボウム・ラウントリー〔（一八七一～一九五四）、ヨークで社会調査を行い「貧困線」という概念を生み出す〕の本『貧困――都市生活の研究』（一九〇一年）〔長沼弘毅訳『貧乏研究』ダイヤモンド社、一九五九年、他〕を際立たせているのは、彼が問題を家屋の内部に立ち入って家ごとに調査したことであった。

ラウントリーもまた金持ちのアマチュアであり、ヨークのよく知られたココアとチョコレート会社を経営するクエイカー家族の一員であった。彼の調査も独自な特徴をもっており、そのやり方は、後世の基準から見れば、調査の対象となった労働者階級の家庭のプライバシーに対するはなはだしい侵害と見なしうるものであった。彼は、ヨークの各家計がどれくらいの収入を得ているのかを知るために、コネを利用して自分の一族の会社や他の雇用主から情報を引き出した。そして、生存のためにどれくらいの食物が必要であるかを確定する当時の栄養学の研究を利用して、それにどのくらいの費用がかかるかを発見した。これら二つの情報を組み合わせたことが、ラウントリーの功績であった。一挙にして彼は、どれくらいの家庭が単なる生存の必要を満たすのに十分な収入を得ていないのか（「第一次貧困」）、そして、その程度の収入はあっても、どれくらいの家庭が愚かな消費によって同じ状態に押し下げられているのか（「第二次貧困」）を示すことができたのである。

長期的に見ると、この「貧困線」という概念は、各家庭に対して生存に必要な最低限の収入を保証することによって、第一次貧困の問題に体のいい解決を約束した。短期的にはラウントリーの本は、貧民窟の恐怖がロンドンに固有の問題だという考えに慣れていた公衆に、相当大きな衝撃を与えた。事実はそうでなく、博愛的なクエイカーの雇用者に恵まれたヨークのような立派な地方都市で、人口の一〇パーセントが深刻な貧困状態にあり、三〇パーセントもの人々が何らかの貧困状態にあったのである。ラウントリー家が悪いのか労働者が悪いのか、あるいは資本主義制度が悪いのか、はたまた自由貿易が悪いのかということは、トーリー、禁酒運動家、社会主義者および関税改革論者が、当然にもそれぞれ異なった見解をもった問題であり、彼らがその後何年間か自分たちのさまざまな演壇で、ラウントリーの所見から都合のいい引用をして、自分たちの見解を擁護しようとした問題であった。

ラウントリー自身は、クエイカー教徒という背景から予想されるように真摯な自由党員であり、ラウントリー家は週刊誌『ネーション』を支援していた。それは、長年の定評をもつ『スペクテーター』誌に対するリベラル派のライバル誌として近年創刊されていた（『スペクテーター』誌は当時、その編集者ジョン・セント・ロー・ストレイチー〔（一八六〇～一九二七）、ジャーナリスト。『スペクテーター』誌の編集者で社主（一八九八～一九二五）〕の統一党自由貿易論の代弁者であった）。キャドベリー家もクエイカーで、同様に『デイリー・ニューズ』紙を支援し、インテリ市場だけでなく大衆市場において自由党を「ココア出版」で支持していた。シーボウム・ラウントリーは、『ネーション』誌に親しみ、その編集者であるH・W・マシンガム〔（一八六〇～一九二四）、ジャーナリスト。『ネーション』誌の編集者（一九〇七～二三）〕が登用した一群の有能な寄稿者、とりわけ経済学者J・A・ホブソン〔（一八五八～一九四〇）、異端の経済学者。新自由主義、人間的福祉の経済学を提唱する〕と社会哲学者L・T・ホブハウス〔（一八六四～一九二九）、哲学者、社会学者。ロンドン大学で最初の社会学教授（一九〇七～二九）になる〕を熟知していた。彼らの友人で社会史家のバーバラ・ハモンド〔（一八七三～一九六一）、J・L・ハモンドと結婚し、共著で産業革命期の労働問題について多数の著書を出版〕がそう呼んだ「二人のホブ」は、ちょうど自立しようとしていた新自由主義的社会改革の指導的な思想的代弁者であった。

ホブソンもホブハウスもフェビアン協会の影響を受けており、若い集産主義者《コレクティヴィスト》が一八九〇年代にその生業を学んだのはフェビアン協会であった。彼らは骨の折れる社会調査の教訓をシドニーとビアトリス・ウェッブから受けていたし、ショーのすばらしさに、ショー自身とほとんど同じくらい感銘を受けていた。グレアム・ウォレス〔（一八五八～一九三二）、政治心理学者。オックスフォード大学を出て、LSEの政治学教授（一九一四～三二）になる〕はもう一人の指導的なフェビアンであり、政治行為の学徒たるウォレスの書『政治における人間性』（一九〇八年）〔石上良平・川口浩訳、創文社、一九五八年〕は、民主的手続きの形成に対して、社会心理が普通には認められていない重要性をもつことを示唆するものであった。ホブソンとホブハウスはウォレスとより深い親密な関係を発展させ、逆にウォレスは、ウェッブ夫妻のフェビアン主義から離れ、とりわけ一九〇四年に（自由貿易をめぐって）ショーとの関係を絶ち、新自由主義に共鳴することになった。

フェビアン主義と新自由主義との決裂を早めたのは、基本的に、国内および海外における大きな国家を支持するチェンバレン的かつショー的な帝国主義の論理であった。ホブソンの著名な本である『帝国主義論』（一九〇二年）〔矢内原忠雄訳、岩波文庫、一九五一年、他〕は、帝国主義を、グラッドストーン主義に対抗する社会改良の思想的同調者ではなく、その敵である経済的・政治的勢力だと見定めた。帝国主義は、冒険的行為を追求して——言うまでもなく南アフリカで顕著であったように——、寄生的金権的利害が国民の注意をそらす手段であった。それは、関係する既得権益層には利益をもたらすけれども、国民全体にとっては悪い事であった。富を国内で再分配しさえすれば、国民大衆の購買力が増大し、繁栄する経済に必要な市場はすべて用意されるだろう、とホブソンは主張した。

経済思想のこの伝統は、一般に「過少消費」として知られているが、当時それは正統的な大学の経済学者によって異端だと見なされた。しかし、ホブソンは経済思想において大まかには過少消費論者であったが、新自由主義者が皆そうであったわけではない。イギリスの大学における経済学者の長老であるアルフレッド・マーシャル〔(一八四二～一九二四)、ケンブリッジ学派の創立者。『経済学原理』(一八九〇)によって新古典派経済学を創設〕が展開した新古典派的な分析は、自由党がアスキスおよびロイド＝ジョージのもとで採択することになったすべてのことを支持していた。ケンブリッジ大学の経済学教授マーシャルが、関税改革に反対する大学の経済学者を結集させただけでなく、彼の後継者A・C・ピグー〔(一八七七～一九五九)、ケンブリッジ大学の経済学教授(一九〇八～四四)として新古典派の伝統を守った〕は「厚生経済学」という用語を確立し、介入主義的改良を正当化する分配的正義の原理を明示した。新自由主義は必ずしも経済学における過少消費論者ではなく、また哲学における理想主義者である必然性もなかった。* 新自由主義者たちを結びつけたのは、もっと直接に政治的な感情であった。

* 一九〇六年には、ヘーゲル派の哲学者T・H・グリーン〔(一八三六～八二)、オックスフォード大学で道徳哲学を教えた理想主義的哲学者〕が死んでから四半世紀が過ぎていたけれども、彼の死後の影響が、エドワード時代の自由党の政治的立場を理解するのにあまりに頻繁に引き合いに出された。新自由主義者の皆が哲学者でないことは明白であるし、ましてや新ヘーゲル派ではない。またグリーンの道徳的再生の政治学は、何ら福祉国家のようなものを予見するものではなかった。

このことをホブハウスは、一九世紀における自由主義の役割は政治的民主主義の達成であったが、二〇世紀におけるそれは社会民主主義であろう、という形で表現した。それゆえ、自由党支持者も受け入れられるような意味合いの「社会主義」があったのである。社会における富の悪しき分配の特別な場合を象徴していた労働者は、もちろん自由連合(Liberal coalition)の然るべき部分であった。自由主義と社会民主主義は両立するという議論のなかで、自由主義は本質的に市場の自由な活動《フリー・プレイ》に関する教義だという考え方は切り捨てられた。おそらく自由党支持者は、貴族主義的国家に対する自分たちの往年の戦いを通じて、歴史的にレッセ・フェールと分かちがたく結びつけられてきたのであろう。しかしそうだからといって、新時代の自由党支持者が民主主義国家を恐れ、穏健な集産主義のもつ可能性に反対する理由にはならなかった。これこそ、新自由主義者が踏み出した新しい一歩であった。同様に、さもなければ望ましい集産主義者の政策目標を、国家主義的で官僚的すなわち非民主主義的手段によって追求することは、自由主義的ではないと考えられた——これが新自由主義者の依拠する自由主義の立場であった。新自由主義者が、議論の軸足を一方から他方へとたえず動かしていたのも不思議ではない。

新自由主義者が自由党政府に求めたものは、二重の政策提言であった。彼らのほとんどはボーア戦争に反対し、またチェンバレン主義からは区別されることを望んでいた。このことはいずれも、彼らをキャンベル＝バナマンの支持者にした。なぜなら、彼の手中にあれば、自由主義は安全だと考えられていたからであり、彼らは、アスキスが自由帝国主義者としての過去を清算したとは信じていなかった。急進主義の伝統的な側面はこの程度のものであった。しかし他方で、「左派」および「福祉」を語る新しい政治用語が出現していた。新自由主義者の政策課題の新しい側面については、一九〇八年以前にはほとんど立法上の成果が見られなかった。政府にどのような欠点があったにせよ、社会改良の争点への取り組みをほとんどまったく怠っていたことに比べれば何でもなかった。H・G・ウェルズ〔（一八六六～一九四六）、小説家、文明批評家。空想的科学小説を書き、フェビアン協会に入り、『現代のユートピア』（一九〇五）などを著わす〕が彼の『ニュー・マキャベリ』（一九一一年）で述べたように、自由党が何に反対していたのかはあまりにも明瞭であった——「むずかしいのは、彼らが一体何を目指していたのか見つけることである！」

2　大衆の文化

一九〇六年にショーは五〇歳、ウェルズは四〇歳になっていて、彼らはエドワード朝文学界の最も有力な人物であった。彼らと近い同時代人のキプリングは、すでにもっと前の時代、すなわち勝ち誇った帝国主義時代の人物だと思われていた——彼自身がボーア戦争の前から、先見の明をもって帝国主義の傲慢さをきびしく非難していたことが思い起こされる。彼の詩「退場の歌」（一八九七年）は、ヴィクトリア女王の即位六〇周年記念の時に出たが、二〇世紀になるとキプリングの気分はたしかに退場に傾き、作中に登場するインド在住のイギリス人准大尉のように、早期退任しサセックス州に買い求めた庭の手入れをしているかのようであった。国際的に確立していた彼の名声は、一九〇七年のノーベル文学賞受賞によって確かなものになった。ショーは、その受賞を一九二五年まで待たなければならなかった。キプリングは四〇歳ではあったが、海辺に打ち上げられたヴィクトリア時代の大きな鯨のように無力であった。

対照的にショーとウェルズは、ヴィクトリア時代後の思潮を意識的に教導して名声を得ていた。彼らよりも二〇歳年下のケインズは、後に彼らを自分の世代の「大長老教師」と呼んだ。ショーは神学の教師であり、ウェルズは科学的傾向をもった「化学」の教師であった。

ショーの世俗主義的道徳は、ダーウィン〔一八〇九〜八二、生物学者。『種の起源』（一八五九）を刊行。その進化論は、社会科学および思想界にも画期的な影響を与えた〕、ニーチェ〔一八四四〜一九〇〇、ドイツの哲学者。強者の自律的道徳、超人の理想を主張。実存主義の先駆者〕、サミュエル・バトラー〔一八三五〜一九〇二、小説家・思想家。社会諷刺のユートピア物語『エレホン』（一八七二）（Erewhon は nowhere の逆つづり）を発表〕、そして誰よりもイプセン〔一八二八〜一九〇六、ノルウェーの劇作家、近代劇の確立者。『人形の家』（一八七九）、『民衆の敵』（一八八二）、『野鴨』（一八八四）などがある〕の影響によるもので、イプセンの精髄をショーはイギリスの舞台にもちこみたいと熱望していた。当初この大望を実現するのは困難であり、それは単に芸術上の理由だけでないことが分かった。あらゆる舞台公演には侍従長の許可が必要であることが、長い間法律で定められており、ショーの出し物もこの制約に抵触した。実際、『ウォレン夫人の職業』（一八九三年）〔市川又彦訳、岩波文庫、一九五三年、他〕は、世間には売春よりももっと不道徳な収入源があることを描いており、侍従長の禁止令が解けるまで三〇年間も待たなければならなかった。ショーの劇の多くは最初、演劇会《ステージ・ソサエティ》によって名目上非公開で上演された。不動産への手ごろな投資も唾棄すべき基盤の上にたつものであることを見せた『やもめの家』（一八九二年）〔市川又彦訳、岩波文庫、一九五二年〕のような他の挑発的な演劇では、ショーは、登場人物を彼の弁証法的作品の手段以上にすることに失敗した時でも、議論を劇化することには成功していた。彼の戯曲集『愉快な劇、不愉快な劇』（一八九八年）は、前書きや舞台指示も完備したテキストを提供しており、侍従長から少しも妨げられることなく、小説のように読むことができた。

ブルジョアの道徳をひっくり返すことによって、社会主義者ショーは資本主義の腐敗をさらけ出そうとしたのかもしれない。しかし、感情を捨て冷めた目で見るこのフェビアン主義者の攻撃は、道徳的態度を取る傾向にあった伝統的自由主義に対して最も効果的に行われた。『バーバラ少佐』（一九〇五年）では、空想的社会改良家のあらゆるところが諷刺されている。内在的な矛盾をもつブライトマート夫人による上流階級の急進主義的な言明、アドルファスの無益な学問的苦悶だけでなく、バーバラ少佐自身が行うスラムにおける救世軍の社会奉仕という善意の救済策も諷刺の対象になっている。対照的に、実際のヒーローは国際的な武器商人アンダーシャフトであり、彼は急進主義者の仇敵たる「死の商人」ではなく、さもなければ究極の罪たる貧困に追いやられる大量の労働者に生活賃金を与える寛大な人物として描かれている。ショーの聴衆が、そもそもこういった社会問題をあつかった劇の観賞に彼らを駆り立てた優しい良心をあざ笑われ、座席でたじろいだとしても少しも不思議ではない。

その上ショーは、聴衆がもっと多くを求めて、必ず戻って来るような策をひそかに用意していた。それは単に言葉だけでなく、思想をも操る彼の非凡な才能であり、こういう演劇に皮肉なウィットを織り交ぜて逆説的な表現をする、目もくらむような天賦の才の中に表れていた。彼の聴衆は、衝撃を受け、侮辱され非難され、説得されることは少なかったかもしれないが、退屈はしなかった。ショーの饒舌と突飛な意見もアイルランドからの亡命者という微妙な立場のために斟酌され、直言御免の道化人として認められるのに役だった。「GBS」として彼は、「C-B」あるいは「LG」のような政治家と同じくらい広く社会に知られた人物であり、その（長い）生涯を通じて彼らに匹敵する数の新聞のプロフィールや伝記の対象になった。目立つ二股のあごひげ、やせた体格ときらきら輝いた目で、すぐに彼だと分かった。「GBS」は、サンダル履きのフェビアン的生活様式を体現するまさに戯画的存在であった。すなわち、衛生的な衣類として自分でデザインした純毛のイェーガーのニッカーズ服に身を包み、動物に対する感傷のためではなく、死体をむさぼることに対する嫌悪から菜食主義を擁護し、飲酒階級に対する道徳的非難ではなく、アルコール癖についてほとんど火星人のように無理解だったことからくる絶対禁酒主義を信奉していたのであった。

ウェルズは、イギリスの社会構造の中にもっと簡単に位置づけられる。体面を保つことに汲々としている下層中流階級の環境に育った彼は、トマス・ハーディ［一八四〇～一九二八、小説家、詩人。作品には故郷（昔のウェセックス）の美しい自然を背景にしたものが多い］の『日蔭者ジュード』（一八九五年）［川本静子訳、国書刊行会、一九八八年］の主人公とまったく同じように、依然として排他的な古来の大学から閉め出されていた。ジュードと違って、ウェルズは幸運にも、科学教師の教育で指導的役割を確立していたサウス・ケンジントンの高等科学学校《ノーマル・スクール・オブ・サイエンス》で自分の勉強を続けた。ウェルズは、専門職的、経営者的倫理の興隆を世に喧伝《けんでん》した。それは後にテクノクラティックと言われるようになる専門的技術者の勝利であり、科学が社会の新しい潜在能力の解放を約束することに最も顕著に見られた。科学教育に与えられる優先度において、イギリスがドイツおよびアメリカ合衆国に遅れていたことは、二〇世紀初頭には一般に認められていた。確かに科学は今や大学に安定した足場をもち、そのことは、低い水準からではあるが、ケンブリッジ大学の自然科学トライポス［学位認定制度］への応募者数の急激な上昇、あるいはロンドンおよびもっと新しい都市大学で授与される科学士の学位数の増大によって示されていた。失敗だと見なされたのは――一九〇八年のインペリアル・カレッジの創設はそれを是正しようとしたのであるが――、学問的専門化を産業の要請と調和させることであった（新しい化学技術はドイツの優越を如実に示していた）。「現在、我々の社会的心理状態には溝ができている」と、ウェルズは一九一七年の英国科学ギルドで述べたが、その意味は、イギリスでは一般人と科学の専門家との間にほとんど接点がなかったということである。彼は、その溝を埋めるのではないにせよ、狭めることに使命を見出していた。

ウェルズの小説には彼の複雑な性格がよく出ている。『タイム・マシン』（一八九五年）［金原端人訳、岩波少年文庫、二〇〇〇年、他］や『透明人間』（一八九七年）［橋本槇矩訳、岩波文庫、一九九二年、他］のような、初期に書かれた科学フィクションのベスト・セラーは、ほとんど超現実主義的な仕方で既知の世界から未知の世界に窓を開いている。また、『恋愛とルイシャム氏』（一九〇〇年）や『ポリー氏の物語』（一九一〇年）は、名もないイングランドのさびれた郊外で挫折する野心を見事に描いている。

ウェルズはまた、成功したエドワード時代の作家である自分自身の半生を色濃く反映させた――時には忠実になぞった――小説の分野を開拓した。人目を引く若い女性が、彼女の二倍も年上の男性にほれこみ、スキャンダルが二人を呑み込んでしまうというのが典型的な話である。彼女は自分の仕事を持ちたいと思っている「新しい女性」で、彼の方は、社会・政治問題に関する彼女の進歩的見解を、彼一流の理想主義、経験、偶像破壊主義でもって後押しする。女性にとって、それは単純に魅力的であり、理想化された肖像画である当の作家にとっても、明らかに悪くはないものであった。こういった小説が与えた衝撃は、その自伝的な要素によって煽られ、ウェルズの批判者たちのある者の感情を逆撫《さかな》でした。『スペクテーター』誌のセント・ロー・ストレイチーに卒中を起こすほどの衝撃を与えた『アン・ヴェロニカ』（一九〇九年）［土屋倭子訳『アン・ヴェロニカの冒険』国書刊行会、一九八九年］の反響は、こうしてはじめて納得できるものであった。『ニュー・マキャベリ』（一九一一年）には、ウェッブ夫妻についての描写――木々を、緑色の日除けに置き換えてしまうような、官僚主義的改革の熱情をもったオスカーとアルティオラ・ベイリーとして――があるけれども、それは敵意に満ちた間違いようのない彼らの肖像であった。しかし、ウェルズの無神経な表現は、芸術的には純粋な利点となり、『ニュー・マキャベリ』を英語で書かれたいかなる政治小説にも劣らない作品とするのに役だった。ウェストミンスター議会を単純に背景として使うのではなく、重要な論点が問われているという実感が、物語を生き生きとさせていた。

「GBS」と「HG」は、著作によって有名になっただけでなく、裕福にもなった。文学的に定評のある本には大きな読者層がいる、というディケンズ時代［ディケンズ（一八一二～七〇）は一九世紀中葉を代表する小説家］の遺産は枯渇していなかった。もちろん今日では、ほとんど読まれない当時のベストセラー作家の本もある。サイラス・ホッキング［（一八五〇～一九三五）、小説家、牧師］は、気高い宗教性の滲んだ小説を書き、多くの読者をもっていた。「マリー・コレリ」（メアリー・マッカイ）［（一八五五～一九二四）、小説家］の書く浪漫的フィクションは、軽やかな筆致を特長としていた。またエリナ・グリン［（一八六四～一九四三）、小説家］は、官能的イメージの濃い小説、とりわけ『三週間』（一九〇七年）［浅野秋平訳『スリーウィークス』高風館、一九五六年］を書いて、広範な読者の良識の限界に挑んだ。

単純に娯楽用として書かれた「スリラーもの」や「衝撃もの」には、様々の著者がいた。アースキン・チルダーズ［（一八七〇～一九二二）、作家、政治家］は、『砂州の謎』（一九〇三年）［斎藤和明訳、筑摩書房、一九七〇年］でスパイをテーマにし、これをヨット遊びの情熱と結びつけて描いた。後にチルダーズ自身が、アイルランドのナショナリストになったという事実を別にすれば、これはまったくイギリス的であった。アイルランド共和国軍の一員になったチルダーズは、一九二二年の軍法会議の後で処刑された。統一党の政治家で、歴史家でも出版者でもあったジョン・バカン［（一八七五～一九四〇）、作家、カナダ総督（一九三五～四〇）］が、『三十九階段』（一九一五年）［小西宏訳、東京創元社、一九五九年］や『緑のマント』（一九一六年）［菊池光訳、筑摩書房、一九七八年］のような、スパイ活動や政治的陰謀を扱った奇想天外な作品の執筆に、自分の天職を見いだしたのは第一次大戦の最初の頃であった。一九二〇年に英国陸軍工兵隊《ロイヤル・エンジニアズ》を退職したシリル・マックニール中佐［（一八八八〜一九三七）、軍人、小説家］は、「サッパー」（工兵）というニックネームを用い、上流階級の熱血漢ブルドッグ・ドラモンド［スリラー・シリーズ（一九二〇〜三七）の主人公］を世に送り出したが、一連の映画化が示すように、主人公のファシストばりの暴力志向は絵になっていた。こういった本は、高度な文学的装いをもつものではなかった。しかしそれらは、その後の文芸批評の荒波を乗り越えて生き延びてきた目を見張るほど多数の小説とともに、今世紀最初の四半期のベストセラー一覧に名を連ねていた。

アーノルド・ベネット［（一八六七〜一九三一）、作家。フランス自然主義の写実的描写とイギリス的ユーモアを特徴とする］は、成功に対する厚かましいほどの渇望と、功利主義的打算にもとづいて散文を年々生み出したという点で、トロロープ［（一八一五〜八二）、小説家。ヴィクトリア時代の中流階級社会をテーマにした作品が多い］の精神的継承者であった。トロロープと同じようにベネットは、とくに彼が、一九二〇年代に影響力をますます強めるヴァージニア・ウルフ［（一八八二〜一九四一）、作家、批評家。レズリー・スティーヴンの娘で、早くから文才を発揮。「意識の流れ」を駆使した心理描写で小説に新境地を拓いた］の主たる軽蔑の的《まと》になった時、そのために自分の名声が損なわれると思った。その頃には、彼の絶頂期はおそらく過ぎていたのであろう。しかし、『五つの町のアンナ』（一九〇二年）、『老妻物語』（一九〇八年）［小山東一訳、岩波文庫、一九四一〜四二年、改訳『二人の女の物語』一九六二〜六三年］および『クレイハンガー』（一九一〇年）を創作した時期のベネットは、金銭的報酬に恵まれただけでなく、芸術的成果からしてもおよそ不毛ではなかった。ジョン・ゴールズワージー［（一八六七〜一九三三）、オックスフォード出身の小説家、劇作家。ノーベル文学賞（一九三二）］は、いわゆる文芸同人の批評家たちから同様の冷遇を受けることになった。彼らはゴールズワージーの「フォーサイト家物語」を無視し、一九二九年には彼のメリット勲章を、一九三二年には彼のノーベル賞を嘲笑した。それにもかかわらず、『財産家』（一九〇六年）［臼田昭訳、国書刊行会、一九八八年］、『窮地』（一九二〇年）、および『貸家』（一九二一年）の三部作は、後世の人々にエドワード朝イングランドの社会的規範をしのぶ手がかりを与え続けた。もっと綿密に描き込まれたE・M・フォスター［（一八七九〜一九七〇）、ケンブリッジ出身の小説家、批評家。『インデペンデント・レヴュー』を創刊、ブルームズベリー・グループに属す。五篇の小説を書き、『インドへの道』（一九二四）以後は、批評活動に専念］の風俗劇は、認められるまでに時間がかかった。同性愛をテーマにし、草稿が四〇年間も封印されたままだった『モーリス』（死後の一九七一年に出版された）［片岡しのぶ訳、扶桑社、一九九四年、他］だけでなく、シュレーゲル家の美的価値観と世俗的ウィルコックス家の「電報と怒り」との文化的衝突を扱った『ハワーズ・エンド』（一九一〇年）［小池滋訳、みすず書房、一九九四年、他］でさえもそうであった。文壇守旧派の重鎮たちもいた。（ポーランドからの）移民であるジョゼフ・コンラッド［（一八五七〜一九二四）、船長、小説家。一八八六年イギリスに帰化］、（アメリカから来た）ヘンリー・ジェームズ［（一八四三〜一九一六）、小説家。一九一五年イギリスに帰化］だけでなく、とりわけ民衆から賞賛され、一九一〇年にメリット勲章を受けたトマス・ハーディがそうである。

世紀転換期に真に人気を博した芸術の形態は、ミュージック・ホールであった。もともとパブを基盤にしていたミュージック・ホールには、あらゆる種類の「出し物」があった。喜劇や民衆歌は感情に訴える繊細な芸を披瀝し、そこには鋭い社会批評の冷笑的な底流があった。アルバート・シュバリエ［(一八六一～一九二三)、コメディアン。一八九一年にロンドンのミュージック・ホールに初登場］が「古女房」(My Old Dutch)〔押韻俗語 Dutch House / spouse〔連れ合い〕〕で、合わせて四〇年になる結婚生活にどう見ても感傷的なねぎらいの言葉を述べた時、出し物は、老齢貧民が追いやられた救貧院の絵を背景に演じられた。さもなければ他愛のない繰り返し文句《リフレーン》——「もう結婚して四〇年になるが、一日たりとも後悔はない」——も、救貧院の入り口が男女別々だという事実によって痛切な哀感を帯びることになった。

ミュージック・ホールでは、男女の区別なく庶民大衆による多くの聴衆参加が見られ、ビールの酔いが仲間意識を作り出していた。他方で、新しいバラエティ劇場は会社員や粋な紳士連へと聴衆の幅を広げ、彼らは群れ集い、舞台のコーラス・ガールに色目を送っていた。ボーア戦争の時、ミュージック・ホールは熱狂的愛国主義《ジンゴイズム》の温床だと見られた。しかし、それは本質的に、賞賛や嘲笑の的に浴びせられた聴衆の生理的反応の増幅装置であった。その時々の話題がすぐに取り上げられ、キャッチフレーズが、隠れたネットワークを通して国中に広まった。そのネットワークの要《かなめ》になったのが、旅回りの芸人が、次週の仕事に向かう途中で汽車を乗り換える、日曜日の午後のクルー・ジャンクション駅［マンチェスターの南、ミッドランドの北部］であった。これこそ、ある日クルーを捨ててカリフォルニアを目指したチャーリー・チャプリン［(一八八九～一九七七)、映画俳優、製作者、監督。アメリカに在住(一九一〇～五二)］が揉まれていた厳しい修練の場であり、そこで身につけたいくつかの古い芸当を彼は映画に生かしたのである。「笑いの首相」ジョージ・ロービィ［(一八六九～一九五四)、コメディアン。一八九一年にロンドンのミュージック・ホールに初登場。ナイト爵(一九五四)］は、ロイド＝ジョージも認めたように、政治の演壇を彷彿とさせるような仕草で舞台を飾り続けた。ミュージック・ホールは、その最高のスターの一人であるスコットランド出身の芸人ハリー・ローダー［(一八七〇～一九五〇)、コメディアン］が、一九一九年に男爵《ナイト》の称号を授かった時、ようやく然るべき社会的地位を獲得した。

一九世紀後半に、宗教とレクリエーションはしばしば結びついていた。二〇世紀を迎えても、教会と礼拝堂における広い範囲の社会活動——少女友愛会や少年クラブ、合唱団《クワイア》あるいはアマチュア劇団——に見られるように、イギリスの多くの地方では依然としてそうであった。合唱曲は、長い間イギリス音楽の強みだった。北部のタウン・ホールは、ヘンデルの『メサイア』のようなオラトリオ演奏で鳴り響き、いまだに民衆文化に染み込んでいた宗教性を別の仕方で表現していた。非宗教的な作品では、ギルバート［(一八三六～一九一一)、劇作家。サリバンと喜歌劇を共作、代表作『ミカド』(一八八五)。ナイト爵(一九〇七)］とサリバン［(一八四二～一九〇〇)、作曲家、指揮者］のサヴォイ・オペラがアマチュアによる上演目録の主要なものであった。これらはどれも、参加と自助の活発な伝統を構成し、その伝統は中流階級の自己修養の倫理と同等に熟練職人特有の倫理に共通のものであった。陸軍中将ロバート・ベーデン＝パウエル［(一八五七～一九四一)、将軍。ボーイ・スカウト創設の後、一九一〇年に妹のアグネス夫人とガール・ガイドを創設〕が、一九〇九年に始めたボーイ・スカウト運動は、帝国主義的色彩を帯びた教練のためでなく、手軽な野外冒険を約束していたために盛んになった。煙で汚れた食物と湿ったテントが、貧民街からの格好の逃げ場となったのである。

都市部のスポーツクラブは、しばしば宗教的保護のもとで始まり、後に有名になるサッカー・チームも、二〇世紀半ばのファンが驚くような起源をもっていた。もちろん大抵のクラブは、言葉のあらゆる意味でアマチュアのままであり、選手は、たとえ日曜日の礼拝にはあまり来なくても、土曜日のセント・スウィジンズの試合には出場した。こうして、宗教的生活からそれが支援する世俗的活動へ、教会の関心と忠誠が移ったことは、宗派の対立を弱める効果をもつと思われたかもしれない。しかし、大都市におけるプロ・フットボールの興隆は、（土着の）プロテスタントと（アイルランド系の）カトリックという、それぞれのコミュニティと結びついたチームの間の分断を強化し煽ることもあった。それは、グラスゴーのレンジャース対セルティック、マージーサイド〔リヴァプールを中心とするイングランド北西部の一帯〕のエヴァートン対リヴァプールの対立に明らかであった。

アソシエーション・フットボール（サッカー）は、一九世紀末には大衆のスポーツになっていた。とくにスコットランドとランカシャーの工業地域ではそうであり、プロ・リーグのクラブは、土曜日の昼に仕事を終えて大事な試合に駆けつけた労働者が、しばし地元チームとの一体感を味わう機会を与えていた。プロのフットボール選手は、二重の意味で労働者階級のヒーローであった。彼らはファンには神様のような扱いを受けたが、雇い主にはプロレタリアとして扱われ、才能に応じた金銭的報酬を拒む均一給の契約によって、一九六一年までは賃金奴隷の状態であった。スターとしての彼らの地位は、競合するブランドが販売する包みについてくる「シガレット・カード」の肖像写真で確かなものになった。フットボールの隆盛はまた、労働者階級の賭け事と結びついて焚き付けられた。それはほとんど競馬に匹敵し、毎週のフットボール・プールという賭が一旦確立すると、もっと合法的になった。それはいわばイギリスの国営宝くじの代用物であり、台所の食卓でプールに予想を書き込むだけで、あまり体面を気にしないで賭に興じることができるようになった。他方、街路の隅で人目を忍んでやっている呑み屋の使い走りは、労働者階級の賭け事が長い間（あまり効果なく）処罰され続けたという事実を明らかにしている。

一九一一年に、人口五万人以上のほとんどすべてのイングランドの都市には、フットボール・リーグ〔サッカー連盟、イングランドとウェールズのプロサッカー・チームの統合機構、一八八八年に設立〕のクラブがあった。強豪チームは多額の収益を上げ、リーグ構成はそのまま当時のイギリス経済史の縮図であった。一八八八年に創設されたリーグのメンバー、一二チームの中では、バーミンガムのアストン・ヴィラとマージーサイドのエヴァートンが北部の大都市圏を代表していた。両チームとも、一世紀以上たってもプレミア・リーグに留まっていた。創設から五年後にリーグ二部制が採用されても、リーグの二八のクラブでバーミンガム以南にあるものは一つもなかった。それでも、プロ・フットボールは今や南に忍び寄っていた。南東ロンドンのウリッジ・造兵廠《アーセナル》はボーア戦争後には繁栄が衰え、突然その名を冠したフットボール・チームと関係をなくし、そのチームはイズリントンにある現在のハイベリー競技場に移った。しかし、アーセナルは「ガナーズ」として知られ続け、北ロンドンのライバル、トテナム・ホットスパーが「スパーズ」として知られたのとちょうど同じであった。同じように、シェフィールド・ウェンズデーという名称は、店員に午後の半休を与えた週半ばの早じまいの日に行われた試合を記念していた。こういった大都市のクラブは、もともとの場所から移っても存続した。それでも、二〇世紀初めに世界最大の紡績工場を誇った北部の小さな綿工業都市グロソップは、依然としてリーグ一部で栄光の時を享受していた。世紀の終わりに近づくと、フットボール・リーグの上位で有力になったのはより繁栄する南部であった。それは、プレミア・リーグのウィンブルドン、サウサンプトン、イプスウィッチ、およびノリッジのようなクラブであり、リーグ一部あるいは二部に所属するルートン、スウィンドン、オックスフォード、ピーターバラ、ブライトン、ケンブリッジおよびボーンマスのようなクラブであった。

ウェールズでは、ラグビー・フットボール〔ラグビー〕が労働者階級の大衆的支持を獲得した。一方、イングランドやスコットランドでは、アマチュアとしてのラグビーの地位が社会的排他性を維持する手段となり、大衆の支持を欠いていた。実際、アマチュアの地位の問題が、ランカシャーとヨークシャーの炭鉱地帯を中心に、プロとしてのラグビー・リーグ〔主にイングランド北部のプロラグビー・チームの連合、一九二二年に結成〕の結成を促した。対照的にラグビー・ユニオン〔アマチュアラグビー・チームの連盟、一八七一年に結成〕は、大抵のパブリック・スクールで競技され、各地の「オールド・ボーイズ」チーム、あるいはスコットランドでは「フォーマー・ピューピルズ」が競技の主要な担い手であった。しかし、南ウェールズでは「フットボール」が、アマチュア身分のラグビー・ユニオン規約、を意味し、谷間の抗夫がつくる勇敢なチームが国民的栄誉を担った。一九〇〇年から一二年の間に少なくも六回、ウェールズは国際選手権でイングランド、アイルランド、およびスコットランドを破って「三冠王」を獲得した。そして、ニュージーランドから遠征してそれまで不敗であったオール・ブラックスを破った、一九〇五年のウェールズ代表フィフティーンの快挙は、伝説として語り継がれることになった。

サッカー、ラグビーいずれのフットボールとも違って、クリケットはイングランドのあらゆる社会階層によって競技され親しまれた（南ウェールズのいくつかの地域でも同じであったが、スコットランドとアイルランドでは、少数のイングランド系住民が親しんでいるだけだった）。一八七三年に州選手権が始まってから「ファーストクラス・クリケット」として認定されたトップ・レベルのクリケットは、競馬と同じように、いつも上流階級が参加を主張した観戦のためのスポーツであった。一九六九年までクリケットを統轄し続けたのが、メリルボーン・クリケット・クラブ（MCC）――名義上は民間の、社会的には排他的な団体――であり、一世紀以上にわたってロンドン北部にある現在のローズ・クリケット競技場で地位を確立していた。ファーストクラス・クリケットでは、アマチュアの「ジェントルマン」と、州のクラブに雇用される「プレイヤー」とを区別することによって、クリケットは、プロ選手の問題を解決してきた。イングランドの階級制度の縮図さながらに、彼らはいつも同じチームのメンバーとして競技場に立った。しかし、ローズ競技場では別々のゲートを通り、ジェントルマンだけがスコアカード上の苗字の前に名前の頭文字があるという事実によって両者は区別された。ホーク卿（第七代男爵）［一八六〇～一九三八、クリケット選手、MCC会長（一九一四～一八）］は、一八八三年から一九一〇年までヨークシャー・イレブンの主将を務め、その間に州選手権で自分のチームを八回優勝に導いた。彼はMCCのチームを率いて海外にも遠征したが、諸外国をクリケットに改宗させようという使命は、アメリカ、カナダ、あるいは南アメリカのスポーツ文化に対しては永続的な効果をほとんど持たなかったようである。しかし、人口の少ないオーストラリアは、非常に早くから国際的なテストマッチで母国と互角以上に戦えるようになった。そして毎回のシリーズの勝者には、（イングランドのクリケットの）「アッシズ」（Ashes）［英豪間のクリケット優勝決定戦の（仮想）トロフィ］というまったく仮想のトロフィが授与されるようになった。ホークは彼が遠征したインド、西インド諸島、および南アフリカのような他の国々が、国際的なテストマッチの対戦資格を獲得するのを見て満足していた。それは結果的に見れば、英連邦の統一にとって、チェンバレンが成し遂げたどんなことよりももっと永続的な遺産であった。

国民的スポーツとしてのクリケットは、イングランドの文化の中にゆるぎない地位を確立していた。願わくは、日脚《ひあし》が延びていにしえの木々がウィケットに長い影を落とす村の広場で、鍛冶家が速球投手、名士《スクワイア》の息子が粋な打者を演じるといった草クリケットに村民が興じる光景は、小説や詩の中で神話化されてきた。『ピーター・パン』［一九〇四年］の著者であるJ・M・バリー［一八六〇～一九三七、劇作家、小説家］のような文学者は競技に溺れ、イギリス的生活の最善のものすべてに対する効果的な比喩を、クリケットの中に見ようとする多くの寛大な読者も同じように溺れた。何かについて「ノット・クリケット」［公明正大でない］と言うことは、道徳的判断を意味したのである。

冗談でも言うように、スポーツはある人々にとって生死の問題であるどころでなく、もっと重大なものであった。スポーツがある種の宗教だと評されるとき、それは皮肉であると同時に示唆に富んでいるのかもしれない。大衆の心をとらえて、ともにすばらしい競技の成り行きに関与しているような感覚を満たし、力強いドラマを提供するスポーツの力は――それが、たとえ忙しい人々にとっては単に新聞のスポーツ欄の記事を立ち聞きするか、あるいはテストマッチの最新の経過を小耳に挟むだけであっても――、けっして侮ることはできないのである。二〇世紀のイギリスにおいて制度化された大衆スポーツは、制度化された大衆のキリスト教信仰が心理的空間につくっていた隙間のある部分を埋めているのかもしれない。

3　財政危機

アスキスは、一九〇八年に労せずして首相の座につくと、すぐにいかにも首相らしくふるまった。彼の強みは仕事を処理する行政能力であった。彼は、グラッドストーンを思い出させるような文書による見事な趣旨説明をし、巧みに人々を操って合意形成のために議論をすることができた。アスキスは、好機を見つけるまでは、一見したところ怠惰に過ごし、好機をつかむ時は鋭敏であった。有名になった言明——「静観しよう」(Wait and see)——は、もともとアイルランド危機の時に発せられたものであったが、その背後には多少の威嚇とともに、引き延ばし戦略がこめられていた。アスキスは知性をもって内閣に君臨し、大戦までは、最も強力で自信に満ちた副官たち——言うまでもなくデーヴィッド・ロイド＝ジョージとウィンストン・チャーチルであるが——でさえも、彼に敬意を払わざるをえなかった。アスキスは、彼らをすぐに枢要な地位に昇格させ、キャンベル＝バナマンの内閣に欠けていた活力を内閣に注ぎ込んだ。外務大臣のグレイ、戦争担当大臣のホールデンが首相の側近となり、彼らは一緒になって防衛と外交政策を決めていた。しかし、今や着手すべき問題は国内政治の方にあった。

アスキスは、平穏にならないことを重々承知の上で、大蔵大臣にロイド＝ジョージを選んだ。アスキス自身と同じように、ロイド＝ジョージも自力で叩き上げた法律家であった。しかし、彼はオックスブリッジで教育を受けた法廷弁護士というよりも、自ら好んでそう称したように、ウェールズ地方の事務弁護士であった。ウェールズ語を話す非国教徒の州カーナヴォンシャーの出身という生い立ちは、ロイド＝ジョージの急進主義に燃えるような大衆主義《ポピュリスト》的傾向を与え、とくにイングランドの地主に対してはそうであった。しかし、この「田舎家に育った男」は、ラニスティムドゥイ村の旧家で大事に育てられ、歴史上の諸悪に物申す人民の権利の擁護者ではあっても、自分が困窮を味わった犠牲者ではなかった。彼の声は、イングランド人の抑圧から自由になろうとして正当に戦う小国民の声であって——ボーア人も同様であり——、その主張を彼は当然にも擁護した。ボーア支持派のネットワークを通じて、彼は政治的基盤を広げ、主要な反戦紙であった『マンチェスター・ガーディアン』紙の威厳ある編集者C・P・スコット〔（一八四六〜一九三二）、自由党支持の新聞編集者。『マンチェスター・ガーディアン』の編集者（一八七二〜一九二九）で、一九〇五年から社主〕のような新自由主義者と長期にわたる絆をつくった。スコットは、自由党と労働党の調和を図る進歩主義政治の高潔な擁護者であり、「ロイド＝ジョージの意を実現すること」を自らの生涯の仕事にしていくことになった。

ロイド＝ジョージは、自分で予見できないどころかほとんど理解すらできないような直感的能力によって、庭を花一杯にできるような才能をもった大臣として目立っていた。彼のベッドの上には、「猛禽もその道を知らず、禿鷹の目すらそれを見つけることはできない」（「ヨブ記」二八-七）というモットーがあった。商務大臣としての修養が彼の閣僚としての能力を確かなものにし、単なる急進主義の弁士ではないことを表現していた。エドワード時代の政治に新自由主義の真の基盤を確立することに、他の誰よりも貢献したにもかかわらず、彼は一九〇八年にラウントリーもホブハウスも読んでいなかったし、同様に演説で軽妙な引用をする時でも、一九〇九年の『救貧法委員会報告書』を実際のところは読んでいなかった。ラウントリーやホブハウス、あるいは彼らの本を読んだ他の人たちとの会話によって、ロイド＝ジョージは三〇分で本から学ぶ何よりも多くのものを得ていた。また、大蔵大臣の赤箱の書類をきちんと修得しないことも、彼の露骨な筆無精と同様に同僚を憤慨させた。けれども彼のやり方は、時に思い切った策を必要とするような状況のもとでは、議論の余地なく成功する力をもっていたのである。

大蔵省はすでにアスキスのもとで、伝統的な自由貿易財政に新境地を拓く重要な措置をある程度講じていた。一九〇七年度予算は、勤労所得に対する所得税減免措置を認め、投資所得により多くの税負担を課した。これはより多くを間接税に依存しようとする関税改革論者の意に背き、彼らの戦略に逆行して、累進税率による直接税の方向に動くものであった。それに加えて、アスキスの切り札は老齢年金であった。

ヴィクトリア時代の救貧法は、その申請者に抑制的な効果をもつ救貧院収容という方針を示して、自己依存と自立を促していた。平常の状態のもとで、労働者は将来への配慮、勤勉および節約によって、老齢時の困窮を避ける手だてをもつというのが、その原理であった。誰もが老齢になることをあらかじめ考え、勤勉に生活の資を稼ぎ、将来のために節約して十分な貯蓄をすることによって、個人主義的な美徳の報酬を得ることができるのであった。これこそ多くの自由党支持者が魅力的だと考えた仕組みであって、彼らは集産主義的《コレクティヴィスティック》な介入の教義を支持して、気まぐれにそれを放棄する気持ちなど全然なかった。年金の主張が具体化したのは、既存の仕組みが現実の上で明らかに行き詰まってきたからであった。平均余命が延びるにつれて、以前には予想もしなかった年齢まで生きる人が増え、自分の労働で生活することができず、いくらかでも倹約して蓄えた備えを枯渇させてしまうようになった。加えて、すべての労働者階級の所得が、老後のために十分な資金を貯められる余剰をもつという考え方がそもそも非現実的であった。さらに、多くの独立独行の職人が年金の受給権利を積み上げてきた友愛組合は、今や、彼らの掛金額を決めていた平均余命についての保険数理的な前提と、――黄ばんだ死亡表によれば何年も前に死んでいるはずの――老齢年金受給者に対する絶えず増大する支払い義務との間に挟まれて動けなくなっていた。

一九〇八年の老齢年金法による支給額は、後の水準から見れば微々たるものであった。週五シリングの年金——それは労働者の賃金の四分の一にすぎなかった——が、七〇歳をすぎてようやく支給された。資産調査によって、週一〇シリング以上の所得がある者に対する支給は減額された。また結婚している夫婦は、二人合わせてより低めの額を支給され、こうして大蔵省にかかる費用はさらに少なくなった。救貧法の救済を受けている者は、当初、年金を受ける資格がなく、これは満足のいく規定ではなかった。なぜなら貧民は明らかに、最も必要に迫られている老齢者の集団だったからである。しかし、救済に値する貧民と値しない貧民とを区別したいという願望は容易になくならなかった。このような限定があったにもかかわらず、計画が無拠出制であったために、政府の推定負担額は年間六〇〇万ポンドになった（後になって、それは五〇パーセントの過小評価であることが分かった）。政治的な影響は甚大で、チェンバレンの言い出した年金が、何年間も実施されていなかったため余計にそうであった。自由党は、自分たちは年金を約束したわけでなく、実施しただけであり、しかも自由貿易を放棄しないでそうしたのだと取り澄まして主張していた。

老齢年金を政策として引き継いだロイド＝ジョージは、とりわけその財源確保を迫られた。費用の見積もりが過小評価であることが明らかになった。政府を支持する平議員は、貧民にも受給資格を与えるよう主張したが、それは計画の一貫性を高めただけでなく費用の方をも高めた。それだけでなく、王立救貧法委員会の報告が間近に迫り、さらなる社会立法の施策が具体化の途上にあった。とくに平和、節約、改良という古い自由党のスローガンのもとで選ばれた政府にとって、もっと悪いことは海軍の予算であった。

これこそ、エドワード時代における財政危機の双子の原因であった。防衛費を節約した資金で社会改良を賄うという自由党政府の見通しは、ドレッドノート艦の出現によって水泡に帰した。それは強大な砲撃力、強力な装甲、とりわけ巨大な費用で自ずと有名になった最新技術を結集した戦艦であった。この種の最初の戦艦は一九〇六年に進水し、ドイツに対する明らかな技術的優位を、イギリス海軍に——一時的に——与えた。というのも、一旦ドイツ人が、一九〇八年にしたように同等級戦艦の建造計画で競争を決意すると、北海の支配をめぐる熾烈な争いで物を言えたのはドレッドノート艦隊だけだったからである。こうしてドイツは、より古い世代の旧式化したイギリス艦船を一気に飛び越えて先頭に立つかもしれなかった。あるいは、ドレッドノート艦の建造を加速させる運動の中で、トーリー系の新聞によって誇張された海軍リーグの人騒がせなプロパガンダが、進んでそのように宣伝したのである。「八艦は欲しい」というのがそのスローガンであった。六艦が海軍本部の要求であり、四艦はロイド＝ジョージとチャーチル率いる内閣の「倹約家たち《エコノミスト》」の譲れない数字であった。一九〇九年の長引いた議論の後、内閣はアスキスが仲介した妥協に合意した。それは、ただちにドレッドノート艦四艦、その後、必要になればさらに四艦を建造するというものであり、当然ながらその必要が生じることになった。

グレイの外交政策はドイツに敵対的でなく、一度ならず建艦競争を和らげようとする試みが行われた。しかし、イギリスは基本的に防衛的な立場であって、軍事力を増強するウィルヘルム二世のドイツ帝国の不断の挑戦に否応なく向き合わされた。その威圧的な国家主義の野望は、躍進する経済に煽られていた。一九〇〇年に、ドイツは世界の製造業産出額の一三パーセントだったのに対して、イギリスは一九パーセント近くを生産していた。しかし、一九一三年にはドイツが一五パーセントに到達したのに対して、イギリスの割合《シェア》は一四パーセント以下に落ちた。イギリスもドイツもフランスの二倍以上を生産していたが、これら三者を合わせた経済力は、今や新しい巨人であるアメリカ合衆国のそれをわずかに上回るだけとなった。アメリカは急速に、世界の製造業産出額の三分の一に到達しようとしていたのである。このような統計数字は、結果的に見れば、おそらく避けようのなかった国力の相対的衰退を巧みに表現している。しかしそれは、そのように考えることに慣れていなかった当時のイギリス人（ブリトン人）の間に不安をかき立てた。反ドイツのパニックが周期的に起こったけれども、自由党政府をフランスとの全面的提携に至らせることはなかった。まして帝政ロシアとそうすることはなく、ドイツに対する折衝が一九一二年まで続けられた。しかし、一九〇九年の危機は、大英帝国の安寧と自由貿易の政治経済学がともに依拠する海上航路の守護神たるイギリス海軍に、ドイツが挑戦していると見なされたために放っておくことはできなかったのである。

こうして自由党政府は、新しい社会改良計画の請求書に支払うのとまったく同時に、ドイツとの建艦競争に資金を出す羽目に陥った。関税改革論者が繰り返し言い続けたように、既存の税金でそのような請求に応じることはとてもできなかった。他方、「課税のベースを広げる」ための政府の提案は用意ができていた。ロイド゠ジョージの答えは、一九〇九年の予算案を提出する際の、明らかに不成功に終わった演説——自分自身の提案のいくつかを、彼が理解しているとはとても思えなかった——の中でまさに出ようとしていた。

ロイド゠ジョージがそう呼んだ「人民予算」は、巨額の新たな歳入を必要とした。それは直接税の急上昇、とりわけより高額の所得に対する所得税の累進性を強化させ、もっと注目すべきことには最富裕層に対する追加的「超過税」を課すことによって賄われた。飲酒業を再びねらい打ちする増税策がこっそりと持ちこまれ、また連合王国の全不動産の評価に着手して、土地課税の基盤づくりをした。これらすべてが合わさって大きく扱いにくい財政法案となったが、それは自由党が上院を通過させられる見込みのなかった社会立法を、伝統的に下院の専権事項であった予算に「付加」したものと言ってもよかった。予算の中身は、まったく新自由主義的であった。すなわち、グラッドストーンを大いにびっくりさせるような仕方で、累進課税と社会改良によって、富者から貧者に所得を再配分するものであった。しかし、飲酒業に課税し、土地貴族に真っ向から立ち向かい、自由貿易の純血を誇示することによって、旧来の自由主義を人民予算の命運に心情的に結びつけたところに、ロイド＝ジョージの政治的巧妙さがあった。さらに、自由党政府の財政は最富裕層には打撃を与えたけれども、年間一〇〇〇ポンドまでの勤労所得の専門職階級の納税者に対しては好意的であった。

一九〇六年以降の補欠選挙は政府に不利に働いた。今日であれば、「総選挙と総選挙の間における政府支持の落ち込み」(mid-term blues) と片づけてしまうところであるが、同時代人（およびその後の何人かの歴史家たち）は、政治の方向についてもっと大胆な判断をしていた。短い不況のために一九〇八〜〇九年の失業は、一九〇六〜〇七年水準の二倍になり、関税改革がちょうど必要としていた糸口を与えた。そして、補欠選挙における統一党の一連の勝利は、一九〇六年選挙での審判の屈辱を晴らすのを助けた。一部には不況の結果として、今や帝国特恵ではなく、製造品に対する一般関税による国内産業の保護がより強調された。政策綱領のこれら二つの項目に加えて、旧来のバルフォア主義者が支持する報復関税、さらに四つ目として歳入が付け加えられた。そして、歳入の議論が決め手になって、最終的に党を関税改革に転換させた。人民予算に直面して、統一党は代替的な財源を示す必要があったのである。歳出面で、予算に異議を唱えることはまずなかった。なぜなら、より多くのドレッドノート艦は何よりも統一党の要求であったし、年金の支払いを拒否することは選挙での自殺行為を意味したからである。こうした国内事情に左右されて、関税改革が「ロイド＝ジョージ財政」に対する保守党の応答となった。

選挙で自由党の命運を回復することに、人民予算が果たした役割を疑う余地はなかった。それは年金をこえて、チャーチルが言った「政治の未踏の分野」に入っていく系統的な社会改良政策を支える屋台骨となった。「政治の未踏の分野」とは失業であり、商務省の新しい大臣になったチャーチルが、その分野を自分のものにした。問題が摩擦的失業で、補充されない空き職が仲介されず、労働者がその職を求めている間［まだ埋まっていない求人を、求職者に仲介する間］に失業が生じる場合、チャーチルはその解決を「職業紹介所」に求め、それは一九〇八年に導入された。その考え方は、当時チャーチルの顧問の一人で、社会行政に強い影響力を及ぼすことになった仕事を始めようとしていたウィリアム・ベヴァリッジ［（一八七九〜一九六三）、経済学者。商務省、食糧省に勤務した後、ＬＳＥ学長（一九一九〜三七）。『ベヴァリッジ報告』（一九四二）により、戦後の社会保障制度の礎石を置いた］によって考案された。それはおよそ社会主義といったものではなく、労働者の職の自由市場を、多少介入主義的な潤滑剤でより効率的にするための手段であった。それはまた、ちょうど成立しようとしていた一歩進んだ介入の実践である、失業保険を得るために必要な手段でもあった。

「失業」という言葉が使われるようになってから、まだ二〇年そこそこしかたっていなかった。伝統的な用語は、救貧法の対象者である「労働能力のある貧民」で、それは地方行政庁の管轄であった。したがって地方行政庁が、社会改良に関する政府行政の中心にあったと考えられるかもしれない。バターシー選出の異彩を放ったリブ＝ラブ議員で、一九〇五年に地方行政庁長官になったジョン・バーンズ［(一八五八～一九四三)、新組合主義運動に精力を注ぎ、ドック・ストライキを指導。その後、地方行政庁長官（一九〇五～一四）、商相（一九一四）］のもとでは、そうではなかった。この人目を引いた任命についてバーンズは、キャンベル＝バナマンに対して「これまでに貴方がした中で、最も評判のいい人事です」と、自信をもって請け合っていた。バーンズは、自分がその生い立ちを売り物にした出身階層を象徴し続けた人物であり、その社会的保守主義のすべてを体現していた。救済に値しない貧民に対する職人の軽蔑については、言うまでもないことであった。

救貧法が改正されなかった理由の一つがこれだとすれば、もう一つの理由は、予想された改革論者たちの提案が、改革のあり方について合意に至らなかったことである。一九〇五年から審議を始めた王立委員会は、その委員である二人の注目すべき女性の間で両極分解していた。ヘレン・ボザンキット［(一八六〇～一九二五)、社会改良家・理論家。ケンブリッジを出た後、慈善組織協会で活動。ウェッブの官僚的社会主義に反対し、民間で組織する慈善の役割を擁護した］は、慈善組織協会の個人主義的倫理を代表し、それは夫のバーナード・ボザンキット［(一八四八～一九二三)、哲学者。オックスフォードを出た後ロンドンで著作活動。ロンドン倫理協会、慈善組織協会で活動。イギリスを代表するヘーゲル主義者］のヘーゲル主義社会哲学で強化されていた。そして彼女は、貧困行政が依拠すべき権威として救貧法を維持し、同時にその多くの機能を専門的な機関に委ねようとする多数意見報告を率先して主導した。実際のところは、少数意見報告もこの多くの点に同意していた。しかしビアトリス・ウェッブは、救貧法を解体するための一貫した議論の声明として、少数意見報告を書く決意をしていた。すなわち失業者は、職業紹介所への登録を義務づけられ、失業保険の給付を認められるが、矯正と再訓練の諸方策に従うという一つのきわめて重要な条件のもとで、国家から最小限の生活維持を保証されるというものであった。

二つの報告書の選択に直面して、政府はどちらも採択しなかった。任意の失業保険と条件付き救済というウェッブの包括案の代わりに、チャーチルは、(特定産業における) 強制保険という形をとり、失業給付に対して本来的に無条件の受給資格を与えるという計画を選択した。職業紹介所での登録は、進んで働く意志があることの確認であり、失業給付の必要条件になった。これが、一九一一年に通過した偉大なる国民保険法の第二部となり、それは当初、循環的失業に晒される産業の二五〇万人の労働者を対象にした。第一部は、ロイド＝ジョージの責任であり、疾病を対象としたが、死亡保険は生命保険の名で通用することを考えて、健康保険という用語が採用された。「ザ・ロイド＝ジョージ」(関係者に日常会話でそう知られるようになった) は、およそ一二〇〇万人の全雇用労働者を対象にしたが、「ザ・ウィンストン・チャーチル」(不公平にも、そう知られるようにはならなかった) よりも革新的ではなかった。チャーチルの失業保険給付計画には、それを範にして構築すべきドイツの先例がなかったのである。

国民保険は一家の稼ぎ手（ほとんど常に男性）を、失業あるいは疾病による窮乏化から保険によって保護するものであった。医療給付は補助的なもので、法律によって登録された健康保険医名簿の医者に受診できるようにして、基本的には再び仕事に戻れる状態にすることを目的にした。その計画が国家の補助金だけでなく、被保険労働者および雇主からの毎週の拠出金によって財政的に賄われたという事実が、大蔵省の負担を少なくした。この方法を選んだ財政上の合理性がそこにあるとすれば、その政治的な根拠も同様に注目すべきものであった。第一にそれは、ロイド＝ジョージの大衆主義的《ポピュリスト》感覚を示していた。彼は人々が救貧院を嫌悪していることを知っていた。国民保険行政の運営に際して、彼は救貧法の機構にまったく触れようとしなかったし、郵便局の窓口を通して行われた年金の支払いについてもそうであった。こうして自由党は、無視することによって救貧法に対処し、他の方法によってその伝統的所管業務を処理したのである。第二に、労働者がその権利を獲得したと考えた保険給付の無条件性が、国家介入に対して同意を得るための手段だったという点をウェッブ夫妻は把握しそこねていた。自由主義的集産主義《リベラル・コレクティヴィズム》はこうして、社会主義者の反論を迂回して労働党に訴えたのであり、これこそ何故イギリス福祉国家が国民保険の基礎の上に築かれたのかを確かに説明している。

人民予算なくしては、自由党の福祉改革は財源も政治力も持てなかったであろう。社会改良は、一九〇九年から一〇年にかけて、党派性の強い関心と絡み合った時には大きな政治問題となった。その時、自由党政府が置かれていた立場を説明する言葉を提供したのが、新自由主義であった。一九〇九年一一月の上院による予算案の拒否は、国制上の危機を招来し、それはようやく二回の総選挙を経て、一九一一年に議会法が通過して解消された。そのためこの危機はあくまで政治的な衝突であって、国制上の議論ではなく、自由党が必勝の政治戦略を思いついたために解決したという事実が、しばしば覆い隠されてきた。

上院の統一党多数派は、まんまとやりおおせると思って予算案の承認を拒み、ほとんど成功した。通常の保守党多数派をふくらませるために、「まれにしか登院しない地方の上院議員」(backwoodsmen) が大挙して姿を現した様はまさに壮観であり——予算案は三七五対七五で敗れた——、ロイド＝ジョージの雄弁に油をさした。彼は、「失業している者の中から図らずも選ばれた五〇〇人」に支配されていると言い放った。しかし、上院が国制の番人ではなく、「バルフォア氏の手先」(Mr Balfour's poodle) に成り下がっていると発言したときには、もっと真実を突いていた。予算が政府の財政上の必要に応じることができれば、関税改革の主張はずっと弱まることを、統一党の指導者は知っていた。また上院は、自分たちはただ予算案を国民に問うべく行動しているだけだと用心深く主張していた。法案に反対票を投じる彼らの法的な権利を疑う者はいなかった。同様に、一九一〇年一月の総選挙を招集したアスキスの対応に驚く者もいなかった。

下院の自由党多数派と上院の保守党多数派との間のこの対立は、少なくとも二〇年間繰り返されていた。一九一〇年にそれが決定的な意味をもったのは、選挙の行方を左右しかねない社会経済問題の争点が根底にあったためである。社会改良は人民予算に依存し、関税改革はそれを打破できるかどうかに依存していた。議論の核心にあったのはこの問題で、とくに工業地域および労働者階級地区の選挙区ではそうであった。すでに一九〇九年に、ロイド＝ジョージが東ロンドンのライムハウス［イースト・エンドの港湾地区］で行った猛烈に貴族を愚弄する演説は、大々的に書き立てられ、政治的煽動と同義語になっていた（おまけにそれは国王をも動揺させた）。チャーチルは人民予算のための運動の先頭に立って、グラッドストーンのミドロジアンの遊説を思い起こさせるような演説をランカシャーで行い、「根源的問題」――「それは大いなる階級問題であり、大いなる経済社会問題である」――について、自分の見解を公衆に印象づけた。公爵の孫が発するにしては、それは実に刺激的な内容であった。

プログレッシヴ派の主張は、それが自由党の演壇でされても労働党の演壇でされても本質的には同じであった。一九〇六年の時よりも三党間の争いはあったが、四〇人の労働党議員の当選は、圧倒的に自由党の支持に負うものであった。一九〇六年を超える数の増大は、イギリス炭坑労働者連合が一九〇八年に遅ればせながら労働党に加入したためであった。その中には、肩書きが変わっても、時にはその違いさえ認識しない、一二人の「リブ＝ラブ」議員がいた。しかし、「リブ＝ラブ」派が静かに消え去ろうとはしないことを示す一件があった。一九〇九年にオズボーン［鉄道労働者合同組合（ASRS）ウォルサムストウ支部の書記長］という名の自由党活動家が、彼の組合の鉄道労働者が労働党を支持するために組合費を使うことを阻止する差し止め命令を法廷から獲得した。オズボーン判決は労働党に一時的な財政危機を引き起こし、党は当然のことながら救済策を迫った。一九一一年、政府は速やかに、議員に年間四〇〇ポンドを支払う方策を実施した。もっと渋々にではあるが、政府は結局、労働組合法（一九一三年）を導入した。それは直接オズボーン判決に対処するもので、いかなる組合も、実際上、単純に労働党支持に用いられる政治基金を設立できることを規定していた。

一九一〇年一月の総選挙で、統一党の得票率は一九〇六年の時よりも、イングランドで五パーセント、ウェールズおよびスコットランドでは二パーセント高いだけであった。イングランド南部を中心に、統一党が一〇〇以上の議席を政府から奪い取ったため、議会で政府は過半数を割った。しかし、スコットランドのように北部では、一九〇六年のプログレッシヴ派の得票は概ね維持され、歴史的に非国教徒地域であるヨークシャーと北東部だけでなく、ランカシャーでもそうであった。ロンドンの労働者階級地区でも大体同じことが言え、そこでは今や自由党が過去三〇年間で最強の地位にあった。新しい下院の構成は、自由党二七五名、統一党二七三名、そしていつものように八〇名余りのアイルランド国民党で、彼らは理論的には政府を不信任にすることもできた。アイルランド選出の全議員一〇三人を除けば、イギリス本土の実際の議席区分は三一五名のプログレッシヴ派と二五二名の統一党派で、政府にとって少なくも六〇名の多数議席であった。同様にアイルランドで、国民党はアルスター統一党《ユニオニスト》に対して六〇名の多数議席を維持していたから、政府に必要な多数派を倍増する効果があった。一九一〇年の二度目の総選挙は一二月に行われ、あちこちで相殺的な変化はあったが、このような議会の勢力分布を乱すものではなかった。新しい議会が、一九一〇年一月に選挙された議会と同様に短命だと予想する者もほとんどいなかったけれども、それが八年も続くとは誰一人として予想しなかった。

4　アイルランド

イングランドとウェールズを合わせた陸地の面積は、アイルランドあるいはスコットランドいずれかのおよそ二倍である。要するにイギリス本土の面積は、アイルランドの三倍の大きさであった。しかし、一九世紀における人口動態の推移は、イギリス諸島の中での不均衡を増大させ、アイルランドとの合同《ユニオン》を不安定にさせる一因となった。一八四〇年代半ばの破滅的なアイルランド飢饉はその変化に拍車をかけ、アイルランドが第一次大戦後に分割される時には、人口を実質的に半減させることになった。他方、膨張するイギリスの人口は一八四一年にはアイルランドの二倍よりも少し多い程度であったが、一九一一年には一〇倍近くになっていた。イギリスとアイルランドの合同法によって、ウェストミンスター議会におけるアイルランドの代表権は、一〇三議席に固定され、下院のほぼ一五パーセントであった。一九世紀初めにアイルランドは、人口比で五〇パーセント過少に代表されていたことになるが、一九一〇年には五〇パーセント過大に代表されることになったのである。

今や尾っぽが犬を振り回している、すなわち自由党政府はアイルランド国民党のとりこになっている、と統一党は主張した。その指導者であるジョン・レドモンド［一八五六～一九一八、アイルランドの政治指導者、国民党党主。自治法の成立に尽力］は、アイルランド国民党がアメリカに移住した支持者から受けていた資金援助のために、「ドル独裁者」と呼ばれていた。これは、選挙の場にふさわしい感傷的で大げさな表現であった。しかし、統一党は代表権についてもっともな主張をもっていて、イギリスの選挙制度改正に関する自由党の方策の妨害を正当化するためにそれを用いた。自由党政府が議会でアイルランド議員の支持を享受することは適切でない、と統一党がさらに主張するのは、それほど擁護できることではなかった——とくに、連合王国は一つで不可分だという統一党の議論に照らせばそうであった。アイルランドが、ウェストミンスター議会で完全な投票権をもつ議員によって代表されるのでなければ、合同の原理とは一体何だったのだろうか？　さらに、アイルランド選出の議員が全員自治派というわけでもなかった。実際、イギリス・トーリー主義のブルドッグが、まもなくアルスター統一党《ユニオニスト》の尾っぽに振り回されることになるのであった。

アイルランド自治は、一九〇六年には争点にならなかった。その問題が忘れ去られ、グラッドストーンの亡霊のように戻ってきて、長い間待った選挙の大勝利をだめにすることのないように、多くの自由党員は密かに願っていた。しかし、妥協案である一九〇八年のアイルランド評議会《カウンシル》法案は、散々の失敗であった。キャンベル＝バナマン政府が提案した他の法案と同様に、それは敵をなだめることができずに、味方を狼狽させた。だから、自治でさえなければいいと考えるのは幻想であった。なるほど、継続的な土地購入計画は、よく太った小土地所有者の世代をつくり出し、農民国家としての二〇世紀アイルランドの姿をすでに垣間見せていた。同郷人のショーは『ジョン・ブルの他の島』（一九〇四年）で、こうした小土地所有者の自己満足を容赦なく皮肉った。パーネルが世を去って二〇年が経過し、アイルランド国民党も生前に彼を悩ませた強攻策に対するむき出しの政治的渇望を表すことはもうなくなっていた。パーネルは死後、郷愁も手伝って尊敬され、うわべの忠義心から記憶されていた。ジェームズ・ジョイス［（一八八二～一九四一）、アイルランドの小説家］はそれを、短編集『ダブリン市民』（一九一四年）［結城英雄訳、岩波書店、二〇〇四年、他］に収録されて公刊された珠玉の短編「蔦の日の委員会室」［蔦の日――パーネルの命日（一八九一年一〇月六日）を記念して、支持者たちが復活の印しの蔦の葉を上着の襟につけたことから］で的確にとらえた。

パーネル以後の国民党は、本土の同盟者であるグラッドストーン以後の自由党と似たような問題に直面していた。「自由主義の危機」が語られ、歴史的にブルジョア的な印象を与えてきた非国教徒の政党である自由党は、二〇世紀の経済的社会的変化が生む問題に勇敢に立ち向かい、その意志が少しでも揺らぐと、労働者階級の政党からも挑戦を受けるような時代であった。アスキスとロイド＝ジョージが実際の政治の中で展開した新自由主義は、相当程度そうした危惧を払拭し、「人間生活の無限の可能性を基礎にした自由主義の限りない性質」を証明したとは、J・A・ホブソンがこのテーマについての本で主張した点であった。後の歴史家であるジョージ・デインジャフィールド［（一九〇四～八六）、著述家。アメリカに帰化し、カリフォルニア大学で歴史学の講義も担当。ピューリッツァー賞などを受賞］は、もっと進んで「リベラル・イングランドの奇妙な死」について書くことになった。それは、まるで聖書に書かれた言葉のような威力を持ち続け、その話が実際に本当であることを疑う読者にとってさえ呪縛的に作用した。しかし、シン・フェイン（「我ら自身だけ」）［統一アイルランドのイギリスからの政治的独立をめざす政党］に救済を求める新しい文化的政治の波に呑まれたレドモンドの政党は、おそらくイギリス議会よりも、ナショナリスト・アイルランドの奇妙な死を予告する、彼ら自身の自由主義の危機に直面していた。

第三次自治法案は、最初から最後まで議会による手続きの問題だと考えられていた。不履行に対する言い訳はもうなくなっていたので、それは、アイルランドに対する自由党の歴史的な借りを返すことを意図していた。自治問題は、一九一〇年の二回の総選挙で自由党を不利な立場に置いた。とくに一九一〇年一二月のイングランド西部においてそうであり、一月には守ったいくつかの議席が失われ、工業地域でプログレッシヴ派が獲得したわずかの議席を相殺することになった。自由党および労働党候補者のほとんど全員がアイルランド自治を公約し、大体自分たちの選挙声明の最後に小さな文字でそれを掲げた。自治を特筆大書すべき問題だと主張したのはいつものように統一党であったが、今回は、一九一〇年に政治状況が動いたために、それがより真に迫っていた。

一九一〇年一月の選挙は、予算の運命を決定したが、上院の運命を決定することはできなかった。アスキスが、国王から国王大権を用いるという言質を得ていなかったのである。旧貴族に票数で勝つために十分な新貴族をつくり出すと脅して、下院の主権を押し通すためには、それが必要であった。そうでなければ、上院は国制上の変更をするための提案を、彼らが嫌う他のいかなる法案とも同じように、単純に拒否できた。アスキスの無防備さがこのように暴露され、彼の支持者の信頼を揺さぶった。しかし、彼は立場をうまく回復できた。まず、エドワード国王が一九一〇年五月に死に、大仰な葬儀の間をぬって全政党間で国制問題の解決についての合意を求める努力がなされたのである。

自治の問題が障害となった。政府は、自治を妨げるいかなる取り決めにも賛成せず、統一党は、自治を促進するいかなる取り決めにも反対した。ロイド＝ジョージは舞台裏でもっと踏み込んで、社会改良、関税改革、およびアイルランド自治を一つの建設的な政策パッケージに仕立てる連立政府をつくり、公然とした政治的取引によって国制上の障害を一気に乗り越えようとした。自治はまたしても、バルフォアの障害となった。彼が合同《ユニオン》を積極的に擁護しようとする姿勢は、一二月の選挙で見られた。投票が始まる直前に、統一党政府は関税改革を実施の前に国民投票にかける、とバルフォアは誓約して、忠実なチェンバレン派をぞっとさせ、こうすることによって自治問題をさらに強調したのであった。

その間アスキスは、上院の決定を無効にするのに必要な数の貴族をつくって、自由党政府を後押しするよう、新しい国王のジョージ五世に抗しがたい圧力をかけていた。一九一〇年一二月の選挙における政府の勝利は、したがって、政治的帰趨を決定し、立法手続きが厳然と進んだ。今や切り札を手にしたアスキスは、ブリッジに親しんでいる者の手際のよさで点数を稼いでいった。一九一一年の議会法案は、上院の構成を改革することについて物議をかもしたが、実際には立法化についての拒否権を取り去った。その後、財政法案は下院だけで承認されればよくなり、上院が拒否した他のいかなる法案も、その拒否にかかわらず、下院の三回の会期（通常は年一回）を通過すれば法律になった。

もちろん、議会法案そのものの通過には上院の多数が必要であり、政府にはそれがなかった。たいていの保守党《トーリー》貴族は、力尽きるまで戦い抜くという決意を公言していた。しかし、そうした「塹壕派」（ditchers）は殉教者にはならなかった。カンタベリー大主教ランドール・デーヴィッドソン［一八四八～一九三〇、一九〇三年にカンタベリー大主教に。上院その他で社会問題、政治問題に積極的に発言し、行動した］の指導のもとに、主教たちが法案支持に名を連ねたのである。それは、二〇世紀のイングランド国教会が、もはや単に「祈りを捧げる保守党《トーリー》」ではないことを示す初期の兆候であった。決定的だったのは、大量の自由党貴族をつくり出そうとする目論見をそらすのに十分な数の保守党《トーリー》貴族（「妥協派」hedgers）が、隊列を離れたことである。これが重大な可能性を持っていたことは、自由党の院内幹事文書の中に残っている数百人の名前のリスト——バートランド・ラッセル、ロバート・ベーデン＝パウエル、トマス・ハーディ、ギルバート・マレー、J・M・バリーといった人々——からも窺える。それは実際、いかなるものであれ上院の力を強化するのに十分な人選であった。

一九一二年に提議された第三次自治法案は、議会法のもとで必要とされる手続きを、一九一四年までに完了するものと期待されたかもしれない。グラッドストーンの最初の自治法案［一八八六年］は、ウェストミンスター議会からアイルランド議員を除外することで（統一党に反対され）、第二次自治法案［一八九三年］はアイルランド議員を入れて（再び統一党に反対された）。そのいずれとも違って、新しい法案は、まさしく統一党が要求し続けたように、アイルランドの代表権がウェストミンスター議会で縮小されるという妥協案を提示した。*しかし、彼らは少しも喜んだわけではなかった。それは本質的に権限委譲の提案であり、アイルランド議会に重要な内政上の権限を与えるけれども、ウェストミンスター議会にかなりの権限を残すというものであった。その一つは防衛であり、財政政策もそうであった。彼ら自身に財政政策を任せれば、たいていのアイルランド国民党議員は保護主義を選択したであろうから、それは厄介な問題であった。先行する二つの法案から第三次自治法案を区別する最大の点は、それが法律になってアルスターに課されるという現実的な見通しがあったということである。

* 一八九三年の自治法案は、ウェストミンスター議会におけるアイルランド議員の数を八〇に減らすことができたであろう。しかし、当時の人口から見ると、これは依然として最大限の代表権であった。厳密に人口を基礎にすると、一九一二年に、アイルランドは六四議席の権利があった。自治法案はこれを全体で四二（もちろんアルスターを含んで）に減らせたであろう。

アイルランド北部の九つの州がアルスターという歴史ある地方をつくり、プロテスタント系住民のほとんどはそこにいた。そこには多くのカトリック教徒もいたから、アルスター地方の議会代表権は、国民党と統一党の間でおおよそ等分になっていた。というのも、パーネルのような国民党プロテスタントの名士がいたにもかかわらず、対立は基本的に宗教上のレッテルを貼られたコミュニティの間にあったからである。自治（Home Rule）はローマの支配（Rome Rule）の意味だという見方は、アイルランドの南の地方ではどうということのない冗談として通ったが、アルスターのプロテスタントであるオレンジ党員（Orangeman）［新教の優位とイギリス統治の確立を目的に一七九五年に結成されたオレンジ党の党員。国王ウィリアム三世（オレンジ公ウィリアム）の名にちなみ、オレンジ色のリボンを記章にした〕には悪夢であった。それまで様々の形で表明されてきた自治に対する彼らの敵愾心は、疑うべくもなかった。ランドルフ・チャーチル卿〔（一八四九〜九五）、保守党の政治家。断固たるトーリー主義の代弁者。ウィンストン・チャーチルの父親〕が、グラッドストーンに反対して「オレンジのカード」を切ると言ったのは一八八六年のことであった。イギリス本土の統一党は、一九一二年には以前にも増して強固にアルスターを擁護し、できることなら自治を完全に潰すことを決意していた。しかし、今回は早い段階からいざという時の代案があった。すなわち、アルスターを除くのであれば、南アイルランドについては自治を黙認するというのであった。

もしこれが、上院における彼ら自身の指導者ランズダウンのようなイングランドに住むアイルランド地主の間における伝統的な統一党支持者を犠牲にするものだったなら、少なくとも貴族たちは、多くがすでにそうであったように土地購入策〔土地購入資金融資と低利・長期返済による自作農創出をめざす保守党のアイルランド統治策〕を通して抱き込むこともできたであろう。しかし、ベルファストの大衆プロテスタントは、どこにも逃げる所がないし、逃げる資金もなかった。彼らの四〇万人以上が例によって一七世紀にまで遡り、自分たちはダブリン議会に屈服しないと宣言する「厳粛な盟約」に署名しても、何ら不思議はなかった。さらに、もっと急進的な人々がいた。八万人を下らないオレンジ義勇兵が、一九一二年四月には軍事訓練をしていたのである——彼らの敬礼を受けるべくそこに立ち現れたのは、他でもないイギリス統一党の新しい指導者であった。

バルフォアを継いだのは、思いもかけずに選出されたアンドルー・ボナ・ロー〔（一八五八〜一九二三）、カナダ生まれのイギリスの政治家、保守党。首相（一九二二〜二三）〕であった。三回の選挙に続けて敗れて、関税改革論者に愛想を尽かされたバルフォアは、一九一一年末に辞任していた。彼らが好んだ候補者はチェンバレンだったが、もはやジョーというわけにはいかず、オースティンであった。しかし、もう一人の候補者は、もっと伝統的なトーリーで、名士《スクワイア》を演じることのできたウォルター・ロング〔（一八五四〜一九二四）、地方自治体相（一九一五〜一六）、植民地相（一九一六〜一八）〕であった。しかし、余計な衝突を避けるために、彼らは意に染まなかったが、二人ともローを支持して潔く引き下がった。ローは指導的な関税改革論者で、カナダ生まれのグラスゴーの実業家であったが、根っからの保守党員で、少なくとも鷹揚に振る舞うようなことはなかった。ある時グラッドストーンが非常に偉大な人物だったことに同意するよう求められると、ローはあっさりと、「彼は非常に偉大なペテン師だった」と答えただけであった。これはバルフォアとはまったく違う流儀で、アスキスは皮肉をこめて、それを「新しいスタイル」と呼んだ。もちろん、指導者を変えることの要点は、すべてそこにあった。チェンバレン派の人々の判断が誤っていたのは、自治に反対するローの一途な熱情が、関税改革を支持する一途な熱情に勝っていたということであった。

ローがベルファストに現れたのは、目につく一つの兆候であった。一九一二年の間、彼は議会の内外で「議会の多数派よりも強いものがある」と公言していた。自治に対する軍事的抵抗の支持を統一党に公約させて、ローはアルスターを引くに引かれぬ争点にしただけでなく、内戦のことを騒ぎ立てていた。過ぎたばかりの国制上の危機にきびすを接するもう一つの国制上の危機がここにあった。伝統的に法と秩序の擁護者であるはずの保守党が、このような手段に訴えたことに驚くのは間違っているかもしれない。結局のところ、議会法が通過するまでは、トーリーはこうしたやり方で投票箱の判定に挑戦する必要がなく、上院を通して反対者を妨害することができたのである。イギリスにおける貴族的政府から民主的政府へのスムーズな移行を自己満足的に祝う歴史家たちは、代議政治がもつ意義に抵抗しながら政治力をなくしていった支配階級にとって、正念場ともいえたアルスター危機がもつ意味をおそらく見逃している。

　この衝突を民主的に解決する一つの方法は、もちろん国民投票であった。根本的な問題、とくに国制的な性格の問題については、国民に問う理由があった。この提案は統一党を引きつけた。というのも、経済社会問題を基礎に自由党がイギリスの進歩主義者の間に作り上げてきた多数派は、自治がきわめて不人気なことを隠していると統一党は確信していたからである。しかし、国民投票という便法は、六〇年後まで試されることがなかった。

　自治の問題は、政党間の他の問題と非常に複雑に絡み合っていたので、どちらにとっても優先順位の問題であった。政府は悲しいことに、形成されようとしていた新しい政策の勢いが一九一一年以降どれほど失われてしまったかを知ることになった。その代わりに、廃れた旧い政策——アイルランド自治だけでなく、より副次的なウェールズでの国教会廃止（Welsh Disestablishment）——に、忙殺されるようになった。ロイド＝ジョージが、一九一三年に土地キャンペーンを始めたのはそのためであった。彼は、シーボウム・ラウントリーを委員長とする頭脳集団《シンク・タンク》によって、住宅および最低賃金における国家介入のような新しい思想を考案して、古い急進主義者の叫びを強化しようとした。「神は国民に土地を与え賜うた」というのは、ロイド＝ジョージの土地改革唱歌の合唱であった。それは、一九一五年に予想される総選挙での、自由党の主題になったかもしれない。反対に統一党の側では、中間年の補欠選挙が確認したように、社会改良からアルスターへという争点の変化は歓迎すべき追い風となった。しかし依然として関税改革が、総選挙における党の訴えをだめにするのではないかという懸念があった。

　こうして、内戦の準備かあるいは単なる総選挙の準備なのかについて、ローの優先順位は一九一二年の間に明らかになった。食糧税を国民投票にかけるという、一九一〇年一二月のバルフォアの公約が、帝国特恵を駄目にすることをローは知っていた。そして、一九一二年末にローは、公約が消滅したというランズダウンの声明をまずは認めた。しかし、同時に彼は、ランカシャーで感情が非常に高まっていることも知っていた。そもそも彼は前回の選挙でマンチェスターの議席を争った経験から、公約にしがみ付いていたのである。そして、その地方の大物であるダービー卿〔(一八六五〜一九四八)、保守党の「ランカシャーの王」。陸相(一九一六〜一八、二二〜二四)〕が、もはやランカシャーのトーリーを抑えられなくなった時、ローは方向転換の時がきたことを悟った。食糧税は綱領からはずされ、それによって帝国特恵は見捨てられ、産業保護だけが残った。一九一四年にジョゼフ・チェンバレンが死んだ時には、関税改革はもはや影のように力のない政策になっていた。

今や統一党は、アルスターにすべてをかけた。一九一二年および一九一三年に、自治法案は然るべく議会を通過した。この最終段階で、たとえ永続的ではないにしろ少なくも一時的に、アルスターあるいは少なくもプロテスタントが多数を占める諸州を除く計画について、真剣に討議された。しかしながら、ベルファストおよび北部四州における明白なプロテスタント多数派は、その後の歴史が十分に示しているように、きちんと分割線が引けるような明確に規定された区域に住んでいるわけではなかった。二〇世紀の終わりになっても、分割線が真の解決になるのかどうかは明らかでなく、それはもちろん一九一四年に十分な支持を得ることはできなかった。ローが予言したように、自治法の議会通過とそれを実施することとは違っていた。軍隊の立場は微妙で、多くの将校がアイルランドと関係をもっていたため余計にそうであった。一九一四年五月、カラッハでの多数の騎兵士官によるいわゆる反乱〔カラッハ反乱。一九一四年アイルランドのカラッハに駐留していたイギリス騎兵士官たちが、アイルランド自由国併合に反対した事件〕は、この時点における政府の認識が不十分であったことを示していた。いずれにしても、厄介な状況が厄介な結果と向かい合っていた。

実際に何が起こったかというと、言うまでもなくヨーロッパの大戦が、一九一四年夏に内戦のいかなる恐れをも覆い隠したのである。政府は、自治法を最終的に法令集に収めた。しかしそれは、平和が到来して一年後に初めて施行されるという条件付きであった。レドモンドはこれに不満であったが、連合王国の戦争努力を支持し、したがってそれを支持した。実際、彼は他にやり様もなかった。アルスター義勇軍の好戦的本能も、同じように今は西部戦線に向けられた。イングランドの危機は、この時もアイルランドの好機となった——今回はこの好機が忘れ去られるのであるが——。まったくのところ、アイルランド問題が再度イギリスの新聞の一面を賑わすことになるのは、ようやくイースター蜂起になってからであった。

一九一六年のイースターにおける大見出しのニュースは、ダブリン郵便局がシン・フェイン党員に襲撃占拠されたというものであったが、それは象徴的な意味合いの強い行動であった。ダブリンの一般的な感情は、無関心でなければ、反シン・フェインであったから、いかなる暴動の脅威もすぐに消し去られた。状況を一変させたのは、政府の鈍い対応であった。なるほど、妥協に向けた努力がなされ、懐柔に長けたロイド＝ジョージの力によって、国民党とアルスター統一党はなだめすかされ、自治をアルスターの六州を除く二六州で実施することの合意寸前までできた。しかし、これらすべてが倒壊することになった。とりわけ、ごく普通の国民党員の目には、蜂起の首謀者の処刑は彼らを殉教者にし、レドモンドが蜂起をドイツの陰謀だと非難したことは、彼をイギリス政府の傀儡にした。アスキスとレドモンドが、アイルランド自治法によって両国民を和解させようとしたシナリオは流血の結末をもたらすことになったのである。

5　戦争の政治学

ジークフリート・サスーン［(一八八六〜一九六七)、第一次大戦に参加した反戦詩人］の『キツネ狩りの男の思い出』（一九二八年）からL・P・ハートレー［(一八九五〜一九七二)、小説家、批評家。従軍(一九一六〜一八)］の『仲介者』（一九五三年）［蕗沢忠枝訳『恋を覗く少年』新潮社、一九五五年］にいたるまで、文学作品は幸福なエドワード朝園遊会の模様をまざまざと呼び起こしてくれる。平和と繁栄の黄金時代が、一九一四年八月に突然終わった。大決戦の前のとらわれない快適さを満喫し、次いで青年将校隊に差し迫った殺戮をさせるという二重の特権をもった少数のエリートにとって、その後の回想が深い郷愁に彩られるようになったことは容易に理解できる。しかし、彼らの経験が物語の全部ではもちろんなかった。

大抵のイギリス国民にとって、一九一四年の生活は困難であった。爆発的な移民は、その一つの証拠である。確かに今や社会改良は、疾病や失業といった古い時代の恐怖を部分的に和らげていた。それは福祉の増進による利点であったが、それには政府予算の一〇パーセントの費用がかかり、その費用は一九一四年に二億ポンドに達していた。一九世紀末に物価が下がったため、賃金の購買力は上昇していたが、一八九〇年代半ばに物価が上がり始めると、その上昇には陰りが見られた。実質賃金が平均して下がったと考える人はいない。より古い統計は、一八九五年と一九一四年がちょうど同じであったことを示しているし、新しい統計は若干の改善さえあったことを示唆している。このことは、国民一般の栄養と体格が今や持続的に向上していたという他の指標と符合している。

しかし、生活費は二〇年間で二〇パーセント上昇し、ときに名目賃金の年毎の上昇を超え（とくに一九〇五〜〇七年）、賃金交渉に不安定な影響を及ぼした。実際、一九一〇年から一三年にかけて、一八九〇年代以降に見られなかった規模で生活費が急上昇し、ストライキを頻発させた。一九一二年には、ストライキによる労働損失日数が四〇〇〇万日に達し、とくに全国規模の炭鉱争議は政府の介入によってようやく解決した。これは時代の徴候であったが、この「労働不安」は、アルスター危機と違って、一九一四年には治まっていた。

戦前に、「リベラル・イングランドの奇妙な死」は見られなかったが、困難がなかったわけではない。予想できなかったのは、一九一四年夏に困難がやってきた方向である。H・G・ウェルズの『ブリトリング氏それをやり遂げる』（一九一六年）で、その主人公は、「アイルランドでの衝突に非常に気をもみ、ドイツとの戦争の可能性などわざと気にもかけない」ような人々全体の声を代弁していた。突如として、サラエボ〔旧ユーゴスラヴィアのボスニア・ヘルツェゴビナ共和国の首都〕が地図上で探すべき都市になった。そこでオーストリア大公フランツ・フェルディナンドが暗殺され、ヨーロッパを横断する導火線に火がついたのである。アスキス内閣は八月一日までに、同盟国（ハプスブルク帝国とドイツ帝国）に対して、フランス（およびロシア）を支援すべきかどうかという不愉快な決断を迫られることになった。

同盟関係は大陸諸国を戦争に巻き込んだが、イギリスは参戦を決めかねていた。確かにフランスとの間に協約があって、両国の参謀の間で軍事的な話し合いが行われ、艦隊の間にも申し合わせがあったが、これは緊急時の対策に過ぎなかった。しかし、もしそれが実行されなければ、フランスは攻撃を受けやすくなり、こうしてフランスに対する信義上の問題が外務大臣グレイに重くのしかかった。グレイは、最後まで幾日か平和のために奮闘したが、自分で考えていたよりも深くフランスの命運に縛られることになった。しかし後に、自分たちを欺いたとグレイを責めた閣僚たち――大法官ローアバーン〔（一八四六～一九二三）、自由党の政治家、一九〇五年から大法官〕は、自由帝国主義者の陰謀だと言った――は、彼らが皆知っていた事実から故意に目をそらし、その意味を汲もうとはしなかったに違いない。

強硬な外交政策を支持する「自由帝国主義者」と、それに反対する「急進派」という型にはまった区分だけでは、内閣の意見の趨勢をきわめて不十分にしか伝えていない、というのが事実であった。ロイド＝ジョージは、相変わらず海軍の支出を削減しようとしていたが、一九一一年のアガディール危機――ドイツ皇帝が砲艦をモロッコに派遣した〔アガディールはモロッコ南西部の港町〕――に際して、ドイツの野心に勇敢に立ち向かう意志が十分にあることを示した。国王政府の立場を公に宣言したのは、グレイの同意のもとに行われたロイド＝ジョージのマンション・ハウス〔ロンドン市長公邸〕での演説であった。チャーチルは、もはや一九〇八年の「倹約家《エコノミスト》」ではなく、今は強力なイギリス艦隊がその歴史的優勢を保持すべきだと決意している金遣いの荒い海軍大臣であった。ロイド＝ジョージが一九一四年八月に会ったかつての親ボーア派――C・P・スコットがマンチェスターから汽車でやってきた――は、もはや平和集会のためにロイド＝ジョージを頼りにすることはできなかった。イギリスがドイツに宣戦布告した時、結局、辞任したのは二人の閣僚だけであった。かつてのリブ＝ラブ議員であるジョン・バーンズと、グラッドストーンの伝記作者で年老いたジョン・モーリ〔（一八三八～一九二三）、政治家、伝記作者。コブデンの伝記も執筆（一八八七）〕である。他のいかなる要因がイギリスの介入を促したにせよ、ほとんどすべての自由党支持者を戦争支持に向かわせたのは、ドイツのベルギー侵攻であった。

正当に自由を求めて闘う小国として、セルビアが遅ればせながら持ち上げられた――「五フィート五インチといった小国」に世界がいかに多く負っているかについて、ロイド＝ジョージが演説をした。しかし、すぐにこのおなじみのモデルになったのはベルギーであった。というのも、ベルギーのための戦争は、保守党はいずれにしろ支持しただろう国益のための政治的現実主義の主張ではなく、グラッドストーン的伝統における善悪の戦いだと見られたからである。急進派は、ボーア人を支持する彼らの立場が招いた社会の誹謗中傷に進んで耐え、反イギリス的だと長い間非難されてきたが、今回は彼ら自身の国が正しいと納得していた。一九一五年に、グレイの外交政策の古典的な擁護論を書いたのは、オックスフォード大学の自由党系ギリシャ語教授ギルバート・マレー［(一八六六～一九五七)、オーストラリア生まれの古典学者、国際主義者］であった。それは、バートランド・ラッセル［(一八七二～一九七〇)、哲学者、数学者、平和運動家。ノーベル文学賞(一九五〇)］のような反戦論者を怒らせたであろうし、懐疑的なショーを動かすことはおそらくなかった。しかし、それは自由党に色濃くあった正義観を巧みに引き出し、段階を追って戦争遂行と平和の達成に高い道徳的目標を付与するのを助けた。それゆえ、愛国的犠牲を求める最も熱烈な呼びかけが、一九一四年九月、ロンドンのクイーンズ・ホールにおけるロイド＝ジョージの戦争に関する最初の公的演説で行われたのは少しも不思議でない。

労働運動もまた、労働者階級の国際的連帯についての戦前のたいそうな雄弁にもかかわらず、概してベルギーを進んで助けようとする政府の決定を支持した。グラッドストーン的伝統は自由党と労働党を包み込む進歩思想の一部であるから、これは驚くことではなく、戦争をめぐって、両党はだいたい同じように分裂した。見方が非常に革新的なラムゼイ・マクドナルドは、わずか二～三カ月前には閣僚の地位を受けるべきかどうかを思案していたが、今や議会の労働党党首を辞任し、グレイの外交政策に対する自由党の批判者と一緒に、国際協調を通して将来の平和を保証することを目指す民主管理連合（Union of Democratic Control）［一九一四年から第二次大戦まで活動した、イギリスの社会主義者、急進主義者、平和主義者たちの自由連合］の設立に向けた仕事をしようとしていた。労働組合主義者のアーサー・ヘンダーソン［(一八六三～一九三五)、政治家、労働党指導者。戦時内閣入閣(一九一五～一七)、内相(一九二四)、外相(一九二九～三一)、ノーベル平和賞(一九三四)］が、マクドナルドにとって代わり、戦時中における党の命運の形成に比類ない影響力を発揮するようになった。労働党の戦争協力が、保守党よりも自由党政府のもとで、より容易に積極的なものになることは明らかであった。

首相は、平和時にうまく機能していた仕組みをなるべく変えないようにした。彼が即時に行った唯一の譲歩は、新しい戦争担当大臣――カラッハの失敗以来、彼自身がその地位に就いていた――をキッチェナー卿［(一八五〇～一九一六)、陸軍軍人。南ア戦争を指揮してボーア人を弾圧。エジプト総領事、第一次大戦当初の陸相(一九一四)］という威厳ある人物にしたことであった。この人は、金モールの帽子をかぶり立派な髭のある厳格な顔つきをした高官で、新兵募集のためのポスターから鋭い眼光で見つめて潜在的な志願兵を指さしていた。内閣は明らかに戦略の決定にふさわしい集団ではなかったから、キッチェナーの戦争遂行上の統制が実質的に反対されることはなかった。戦争評議会《ウォー・カウンシル》が設置され、一九〇二年にバルフォアが設立した帝国防衛委員会の任務を遂行していた事務局に代わった。実際、戦争評議会は、帝国防衛委員会からモーリス・ハンキー大佐［(一八七七～一九六三)、戦時内閣官房長官(一九一六～一八)、内閣官房長官としてパリの平和会議はじめ国際会議に出席］を官房室長として引き継いだだけでなく、戦争遂行に直接その名を連ねた唯一の統一党議員であるバルフォアを一員に迎え入れた。

「業務は平常通り」というスローガンを作ったのはチャーチルであるが、それを実行したのはアスキスであった。戦争についてのアスキスの考え方は、伝統的なものであった。二〜三世紀の間、大陸の戦争でイギリスがしたことは、兵士の大半を同盟関係にあった国々の大量軍隊に任せ、自分は主計官として行動することであった。それゆえ、経済的、財政的資源の保持が決定的に重要であった。これは大いに合理的なモデルであり、二つの世界大戦を通して「民主主義の宝庫」アメリカに、大いなる利益をもたらしたものであった。しかし、もはや連合王国に、どの程度そのような戦略をとる余裕があったのだろうか？

例外的にキッチェナーは、戦争が何年間も続き、何百万人もの人員が必要になりそうなことを予見していた。彼の「新軍隊」が、この難局に対処することになった。なぜなら、イギリスに割り当てられた西部戦線の防衛区域が——おそらくフランスとイギリスの人口比に対応していたのではあるが——、正規兵からなる弱小のイギリス遠征軍の能力を明らかに超えていたからである。ホールデンが創出した予備役の在郷軍人からなる国防義勇軍がそれを強化しても、事態は変わらなかった。しかし、当局を戸惑わせるほどの志願兵が怒涛のようにやってきた。問題は志願兵を探すことではなく、彼らを訓練し配備することであった。彼らは帝国からの兵隊によって増強された。オーストラリアとニュージーランドは、明らかにその人口比を超える規模の兵隊を送った。カナダは、ケベックにおける国内の分裂にもかかわらず、戦争に加わった。そしてもっと驚くことに、南アフリカのボーア人主導の政府も加わったのである。そこでは、スマッツ将軍〔（一八七〇〜一九五〇）、南アフリカの軍人、政治家。南ア連邦の国防相、内相、首相（一九一九）〕が主要人物として登場していた。

西部戦線におけるぞっとするような死者の数——東部戦線はもっとひどかった——は、一九一四年夏の安易な予想の多くを、まもなく冷たく裏切ることになった。どちらの戦線も、すみやかに突破できる見通しはほとんどなかった。

こうした中で、戦争評議会は攻撃を別の戦域に移し、英国海軍を活動させる計画を提案した。海軍の防衛上の役割はイギリス船舶の航路を守ることであり、この点で少なくも海上での攻撃に対する防衛に関しては、概ね成功していた。唯一の全面的な海戦は、一九一六年五月のユトランド沖での決着のつかない会戦であった。また、ドイツ皇帝による外洋艦隊の有名な勝利宣言も、それが二度と母港を離れなかったという事実によって名ばかりのものとなった。しかし、たとえイギリスが重要な防衛目標を守ることができたとしても、英国海軍が攻撃上の利点を確固たるものにすることはもっと困難であった。というのも、黒海入り口のダーダネルス海峡を奪取しようとする海軍の不運な攻撃計画は、ことごとく失敗し、帝国の軍隊にガリポリ〔トルコ北西部ガリポリ半島北東部のマルモラ海に臨む港町〕での無益な戦いをさせたからである。イギリスとオーストラリアの兵隊が、大量殺戮の矢面に立った。代替的な戦略を見つけようとするチャーチルの夢は、こうして妥協、泥沼、躊躇の罠にはまりこんだ。それはもちろん彼だけの責任ではなかった――しかし、ガリポリで死んだ兵士よりも彼の責任ではあった。チャーチルは政治的にその責任を負い、一九一五年五月に海軍大臣の職を去った。

海軍省の危機だけが、政府の改造を促したわけではなかった。フランス駐留のイギリス軍が砲弾不足に直面していると新聞が書き立てたことによって、アスキスは否応なしに対応を迫られた。以前の危機の時と同じように、彼は依然として自分が主役で、ロイド＝ジョージは副官であることを示した。彼らは一緒に新政権の組閣をし、統一党からも入閣させたが、それはおよそ対等の連立内閣ではなかった。ローが植民地省を与えられただけで、主要なすべての閣僚は自由党が保持し続けた。大蔵省もそうで、レジナルド・マッケナ〔（一八六三〜一九四三）、自由党の政治家、銀行家。内相（一九一一〜一五）、蔵相（一九一五〜一六）、ミッドランド銀行頭取（一九一九〜四三）〕が大臣になった。ロイド＝ジョージが新設の軍需省に移ったことが、大きな変化であった。彼は軍需産業と交渉し、軍需工場を彼自身の管理下に置いて、国家介入を大幅に拡張することによって、よりよい供給体制を即座に作り出す仕事に打ち込んだ。彼は国家介入の使徒になり、可能なところでは同調者を見いだした。

新しい軍需大臣は、もっと進んで次のようなことまで言った。「我々はドイツ、オーストリア、および飲酒と戦っている。そして、私の見る限り、これらの致命的な敵の中で最大のものは飲酒である」。当時の実際の飲酒問題は、ビールではなく蒸留酒《スピリット》であった。一九〇〇年がピークの年で、二五〇〇万ガロンの標準強度のアルコール飲料が、イングランドおよびウェールズで消費され（大人一人当たり一ガロンを優に超え）、スコットランドでは八〇〇万ガロンを超え（一人当たり三ガロンを優に超え）ていた。その後人口は少しずつ増大したが、この総消費量は、一九一三年にはそれぞれ一七〇〇万ガロン以下と、六〇〇万ガロン以下に低下した。戦時労働者が自らの稼ぎをつぎ込んだので、戦争は一時的に消費量を増加させた。禁酒に対するロイド＝ジョージの支持者たちは戦前には上院で妨害されたが、一九一五年にはその機会を得たのである。ビールの強さが薄められただけでなく、酒類販売許可店の営業時間が制限された。ロンドンでは、これ以降、たとえばパブは昼の一二時から午後二時半までと、夕方六時半から九時半までの間だけ開けることになった。当面の目的は達成され、一九一八年にイギリスの蒸留酒の消費量は、戦前水準のわずか四〇パーセントになり、それは一九〇〇年の水準の四分の一以下であった。さらに、その効果は長期的なものであった。戦後の一時的な増加にもかかわらず、こういった消費水準が一九六〇年まで標準的になった。午後は必ず閉めなければいけないというイギリス特有の酒類販売許可時間が、以降七〇年間にわたって守られることになったのである。

連立政府は、政府に対する新聞の批判を和らげるために結成されたという側面もあった。効率的な軍隊の設計者であるホールデンが親ドイツ的だというグロテスクな申し立てに直面したアスキスは、彼をはずし、こうして旧い友人だけでなく旧い友情も犠牲にした。新聞の攻撃はそれに構うことなく続いたが、もっと対象を限定するようになった。ロイド＝ジョージはそれを免れた唯一の著名な自由党政治家で、それは彼の立場が、今やはるかに好戦的な方策を支持する統一党に共感するものになっていたことの証《あかし》であった。首相がロイド＝ジョージの信頼を失ったのは、一九一五年夏のことであった。「静観は、平時にはすばらしい教訓であったが、戦時にはそのまま破滅に通じる」と、ロイド＝ジョージは内々に語ったのである。

分裂を引き起こした大きな問題は、徴兵制であった。多くの統一党員は、国民経済および関税のための政策と相まって進む国家建設の手段として、もともとそれを支持していた。新しい軍隊の必要がもっと多くの人々を転換させた。彼らは、国内で男性が愛国的義務を遂行しないでいるのに、なぜ男盛りのイギリス人が死んでいかねばならないのかと声を大にしていた。実際には、志願兵の補充が絶対的に不足することはなかった。徴兵制の本音は兵站《ロジスティクス》業務に関わるものであり——、民間の基幹産業労働者を入隊させないで、彼らを工場や鉱山の仕事に就けておくという人的資源政策の優先事項を実施することであった。しかし、一九一五年から一六年の冬には、この問題はもっと別の感情的なレベルで扱われた。アスキスは自由党の良心をなだめながら、同時にトーリーの要求と妥協を図るために、あらゆる偽装戦術を使い尽くしていた。彼は「ランカシャーの王」ダービー卿に勧めて、表向きは志願兵の原則を維持する計画を提案させた。それは、人々に進んで兵役に服する意志を誓言させるものであった。すなわち、既婚者で誓言した者は、独身男子が全部兵隊にとられるまでは召集されないと約束する一方で、まだ誓言していない独身男子に対して誓言したと「見なされる」と告げたのである。ダービー計画は、見方によれば、滑稽でもあり見下げ果てたものでもあった。徴兵制は、最終的には一九一六年初めに（アイルランドを除いた）イギリスに導入された。それは、合意を目指したアスキスの最後の企てであった。

一九一四年に諸政党は選挙上の休戦を宣言し、補欠選挙では、議席を保持していた政党に、対立候補を立てずに議席を与えることに同意した。しかし、平和時の論争が棚上げされたからといって、政治が休止したわけではなかった。たとえば労働問題は、一旦、生産のための戦争が労働組合にまったく新たな影響力を与えるや否や、かつてない深刻な問題になったのである。

問題の核心は、不熟練労働者が伝統的な組合切符なしにある部分の熟練職種に入ってくることを容認して、労働組合が自らの地位の「労働希釈《ダイリューション》」［熟練労働者不足を不熟練労働者によって補うこと］を許すかどうかという点であった。こういう労働慣行が、労働組合からは「保護的」と呼ばれ、また雇用者からは「制限的」と呼ばれて、組合管理のもとでの「クローズドショップ」を維持してきたのである。これは、一九一五年初めの「大蔵省協定」で、ロイド＝ジョージが提起した問題で、彼はその時、戦争終結とともに制限的慣行を回復するという厳密な了解のもとに、労働組合から

「労働希釈」についての譲歩を獲得していた。これは、労働組合にとって相当な勝利であり、組合の指導者たちは国家の必要に対して愛国的に、——しかし、彼ら自身の条件で応えたのであった。

すべてこのように、戦争の遂行は政治の材料になった。アスキスとロイド＝ジョージの協調体制が崩れたのは、こうした多面的な問題のためで、以前からの対抗心や思想上の相違のためではなかった。一九一六年末までに、ロイド＝ジョージは戦争遂行努力の統制権を握ろうとしていた。当初は首相になるためではなかったが、彼はアスキスをはずして小さな戦争委員会を設立する条件を述べた。それは、アスキスの地位をないがしろにするものであった。一九一六年一二月の危機の際に、アスキスの足元は覚束なかった——飲酒にまつわる中傷が、今や「老いた酔っ払い」(Old Squiffy) に付きまとった。そして、アスキスが自分の支持者たちを過大に評価したことに、長い首相職の弔鐘の徴候が表れていた。ロイド＝ジョージとの妥協を撤回した時、アスキスは取って代わられていた。彼らのパートナーシップは、過去八年間にわたる政府の枢軸であり、自由党の成功の推進力であった。そして、次の六年間における激しい確執は自由党を墓の縁に追いやることになったのである。

第3章　戦争に勝った男　一九一六〜二二年

1　西部戦線

我々は第二次世界大戦と区別するために「第一次」世界大戦という言い方をする。しかしこの第一次世界大戦という用語は、早くも一九二〇年に、『タイムズ』紙の従軍特派員であったチャールズ・ア・コート・レピントン大尉〔（一八五八〜一九二五）、兵士、戦争作家。『タイムズ』紙（一九〇四〜〇六）、『モーニング・ポスト』紙などの従軍特派員〕の本の中で広く使われていた。レピントンは同書で、ドイツが植民地を奪われたアフリカや、オスマン帝国を敵にした中東、さらには一九〇二年以来日本とイギリスが同盟国であったアジアにいたる、前例がないほど世界中に広がった戦争の規模を強調したのであった。とはいえ、戦争の発端だけでなく、その主要な舞台はヨーロッパであった。カナダ、オーストラリアおよびニュージーランドといった自治領からやってきた軍隊のほとんどが、まずはイギリス遠征軍（ＢＥＦ）の部隊としてヨーロッパで戦い、インド軍は中東で決定的な役割を演じた。

ベルギーの海岸線からオステンド〔ベルギー北西部西フランドル州の市・保養地〕とダンケルク〔フランス北部のドーヴァー海峡に臨む市・港町〕の間を抜け、さらにフランドルとフランスを蛇行してスイスの国境にいたる西部戦線は、一九一四年末までに定着し、一九一八年までほとんど動かなかった。戦線がまったく動かなかったため、ロンドンの文具商たちは、それを書き入れた地図をしばらく在庫しておいてもよいと思うほどであった。戦線の塹壕はこの戦争を象徴していた。一時的に防御が攻勢に勝るような軍事技術の発展段階であったため、攻める側には不利な形勢となった。わずか二、三〇〇メートルの土地を獲得するのに、ヨーロッパではいまだかつて見たことのないような規模の死傷者がでた（アメリカの南北戦争で、こうした状況の到来がちらりと垣間見えていたのではあるが）。

当時普通に用いられていた言葉は大戦（the Great War）であった。徴兵のための宣伝は、早くから将来を見越して女性たちに次のように問いかけていた。「戦争が終わったら、誰かがあなたのご主人や息子さんに大戦中にしたことを尋ねるでしょう。あなたが彼を戦争に行かせなかったら、彼はしょげるでしょうね」と。古典的なポスターは「父さんは大戦で何をしたんですか？」と、厄介なことを聞く自分の子をあやす困り顔の父親を描いている。このように将来の自分を思い描くことは、時代の重大な節目を強く意識した英雄的なポーズの表れであった。それは想像上の大戦の理念に訴えるものであって、現場の塹壕の経験を反映するものではなかった。

この明確な対照を示しているもののひとつが、初期と後期の戦争詩である。ルパート・ブルック〔（一八八七～一九一五）、詩人。『ソネットの連鎖』（一九一四）で知られる〕は、「ジョージ五世時代の」詩人という新世代詩人の一人として、戦前から一応は知られていた。すばらしい俗物であった新王の名前が彼の芸術的努力を祝福するのに使われたことは、皮肉であったとしても、それはブルックの魅力的で運命的な生涯における最後の皮肉ではなかった。目を見張るような美貌をもった彼は、ケンブリッジの学生時代に（リットン・ストレイチー〔（一八八〇～一九三二）、批評家、伝記作家。『ヴィクトリア時代の秀れた人々』（一九一八）、『ヴィクトリア女王』（一九二一）を著わした〕だけではなく）女性たちを魅了してきた。ブルックは政治的に国家主義的なトーリーではなく――彼やヒュー・ドールトン〔（一八八七～一九六二）、経済学者、労働党の政治家。蔵相（一九四五～四七）、イングランド銀行の国有化を実施〕のような友人たちはフェビアン主義者であった――、彼は自分のジョージ五世時代風の高尚な詩の語法が、一九一四年に彼をとりこにしたロマン主義的な愛国主義と調和していることに気づいていた。

我らを「彼の時」に調和させ賜ひ、
そして我らの若者を捕へ、
我らを眠りから覚醒させ賜ふた神に今感謝を。

「彼の時」とは、彼自身が戦争ソネットで予言した一兵士の死であった。

私が死ぬようなことがあれば、
私についてこのことだけは思っておくれ、
外国の原野のどこかに
永遠のイングランドの一角があることを。

ブルックが知りえなかったことは、この一角がフランドルではなくギリシアの島上にあり、死の原因がドイツの銃剣や銃弾ではなく、蚊の刺し傷だったことである。しかし一九一五年の春、彼のイングランドは戦争の英雄を必要としていた。彼の友人エドワード・マーシュ〔（一八七二～一九五三）、役人、植民地省、商務省、軍需省、大蔵省などでチャーチルに仕えた。隠退後、絵画、文学の保護者となり、『ジョージ五世時代詩集』（一九一二～二二）を編集し、ブルックの詩集を出版した〕はウィンストン・チャーチルの私設秘書であったし、マルゴー・アスキスは首相官邸で一度ならずブルックを歓迎したことがあった。死後に出版された戦争ソネットによって、彼は、戦争初期の理想主義——そしてその時期の理想化——を語る国民的な名士に持ち上げられた。

よく引用されるローレンス・ビニヤン［（一八六九～一九四三）、詩人、美術史家。大英博物館で働き、『極東の絵画』（一九〇八）などを著わす］の詩「戦没者のために」は、今でも忘れがたい。

> 彼らは老けることはない、老いるがままの我らのように
> は。
> 齢は彼らを倦ませることなく、歳月は決して彼らを咎めな
> いだろう。

驚いたことに、この詩は交戦の開始からわずか七週間後に書かれていた。明白なことは、早い時期に戦死し、西部戦線について直接体験したことを何も書かなかったブルックが、最初の戦争詩人ではないとしても、戦争詩人として最も有名になったことである。英雄詩風の言葉遣いは休戦間際に作られたいくつかの詩にさえ見られるので、これがブルック以降に失なわれたというのは誤りであるが、ウィルフレッド・オーウェン［（一八九三～一九一八）、第一次大戦をうたった戦争詩人。戦死した］の「……語られなかった真実、／戦争の悲しみ、純化された悲しい戦争」のような詩の中には、塹壕における汚らしい生活の現実がますます強くにじみ出ている。

その後、大戦中に新軍隊で何とかもちこたえた兵士たちが書いたすばらしく豊かな戦争詩の収穫があった。そのうちの幾つかは、ジークフリート・サスーンの反戦詩『反撃』（一九一八年）のように、すぐに出版された。ほかの詩集で、とりわけオーウェンのほぼ間違いなく同性愛を描いた作品は、残された親族の感情を和らげるために、完全版まで半世紀を待たなければならなかった。エドマンド・ブランデン［（一八九六～一九七四）、詩人、批評家］やロバート・グレーヴズ［（一八九五～一九八五）、詩人、小説家、批評家］の作品とともに、それらは一九一七～一八年に塹壕から外に向かって叫んだ声であり、生き残った三人（オーウェンは休戦一週間前に戦死した）は、散文の中で自分たちの経験を回顧し続けた。とくにグレーヴズは、『さらば古きものよ』（一九二九年）［工藤政司訳、岩波書店、一九九九年］によって、一九二〇年代末に高揚する反戦文学の思潮の力強いうねりに乗った。

狐狩りをする人というサスーンの特権的な生い立ちは、彼の作品の中で十分に表現されている。グレーヴズは、チャーターハウスで強烈なパブリック・スクールの教育を受けさせられ、ミドルネームがフォン・ランケだという理由でいじめに逢った。ブランデンは奨学金を得てオックスフォードに入学したが、オーウェンは、それにかなりよく似た下層中流階級の出身であったために大学には行けなかった。いずれにしても、彼らは全員が将校でありジェントルマンであった。うってつけの臨時将校は、よく知られたパブリック・スクールの将校養成団からのストレート組であったが、階級について語っても西部戦線が戦争詩人や戦線に従軍した他の下士官たちに植えつけた根本的な対立の構図は見えてこない。彼らは将校として語ったのではあるが、自分たちと一緒に戦線にいた兵士たちのために語った——そして特異で伝えがたい自分たちの共有体験を、それを

逃れたほぼすべての人々への告発を込めて語ったのである。

平時における軍隊の規模は、全体でおよそ四〇万人であった。この数は一九一五年までに二五〇万人となり、一九一六年には徴兵制により三五〇万人に達し、一九一七年から一八年にかけて四〇〇万人から四五〇万人の間に落ち着いた。これはピーク時で全男子労働力の三分の一であった。その数は、一九一六年からの徴兵制による通常の徴兵適齢男性（一八歳から四一歳まで）の二人に一人の割合であった。新兵募集ポスターによる道徳的非難、ダービー卿の計画、そして最後は徴兵制によって次々と現実の標的になったイギリスの若い独身男性の場合（アイルランドでは徴兵制は一度も実施されなかった）は、その割合がもっと高かった（一九一八年のイギリス最後の攻撃で、歩兵の半分は一九歳以下であった）。これら四五〇万人のすべてが兵士ではなかったし、すべての兵士がフランドルやフランスで軍務についたわけでもなかった。逆に、もっと多くのイギリスの兵士たちが、その時々の瞬間的な光景が描き出す以上に、周期的に前線での軍務についた。どのような方法で集計してみても、一九世紀最後の一〇年かそこらに生まれた男性のほとんどにとって、西部戦線は生涯最大の体験であり、時には最後の体験であった。

死傷者の数はすさまじいものであった。仰天するのは毎週毎週、さらに毎月毎月またたく間に累積する戦死者の数が与える衝撃である。このひどく危険にさらされた世代の戦争の犠牲に関する最も注目すべき記録は、おそらくヴェラ・ブリテン［（一八九三〜一九七〇）、作家、フェミニスト。自伝的作品で知られる。娘は政治家のシャーリー・ウィリアムズ（後述）］という一女性によるものである。彼女の『若さの遺言』（一九三三年）はやがて再発見され、一九七〇年代のテレビドラマの放映によってもその衝撃は衰えなかった。オックスフォードのサマヴィル・カレッジでの勉学を中断し、フランスで従軍する大学生と婚約した彼女は、一九一五年に救急看護奉仕隊（ＶＡＤ）となり、果てしのない大虐殺の後に続く、吐き気がしうんざりする悪夢のような処理作業のなかに放り込まれた。それらはすべて、鉱泉の町バクストンにおける窮屈ながらも快適であった彼女の育ちからは程遠いものであった。彼女自身の弟と婚約者とは、七五万人に達したイギリスの全戦没者名の中に、目に見えないほどの微々たる貢献をした時、すべてを捧げたのであった。

戦間期には、若者の「失われた世代」について多くのことが語られた。このことを人口動態的に明らかにすることは容易でない。その理由の一部は、戦争には奔流のような外国への移民を小規模な純流入に転じる効果があったからである。というのも、（もし戦争がなければ）四年間に（男女合せて）一〇〇万人のイギリス人が国外に流出したと推定されるからである。一九二一年の国勢調査は初めて、前回の国勢調査と比べてイングランドとウェールズの人口増加率が年一パーセント以下に落ちたことを明らかにしたが、これは、二〇世紀の趨勢になった。戦時期には依然として人口増加があって、女性の方が男性の二倍であった。統計上では、戦争によって五〇万人以上の男性が亡くなり、イギリスにおける男女間の人口差は一三〇万人から一九〇万人に拡大した。一九二一年に、イングランドとウェールズにおける男性一〇〇人に対する女性の割合は一一〇人であった。とはいえ、一九一一年にそれはすでに一〇七人に達していたのではあるが。スコットランドでの変化はもっと小さかったが、一九二一年には一〇八人で、一九一一年の一〇六人よりも増えていた。戦争の結果、男性が絶対的に不足したという考えは、統計よりも人々の思い込みによるところが大きかった。実際、結婚見通しへの影響を考える上でもっとも重要なことは、若い男女のバランスである。一九一一年のイギリスで、二〇代の女性は男性よりも一一パーセント多かった。そしてこの男女間の差は、一九二一年に一九パーセントまで増大した。これは注目すべきことであっただろう。とはいえ、このことがそれぞれの年齢層で結婚する女性の比率にもたらす差異はそれほど大きなものではなかった。というのも、婚姻率は単純に適齢青年男性が一時的に少しばかり不足していることよりも、もっと複雑な性質の長期的推移に影響されるからである。

深く心に焼きついたのは、戦死者の人口動態的な衝撃ではなく人間的な衝撃であった。二〇世紀初頭において、死別はどのようなものであれより普通に経験されることであったが、それは両親が子供を埋葬し、妻や恋人が青春真っ盛りの青年を失った痛ましさを合理化しきれるものではなかった。女性たちは家庭でこの特別な重みに耐え、自転車に乗った電報配達の少年がやって来るのを恐れていた——労働者街で電報が来るのはきまって戦争局からであり、それはいつも悪い知らせであった。

「不毛」というのはオーウェンの古典的な詩の題名であるが、その一節にいわく、「子供を大きくしたのはこのためだったのか？」と。「戦没者」の「戦友」という畏敬の念を込めた言い方が普通にされるようになったが、それは特別な痛みを覚えるものであった。「失われた世代」は、心理的動揺を伴う現実であり、生き残った者たちに生涯にわたる影響を及ぼした。後に名声を馳せたこの世代の政治家たち——先ずはオズワルド・モズリー［（一八九八〜一九八〇）、政治家、ネオファシスト運動の指導者］、遅れてアンソニー・イーデン［（一八九七〜一九七七）、初代エイボン伯、保守党の政治家。外相（一九三五〜三八、四〇〜四五、五一〜五五）、首相（一九五五〜五七）］、クレメント・アトリー［（一八八三〜一九六七）、初代アトリー伯、労働党の政治家。首相（一九四五〜五二）］、ヒュー・ドールトン、ハロルド・マクミラン［（一八九四〜一九八六）、初代マクミラン伯、保守党の政治家。首相（一九五七〜六三）］——は、とくにソンム川［フランス北部を流れ、イギリス海峡に注ぐ川。第一次、第二次大戦の激戦地］とパッセンダーレ［ベルギー北西フランドル地方の町。第一次大戦の激戦地］の二つの戦闘における、敬慕する同期の戦死者たちに対して終生変わらない感情を抱き続けた。

前線におけるイギリスの防衛区域は泥にまみれていた。イープル［ベルギー北西部の町］（「ワイパーズ」［英兵が用いた俗称］）付近のフランドルの泥が、アルベール［フランス北部の町、ソンム川の戦いで崩壊］（「バート」［英兵が用いた俗称］）付近のソンム渓谷の泥よりも悪いかどうか熱心に議論されたが、結局決着のつかない問題であった。カナダ人ジョン・マクレイ［（一八七二〜一九一八）、カナダの医師。第一次大戦に軍医として従軍。詩「フランドルの戦場で」が有名になり、終戦記念日に赤いケシの造花を胸につけるという習慣が生まれる契機となった］は、死後の一九一五年一二月の『パンチ』誌に出版され最も人気を博した戦争詩の中で、「フランドルの戦場にケシが咲いた／連なる十字架の行列の間に」と書いた。

流行歌で唄われた「ピカルディーのバラ」は、同じようにソンム渓谷を象徴するものとなった。非常に速く動く戦死者の累計総数を示す表示板の下で、追悼のために演奏されたそのような歌は、ジョーン・リトルウッド〔（一九一四〜二〇〇二）、舞台演出家、俳優。一九三〇年代左翼大衆演劇運動に参加、戦後実験劇や俳優の協働により民衆演劇の再興をめざした〕のミュージカル『おお、何とすばらしき戦争』（一九六三年）によって後世に伝えられた。「ティペリアリーへの道は遠い」という（行軍の）抒情歌の陳腐さや、あるいは「さあ、あなたの古い道具袋に困難を詰め込み、／そして、笑え、笑え、笑え」といった歌の空元気は、歌われた文脈を思い起こすことで救われる。甘ったるい感情から拗《す》ねた猥歌まで、単なる言葉が、それを歌った軍隊の恐ろしい運命と皮肉な対照をなしている。「地獄のベルはチリンチリンと鳴る。あなたのために、しかし私のためにではなく」と彼らが歌った時、そこにどんな感情が混じっていたか誰が知るであろうか。

司令部は、一九一六年夏にフランスとイギリスの戦線が合流するソンム川で大攻勢に出ることを決定した。イギリスの新司令長官サー・ダグラス・ヘイグ〔（一八六一〜一九二八）、陸軍元帥。フランドルにおけるイギリス派遣軍の総司令官〕は、ドイツ軍の鉄条網を突破して大軍の騎兵隊を通過させ、結果的に戦争を勝利に導く正面攻撃を計画した。長期にわたる血まみれのヴェルダン防衛〔フランス北東部のムーズ川に臨む都市。第一次大戦中の一九一六年に、ドイツ軍の攻勢がここで食い止められた〕のために、フランス軍が参戦の規模を縮小したことは、——イギリス軍にとっては少なくとも——不幸であった。キッチェナーの新軍隊がこの綻びを塞いだ。ダービー卿の創見によって郷土のネットワークを通して形成されていた「郷友大部隊」が参戦し、一緒に軍務についた。リヴァプール、マンチェスター、とりわけタインサイドといった大都市圏が、最近召集された大部隊の構成員の出身地であり、その訓練不足に相応しく装備も貧弱であった。

ソンム川の戦いの初日である一九一六年七月一日に、イギリス軍の死傷者は六万人を数えた。——それは二年前にフランスに船送されていたイギリス遠征軍全体の半分であった。このうち二万一〇〇〇人はほぼ一時間のうちに殺戮された。いかなる軍隊であれ、かつて一日のうちに経験したことのない数の戦死者であった。

ヴェルダンの攻防でフランス軍が痛めつけられてしまうと、次のどんな攻撃においても前線のイギリス部隊が責任をもつしかなかった。ロイド＝ジョージが首相として「撲滅」という戦争政策に踏み込んだことによって、それまでのイギリスの限定的な関わり方は放棄された。こうしてヘイグは、彼が要求したものを多少とも与えられた。それが一九一七年夏のパッセンダーレにおける激戦であった。ここでも砲撃は巨大であった。そのねらいはドイツ軍の鉄条網を切断して、地勢を有利にすることであったが、すでにそれは困難であり、ほとんど突破不可能であった。そして、戦いは泥沼、泥沼——。

ドイツ軍の砲火を逃れたイギリスの兵士たちは、今度は水のために死に遭遇することになった。ロシア軍の崩壊によってドイツ軍が西部戦線に完全に傾注できるようになったまさにその時に、イギリス軍はフランドルで文字通り泥沼にはまり込んで身動きできなくなった。後知恵だが、イギリス軍が塹壕戦に取って代わるものとして開発した戦車の可能性を、ヘイグは評価し損なったように思われる。この戦争に連合国が勝利する何か簡単な方法があったとは考えられないが、イギリス参謀本部が追求していた戦略について懐疑的な見方をすることも可能であった。

ずぶぬれの塹壕ではそのように思われた。緋の襟章でそれと分かる参謀将校たちは、「城内将校」が享受できたものとはかけ離れた条件に耐えなければならなかった将校や兵士のように前線で軍務についていた者から、侮蔑の目で見られるのが常であった。サスーンはそのすべてを語っている。

私がもしも残忍で、頭も禿げて息を切らしていれば、
きっと基地で緋の将校たちと過ごすだろう、
そして陰気な英雄たちを死の前線に追いやるだろう。

政治家も繭のような覆いで庇護されていたけれども、流血を回避することに彼らが個人的な利害をもたなかったと考えるのは、通俗的な誤りであろう。ウェストミンスター議会の各政党の党首たち（アスキス、ロー、ヘンダーソン、レドモンド）は、戦争で息子を失った。ローは二人の息子を失った。ラディヤード・キプリングは、自分の息子を奪った戦争に対する良心的な兵役拒否者ではなかったけれども、墓碑銘の格言のなかで彼の世代のために辛辣に語っている。

我らが何故死んだのかと問う者に伝えよ、
我らの父親たちが嘘をついたからだと。

とはいえ戦争の相貌は、紋切型の英雄的な戦争からは程遠いものであった。二〇〇〜三〇〇マイルというよりは数千マイルも離れているように感じられた本国の不安に駆られた公衆に対して、開戦時にそのように言われ、その後も依然としてそのように浸透していたのであるが。一九一六年に治療のためイギリスに戻ったグレーヴズは、そこを見ず知らずの土地だと錯覚した。「一般市民は外国語を話し、それは新聞用語であった」と。しかし、彼はロイド＝ジョージの演説を聞いた時、「彼の雄弁は驚くべきものだったので、私は他の聴衆のように我を忘れてしまわないように努力しなければならなかった」と告白している。

この戦争の視覚的なイメージは、直接体験の印象が二〇世紀特有の芸術的感性に与えるものによって創りだされた。ポスト印象主義の作品はすでに一九一〇年のロンドンに招来されていた。パーシー・ウィンダム・ルイス［（一八八二〜一九五七）、画家、小説家、社会批評家。未来派やキュービズムに接近、前衛絵画の旗主となるが、晩年は具象性を強め、右派的発言が目立った］のようなイギリスの画家たちは、新しく渦動主義（Vorticist）［短命に終わったイギリスの前衛美術運動］スタイルの実験に着手し、むきだしの暴力的なイメージを創作するために、写実的な具象絵画の伝統を放棄した。こうして戦争の布告を待たずして、西部戦線が予示された。彼らの雑誌は『爆破』（*Blast : the Review of the Great English Vortex*）と名づけら

れた。制度的に戦争画家にチャンスを与えたのは、政府がスポンサーとなって始めた企画で、彼らに前線の絵を描くように依頼した。

カナダの若い百万長者マックス・エイトケン〔（一八七九～一九六四）、スコットランド系カナダ人。情報相（一九一八）、戦時内閣閣僚（一九四〇～四二）、『デイリー・エクスプレス』、『イヴニング・スタンダード』などの所有者、ノースクリフとともに最大の新聞人〕は、彼の友人ボナ・ローとともに熱心な関税改革論者であったが、戦争によってイギリス政界の上層部に自ら喰い込む固有の機会が訪れたことを知った。ロイド＝ジョージが首相として最初にやったことの一つは、エイトケンをビーヴァーブルック卿として貴族に任じたことであった。ビーヴァーブルック自身はたいした美術鑑定家ではなく、専門家の芸術的助言に頼っていたが、芸術を通して戦争を記録しようとする原動力は彼自身に由来していた。カナダ戦争記念基金は、イギリスで同じ取り組みをする際のモデルになった（これは第二次大戦中に、美術史家ケネス・クラークのもとで繰り返されることになった）。実際には、ビーヴァーブルックが当初からカナダ人の画家と同様にイギリス人を登用していたので、これらは人員と成果の双方において重なりあう事業であった。

戦争画家たちは、軍事的武勇であれイギリスの田園詩であれ、戦争詩人たちに劣らず、従来の陳腐なしきたりが試練にあい覆されるのを自分たちの目で見ていた。ある画家が述べたように「古い英雄詩や、死や栄光の題材が廃れた」ことはもはや明白であった。高い地位にいる将軍の肖像画や、色鮮やかな騎兵隊の突撃を描くキャンバスに取って代わったのは、諸々の土地の描写であった。野晒しの白骨と近代戦のあらゆる残骸がちらばる痘痕だらけの地形ほど戦争を具現するものはなかった。これを描くのに最も成功した画家はおそらくポール・ナッシュ〔（一八八九～一九四六）、両世界大戦の公認画家〕であった。「虚空」（一九一七年）で、ナッシュは自分の初期の叙情的なスタイルを放棄し、砲弾で炸裂した木々や、ベリー式信号銃の折れた取っ手、破壊された大地の不釣り合いな隆起と陥没といった風景で見る者の目を釘付けにした。

ウィンダム・ルイスは「爆撃される砲兵陣地」（一九一八年）で、自分自身の「抽象的幻想」のもつ簡潔さに相応しいと見なしたノー・マンズ・ランド〔前線で相対峙する両軍の中間地帯〕に機械仕掛の兵士を描いて、現実と一定の距離を保った。C・R・W・ネヴィンスン〔（一八八九～一九四六）、両世界大戦の公認画家〕もまた、平時の絵画から戦時の絵画への移行を容易にはたした。彼の「行進する男たち」（一九一六年）は、ただ制服を着ているだけではなく、誰もが同じ顔かたちをして、彼らの情緒的反応の中に非人間的な暴力性を表現していた。ウィリアム・ロバーツ〔（一八八九～一九四六）、画家。イタリアの詩人マリネッティとともに未来派宣言を発表、後年は静物画を描いた〕による「イープルでのドイツによる最初のガス攻撃」（一九一八年）は、戦闘を描写した珍しい試みである。英国野戦砲兵隊の元砲手であったロバーツは、カナダ軍が前線で自軍の場所を確保するために、アフリカ植民地軍の兵士を押し退けようとする戦闘中の出来事を捉えた。想像力に欠ける画家なら、カナダ軍が勇敢に前進するところを描いたであろう。しかしロバーツは、あらゆる兵士が保身と義務の間で選択をする際の真実の瞬間を描くことを好んだ。何人かは前進し、一人はガスを浴びて退却中の部隊に加わろうとしているようである。公認の戦争画家たちの作品は終戦後にようやくすべてが展示され、こうして戦争についての新しい理解を創出するのに役立った。それは芸術的な成功を収めて絵画のモダニスト様式に窓を開いたけれども、やがてこの窓は再び閉じられた。戦時中にはずっと実験的であったネヴィンスンのような画家たちでさえもそれに倣った。

もしもこうした事業が戦争を記念するものとして失敗だったとすれば、その理由は記念に対する大衆の本能が、自分たち自身の意味をそこに賦与できるようなまったく別の形に向けられていたからである。一九二〇年一一月一一日の終戦二周年記念日に、国王はホワイトホールの戦没者記念碑を除幕した。それは簡素だが感動をよぶ儀式であり、消灯ラッパの響きで閉めくくられた。式次第は元インド総督カーゾン卿の指揮のもと、一九〇三年に彼がインド風戴冠式を執り行った際の経験に基づいて準備された。戦没者記念碑は、ニューデリーの設計者サー・エドウィン・ラッチェンズ〔(一八六九～一九四四)、建築家。多くの戦争記念碑、パビリオン、公邸などを建築。ニューデリーの共同設計者(一九一三～三〇)〕によって立案された。しかし、カーゾンとラッチェンズの二人はインドではイギリス支配を推進する威風を選んだにもかかわらず、記念碑の様式はまったく簡素なものとなった。この簡素さが、毎年の休戦記念日の基調となり、あまねく遵守された二分間の黙禱の儀式は、生存者や縁者に雄弁に語ってくれるのであった。英国在郷軍人会が選んだケシの花という象徴も同様に、西部戦線を慎ましくではあるが十分に思い起こさせてくれた。

2　ロイド＝ジョージと戦争

ロイド＝ジョージは一九一六年一二月に首相になったが、その理由は、彼こそ、果てしなく続くように思われた戦争を勝利に導く可能性が最も高いと広く考えられていたためであった。これによりロイド＝ジョージは、保守党の指導者たちの支持を得たが、当時交渉による和平の可能性をもてあそんでいたランズダウンは例外であった。内閣の自由党閣僚はほぼ全員がアスキスの退陣に追随し、一一年間外相の地位にあったグレイもその職を辞した。とはいえ、確固とした進歩的信念をもった閣外大臣のクリストファー・アディソン博士〔(一八六九～一九五一)、医学博士、政治家。福祉政策についてロイド＝ジョージに助言。軍需相(一九一六～一七)、再建相(一九一七～一九)、地方自治体相および初代保健相(一九一九～二一)、農相(一九三〇～三一)〕は、新しい政府を真の連立政府にするために自由党の平議員から十分な支持を確保することができた。アディソンは、自分のボスが前に就いていた軍需大臣を引き継いで六カ月間務めた。そのポストを継承したのはチャーチルであったが、彼は、紛れもなく保守党が優位を占める新政府に加わった戦前の自由党内閣からの唯一の閣僚であった。しかしロイド＝ジョージは、アーサー・ヘンダーソンが率いる労働党の支持を固め、ヘンダーソンは新しい戦時内閣に加わった。

ここにロイド＝ジョージの最初の革新があった。すなわち政府の構成は、戦争遂行上の要請を軸に再構築された。アスキス政権の一つの弱点は、彼の内閣が戦争努力の方向性を効果的にコントロールする意志も能力もなかったことであった。二十余名からなる内閣は、緊急の決定が必要な際に役に立たなかっただけでなく、閣議後に首相が国王に送る手紙以外、内閣の決定に関する記録をまったく残していない。こういうことがすべて変わったのは、ハンキーがまず帝国防衛委員会に設置し、その後戦争評議会に移管された官房室が、たった五人の閣僚からなる戦時内閣に対して仕事を始めた時であった。

労働党と保守党の党首はそこにいなければならなかったのであるが、しかし、ロイド＝ジョージは政党の序列を脇におしやり、南アフリカの元高等弁務官であったカーゾンとミルナーという二人の総督をその他の閣僚として抜擢した。戦時内閣で大蔵大臣のローだけが政府の省の職責をもつ閣僚であった。これは強力な大臣から構成される小集団であり、会議は一日おきに開催され、その決定は公式の閣議議事録を通してその執行責任をもつ中央政府の各省庁に明示された。こうして筆無精なロイド＝ジョージは、国王に手紙を書くという首相の伝統的な雑用を免れた。彼はまた、首相がよりうまく支えられるように周囲を固めた。一九一二年以来の恋人だったフランセス・スティーヴンソンに対して、彼は感情的にも政治的にも欠かすことのできない支えを求め、彼女は個人秘書としてきわめて重要な役割を果たした。個人的な側近たちを住まわせるために、首相官邸の背後に「ガーデン・サバーブ」と呼ばれた新しい公舎が建てられた。フィリップ・カー〔(一八八二～一九四〇)、ジャーナリスト、政治家。『ラウンド・テーブル』の編集者(一九一〇～一六)、ロイド＝ジョージの秘書(一九一六～二二)〕は南アフリカでミルナーに仕えたスタッフから抜擢された一人だが、このような「幼稚園」出のメンバーが元ボーア支持派の補佐役になったという皮肉は見過ごされることがなかった。

もう一つの行政改革は、フランス語の響きをもつ「ミニストリ」という言葉が初めて用いられた軍需省（Ministry of Munitions）に倣って、労働、海運、食糧を所轄する各省が新設されたことである。ここではとくに食糧配給の導入など政府統制のいくらかの強化が見られたが、さらにアスキスのもとで準備されていた施策のよりよい広報活動も実施された。ロイド＝ジョージは、ときに少しでも和合的な協同精神の発展を促すように、政党政治を離れて新たな任命を行い、経営者を政権に参画させた。海運大臣は船主であり、同様に労働大臣は労働組合員であった。

ロイド＝ジョージは、戦争遂行のためにいたる所で大きな新しい活力をとり入れた。彼の勇気と精力は彼の戦略よりも明瞭であった。イギリスの戦争機構をフル回転させることはまことに結構なことで、それは、飽くことのない西部戦線の貪欲を満たすおそらく唯一の方法であった。しかし、それはロイド＝ジョージが本当に望んでいたことだったのだろうか？　彼はガリポリについては（正当にも）懐疑的であったにせよ、決して意思堅固な「西部戦線派」ではなく、彼の気持ちはいつでも迂回路を探して前線攻撃を避ける手段を求めていた。帝国参謀本部長のサー・ウィリアム・ロバートソン［(一八六〇～一九三三)、陸軍元帥。参謀大学校(Staff College) 長（一九一〇～一三)。一九一五年一二月から帝国参謀本部長。戦略についてロイド＝ジョージと意見が合わなかった］は寡黙な人であった。彼は可能な選択肢について、ロイド＝ジョージと議論するつもりはなく、またできもしなかったが、ロイド＝ジョージも直感的な不信感を抱いて彼やヘイグとやり取りした。

ロイド＝ジョージは、アスキスに対する陰謀で糾弾されていたが、それと同じように、ロバートソンとヘイグに対しても謀略をめぐらしたので、アスキスの支持者たちは軍人の側に味方しがちであった。ロバートソンとヘイグは陸軍大臣のダービー卿を抱え込み、さらにヘイグは国王と私的なつながりをもち、それを自分の地位を守るために使った。この種の政治軍事的な塹壕戦のために、ロイド＝ジョージは自分自身の参謀よりもフランス軍を支援する措置に出ざるをえなかったが、しかし特にニヴェルのようなフランスの将軍たちは、イギリス同様現状打破をすることができなかったので、ロイド＝ジョージは、結局フランドルにおけるイギリスの別の攻撃計画を黙認した――それがパッセンダーレの激戦となった。ヘイグに泥沼の中の無駄な流血と浪費をさせないで、イギリスの戦争機構からありとあらゆる資源をいかに絞り出すかというロイド＝ジョージのジレンマが最高潮に達したのこそパッセンダーレであった。

一九一七年、目下の危機は海上であった。イギリス海軍による同盟国に対する海上封鎖は大いに効果があって、おそらく戦争の最終的勝利を決する最も見込みのある効果的な手段であった。とはいえ、ドイツは潜水艦により連合国側の商船に対する反撃が可能となり、そのため一九一六年には絶えざる損失を被って、イギリスの戦争遂行能力はもはや数カ月以上保てないほどの脅威に晒された。一九一七年二月、ドイツは潜水艦による無差別攻撃という策をとって、破れかぶれの賭けにでた。アメリカの態度が決定的であった。一九一六年一一月の選挙で大統領に再選されたウッドロー・ウィルソン［(一八五六～一九二四)、アメリカの第二八代大統領（一九一三～二一)、民主党。国際連盟創設を主導。ノーベル平和賞（一九一九)］は、戦争の早期終結をはかるために「勝利なき和平」を呼びかけた。しかし一九一五年まで遡ると、アメリカ市民を（戦争物資と共に）乗せたキュナード汽船会社のルシタニア号が［ドイツの潜水艦に］撃沈されたことによって、アメリカ政府はそのような挑発に対して断固たる態度をとるようになっていた。Uボート作戦でアメリカの船が予定通りに撃沈されるに至り、一九一七年四月にウィルソンはドイツに対して宣戦を布告したのである。

軍事的補給物資や軍隊はどうしても到着が遅れがちであったが、アメリカが連合国の最後の貸し手を引き受けることによって、戦争財政におけるさし迫った危機が回避されたので、イギリスの最終的な利益は計り知れなかった。しかし、直近の商船の損失は暫らくは致命的だったようである。ドイツ側の計算は、これにより連合国の輸送能力の四〇パーセントを撃沈し、それに応じて小麦の輸入額を六カ月分以内に縮小できると期待していた。事実、彼らの船舶の撃沈目標はほとんど達成されていた。一九一七年に、イギリス商船の三〇パーセントに当たる六〇〇万トンを超える船舶が撃沈された。といっても穀物だけは依然として流入していた。アメリカの一九一七年における小麦収穫は不作だったが、カナダの作物のほぼ四分の三が輸出された。現にイギリスにおける備蓄は増加し、一九一七年三月だけは撃沈のために小麦供給が一〇パーセント以上減少した——それはドイツの期待よりもはるかに少なかった。政府の新しい優先事項による改善と強制により不足の日数が節約された。ロイド＝ジョージを表す比類ない最良の逸話は、少なくとも彼の『戦争回顧録』で語られている限りでは、大股で海軍省に乗り込んで、旧弊に囚われた提督たちに護送体制を強要したことであった。彼はそこに着いたとき、おそらくすでに開きかけている扉を押しただけであったが、彼が護送船団に与えた重要性は、一九一七年の秋までに撃沈による損失を止められないまでも、歯止めをかけたことで十分に正当化された。

　交渉による和平の主張が説得力をもつとはいえ、かりに交戦国としてのアメリカが連合国に受け入れ可能な条件を呑ませるために、より強い圧力を加えるとすれば、それはますます力強いものであった。これは一九一七年の政治的泥沼の中では、どこからもなかなか同意の得られない政策であった。今や明白に野党の立場にあったアスキスは、何らリーダーシップを発揮しなかった。一九一七年一一月に和平条件検討の公式声明が出されたが、それは、一年前に私的に和平条件の検討を求めていたランズダウンに委ねられた。労働党が今やこれに同調的で、一九一七年八月にヘンダーソンが戦時内閣を辞して以来、ますますそうであった。彼ほど民主主義のための戦争を忠実に支持する者はいなかったが、いまや誰もがそうだと主張した。しかしヘンダーソンは、二月革命によって皇帝を廃位させたロシアを訪問したとき、連合国側の社会民主勢力がもっと奮起して活発に声をあげることではじめてロシアを戦争に巻き込んでおけると判断した。それゆえヘンダーソンは、ドイツの社会民主党が出席すると思われたストックホルムの会議に、労働党の代議員を派遣することにした。戦時内閣の同僚たちが、彼の行為の妥当性を議論している間、彼の言葉によれば散々「ドアマット」［玄関口の靴ぬぐいで延々待たされるというあしらいを受けた］にされたあげく、彼はロイド＝ジョージとの個人的な鋭いやりとりの末、結局辞任した。戦時内閣の方は他の労働党大臣（G・N・バーンズ［（一八五九～一九四〇）、政治家。合同機械工組合委員長（一八九六～一九〇八）。労働党党首（一九一〇～一一）。戦時内閣閣僚（一九一七～一八）。ILOの創設に参画、最初のイギリス代表］）が入れ替わったが、ヘンダーソンは今や名実ともに労働党の指導者であった。アスキスが、ロイド＝ジョージ連立内閣に対して明瞭な代替案を提起しなかったので、昔ならば一つでありえなかったような「労働党とランズダウン」という組み合わせが、一九一七年末における政治的な空白を埋めた。

　一九一八年三月、ルーデンドルフ［（一八六五～一九三七）、ドイツの将軍、政治家］の指導力のもとで新たに活気づいたドイツの軍隊は、いまや東部戦線が終息していたので、西部戦線に殺到した。ソンム川におけるイギリス軍の形勢は、多大な犠牲を払いつつ長期にわたって維持されていたが、ほんの数日でもろくも消えうせた。何にも増してそれは士気の崩壊であった。だがロイド＝ジョージの神経は参っていなかった。彼は前年海軍省にしたように陸軍省に乗り込んで、部隊をフランスに戻すよう命令し、アメリカ軍に投入を要求した。四月一二日付のヘイグの命令書は、「背水の陣をひき、我らが主張する正義を信じて、我々一人一人は最後まで戦わなければならない」と、事態のせっぱつまった様子を示していた。これは軍隊内ではあまりよく思われなかったとしても、本国では広く評判を呼んだ。六年前のスコット大佐［（一八六八〜一九一二）、海軍士官、南極探検家。一九一二年一月にノルウェーのアムンゼンより四週間遅れて南極点に到達したが、食糧不足と悪天候のため帰路で死亡した］による決死的な南極探検が二重映しになっていた。

アスキスは、その余波の中でためらいつつも野党の真の党首に名乗りをあげるべく一つの行動に出た。ロバートソンはドイツ軍の攻勢よりも前に罷免されていた。同じく解任された憤懣やる方ない彼の副官サー・フレデリック・モーリス［（一八七一〜一九五二）、陸軍少将。参謀大学校、陸軍省でロバートソンの下で働く。一九一八年に公職を去り、イギリス軍の兵力について新聞でロイド＝ジョージを糾弾した］が、世間を騒がしてやろうと決断した。ヘイグに十分な兵力を送らなかったことを否認するロイド＝ジョージに気分を害したモーリスは、首相が示した数字に異議を申し立てたのである。モーリスが正しく、ロイド＝ジョージが関係する証拠を隠滅したことはまず間違いない。しかし、アスキスが討論を要求した時、その件はロイド＝ジョージの信任投票という最も融通のきかないやり方で政治化された。七〇人を超える自由党議員が政府を支持する一方で、ほぼ一〇〇人がアスキスの側について投票し、残りの八五人ほどが棄権した。ロイド＝ジョージは大量の保守党員による支持で生き長らえた。

モーリス論争をめぐる投票は、それまで一八カ月間にわたって生じていた自由党の分裂を顕在化させた。その年の後半に総選挙になった時、政府に反対票を投じた自由党国会議員のうち、実質的には全員が連立派の承認する「公認証《クーポン》」を拒否され、そのほとんどが議席を失った。アスキス派の語り草によれば、これはロイド＝ジョージが自分の古参の同僚たちにぶちまけた報復的な復讐を示すものであった。実際のところは、一度ロイド＝ジョージが保守党と連立して戦うことを選択すれば、彼は自分自身の限られた数の支持者たちに手厚い保護を保証できたということであり、その保護を配分する際に、モーリス論争は当然にも過去の忠誠や将来の献身の徴候になったということである。連立派自由党員は、ロイド＝ジョージとローによる公式の推薦証の受取人であった。しかし彼らを救ったのは、配給制になぞらえてそのように呼ばれる「公認証」ではなく保守党対抗馬の欠如であった。

自由党の解体が、モーリス論争の主要な帰結であった。戦時指導者としてのロイド＝ジョージの名声は確固たるものとなり、終始変わらず戦いを続けるという彼の姿勢が強調された。戦争が辿った最終段階の形勢の逆転で彼のリーダーシップは劇的なものになり、かつてないほど公衆の耳目を惹きつけた。一九一八年夏になっても連合国側は守勢に立たされていた。ドイツ軍は六月にパリから一〇〇キロ以内にあるマルヌ川で隊形を整えていた。このことは八月に戦局が変わった時、救われたという気持ちがいかに強かったかを理解するために、覚えておく必要がある。連合国の一角であるロシアが一九一七年に崩壊して以降、どの交戦国が崩壊するかは五十歩百歩だったと言えよう。事実それはオーストリア゠ハンガリーの運命であり、次いでドイツであり、フランスも消耗し尽くし、そして一九一八年一一月一一日午前一一時に停戦が成立した時、イギリスは予期せぬ勝利の絶頂に酔いしれたのであった。

「戦争に勝った男」として、ロイド゠ジョージが賞賛されたのは当然だったと思われる。彼が自分の政治的な賭けにできるだけ早く打って出る決断をしたことも、何ら不思議ではない。彼は一一月一四日に総選挙を求め、一カ月後に投票が実施された。ロイド゠ジョージが戦争目的により二年前に結集させた連立派は、今や平和の諸問題を語った。当然にもドイツに対する悪感情が吹き出し、賠償請求が普通になり、皇帝を裁判にかける要求も普通のことになった。しかし、同時に連立内閣の国内改造計画もあったのであり、アディソンは再建相として過去一六カ月間そのことに特別の責任を負っていた。こうして連立内閣の基本方針は、「英雄たちが住むのにふさわしい国」を求めるという願望を公表することによって、過去と同じようにして将来を語った。選挙民の審判はモーリス論争時における下院とまったく同じであり、代わりになるよりましな者がいなかったために、あらゆる欠点にもかかわらずロイド゠ジョージを信任した。

3 女性と労働者

女性と組織労働者は、二重の意味で戦争に勝ったと言うことができよう。戦争の労苦に対する彼らの貢献は、社会的にも経済的にも無視できなかった。彼らが戦争から得たものも、とくに政治の上で同等に際立っていた——一九一八年の選挙法改正法は、完全な成人選挙権のためのほぼすべてのことを実施し、労働党が正真正銘の野党として急速に抬頭した。両者の関係は必ずしも直接的ではないけれども、これらはすべて非常に重要な発展であった。

ほとんどの既婚女性は妻や母親として伝統的に与えられてきた役割を果たし、家庭ではおよそ欠かせない無償の職業であるのに、国勢調査では慣習的に「無職」と記入されてきた。女性の雇用や収入についての統計は、もちろん多くのことを明らかにすると共に、多くのことを隠していた。自家製パンや自家醸造といったことがごく普通で、しかしそれが当然にも無報酬で行われていた時代に、職に就いた忙しい主婦は、自分の家族のパンやビールを購入し始めたようである——こうして、仕事や消費の量において実際に起こった変化とはまったく不相応に、収入と消費支出の経済指標がどんどん押し上げられた。

結婚している女性は、自分の人生が子守りや子育てに支配されていることにしばしば気づいていた。二〇世紀初めに、肉体労働者の妻は六回も妊娠を経験し、四人ないし五人の生児を出産した。子供の出産は大きな犠牲を伴い、女性は世紀の後半に比べて出産で死亡することがずっと多かった。とはいえ、とくに若い女性を死に追いやったのは結核であり、いまだ完全に解明されていないとはいえ、貧しい生活条件と貧弱な食事にその原因があった。医療処置を受けることは難しく、健康保険によって保険料を払っている労働者だけが保険医の診察を受けることができた。実際にはこれは男性が世帯主であることを意味し、主婦や子供たちは、日常的な医療需要がずっと大きいという事実にもかかわらず対象外であった。ささやかではあるが重要な例外は、妊婦手当と結核療養のためのサナトリウム治療の設備であった。

男性優位の家庭の上下関係に見合った粗野な経済的合理性が存在した。二〇世紀の初頭に多くのイギリス人家庭では週に一回肉を買い、それは往々にして主に稼ぎ手である一家の男性の糧となった。女、子供は最後というのが労働者階級における食生活の合い言葉であった。労働者階級の世帯で育った娘たちは決まって栄養不足（彼女たちが結核に罹りやすい一つの理由）であり、そして彼女たちは母親になってからも後半生を倹約して暮らすのが常であった。

このように欠乏は、広く社会に組み込まれていたように家庭内にも生じていた。家庭の出納係として主婦が計算できるように、週賃金が台所のテーブルに「積まれる」習慣のあったいくつかの地方でさえ、男性は一般に、たとえそれが自分のビール代であっても、自分のポケットマネーにすることができた。ビールは、一人当たりにすると戦前の方が世紀中葉よりも多く飲まれ、その主たる飲み手は男性であった。イギリスのパブが醸し出す仲間同士の打ち解けた雰囲気は男性中心のものであった。道徳的な自由主義者たちがけっして見逃さなかったように、飲酒は労働者階級による贅沢な支出の主要な事例であった。ビールは、家族がいる多くの男性たちにとって、できる時に楽しむ贅沢であり、稼ぎが少ない時には控えるものであった。それは、ローンの支払いがそうだったような意味で固定した支払いではなかったので、労働者階級の予算に組み込まれた安定化装置として機能し得たのであった。しかし、稼ぎ手がとりわけ度の強い蒸留酒に過度に耽溺した場合、残された家族はたちまち食事に事欠くことになった。栄養不足の子供たちがパブのドアで酒に酔った父親が現れるのを待つ姿は、禁酒の宣伝になっただけでなく、家庭内での優先順位をめぐる厳しい格闘を表現していた。戦中、戦後のアルコール消費量の減少は、パブに対する家庭の勝利を示すものであった。

こうして世帯は、二つの性《ジェンダー》に基づく役割をめぐって分極化した。すなわち、世帯主であり雇われて給料をもらう稼ぎ手の役割と、支払われない主婦の役割とをめぐってである。

このような役割の分割には政治的な側面があった。都市では一八六七年以来、それ以外では一八八四〜八五年以来、議会の選挙権は戸主選挙権に基づいていた。これとは別に不動産所有によって投票の資格を与える方法があり、名簿が作成された最後の年である一九一五年に重複投票権は約五〇万に達していた。しかし、その他に六二五万人の名前がそこに世帯主として記載されていた。成人人口が二〇〇〇万人であるのに、なぜそんなに数が少なかったのだろうか。その理由は、男性の世帯主だけに議会の投票権が与えられていたためであった。こうして、女性はたまたま自分が世帯主だったとしても排除され、他の成人男子、とくに親の家に同居している息子たちもそうであった。最終結果として、成人男子の三分の二だけが有権者として登録されていた。

　これは今日の我々が民主主義的と見なすようなものではないが、当時の人たちはイギリスの制度を「民主主義」として無邪気に賞賛したのであり、とくにそのために戦争を戦っている時にはそうであった。それは馬鹿げたことではなかった。他にどういう不備があったにせよ、より裕福な親の息子も、他のより貧しい息子たちと同じように排除されたという明白な理由から、男子選挙権が労働者階級に対する強い偏向を生まなかったことは事実である。労働者階級を肉体労働者と見る伝統的な定義によれば、彼らは人口の八〇パーセントを占めていた。この定義によれば、一九一五年の有権者のうち七〇パーセントは労働者階級であった。都市や工業地帯では、労働者階級はすでに有権者の多数を占めていた――とはいえ、彼らの半数はまだ選挙人名簿に記載されていなかったのであるが。そしてもちろん戸主選挙権は、労働党がウェストミンスター議会で地歩を固めるのを妨げるものではなかった。

　エドワード時代のイギリスで、戸主選挙権の前提条件はますます大きな挑戦を受けた。一九〇六年に自由党政府は重複投票権の廃止を試みたが、それは上院で否決された法案の一つとなった。しかし、選挙権を本当に熱い問題にしたのは女性による煽動であった。それは、戦闘的な戦術で新聞の見出しを賑わせていた「サフラジェット」だけでなく、ミリセント・ギャレット・フォーセット夫人［一八四七～一九二九、女性参政権運動の指導者。ヘンリー・フォーセット夫人。女性参政権協会国民連合（一八九七年設立）の会長として、戦闘的なサフラジェットに対抗した］のもとで女性参政権協会国民連合に組織された、もっとはるかに多数の「サフラジスト」によるものであった。程度の差はあれ、プログレッシヴ派は賛成であり（アスキスはそうではなかったが）、他方保守党員は反対した（バルフォアはそうではなかったが）。解決を妨げたのは、選挙制度改革の他の側面に女性たちの要求が絡んだことであった。保守的なサフラジストは、性による不適格条項の除去だけを支持する傾向が強かったけれども、プログレッシヴ派はこの最低必要限だけを求めるやり方を疑った。というのも、すでに重複投票権のために充分に偏向している選挙権に女性財産所有者をつけ加えると考えたからである。

　議員立法による一九一〇年と一九一一年の二つの法案は、最低限だけを求める論者の線に沿った妥協を見出すことに失敗したが、政府は一九一二年に独自の選挙制度改革法案を提出した。これは下院が自由投票でそのように決定すれば、男性だけでなく女性にも普通選挙権を与えると提起して論点を広げた。まったく予想に反して生じたことは、下院議長が女性選挙権修正案を不当と判断し、全条項を廃案に導いたことであった。サフラジェットたちはアスキスの裏切りを糾弾することで応酬した。なぜアスキスが、政府を窮地から救おうとしたアスキス流の絶妙な策略を反故にしたいと思ったのかはよく分からない。女性の普通選挙権問題の利点を認めるのに鈍感であったことの一部は、たしかに彼のせいであった。しかし、遅くてもしないよりはよいということで、一九一四年に彼は、女性選挙権が次の選挙制度改革の試みで政府の政策になるだろうと表明したのであった。

戦争の勃発がこの難局に襲いかかった。女性社会政治同盟が組織したサフラジェットの運動は中断された。一九一四年末までに、その指導者であるエメリン・パンクハースト夫人〔（一八五八～一九二八）、女性参政権運動指導者、一九〇三年戦闘的な女性社会政治同盟を創設〕および彼女の愛娘クリスタベルは、活動家から超愛国主義者に転向していた（対照的に労働党に参加したシルビア・パンクハーストは、戦争の批判者であった）。（放火を用いた）戦闘的な運動は、その公然たる目標に対する支持を生み出すのにますます逆効果となり、他方で政府の対応（ハンガーストライキを行う運動家に対する強制的な食事の摂取）もまた嫌悪を引き起こしていたので、両者ともに休戦の用意があった——大戦を戦うためではあったが。問題が再び議論された時、それは女性にとってははるかに有利な戦時中の状況下であり、最も頑強な反対者以外はみな従順であった。

労働力不足という新たな切迫した問題には、女性労働力という一つの明白な回答があった。軍需工場は、若い未婚の女性が戦時生産に動員された最も顕著なケースであった。一九一四年七月には、すでに二〇万人の女性が金属や化学産業で雇用され、それは終戦までには一〇〇万人近くに達した。その四分の一は直接軍需省に雇用され、少なくとも一万一〇〇〇人以上の女性がスコットランドとの境界にあるグレトナの国営コルダイト爆薬工場で働いていた。しかも、軍からの需要が増えるにつれて、女性は伝統的に男性の職業であった仕事を引き継いだ。おもに改札係や車掌として働く彼女たちの姿が、路面電車や鉄道でよく見受けられた。

召集に応じた女性の最も感動的な業務は、負傷者の看護であった。ヴェラ・ブリテンが書いているように、救急看護奉仕隊はもともと英国国防義勇軍の増設から始まり、一九一四年には四万人以上の女性を擁し、一九二〇年には八万人を超え、しばしばどの軍隊とも変わらないような不快な条件の下で仕事をした。一九一五年に、フローラ・マレー医師とルイーザ・ガレット・アンダーソン医師が自分たちの女性病院団を形成し、これは一九二一年に一〇年前の三倍の数に達した女医たちを、よりはっきり専門職と認知させる梃子となった。一九一七年の陸軍会議で、四つの部隊（炊事・機械・事務および雑役）からなる陸軍女性補助部隊（ＷＡＡＣ）が公式に創設され、女性指揮官のもとで軍務についた。これは終戦までに四万人に増強され、二〇パーセントが外国での軍務に従事した。

しかしながら、これらの人数は普通に雇用されていた大量の女性に比べれば少なかった。一九一四年七月の時点で、一六五万人の女性が家政婦として働いていた。それは伝統的に最大の雇用源ではあったが、仕事の性質上拘束が厳しいので最も好かれない職種であった。少女たちは代わりの仕事があれば、大概そちらに就いた。家政婦の不足について涙あふれるジョークが『パンチ』誌のページを賑わしたように、雇主階級が四年間にわたってかつてない犠牲を払ったにもかかわらず、一九一八年にまだ一二五万人の家政婦がいた。連合王国における女性雇用者総数は、戦時中に一五〇万人近く増加したようである。最も重要な変化は商業と事務職で起こり、女性事務労働者の数はほとんど二倍になった。「女性タイピスト」が登場し定着した。一九二一年のイギリス国勢調査は、一〇〇万人以上の女性が商業やタイピスト職あるいは事務職に従事していたことを明らかにしているが、これは一九三一年には一三五万人に達していた。

それでも、一九二一年における女性労働力の全体的な大きさは、一九一一年に比べて実質的に変わっていなかった。戦時中の突出にもかかわらず、男性の一三七〇万人と比べて、それはまだ五七〇万人程度であった。戦時中の大量雇用が、一過的現象であったことは明白であり、とくに、女性の進出がきわめて衝撃的で大いに話題を撒いた分野ではそうであった。電車やバス、救急車を運転する女性の写真が世間に出回ったが、理由は彼女たちが典型的だったからではなく珍しかったからである。一九二一年に鉄道で雇用された女性は、一九一一年と同じ三〇〇〇人にすぎず、全体の一パーセントにも満たなかった。まさに「大蔵省協定」が明記したように、戦時中に労働力は女性によって希釈され、戦後はこれが意図的に元に戻されただけであった。この過程は戦後不況によって強められ、それが同様に家政婦問題の解決を促した。一九二一年の国勢調査によれば、一八五万人の女性が「個人サービス」に従事していた。これは家政婦よりも弾力的な定義であるが、一九一一年に記録された二一三万人という数字から減少していた。とはいえ一九三一年には、その数字は二〇年前のフランツ・フェルディナント大公の全盛期とまったく同じ二一三万人に戻った。大いに騒がれたにもかかわらず、戦争は女性に対して注目の的となる機会を与えただけで、新たに広範な機会を生み出すことはなかったのである。

戦時中の人的資源不足はまた、組織労働者の地位の変化について多くのことを説明してくれる。戦争当初にまず憂慮されたのは、経済の混乱で失業した労働者のことであり、救済基金が設けられた。同じように、移民について早くから経済的に説明されていたように、軍人応募の殺到が経済的理由から説明された。不安定な臨時雇用に就いていた多くの男性にとって、軍隊は保証された賃金とよりましな食事を意味した。とはいえ、戦時動員の論理によって、すぐに国内の文民労働者の方が物質的に有利な選択となった。単純な事実は、戦争経済が膨大な政府支出とインフレ圧力を伴う持続的な好景気を意味し、同時代人よりも我々がよく知るやり方で余剰労働力を吸収したことであった。

戦争が始まる前に、失業者はすでに一九〇八〜〇九年というピーク時の半分をかなり下回り、労働力の三パーセント前後で推移していた。一九一五年から一八年の間で、一パーセント失業というのは高い数字であった。* 逼迫した労働市場は、とくに技術者のような熟練労働者について、賃金を競り上げる効果があった。賃金率は、戦争による国内の供給不足のもとで、財やサービスの需要が増加した食料や石炭、新建設や運輸といった業種でもっとも上昇した。一九一八年七月までの四年間に、農業労働者、炭坑夫、煉瓦積み工、港湾労働者および鉄道員の賃金率はおしなべて九〇%上昇していた。

* 全般的な水準を誇張する傾向があった新しい国民保険制度からみてもそうであった。というのも国民保険は意図的に、まず循環的失業からとくに危険を被る職業に対して導入されたからである。

対照的に綿業労働者の賃金上昇率は、戦時中の輸出産業の衰退を反映して六〇パーセントに満たなかった。依然として輸出製品に対する市場があったとしても、稀少となった輸送用船舶の確保は困難であった——連合国への戦争物資を含む輸入品についてては余計にそうであった。価格変化を考慮すれば、輸入は一九一八年には一九一三年の量の七〇パーセントまで下落し、輸出は四〇パーセント以下に下落した。この自由貿易論者の悪夢の中で、市場の力と政府の介入の双方によって輸入代替が促進された。

イギリスの小麦生産は、一九一八年にはここ三〇年に見られなかった水準にまで回復し、輸入は同じく一八八〇年代以来の最低水準であった。しかし、イギリスの「農夫」(Hodge)に相当な賃金を与えるのと同様に、国内産食糧に対する需要の増加は、必然的に消費者にとっては価格の上昇を意味し、船舶の逼迫による輸送費の上昇も同じ効果をもった。平均的な労働者の食費は、一九一七年には戦前水準の二倍となり、なおも上昇を続けた。生活費用の総額も同じく四年間で二倍になった。賃金率の一般的上昇はこれよりもわずかに小さかったので、生活水準の実質的な改善は、戦争の生産目標を満たすようにより多く残業することが可能な労働者のものとなった。

また特定業種の中で、賃金率が実質で変わらなかった熟練工たちと、戦争の結果しばしば賃金率がよくなった非熟練労働者たちとの間に大きな相違があった。たとえば機械工業で、組立工の賃金率は一九一八年に戦前水準より七五パーセント高かったが、非熟練労働者はその間自分たちの賃金率を二倍以上にした。これが、格差について強い凝り固った観念をもつ熟練労働者たちの憤りの大きな原因になった。戦争は、徒弟制度の厳格さを維持するために職能別組合に組織されていた熟練労働者の伝統的な地位を徐々に蝕む効果があった。一九一六年に勃発した「赤いクライドサイド」〔スコットランド南西部のクライド川沿いの工業地帯でグラスゴーを含む。とりわけ独立労働党の活動家、社会主義者を輩出した〕の労働争議では、イデオロギーと同様にこのような事情も働いていた。

労働不足が、労働組合の交渉上の立場をより強くしていた。組合員数は一九一四年まで増え続け、一九一〇年の二五〇万人から三年間で四〇〇万人に跳ね上がり、その後縮小した。とはいえ、一九一七年の五五〇万人から、一九一八年の六五〇万人へ、そして短いピークである一九一九〜二〇年の約八〇〇万人へと、戦争の後半は持続的に増大した。終戦までに、一二五万人の女性労働組合員がいたという事実は重要であるが、組合員の大部分は男性であった。以前は、組合員一〇人に対して女性はたった一人の割合で、綿工業以外ではほとんど見かけなかったが、この割合は一九一八年には概ね一〇人のうち二人となった。この総数を背景に、労働組合会議（TUC）および労働党への加入数は組合員総数には遠く及ばなかったが、労働党への信頼はもとより、労働党の本来の支持者の数が二倍になったという事実は、紛れもなく政治的に重要なことであった。それはウィルソン大統領が見過ごさなかった事実で、彼は一九一七〜一八年にイギリス労働党に一目置いていた。

厄介な選挙権問題が、労働党と女性の双方にきわめて有利な条件で最終的に決着したのはこの格好の時期であった。実際、誰をも満足させうる一大方策というのは困難を切り抜ける唯一の方法であり、この一大方策を可能にしたのは戦争であった。戦後再建に関する理想主義の炎が最高潮に達していた時に、下院議長のもとにある全政党会議（all-party conference）は、一九一七年に成案に叩き上げられる法案作成を支援した。戦後に男子普通選挙権の主張を抑えがたいものにしたのは、新軍隊の登録であった。そうした民主主義が、プロレタリアートに選挙権を与えるということを意味する限り、民主主義に懐疑的であった保守党員たちも、今や我が兵士たちについては何らそのような懸念を抱くことがなかったのである。一九一八年に労働組合は五三〇万人の男性を擁し、軍隊は四四〇万人を擁した。二一歳以上の全男性が投票権を得たし、年齢に関係なく全兵士が投票権を得た。

こうして男性有権者は一二〇〇万人以上に増大した。同じ条件で女性に選挙権が与えられれば、もちろんその数はもっと多くなったであろう。それは、下院が呑むには大きすぎた。しかし、男子選挙権を「窮地に陥れる」ような（かなり非現実的な）危険がない、大規模な女子選挙権の提案については、まだ充分な余地があった。採用された解決法は、彼女たちが地方自治体の有権者であるか、または地方自治体の有権者の妻であるという条件のもとで三〇歳以上の女性に国会議員の選挙権を与えることであった。あからさまな女性差別は死文化していたので、一部の女性は、長い間世帯主として地方自治体の選挙資格を有していたが、今や他の世帯主の妻たちがこれに加わった。

そして女性たちは、戸主選挙権が亡霊のように存続するなかで、一九一八年の選挙法改正法によって国会議員の選挙権を獲得した。一つの含意は、一九一八年以後排除された女性たちが、一九一八年以前に排除されていた男性たちとほとんど同様であったということである。その大部分は、まだ親と同居している若い単身者であった。つまり彼女たちは、まさに「女性だってできる」と派手に喧伝した部類の女性たちであった。軍需大臣のエドウィン・モンタギュ［一八七九〜一九二四、自由党の政治家、軍需相（一九一六）、インド担当相（一九一七〜二二）］は、下院で自らこう問いかけていた。「女性が自分の懸命な努力によって獲得した市民権を、今や否定するような男性がどこにいるだろうか？」(Where is the man who now would deny to women the civil rights which she has earned by her hard work ?) と。明らかになったように、ここでの論理は文法と同じくらい誤っており、戸主選挙権は今や主婦選挙権によって補強されたのである。

4　ロイド＝ジョージと平和

議論の余地はあっても、一九一八年末におけるロイド＝ジョージの地位の強さと名声は、イギリス史上無類であった。彼の連立派は総選挙で圧勝した。全員が「公認証《クーポン》」を受けたわけではないから正確な数字を示すのは難しいが、連立派は新しい議会で五〇〇名を優に超える支持を獲得した。連立派のうち三八〇名を下らない議員が保守党員であり、それは、彼らが単独で下院議席の過半数を占めることを意味した。当時彼らの多くはまったくロイド＝ジョージに感謝していたけれども、逆に彼の方は、以前の自由党の多数議席を敵の手に引き渡したことの責をアスキス派から問われた。政局の現実は、保守党への実質的な旋回がともかく近いうちに起こりそうだということであった。ロイド＝ジョージは彼らと連立して闘うことで、彼を支持する一群の自由党員の安全を保障したのであるが、その過程で彼が保守党の捕虜になったのである。

ロイド＝ジョージの明白な戦略は、彼が揺るぎない党首となる新しい中央政党に連立派の両翼を合流させることにより、自分の地位を不動にすることであった。一九二〇年の初めに彼がこの方向に動いたとき、彼は自分の構想について保守党員からの支持を取り付けるという高いハードルを越えたが、思いがけない障害に躓いた——それは彼自身の支持者が頑固に自由党への忠誠を示したことであった。化学製品複合企業のブラナー・モンド社（後のＩＣＩ社の一部）の社長サー・アルフレッド・モンド［（一八六八〜一九三〇）、企業家、政治家。ＩＣＩ社創設（一九二六）、保健相（一九二一〜二二）、労使関係に関するモンド＝ターナー会議を設立（一九二七）。自由党から保守党に転じた］のような多くの自由党系経営者たちは、連立派を最終的に保守党にいたる架橋だと考えたかもしれないが、（今や独自の組織を持った）ロイド＝ジョージ自由党は真正の自由党だという証拠を保持していた。アスキス派からは「連立（石炭）自由党員」(Coaly Liberals) と蔑まれたけれども、彼らは言われるほどにクロではなかったし、連立派の声明書のなかで社会改革を目立たせたのは、彼らの考えによるものであった。とくに住宅に対する国家責任——それは、ロイド＝ジョージの土地運動において未完成のものであった——は、「英雄たちにふさわしい住まいを」という約束を保証するものであった。

自由党の分裂がなぜそれほどまで大きな損傷を与えたのかという理由の一つは、両者がまったく対等だったからである。両派は互いに正当性を主張し、それぞれに首相職の権威を漂わせる強力な指導者がいて、どちら側も早晩消え去る運命にあるような単なる残党ではなかった。分裂は地方よりもウェストミンスター議会の方が激しく、地方では一般党員が和解し団結するために、しばしば「どちらの派にも属さない」自由党候補を強く望んだ。これは一九一六年から生じている分裂が、おそらくいつでもあったような分裂――政党の左右両派間の分裂――とは別の類のものだったという事実を反映している。以前に急進派であったロイド＝ジョージは今や保守党《トーリー》と協働し、以前の自由帝国主義者アスキスは、今や多くの問題で労働党と緊密な関係にある左翼プログレッシヴ派の闘士であった。連立派の協定で歪められた一九一八年の選挙結果は、両派の格差を誇張して見せた。ちょうどロイド＝ジョージ自由党が強力にも一三〇議席を獲得してほくそ笑んでいるときに、アスキス派は過小評価といってもよい三〇名かそこらの議席数にとどまった。それはさらにみじめな結果を伴った。アスキスは、一八八六年以来連続当選してきたイースト・ファイフの選挙区で落選し、一時的に議会を離れたのである。

労働党は、一九一七年に期待されていたほどではなかったが、さらに議席をふやした。それはもはやプログレッシヴ連合内の圧力団体ではなく、今や完全に独り立ちした独立の政党として闘っていた。ヘンダーソンは、「ドアマット」事件以来自分の時間を有効に使い、労働組合を基盤にしてではあったが、全国的な労働党組織を構築していた。「生産手段の共同所有」を党にゆだねる有名な第四条を含む新しい規約が、一九一八年に採択され、それは党に特有の地位を与えた。今や、より差し迫った政策の側面や、外交政策についてさえも労働党の見解があり、外交政策では民主管理連合から補充された元自由党員が影響力を発揮した。大きな組合のブロック投票が党を支配し続けたが、独立労働党や、何よりも労働組合といった関連組織を通してではなく、個人が直接労働党に加入できるようになった。こうしたことのすべてが前進であった。失望は、成年男子選挙権のもとイギリス全土で四〇〇人近くの立候補者を擁しながら、労働党の得票率は二〇パーセントを大きく超えるものではなかったことである。約六〇議席を獲得し、これは意義あるものであったが、一九一〇年に獲得した四〇議席を飛躍的に改善するものではなかった。

アイルランドは一九一八年に独自の道を歩んだ。もちろん北部では通常の二〇名かそこらのアルスター統一党員がウェストミンスター議会に復帰した。しかし、南部では旧国民党がわずか六名にまで減少し、七三名のシン・フェイン党員（最初の女性党員を含む）が選出された。勝利したシン・フェイン党の候補者たちは、ウェストミンスター議会に行くことを拒否し、代わりにダブリンのアイルランド議会である「ドイル」（Dáil）に集まった。一九一九年一月、それは、民族「自決」というウィルソンの原則によりパリで召集された平和会議に請願を出すとともに、独立を宣言したのである。

これこそロイド＝ジョージの最初の課題であった。彼はこれを長年にわたるイギリスの政治家の営為から引き継いだのであるが、改善に努めた者はいたものの、すべては事態を悪化させていた。ロイド＝ジョージは、何度もアイルランド自治をめぐる問題の解決を試みて、一九一六年のイースター蜂起後には、アイルランド自治を分割と結び付ける提案をし、一九一八年三月にはアイルランド国民党員を満足させるアイルランド自治と、統一党員を満足させる徴兵制とを一括して提案した。彼が（戦争の勝利によってできた空き時間に性急に）束ねようとした一括案は、まとまる前にバラバラに砕けてしまった。アイルランド自治はもはや死文化し、アイルランドの徴兵制計画は保守的な国民党員に致命的な一撃となった。

独自の行政機構を確立しようという野心をもったダブリンの「ドイル」が政府の権威に挑戦するのに対して、統一党が多数派を占める連立政府が、融和路線を採用することはまず期待できなかった。一九一九年と一九二〇年を通して、事態はさらに悪化の方向に進んだ。アイルランド共和国軍（ＩＲＡ）はいまやゲリラ闘争に関わり、それに対するイギリスの対応は、同じく破壊的な準軍事組織である「ブラック・アンド・タンズ」［イギリス政府の派遣した警備隊が着用した服装の色彩からきた名称］を補充することであった。イギリスで、自由主義がロイド＝ジョージと袂を分かつことになった真の原因は、彼の政府がついに是認した報復政策であった。彼は、相変わらずムチと一緒にアメを探し求めていた。それが一九二〇年のアイルランド統治法であり、同法によってアイルランドの北と南に権限を委譲された議会が創設され、ウェストミンスター議会のアイルランド議席は縮小された。これはアルスターのプロテスタントには好都合で、次の半世紀間にわたる北アイルランドとの関係を規定することになった。

これはもちろん「ドイル」を満足させるのに十分ではなかった。アイルランド情勢のさらなる悪化は、イギリス側を最後の政策へと駆り立てた。国王が駆り出され、ベルファストで行われた平和を求める国王のアピールは、一九二一年七月の休戦をもたらした。こうしてアイルランド協定に向けた熱心な交渉が始まった。この過程でロイド＝ジョージの最良と最悪の両面が出た。というのも、非妥協的な両派と交渉するのに、その各々の党派的支持者が耳を貸すことこそ賢明だとさんざん言っておきながら、最後になって、アイルランド代表に対して署名をしないなら戦争を再開すると脅迫しているからである。アイルランドにとって、これは猟銃を突きつけられて無理矢理にする離婚であり、アルスターの六州は南部の二六州から分離され、後者はアイルランド自由国となった。これは国制上の混成物であり、アイルランドは特種な自治領の地位を享受するという虚構を維持する一方で、（その後一九三七年の主権宣言が明らかにしたように）自治の実質を譲り渡すものであった。これは一九二二～二三年に両者をひどく分裂させた内戦という犠牲を払って、南部だけが受け入れた解決法であった。しかしこれこそ、アイルランドの歴史が、もはや統合されない連合王国の歴史から公式に関係を断った瞬間を画すものであった。

こうしてロイド＝ジョージは、合同《ユニオン》を終息させるように統一党員たちを説得した。彼は自分の政府のなかで、自由党の酵母がたるんだパン生地としての保守主義に強力な活力を注入してきたと考えるのを好んだ。しかし、自由党側から彼を批判する者は、彼が何をする場合でも彼の自由党員としての信任に異議を唱えた。これはアイルランドについてと同様に、第一次大戦の和平処理についても明白であった。ロイド＝ジョージは、一九一九年一月に采配を振るう四大巨頭の一人としてパリを訪れた。彼は、たとえアメリカの新しい指導権を行使するウィルソンほどには巨大でなかったとしても、少なくともフランスの首相クレマンソー［（一八四一〜一九二九）、フランスの政治家。首相（一九〇六〜〇九、一七〜二〇）］よりは大きく、イタリアのオルランド［（一八六〇〜一九五二）、イタリアの政治家。首相（一九一七〜一九）］よりもはるかに大きい存在であった。首脳会談での個人外交というやり方が、ロイド＝ジョージに非常にうまく似合っていたので、彼はヨーロッパの行楽地で開かれた一連の戦後会議のすべてに出席した。彼はその過程で下院との接触を失い、外務大臣のカーゾンに従属的な地位を押し付けた。それは、サー・エドワード・グレイならば決して承服しなかったであろうが、後の外務大臣が慣例と見なすことになる役割であった。

　ロイド＝ジョージの本能は、執念深い報復というよりも、とくに正義がイギリスの利害に合致する場合には、公正な戦後和平を求めただけであった。一つの問題は戦債であった。イギリスは、もはや明白に支払不能な連合国のために、アメリカ合衆国に対して巨額の債務を繰り返した。アメリカに借りがあるのと同じほど、連合国に貸しがあるイギリスは、この負債は確実に賠償金と同等であり、応分に縮小するか、または連合国間で共通の大義として一括放棄すべきであると提案した。アメリカ合衆国にとっては、そうはいかないものであった。

　実際において、公平な和平を切望したロイド＝ジョージは、長続きするような取り決めを追求することになった。そのうえ彼はまったく自由というわけではなく、三つの側面で束縛を感じていた。明らかに彼は、自分の連立派支持者から自由ではなかった。講和会議の最も有名な解説であるケインズ［（一八八三〜一九四六）、二〇世紀を代表する経済学者。『雇用・利子及び貨幣の一般理論』（一九三六）が代表作。ケインズ革命は経済理論と政策の双方に衝撃的影響をおよぼした］の『平和の経済的帰結』（一九一九年）［早坂忠訳、東洋経済新報社、一九七七年、他］には、「まるで戦争で大儲けでもしたかのように見える図々しい男たち」といった、新しい下院についての記述（我々は今やこれがスタンリー・ボールドウィン［（一八六七〜一九四七）、保守党の政治家。首相（一九二三〜二四、二四〜二九、三五〜三七）］に由来することを知っている）がある。ケインズがここで示唆したのは、公平さを欠く和平を助長し、ドイツに法外な賠償を求めるような勢力が存在するということであった。彼のメッセージは、アスキス派自由党内における彼の友人たちだけでなく、労働党や広範な自由主義世論によって伝播されることになった。

　とはいえ、それが書き落としたことは、ロイド＝ジョージもまた、自由党員自らが培ってきたスタイルで自分自身の言説に束縛されていたことであった。「皇帝を吊るせ」というのは、今でも記憶に残る選挙のスローガンである。しかしその背後には、戦争遂行を絶えず正当化してきた法や道徳と同じ慣用句で暗に表現された、彼を裁判にかけるという要求があった。これはパリでは実現しなかった。しかし、賠償をめぐる論争は、ドイツの戦争犯罪を根拠にまたもや正当化され、苛立たしいものになった。

この点で、ロイド＝ジョージは帝国の絆に拘束されていた。事実は、帝国が三〇〇万人（その半分はインド軍であった）を動員し、戦争遂行に不可欠な役割を果たしたことであった。自治領にとって、それは独立戦争の機能を果たし、国民的アイデンティティの確立を語る際の中心部分をなした。オーストラリア人にとってその核となった経験はガリポリであり、カナダ人にはそれがヴィミーの尾根［北フランスのアラスの北、ヴィシー町付近の尾根。第一次大戦の激戦地（一九一七）］であった。上官が英雄的で血みどろの戦闘で得たものは、おそらく国民的な自尊心と名誉であったが、それは、自分たちの部隊がイギリスを救うために困難な中に取り残されたという口惜しい感覚にも染められていた。自治領の貢献を認める当座の一つの便法は、帝国戦時内閣を設置したことであったが、そこは南アフリカのスマッツ将軍が重要な役割を演じる場となった。一九一四年に、国王は単純に植民地を代表して戦争を宣言したけれども、一九一九年の平和会議には――アメリカの躊躇にもかかわらずカナダの主張によって――、カナダ、南アフリカ、オーストラリア、ニュージランドおよびインドは、イギリス代表団の一員としてではあるが、別の代表を送った。これはそれ自体が重要な第一歩であり、賠償問題に帝国のひねりを加える効果をもった。

イギリスは（ケインズが大蔵省の代表を辞任する前に出していた助言の線に沿って）、ドイツの支払能力がその生産資源のために制限されていることを認識していたから、概して賠償請求の総額を低く押さえようとした。これはドイツが負うべき負担を、戦闘で直接被った被害（ロシアを除く）に限定することを意味した。被害は圧倒的に西部戦線に沿っていたから、フランスが賠償のうまい汁を吸い、そしてたとえばオーストラリアは実質的に何も得られないことを意味した。これはオーストラリアの首相で大衆主義《ポピュリスト》的な労働党指導者ビリー・ヒューズ［（一八六四〜一九五二）、イギリス生まれのオーストラリアの政治家。首相（一九一五〜二三）］には耐えられないことであった。それゆえヒューズにそそのかされたロイド＝ジョージは、間接的な経費も査定するように要求し、請求総額はむやみと非現実的な数字に膨らんで、イギリス帝国に帰すべき分け前は増大した。

ドイツの無私無欲な経済的奇跡というような非現実的な仮定でも置かないかぎり、ヴェルサイユ条約による賠償は請求できないというケインズの主張は、おそらく正しかったであろう。しかしロイド＝ジョージは、その当時可能な最高額を確保し、――実際にそうなったように――後に改訂される条件を値踏みしていた。平和条約の他の諸条項も、自由国際主義と民族自決という高度なレトリックが用いられたために、同様に効力のないものになった。その章句は、クレマンソーの皮肉な見方と、ロイド＝ジョージの便宜主義的な見方を取りもつ妥協点を正当化するために、ウィルソンがグラッドストーンの古い構想に磨きをかけたものであった。これこそウィルソンが、新しい世界

(T.O. Lloyd, *The British Empire, 1558–1983,* Oxford, 1984 より)

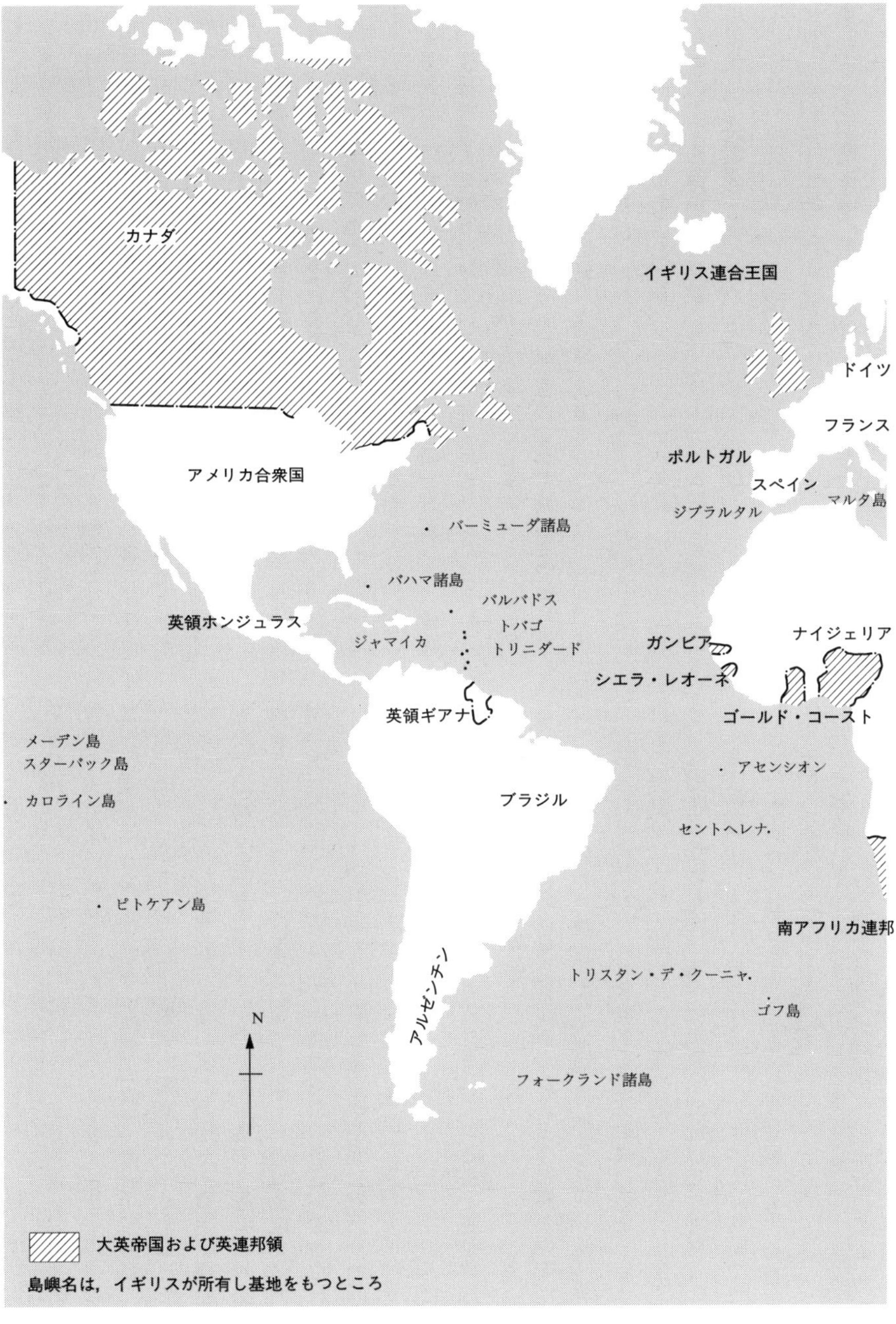

地図2　大英帝国（1920年）

秩序における要《かなめ》として意図した国際連盟の運命であった。アメリカの加盟を得られないことでふらついたけれども、国際連盟は、国際的な紛争の調停、すなわち戦争に代わる制裁および大きな軍備に代わる集団的安全保障を約束した。それは、戦争から平和への過渡期に無傷では現れえなかった希望を体現したものとして、イギリスの自由主義的な世論に訴えた。ロイド＝ジョージは、失望をもたらした唯一の張本人ではなかったが、それに対する手ごろで便利な打たれ役となった。

ロイド＝ジョージは、これまでもよく見られたように、自分の外交手腕が国際問題と同じほどに産業的な前線でも必要とされていることに気づいていた。復員は容易でなかった。四〇〇万人を民間の労働力に再編成するという問題に直面して、政府は、仕事が彼らを待ち受けている者、すなわちたまたまその入隊がごく新しかった者に優先権を与えることを提案した。これは経済的には合理的であっても、塹壕のなかで最後まで持ちこたえた兵士にとって感情的に支持できるものではなかった。イギリス軍だけは大規模な反乱を事実上回避してきたけれども、今やそれが起こるおそれがあった。一九一六年に、自ら八カ月間にわたって西部戦線を経験したチャーチルが新しく戦争大臣に就任し、長期間兵役にあった兵士をまず除隊させるよう命令した。これはその場しのぎの救済策の一つであったが、もう一つは、復員兵を生活保護の受給者として貶めるのではなく、失業している期間中この英雄たちに「失業贈与金」を与えることであった。

これは重大な影響をともなう決定であった。戦時中に、失業保険は新しい労働者のグループ、とくに軍需品生産に携わる労働者を含むように拡張されてきた。一九二〇年の大きな進展は、失業がほとんど生じない職業（農業、鉄道、家政婦）を除いて、ほとんどすべての肉体労働の職種がそれに含まれたことであった。こうして一九一一年の試行開始から順調に機能してきたと思われる制度で、一一〇〇万人以上の労働者が対象とされることになった。近年の高雇用の間、その資金繰りは大いに健全だったので、基礎となる保険数理上の想定が緩められたのであるが、――それはちょうど好景気が突然に終わった時期であった。一九二一年に、被保険労働者の一七パーセント近くが、自分たちは失業し、自分たちの拠出金によって生みだされた手当の受給資格が払底しそうになっていることを突然知ったのである。

一八八〇年代以降は見られなかったような規模の失業に直面した政府は、単純に救貧法に負担を負わせることには躊躇した。政府はその代わりに、理論的に過去の拠出金というよりも将来の拠出金によって賄われる「無契約」(uncovenanted) 給付を、労働者が受給し続ける手はずを間に合わせに用意した。大量失業は救貧法に大きく依存することによっては対処できないと認めるうちに、連立政府はこうして迂闊にも「失業手当」(the dole) を創出したのであった。

ケレンスキー［一八八一〜一九七〇。ソ連の革命家。十月革命前の臨時政府首相（一九一七）］の前例があるので、ロイド＝ジョージが用心して歩を進めたことはおそらく意外なことではない。しかしながら、イギリスにおけるボルシェビキの亡霊は、もっぱらただの幻影にすぎなかった。一九二〇年に創設されたイギリス共産党は規模も小さく、それがモスクワから指令を受けていたという事実は、その活動を縛るものではあっても、そこに邪悪な意図を感じさせるものではなかった。一九一九年にグラスゴー市議会で赤旗が翻った時、一時的に拘留された「赤いクライドサイド」の代表の中には、ロベスピエールばりの議会演技がそれなりに様になっていたジェームズ・マクストン［(一八八五～一九四六)、労働党の政治家。下院議員(一九二二～三二)、独立労働党党首(一九二六～三二)として左傾化を牽引］や、齢一〇〇歳の一代貴族としてその生涯を終えることになる若き日のエマニュエル・シンウェル［(一八八四～一九八八)、労働党の政治家。アトリー内閣で燃料動力相(一九四五～四七)、国防相(一九五〇～五一)］のような人たちが含まれていた。その唱導者としてオックスフォードの若き教官G・D・H・コール［(一八八九～一九五九)、経済学者、フェビアン協会長(一九五二～五九)］を擁するギルド社会主義は、「炭坑夫のための鉱山を」というスローガンで、短命ではあったがサンディカリズムに対する興味をかきたてた。そして治安部隊は当然にも、破壊活動のほかの事例に関する背筋の凍るような報告書を出すことに職業的な関心をよせていた。そのような活動の意義は、たいてい劇場効果や政治的利益のために赤の脅威を誇張することであったが、ロイド＝ジョージは労働争議を深刻に受けとめていた。

戦前の「労働不安」も、連立政権の記録の前には影が薄かった。毎年が一九一二年の再来であった。

一九一九年	労働争議による損失日数	三五〇〇万日
一九二〇年	同	二七〇〇万日
一九二一年	同	八六〇〇万日
一九二二年	同	二〇〇〇万日

背後にある理由は物価の不安定であった。賃金は終戦までまったくぴったりと物価に追随し、その結果両者は共に一九一四年水準のおよそ二倍であった。一九二〇年までに生活費はさらに二五パーセント上昇したが、賃金の反応にはよりむらがあった。たとえ自分の仲間が取り残されるのではないかという不安の解消でしかなかったとしても、今や八〇〇万人の勢力となった労働組合が、それぞれ競って賃上げを求める行動に乗り出すことは必至であった。

一九一九年には、炭坑夫、鉄道員および運輸労働者のいわゆる三角同盟が騒ぎ立てて、ある程度の成果をあげた。戦時中政府は、炭鉱および鉄道に関わるほとんどの管理を引き受け、両産業は衰退への境目でどうにか平衡を保ち、政府補助金への依存を強めていたから、その苦情は直接に政治的な様相を呈した。イギリス炭坑労働者連合は、その国会議員の半数が炭鉱地帯の出身者であった労働党を介して強力な政治的影響力をもち、執拗に国有化を要求した。政府はその問題について報告するための委員会を設置し、その委員長である「サンキー判事氏」［(一八六六～一九四八)、国有化を勧告した石炭産業委員会の委員長(一九一九)、大法官(一九二九～三五)］が握った決定《キャスティング》票《ボート》は国有化を支持するものであった。ロイド＝ジョージが中途半端な実施約束――彼がしばしば取引で用いた類のもの――を破って国有化を拒否した時、炭坑夫たちは激昂した。彼らは賃上げによって一時的に宥められた。次いで一九二〇年に政府が炭鉱の直接責任を放棄するのに伴い、堪忍袋の緒が切れた炭坑夫たちは一九二一年四月に三角同盟に再び支援を要請した。

それは、彼らの少なからぬ者が戦ったソンム川のようであった。鉄道従業員組合のJ・H・トマス〔(一八七四～一九四九)、労働組合の指導者、労働党の政治家。鉄道従業員組合の書記長(一九一七～三一)。植民地相(一九二四、三五～三六)、国璽尚書(一九二九～三〇)、自治領相(一九三〇～三五)〕は、この種の正面攻撃には気乗りのしない肥満の労働党議員であった。また労働組合運動の新星であったアーネスト・ベヴィン〔(一八八一～一九五一)、労働組合指導者、労働党政治家。労働党機関紙『デイリー・ヘラルド』の創刊に参加。運輸一般労働組合書記長(一九二一～四〇)、労相(一九四〇～四五)、外相(一九四五～五一)〕も同様に、運輸一般労働組合(TGWU)でヘイグの役廻りを演じる野心はなかった。炭坑労働者だけが有刺鉄線上にとり残されて苦しみ血を流したが、彼らは屈することがなかった。

賃金をめぐる紛争は別の要因のために複雑になった。戦争の終結とともに、労働慣行における二〇世紀最大の変化の一つが生じた。戦前の四〇年間にわたって週平均労働時間はずっと五六時間であったが、戦後には四八時間労働が定着したのである。これによって、「一日八時間」が普通に期待されるところとなり、さらに間もなく週四〇時間の要求が標準週五日労働を予見することになった。産業における労働の単位費用は上昇し、その含意は厳しいものとなった。

一九二〇年まで政府は、戦時経済を続行していたと言ってもよかった。政府自身の支出は、平時において前例のない水準に止まっていた。ロイド＝ジョージの一九一四年の予算は、総額二億ポンドにじりじりと近づいて衝撃的と思われていたが、一九一七年に予算は二〇億ポンドを超えた。一九一九年の戦後最初の予算における公共支出は二五億ポンドを超え、一九一八年とほぼ同規模であった。インフレがこうした比較を歪めていることは確かである。というのも、関連する物価水準は一九一七年までに戦前水準の二倍となり、一九二〇年には三倍に近づいたからである。インフレ的なバブルが一九二〇年にはじけたとき、政府は優先順位を明示しなければならなかった。利子率が引き上げられ、支出は削減され、社会改革はもはや政府が負担できないところの、なくても済ませられる贅沢となった。

最も大きな犠牲になったのは住宅計画で、それは一九一七～一八年の理想主義的ムードのなかでクリストファー・アディソンが企てた、戦後再建のための野心的計画の中心となるものであった。彼は一九一九年に、国の住宅建設計画の促進に責任をもつ保健大臣に就任した。これは、国が直接実施するのではなく、大蔵省の交付金を補助金に用いて地方当局が実施するのであった。補助金が打ち切られるまでに約一七万戸の公営住宅が着工されたが、一九二〇～二一年に経済が加熱状態にあるなかで、これは住宅投資を非常に高額なものにした。アディソンは責めを負わされた。彼は、五年前に首相になるのを手助けした男と疎遠になり、一九二一年に政府を去った。

教育大臣であった歴史家H・A・L・フィッシャー〔(一八六五～

一九四〇）、歴史家、政治家。教育相（一九一六〜二二）〕のように、連立内閣の他の自由党の大臣たちは自分の持ち場で奮闘したが、政府の優先事項はもはや明白であった。ロイド＝ジョージは、一九二一年六月の二、三の補欠選挙で勝利を収めた大衆主義者《ポピュリスト》による「浪費反対」キャンペーンに直面して、可能な経費節約について報告する経営者委員会を任命することで機嫌をとろうとした。それは元連立内閣の大臣であるサー・エリック・ゲディス〔（一八七五〜一九三七）、政治家、企業家。運輸相（一九一九〜二二）。その後、ダンロップ・ゴム会社社長〕を委員長に組織され、その目標を定めるのに大蔵省と密接に協働した。ロイド＝ジョージ自身は、おそらく雇用を刺激するための介入主義的手段による、デフレーションに対する代替策を直感的に求めたのであるが、大蔵省の正統派が優勢で、「ゲディスの斧」を作り出していたので、政府はそれを使わなければならなかった。委員会の勧告は、一九二二年の新たな経費削減の基礎となった。削減の規模は、海軍と教員の申し入れの後に幾分縮小され、双方ともに削減の厳格な完全実施を免れた。しかし、政府はますます、いつでも頼みの綱だった保守党多数派のなかに重力の中心があることを知るようになった。

もしも政府の大勢が保守党であるならば、何故、名称も人事も保守党とならないのか？　これは一九二二年までに、多くの平議員たちの胸に浮かんできた疑問であった。政府のトップは、そのすばらしさを相互に褒めあうことによって結びつけられていた。大法官のバーケンヘッド卿〔（一八七二〜一九三〇）、保守党の政治家、法律家〕はF・E・スミスとして保守党の痛烈な論客であったが、今や彼はウィンストン・チャーチルの深酒の仲間であり、過去に政治が彼らを引き裂いていたなどとは想像もできなかった。連立派は縁故にまみれ、それゆえ「ロイド＝ジョージは私の父を知っている、／父はロイド＝ジョージを知っている」という誘い文句があった。

叙勲をめぐる醜聞がロイド＝ジョージにとって大いに深刻であった理由はここにある。戦前のマルコーニ事件以来、彼の周囲にはずる賢い取引の雰囲気がつきまとい、彼とその他の閣僚たちは金銭的利得のための職権濫用を告発され続けてきた（そして彼らの主張は、法廷において他ならぬF・E・スミスによって弁護されてきた）。ソールズベリの保守党政府であれグラッドストーンの自由党政府であれ、歴代のあらゆる政府が同様の罪を犯してきたにもかかわらず、叙勲者一覧に政党基金への大口献金者の名前が含まれているということが一九二二年に暴露された時、心あるすべての人々が受けた衝撃はあまりにも大きかった。厄介な問題の一部は、連立政府が准男爵やナイト爵の爵位の価格を示す料金表を持つほど粗末になっていたことであった。問題の別の側面は、保守党の院内幹事たちが自分たちも配分に預かるべきだと思っていた時に、ロイド＝ジョージが収入をくすねていたことから生じた。ロイド＝ジョージ基金は、二〇年間にわたって彼に資金を提供し、またその疑惑が彼を悩ませることになった。

すでに政府は厄介な問題の渦中にあったので、その欠陥を象徴するような副次的な問題により大きく傷ついたのであろう。

バーケンヘッドの傲慢な説教による弁護を当てにしていた連立政府は、他のいかなる原理でもなく、相互の賞賛でつながる一派に堕落してしまったように思われた。閣僚のなかの小グループが徒党を組むやり方は、戦時内閣の方式を永続化させ、二〇人全員による閣議はめったに開かれなかった。ローは一九二一年に健康上の理由で政府から退出し、オースティン・チェンバレンが保守党党首として跡を継いだ。しかし、真正の連立派であったこの新党首は、党に対する同様の支配力を持てず、実際一九二二年一〇月のように、党内の不満が強まった時、それを抑えることができなかった。

　チェンバレンがカールトン・クラブ［一八三二年に第一次選挙法改正に反対するため設立された、ロンドンにある保守党の社交クラブ、後に保守党本部］で召集した党の大会は、和解ではなく反抗のための機会となった。集会の冒頭で、独自に立候補した保守党員がニューポートの補欠選挙で連立派の候補を破ったというニュースが伝えられた。前年商務大臣に任命されたスタンリー・ボールドウィンが、語りかけるような口調の発言で、はじめて自党の注目を集めた。ロイド＝ジョージは「ダイナミックな力」であるというバーケンヘッドの主張を認めた彼は、即座に連立派の面々に向かってこう切り返した。「ダイナミックな力はきわめて恐るべきもので、あなた方を押しつぶすかもしれないが、必ずしも正しいとは限らない」と。何よりもローが姿を見せて今や腹蔵なく語り、いろいろな意味でその復活を印象づけた。次の総選挙を独立の政党として戦うという彼の提案は、二対一の多数で承認された。ロイド＝ジョージはその日の午後に辞職した。

第4章　安全第一　一九二二～二九年

1　コミュニケーション

イギリスの鉄道網が形成されたのはヴィクトリア時代であった。一八三七年に線路はわずか五〇〇マイルであったが、一九〇一年には、一九六〇年とほぼ同じ規模の鉄道網が広がっていた。実際に、最大規模となったのは両大戦間期で、そのとき線路は全長二万マイルをやや超えるに至った。二〇世紀の前半を通して、三〇万人の男性が鉄道で雇用されていた。それぞれの鉄道会社は巨大企業であり、イギリスにおけるビッグ・ビジネスの開拓者で、その株式資本額は一九一三年の価格で一二億五〇〇〇万ポンドを超えていた。

こういった会社は、独占的要素をもつ立場にあると見なされていた。したがって、一九世紀は自由放任主義の絶頂期だと考えられているが、鉄道はかなりの程度議会による統制の対象とされ、たとえば早朝の「労働者用列車」の運行体制も規制を受けていた。自由党支持者の中には（チャーチルはその一人であった）、公衆の利益を擁護する要求をさらに一歩進めて鉄道の国有化を主張する者もいた。第一次大戦中、鉄道は、国家の統制下に置かれたために国有化されたかのように見えたが、法人会社方式を好んだロイド＝ジョージ特有のやり方で従来の経営者によって管理運営されていた。戦争末期に彼の政府が運輸省を設置したのは何かの前触れのように思われた——国有化された鉄道を経営するのでなければ、何の必要があったのだろうか？しかし結局国有化ではなく、「統制解除」の叫び声が勝利し、旧来の法人会社方式が再整備されることになった（それは次の大戦後まで続いた）。

一九二一年の統制解除とともに、合併によって四つの巨大会社が誕生した。サザン鉄道、ロンドン・ミッドランド・アンド・スコティッシュ鉄道（LMS）、ロンドン・アンド・ノース・イースタン鉄道（LNER）、グレート・ウェスタン鉄道（GWR）、である。それぞれ特有の制服と地域ごとの愛着心で、愛国的といっていいほどの忠誠心を国民に呼び起こしたが、大いなる蒸気の時代への郷愁をこめて振り返って見ると、なおさらそうであった。イギリスの工業的優位は、この蒸気のうえに築かれていたのである。LNER特有の外観をほどこされた「モーラード」は、一九三八年には蒸気機関車の世界記録である時速一二六マイルを達成し、それが繰り広げる光景に多くの人々が感動した。「トレイン・スポッティング」［目撃した機関車のナンバーを記録すること］を趣味とする年少の男の子たちばかりでなく、数え切れない数の大人たちも、力強い機関車がロンドンとエジンバラを結ぶ東海岸路線を疾走する姿を一目見ようと線路沿いに陣取った。しかしながら、すでにサザン鉄道の通勤路線の電化がかなり進んでおり、このイギリス製機械の卓越した能力への賞賛は、はや哀愁を帯びたものとなった。

イギリス本島は鉄道網によって縫い合わされていた。どこであっても、二つの駅の間を行くのに丸一日以上かかることはなかった。富める者も貧しき者も列車を利用した。豪華な食堂車と寝台車、一等席と三等席客車（一九世紀から二等席は存在しなかった）が、どんな懐具合の者に対してもサービスを提供した。一九〇一年までには年間一〇億人を優に超える数の乗客があり、一九一三年までには一五億人、一九二〇年には二〇億人を超えて最盛期を迎えた。これは、イギリス本島の男女が、乳幼児も含めて誰もが一〇日ごとに列車に乗車していたことを意味する。もちろんそんなふうに鉄道網が利用されていたわけではない。戦間期には、約三分の一が主として通勤客である定期券所有者による乗車であったし、そうした人々は出勤日には二度乗車すると考えていいだろう。しかし、この定期券所有者を除いてもなお、国民は平均して一二日に一回は乗車していたことになる。

鉄道収入のほとんどは、貨物輸送からもたらされた。鉄道輸送は終端駅の間でだけ可能だったから、最終的な目的地までの短距離陸路輸送という広範囲の二次的な配送体制が必要であった。この点においてこそ、馬と機関車とがヴィクトリア時代特有の協働関係を結んだのである。最盛期の一九〇二年には、三五〇万頭の馬がイギリス本島にいた。鉄道の到来によって、イギリスの都市部で利用される馬の数は増大した。反対に、内燃機関を持つエンジンの到来は、遅かれ早かれ、馬と鉄道の双方がどこでも顧みられなくなる端緒となった。西部戦線において莫大な数の馬が必要とされたことは、しばしば見過ごされている。英仏海峡で輸送船が撃沈されたとき、海は干し草でいっぱいになった。そうはいっても、一九〇二年に一〇〇万台を超えていた馬車の数は、一九二〇年代末には五万台にまで落ち込んだ。第一次大戦直前には、五億トン以上の貨物が毎年鉄道によって輸送されていた。戦後の最大量はこの三分の二の水準であり、一九三〇年代初めには二分の一まで下落した。この衰退はある程度は大恐慌のためであったが、一九三〇年代半ばの回復期に年三億トンを超えるまで持ち直せなかったのは、今や自動車との手ごわい競争があったからであった。自動車は、一回の輸送で戸口から戸口へと商品を運ぶことができたのである。

しかし、鉄道が依然として抜きん出る二つの特化した貨物分野があり、それが文字によるコミュニケーションを促進した。鉄道はほとんどすべての郵便を運び、郵便制度が国中にきわめて迅速で安価なサービスを提供することを可能にした。この偉業は、郵政局（ＧＰＯ）の映画部門が製作したドキュメンタリー映画『夜行郵便《ナイト・メール》』（一九三六年）によって、熱をこめて表現されることになった。Ｗ・Ｈ・オーデン［（一九〇七～七三）、イングランド生まれ。一九三〇年代の代表的左翼詩人、一九三九年にアメリカに移住］によるナレーション――「これがイングランドとスコットランドの国境を越えていく夜行郵便／小切手や郵便為替を運ぶ」――が付されたこの映画は、今や一つの古典となっている。戦時下でも、郵便は一般に二日で塹壕にいる軍隊へ届いた。イギリスで投函された手紙、はがき、小包の総数は、一九二〇年には五〇億通を越えた。成人一人当たり一週間に四通の郵便を受け取っていた勘定になる。そして郵便量は、一九七〇年代になるまで一〇年ごとに増え続けた。そのうえ郵便列車に匹敵したものとして夜行の新聞輸送列車があり、ロンドンの日刊紙をイングランドとウェールズの大半の地域へと全国配送することを可能にしていた。

この配送網があってこそ、イギリスの全国紙は世界のどこにも類を見ないような発行部数を達成することができた。スコットランドは、遠く離れていることによって守られていただけでなく、文化的ナショナリズムによっても守られていた。スコットランドの新聞市場のトップは、エジンバラで印刷されていた『スコッツマン』［一八一七年創刊］紙が占め、今世紀を通じてその地位を守り通した。全国紙のスコットランド版の大半はグラスゴーで印刷され、大半の読者が住むクライドサイドでの配送を容易にした。たとえば『デイリー・レコード』紙は、『デイリー・ミラー』［左派の政治見解を代表する大衆新聞］紙を多少変形したものであった。いずれにしても、大発行部数を誇る新聞はロンドンの新聞であった。

一九世紀の後半には、ＡＰ通信のような電信サービスの発展により、地方紙が大いに力を持つようになった。『マンチェスター・ガーディアン』［一八二一年創刊］、『ヨークシャー・ポスト』［一七五四年創刊、リーズで発行。右派の見解を掲載］、『ウェスタン・デイリー・ポスト』［一八五八年、ブリストルで創刊］のような新聞は、しばしば編集者でもあり社主でもある者の管理下にあって、主に強い地方アイデンティティを持った富裕な読者層を当てに成り立っていた。たとえば、マンチェスター綿取引所の商人や仲買人は、『マンチェスター・ガーディアン』紙の商業面が目当てで、Ｃ・Ｐ・スコットが喧伝していた自由党左派の政見を求めていたわけではなかった。『マンチェスター・ガーディアン』紙は、一九世紀半ばまでには全国紙の地位に上り詰めた点でユニークだった。それはまさにロンドンの新聞のようだった。この論理の延長で、一九五九年には自ら『ガーディアン』と改名し、一九七〇年には事実上ロンドンに拠点を移した。けれども、ロンドンで印刷される大部数新聞が確実に市場を支配していった。すでにエドワード時代に経営を圧迫されていながら、第一次大戦を生き延びた四〇の地方朝刊紙は、まったく新しい激しさを伴った競争にさらされることになった。一九三七年には、二七紙が残っていただけであった。

　全国日刊紙の可能性を最初に示したのは、一八九六年、アルフレッド・ハームズワース［一八六五～一九二二、アイルランド生まれのイギリスの新聞経営者、政治家］の『デイリー・メール』［一般に右派の政治見解を掲載した大衆新聞］紙であった。半ペニーで販売し、広告収入に頼ることでその低い定価を埋め合わせた。これはあからさまに下層中流階級を標的にしたもので、とりわけ増大しつつあった（男女双方の）事務職を狙っていた。ハームズワースは、女性の関心に焦点を合わせた週刊紙で一八九〇年代に財を築いたのであり、『デイリー・メール』紙でも、スポーツ面とならんで婦人面を充実すべきだと主張した。さらに一九〇三年、ハームズワースは『デイリー・ミラー』紙で、女性向けというだけでなく、女性によって書かれた新聞という実験を試みた。それがうまくいかないと、翌年には新しい版型、すなわち通常の紙面のちょうど半分の大きさで再出発した。ハームズワースは、これを「タブロイド・ジャーナリズム」と呼んだが、それはこれまでにない速さと品質で網目版《ハーフトーン》の写真を印刷する改良技術を採用して、報道写真に特化していた。その他の多くの着想をアメリカ合衆国から拝借したハームズワースではあったが、この点でも彼は革命的であった。

　競争相手の『デイリー・エクスプレス』［一般に右派の政治見解を掲載した大衆新聞］紙は、一九〇〇年に創刊されたが、R・D・ブラメンフェルド［一八六四～一九四八、アメリカ生まれの新聞編集者。一九〇七年、イギリスに帰化する］を編集長にしてなされた驚くべき革新は、ニュースを第一面にもってきた点にあった。当時といえば、他紙は第一面を味気ない項目別広告欄に捧げていた。大衆新聞はそれ以来、一つ以上の段に割って入る「吹き流し」を使ったり、読者の関心を記事に引き込むための多層にわたる小見出しとともに、紙面を真っすぐ横切る「大見出し」で主なニュースを書きたてたりした。ハームズワースは自らが先鞭をつけた革命路線の行方に青ざめ、『デイリー・メール』紙にこれを取り入れることに反対し、広告に力点が置かれることにも同様の不快感を示した。見せびらかしの広告は、いくつもの段にまたがって広がり、太文字や写真を使ってその主張を伝えようとした。ロンドンの百貨店であるセルフリッジは、線描画で描かれた全面広告を取り入れた開拓者であった。

　第一次大戦は、ニュースとなって新聞の売上げを伸ばしただけでなく、高級紙にニュースの価値というものを教えた。『タイムズ』紙の主要ニュース面は、エドワード時代には世界中からの「最新の情報」を延々と掲載していた。一段を越えるような見出しはひとつもなく、しかも見出しでは記事の中身がほとんど示唆されず、時間を惜しむ読者をぎっしり詰まった活字の森へと導くような小見出しなど望むべくもなかった。緊急報道を優先するという徴候が明確に示されたのは戦時下だった。緊急報道が（慣例となっている私的な広告欄の代わりに）、ときに第一面に掲載されたのである。一九三〇年代までには、『タイムズ』紙は、印刷デザイナーであるスタンリー・モリソン［（一八八九～一九六七）、ロンドン生まれのタイポグラファー］の化粧直しを受ける用意ができていた。モリソンは「タイムズ・［ニュー・］ローマン」文字を考案し、それはいまでは一つの古典となっている。見出しも初めて一段以上にわたったが、『タイムズ』紙が第一面にニュースを掲載する最後の日刊紙となるには、さらに三〇年を要した。

二〇世紀最初の四半期は、イギリス新聞人にとって黄金時代であった。大物が我がもの顔にフリート街を歩き、政府は新聞からこぼれ落ちる一語一語に掛りきりになった――彼らが著わした（分厚い）回顧録を読むと、そのように思われる。エドワード時代には、自由党系の『ウェストミンスター・ガゼット』紙のJ・A・スペンダー［（一八六二～一九四二）、編集長（一八九六～一九二二）］や、保守党系の『オブザーヴァー』紙のJ・L・ガーヴィン［（一八六八～一九四七）、十代から地方新聞に時評を執筆。一九〇八～四二年までの三四年間、『オブザーヴァー』の編集長］のような有名な編集者なら、国の運命を形成しようと腐心する彼らを助ける過保護な社主に頼って、社説一本で大いなる名声を築くことができた。しかし、新しい新聞王たちは公衆が欲するものを与えることに恥も外聞もなく勤《いそ》しんだ。

アルフレッド・ハームズワースは、一九〇五年にノースクリフ卿として爵位を得、そして一九〇八年には『タイムズ』紙を買収し、立派な社会的地位への旅を終えた。他の者は、この最初の新聞貴族であるノースクリフを模倣した。大仰な称号を選ぶ際には、とくにそうだった。たとえば、ロザミア卿がアルフレッドの弟ハロルド・ハームズワース［（一八六八～一九四〇）］に与えられ、彼は『デイリー・メール』紙を一族の手のうちに保持した。ビーヴァーブルック卿はマックス・エイトケンに与えられたが、彼は一九一六年に『デイリー・エクスプレス』紙を買収していた。サウスウッド卿がオッダム出版社のJ・S・エリアス［（一八七三～一九四六）、全国紙の他、多くの大衆雑誌も発行した］に与えられ、オッダム社は一九三〇年に労働組合会議（TUC）と組んで『デイリー・ヘラルド』紙を再生させた。一九二八年から『デイリー・テレグラフ』紙の社主となっていたウィリアム・ベリー［（一八七九～一九五四）、ウェールズ出身で、『フィナンシャル・タイムズ』紙も所有］には、カムローズ卿が与えられ、他方、かつて『サンデー・タイムズ』紙をともに築き上げた弟のガマー［（一八八三～一九六八）、一七歳で兄の新聞事業に参加。一九三七年に兄らとの共同経営に終止符を打つ］には、ケムズリー卿という爵位がすでに準備されていた。けれども、ロイド＝ジョージの友人だった『ニューズ・オブ・ザ・ワールド』紙のジョージ・リデル［（一八六五～一九三四）、セックスとスポーツを売りにしたこの週刊新聞は、七〇〇万近い部数を誇った］は、単純にリデル卿として名称を変えなかった。

アスキスの失脚は、どうかというと見境なく新聞権力のせいにされた。ノースクリフは確かに尊大な人物で、その影響力を断固思い知らせようとしていた（ひどくなりつつあった誇大妄想は実際に病理学的なもので、彼は一九二二年に死亡した）。ロイド＝ジョージが、後の時代に初めて閣僚たちの間で一般化したやり方で新聞との関係を育んだというのは真実である。彼の率いたのが明確な党基盤を欠いた連立政府だったという事実もまた、世論の代用としての新聞の評判を誇張することになった。ビーヴァーブルックとしては連立という環境の中で成功し、マックスとしては、家をＬＧ［ロイド＝ジョージ］やＦＥ［バーケンヘッド卿］やウィンストンの出入り自由にしてシャンペン代の請求書を手にするのを好んだ。政治の接着剤として、宴会《パーティー》が党《パーティー》に取って代わったように見えた時代であった。ちょうどノースクリフの『デイリー・メール』紙が大衆的日刊紙を開拓したのと同じように、戦間期にはビーヴァーブルックの『デイリー・エクスプレス』紙が大部数発行競争のペースメーカーとなっていた。

第一次大戦の末期には、全国日刊紙は三〇〇万部売れていた。第二次大戦の始まるまでには、その売上げは一〇〇〇万部を超えた。『デイリー・エクスプレス』紙が、一九三〇年代半ばに一日二〇〇万部を超える売上げを最初に達成した。『デイリー・メール』紙は、一五〇万部売れていた。ＴＵＣが刷新した『デイリー・ヘラルド』紙は一〇〇万部以上売り、『ニューズ・クロニクル』紙（生き延びていた自由党系の日刊紙二紙が近年合併したもの）はそれよりやや少なかった。一九三〇年代初めの発行部数戦争は、五万人もの家庭訪問員がライバル関係にあった百科事典や古典小説の全集を無料ギフトとして配布するということもあって、たいへん経費はかかったが、発行部数の上昇に貢献した。一九三四年には、イギリスの家庭一〇〇軒当たり、九五の朝刊紙と一三〇の日曜紙が売られていた。

新聞の役割は、もっと新しいメディアの抬頭によって強化もされたし、脅かされもした。映画産業は、スター制度とともにまったく新しい人間的関心をそそる物語の世界を創出した。新聞上の広告は映画を後押ししたが、新聞を売る上手なやり方の一つはハリウッドを記事にすることだった。ハリウッドは、一九二〇年代にイギリスで上映された映画の九五パーセントを占めていたのである。アメリカナイゼーションという文化的な脅威は、イギリスの伝統的エリートの間にきまって恐怖を引き起こした。また、それが手に負えない商業化を意味するとなると、反資本主義左翼の疑念をも引き起こした。ここに一つの合意が形成され、それが確実にしたことは、ラジオ放送を自由市場に任せるのでなく、公的な庇護のもとで拡充するということだった。

英国放送協会（ＢＢＣ）がその産物である。それは、ラジオ放送の規制に関する郵政局の責任を根拠に立ち上げられたが、一定の移行期間後、最終的には一九二七年に、政府によって任命された取締役会が統括する、公共ラジオ放送の独占を許可された公企業として確立された。ラジオ受信者に年間聴取料を課すことによって、放送サービスは広告への依存を免れた。事実、厳格な初期ＢＢＣの規則は、放送でブランド名を口にすることを固く禁じていた。これは新聞王たちには願ってもない取り決めで、というのも、商業ラジオは彼らの広告収入を脅かしかねなかったからである。放送はその開始から人気が沸騰し、年間の聴取権利書の購入数は、一九二三年の一二万五〇〇〇から一九二六年には二〇〇万近くまで増え、一九三〇年には三〇〇万となった。

不安定で中途半端な自治というBBCの地位は、まだ三〇歳代の強力な総裁ジョン・リース［一八八九～一九七一、スコットランド出身のエンジニアで、第一次大戦に従軍］によって、独立の公共サービスという倫理体系に鋳直された。高潔で、禁欲的で、専制的だったリースは、その生涯を公衆の趣味の改善に捧げた。それは注意深く規制された番組編成によって試みられたが、同時にバラエティーや娯楽や大衆音楽に対しては、聴衆の反発を当面回避するのにちょうど見合った譲歩がなされた。BBCのアナウンサーの注意深い発声法も、またリースの「改善」のための基本計画の一部に他ならず、ロンドンの上層中流階級アクセントの一変種が「標準英語」として確立するのに手を貸した。それ以外のアクセントが受け入れ可能とされたのは、地方放送の場合だけであった。

リースが最初に押し付けた体制は、彼が公衆のために良いと考えたものを提供することを基礎にしていた。古くからの大学の一つに職を確保できなかったという自らの失敗を遅まきながらも過剰に埋め合わせるべく、リースはBBCをオックスブリッジ出身者で一杯にした。重々しく学者ぶった講話が聴衆を啓蒙したが、その主題は聴衆の関心を引きつけるに違いないと想定されていた。音楽といえばオーケストラ演奏の生放送であって、それは毎晩毎晩ゴールデンタイムを独占し、ダンス・バンドは通常の番組が終わってからようやく放送を許されるという具合だった。一方には、永続することになる勝利もあった。サー・ヘンリー・ウッド［一八六九～一九四四、指揮者でプロムズの創始者］のプロムナード・コンサートは、一九二七年にBBCの介入によって救われ、助成を受けたプロムズ［ロンドンで毎夏開かれるプロムナード・コンサートの通称］はその後二〇世紀を通じて夏の放送の売り物の一つになった。放送劇は革新される必要があったが、それというのもウェスト・エンドの劇場からの中継がうまくいかなかったからである。そのためBBCは、マイクロフォンに適した劇を取り上げてスタジオ上演を開拓していった。

BBCは、こうして少数派の趣味の要求に応じるかたちで始まったが、自らの成功に先を越されることになった。一九三〇年には三〇〇万人だった受信料支払い者数が、一九三四年までに二倍となり、一九三九年には三倍となり——放送の届く地域圏の限界に達するほどであった。初期のころの「猫ひげ線」［鉱石検波器の鉱石に接触させる細く堅い線］は、鉱石受信機を機能させるヘッドフォンとともに、おそろしく個人主義的な職人の修繕作業という伝統に合った趣味だった。しかし、一九三〇年代までには真空管ラジオ受信機が売り出され、趣味のいいアール・デコ様式がそれに施されたこともあって、家庭の居間に誇りある地位を占めて家族が経験を共有するようになった。人気番組を聴き逃すことは社交上ちょっとした不都合となり、非聴取者は誰もが話す一連の話題から取り残されることになった。

リース時代の後年には、より柔軟な番組編成がなされたし、BBCは聴取者調査を行ってまでも、聞き手についてより多くのことを知ろうとした。このようにして聴取者は、ヘンリー・ホール［一八九八～一九八九、一九三二年に「BBCダンス・オーケストラ」を創始、長年にわたってラジオ番組『ゲスト・ナイト』のレギュラーとして活躍］やジャック・ペイン［一八九九～一九六九、一九三〇年代イギリスのダンス・バンド音楽黄金時代の代表的人物。BBCダンス・オーケストラも指揮した〕の率いる著名なダンス・バンドに合わせて自らの脚でタップを踏むことができるようになったのである。一九三八年に始まった番組『バンド・ワゴン』は、アーサー・アスキー〔（一九〇〇～八二）、映画やテレビのコメディにも活躍〕とリチャード・マードック〔（一九〇七～九〇）、のちにテレビや映画にも多数出演〕をスターにして、新種のラジオ・コメディアンの抬頭を伝えた。彼らは単なるお笑い芸人ではなく、真の連続喜劇《シチュエーション・コメディ》ドラマを確立していった。特別の出来事は、現場中継で報道された。時間を追って、また日を追って試合がゆっくり展開するクリケットの中継は、言葉による放送に向いていてとりわけ成功をおさめた。偉大なオーストラリア人打者のドナルド・ブラッドマン〔（一九〇八～二〇〇一）、一九二八年から引退した四八年までオーストラリア代表選手を務め、三六年からは代表チームのキャプテン〕を一度も見たことがなかった何百万もの人々が、ブラッドマンがイングランドの投手を粉砕するのに聴き入った。テスト・マッチ〔クリケットの国際試合〕のラジオ中継はちょっとした芸術様式にまで発達し、後年になってからテレビとの競合にも太刀打ちできるほどであった。一九三一年からは、オックスフォードとケンブリッジ対抗の大学ボート・レースが、およそ思いがけないことに、我が事のように熱狂する大勢のファンを獲得したが、それはBBCの大型ボートからのジョン・スナッグ〔（一九〇四～九六）、一九二四年にBBC入社、三一～八〇年まで毎年大学ボート・レースを中継〕による生中継のおかげであった。スナッグ（ウィンチェスター校とオックスフォード大学ペンブルック・カレッジで教育を受けた）は、全国番組において最も知名度の高いアナウンサーに数えられていた。

初期の時代にタキシードの着用を義務づけられていたニュースキャスターのあけすけな上流階級風の調子は、権威があると言わんばかりのBBCの自負に信用を取り付ける手助けとなったかもしれない。BBCは中立性と客観性を誇ったが、それもめったに文句を言われることはなかった。あからさまな政治的偏向はなかったが、それはまさに、BBCがエスタブリッシュメントへの仲間入りを熱望していた事実の反映であった。政府の立場を代表するという責務が、危機が表面化した時代には舞台裏においてではあるが明確にBBCに刻印され、とくにゼネストの時にはそうであった。BBCは、リース特有の報道操作でその危機を乗り切った。選挙戦期間中、政党は政見放送の時間を与えられたが、初めはマイクロフォンを演説会場の時のように扱って台無しにしてしまった。ボールドウィンが初めて、炉辺にいるような語り口を成功裡にやってみせた。ラジオは、彼の奇妙なまでに親密感のあるコミュニケーション能力にぴったりのメディアだった。ボールドウィンの権勢とリースの権勢は見事に時期が一致していた。バランスを保とうとするリースのやり方は、公共放送の倫理を高めることに威力を発揮して彼の辞めた後も生き延び――リースは一九三八年に辞めさせられている――、そして第二次大戦下におけるBBCの国民的制度としての絶頂期への道を開いていくことになった。

2　右、左、右

一九二二年一〇月のロイド＝ジョージ連立政権の崩壊は、保守党の大半の者による意識的な決意から生じ、政党制を復活させようとするアスキス派の自由党員や労働党からも熱心な支持を受けた。政党制の復活は実際成し遂げられたが、そのまま直ちにというわけではなかった。一九二四年まで時間がかかっただけではなく、復活したのは新しい政党制であった。それは、かつての政党制よりも保守党にはるかに有利な、労働党を万年野党とする政党制であった。その後の七〇年間に保守党が政権を取れなかったのは、わずか一八年間にすぎなかった。

三回の総選挙が続けざまに行われた。一九二二年には保守党が過半数を制したが、一九二三年には再び敗退した。最初の労働党政府が一九二四年に発足し、わずか数カ月間であったが政権を維持し、次の総選挙では保守党が安定多数を確保した。自由党にとって、これは齢を重ねつつあった重量級ボクサーの頭にパンチが続けてお見舞いされたようなものだった。右からのジャブでバランスを失い、迷わすような左の一打がさらなる強打へのお膳立てをしたかと思うと、決定的な右のスイングによって叩きのめされてカウントアウトになった、という具合である。

これらの結果に対する選挙制度そのものの影響については、注記に値する。一九二二年の保守党の勝利と一九二三年の保守党の後退は、それぞれがほとんど同じ得票数でのことだった。違いを生み出したのは、保守党に対抗する政党間での得票の配分であった。一方で、一九二三年に自由党は農村部の議席の半数で勝利することに成功したが、そこでは戦前の土地改革運動の時代の補欠選挙で強力な成果をあげたことを思い起こさせるやり方が取られ——ロイド＝ジョージはこれを一つの教訓として心に刻み込み、一九二五年には新しい土地改革提案をするに至ったのである。* 他方で、都市部のイギリスと工業化されたイギリスを代表する政党としての地位を、労働党が着実に固めつつあった。労働党は、それまでのような炭鉱地帯だけでなく、大半の大都市圏においても、労働者階級の選挙区で次々に勝利した。これは階級政治ではあったが、いくつかの奇妙なねじれもあった。民族と宗教の違いによって最も分断されていた二つのイギリスの都市では、こうした文化の政治学が、グラスゴー

総選挙	保守党	労働党	自由党
一九二二年 得票数(百万)	五・五(三九%)	四・二(三〇%)	四・一(二八%)
議席数	三四四	一四二	一一五
一九二三年 得票数(百万)	五・五(三八%)	四・四(三一%)	四・三(三〇%)
議席数	二五八	一九一	一五八
一九二四年 得票数(百万)	七・九(四八%)	五・五(三三%)	二・九(一八%)
議席数	四一九	一五一	四〇

ではカトリック票を集めることができた労働党に有利に働いたのに対し、プロテスタントのリヴァプールでは逆風となった。だから、クライドサイドの住民の一団は労働党の下院議員に代表を託したが、マージーサイドの住民はそうはしなかったのである。

＊ 二〇パーセント以上の男性労働者が農業に従事していた選挙区が八六あった。自由党は一九二三年にそのうちの四三選挙区で勝利したが、保守党は一九二四年には七四選挙区を奪った。

一般に、労働党の支持が階級ごとに偏りがあったという事実は、多数票主義の選挙制度のもとでは明らかに有利であった。支持が集中しているということにより、全国での得票が同じだった場合には、自由党よりも労働党がより多くの議席を獲得したのである。自由党が全国的に第三政党となったのは、無効票となることを恐れて支持が縮小したためではない。それは、自由党が主に一九二四年から直面した二次的なハンディキャップだった。事実は、自由党が少数派政党としては不適切な性格を持っていたということにあった。その支持者はイギリス本島全体にわたって、また社会階級を横断してかなり均等に散らばっていたのである。これは戦前には有利であった。しかし、全国的な得票数が決定的な水準以下に落ち込んだ時には、それが致命的なハンディキャップになった。この大雑把な論理でいけば、自由党は、労働者階級選挙区においては労働党の次点で終わることになり、中流階級選挙区では保守党の次点として終わることになったのである。

一九二〇年代の三大政党制のもとでは、四〇パーセントの得票に接近できた政党は勝利する見込みがあったし、三〇パーセントに止まった政党は敗者となった。とはいえ、多くの選挙制度において、言うまでもなく、三〇パーセント得票した政党というのは手ごわい代表なのである。この点で、下院の多数派を形成していた一二年間のうちに選挙制度改革の機会を掌中のものとできなかった自由党は、自らを責めるほかなかった。というのも、自由党は一九一八年に選挙改革法を成立させたのに、ほぼ最終段階になって、当初は法案に組み込まれていた比例代表制の規定が放棄されているからである。

保守党の平議員たちは、一九二二年に連立政権を否定する権力を誇示したことに喜びを感じていた。それ以来、彼らは自分たちの定期的会合に「一九二二年委員会」という名前を付けて制度化した。＊カールトン・クラブが次の総選挙を非連立路線で戦うという決定を下した時、誰が見てもロイド＝ジョージは辞任せざるを得なかったが、多くの保守党議員はこれを悔やんだ。オースティン・チェンバレンが党首を辞任して、つい最近放棄したばかりの指揮権をボナ・ローが手にすることを許しただけではなかった。連立内閣の第一級の頭脳――影が薄くなりつつあった栄光者バーケンヘッド、衰えを知らないバルフォア――が、新しい政府を鼻であしらったのである。ケドルストンのカーゾン侯爵は、とてつもなく尊大であったが、そのまま留まった――彼は、カニング〔一七七〇～一八二七〕、政治家（トーリー）。外相（一八二二～二七）、首相（一八二七）。

首相就任三カ月で急逝］が一八二七年に外務省を辞めてから途切れることのなかった貴族継承路線の最後の人物であった。** ローは、彼のなしうる限りで最高の内閣を形成した。当初は、連立主義者だったサー・ロバート・ホーン［一八七一～一九四〇、一九二一年に蔵相に就任。ロイド＝ジョージに忠実で、ローのもとでの入閣を拒絶した］の後釜として、大蔵省に自由党のマッケナを呼び戻そうとした。アスキス時代には大蔵省はマッケナが牛耳っていたのである。この筋書きが失敗して初めて経験のないボールドウィンが代わりに昇進した。この護衛の交代が明らかにしていることは、党派的な忠誠と個人的な忠誠が不断に変化していたということである。

* しかしながら、一九二三年当時の元々の構成員は、一九二二年に新たに議員に選出された者に限られていた――まさしく、カールトン・クラブに出入りしていなかった者たちの集まりである。一九二五年になって初めて、会員資格はすべての保守党平議員に開放された。

** 一〇〇年にわたって、伯爵の爵位より下の者が外務大臣になることは異例であった。有名な例外は、ラッセル（公爵の息子）、パーマストン（アイルランド人子爵）、グレイ（准男爵で選挙法改正のグレイ伯爵の傍系親族）である。一九二四年以降になると、このような家柄の者は、第三代ハリファクス子爵（外相、一九三八～四〇）、第一四代ヒューム伯爵（一九六〇～六三、一九七〇～七四）、第六代キャリントン男爵（一九七九～八二）のみとなった。

保守党は、連立政府が残した成果のすべてを否定することなどまずできなかった。保守党こそが連立政府の大黒柱だったのである。したがって一九二二年一一月の選挙期間中、多くのことは言及されないままに終わった。保守党は、公認証《クーポン》選挙で獲得した議席のうち、四〇議席――しかし、わずか四〇議席である――を失った。これは、保守党が未来をロイド＝ジョージと共にするのでも、しないのでもよかったということを示していた。共にしないというのが多くの者が好んだ選択だったが、選挙結果に当然ながら満足を見出したボールドウィンはとりわけそうであった。対照的に、何が起ころうとロイド＝ジョージに忠実に付いていたオースティン・チェンバレンは、ふたたび勝負に出てまたも自分が敗れたのを知ることになった。

一九二二年の総選挙では、単に「自由党」の成果に言及するのでは誤解が生じる。ロイド＝ジョージ率いる「国民的自由党」は、保守党連立主義者の善意を排斥しようとは考えていなかった。つまり、多くの者は、保守党からの少なくとも暗黙の支持を享受していたのである。ロイド＝ジョージとアスキスは、新たに選出された議会において、それぞれ五〇人から六〇人の追随者を擁していた。これは、いまだ傷口を舐めていたロイド＝ジョージにとっては期待はずれの結果だったが、アスキスにとっては、たとえそれまでの脆弱さに比べてだとはいえ、嬉しい支持であった。ただし、多くの選挙区で地元の活動家たちが本当に望んでいたのは、「どちらの派にも属さない」自由党候補者であった。

真の前進を勝ち得たのは労働党であった。「公認証選挙」での勝利のいくつかが連立政府のおかげだったことを考慮すれば、労働党の本当の強さは最大で一〇〇議席も増加したことになる。それはどんなふうに数え上げてみても、自由党を十分に引き離したものであった。

労働党は一九一八年以来大躍進してきた。それは単に労働組合票のおかげではなかった。不況が始まったこともあって、その五六〇万人の組合員は有権者の二七パーセント以上にはならなかったのである。また、単に新しく付与された参政権の産物でもなかった。しだいに拡大していた労働党の人気は、一九一九年の地方選挙の結果で顕著になったが、それは事実上、戸主選挙権に基づく選挙人名簿で戦われたものであった。労働党の躍進は、社会学的に決定されたものではなく、その時代の政治の産物だというのが事実である。国中の反連立政府勢力の支持を集める労働党の能力は、一九二〇年のスペン・ヴァレー［ウェスト・ヨークシャーの峡谷地帯］選挙区の補欠選挙で明らかになっていた。自由党と非国教徒の伝統的な地盤での戦いで、労働党は、自由・保守両方の古い政党を破って勝利したのである。労働党が今や民衆の政党だというのなら、それはまた上流層の政党にもなろうとしていた——少なくとも議会の指導層においてはそうだった。クレメント・アトリーやヒュー・ドールトンのような教育のある専門職業人が労働党議員として選出されたことは、党の将来のかたちを示していた。

当面、純粋な保守党政府というのは新奇なもので、一九〇五年以来初めてであった（自由統一党をどう見るかにもよるが、もっと以前に遡る事もできよう）。一九一七年からハンキーが戦時内閣で仕えてきた官房《セクレタリアート》職は残したものの、一六人の大臣からなる本来の平時内閣が復活した。官房長官《キャビネット・セクレタリー》は以来、官庁《ホワイトホール》の権力構造のカギとなる職位を占めるようになった。政府は雲行きの怪しいスタートを切った。ボールドウィンは、ワシントンで戦時借入金をめぐって——イギリスが戦時債務を回収できるか否かに関わらず有利な条件でアメリカに支払うという——交渉を行い、サウサンプトンに帰港すると、内閣に話をつけるよりも先に新聞に情報を流してしまったのである。ボールドウィンは幸運にも大半の閣僚から支持された。しかし首相［ボナ・ロー］はそうでなく、彼はまず『タイムズ』紙に匿名の投書を送って内閣の提案した案を攻撃し、自らの感情のはけ口を見出したが、その後シティの助言の重みに屈したのであった。これは奇妙な事の運び方であった。しかし、ローには、首相として名を残す時間がほとんどなかった。一九二一年に医者の命令で連立政権からの辞任を余儀なくされ、一九二二年には健康上の問題なしとされたものの、結局一九二三年五月には末期癌だと診断されたのである。同年遅く、ローがウェストミンスター寺院に埋葬されたとき、無名兵士に並んで無名首相が埋葬されるのだとアスキスは語っていた。

こうして予期されざる空席が指導部にできた。ローは、国王からの首相委任を受ける前に党首として選ばれなければならないと主張していた。しかし、それとは逆の順序で事をなすという国制上の作法がいまや再確認された。これはアスキスがキャンベル＝バナマンを継いだ時のような、単なる形式的なものではなかった。当時チェンバレンは政府に入っていなかったので、選択は長年閣僚を務めていたカーゾンか、大蔵大臣としてわずか数カ月の経験しかないボールドウィンかであった。ジョージ五世はこうして実に重大な決断を迫られた。ローは何の助言もしなかったので、バルフォアの助言が求められた。この老人は、カーゾン（「親愛なるジョージ」）に対して人知れぬ悪意を長年抱いており、病床を立って国王に会いに行った。バルフォアの言い分は、貴族は首相として認められないというものだった——それは国制に関わる一つの教義であり、叔父のロバート［ロバート・アーサー・ギャスコイン・セシル、首相ソールズベリ卿。本書第1章第3節を参照］を驚かせることになったかもしれないが、確かに「親愛なるジョージ」は選ばれないことを意味した。

スタンリー・ボールドウィンは、続く一五年間、イギリス政府にとってきわめて重要な人物となった。彼の地位は一九三〇年になってさえ危うい時もあったが、最終的には驚くべき権力の掌握力を確立した。保守党は、完全に民主的な構成となった有権者を長く恐れていたが、彼の下でそれに応えうる党への移行を果たし、ヨーロッパ中で体制を崩壊させた経済不況を乗り切ったのである。けれども、ウースターシャーのビュードリ選挙区の議席を一九〇八年に父から引き継いだ一介の保守党《トーリー》平議員の抬頭を予想した者はほとんどいなかった。彼は富裕な製鉄業者で、その工場は古臭い温情主義路線で経営されていた。そこでは労働者との雑談の時間がとられ、スタンリー氏は労働者をつねに彼らのファーストネームで覚えた——ボールドウィンはこの方式を下院の喫茶室に苦もなく移し、首相の時でさえ、労働党の古参兵たる労働組合議員と彼らの煙管《パイプ》ごしに懇意に話し込む彼の姿を見ることができた。これはすべからく良き政治であった。とくにボールドウィンが、心情溢れるキリスト教の本義を見せたり、大地に自覚的に根づいているイングランド人の愛国主義感情を露わにした時にはそうだった——すべてが、彼の言葉を聴く者に、ラディヤード・キプリングが従兄であったことを時に思い起こさせるような技量でもって表明されたのである。

ボールドウィンの就任は、連立政権の夢を閉ざすことになった。彼はロイド＝ジョージとは一切関係を持とうとしなかったし、必要とあらば労働党に政権をとらせる用意があった。急いで旧連立主義者と関係を修復しようともしなかった。保守党指導部の新しい形態は、ボールドウィンによる大蔵省の人選によって示された。それは保健相であったネヴィル・チェンバレン［（一八六九～一九四〇）、保守党の政治家。首相（一九三七～四〇）］の手に渡った。ジョゼフの息子であり、オースティンの腹違いの弟で、それまではオースティンの影に隠れて見劣りのしていたネヴィルであったが、成功したいという確固たる思いと、バーミンガムの経済界と市政との密なつながりを保持した点で、より忠実に父親の血を引いていた。ボールドウィンより二歳若いだけであり、ウェストミンスターのエリート入りがもっと遅かったチェンバレン——彼は一九一八年に下院議員となった時に五〇歳近かった——は、戦後の保守党の実業倫理を体現していた。彼もまた、ロイド＝ジョージとその連立の勝手気ままさを嫌悪していた。しかし、それがもしも可能だと分かれば、当然にも、悔悟した放蕩息子たる腹違いの兄の帰郷を歓迎する用意はあった。

ミッドランドの産業家として、ボールドウィンは長年の関税改革推進者であり、帝国に未来を託すよりも、国内の保護に注意を払った。しかし、彼はイデオローグではなかった。保守党政治で一〇年の間幸せにも眠っていたこの問題が、選挙上危険なものであることを彼は知っていた。戦時中に、一定の奢侈品に関税を課したのは自由党の大蔵大臣マッケナであり、それは（国内産品を保護するというよりも）価格差をつけて船舶による輸送量を制限するという理由で正当化された。しかし、「保護《プロテクション》」と、ロイド＝ジョージの連立政府が導入した「輸入制限《セイフガーディング》」措置との間に線引きをすることは容易ではなかった。ヴェルサイユ以降、たしかに、多くの自由貿易論者が恐れていたような戦後経済戦争に大々的に訴えるということはなかった。財政問題は、次期議会では何の変更もされないというローの一九二二年の公約もあって重要性を失っていた。では、なぜボールドウィンは保護を求める訴えの声を再びあげたのだろうか？

何年間もやっていけたであろうにもかかわらず、政府が敗れることになった総選挙にあわてて臨んだというので、ボールドウィンはその時は戦術的な愚行を犯したと非難された。しかし、事の展開によって、一年と経たないうちに保守党の地位が驚くほど確固たるものとなったため、ボールドウィンはきわめて繊細な名戦略の持ち主だとも見られた。彼自身、相対立する説明をおこなっていた。彼は、出来事を有利な方へ巧みに変えていく能力があることを示したけれども、ローの公約が議会の終了時点で効力を失するという、一九二三年一〇月の保守党大会における自分の宣言の結果を予想していたかどうかははっきりしない。彼の主張はもっぱら失業を背景にしており、彼は国内市場を保護することによって失業と戦うことを提案したのであった。彼がこれを信じていたことは疑いの余地なく、彼は保守党内で失業対策に支持が得られることを知っていたのである。彼はまた、オースティン・チェンバレンが関税改革の主張を熱心に応援せずにはいられず、その関税改革の主張は、どんなものであれロイド＝ジョージからの新たな挑戦の芽を摘むものであることも分かっていた。一旦そうした事態が変わってしまえば、いかに早く選挙が招集されなければならないかをボールドウィンがよく承知していたかどうかは、かなり疑わしい。しかし、とにかく彼は前に進んだのである。

一九二三年の総選挙は戦前の政党制の復活とほぼ言えるものとなった。自由貿易が争点となり、自由党と労働党が保守党の攻撃からそれを守ったのである。関税改革をめぐって保守党は再統一を果たしたが、自由貿易のもとに自由党が再団結した光景とは比べものにならなかった。ロイド＝ジョージとアスキスが同じ選挙演説台に立ち、双方のご夫人はお互いに小声で非難しあっていた。それまでに起こったあらゆる事にもかかわらず、二人の男は誰からも指図されずにかなりうまく折り合っていたというのが事実である（やかましい党派的な追随者が彼らを放っておいてくれることは滅多になかったが）。自由党は知恵を絞って一九〇六年の総選挙でうまく役立った議論を思い起こし、あらためてそれを持ち出した。一九二二年の自由党の得票は混合されたものであり、多くの選挙区でいまだ連立派の支持を取り込んでいた。こうして一九二三年の前進は実質的なもので、七年という貧弱な、見劣りのする年月を生き延びることができた政党の驚くべき抵抗力を示していた。

保護政策への保守党の訴えに対する拒絶反応は、得票数での計算よりも議会での数字においてより明確だった。政府は過半数を失い、労働党は自由党よりも一段と多くの議席を獲得した。ボールドウィンは、ただちに辞任するのでなく、新しい議会を招集することを選んだので、熟慮する時間はあったのだが、自由党はそれをもっとうまく利用するほど賢明ではなかった。アスキスは労働党政権の成立そのものを怖れていたわけではなかった。しかし、彼は単純にも、自分自身が首相だった時にうまく機能したように、進歩的な政党同士のその場その場の協力によって相互に有利となるようにその政権が維持され得ると想定していた。こうして、自由党がボールドウィン政府を投票で倒壊させた。どのような条件で自由党の支持を与えるかについて事前の合意がないまま労働党が政権に就くことを許すことで、アスキスは、やがては互恵的になるであろうと自ら好んで期待した善意を示したのであった。

最初の労働党政府は一時代を画した。一九二二年に下院に復帰した際、ラムゼイ・マクドナルドは、ランカシャーの労働組合活動家であるJ・R・クラインズ［（一八六九～一九四九）、組合活動家、労働党の政治家、党首（一九二二～二二）、内相（一九二九～三一）］に代わって辛くも党首に当選した。クラインズは当座しのぎにすぎなかったが、公認証《クーポン》選挙以降、ウェストミンスター議会では才能が不足していた。マクドナルドの戦争反対は、戦後に対する幻滅が増したこともあって、彼を永久に傷つけることにならなかったばかりか、党内における左派の信用を高めた。思想的には、彼は旧友であるJ・A・ホブソン（今では労働党の支持者だった）流の進歩主義者にとどまっていたが、労働党は自由党よりもいっそう忠実に進歩主義を代表していると主張した。こうして、戦術的に自由党に取って代わることをマクドナルドは堅く決めていたのである。

彼が一九二四年に組閣した政府は、この目的を達成する重要な一歩となった。マクドナルドに敗れたクラインズは、すぐに国璽尚書として取り込まれた。アーサー・ヘンダーソンは内務相になり、J・H・トマスは植民地相となった。大蔵大臣にはフィリップ・スノウデン［（一八六四～一九三七）、労働党の政治家。蔵相（一九二四、二九～三一）、国璽尚書（一九三一～三二）］が就任した。スノウデンは首相に匹敵する教養を持ち、独立労働党において三〇年間の経歴を持つ同僚の一人であった。その厳格な倫理的発言は、社会主義者として畏敬の念を起こさせるような名声を彼にもたらしたが、グラッドストーン流の血統を示すもので、大蔵省は彼を歓迎するようになった。以上が労働党の五巨頭であった。マクドナルドには、割り振る以外に、ひっかきまわして探し出す必要のある任命もいくつかあり、最も傑出していたのは元自由党員であるホールデンの大法官任命であった。

自由党が異を唱えるようなものは政府の政策にほとんどなかった。スノウデンの予算案には遺漏がなく、正統な財政政策にあまりに忠実で、マッケナ関税を廃止したほどであった。下院では、票の援助だけでなく、法律制定上必要な巧みな技術の面でも、労働党は自由党の支持に頼った。たとえば、保健相となったクライドサイド選出のジョン・ウィートリ［（一八六九〜一九三〇）、労働党の政治家、ジャーナリスト。第一次労働党政府の保健相（一九二四）］は、労働党政府の数少ない実効性ある法律の一つである一九二四年住宅法の責任者であった。連立政府の住宅建設計画が崩壊した後、ネヴィル・チェンバレンが一九二三年住宅法を成立させ、民間業者に参入の機会を提供していた。ウィートリがしたことは、地方自治体の公営住宅の建設に対して政府の補助金を出すことだった。この法律を成立させるにあたって、ウィートリは多大な手助けを自由党から得たが、この点は一般に認識されていなかった。

肝心なことは、労働党が適切な政府を構成できることを示すということであったが、マクドナルドはこれを成し遂げた。彼は首相と同時に外相も務めたが、落ち着いた自信を持って両方の役廻りを演じ、見栄えのする人物となって、最も華々しい社会集団のなかでもくつろいでいるように見えた――この点は、彼を批判するのに言われることが多くなった特徴ではあるが。時がたつにつれて、労働党政府の現実はそれほど衝撃的には思われなくなった。アスキスを呼び戻すという考えはそれ以上に常軌を逸しているように見えた。労働党が、かたや自由党の支持を当然なものと見なしながら賞賛を得つつあるという事実は、当然のことながら両党の関係を改善することにはほとんど役立たなかった。これが政府が倒壊した本当の原因だった。その機会となったのは、共産主義者の煽動家の訴追の取り扱いをめぐる一〇月の信任投票であった――自由党と労働党の間に協定が存在していたのであれば、それ自体は瑣末なことであった。実際には、自由党が投票で労働党政府を倒したのだが、それはちょうど彼らが一〇カ月前に保守党政府を投票で倒したのと同じであった。

ここに自由党の立場の問題があった。一九二三年には左派の側で戦ったのに、いまや一九二四年においては右派の立場で戦っていた。選挙戦は、財政問題が忘却に付されていることを示していた――ボールドウィンは、それに触れないという公約を実質上再び持ち出していた――代わりの争点は「社会主義」であった。社会主義が実施されていた様子はなかったが、労働党政府の存在そのものが保守党のプロパガンダ機構に油を注ぐのに十分であった。マクドナルドは相当な時間を割いてソ連との関係を正常化しようと努力していたが、そのことが、イギリスはマクドナルドに支援され教唆されたボルシェビキの陰謀のなすがままにあるという主張を広く浸透させるきっかけとなった。証拠を欲する者のために、保守党中央本部は、第三インターナショナルの代表者であるジノヴィエフ［（一八八三〜一九三六）、ソ連共産党の代表的政治家。スターリンにより粛清される］の署名の入った、間違いなく信用を失墜させる書簡を出して見せるというこの上ない離れ業をやってのけた。そして、マクドナルド自身が選挙戦を戦っている時に、外務省がその原文を公表してみせたのである。

　いまではジノヴィエフ書簡が偽物であったことが知られている。しかし、選挙戦では目的を達した。そしてそれは、保守党の汚い罠《トーリー・ダーティー・トリック》の一例として労働党の伝説になった。しかしながら、それ自体としては、その衝撃はおそらくたいしたものではなかった。労働党の得票は、結局一〇〇万票以上増えたのであり、より高い投票率で投じられた票の三パーセント分を上乗せしたのである。こうして労働党は、一九二二年に獲得した議席数よりも多くの議席を得て、第一野党としての確固たる地位を確立した。一九二四年の総選挙をこれほどまでに決定的にしたのは、自由党に起こった事態であった。これは一九一八年の総選挙よりもひどい惨事だった。全国での得票率は二〇パーセントをはるかに下回るところへ落ち込み、自由党は主要な政党としての役割を終えたのであった。議会での四〇議席は、自由党議員を「ケルトの辺境」へと追放した。北ウェールズとスコットランド高地地方の選挙区は維持したものの、都市部イングランドからはほとんど消え失せてしまった。

　ボールドウィンが今や主人であった。保守党は投票者の増加から利益を受け、二五〇万近く得票を増やした。八〇〇万近い得票で、他の政党とは別格で、投じられた票の絶対過半数を視野に入れるところまで来ていた。四〇〇人以上の下院議員を擁して、保守党はソールズベリ卿の黄金時代へと復帰した。戦後連立政府の一つの呼び物は、労働党の脅威に対抗する中庸な意見の大結集であった。いまや保守党は、これを自分たちだけで達成できることを示したのである。かつての連立政府支持者たちは、こうしてボールドウィンの言うがままとなった。かつての党首だったオースティン・チェンバレンは、ボールドウィンが下院に入る以前にすでに内閣にいたのだが、彼のもとでは外相として仕えた。バーケンヘッドは、インド省に送られた。高齢のバルフォアは復帰の準備をしていたが、ディズレーリの保守党との失われた環であり化石化していた。

　しかしながら、何よりも注目を引いた新しい任命は大蔵大臣であった。驚いたことに、ネヴィル・チェンバレンは「あの忌まわしい大蔵省」に戻ることを欲せず、保健省を選択した。それでボールドウィンはウィンストン・チャーチルに目を付けたが、チャーチルは、その時は周囲がまだ認めていないような保守党員であった。チャーチルは連立政府の瓦解以来、ひどく気が晴れないままでいた。そして、自由貿易への減じることのない熱烈な執着を別にすれば、もはや自由党支持者でないことは明らかだった。彼は一九二四年の補欠選挙で、新たな政治情勢の形成を予期して反社会主義路線で立候補した。エピング［ロンドンの北東にある町］選挙区に「国制擁護派《コンスティテューショナリスト》」として地位を見つける前のことである。政治的対立の分割線としての財政問題の消滅が、二〇年を経てチャーチルが保守党に復帰する前提条件となった。同じようにボールドウィンとしても、チャーチルを選ぶこと以上に明確に、保守党の戦略の新たな転換を示すことはできなかったであろう。

3　経済的帰結

一九二四年に、イギリス経済が一〇年前のように強くないことは明らかで、はっきりした理由の一つは戦争であった。その費用を測る最も直接的で背筋が寒くなる方法は、国債の総額を見ることである。一九一四年には六億二〇〇〇万ポンドの水準であった――それは、はるかに少ない資源しか持たず、はるかに人口の少なかったナポレオン戦争末期に負っていたものよりも実質換算ではるかに小さいものであった。一九二〇年までに公債の総額は八〇億ポンド近くになっていた。インフレがこれを乗り切る手助けをしてくれた――一九二〇年の物価は一時、戦前の二倍半も高い水準に達していた。それでもなお、負債は一九二〇年代の予算の大きな重荷となった。大雑把に言って、八億ポンドの年間総支出のうち三億ポンドが債務返済分であった。標準所得税率は、人民予算できわめて大胆にも一シリング(五パーセント)から一シリング二ペンス(六パーセント)に引き上げられていたが、一九一九～二二年には六シリング(三〇パーセント)に達し、一九二四年には五シリング(二五パーセント)の水準になった。* 不労所得や投資収入の場合には、一〇〇ポンドごとに二五ポンドが税金となり、そのうち一〇ポンドは単純に国債の返済に充てられた。

* 勤労所得は低い率で課税されていたために、これらの税率は今日の類似の税率よりも負担の軽いものだった。また、低所得に対しては、段階的に異なる税率が課せられていた。そのため一九一九年に、年間二五〇ポンド以上の所得に課せられていた標準税率で払っていたのは、三五〇万人の全納税者のうち一二五万人に過ぎなかった。

これらは主に、イギリス国民の異なった集団の間で金銭的な調整をするという問題であった。結局、公債はある程度、戦争末期に蓄積された民間資本で支払われた。自分の製鉄工場が軍需契約で利益を出したボールドウィンは、こうした目的のために大蔵省に一二万ポンドの寄付をした――それは立派だが孤立した振る舞いだった。自由党や労働党を支持する多くの経済学者は資本課税を提案したが、それは社会正義に訴えるという部分と、単純な論理に訴えて手のつけられない悪循環を断ち切ろうとする部分とがあった。悪循環というのは、蓄積された資本に対してその種の税を支払わなければならなかった人々の多くは、債務によって賄われていた戦時支出から利益を得ていただけでなく、今や戦債のかたちでその資産を保有し、その利子に対して税金を課されていた――政府の債務を帳消しにするために――からである。お金はぐるぐると回ったが、言うまでもなく、誰もが対等に得をするようにではなかった。

全債務の中にはまた、一〇億ポンドを超える対外債務が含まれ、それは主にアメリカ合衆国に負うものだった。この対外債務をイギリスは外国為替を介して支払わなければならなかったが、それはドイツが賠償金を支払わなければならないのとまったく同じことであった。国が戦争費用を払う一つの方法は、その資本で払うことであり、イギリスの海外投資は、そのため戦時中に減少した。海外資産からの収益は、それを測る一つの目安であった。一九二〇年代に、それは依然として国民総生産（GDP）の五パーセント――六〇年後の一パーセントに比べて――に値したが、戦争直前の数年よりも、相当低くなっていた。

イギリスの莫大な海外投資は、こうして戦時資金として役立った。しかし肝心なことは、戦後世界においてイギリスは、経常収益および経常産出額で賄っていく必要がより強くなったことである。一九二〇年のインフレのピーク以降、物価は一九一四年当時の一七五パーセントの水準で安定していた。しかしながら、貿易外収益は、この増大に見合って伸びることはなく、一九二〇年代初期に、貨幣タームで戦前以上のものを生み出すことはなかった。したがって、実質タームで、貿易収支における戦前の赤字を十分に埋め合わせていた二つの項目――海外からの利子所得と貿易外輸出――は、固定価格で測ると価値が大幅に下落した。しかし、海外貿易収支の借方では、事態は異なっていた。一九一三年の価格で測ると、一九二〇年代において、輸入額は戦前とほとんど同じだったが、輸出は実質タームで一九一三年の水準に達することは二度となかったのである。海外資産収入と貿易外輸出とが不足したのだから、国際収支は今やつねに脅かされることになった。

イギリスの輸出の成績は、相変わらず古い基幹産業に依存していた。例外的に良好だった一九二〇年には、石炭はなお国産品輸出の九パーセントを占めており、一九一三年と比べて一パーセントしか下落していなかった。綿製品はすこぶる好調で、全輸出の三〇パーセントを占め、一九一三年よりも高い割合でさえあった。この時点での誤った高揚感が新しい綿工場への投資ブームを煽ったが、なかにはその後まったく稼動しない工場さえあった。石炭は、相対的にも絶対的にもすでに衰退しつつあり、一九二五年までに輸出全体の七パーセントにまで下落したが、輸出総額そのものが伸び悩んでいた。綿工業の悲惨さは、戦後の過剰な拡張によって悪化し、一層長引いた。それは一九二五年には全輸出の二五パーセントまで落ち、一九二九年には二〇パーセントをかなり下回ったが、さらにひどい事態が訪れようとしていた。

そうした地域への衝撃は、壊滅的だった。イングランド北東部や南ウェールズといった輸出用炭鉱地帯、またランカシャーも次第にそうなりつつあったが、それらの地域社会は自分たちに未来がないことに気づいた。ジョージ・オーウェルは、『ウィガン波止場への道』（一九三七年）［土屋宏之・上野勇訳、筑摩書房、一九九六年、他］を出版し、若い男なら炭坑にもぐり、若い女性なら綿工場に行くのが伝統だったランカシャーの炭田地帯のある町のことを描いたが、両方が破綻した時には二重の破滅となった。東ヨーロッパの石炭市場や、アジアの綿市場は、止まることなく競争相手の手に落ちていった。競争相手となった国々は、そうした市場向けの粗雑な手のかからない商品をイギリスよりも安価な費用で生産していた。本当に驚くべきことは、もちろん、この事態がついに起こったということではなく、こうなるのにこんなにも長くかかったということである。

イギリスの輸出価格は、その他の三つの価格によって決定的な影響を受けた。賃金の形で示される労働の価格、スターリング平価で示される通貨の価格、利子率で測られる貨幣の価格である。これらの価格は一九二〇年代には正常でなく、イギリスでの生産費用をもはや競争的でない水準にし、その結果失業がもたらされた。もしこれらの価格がすべて完全に柔軟であったなら、一時的な混乱を伴いながらも恒久的な損失を少しも受けることなく、イギリスは新しい貿易条件に合わせていくことができたかもしれない。市場の徴候に喚起されて、事実、一定の諸資源が、世紀半ばに花開くことになる新しい技術に振り向けられた――電気製品や化学的加工のような科学を基にした産業であり、それらはしばしばより豊かな国内外の消費者の需要を当てにしていた。この時代の一つの特徴は合併で、一九二六年には、ブラナー・モンド社がインペリアル・ケミカル・インダストリーズ（ＩＣＩ）社となった。これはアメリカ人がトラストと呼んだものであって、今日我々が多国籍企業と呼ぶものである。他にも石鹼会社の例があって、リーバ・ブラザーズ社は、オランダの共同出資者と合同し、一九二九年にユニリーバ社を立ち上げた。したがって、イギリスの産業は救いようのない停滞状況にあったわけではないが、当時の広範囲にわたる失業は確かに、変化という挑戦に直面した際に、市場に応えることに決定的に失敗したことを示すものであった。

最大の変化は、労働費用にあった。一九二四年に、生活費は一九一四年より七五パーセント高かったが、賃金は二倍近くになっていた。これは、雇用されている労働者の生活水準が戦前よりも少なくとも一〇パーセント高いことを意味した。これでも、実質的に得たものを過小評価していることになる。というのは一方で、週当りの標準労働時間が一〇時間、すなわち六分の一減少したからである。雇用者にとっては、もちろん、五〇時間労働に対して、かつて六〇時間労働に対して払っていたより、相当に多くを払うということは深刻な問題であった。理想的には生産性の上昇がその格差を埋めるということになるのだが、変化のあまりの速さを前に、それは望むべくもなかった。国内市場向けの生産者は、費用増大分を値上げによっていくらか価格に転嫁することもできたが、国際競争によって価格が設定される産業ではこうした方法に訴えることは不可能だった。労働費用が費用総額に占める割合の高い輸出産業が、賃金と労働時間という連鎖した問題で再び困難に陥らざるを得なかったことは、驚くべきことではない。この時代の大いなる炭鉱争議はこうして起こった。

二番目の変化は通貨に影響を及ぼした。金本位制は、戦争勃発時に停止されていた。もはやスターリング平価は一ポンド四・八六ドルに固定されておらず、戦時中はほとんど、四・七六ドルで取り引きされた。イギリス政府は、原則として金本位制に復帰することを公約として維持していたし、スターリングとドルとの交換レートが十分に収斂して、これを容易にするという期待を持ち続けた。一九二〇年代、平均レートは三・六六ドルで非常に低かった。しかし、一九二一年には四ドルまで徐々に持ち直し、一九二二年から二四年は四・四〇ドル前後となった。これは戦前の歴史的な平価よりは、たっぷり一〇パーセント低いものだった――わずか一〇パーセントにすぎないと好んで言う人もいたのだが。このような低い平価のまま、金本位制に復帰するという選択肢は、真剣には考慮されなかった。復帰の目的は、自信の回復、すなわち一九一四年の幸福な日々への回帰にあったのだから、よく言われる文句にあるように、ポンドは「ドルを真正面で見据える」ことが必要であった。

利子率が、三番目の重要な価格だった。イングランド銀行は、歴史的に、金準備の均衡を維持するために必要な水準に割引率を設定してきた。固定価格で金を売るという義務から解放されたイングランド銀行は、通貨に対する大需要の重圧を為替レートによって解消することもできた。こうした方策はインフレを引き起こし、シティが反対した理由もそこにあった。一九二〇～二一年には、公定歩合はインフレをもたらすような好景気を阻止するため、七パーセントという高さにまで上昇した。これが、その後で為替レートが強くなった一つの理由であり、それで今度は公定歩合を下げることが可能になった。一九二三年七月、一二カ月間にわたり三パーセントに止まった後、公定歩合は一ポイント引き上げられた。今では三ないし四パーセントの公定歩合は高くは見えないかもしれないが、デフレの状況が思い起こされて然るべきだろう。物価が下落していただけでなく、失業は戦前の水準の少なくとも二倍のままだった。産業界は、費用を削減し投資を再び利益の上がるものとするために、安価な貨幣を切望していた。問題は、金本位制復帰のためには引き延ばされた高価な貨幣という薬が必要だったのかどうかという点にあった。

これこそ、チャーチルが一九二四年末、大蔵大臣になる時に直面したジレンマだった。金本位制を良しとする専門家の助言の重みは、圧倒的なものがあった。大蔵省の金融監督長であるサー・オットー・ニーメイヤー［（一八八四～一九七一）、大蔵官僚。金融監督長（一九二二～二七）、イングランド銀行理事（一九三八～五二）］は、堅固な論理で大臣に金本位制への復帰を訴えた。自ら二度にわたって大蔵大臣を務めた経験のあるサー・オースティン・チェンバレンと、大いに尊敬されていた官僚で、かつて大蔵省の事務次官を務めたブラッドベリー卿［（一八七〇～一九五二）、大蔵官僚。大蔵省事務次官（一九一三～一九）］との二人が、続いて委員長を務めた諮問委員会は、金本位制への早期復帰を良しとする立場をとるにいたった。ブラッドベリーにとっては、スターリングがドルに対して過大評価されているか否かという経済議論は、通貨政策から政治的影響を取り除くというある意味で国制にも関わる主張にとって二の次でしかなかった。金本位制の大きな利点は、彼が好んで言ったように、それが「悪漢を寄せつけない」(knave-proof) ことであった。

「当局」である大蔵省とイングランド銀行は団結していた。イングランド銀行の総裁であるモンタギュ・ノーマン［（一八七一～

行総裁（一九二〇～四四）一九五〇）、イングランド銀」は、謎めいた神経質な人物で、神も同然の神秘的な行動をとった。彼は、「神の世界というよりもいまだ人間的な世界では、金本位制が最良の『総裁』である」と静かに主張した。このような評言は、ある程度はいつの時代にも見られる政治的干渉の悪影響についての疑念の表明であるが、それは、現在も続いている中央銀行の役割に関する議論に十分に示されている。しかし、一九二〇年代半ばには、ロイド＝ジョージの政治的駆け引きに対する広範囲の反感と、社会主義への恐怖によって、この感情は強められた。政策形成に関わる人々の間では、政府の失敗が市場の失敗よりも恐れられていた。決定が下されなければならなかった時、金本位制に反対する声は少なかった。労働党の大蔵省スポークスマンだったスノウデンは、賛成の側に数えることができようし、かつて大蔵大臣を務め再び大蔵大臣にならんとし、その時はミッドランド銀行の頭取だった疑い深いマッケナは、結局はっきりした態度を示さなかった。二重の意味で、チャーチルは金本位制を支持する主張によって説得されることを望んでいた。すなわちチャーチルは、彼を取り巻く専門家の意見に単に同意するのではなく、彼らを厳しく問いただしたのだが、しかし同時に、彼の基本的な立場は、伝統的な健全財政の自己調整機能を賞賛するものでもあった。一九二五年の予算演説で金本位制への復帰を表明した際、チャーチルが目に留めた重要な批判者はただ一人であった。

その人物はJ・M・ケインズで、ヴェルサイユ条約の批判によって獲得していた名声を利用して、金本位制を批判する自らの主張を『チャーチル氏の経済的帰結』（一九二五年）［宮崎義一訳『説得論集』東洋経済新報社、一九八一年所収、他］と呼んだ。彼の議論の核心は、スターリング通貨は過大評価されているので、イギリスの費用はあるメカニズムによって引き下げられる必要があるが、関係当局によって誤導されたチャーチルは、そのメカニズムを正しく理解していないというものであった。それは、公定歩合の操作によって利潤を圧縮し、根本的な調整が行われる手段として失業を拡大させることによってなされる他はなかった。このように、ケインズの議論は本質的に市場の柔軟性をめぐるものであった。チャーチルは、自由貿易に対する彼の昔からの信奉と合致するのだが、経済システムは彼が課したばかりの平価四・八六ドルに調整されると想定し、金本位制は、国際競争の現実にイギリスを縛り付けるものにすぎないと考えていた。一九一四年以来あまりに多くのことが変化したのであり、すなわち、失業は調整のための一時的な副作用ではなく、長期にわたる不均衡の症状である、とケインズは述べた。

金本位制を、一九二〇年代後半におけるイギリスの経済的困難全般の根本原因として咎めだてる必要はない。しかし、イギリスの経済的回復が相変わらず捉えがたいままであるのに、例えばアメリカ合衆国は好況を享受していたのだから、金本位制は回復に何の役にも立たなかったのである。公定歩合は、新たな平価を立ち上げるために五パーセントまで上昇していたが、シティの意向によって短期間四パーセントに落ちこんだ。一九二五年末には五パーセントに戻り、その後二〇年代を通して、この数字の上下〇・五パーセントの範囲内に留まった。スターリングが本当に過大評価されていたのか否かの証拠がここにある。すなわち、過大評価されていなかったのであれば、毎年毎年決まって高価な貨幣が必要になることはなかっただろう。

さらに、政策のデフレ効果をはっきりと見ることができる。一九二四年から二九年の間に、卸売物価は一七パーセント下落した。同じ時期に、生活費は六パーセント以上下落したが、貨幣賃金はまったく下がっていなかった。一つの見方は楽観的なものだった。就業者にとって、実質賃金は一九二四年には一九一四年の水準より一一パーセント高かったが、その五年後には一八パーセント高くなったのである。もう一つの見方は、イギリス産業と、それに依存して仕事をする者にとって、悪い知らせを告げるものであった。失業の圧力は金本位制が必要とするだけの賃金引下げをもたらしてはいなかったので、イギリスの生産費は競争力がないままの状態であった。当今の推計では、失業は七～八パーセントの範囲で膠着していた。失業の水準は被保険職種でより高かったために、当時公表された公式統計は、失業率が約一〇パーセントであることを示していた。

こうして、十分な理由があって、失業は当時の政治の中心課題となった。ボールドウィンは、一九二三年には関税を通じてこの問題に対処しようと提唱していた。このやり方は、彼の率いる新政権では、チャーチルも反対しなかったマッケナ関税の再導入を除いては、選挙上の理由で問題外とされた。その他の面では、彼の政策は、伝統的に考えられた健全財政の原則、すなわち自由貿易、金本位制、均衡予算によって拘束されていた。こうした前提のもとでは、四・八六ドルという高望みのポンド平価が意味あるものとなるためには、スターリングで測った生産費は国際的な競争水準まで下落すべきだったということになる。しかし、そうはならなかった。大蔵省は、内々には、イギリスの労働者は代わりに失業を選んでいると不平を述べていた。労働組合は既存の貨幣賃金水準の維持を主張して、一〇〇万人の失業者を犠牲にして、就業者の実質賃金を引き上げているというのである。失業者に、仕事と飢餓との間の第三の選択肢を与えている国民保険の役割もまた、重要であった。健全財政という原則は、相も変わらず華麗なものであったかもしれない。しかし、いまや問われていたのは、それが現実世界にとってどれほど重要なものなのかということであった。

4　権力の座についたボールドウィン

ボールドウィンが、新しい政府の基調を決めた。彼の基調とは新しい保守主義であり、労働党にはっきりと反対しつつも階級闘争という強硬なレトリックは棚上げにするという、穏健な合意の確立を目指したものであった。こうした彼の感情表明の最も有名なものが、一九二五年のある演説でなされた。それは、労働組合による政治的醵金を禁止し、労働党の財政上の生命線を絶とうとする議員提出法案を下院が議論していた時になされた。ボールドウィンは、まったくもって特徴的なやり方でこの法案を葬り去ったが、彼は控え目だが情感のこもった訴えで下院の聴衆をとらえ、こう結んだのである。「我らの時代に平和をお与えください、おお主よ」。好調な時に彼がなし得たさまざまな効果については数多くの証言があるが、そうした発言の響き具合を活字から想起することはほとんどできない。そのいくつかはベストセラーになった『イングランドについて』（一九二六年）に収録されているが、そこで彼は「鋤を引く家畜が丘の頂を越えてやって来る光景、それはイングランドが大地となって以来見られてきた光景であり、そして帝国が消滅しイングランドのすべての工場が機能を停止してしまった後にも、ずっとイングランドに見られるであろう光景であり、何世紀にもわたって永遠なるイングランドの光景である」と熱狂的に語っている。

永遠？　ボールドウィンは正しくも帝国が消滅すると考えたが、それが四〇年以内に破産してしまうという見通しはほとんど持っていなかった――帝国は、鋤を引く家畜たちより長く生き延びることなどなかったし、その埋葬は保守党が執り行うことになった。地図の上では、帝国は一九二〇年代に最も拡張していた。ヴェルサイユ平和条約のもと、いくつかの旧ドイツ領植民地が追加されていたが、それは勝者の間での戦利品の分割を隠蔽するために利用された国際連盟と協同するかたちで行われた。西アフリカでは、イギリスとフランスがトーゴランド［旧ドイツ領で、西部をイギリスが、東部をフランスが委任統治領にした。その後、西部はガーナの一部になり、東部はトーゴ共和国として独立した］とカメルーン［ギニア湾東部に臨み、独立後はナイジェリアとカメルーン共和国に分かれて属した］を分割したが、委任統治者として振る舞うようにという国際的委任を国際連盟から受けて行われた。東アフリカでは、イギリスはタンガニーカ［アフリカ東部のイギリス信託統治領。一九六一年に独立し、六四年ザンジバルと共にタンザニア連合共和国を樹立］を獲得し（そのうえ一時はアビシニア［東アフリカのエチオピア連邦民主共和国の旧称］に物欲しげな目を向けさえした）、また、ドイツ領南西アフリカが南アフリカに委譲された――戦時中すでに後者が前者を征服し占領していた。

和平交渉では、領有の事実が否応なく物を言った。たとえばそれは、中東の大半の地域でイギリスが委任統治を実現する手助けとなった。中東では、オスマン帝国がドイツ側にたって戦争に介入したが、それはインド陸軍を活用するというイギリスの伝統的な頼みの綱によって首尾よく撃退された。イギリスが長くエジプトを支配していたというのは本当であった。しかし、休戦までには、エルサレムおよびダマスカスからバグダッドまでの広大な地域は、アレンビー将軍［（一八六一～一九三六）、軍人、エジプト高等弁務官（一九一九～二五）］の指揮のもとで征服されていた。問題は、その過程で、イギリスが矛盾する約束を与えていたことであった。同盟者であるフランスには、シリアを手渡すと［一九一六年の秘密裡のサイクス＝ピコ協定で］約束しつつ、アラブ人同盟者にも［一九一五年のマクマオン＝フセイン書簡で］ほぼ同じことを約束した。挙句の果てには（一九一七年のバルフォア宣言で）、新たに大きな影響力を持つようになっていたシオニスト関係者に、ユダヤ人の祖国を与える約束をしたのである。パリでは、ロイド＝ジョージができうる限りの手を打って、これら勝手ばらばらな約束を反故にし、パレスチナとイラクに対するイギリスの新たな委任統治に関する交渉を終えた。民族自決という戦争目的は、帝国主義の終焉を予想させるように思われたが、誰の目にも明らかなように、戦後の大英帝国の拡張を止めることにはならなかった。大英帝国はいまや世界の四分の一を覆うようになっていたのである。

　しかし、その覆いは薄っぺらなものだった。イギリスの支配は決まって安価な帝国を意味したのであって、その威信と権力を支える見せかけのこけおどしに頼っていた。新しい戦略は、空軍という新しいテクノロジーを行使して新たな領土を統合しようとするもので、それまで考案された中で最も費用効率の高いやり方で部族民を征服するものだった。こうして英国空軍が形成された。一方地上では、不運にもイギリスの官僚が、ぐつぐつ煮えたつ対立に囚われていた。その対立は戦間期に脅威を増し、吹きこぼれそうになった（第二次大戦後には実際しばしば吹きこぼれた）。こうして、パレスチナ高等弁務官であり、自由党の元大臣にして無私の理性の権化だったサー・ハーバート・サミュエル［（一八七〇～一九六三）、自由党の政治家。内相（一九一六、三一～三二）、パレスチナ初代高等弁務官（一九二〇～二五）］は（彼自身はユダヤ人だったが）、和解できないものを和解させようと最大限努力して、移住してきたユダヤ人と不満を募らせていたアラブ民族主義者との間の仲裁を模索した。インドでも同様で、一九一九年に実行に移されたモンタギュ＝チェルムズファド改革［自由党の政治家でインド担当相（一九一七～二二）だったモンタギュ（一八七九～一九二四）と、インド総督（一九一六～二一）だったチェルムズファド（一八六八～一九三三）による統治改革］によって、大きくなりつつある民族主義の潮流を代議制政府の拡大を通してなだめつつ、帝国の支配という円を四角にするような無駄な努力がなされていた。

　自治領については、その事実上の独立が、一九二六年に考案された自治領の地位に関するより十全な規定において認められようとしていた。それは一九三〇年の帝国会議において承認され、一九三一年にはウェストミンスター憲章として法制化された。そこでは、王室は「英連邦諸国」（the British Commonwealth of Nations）の自由な連合の象徴として認められた。こうして、第一次大戦が帝国を活性化したのか、それとも衰退に押しやったのかという問題は、それ以降、英連邦の不死鳥のごとき進化を指し示すことによってかわすことができるようになった。その概念は、多くを「円卓」グループに負っているが、グループは、フィリップ・カー（ロージアン卿）や『英連邦の諸問題』（一九一六年）の著者であるライオネル・カーティス［（一八七二～一九五五）、ミルナーの私設秘書を一時務めた］のような、南アフリカのミルナーの「幼稚園」の生徒をしばしば引き入れていた。英連邦を公式化するにあたっては、英連邦は国際協調の賞賛すべき事例であって、国際連盟との大いなる類似が主張され、ボールドウィンが当時訴える相手として重きをおいていたのと同じ世界的な広がりを持つ自由主義世論から支持を得ていた。

　イギリスの実際の関心は帝国に集中したままだった。イギリスは帝国だけで手一杯であり、おそらくは食傷気味でもあった。このことは、一九二一～二二年のワシントン会議において、海軍をアメリカ合衆国と対等にするだけでなく、日英同盟を破棄すべきというアメリカの条件を進んで受け入れたことに表れていた。もう一度建艦競争をするための資金は、チャーチルが蔵相時代に明言したように、まったく期待できなかった。実際、「一〇年ルール」を制度化したのはチャーチルであった。その意味は、国防計画ではその間に主要な戦争は起こらないと想定しているということだった。イギリスのヨーロッパでの役割は、したがって相対的に弱くなった。イギリスは、ドイツへの復讐を要求するフランスの同盟者ではなく、国際連盟を維持する正直な仲介者だと自らを見ていた。外相として、オースティン・チェンバレンは相当の自由を与えられ、一九二五年にはロカルノで満足のゆく個人的な成功をおさめた。それは、本質的にはロイド＝ジョージが着手した仕事の完成であった。ドイツを一人前のパートナーとして――「勝者でもなく、敗者でもなく」――再び喜んで迎え入れようとするものであり、戦後体制に対するドイツの同意、とりわけ国境の相互承認を確保しようとするものであった。

細部にわたる政策形成は、対外的なものであれ国内のものであれ、まったくボールドウィンの得意とするところでなく、その点ではディズレーリと似たり寄ったりであった。さらに、彼に関する公衆のイメージは、同僚が見ていたイメージと同じだとは限らなかった。同僚は、彼の一貫性のなさや、戦略的な物事の把握に明らかに欠けている点などに、時に苛立たされていた。国内政策では、政府はチャーチルとネヴィル・チェンバレンにひどく依存していた。

ネヴィル・チェンバレンは、一九二三年にすでに保健省を愛することを学び、一九二四年には、あらかじめ準備された計画を持って五年間の任務に復帰した。彼は一連の施策を用意していたが、いくつかは技術的な問題に関するもので、地方自治体の専門家としての経験に基づいて作られ、党内で誰も真似のできないものだった。チェンバレンは不景気の年にバーミンガムの良き市長だったというロイド＝ジョージの嘲笑には、真実が含まれていた。しかし、それはまた実務上の手腕が最大の利点だと官庁《ホワイトホール》で見なされていた大臣に対して、ウェストミンスターのおしゃべり工場［下院］が持つ見下した態度をうっかり露わにしたものでもあった。チェンバレンは、社会問題に関する法律制定において、保守党政府はどんな自由党政府や労働党政府にも劣らず有能であることを示すべきだと決意していた。

チェンバレンは、アスキスとロイド＝ジョージが放棄した年金問題に取り組んだ。年老いた男性の労働力からの引退が、二〇世紀の重大な社会的経済的変化の一つになろうとしていた。一八八一年には六五歳以上の男性四人のうち三人がなお就労していたが、一世紀後には一〇人のうち九人が引退している。一九二五年の「寡婦および老齢者年金法」を、こうした変化の繋ぎ目と見なしたい誘惑に駆られる。これは国民保険制度の拡充であり、被保険者である労働者およびその寡婦に対して拠出制の年金を支払うもので、今後は年金受給年齢を七〇歳ではなく六五歳とするものであった。一九三一年の国勢調査において、初めて、六五歳以上の男性の過半数が退職者として記録された。しかしながら、年金の水準は退職の衝撃を和らげたかもしれないが、退職の誘因となるにはまったく不十分であった。退職が老齢年金を引き出す際の条件にされたのは、第二次大戦後になってからであった。チェンバレン法は、年金の必要を認めた点で重要なものだったが、六五歳での定年退職にむかう道筋をつけたというよりも、その道筋のあとを追うものであった。

ここでチェンバレンを惹き付けたのは、行政面の統合強化と、長期的に見て計画が自己資金調達の性格を持つことであった。同僚のチャーチルの想像力を捉えたのは、何百万という拠出者の利己心を資本主義体制の安寧に結び付けることを目的にした、彼の父親が説いたような保守党民主主義《トーリー・デモクラシー》の展開であった。給付金はただちに支払われるものであったため、将来のどこかの時点で拠出金が支出額を相殺するようになるまでの移行期間、大蔵省の支援によって財政を支える必要があった。そういった部局間の交渉を通して、チャーチルとチェンバレンは、個人的には親しくなかったが、良好な協力関係を結んだのである。その見返りとしての最大の成果が、最終的に一九二八年と一九二九年の地方税減税法および地方自治体法に体現されたものに見られる。

チェンバレンが望んでいたことは地方自治体の全面的な改革にほかならず、全権を有する地方議会の守備範囲に旧救貧法の制度を組み入れた。それは、その場しのぎの教育委員会を廃止した一九〇二年教育法を補完するものだった。それと同じように、今度はその場しのぎの救貧法施行官（Poor Law Guardian）の機能が既存の地方議会の特別委員会に与えられようとしていた。こうして、二〇年前にウェッブ夫妻の少数意見報告で述べられていた、救貧法を解体するという野望を、この法律は達成したのである。地方議会は、児童福祉と保健に関する専門家によるサービスを提供することになった。高齢者養護施設が、救貧法による高齢貧窮者施設に取って代わった――もっとも、しばしば同じ建物が継続利用されたので、一世代の間、高齢者は「救貧院に入りに」（into the workhouse）行く（あるいは行かない）という言い方を続けることになった。

救貧法のその他の責務、すなわち働くことができる困窮者ないしは失業者に対する責務は、新しく設立された公的扶助委員会に手渡された。この委員会の設立は地方自治体に義務づけられた。これはチェンバレンにとって、救貧法施行官の裁量から、国民保険制度による失業保険の受給期間を使い尽くした長期失業者を取り除くという政治的な魅力があった。労働党が権力を握る地域では、救貧法施行官がこうした失業者への比較的高い水準の給付の支払いを主張していたのである。この慣行は、それが広く行われていた東部ロンドン地区にちなんでポプラー主義と呼ばれたが、失業が集中したいくつかの問題地域の救貧法組合を破産させただけでなく、しばしば一番いい支払いを受けようと当て込んでいた受給者の間に給付をめぐる非公認の競争をもたらしていた。チェンバレンは今や、地方自治体を浄化するという壮大な計画の一部として、ポプラー主義を一掃することができるようになった。

チャーチルが一旦そこに加わると、この計画はさらに壮大にさえなった。地方自治体は長いこと財政的に中央政府に依存し、その事が大蔵大臣に立ち入る権利を与えていた。旧来の制度では、大蔵省の補助金は、地方議会が行う一定の諸業務に対して与えられた――したがって最も多く支出する裕福な地域が最も多く受け取り、最も多く必要とする貧困地域はわずかしか得られなかった。これに代わってチェンバレンの合理的精神が策定したのは、大蔵省の定額補助金計画であり、それは地域ごとの必要性の評価に関連づけられていた。チャーチルは、こうした公的資金援助の単純な調整に同意しようとはしなかった。資金を探し出さねばならなかったのはチャーチルであり、それゆえ、彼の計画が取って代わることになったのである。

もとをたどれば、それは長引く失業に直面した際のチャーチルの苛立ちに端を発していた。彼は、その失業に対して健全財政で取り組んだが、関税でも、安価な貨幣でも、平価切り下げでも、赤字予算でも、失業を解決できなかった。そのため彼は、供給面に対して財政面から刺激を与えて起業を促そうと試みた。スノウデンの一九二四年の予算で、所得税は五シリング（二五パーセント）から四シリング六ペンス（二二・五パーセント）まで引き下げられていたが、一九二六年にチャーチルは、さらに四シリング（二〇パーセント）に引き下げ、一九三〇年までその水準に止まった。しかし、チャーチル独自の計画は、産業から地方税を取り除こうとするものであった。産業は地方税を丸々一〇〇パーセント免除され（「減税され」）、鉄道は五〇パーセント免除されたのである。

地方政府の減収分は中央政府によって埋め合わされたが、それは、はるかに大規模な財政改革《フィスカル・メリーゴーランド》として、チェンバレンが最初に提案した定額補助金制度を練り直すことによって行われた。さらに、回転木馬で損をした者は、ブランコで得をすることになっていた――それは、どんな地方自治体も純損には陥らせない、というチャーチルのさらなる手立てによって保証されていた。たいてい保守党が支配する地域にあった裕福な地方自治体が、たいてい労働党の下にある困窮した自治体を補助することで損害をこうむることはなくなった。こうした施策の政治的な秀逸さは、六〇年後の地方財政上の類似の革命、すなわち不運な人頭税の実験と比較対照してみるとよく分かるであろう。

チェンバレンが取り組み始め、チャーチルが支持した政府の社会計画は、大半が計画通りにうまくいった。しかし、「我らの時代に平和を」というボールドウィンの熱望は、さまざまな出来事によって翻弄された。保守党は、石炭産業に対する国家の責務を解き放つ決意でいたが、それを達成する容易な道はないことが分かった。金本位制への復帰は、一九二五年に輸出不振をいっそう悪化させ、炭鉱所有者を賃金削減に走らせた。政府は、王立委員会が報告書をまとめている間は、妥協を知らないA・J・クック〔（一八八三〜一九三一）、組合活動家。イギリス炭坑労働者連合書記長（一九二四〜三一）〕に指導されて今やストライキを辞さない構えでいた炭坑労働組合と、補助金を払うことで合意した。この委員会の仕事は、エルサレムから帰ったばかりのサー・ハーバート・サミュエルの手に委ねられた。サミュエル報告は一九二六年五月に公表され、炭鉱産業の長期的将来を確保するため、炭鉱を合併して規模を大きくする合理化を承認した。しかし、短期的には何らかの賃金切り下げ以外に道はないと勧告した。それに対する炭坑労働指導者の激越な回答――「一ペニーたりとも賃金の切り下げは許さないし、一分たりとも労働時間の延長は許さない」――が示したことは、クックがサミュエルと同じ地平の上にはいなかったし、おそらく同じ惑星にも住んでいなかったということである。

　政府は責任を逃れた。ボールドウィンを軟弱だと考えていた反抗的な保守党の平議員たちは、彼が問題を解決するかもしれないと気をもんでいた。炭坑労働組合の間違った戦術、炭鉱所有者の不寛容、労働組合会議（TUC）の良心の欠如、そしておそらく内閣の不誠実が、今や共犯して、長いこと予測されていたゼネストを生み出そうとしていた。実際にはストライキは、全面的でなく選択的であった。一九二六年五月三日、TUCは、事を左右する、主にエネルギーおよびコミュニケーション産業に従事する一五〇万人の労働者を、炭坑労働者支援のためにストに突入させた。何をどのように達成したいとTUCが望んでいたのかは、はっきりしない。ゼネストはしばしば最後の審判の日のシナリオと見なされ、そこでは政府が組織された労働者の力で打ち負かされることになっていた。しかし、TUCの指導者は、たとえばその書記長だったウォルター・シトリン［（一八八七〜一九八三）、組合活動家。TUC書記長（一九二五〜四六）。ベヴィンとともに組合を強力に指導して労働党を支えた］や運輸一般労働組合（TGWU）のアーネスト・ベヴィンがそうだったように、革命の野望も幻想も抱いてはいなかった。彼らは、大勢のその他の組合員と同様に、忠誠心、すなわち炭坑労働者を敗北させることはとてもできないという感情に応えていた。対照的に政府は、自身に課された単純な戦術――抵抗するという戦術を取っていた。

　チャーチルはその戦闘的な本能によって、ゼネストの間傑出した人物となった。ダウニング街一一番地［大蔵大臣公邸］で次の財政報告書の細部を抜かりなく検討しながら過ごす代わりに、新聞編集者として目の回るような一〇日間を愉しんだのである。合法的な政府に対する脅威について血も凍るような見出しをまた一つ思いつくたびに、第一面を我が物とすることができた。チャーチルの『ブリティッシュ・ガゼット』紙［ゼネスト中に政府により発行された］は実質的に独占状態で、それをいいことに政府の見方を臆面もなく掲載した。発行部数はTUCの『ブリティッシュ・ワーカー』紙［ゼネスト中にTUCが発行］をはるかに上回っていた。真の競争相手はBBCで、チャーチルはこれも手中に握りたがっていた。そうはならずに、リースが時間稼ぎをしたり、ボールドウィンが言葉を濁していた。実際に起こった最悪の事態は、カンタベリー大主教がラジオ放送から外されたことで、それは彼が時節をわきまえず、我らの時代における平和について口にするかもしれないという恐れがあったためだった。多くの学部学生にとって、ストライキは気晴らしとなった——トラム電車を運転したり、もっと稀なことではあったが、プロレタリアートの街頭行進の先導役を警察に代わって演じたりする、生涯で一度の機会となった。ゼネストの有名な神話は、スト労働者と警察官がサッカーの試合をしたというものである——確かにしたのだが、それは例外的な機会で、二度と繰り返されなかった。どちらかというと、その神話は一九一四年の塹壕戦でのクリスマス休戦に似ていた。問題がきわめて切迫していた工業地帯では、ストライキは続いている間、本当の対立であった。

　ストライキは九日間しか続かなかった。勝つ見込みのない実力行使をなんとしても終わりにしたかったＴＵＣは、サミュエルによって持ち出された妥協案に飛びついた。炭坑労働者はこうしてまたもや取り残されて戦闘を続けたが、避けられない敗北に直面しながら、滅入るような決意でそうした。政府がいったん勝利すると、内閣内部で予期せぬ深い亀裂が表れた。寛大公正を主張したのは今やチャーチルであり、敗れた敵に対して名誉ある撤退を申し出るよう説いた。六カ月間の包囲の後に、所有者側の条件で炭坑労働者が飢えて戻ってくるまでストライキに対して何もしようとしなかったのは、ボールドウィンであった。結局、一九二六年はイギリス史における労使紛争で最悪の年だった。一九一二年、一九二一年、一九七九年のすべて合わせたよりも、多くの労働日の損失があった。しかし、全体の九〇パーセントを占めたのは炭坑労働者のストライキであって、ゼネストではなかった。

　ゼネストは、すべての政党に衝撃を与えた。保守党はそれ以降威勢が良く、一九二七年にボールドウィンは、一九二五年には自らが拒否した法案と類似の法案を保守党の平議員が出すのを容認した。それは、政党への政治的醵金を支払いたければ、労働組合員は「契約に入る《コントラクト・イン》」必要があり、以前のように、反対の時だけ単に「契約を止める《コントラクト・アウト》」のではダメだという条件を課すものであった。労働運動は、反対に、明確に穏健路線をとるようになった。ベヴィンがＴＵＣの支配的な人物となり、議会労働党はその自立性を確かなものにしようとした。ゼネストは自由党にとっても、指導権がアスキスからロイド＝ジョージへと移行する機会となり、転換点となった。

　アスキスは、一九二四年総選挙におけるペイズリ選挙区での自身の敗北にもかかわらず、指導者として生き延びていた。それはある程度、彼の支持者がロイド＝ジョージを迎えるという考えに我慢できなかったからである。今やロイド＝ジョージが下院で自由党議員を率いていた。オックスフォード・アンド・アスキス伯爵（アスキスが得た爵位名）は、この段階ではすでに融通のきかない人物であり、七〇歳代半ばに入りかけていた。彼の腹心であるサー・ジョン・サイモン［（一八七三～一九五四）、自由党の政治家。外相（一九三一～三五）、内相（一九三五～三七）、蔵相（一九三七～四〇）、大法官（一九四〇～四五）］がストライキは非合法だとする政府の方針を了承した時、ロイド＝ジョージはもうこれまでだと考えて袂を分かった。それだけでなく、彼は、アスキスに個人的な忠誠心を持っていたケインズのような自由党左派まで味方につけて出て行った。それでオックスフォード卿はとうとう降板し、一九二八年に死去した。党内の派閥間の反目は深く、けっして完全に癒されることはなかった。アスキスに忠誠を誓った者は、次第にサイモンに指導を期待するようになり、党内政党として独自の自由党評議会を創設しようとしていた。ロイド＝ジョージの政治基金は、切迫していた財政にとってプラスになる代わりに、新しい指導者とアスキスを支持する（ハーバート・）グラッドストーン子爵のような老いた護衛との間の争いの種となった。グラッドストーン子爵は、院内幹事だった栄光の時代から二〇年たって、党の中枢機構の責任者に返り咲いていた。しかしすべてを鑑みても、あるアスキス支持者が潔よく認めたように、「ロイド＝ジョージが党に復帰したときに、構想も党に戻ってきたのである」。

ロイド＝ジョージは、自由党に残っていた資産を最大限に活用するのに成功した。労働党は労働組合を持ち、保守党は資金を持っていたかもしれないが、自由党は自分たちには頭脳があるという自信があった。自由党の夏期学校はロイド＝ジョージが後援していたが、知識人に協力を求める一つの方策であった。彼が創設した自由党産業調査委員会は、もう一つの方策であった。一九二八年のその報告書は自由党「イエロー・ブック」［正式名は『イギリス産業の将来』で、自由党産業調査委員会が発行］として知られているが、イギリス経済の現状に関する、また政府の協力と支援によってどのようにイギリス経済を再び活性化するかに関する構想が満載されていた――むしろあまりに多すぎるほどであった。その提言のいくつかは、シーボウム・ラウントリーの指示のもと、一九二九年三月に公表された『我々は失業を克服できる』という題名の宣言に盛り込まれた。それは、政府借り入れによる二年間の公共投資計画によって、失業を戦前の水準に引き下げるというロイド＝ジョージの公約を軸にして構成されていた。この発想の思想的源泉はケインズにあったが、その政治的な指導力はロイド＝ジョージによってもたらされたのである。

ロイド＝ジョージの偉業は、さまざまな障害のなかで始まったが、政治的主導権を握って、自由党の政策課題を選挙戦の中心舞台に上げたことであった。たしかに、失業に関する労働党の提言もあり、そこでは若いオズワルド・モズリーの関わりが傑出していた。しかし、資本主義体制の悪弊をどうやって直すかよりも、それを厳しく批判する方が、社会主義者は得意であることが分かった。同じように、荒廃した工業都市ストックトン・オン・ティーズ選出の国会議員だったハロルド・マクミランのような保守党の平議員がいて、失業対策を講じようとしていた。さらに閣内でも、チャーチルが推進した健全財政政策の放棄を意味したにもかかわらず、ロイド＝ジョージを出し抜くような開発計画がひそかに提案されていた。チャーチル自身が内閣に進言したのは、保守党政府は土壇場になってこのような類いの逆戻りはすべきでないということだった。そこでチャーチルは、ロイド＝ジョージと張り合うのではなく、一九二九年四月の自らの予算演説を利用してお定りの「大蔵省見解」を宣言したのである。すなわち、国家による借り入れや国家による支出によって失業を少しでも純減することは不可能であるという宣言だった。

この時には、総選挙が間近になっていた。保守党政府の業績、とりわけ失業に関する業績が、あきらかに主要な争点であった。ボールドウィンは「安全第一」(Safety First) のスローガンを採用した。それは交通安全の宣伝において使われていたスローガンだったが、彼の対抗馬の途方もない実験よりも、好ましく、人を安心させるイメージが出せることを期待した。一九二四年には、ボールドウィンはそれを非常にうまくやってのけていた。それ以来、その規模は疑わしいままであるが、間違いなく自由党の復活が起こっていた。一九二九年三月に二日間続けて行われた二つの補欠選挙では、自由党が保守党から議席を奪ったが、それは失業についての政策提言が良い影響を与えていることを示唆するものであった。五月末の投票日まで、それらの提言が選挙戦の中央舞台を陣取ったままであったが、自由党の勢いがいくらかそがれた証拠があり、さらには土壇場での労働党から保守党へのより大きな揺れ戻しの証拠さえ見られた。

一九二九年の総選挙は、完全に民主的な参政権でもって戦われた最初の選挙となった。一九一八年以来、男性と女性の選挙権の不平等が論議されていた。有権者を拡大することについての恐れは、二〇〇パーセントにも達する増加が何ら劇的な変化を生み出さなかったために、ほとんど消え失せていた。保守党の内務大臣だったサー・ウィリアム・ジョインソン・ヒックス[(一八六五～一九三二)、保守党の政治家。内相(一九二四～二九)]は、やや一貫性を欠きながらも政府に両性平等の参政権の法制化を約束させた。そして、二五歳という年齢制限を設定して若い男性の参政権を剝奪することは非現実的だったので、両性平等の参政権とは、それまで排除されていた未婚の若い女性を一律二一歳で認めることを意味した。

この「現代娘の票」(flapper vote) が保守党に打撃を与えたと考える理由は何もない。むしろ、この圧力は労働党に対してはたらき、その男性志向の訴えを修正させることになったのである。有権者は三〇パーセント以上増え、二九〇〇万人近くになった。労働党と保守党は、両党とも八〇〇万票以上を確保した。保守党は三〇万票多く獲得したが、労働党がより多くの議席を獲得した――労働党が二八七議席、保守党が二六〇議席であった。自由党は五〇〇万票以上を獲得したが、得票率は二四パーセントであった。一九二四年に比べ六パーセント近く上がったが、第三政党の窮地から抜け出るには十分でなかった。それはわずか五九人の国会議員をもたらしたにすぎなかった。労働党は絶対過半数にわずか二一議席足りなかった。「安全第一」は、拒絶されたのであった。ボールドウィンはただちに職を辞し、労働党が政権に就いた。労働党は、たとえ解決はできなくとも、失業問題に取り組まなければならなかった。

第5章　経済の嵐《ブリザード》　一九二九〜三七年

1　煉瓦とモルタル

イギリス人は優良な投資のことを、しばしば「家のごとく、この上なく安全な」と表現した。一九世紀末にもなると、住宅の所有は社会的な広がりを示し、労働者階級の中にも借家人ばかりでなく、家主も見られるようになっていた。しかし、第一次大戦前の持ち家所有者の全国数値はそれほど高くなく、全戸数の一〇パーセントにすぎなかった。長期的に物価がまずまず安定している時代には、単にインフレ対策として住宅を購入することは合理的でなかった。あらゆる社会階級の人々が、賃貸で満足していたのである。地方に広大な地所を抱える貴族でさえ、社交シーズン用の都市の別邸は借家の場合もあった。専門職の家庭も、持ち家を所有することが体面上必要だとは考えなかった。また、とくに大都市の労働者階級家族は仕事のため、また少しでもより快適な住居を求めて、あるいは安い家賃につられて賃貸住宅を「転々とする」ことに慣れっこになっていた。逆に、持ち家所有は全国的に分散していた。炭坑夫は、農業労働者と同様、往々にして雇い主によって提供される社宅に住んでいたが、ランカシャーやヨークシャーのウェスト・ライディング［イングランド北中部、歴史的に毛織物業の中心地］の繊維労働者は、しばしば自宅を購入した。最上級の綿紡績工の年間の賃金に相当する一五〇ポンドも出せば、オールダムで上下二部屋ずつの長屋式住宅《テラスハウス》を買うことができたのである。

不動産抵当（mortgages）は元来、資金繰りに困った土地貴族層が自らの不動産を担保に資金を集める手段として発達した。ヴィクトリア時代末にもなると、この仕組みは金融面でも、利用する社会階層に関しても逆転し、住宅購入希望者が資金の提供を受け、取得した住宅に対してローン返済を行うものになった。こうして不動産抵当は、浪費的な貴族が固定資本を現金に換えるためのものから、つましい熟練工が自らの家賃支払いを資産に転換する手段になっていった。ヴィクトリア時代の住宅金融組合（building societies）の中には、協同組合や友愛組合のように、共同出資を通じた自助を旨として組合員によって運営され、全員が住宅を購入した時点で解散するものもあった。「恒久」住宅金融組合とは、この機能を制度化したものであり、借り手としてのみならず、ささやかながらも安定した収益を生む口座の預金者として、新たな世代の組合員を受け入れた。口座の利息は、組合による住宅物件への出資に裏打ちされた優良な資産によって保証され、内国歳入庁との相互に有利な取り決めを通じて所得税免除とされた。

いずれにせよ、イギリス人は建物に多くの資金をつぎ込んだ。世紀転換期には、年々新たに形成される資本の半分以上を建物と工場が占めていた。この割合は、エドワード時代にはわずかに減少したが、第一次大戦後には再び半分を超え、資本全体の中に住宅を区分できるようになった。住宅は一九二〇年代には国の年間資本形成のおよそ四分の一、また一九三〇年代半ばには三分の一以上を占めた。これは人々がどれだけ進んで住宅に投資したかを物語っているが、その見返りはどのようなものであったのだろうか。住宅建設は、世紀転換期にはたいへんなブームを迎えた――七年間に一〇〇万戸――が、大戦前夜には年間五万戸まで落ち込み、戦争は建設工事の情け容赦ない削減をもたらした。しかしながら一九二〇年代末にもなると、年間二〇万戸が普通であった。

大きな変化が訪れるのは第一次大戦後であり、この時から持ち家志向がますます中流階級で一般的となった。戦間期に建てられた新築住宅の三分の一以上が分譲され、一九三九年には、持ち家が新築、中古を問わず全住宅の四分の一をはるかに上回り、この割合はその後二〇年間実質的に変わらなかった。住宅金融組合は、需要の高まりに応えてより使い勝手がよくなり、住宅ローンの通常の返済期間が二〇年に延長され、顧客にとっては適当な物件――普通は現行の建築基準を満たす新築住宅――に少額の頭金を払うことがより容易になった。今や郊外の住宅開発は、賃貸よりも大衆向けの持ち家所有に照準を定めていた。購入する余裕のある者は、したがって都心部の古い物件を引き払うようになり、こうした物件は必然的に低所得層向けに転化し、次第にスラム除去によって解消すべき住宅問題の明白な兆候と見られるようになった。環境保全・住宅改良へと趨勢が逆転するまでの半世紀にわたって、過去の良質な都市住宅の建築物のあるものは、主として行政の善意にもとづく再開発による取り壊しの危機にさらされた。

第一次大戦は、まともな住居に対する満たされない需要を鬱積させる一方で、その供給の停止を強いたために住宅不足を悪化させ、大戦後、住宅問題は切実な政治課題となった。ロイド＝ジョージの連立政府は、「英雄たちにふさわしい住まいを」

の公約で知られたが、それはあいにく苦い思い出になってしまった。戦後の持ち家所有の増大によって、住宅建設はより一層利子率の変動に左右されることになった。一九二〇年から二一年にかけて公定歩合は七パーセントに引き上げられ、住宅供給計画の命運は尽き、高金利のため一九二〇年代を通じて住宅建設が妨げられた。それでもなお、今や国家が住宅事業に携わるようになっていた。保守党は、市場に刺激を与えさえすれば、徐々に住宅困窮者にもその利益がおよぶものと期待し、むしろ民間業者に建設補助金を提供することを選んだ。そこでネヴィル・チェンバレンが導入した立法に基づいて、一九二〇年代におよそ四〇万戸が建設された。労働党は、自治体による労働者階級のための賃貸住宅供給に補助金を振り向け、その結果、一九二四年のウィートリ住宅法によって一〇年間に五〇万戸を超える「公営住宅」が、しばしば都市郊外の未開発地域に大規模な住宅団地として建てられた。一九三九年には、一〇パーセントの世帯が公営住宅居住者だった。戦前は、概して年間二〇〇〇万から三〇〇〇万ポンドであった地方自治体の総資本支出は、今や通常一億ポンドを上回っていた。戦前との主要な違いは、全体の三分の一以上（スコットランドでは半分以上）を住宅に対する支出が占めていることであった。

州議会にとっては、道路が資本勘定のもう一つの大きな項目をなしていた。幹線道路と陸橋に対する地方自治体の投資は、戦前、年間およそ二〇〇万ポンドであったが、一九二〇年代末には一〇〇〇万ポンドに近づいていた。理由は明白だった。一九一三年に自家用車数が初めて一〇万台を超え、一九二二年には三〇万台を超過、さらに一九三〇年には一〇〇万台を超え、加えて同年には、さらに一〇〇万台のオートバイと長距離輸送用トラックが登録されていた。一九二一年には自動車税が年間七〇〇万ポンドの財源を大蔵省にもたらし、一九三九年にはその額は五倍に増えた。少なくとも一九二七年にチャーチルが予算を均衡させるために流用するまで、概念上、この歳入は（一九〇九年にロイド＝ジョージによって設立された）道路基金に繰り入れられた。しかし、実際に道路を管轄する州議会は、交渉によって得られる大蔵省の交付金の他に、この基金に対する請求権を持たなかった。

自動車の影響は多方面におよんだ。「安全第一」というスローガンは、増加する交通事故の死傷者を削減するためのキャンペーンで使われ、また責任の所在を確定するうえで、民事訴訟法の存在が新たに注目を集めた。交通違反による検挙者が増大した――一九三八年には五〇万人近くになり、全有罪判決の六〇パーセントを占めた。犯罪統計が歴史的にも低い水準に落ち込んだ時代にあって、これは重大な社会変化であった。それまで警察は、路上での道徳上の過失――セックス、飲酒、賭事――を理由に、労働者階級を追い回すことに多くの時間を費やしていたが、こうした微罪は、金さえあれば概して内密に済まされ、処罰を免れることができた。中流階級は、新しく自動車を所有することによって、初めて法によって制度的に処罰される側に身を置くことになった。

新設された運輸省は、一九二〇年から道路を分類し、エジンバラへのグレート・ノース・ロードはA1、ドーヴァーへのオールド・ケント・ロードはA2といったように、ロンドンを軸に放射線状に伸びる主要幹線に番号をつけ始めた。これは、マイカー所有者のために新たに作成された地図の上では見映えがよかった。問題は、多くの「一級」道路が二流だったことである。こうした道路は、自動車の侵入に憤る村々を縫い、また旧式の橋や町の中心部では必然的に渋滞が生じた。「イングランドの飲んだくれによって作られたイングランドのうねった道路」に、G・K・チェスタートン［（一八七四～一九三六）、カトリック作家、詩人、評論家。その著作は『異端者たち』（一九〇五）、『正統とは何か』（一九〇六）を含め一〇〇冊を超える］は愛着を示したかもしれないが、近代産業国家の社会基盤として見た場合、道路網はとても満足のいくものではなかった。

ドイツではヒトラーのもと、アウトバーン［高速道路］網を建設して事態に対応し、またアメリカ合衆国のニューディール政策の公共事業は、偉大な近代的橋梁工事によって特徴づけられることになった。イギリス人にとって、こうした計画はあまりにも壮大すぎた。自由党のロイド＝ジョージや労働党のオズワルド・モズリーのように、その必要性を力説した政治家は、ナポレオン的野心の持ち主として怪しまれ、人の指図を受けることを嫌う堅実な市民を閉口させた。政府官僚も同様に、そうした計画を後押しするケインズの議論を、才気走ったものとして退ける傾向にあった。

一九二九年から三〇年におけるケインズの議論は、実際には、他の経済学者の説からそれほどかけ離れていたわけではなかった。ただ彼はより声高に、より執拗にそれを主張したのである。要点は、一〇〇万人の失業者の存在が示すように、経済が均衡を欠いていた（不均衡な）ことであった。その原因は、イギリス製品の価格が競争力を失っていたために違いなく、費用を下げる他の手段がうまくいかない状況下で、賃金が高すぎるということになった。およそ経済学者は皆、この分析に同意したであろうが、その救済策については意見が違った。唯一の解決策は、したがって賃金削減だと主張する者もいた。しかしながら大半の者は、もし容易に受け入れられるのであれば、労働費用の削減は確かに解決策になるのであろうが、現実の世界では、金本位制の課すポンド平価に合わせて完全に賃金を調整することはできないので、他の手段を探らざるをえないというケインズの主張に同意していた。

賃金が「硬直的」であることは、誰の目にも明らかであった――それはうまく調整されなかった。しかし、ポンドもまた硬直的で、調整できなかった。そこでイギリス経済は、この二つの調整できない価格の間に閉じこめられた格好であった。どこかにしわ寄せがくることになり、失業が増大した。これは、労働党政府が一九二九年に任命した「金融と産業に関するマクミラン委員会」におけるケインズの証言内容であり、また彼が『貨幣論』（一九三〇年）［小泉明・長澤惟恭訳『貨幣論』Ⅰ、長澤惟恭訳『貨幣論』Ⅱ、東洋経済新報社、一九七九、一九八〇年、他］で主張したことである。ケインズは、金本位制を政治的既成事実として受け入れ、現行の賃金水準を経済の実態として認めるような救済策を探り、逆に雇用創出のために国内経済を刺激することを求めた。ケインズ自身の選択は公共投資であり、それは政府が管理できるものであった。それは複数の目標を持っていたが、最も急を要したのは公共事業計画を通じて職を創出することであった。しかし、より大きなねらいは、目下のところ真の生産的投資（「煉瓦とモルタル」bricks and mortar）に用いられていない貯蓄を運用し、こうして投資不足を補うことによって、経済に弾みをつけることであった。* さらにケインズは、その他の目標が完全に達成されるか否かにかかわらず、公共事業によって道路や橋の形でイギリスの近代的社会基盤が整備されることになると力説した。

* 当時、ケインズが貯蓄と投資をどのように厳密に定義し、それらが必ずしも等しくならないと主張できたのかは、経済学者の間で大いに論争の的になった。重要な点は、マクミラン委員会における彼の証言に見られるように、ケインズにとって投資とは「煉瓦とモルタル」を意味したということであり、私もこの用語を同様の意味で、新工場設備ないし社会資本へのすべての投資を包含するものとして用いる。

歴史家たちは一時期、この種のケインズ主義的計画が効を奏するに違いないと考え、その反対者を否定的に描いたが、今日では、むしろ過度の楽観主義を表明して憚らなかったケインズにしばしば批判の目が向けられている。実際、大蔵省のサー・リチャード・ホプキンズ［（一八八〇〜一九五五）、行政官で、大蔵省理財局長（一九二七〜三二）、事務次官（一九四二〜四五）などを歴任。マクミラン委員会におけるケインズの論敵］のように有能な官僚は、単に一九二九年の教条的な「大蔵省見解」を繰り返すだけではなく、苦労して得た行政上の経験をもって問題の解決に臨んだのであり、そこにはケインズ自身（後になって悟ったように）学ぶべきものがあった。さらに彼が唱えたような大規模な公共事業計画でさえ、失業への効果は限られたものであったろうというのが真相である。しかも、一九二九年には一〇〇万人の失業者がいたのであり、政策目標もまた限られたものであったことを忘れてはならない。ロイド＝ジョージが公約したように、この失業者総数を六〇万人減らすことは、おそらくできなかったであろう。それでも規模にしてその半分にすぎなかった労働党政府自身の計画は、今日の推計によれば、半ばその目的を達したようである。一九三一年夏までの二年間に、一億ポンド以上を要する公共事業計画が実施されていた。真の悲劇は、世界恐慌のために失業問題の規模が、それまでに急速に拡大してしまっていたことであった。

ニューディールを欠いたイギリスでは、伝統的な手法で道路建設が進行したが、それでもその規模は拡大された。一九三六年には政府が「幹線道路」についての責任を引き受け、統合的な運輸網の構想への一歩を進めた。そのうえ恐慌の最中においても、地方自治体は一九二〇年代に比べて、ほぼ二倍の額を道路と橋に投資していた。さらに住宅建設のための自治体の予算も維持された。したがって建設業はある程度公共投資に頼ることで、厳しい時期を乗り切ることができた。しかし、大々的な公共事業を欠いていたので、真の救済は民間の市場中心の建設需要によってもたらされた。

住宅建設は、最悪の年(一九三〇年)でさえ二〇万戸を下回ることなく、一九三四年から三八年にかけては年平均三六万戸を記録した。当然のことながら、新築住宅は人々が住むことを望み、またその購入費用を負担できるようなところに建てられた。グレーター・ロンドンとグレーター・バーミンガムの高賃金地域は、並外れた成長をした――もっと正確に言えば、こうした大都市圏は北部工業地帯を置き去りにして、二〇世紀中葉の経済と人口の動向に順応したのである。都市の中心部から郊外に伸びる幹線道路に沿った「帯状開発」[道路または鉄道に沿った無秩序な市街化]は、田園地帯の浸食防止に向けた計画の必要性を指し示すことになったが、郊外化が全く無計画に進んだというわけではなかった。グレーター・ロンドンの社会基盤整備には、多額の投資が行われた。メトロポリタン鉄道は「メトロランド」構想を打ち出し、ロンドン北西部の郊外住宅地開発を奨励した。また地下鉄路線網の効果的な拡大は、とりわけロンドン交通局の精力的な商業部長フランク・ピック[(一八七八～一九四一)、経営者でデザイナーの後援者。インダストリアル・デザイン評議会(一九四六～)の前身、美術・産業評議会の議長]の強い後押しのもと、(その有名な円形のロゴを含めて)ポスターから新設の駅に至るまで、すべてになめらかで簡素なモダンデザインを採用することによって大きな影響を与えた。

この無秩序に拡大する郊外に代表される新しいイングランド――衰退する北部工業地帯と歴史的な南部農業地帯という二つの旧いイングランド、と対比された――こそ、まさに小説家J・B・プリーストリー[(一八九四～一九八四)、小説家、劇作家、評論家。イギリス的な個人主義と穏健な進歩思想を体現した]が、複雑な思いを抱きつつ『イングランド紀行』(一九三四年)で探訪したものだった。この新しいイングランドの最も評価すべき点は、新たに都市的、商業的な場においてモダンデザインのもつ重要性が認識されたことである。一般にこの時期に叢生した「映画館」は、伝統的な劇場建築に見られる金箔と緋の絨毯をめぐらせた贅沢なロココ調を想起させるものではなかった。むしろ漠然と古代エジプトの建造物を模した巨大な近代建築が、あまたの街の目抜き通りにルクソール館やオデオン座として出現し、どこも同じ映画を上映した。また単に鋼鉄枠の窓を使って、これを建物の二面にまたがるように連続的に配置する[水平連続窓]という見かけ上の影響にすぎなかったとはいえ、バウハウス[建築家グロピウスがドイツのワイマールに設立した美術工芸学校(一九一九～三三)。モダニズムの建築やデザインの確立に貢献したが、ナチスによって解散させられた]に由来する国際建築様式の機能美もまた、その特徴的な痕跡を残した。ロンドン周辺に大量出現した、うわべだけを飾ったアメリカまがいの郊外を目の当たりにしたジョージ・オーウェルは、その小説『空気を求めて』(一九三八年)[大石健太郎訳、彩流社、一九九五年、他]の中でこれに幻滅を表明するに止まらず、郷愁をこめて緑の野原に思いを馳せた。ロンドン西部から郊外に伸びるA40に面したフーヴァー社の工場が、彼の言わんとしたことを表している。この建物は、フーヴァー社で働く豊かな労働者の一部と、同社が供給する電気アイロンから電気掃除機にいたる耐久消費財の顧客が、ともに等しく暮らすような住宅地に囲まれて建っており、この時期(一九三二～三八年)の産業のあり方を示す格好の例をなしていたのである。

新しい住宅団地、とくに公営住宅は、デザイン、建設双方における規模の経済を生かすため、しばしば同一の規格に従って建てられた。著名な建築家たちが重要な設計依頼を奪い合う一方、その誰よりも実際に多くの住宅を設計したのは、建設会社レイン社に籍を置く建築技師デーヴィッド・アダム［（一八八二～一九五三）、第一次大戦中に発展した軍需生産の町グレトナで、レイン社のスタッフとして、田園都市運動の指導者レイモンド・アンウィンが設計した住宅地の建設に関わった］であった。「株式ブローカーのチューダー調」［柱や梁を家の外面に出し、その間を煉瓦や漆食で埋めた疑似チューダー様式で、ロンドン近郊の高級住宅地に多く出現した。オズバート・ランカスターが『ホームズ・スウィート・ホームズ』（一九三六）で命名］は、今世紀初頭の田園郊外に由来する田舎風の様式の中でも、最高級の住宅を評する際の常套句となった。しかしそれは資力に応じて、無数の巧みな改変を許すものであった。一九三〇年代の郊外住宅地は、通常は車庫スペースも備えた家族用のしっかりした庭付き住宅を提供した。二戸建て住宅《セミデタッチト・ハウス》は、人々の慎ましい願いと費用効果の高い住宅様式の間で行われた取引を象徴していたのである。こうした住宅は、オズバート・ランカスター［（一九〇八～八六）、時事漫画家、作家。『デイリー・エクスプレス』紙の連載漫画を担当、上流階級の生活と文化を諷刺した］の「バイパス沿いを彩る雑多な意匠」という辛辣な諷刺が示唆する以上に、良質の基本的なデザインを多く備えていた。二〇世紀末を迎え、住み手に嫌われるのは築六〇年の二戸建て住宅ではなく、築三〇年の高層アパートであった。職をもつ多くの労働者にとって持ち家の夢は、いくつかの事態の展開と結びついて実現した。家族規模の縮小は一要因であったし、実質所得の上昇もまたそうであった。しかし事態を真に左右したのは、一九三〇年代の安価な貨幣《チープ・マネー》［低金利］への転換と、それに伴う住宅ローン費用の減少であった。これは、イギリスが金本位制離脱を余儀なくされて、初めて実現したことだった。

2　危　機

第二次労働党政府の命運は、イギリス史に先例のないほど経済の実績と密接に結びついていた。労働党が政権についた一九二九年には、すでに高失業率が主要課題となっていた。その当時、これを資本主義体制の問題として非難することもできた。しかし、政府は社会主義への移行の計画を持たず、議会でも多数を欠いていたので、こうした議論は主に政府の無策の言い訳になった。あるいは、失業の責任を自由貿易に負わせることもできた。これは多くの保守党議員が陰で主張していたことではあるが、彼らは表向きチャーチルの大蔵大臣としての（自由貿易支持の）経歴を擁護する必要から、当面押さえ込まれていた。あるいはまた、金本位制への復帰を責めることも可能であった。しかし復帰の大の批判者だったケインズでさえ、経済的な痛みを伴った一九二五年の決断を覆すよう唱えることはせず、むしろその帰結をうまく管理する方策の考案に取り組んだ。あるいは最後に、失業の原因を老化した経済の硬直性に帰することもできた。しかし賃金の硬直性と最盛期をすぎた旧産業における構造的失業の問題を確認することはできても、その救済は容易でなかった。

いずれにせよ、イギリスの脆弱な国際競争力が目についた。なにしろ世界貿易は上向きで、アメリカ合衆国がその先頭に立っていた。ところが一九二九年秋のウォール街の株価大暴落は、突如アメリカのこの好景気に終止符を打ち、一九三〇年に入ると世界貿易が連鎖的に収縮する事態に陥った。マクドナルドは、これを「経済の嵐《ブリザード》」と呼んだ。

経済不況はもはやイギリス固有の問題でなく、国際的な問題の一部となり、既存の構造的失業に加えて循環的失業をもたらすことになった。こうして、たとえイギリスが輸出コストの削減に成功しても、いまや海外市場が疲弊しているので、競争力の回復という伝統的な路線に沿った解決策の模索は難しくなった。それまでは国内の供給が弾力性を欠いていたために、海外の買い手が望むような価格に柔軟に対応できなかった。今や弾力性を欠くようになったのは国際的な需要の方であり、どれだけ価格を下げてもそれほど拡大しそうになかった。金本位制の自己調節メカニズムに支えられた自由貿易の諸前提は、突如として無防備なものに映った。イギリスにとって必要な調節を行うことは、戦前は一般に容易であったが、一九二五年以来困難となり、一九三〇年には不可能なものに見え始めた。

ところが、今や伝統的な政策が当てにならないように見えたとしても、同時に経済の嵐のため、異端の政策、あるいは少なくとも国際的な側面を無視するような政策によって失業問題に取り組むことはもっと難しくなった。不況のために当然税収が落ち込む一方、失業手当を通じて政府支出は増大した。財政赤字、さらにはポンド・スターリング通貨そのものに対する懸念は、市場の信頼の重要性を浮き彫りにした。シティの本能的な反応は、まったく緊縮を支持するもの——たいていは彼ら以外の一般国民を犠牲にして——で、公共支出のさらなる拡大ではなかった。財政逼迫の折、どこから資金を調達すればよかったのだろうか。すべてを借り入れで賄うと言うのは、事態を悪化させるだけであった。こうした不安の合理的根拠が何であれ、市場の信頼の欠如は、仮に道路建設のために二億ポンドといった額を調達しようとすれば、政府の信用を傷つけることにもなった。ポンド取り付けの事態が、このうえなく恐れられていた。そのうえ公共事業は、一九二九年の七パーセント台にあった失業問題には対処しえたかもしれないが、一九三一年と一九三二年には失業率は平均一五パーセントを超えていたのである。

こうした数字は、旧来の産業不況地域だけでなく、全国的に失業率が上昇する全般的な景気後退を示していた。しかし、同時代人にとって、問題はさらにもっと恐ろしいものに思われた。というのも、今や新聞が定期的に公表するようになった「見出しを飾る」失業者数は、被保険労働者のみを対象とし、彼らはとくに循環的な景気変動の影響を受けやすい業種に従事していたからである。一九二〇年代末にもなると国民は、冬には微増、夏には微減を繰り返す一〇パーセントという失業率に慣れてしまっていた。だが一九三〇年には、月間の平均失業率が一六パーセントを超え、その後三年にわたって二〇パーセントを上回った。これらの数値は必然的に失業者の窮状のみならず、彼らを援護する費用についての関心を引き起こした。

「労働か、さもなくば生活保障を」というのは、二〇世紀初頭の労働権法案を求める運動まで遡る労働党のスローガンであった。政府が根本的な経済の勢いを制御できるか否かはともかく、イギリスの工業地帯における労働党の支持層が直接危機にさらされていることを反映して、現実には後者の生活保障に力点が置かれた。一九二〇年の失業保険法が平均失業率について設けていた諸前提が、すでに長いこと崩れていたにもかかわらず、「失業手当」(dole) の支払いが続けられ、歴代政府は、漸次これを受給資格を失った失業労働者層へと拡張していった。これは、保険原理が政治的に好評だったことを示していた――あるいはむしろ救貧法の世話になることへの人々の激しい嫌悪を示していた。この保険制度を立て直すため、一九二七年に保守党は、超党的な調査（ブレインズバラ報告）の諸提言を受け入れた。そのねらいは、もっと現実的な保険数理の前提を導入することによって、給付支払いの財政基盤を健全化することにあったが、その間、純粋に過渡的措置として、繁栄が回復するまで、再び失業手当が拡張されることになった。結果的に、政府はこれによって二重の厄介な問題を抱え込むことになった。なぜなら、予期していた景気の好転は実らず、続いて激しい景気後退が訪れたため、計画によって保険財政の帳尻を合わせることができるという考えは打ち砕かれ、他方、「過渡」給付の存在は、失業手当をさらに制度化することになったからである。

これこそ、労働党政府が引き継いだ窮状であった。政府は速やかに行動に出たが――少なくとも国民保険基金にとって、事態は悪化しただけだった。失業手当を受ける長期失業者数の圧力にさらされて、制度の借り入れ限度と給付の申請条件はともに、徐々に緩和された。もはや給付申請者が、自ら（職業紹介所に登録しているだけでなく）、「誠実に職を探している」ことを証明する義務はなくなった。これらの制度変更が失業統計を押し上げる効果をもったことは確かであり、一九三〇年一月には一五〇万人であった失業者数は、同年七月には二〇〇万人を超え、同年末には二五〇万人に達した。しかし、制度変更が同時に、職を求める誘因を取り除いて失業者数を押し上げたと言うのは、別問題である。それまで恣意的な資格審査によって給付を奪われていた正真正銘の申請者が、当然の権利として給付を受けるようになったと言うことも、同様に妥当だからである。保険受給者が、競合する公的機関であった国民保険と、（救貧法が一九二九年に整理された際、残余の失業者に関する責任を引き継いだ）新設の公的扶助委員会から、引き出しうる援助を最大化しようとした証拠はあるが、多くの人々が好んで国家を食い物にして生活するようになったと考える理由はない。制度運営上の欠陥がいかなるものであれ、あるいはそのためにわずかであれ労働意欲が殺がれたとしても、あくまで不況そのものが失業手当に頼る労働者数の劇的な増加をもたらしたというのが真相である。*

* 女性に関する状況はあまりはっきりしない。男性の被保険者数は、一九三〇年のほぼ九〇〇万人近くから一九三五年の九五〇万人へと、不況の間も毎年上がり続けたが、女性の被保険者数は、一九三一年に三五八万人でピークを迎え、その後一九三五年には三五三万とわずかに減少した。このように女性は、被保険者人口の四分の一を構成し、一九三〇年には登録失業者数の二五パーセントを占めた。ところが一九三二年になると、女性は登録失業者数の一二パーセントを占めるにすぎなくなった。これは主として一九三一年の労働党政府の末期に制定された例外規定法の影響であり、これによって既婚女性の給付申請条件が引き締められた。このため、働く意志があったと思われる女性が失業登録を抹消されるようになったのである。男性の失業を誇張する公式統計は、この意味で女性の失業を過小に表現している。

自由貿易の上に築かれた世界の工場が困難に陥ったのである。こうした状況の中で、保護主義の考え方が再浮上したとしてもほとんど不思議はなかった。ビーヴァーブルック卿はこの機会をとらえて、再び帝国特恵関税の構想を打ち出した。関税改革論は相変わらず選挙民を不安にしたので、この偉大な新聞社主は、今度は代わりに帝国内自由貿易を主張した。彼の『デイリー・エクスプレス』紙に、ロザミア卿の『デイリー・メール』紙が加わり、一時期、統一帝国党を名乗って運動を主導したが、それは実際には、新聞業界のこの二人の大立者の私的な御題目にすぎなかった。ボールドウィンは保守党内に保護主義の徴候を察知し、御しがたい同僚のチャーチルがひとたび自由貿易に対する立場を事実上逆転させると、いよいよ臨機応変に立ち回ることができるようになった。こうしてボールドウィンは、産業の保護や食糧税に関する国民投票の実施を語りながら政策について妥協する一方、自らの指導権はこれを主張して譲らなかった。実際彼は、ビーヴァーブルックとロザミアの傲慢な要求を争点に党内支持を再結集することによって、形勢を逆転させたのである。一九三一年三月、反対派の保守党候補が立てられたウェストミンスター・セント・ジョージズ選挙区の補欠選挙は、ボールドウィンがとどめの一撃を加える機会を与えた。従兄にあたるキプリングの一節を借りながら、彼はこの二人の新聞王を、「古来娼婦が得意とする無責任な権力」を志向していると弾劾したのである。

自由党の心許ない支持に頼る政府は、少なくとも自由貿易の公約を守り続けた。大蔵大臣のフィリップ・スノウデンは、前任者のチャーチル同様、あるいは彼にも増して確固とした信念を持っていることが判明した。すなわちスノウデンは、不屈の非国教徒的良心をもって均衡財政の原則を貫こうとした。彼は、労働党が財政的に信頼できることを世に立証しようと決意しており、悩みは、失業手当によって財政に開いてしまった大きな穴をどうするかということであった。国璽尚書のJ・H・トマスは、失業問題への取り組みを託された内閣委員会を主宰し、当初強気の姿勢を示した。途切れ勝ちの審議は、若手閣僚モズリーに古い人間と古いやり方では何も実現しないことを見せつける結果となった。

古参の社会主義者ジョージ・ランズベリー〔一八五九〜一九四〇〕、労働党の政治家。『デイリー・ヘラルド』紙を創刊（一九一二）。ロンドン東部ポプラー区で寛大な救貧行政を推進。党首（一九三一〜三五）］は、ポプラー主義への関与が示したように、気質的に財政支出に傾いていた。土木局長官である彼は、委員会ではスコットランド担当副大臣トマス・ジョンストン［（一八八一〜一九六五）、ジャーナリスト、労働党の政治家。第二次大戦中、スコットランド担当相を務め、スコットランド高地地方の水力発電事業の国有化に尽力］とともにモズリーに与《くみ》して、トマスと対立した。論議は、一九三〇年中に重大な局面を迎えることになった。颯爽たる雄姿のモズリーは、失業問題の取り組みに対する気のはやりから政府機構の変革を唱えるにいたった。たとえば、ある町の周囲を通るバイパスが計画された場合、その計画は、大蔵省による慎重な費用効果の査定に耐え、さらにそれぞれ路線の測量を行い、土地を収用し、道路そのものを建設する責任を持つ複数の地方自治体との果てしない交渉を経なければならなかった。モズリーは、官庁《ホワイトホール》の交通渋滞を避ける彼自身のバイパスを作りたかったのである。彼は内閣に覚書を提出し、イギリス大蔵省によって守られてきた厳格な伝統を踏みにじるような統制的な経済戦略を提案した。モズリー覚書は、まず義務教育年限を延長し、退職年齢を引き下げることによって労働力人口を削減すること、そして帝国内貿易について特別の取り決めを設けた関税障壁のもとで、金融緩和によって経済を刺激することを提案していた。

覚書の拒絶を受けてモズリーは、一九三〇年五月に閣僚を辞任し、続いて自説の採択に向けて必要な労働党内の支持を糾合する運動を展開した。同年一〇月の党大会では、彼の提案が危うく可決されるところであったが、当時すでに彼の傲慢な性格への不信感から、その支持には陰りが見られた。一九三〇年一二月にモズリーが公表した政策綱領は、労働党内少数派の支持（およびケインズやハロルド・マクミランその他の人々の密かな賛同）を得たが、良識ある支持者たちの目には、彼が新党の創立へと歩を進めたことは誤りであり、またその後のファシズムへの傾斜は非難すべきものに映った。議会における輝かしい経歴が崩壊して、モズリーは街頭に繰り出した（側溝に身を落としたという者もいた）のである。

一九二九年三月にロイド＝ジョージが失業克服の公約を行って以来、主として論議は公共事業をめぐるものであったのに対して、モズリーの辞任後、それは関税をめぐるものになっていた。首相ラムゼイ・マクドナルドは、専門家の助言を仰ぐために経済諮問会議を設置しており、そのうちのケインズを議長とする経済学者による委員会は、一九三〇年秋に一連の方策を勧告したが、その中でも関税は公共事業に比べてはるかに多くの論議を呼んでいた。関税政策は、モズリーとビーヴァーブルックの後押しによって傷ついていた。マクドナルド自身、選択肢をめぐって煩悶を繰り返したが、彼はいかなる方向転換も自由貿易の支柱である大蔵大臣を失うことになるだろうと覚悟していた。いずれにせよ、保護主義の考えは一九三一年から三二年にかけて、それまでの四半世紀を合わせたよりもはるかに広がりを見せた。重要な点は、それが今や思いがけない方面からの支持を得るようになったことである。産業経営者団体によるお馴染みの働きかけばかりではなく、シティ、大学の経済学者、労働組合関係者、さらには熱心な自由党員でありながら、もはや手垢にまみれた自由貿易の主張に対する信頼の念を失った者からも、沸き上がるような支持の声が上がった。

政府は、どうにかこうにか政権を維持した。そしてその支持層にいくらかでも報いるために、たとえば一九三〇年の炭鉱法を導入したが、これはカルテル化を通じた鉱山主への支援と引き替えに、炭坑夫を満足させる労働時間の短縮を定めていた。ロイド＝ジョージの元支持者で、その身代わりにもされたクリストファー・アディソンが制定に努めた一九三一年の農産物販売法は、価格決定権をもつ販売局の設置を定めており、これもまた広い意味でコーポラティズムの一例と見ることができる。ロンドン労働党の領袖ハーバート・モリソン［一八八八〜一九六五、労働党の政治家。一九三五年に党首をアトリーと争って敗れた。第二次大戦中に供給相、内相を歴任、戦後のアトリー政府では枢密院議長兼副首相を務めた］は、運輸大臣として首都のバス、路面電車および地下鉄の運営を公企業として引き継ぐロンドン交通局の設立を議会に提案してその名を上げた。この法案が実際には、後継の挙国一致政府によって一九三三年に制定された事実は、それが明白なイデオロギー的内容を欠いていたことを示していると同時に、行政上の確かな根拠に基づいていたことの証しでもある。

政府に欠けていたのは戦略であった。モズリーの提案をはねつけた政府は、その後、モズリー同様、けっして答えに窮することのなかったロイド＝ジョージと接触し始めた。その結果は、たかだか両党合意による政策綱領に対して、自由党が支持を約束するというものにすぎなかった。もはや論調は失業への取り組みであり、その克服ではなくなった。真の困難は、一九三〇年秋にもなると、たとえ政策上の合意ができたとしてもロイド＝ジョージが支持の約束を果たせないことにあった。アスキス内閣の生き残りであったサー・ジョン・サイモンは、ロイド＝ジョージの指導権にも、また労働党との協調にもけっして満足していなかったが、いまや彼はそのいずれをも拒絶し、自派の自由党議員による支持を取り下げることを明確にした。ロイド＝ジョージが政府から引き出したのは、代替票［複数の候補者に選択順位をつける投票方式で、小選挙区制のもとで死票を減らし、第三党の議席獲得につながるとされた］を採り入れた選挙制度改革法案の議会提出であり、制定されれば自由党の下院における議席の維持にある程度役立つことになると思われた。これは法案が上院によって骨抜きにされる一九三一年夏までのおおむねの期間、ほとんどの自由党議員の統制を保つのに十分な条件ではあった。

ところが一九三一年二月には、後にもっと深刻な意味あいをもつことになる事態が議会を揺るがせた。浪費的支出に対する保守党の攻撃――またしても失業手当をめぐる――に直面した政府が、自由党の修正動議を受け入れ、委員会を設置して支出削減について報告を求めることになった。これはまさしくゲディスの斧の再来であった。党内の平議員に苛立ちを感じていたスノウデンは、これで自らの背後を固められると期待したが、その実、脇を突かれることになってしまった。というのも、プルーデンシャル生命保険会社のサー・ジョージ・メイ［一八七一〜一九四六、経営者。プルーデンシャルの重役で、英国海外銀行の取締役を兼ねた。一九三二年から政府の輸入関税諮問委員会議長を務める］を議長とする委員会が、厳格な会計検査官の立場でその責務を遂行しようとしたからである。委員会は政府会計を点検し、まさに信用あるいかなる企業と同様に、その収支を均衡させる必要があることを直言した。歳入によって賄うべき負債項目の一つは、国債を償還する減債基金のための年々の準備金であることを、ほとんどの委員が一致して認めた。今日の統計によれば、政府の歳入は、一九二一年以来毎年続けて、その年も歳出を賄っていた。しかし、これも歴史の後知恵で、今日の慣例では義務的な支出項目というより、むしろ帳尻合わせの残余項目として扱われる減債基金の移転を除いて考えればの話である。いずれにせよ当時の基準をもってしても、とりわけ失業救済に関わる全支出を政府歳入の負担項目に分類することによって、メイ委員会が到達した最終結果、すなわち一二億ポンドにおよぶ財政赤字の見通しは、誇張されていた。

一九三一年七月三一日にメイ委員会報告が公表されたとき、世界を駆けめぐったのはこの衝撃的な数字であった。過去二カ月にわたって、ヨーロッパ各地で銀行が倒産を繰り返し、ドイツが金融崩壊の瀬戸際に立つ微妙な時期であったため、それはただちに危機をロンドンに持ち込むことになった。メイ委員会報告は、総計九六〇〇万ポンド、その三分の二は失業給付の切り下げによって捻出する財政支出の削減を求めていた。八月の一連の閣議を通じて、労働党内閣の多数は不本意ながら支出削減には同意したが、その規模については過酷すぎるとして留保した。野党各党の首脳との交渉の権限を与えられたマクドナルドとスノウデンは、これまでに合意した削減額のみならず、さらに目標とする数字についてもあまりにも率直に伝えすぎた。そのため削減規模の縮小に関するいかなる妥協の可能性も奪われ、かといってそれ以上の額に対する内閣の承認も得られそうになかった。

これは重大な政治的危機であり、今や金融危機と連動して事態は急迫した。ポンドが重圧にさらされ、イングランド銀行はニューヨークからの借り入れを必要としたが、仲介に当たったJ・P・モーガン商会〔アメリカを代表する投資銀行。USスティール社の設立（一九〇一）を主導、当時ウォール街で絶大な影響力を誇った〕は、その条件として野党を満足させる財政緊縮策の作成を求めた。すべて市場の信頼に関わる問題だったため、ウォール街の信頼を喚起しないような労働党政府は強い立場になかった。これがあくまで現実であり、それは（労働党神話で語り継がれるような）「銀行家による陰謀」ではなかった。問題は特定額の支出削減、ましてや銀行家が具体的に示した額ではなかった。要するにいかなる額であれ、保守党首脳部を満足させるようなものであることが重要だった。彼らは緊縮策を信奉し、しかも政府が限界に達していることを知っていたので、よもや政府をその自ら招いた窮地から解放することはありえなかった。事態の展開に唯一陰謀が絡んでいたとすれば、それは銀行家の本能と保守党の偏見がおのずと重なり合っていたことである。

まさに進退窮まったのは、マクドナルドであった。労働党を築き上げるのに生涯を捧げた後、経済の嵐の中で、いかにして約束の地を建設すべきか当惑したのは彼だけでなかった。マクドナルドはこれまで一度も、スノウデンのように健全財政の原則に囚われたことはなかった。彼は経済学者たちに耳を傾けてきたし、ケインズをまともに受け止めるように大蔵省を仕向けたりもした。彼は躊躇しながらも選択肢を探ったのである。しかし一九三一年八月にいたって、伝統的な応急策に代わる何があったというのだろうか。いよいよという時になって、マクミラン委員会の委員として、金本位制に対する懐疑心を植えつけられたアーネスト・ベヴィンの影響を受けた労働組合会議（TUC）が、独自の緊縮策を提案した。事実は、今や政府が自らの成り行きまかせの政策のつけを払わされたのであり、それは必然的にデフレを意味していた。論理的には、金に対して、より低い交換比率を設定するポンド切り下げの代案も存在したが、これは一九二五年同様、真剣な考慮の対象にはならなかった。内閣は最終的に二つに割れた。マクドナルドにとって経済情勢が命じているところは明らかだった。そこで彼は、国を救い自らの自尊心を回復するため、またそれが政権政党としての労働党の信頼保持につながることを願って、出処進退を明らかにする決意であった。

結局、八月二四日に労働党政府総辞職の旨を申し出なければならなかったマクドナルドは、その時点で、代わりに国王の要請を受け入れ、挙国一致政府を組織した。この結末をもたらすのに国王の国制上の大権が積極的に利用され、国王ジョージ五世もこれを歓迎したが、実際に采配を振るったのは政党指導者たちだった。労働党側では、マクドナルドはスノウデンを当てにできることを知っており、さらにトマスと上院議長のサンキーが入閣した。保守党側では、ボールドウィンが首相に固執せず、枢密院議長の座を受け入れる決断をしたことがきわめて重要であった。彼はまた、一〇名からなる内閣に占める保守党閣僚を四名に抑えることにも同意した。残り二つの閣僚ポストは、この危機の最中、前立腺の手術で動けなかったロイド＝ジョージに代わって、サー・ハーバート・サミュエルが率いる自由党にわたった（こうしてロイド＝ジョージは、まさに彼の最良の能力を、絶えず引きだしてきたような危機に直面しながら、最後の好機を逸し、チャーチルもまた排除された）。

主導権は保守党に移ったが、彼らとしても、案じられた緊縮案が挙国一致政府の名のもとに遂行されることに十分満足であった。スノウデンは、九月の予算案で税率を引き上げ、またこれに連動した緊縮策として公共部門の賃金の一連の切り下げと、失業給付の（メイ委員会報告が求めた二〇パーセントではなく）一〇パーセントの削減を提案した。これは明らかに、上席裁判官や軍の士官以上に、失業者や兵卒の懐に堪えるものだった。実際、海軍基地インヴァゴードン［スコットランド北東部の北海に臨む港町。第一次大戦中に海軍工廠が設立された］の二等水兵たちは、ラジオで名目二五パーセントの給与カットを（将官の七パーセントに対して）迫られていることを知ると、教練の召集令を拒否することによって応酬したのである。イギリス艦隊に反乱発生として、このニュースは再び世界を駆けめぐった。これによって主として二つの結果が生じた。まず政府は、すべての支出削減の幅を一〇パーセントに限定した。これが、削減の影響を受けた人々に好評だとは到底思われなかったが、大恐慌の結果の一つとして一九二九年以来、生計費が一〇パーセント下がったことは記憶されてしかるべきであろう。このことが、その後の国民による緊縮政策黙認の一因だったのかもしれない。

インヴァゴードンの「反乱」の第二の結果は、ポンド危機を誘発したことである。挙国一致政府が、ニューヨークとパリから交渉によって得た信用は、すでに圧力を受け、九月半ばには新たなポンド取り付けによって日々消失していた。この時点で、イングランド銀行はついに非情な現実を受け入れ、金本位制を放棄した。何にも増してポンド・スターリングを守るために組織された挙国一致政府ではあったが、自らの成立根拠の崩壊にも耐えた。逆に危機的雰囲気の中で、状況の掌握を約束した政府に対する支持が集まった。こうして差し迫った総選挙に向けた地ならしがされた――これは、挙国一致政府を形成することによって避けられると思われていたもう一つの結末であった。

一九三一年九月二一日、イギリスは金本位制を離脱した。イギリス海軍と同様、金本位制はイギリスの優位の象徴であった。しかしもはや大英帝国は、通貨投機の世界を支配することができなくなった。一瞬にして一ポンド＝四・八六ドルという歴史的平価が消滅し、同年末に一ポンドはおよそ三・四〇ドルの水準になった。政府にとっての慰めは、一旦ポンドが相応の水準に落ち着くと、高金利によってそれを支える必要がなくなったことであり、そのため一九三二年六月には、安心して公定歩合を二パーセントに切り下げることができた。しかも市場の信頼は、金本位制を維持するのではなく、これを放棄することによって回復されていた。挙国一致政府は偶然にも、労働党政府がいたずらに探し求めていたイギリス経済の回復策を発見したのである。

3　教会と国家

当時、政治の弁舌《レトリック》はいまだに聖書と国教会祈禱書の調子を強く残していた。フィリップ・スノウデンの生涯は、「イエスの御許へ」流の演説の上に成り立っていた。ロイド＝ジョージの場合には、それは内容よりも形式が生き残ったもので、彼は信仰を持つのをやめた後も、長く非国教徒説教師の話術のよき愛好家であり続けた。同様にチャーチルも、けっしてキリスト教の教義に真の愛着をもっていたのではなく、それはむしろ自らの、そして祖国の天命に対する強烈な感覚であり、ときに祈禱書の調子がその格好の伝達手段となった。ボールドウィンの言葉としてたいがい思い起こされる「我らの時代に平和をお与え下さい、おお主よ」は、時宜を得ていただけでなく、彼お馴染みの田園のイメージの根底に横たわる、より深く、ますます明快なキリスト教的世界観を表現していた。一九三一年八月から野党になった労働党は、矢継ぎばやに三人の指導者を出した。最初のアーサー・ヘンダーソンは、いまだにメソディスト教の平伝道師としての風采を備え、次のジョージ・ランズベリーは、イングランド国教会高教会派〔イングランド国教会内で、カトリック教会の伝統、とくに礼典、儀式、教会の権威への服従を重んじる派〕の敬虔な信徒であり、そして三人目のクレメント・アトリーは、その控えめな態度（と寡黙で寛容な姿勢）からは、最愛の兄の感化を受けたキリスト教社会主義の倫理への熱烈な傾倒など少しも感じさせなかった。

　彼らは皆もちろん、グラッドストーン翁が活躍していたヴィクトリア時代の人間であった。彼らは皆、非国教徒的良心を真剣に受け止め、自由党のウェールズ教会法案に対するイングランド国教会の反発が（国教会廃止反対主義〔antidisestablishmentarianism〕という）、きわめて作為的ではあれ英語の最長語を生み出した時代に政治の経験を積んだのである。それにしても、ヴィクトリア時代の政治を支えた宗教的要素のこうした名残りは、二〇世紀における社会の世俗化の進展を過大視することを戒めている。連合王国全般に、年配者は彼らが生まれ育った時代の宗派への忠誠心を表明する形で投票し続けた。古い世代の宗教上の帰属は、後々までその痕跡を残したのである。

　一九世紀を通じて人口が非常に急速に増加したので、組織化されたキリスト教のあらゆる宗派は、それぞれ信徒数の持続的拡大を誇ることができた。統計的に見ると、これはあまりに単純であったかもしれないが、教会の努力がけっして無駄ではないことを国教会に確信させ、また改宗に高い価値を置き、福音の成果を上げていた非国教諸宗派を勢いづける意味で心理的に重要であった。この数の争いにはまた、ただ一度一八五一年に実施された公式の宗教調査に煽られた純然たる競争の側面もあった。調査は、礼拝参加年齢に達していた人々の約半数が実際に教会に通っていたこと、そしてこの教会出席者が、少数のカトリック教徒を除いて、国教徒と非国教徒におよそ等分されていることを示していた。当時としては、教会出席者があまりに少なく、非国教徒があまりに多いことが衝撃であったが、これはただ単に、キリスト教と国教会制度がともに当然だと考えられていたことを示しているだけかもしれない。その後の統計に、これと直接比較できるものはないが、人口の比率として算出される国教会の信者数（より厳密な規準）が、年々の組織率を計る一つのものさしを提供している。これは、いわば一八五一年の地質の一大調査が露わにした断層を、考古学的に徐々に掘り進めていくことによって、その後の変化の程度を跡づけていくようなものである。

　ただちに明らかなことは、組織化された宗教、とりわけイングランド国教会が、ヴィクトリア時代後期の信仰の危機に関する文献的証拠が示唆しているよりも効果的にその基盤を保ったことである。確かに非国教会諸派は、一八八〇年代には人口に比例した拡大をやめ、一九一〇年代にはその絶対数も初めて減少に向かった。しかし人口に占めるイングランド国教会の復活祭の聖餐拝領者の割合は、ヴィクトリア女王治世の初期よりも、（人口がはるかに増加した）第一次世界大戦勃発当時の方が高かった。さらにその後、イングランドの一五歳以上人口に占める割合として算出した国教会の組織率は、一九一〇年の一二パーセントのピークから、一九四〇年の一〇パーセント、そして一九六〇年代まで七パーセント前後というように緩やかに減少した。スコットランド教会［スコットランドの国教となった長老派教会］についてのほぼ同様の計算によれば、その組織率は一九三〇年代にはおよそ三五パーセント、そして一九六〇年代になってもまだ三〇パーセントを超えていた。これらの数値を総合してイギリス全体についてみると、非国教会諸派が最も早い時期から最大の損失を被っていたことが明白である。両国教会が一番急速な衰退を経験したのが、一九七〇年以降であったのに対して、非国教会諸派の一九六六年の勢力は、一九〇一年のわずか半分まで落ち込んでいた。

　実に、この時期を通じて勢力を伸ばした唯一の宗派は、ローマ・カトリック教会であった。二〇世紀になってイギリスは、プロテスタント国家としての歴史的アイデンティティを失ったといってもけっして過言ではない。北アイルランドを除いて、古くからの（ヴィクトリア時代に隆盛をきわめた修道院にまつわる俗信に見られるような）ローマ法王に対する悪感情は、時代遅れに思われ始めた。カトリック教のフランスは脅威ではなく、ドイツに対する二度の世界大戦では同盟国であり、イギリスの戦争宣伝が（プロテスタントの）プロイセン出身の兵士によるベルギーの修道女の強姦のニュースを流した際、人々はどちらの側に与《くみ》すべきか心得ていた。ヒレール・ベロック［一八七〇～一九五三、フランス生まれのイギリスの作家、歴史家。巡礼の紀行文や大冊『イングランド史』（一九二五～三二）がある］のようなフランスびいきの作家は、すでにその魅力的な紀行文『ローマへの道』（一九〇二年）で読者を獲得しており、彼はその後、とりわけ宗教改革がけっしてそれまで学校で教えられてきたような慶事ではなかった、とするイングランド史の挑発的な解釈を執拗に擁護する論陣を張った。G・K・チェスタートンは、ベロックと同じカトリック信者で、エドワード時代からの文壇の同志であり、多くの点でその思想を共有していた。豪放磊落な文人として、彼はパブと農民の優越性についてのロマン主義的な見解を掲げて、産業資本主義のピューリタニズムの精神と対峙した。最も忘れがたい彼の作中人物ブラウン神父は、告解聴聞における洞察を推理小説の世界に持ち込んだものであった。

　チェスタートンとベロックが本質的にエドワード時代の雰囲気を漂わせていたとすれば、今やまったく異なる作風をもつ若手のカトリック作家たちが出現していた。彼らの書くものは、斜に構えて皮肉っぽく、モダンな自意識を標榜し、控え目かつ軽薄で、世慣れていた。こうした作家の一人であったイヴリン・ウォー［一九〇三～六六、作家。第二次大戦前の名家の没落とオックスフォードの学生生活を郷愁をもって描いた『ブライズヘッドふたたび』（一九四五）で有名］は、最初のベストセラー『衰亡記』（一九二八年）［富山太佳夫訳『大転落』岩波書店、一九九一年、他］以来、たいへんな評判を博した。専門職の慎ましい家から身を起こした彼は、オックスフォード大学卒業後、カトリック教への改宗を伴う自己改造を果たし、『一握の塵』（一九三四年）［小泉博一訳、山口書店、一九九三年、他］以降の作品では、宗教改革後の国教を忌避して、旧教を誠実に固守する少数のイングランド貴族層の生き残りを擁護するようになった。ウォーは、絶えずその存在を脅かされながらも、同時にきわめてイングランド的な生活様式を維持し続ける彼らの品位と自制——後の『名誉の剣』三部作（一九六二年）のガイ・クラウチバックでは不屈の精神へと昇華される——を、実に巧妙に描きだした。ウォーより一歳若く、一九二六年に改宗したグレアム・グリーン〔(一九〇四～九一)、作家。イングランド国教会の影響のもとに育ち、一時共産主義にも共鳴。映画化された『第三の男』(一九五〇)や『おとなしいアメリカ人』(一九五五)などがある〕が、長年左翼のウォーというレッテルを張られたのは避けがたいことであった。彼はなかなか一流作家として認められず、スリラー小説や『スタンブール特急』（一九三二年）〔北川太郎訳、早川書房、一九八〇年〕のような「娯楽物」の成功には明らかに当惑していた。一般の読者は『権力と栄光』（一九四〇年）〔斉藤数衛訳、早川書房、一九八〇年、他〕と『事件の核心』（一九四八年）〔小田島雄志訳、早川書房、一九八二年、他〕で初めて、異国の地の夜を舞台に、善悪をめぐる汗まみれの苦悩を論じた「グリーンの世界」を、まともに経験することになった。彼にとってカトリック信仰は、賞賛の対象というよりも思索の題材であった。

　ウォーの小説は、イギリスにおけるカトリック信仰を、その復興の真の社会的基盤から意図的に引き離す文学上の策略であった。ある計算によれば、人口に占めるカトリック教会の組織率は、一九〇一年の六パーセントから一九六六年には九パーセントまで上昇した。ミサの出席者に関する数値が、これと一致する傾向を示している。さらにこの増加は、カトリック教による婚姻の比率の上昇と並行して起こっている。その後一九七〇年代、一九八〇年代に減少したとはいえ、その比率は、イングランドとウェールズでは四パーセント前後から最高一〇パーセント以上まで（スコットランドでは一〇パーセントから一六パーセントに）上昇した。ここで難しいのは、何の数字を扱っているのか正確に知ることである。信者の篤い信仰について何の疑いも抱かなかった教区の神父の善意で提供される数字に基づくカトリック人口の推計は、しばしば一、二世代さかのぼるアイルランド人移民が、人口におよぼした影響と関係があった。イングランドとスコットランドの工業地帯に多く見られたこうしたコミュニティは、移住先におけるお馴染みの安息所としての教会を中心にその結束を保ち、カトリック系の学校を通じて、自己のアイデンティティの普及に努めた。これは宗教が、独自の生活慣習と忠誠心、ひいては確執を伴う地域の下位文化《サブカルチャー》と重層的に絡み合った極端な例である。戦間期のリヴァプールと、程度の差はあれグラスゴーでは、人種と文化の違いによる深刻な政治的対立が存在し、二〇世紀後半のベルファストでなおも唯一見られたように、人々をプロテスタントとカトリックに分断していたのである。

　たいていの人は通過儀礼に教会、特にイングランド国教会を使った。幼児洗礼が普通であり、公式の書類が「洗礼」名の代わりに「出生」名を求めるようになるのは、二〇世紀もずいぶん後になってからであった。役所の登録官のもとでの民事婚(civil marriage)も可能ではあったが、ヨーロッパ大陸の大部分の国々と異なり、それは必ずしも必要ではなかった。教会でも正式の法的結婚を行うことができたのである。一九〇一年のイングランドとウェールズでは、八五パーセントが宗教儀式による結婚であり、実に全婚姻件数の三分の二は、イングランド国教会によって執り行われた。教会での結婚式を選ぶということは、教義の選択と同様に美的な好みの表明でもあった。イングランド国教会儀礼に用いられる言葉が、英語の中でもとりわけ馴染み深いものに数えられ、あるいはそれが国教会に有利な状況をもたらしたとしても少しも不思議はなかった。非国教会諸派が、一七世紀のクロムウェル〔(一五九九〜一六五九)、イングランドの軍人、政治家〕によるピューリタン革命期以来最高の一八〇名の下院議員の当選を誇り、その影響力が最高潮にあった一九〇六年でさえ、イングランドとウェールズの婚姻のほんの八組に一組が、非国教のチャペルで行われたにすぎなかった。そのうえここでも国教会は、歴史の中で担ってきた国家的な役割を維持し、イングランドでは一九五〇年代に入っても二組に一組、また一九八〇年代においてもなお三組に一組の結婚式の宗教儀礼を司っていた。同様にスコットランドでも、一九六〇年には全婚姻の半数がスコットランド教会によって執り行われたのに対して、民事婚は四組に一組であった。さらに言えば、二〇世紀初頭のスコットランドにおける宗教儀式によらない結婚は、わずか二〇組に一組の割合であった。*

＊　たとえば、国境をはさんでイングランドのすぐ向こうにあるグレトナ・グリーン〔より厳しい婚姻法(一七五四〜一九四〇)が施行されていたイングランドで結婚を認められない男女が、国境を越えてここに駆け落ちし、鍛冶屋の立ち合いで結婚した〕で悪名を馳せた鍛冶屋のエピソードにもあるように、スコットランドの伝統的な法慣習では、男女は立会人の前で自ら結婚を宣言することができたにもかかわらず、このように宗教儀式によらない結婚は少なかった。なおスコットランドの統計は、一九二九年にスコットランド教会と統一自由教会が再合同したことによって複雑になっている。

国境の北と南で、それぞれ異なる教理を持ちながらも、ともに君主によって平等に庇護される両国教会の地位は、一見そう思われるほど時代錯誤的ではなかった。反抗的な非国教徒が、政府に対して、より切実な不満を抱いていたヴィクトリア時代に比べると、宗教上の軋轢も少なかったので、国教会はより平静に受け入れられた。多くの人々にとってイングランド国教会は、軍隊と同様にお馴染みの、階層的かつ折々役に立つ国家機関であった。軍隊では、他の宗派宗教への帰属を表明しない限り、新兵は原則として「イングランド国教会」に分類された。ヴィクトリア時代の人々が経験したような国家と教会をめぐる大がかりな論争は、第一次大戦後はほとんど見られなくなっていた。一九二七年から二八年にかけて、祈禱書の改訂が論議を呼んだことは確かである。改訂祈禱書は、単にその内容を、今や多くの教区で提供されるようになったはるかに高水準の礼拝儀式に合わせようとしたものにすぎなかった。その採用は義務ではなく任意であり、またそれは採用されれば、新奇な香や鈴を儀式に採り入れたアングロ・カトリック派を承認することに

ローレンス［（一八八五～一九三〇）、作家、詩人、批評家。炭坑夫の家に生まれ、苦学をしてノッティンガム大学卒業、教師をしながら文筆活動を始めた。紀行文も多く、また『アメリカ古典文学研究』（一九二三）を著わした］は、文字通り日の当たる場所を求めた――それというのも不安定な健康状態が、南方の空のもとでの充足を求める放浪生活に、彼を駆り立てたからである。彼は一九三〇年に、南フランスでわずか四五歳にして結核で死去した。『白孔雀』（一九一一年）［伊藤礼訳、中央公論社、一九六六年］と『息子と恋人』（一九一三年）［吉田健一訳、新潮社、一九五八年、他］で名を上げた彼は、その後二〇年足らずのうちに、イングランドの地方を舞台とするベネット風設定と、教育に対する抱負と性の目覚めというウェルズ流の自伝的題材を取り上げ、これらに彼独自の刻印を残した。情熱的な性を底流にもつ『虹』（一九一五年）［中野好夫訳、新潮社、一九七五年、他］で、初めて彼は検閲に触れることになった（これは一九六〇年にいたるまでイギリスでは出版されなかった、後のはるかにあからさまな小説『チャタレー夫人の恋人』［完訳、伊藤整・伊藤礼、新潮社、一九九六年、他］をめぐる悶着の前触れであった）。『虹』を特徴づけていたのは、ローレンスが生まれ育ったノッティンガム州［イングランド中東部］炭鉱地帯を舞台とした工業社会の現実に対する濃密に描写された反応であった。それにもかかわらず、彼は政治的教訓を組み込んだ労働者階級小説を提供したわけではなく、とくに続篇『恋する女たち』（一九二〇年）［小川和夫・伊沢龍雄訳、集英社、一九七〇年、他］では、生きられた経験（とりわけ官能的な経験）および自己の肯定と関与に忠実たろうとするローレンスの、ほとんど実存主義的な執着に満ちた像を提示したのである。

「現実」に対するこのような想像力の優位は、なぜウルフが（彼女には心外ではあったが）、お定まりのジョイスはもちろん、ハクスリーのみならずローレンスとともに、モダニスト作家として「檻に入れられた」と感じたのか、ということをある程度説明している。もしこれらが、型にはまった範疇に陥る恐れがあったとすれば、それはウルフ自身がベネット、ウェルズ、ゴールズワージーを公然と拒絶することによって、その確立に手を貸したものであった。彼女は、ヒュー・ウォルポール［（一八八四～一九四一）、作家、批評家。トロロープに傾倒し、イギリス小説の伝統を守った。『ヘリー家物語』四部作（一九三〇～三三）で知られる］のような同時代の主流のベストセラー作家が、「私のことをアーノルド・ベネット曰く、青ざめた、退廃的な、惰弱な、去勢された、堅苦しい、血の気の薄いインテリとしてかたづける」のではないかと恐れるようになった。ウォルポールの綿密な歴史物語作りは、『ロウグ・ヘリーズ』（一九三〇年）によく表れており、また著名な書評家としての彼の見解は天下一品であった。J・B・プリーストリーもまた成功した「中流趣味《ミドルブラウ》の」作家の一人であり、巡業劇団を扱った悪漢《ピカレスク》小説『友だち座』（一九二九年）で名声を得た。彼が故郷のヨークシャーについて書いたものは、洞察力にあふれ、同様のことが、ウィニフレッド・ホルトビー［（一八九八～一九三五）、作家、フェミニスト。『サウス・ライディング』は死後、友人ヴェラ・ブリテンの助力で出版された］の『サウス・ライディング』（一九三六年）にも当てはまった。彼らは、それぞれ定評ある本格的な作家であり、イギリスの地方で広く読まれていた。ウルフが生前――彼女は一九四一年に自ら命を絶った――いかに文学者として認められていたとしても、あくまでその作品の売れ行きが彼らを上回るようになるのは、彼女の死後のことであった。

要は、ヨーロッパ大陸諸国でより一般に見られた美術と音楽における抽象化への動きに匹敵する文学のモダニズムが、イギリス小説の歴史的慣行の中で育てられた忠実な読者層にとっては、異質なものに思われたということである。後にケンブリッジ大学の文芸批評家F・R・リーヴィス［（一八九五〜一九七八）、批評家。文芸批評誌『スクルーティニー』を創刊、編集（一九三二〜五三）。道徳的価値を強調し、「ケンブリッジ学派」と呼ばれる研究者たちを育てた］は、より洗練された手法で『偉大な伝統』（一九四八年）［長岩寛・田中純蔵訳、英潮社、一九七二年］について書を著わし、その中で（ディケンズではなく）ジョージ・エリオットに中心的な地位を与えた。リーヴィスは彼自身、社会的モラリスト（public moralists）の系譜に連なっており、英語を大学の専門教科として普及させることを通じて、二〇世紀において、文化の守護者たるその役割を担おうとしたということができる。彼の規範的解釈に基づくイギリス文学体系は、皮相な商業主義と、内向的な唯美主義のいずれをも拒否し、彼自身の是認する有機的文化の価値観によって導かれていた。リーヴィスにはエリオットとモダニズムの詩を弁護する用意があったとはいえ、ブルームズベリー・グループを軽蔑していた――その一方でしかし、ローレンスを擁護した。明らかに、イギリスの作家たちを類別するのに役立ったのは、「モダニズム」だけではなかった。

一九三〇年代半ばにもなると、知識人はとりわけ政治によって、それぞれの陣営に組み込まれるようになった。多くの若手芸術家、作家、詩人――さらには科学者――の共産主義への関与が、このことをもっとも鮮明に表していた。その背景には、一九三〇年代初頭に資本主義が、あるいは少なくとも資本主義世界に行き渡る繁栄が崩壊するかに思われたということがあった。国内では、挙国一致政府が老人たちにでっち上げられたものに見え、それゆえ、もはや幻滅していた若者に対するさらなる裏切りに映った。遅まきながらも出版界を襲った反戦文学の氾濫が示したように、第一次大戦では、責められるべき大殺戮が行われた。さらには、失業の憂き目を見ることになった復員の英雄たちに対する裏切りがあった。このブルジョア政治の破産と見られた事態が、必ずしも共産左翼に利したわけではなかった。まして新たに行動を求める声は、何といってもサー・オズワルド・モズリーによって体現されており、彼は自らの英国ファシスト連合の勧誘のねらいを退役兵士に定めていた。それでもなお、行動を起こすということは一般に共産主義を意味した。平和主義とマルクス主義が明白な答えを提供していた。西側諸国の大量失業を前に、進歩を信じて育った者は東方に眼を向け、そうした害悪を追い払ったとされていたソヴィエト・ロシアの実験に引きつけられるようになった。

自由党、および後に労働党の政治家であったリチャード・ホールデン（子爵）の甥に当たるJ・B・S・ホールデン［（一八九二〜一九六四）、生化学者、遺伝学者。ロンドン大学で遺伝学（一九三三〜五七）と生物統計学（一九三七〜五七）の教授をする一方、共産党の大衆紙『デイリー・ワーカー』の主筆を担当（一九四〇〜四九）］は、第一次世界大戦が終わった時点で、自ら「科学的」社会主義者であることを宣言した。一九二〇年代にケンブリッジ大学で生化学者として身を立てた彼の業績はメンデル学派の遺伝学説に基づいて、ダーウィンの自然淘汰の考え方を再確立したことにあった。そのうえホールデンは『ポッシブル・ワールド』（一九二七年）のような本を通じて、科学を大衆に普及させる才のあることを示し、そのため広く注目されるようになった。当時はしかし、その政治的な見解よりも、彼が支配的な性の規範を犯したこと――ケンブリッジ大学は、ある離婚訴訟で法廷に召還されたことを理由に彼を解雇しようとした――が人目を引いていた。彼を当初は共産党員というよりその支持者として、最終的に共産主義に引きつけたのは、スペイン市民戦争であった。共産左翼の立場をとる有名な科学者は、ホールデンのみではなかった。その他にも、ベストセラー『百万人の数学』（一九三六年）〔今野武雄訳、筑摩書房、一九六九、一九七一年他〕の著者で生物学者のランスロット・ホグベン〔（一八九五～一九七五）、社会生物学者。LSEを中心にイギリス、カナダ、南アフリカの大学で教える傍ら、著作を通じて科学の普及啓蒙に努めた〕や、生涯にわたって党の路線に忠実な共産党員となった著名な物理学者J・D・バナール〔（一九〇一～七一）、物理学者、科学史家。『歴史における科学』（一九五四）などで社会の中の科学を論じ、平和運動にも貢献〕などがいた。

大恐慌は、資本主義の信用を失墜させたばかりでなく、さらに資本主義に微調整を加えようとする改良主義的試みの信用をも失墜させた。古参のフェビアン主義者、シドニーとベアトリスのウェッブ夫妻にとって、その当然の帰結は、彼らの生涯の課題を実現するものとして、スターリン主義国家の官僚的に管理された指令経済を受け入れることであった。読まれるよりは引用されることばかりが多い彼らの大著『ソヴィエト共産主義・新しい文明?』（一九三五年）は、意味深長な改題を施され、『ソヴィエト共産主義・新しい文明』（一九三七年）〔木村定・立木康男訳、みすず書房、一九五二、一九五三年〕として再版された。さらに彼らの友人で、すでにムッソリーニ〔（一八八三～一九四五）、イタリアの政治家。第一次大戦中、社会党左派から右翼指導者に転向し、国民ファシスタ党を結成（一九二一）。首相（一九二二～四三）〕の機敏な手法の公然たる崇拝者であったショーもまた、著名な旅行者という特権をもつ有利な立場から、スターリニズムを賞賛する同調者の一人であった。共産主義が真実味を帯びたのは、現実のソヴィエト連邦が代案として優れていたからというよりも、むしろマルクス主義理論が、改良の有無にかかわらず、資本主義体制に見られる腐朽性ということを、常々主張してきたためであった。したがって、より抜本的な戦略によらなければ、進歩に対する自由主義の信念の基礎にあるより良い生活の公約を果たすことができないとされた――それは大恐慌が論証したように、自由主義体系の致命的な欠陥である私有財産への執着を放棄するということであった。これこそ若き詩人スティーヴン・スペンダー〔（一九〇九～九五）、詩人、批評家。一時共産党に入党、スペイン市民戦争にも参加、第二次大戦後、『エンカウンター』の編集（一九五三～六七）も務めた〕が、「私は自由主義者であるがゆえに共産主義者である」と宣言したときに意味していたことである。

スペンダーは、その友人クリストファー・イシャウッド〔（一九〇四～八六）、作家。ヒトラー政権成立直前のベルリンでの滞在体験にもとづく『ベルリンよ、さらば』（一九三九）が有名〕と、なかんずくW・H・オーデンとともに、いろいろな意味で一九三〇年代に育った左翼文学者の世代を代表していた。オーデンの初期の作品は、後年、彼自身これを恥じることになるような痛烈な言葉で、共産主義の倫理が求めた、成功の規準を投影する冷酷な選択を表現していた――「歴史は敗北者を／憐れむことはあれ、助けもしなければ容赦もしない」。二極化したヨーロッパにおいては、共産主義の規律のみが、抬頭するファシズムの脅威に対する有効な抵抗を約束していた。階級の敵を、相手の得意とする汚い手で打破すべきである――またそうしなければ打破できない――とは考えずに、むしろ自らの些細な議会主義的自由に拘泥した自由主義者たちは、「客観的にはファシズム支持者である」として片づけられた。共産主義は、その決定論的教義が一見経済的基盤の上にのっているように見えたが、その魅力は、行動への衝動を不可避的な選択に結びつける心理に支えられていた。このことが、一九一四年のルパート・ブルックに劣らず、自らの詩に酔いしれた理想主義的な若い共産主義者たちを、宿命的にスペイン――「熱いアフリカから摘み取られ、創意に富むヨーロッパにいかにもぞんざいにはんだづけされた／あのひからびた四方形、あの断片」――に導いていった風潮を助長していたのである。

　戦争は一九三六年、スペイン共和国の人民戦線政府に対するフランコ将軍〔一八九二〜一九七五、スペインの軍人、政治家。人民戦線政府（一九三六〜三九）に対する反乱を指導し、その後独裁体制をしいてスペインを支配〕の武装蜂起によって始まり、一九三九年の共和国の崩壊にいたるまで長引いた。長い歴史に根ざし、紛糾をきわめたこの頑なにスペイン的な紛争が、民主主義とファシズムの象徴的な闘争となった。イギリス人の目には、数多くの文学を生み出したことから、この戦争はほとんど文人の戦争に映った。このことは、自由党の立憲主義者からトロツキスト〔永久革命論を唱えた革命家トロツキー（一八七九〜一九四〇）の信奉者。スターリンとその官僚主義国家に反対し、コミンテルンに対抗して創立された第四インターナショナルに結集した（一九三八）〕まで、イギリスの左翼に見られた共和国への多様かつ広範な支持の存在、さらには国際義勇軍の歩兵大隊が、ともに詩人のジョン・コーンフォード〔一九一五〜三六、一九三三年共産党に入党、国際義勇軍に志願した最初のイギリス人の一人〕やジュリアン・ベル〔一九〇八〜三七、父ゆずりの平和主義者で第一次大戦の反戦者の手記（一九三五）を編集〕（ヴァネッサの息子）のように良家の出で弁も立つケンブリッジ大学出身者よりも、独立労働党（ＩＬＰ）グラスゴー支部に属する失業者の志願兵によって多く構成されていたことを、ともに見過ごしている。それにもかかわらずコーンフォードとベルの死は、彼ら自身の純然たる献身のほどを十分に証明していた。これはコーンフォードが「ウェスカ〔スペイン市民戦争のアラゴン戦線の一部〕への最後の一マイル」にかかり、まさに自らの死を予期しつつ書いた「もし不運が私の力を／浅い墓に横たえるにしても」という行《くだり》に表れている。

　オーデンは、「平板な、その場限りのパンフレットと退屈な集会」について記しながらも、危険を避けて生き長らえ、より高名な詩人となった。彼にあっては（政治的判断に常識を用いるその能力は言うまでもなく）、レトリックがイデオロギーに勝っていた。オーデンは、あたかも銃を与えられた近視の人間のように、その破壊力に気づくこともなければ、逆に自らの照準も定まらないままに、一九三〇年代を無傷で通り抜けた。彼は、当時ジョン・グリアソン〔一八九八〜一九七二、記録映画監督。『流し網漁船』（一九二九）をつくり、社会的メッセージを重視するドキュメンタリー運動の創始者となった〕のもとで進歩的な政治傾向をもった革新的なドキュメンタリーを制作して全盛期にあった郵政局映画部門を通じて、やはり恵まれた若者の一人であった作曲家ベンジャミン・ブリテン［（一九一三～七六）、繊細かつ巧妙な表現力と内容の社会性で、二〇世紀イギリスを代表する作曲家となった。『青少年のための管弦楽入門』（一九四六）、『戦争レクイエム』（一九六二）など］に出会った。ブリテンとオーデンは（ともに同性愛者として）互いに惹きつけられたが、この二人が提携した歌曲集『我らの狩りをする父たち』（一九三六年）は、その芸術面における成果であり、歌詞がもつ反ファシズム的サブテキストに、当時の政治を反映していた。オーデンは、間もなくブリテンとそのパートナーのテノール歌手ピーター・ピアーズ［（一九一〇～八三）、一九三六年にブリテンと知り合い、四五年には彼のオペラ『ピーター・グライムズ』の初演で歌った。以後ブリテンの音楽の最良の解釈者となり、四八年には彼とともにオールドバラ音楽祭を設立した］が加わったニューヨークで、単に「一九三九年九月一日」と題された詩を書いて、「低調な、欺瞞に満ちた一〇年間」に終止符を打った。この詩は、お馴染みのイデオロギー的言語によって構成されていたが、緊迫した情勢に対する個人的かつ美学的解答を示唆しているという意味で、今や政治よりも宗教に救済策を求めるようになったオーデンの姿を示していた。

ＩＬＰの後援のもと、スペインの戦闘に参加したジョージ・オーウェルは、共産党の権力政治に見られたマキァヴェリ的性質を感知するようになり、そのため「避けがたい殺人に対する罪の意識的承認」と書いたオーデンを、あまりに無頓着だと彼が叱責したのは忘れがたいことだった。オーウェル自身の経験を綴った『カタロニア讃歌』（一九三八年）［都築忠七訳、岩波書店、一九九二年、他］は、おそらくこの戦争が生んだ最高傑作であったが、その出版はけっして容易でなかった。スペインに関する苛酷な真実を記したこの本は、政治的に見ると、都合の悪いものであった。それは、善意の人々からなるイギリスの共和国支持者を結びつけていたうわべだけの超党派路線を支持するものではなかったし、また反ファシズム陣営内の派閥争いを暴露していた。さらにそれは、オーウェルの率直な物言いの才を示しており、そのため友人たちがつとに警告していたように、彼の不用意な言葉を悪用する政治的敵対者の「思うつぼにはまる」ことになった。オーウェルは、時にしゃくにさわるほど利己的な振る舞いによって、こうした警告を無視し続けたのである。それでも彼の時事的な評論は、彼のたいがいの批判者たちが書いたものより色褪せずに残っている。

5　挙国一致政府

一九三一年一〇月の総選挙を迎えた挙国一致政府の前途は、同年八月の成立時よりもはるかに明るかった。政府は、危機を放り出した責任を労働党に負わせることに成功した。銀行家による陰謀という労働党自身の説明は、自党の支持者に評判がよかったとはいえ、党の信頼回復にも、支持獲得にも結びつかなかった。ヘンダーソンの指導のもと、労働党は、挙国一致政府とその削減策に反対し、また勝手に「挙国一致労働党」を名乗っていたにすぎないマクドナルド、スノウデン、トマスを除名することで結束を維持した。選挙は、労働党対その他ということになり、それゆえ、たとえ一九二九年と同じ得票率を得たとしても、労働党は議席を減らしていたであろう。ところが党の得票率も六パーセント下がり、三一パーセントであった――これは一九二三年の得票率にほぼ匹敵し、その時は二〇〇議席近くをもたらして、労働党を政権に導いていた。しかし、一九三一年にはおよそ事情が異なり、スコットランドの独立労働党（ＩＬＰ）を含めても、労働党議員は全部で五〇数名にすぎなかった。炭鉱地帯を除くと、労働党は壊滅状態だった。新しい議会に、前閣僚の顔はほとんど見られなかった。マクドナルド派が離脱し、ヘンダーソン、さらにハーバート・モリソンのような有望な人材が落選の憂き目を見たことから、議会労働党はその党首をランズベリーに、また副党首をほとんど無名のアトリーに託した。

挙国一致政府は、その大多数が主に保守党議員（五五四名のうち、四七〇名）によって構成されていたという意味で、一九一八年の連立政府に似ていた。連立政府との違いは、ロイド＝ジョージを含んでいない点であった。彼は今や、挙国一致政府を詐欺だと称してこれに対立したが、当初は北ウェールズ選出の彼一族の議員連、全部で四名に頼るだけだった（とはいえ、その後一二カ月のうちに他の自由党議員も彼らに加わることになった）。自由党は、危機に完全に呑み込まれた格好だった。サー・ジョン・サイモンが率いる総勢三五名の一群は、挙国一致自由党として公然と政府と一体になり、いよいよ保守党との密接な選挙協力に依存するようになった。有能で恐ろしく野心家のサイモンは、マクドナルドのもとでは外務大臣、ボールドウィンのもとでは内務大臣、ネヴィル・チェンバレンのもとでは大蔵大臣、チャーチルのもとでは上院議長と、国の要職を歴任しながら、その閣僚としての経歴をよみがえらせた。他方、高潔で恐ろしく几帳面なサー・ハーバート・サミュエルは、サイモン派に匹敵する数の自由党議員に支持されながら、明らかに困難な状況に適切に対処しようと努力していたが、それはさながら伝道師がライオン使いに手を染めるのに似ていた。サイモン派が挙国一致政府にまるまる呑み込まれたのに対して、サミュエル派は吐き出されることになった。

内相としてのサミュエルと、国璽尚書としてのスノウデンが、新しく選出された政府において自由貿易の良識を代弁していた。総選挙期間中、自由貿易主義者を労働党の懐へと追いやるのを恐れて、誰もが関税問題について沈黙を保つことに努め、マクドナルドも「医者への全権委任」という言葉を用いたにすぎなかった。しかし今や、多数派の保守党の意向と選挙民の間に見られた保護主義的心情ともども、すべてが関税を指向していた。一九三二年二月に、ネヴィル・チェンバレンは新任の蔵相として、輸入関税法案を議会に提出する満足を味わい、これでついに彼の父親の正しさが証明されたと言ってのけた。これによって輸入品ほぼ全般に、緩やかな一律関税が導入されることになった。一方、政府は論議を呼んだ帝国特恵関税の問題については、一年前にやはり激しい論議を呼んだ緊縮の問題に対するスノウデンのやり方を踏襲した――サー・ジョージ・

メイを議長とする諮問小委員会に（再度）責任を押しつけたのである。その結果、一定の工業製品には、より高率の関税が課されることになり、さらにチェンバレン率いるイギリス代表団が、オタワにおける帝国経済会議に派遣された。

オタワ会議は、関税改革論者と自由貿易主義者双方にそれぞれ幻滅を与えた。チェンバレンは、自ら培ってきた信念に反して、特恵関税をめぐる交渉が帝国内の友好関係と一体性の大いなる発展をもたらすものではないことに気づかされた。一九三二年にオタワ協定が発効するまでには厳しい駆け引きがあり、さらにイギリスにとって協定の主たる影響は、英連邦からこれまで以上の食料輸入を受け入れたことであって、輸出業者に対して、自治領諸国が自国製造業育成のために維持を決めていた保護を克服できるよう援助するものではなかった。一九二〇年代末と比較すると、自治領諸国への輸出が一九三〇年代末には二〇パーセント以上減少したのに対して、自治領諸国からの輸入は増大し、これらの国々のイギリスに対する貿易収支の黒字は倍増していた。オタワ協定によって誰がもっとも得をしたにせよ、それはイギリス産業ではなかった。しかし、大蔵省とイングランド銀行に代弁者をもつイギリスの金融利害にとって、この協定はより満足できるものであったかもしれない。

一九三一年の危機は、（カナダという顕著な例外はあるが）帝国を基礎として、さらにイギリスとの貿易に大きく依存するデンマークなども含めた国々の集団としてのスターリング地域の始まりを告げていた。これらの国々は、イギリスに倣って金本位制を離脱し、国際貿易にはドルの代わりにポンド・スターリングを利用した。スターリングは自由に変動するよりはむしろ管理された通貨となり、その為替レートは（一九三三年のドル切り下げ以降）、一九三九年まで一ポンドが五ドルをわずかに下回る水準に落ち着いていた。イギリスのスターリング地域からの輸入は、構成諸国がすべて一九三一年に同時に通貨切り下げを行っていたので、それ以前と比べて割高になるということはなかった。また、もはや金本位制を運営することができなくなったイングランド銀行も、少なくともすべてを帝国の規準に合わせて縮小したスターリング地域を運営することはできた。

自治領諸国は、イギリスの驚くほど忠実な取引先であり続けた。もし自治領諸国が、一九三〇年代にイギリスからの輸入を減らしたとすれば、それはこれらの国々が不況によってイギリス以上に打撃を受けて余裕がなかったからである。それでもニュージーランドと南アフリカの輸入の四分の三、またオーストラリアの輸入の半分はイギリス産品で占められていた。* 自治領諸国は、あらゆる種類の負債と貿易外の諸経費のため、ロンドンに多額のスターリング債務を抱えており、その返済は、いよいよ好調になるイギリスの消費者市場へ特権的に参入することによって初めて可能となった。イギリス国民は、帝国の乾燥果実をしゃぶることによってスターリング地域を救ったのである。

* おそらく英連邦関係に波風を立てるのにふさわしい時期ではなかっ

たが、イングランドのクリケット代表が、一九三二〜三三年のオーストラリア遠征で引き起こしたのはまさにそうした事態であった。オーストラリアの主力打者、ドナルド・ブラッドマンの驚異的な戦歴に通常の手段で歯止めをかけることができなかったイングランドは、速球投手に命じて「ボディーライン」［打者の体めがけた投球］戦術を採用し、当然のごとくアッシズ（この場合にはふさわしい名称であった［フェア・プレイの精神を汚して得られた勝利は、クリケットの死（アッシズ＝遺灰）にも等しかったの意］）杯を勝ち取ることに成功した。

これらはいずれも、かつてジョー・チェンバレンが夢見たような「生産者のための政策」にはおよばなかった。しかし、もし帝国特恵関税が関税改革論者の期待に十分応えるものではなかったとすれば、自由貿易主義者にとって、オタワ協定はとても呑むことのできる代物ではなかった。数カ月にわたって内閣は、「見解の相違はこれを承認して争わない」という国制上の新機軸を実践しており、これによってスノウデンとサミュエルは自らの政府の関税提案に反対することを許された。オタワ会議の後、彼らは一九三二年九月に辞任した。スノウデンは、一年前に労働党を糾弾した際のあらん限りの毒気に満ちた言葉で挙国一致政府の裏切りを攻撃し、一方サミュエル派は、いまやロイド＝ジョージと合流して野党にまわった。明らかにこれらはすべて、三〇年にわたって次々と政治危機を引き起こしてきた関税の大問題をめぐって生じたのであるが、それにもかかわらず、関税が実施されるや否や、良かれ悪しかれそれほど重要なこととは思われなくなった。

経済回復への道を開いたのは、保護貿易というより、むしろ低金利であった。公定歩合は、一九三二年六月から（一九三九年の戦争勃発時の二カ月を除いて）一九五一年一一月まで、ほぼ最低限の二パーセントの水準を維持した。もちろん実質の利子率を計るには、貨幣価値の年々の変化を考慮する必要があり、それは不況による物価の下落分を、先の名目利子率に加算することを意味する。生計費は、一九二九〜三一年に比べると緩やかではあったが、一九三三年のある時期まで低下し続けた。しかし投資を決定するうえで重要な部類の工業製品価格は、すでに一九三二年中に底をついて上がり始めていた。したがって利子率は確かに低く、しかも安定していた――これは一旦市場の信頼が回復すれば、投資にとって理想的な状況であった。

この点に関して、政府は巧みな手を打つことができた。政府の顔ぶれと、明言した政策はともに、労働党に不満を抱いていた銀行家や産業経営者の信頼を喚起するものだった。保護貿易さえもこの点では力になった。大蔵省は低金利を利用して、戦時国債の低利率体系への大量切り替えを実行した。国債の利払い総額が税収一ポンド当たりに占める割合は、一九二九年には四〇パーセントを超えていたが、一九三〇年代半ばにはこの割合も四分の一以下に下がった。これは金本位制を維持するために、どれだけの犠牲を払ってきたかを示すもう一つの指標であった。大蔵省は、金本位制と自由貿易が過去のものとなった状況を最大限に利用したのであり、さらにあくまで予算の均衡を主張することによって、少なくとも健全財政の原則を維持した。チェンバレンは鉄の蔵相らしくふるまったが、虚勢を張っているだけの臆病者であり、彼の政策はデフレが悪化することを防止したにすぎなかった。減債基金の準備を無視すれば、一九二一年から三九年のうち、唯一（小規模ながらも）実際に予算が赤字となったのは一九三三年であった。ただこれによって市場の信頼が揺らぐことはなかったので、問題にはならなかった。

　住宅ブームは、国内投資の回復にとって最も重要な刺激剤であった。しばしばこのブームと結びついていた新産業は、電気アイロンからラジオにいたる耐久消費財を、文字通り国内市場向けに提供し、労働と余暇の両面に大きな変革をもたらした。たとえば一九二二年に一〇〇万台だった連合王国の電話保有台数は、一九三八年には三〇〇万台に達した。科学を基盤とした産業は、しばしば電気に関わる新技術やプラスチックのような新素材を活用し、またそうした製品のマーケティングには、ますますデザインが強調されるようになった。イギリス自動車産業は、関税障壁に守られて一大ビジネスに成長した。一九二〇年代に比べると、自動車の輸入が半減する一方、その輸出は倍増し、また何よりも国内の自家用車総数が同様に倍増したのである。モリス・モーターズ社の本部があったオックスフォードのような町は、（若き日のウィリアム・モリスの期待とは逆に）一挙に中世から、フォード主義のすばらしい新世界へと引きずり出された。この変貌によるイヴリン・ウォーの落胆ぶりは、『ブライズヘッドふたたび』（一九四五年）〔吉田健一訳、筑摩書房、一九七一年、他〕にまざまざと記録されているが、カウリー地区〔モリス・モーターズ社を中核とする自動車関連の工場が集まっていたオックスフォードの北部地区〕の新しい団地に家を買うことができた自動車工の家族は、いささかその見方を異にしていた。一九三四年のオックスフォードの失業率が五パーセントであったのに対して、アバティレアリー〔南ウェールズ、グウェント州の炭鉱町〕では五〇パーセントに上った。

　経済回復がいかに加速したかは、統計が示している。一九三三年一月に二三パーセントに達した公式の失業率は、それ以後ほぼ連続して減少し、一九三七年夏には一時的に一〇パーセントを下回った。不況を通じて就業者の貨幣賃金は、物価ほど急速に下落しなかった。その結果、一九三三年の実質賃金は、一九二九年に比べて一〇パーセント（一九二六年に比べると一七パーセント）高かった。こうした増加分は、その間に職を失った人々の犠牲のうえに得られたということができた。しかし、この増加した平均実質賃金は、雇用が回復する中でも維持された――労働者たちは失業状態を抜け出すにつれて、彼ら自身この新たな繁栄の分け前に与かることになったのである。

　こうした状況は、総選挙を戦う段階になって、挙国一致政府に有益な基盤を提供していた。一九三五年六月、マクドナルドのもとで根気よく枢密院議長を務めてきたボールドウィンが、彼とその地位を交替し、こうして政府内で圧倒的多数を占めていた保守党が首相のポストを取り戻すことになった。マクドナルドは、自由貿易主義者が政府を去った後も、挙国一致の看板の維持に努めたが、今や彼はあらゆる意味で哀れな孤立した存在であった。とはいえ、ボールドウィンが極端に党派的な政治運営を望んでいたというわけでもなかった。政府が挙国一致であるという事実（あるいは虚構）によって、彼はかねてから（一番近いところではインドの自治をめぐって）、対立してきた自党内の頑迷な分子を押さえ込むことができたからである。一九三五年一一月の総選挙では、ボールドウィンが圧倒的な勝利を収め、三八七名の保守党員と、三三名のサイモン派挙国一致自由党などからなる四二九名の議員の首班として再選された。一九三一年以来、いくらか支持の低下は見られたが、それでも一九三五年に、政府は全投票数の五三パーセント以上を獲得した。

今や、ランズベリーの代理を十二分に務め、彼の後継者としての機会を与えられたアトリーが率いるしかるべき野党が存在していた。労働党は、政府から一〇〇議席余りを奪取し、その得票率を、一九二九年とまったく同じ三八パーセントまで戻した。しかし二党の一騎打ちにおいては、これでは十分でなかった。一九三五年の結果を一九二九年と比較すると、一九三一年の危機の実際の影響が明らかになる。すなわち労働党が同一水準にとどまる一方、保守党は、七パーセントの得票率でわずか二一名の議員に終わった自由党をもっぱら犠牲にして、一〇パーセントの得票率を上乗せしたのである。三党体制から二党体制への移行は、このように保守党に支配的地位を与え、そこから彼らを追い落とすには世界大戦が必要であった。

一九三〇年代半ばに労働党がなしえたのは、せいぜい一九二九年の水準を回復することであり、ほぼ同様のことが経済についても当てはまった。すでに一九二九年には、失業は惨憺たる不況地域に集中した問題として存在しており、それは経済回復の頂点にあった一九三七年にもいまだに問題として残っていた。政治的に見れば政府は、持てる者が持たざる者に数で勝り、繁栄するイングランド南部がイギリス産業の不況地帯を票数で勝ることを当てにしつつ、資本主義の危機を乗り切ることができたということも可能である。しかしこの見方は、あまりにも単純すぎる。ウェールズでは議席数、票数ともども、野党が絶対多数を占めていたが、スコットランドにおける挙国一致政府への支持は、イングランドに比べてそれほど劣っていたわけではなかった。確かに一九三〇年代を通じて労働党に対する支持は、失業率が高かった諸選挙区で最もよく持ちこたえたが、これらはまた労働党への忠誠心がすでに深く根づき、組合組織率の高かった地域でもあった。逆にロンドンでは、純粋に経済的な解釈によれば政府への支持が予想されるところであったが、モリソンの強力な労働党組織が破竹の勢いであった。一九三四年にロンドン州議会（ＬＣＣ）を制した労働党は、一九三一年の大敗北にも耐えた党の拠点、イースト・エンド〔ロンドンの東部地区。旧ロンドン港（ドック）を擁し、工業の集積地で、伝統的に労働者階級の集住地域〕の窮乏地区のはるか郊外に位置する議会選挙区の議席を獲得し始めていた。

いまだに信用を欠いていた野党に比べると、保守党は国民——とりわけ女性の有権者——に、より効果的に幅広く訴えかけた。政府が注意を払わなければならなかったのは、失業問題に対するその実績というよりも、むしろ失業者の処遇であった。失業給付の削減分は一九三四年に元に戻され、いまや給付額は、実質水準でこれまでの最高となった。ところが一九三五年には、各地の公的扶助委員会（かつての救貧法の残務担当機関）から長期失業者を引き継ぎ、家計資産調査に基づいて全国標準規模の給付支払いを行う失業扶助局を新たに設立するという提案によって、政府は傷つくことになった。これは行政改革によって、政治の争点を取り除くことができると確信していたチェンバレン的伝統に則った典型的な政策であった。案に相違して、一九三五年一月に過渡給付の受給者に対する責任が失業扶助局に移管されると、前代未聞の広範な政治的抗議が噴出し、それは議会のみならず街頭にも波及した。ヒトラーの時代のヨーロッパにおいて、これは力強い警告であった。政府は引き下がり、制度変更を棚上げするとともに、より高率の給付を支払うことによって抗議を治めた。

　これとは対照的に、実際の失業対策については、それほど明確な姿勢は打ち出されなかった。なるほど、ロイド＝ジョージはイギリスのニューディールを語り、ケインズは反景気循環的な経済戦略を提唱し、労働党はケインズ主義的用語を使い始め、また中道改革派は良識的な政策提言書、とくに『次の五年間』（一九三五年）を中心に結集した。しかしながら大蔵省はこうした主張が含んでいた実践的な意義を認めながらも、かねてから――たとえば一九三五年の総選挙期間中の新道路建設の公表に見られたように――チェンバレンが、この争点をあからさまに政治的に扱ったことに制約されていたため、慎重に対応した。ケインズが認めたように一つ問題だったのは、すでに経済回復の勢いによって生産活動に隘路が生じているときに、需要の全般的な刺激によって失業を解消しようとしていた点であった。すべてを包み込んだ経済の嵐によって、一時隠れていた地域による構造的失業の頂点が、今や目立つようになっていた。

　このことが、不況地域――あるいはその正式の名称としての特別地域――とくにダラム［イングランド北東部の州］や南ウェールズの荒廃した炭鉱地帯、タインサイド［イングランド北東部のタイン川下流域］やクライドサイドのさびれた造船所を公に支援する政府の取り組みを引き出した。住民の三分の二までを数えたジャロウ［ダラム州の造船、機械、化学工業の町］の失業者たちが、一九三六年に企てたロンドンへの整然とした飢餓行進［ジャロウ行進として知られる］は、この問題を鮮明に映し出していた。果たして、国内のより繁栄する地域への労働移動を助成することによって、労働者を職があるところに移すべきなのか、それとも当該地域への投資を促進することによって、職を労働者にもたらすべきなのか、その解決策はそれほど明確ではなかった。ほとんど何もなされず、言うまでもなく成果はあがらなかった。ランカシャーは特別地域には指定されなかったが、それでもウィガン［イングランド北西部ランカシャー州、マンチェスター近郊の炭鉱町］では、労働者の三分の一が失業者に数えられていた。オーウェルの『ウィガン波止場への道』（一九三七年）が、言うほどには忠実なルポルタージュでないとしても、それがボールドウィン最愛のイングランドのより暗い側面を伝えるにふさわしい文学の記念碑であることには変わりない。

　この時期についての人々の相異なる認識と記憶は、人々がその当時経験した繁栄と困窮の相異なる衝撃によって彩られている。ふり返ってみると挙国一致政府は、左右両派から、内政と外交の両面で二重に断罪されていた。もしこうした意識が当時広く行き渡っていたとすれば、政府は有権者の過半数の票を得られなかっただろうし、またイギリス国民は、英国ファシスト連合（ＢＵＦ）、あるいは共産党が提供する政治的な過激主義にもっと敏感に反応していたかもしれない。ムッソリーニにならって黒シャツの制服に身を包んだモズリーは、一九三四年、ロンドンのオリンピア会場［一八八六年創設のロンドン西部の大きな総合展示会場］における人目を引くデモ行動でたいへんな評判となった。しかしロザミア卿の『デイリー・メール』紙の好意的な報道によって束の間ふくらんだ夢は、じきに破れた。ＢＵＦが唯一大衆的支持を獲得したのは、ロンドンのイースト・エンドに古くから根を下ろしていたユダヤ人コミュニティに対する庶民の憤懣をかき立てることによってであった。しかし、ここでも一九三六年のＢＵＦによる支持回復の試みは、反ファシスト活動家たちによって、モズリーの黒シャツ隊によるケーブル・ストリートへの行進が中止に追い込まれ、期待はずれに終わった［同年一〇月四日に起きた「ケーブル・ストリートの戦い」（ロンドン東部ステップニー区）のこと。ＢＵＦの行進を阻止するため、反ファシズム活動家を中心に三〇万の市民が周辺の地域を埋めたとされる］。政治目的の制服の着用を禁じた法の改正によって、事実上、モズリーの芝居がかった魅力を切り崩すことになり、警察の無力という事態は速やかに改善された――だが結局このために、彼の黒シャツ隊がとりわけ記憶に残るものとなったのである。

　一九三六年のこの秩序維持法が、ボールドウィンの首相在任中最後の施策の一つとなった。彼はときに不安に苛まれもしたが、それもある程度満足のいく政権運営ができたことで薄らいだ。仮にＢＵＦが、その全盛時、四万人の会員を誇ることができたとすれば、これは共産党の党員数の二倍を上回る数であった。しかし、明らかにこの両者にも増して多くのプロレタリアの支持者を得ていたのは、一五〇万人に達する党員を抱えた保守党であった。さらに、ボールドウィンが一九三七年五月に引退を決意するまでの在任最後の数カ月を見れば、国王退位危機は手際よく処理された。また新国王夫妻の即位に際しては（戴冠式の当日、マス・オブザヴェーション［一九三七年設立の民間社会調査機関。文化人類学の参与観察の手法などを用いて庶民の生活や生の意見を掘り起こすユニークな活動を展開した］のアマチュア人類学者たちが忠実に記録したように）、社会の結束と民衆の歓喜を示す多様な光景が裏書きする、伝統的な愛国心の象徴的発露が見られた。保守党指導者が残す遺産として、これはけっして悪いものには思われなかった。

第6章　罪深き者たち　一九三七〜四五年

1　宥和政策

ボールドウィンの後に保守党党首の座を誰が継ぐかという問題は、新聞界の大御所たちなどの間で、長年にわたり議論されていた。しかし、遅くとも一九三一年以降は、ネヴィル・チェンバレンが早晩、後を継ぐだろうことは明らかであった。対抗馬たちが、現れては消えていった。たとえば、一九二四年から二九年の政府で党首候補に有力視されたサー・ダグラス・ホッグ［(一八七二〜一九五〇)、保守党の政治家。大法官（一九二八〜二九、三五〜三八）］は、結局、大法官に落ち着いた。* そこで、チェンバレンが残った――もちろん、チャーチルが立つに値すると誰も考えない限りにおいてではあった。何と言ってもこの二人は、アスキス政権下でチャーチルとロイド＝ジョージがそうだったように、第二次ボールドウィン政府に活力をもたらした。もっとも、一九二二年のカールトン・クラブでの会合以降は、ダイナミックな力は恐るべきものになりうるというボールドウィンの意見を、誰もが知ることになったのではあるが。しかし、かつてのロイド＝ジョージと同様に、チャーチルが決然としていたために凡庸な者たちの共謀によって追いやられたというのは、根拠のない話にすぎない。チャーチル自身が、致命的な決断をしたのである。

＊　一九二八年に、ヘイルシャム卿としてであった。ヘイルシャムは、マクドナルド派のサンキーが一九三五年にうまく辞めさせられると、この地位に再び就いた。彼の息子［クウィントン・ホッグ（一九〇七〜二〇〇一）、保守党の政治家。大法官（一九七〇〜七四、七九〜八七）］は保守党党首に立候補するために世襲の貴族の位を一九六三年に放棄したが、後にサッチャー政権で大法官となるために、やはりヘイルシャム卿と

して、一代貴族の位を得たのである。

ボールドウィンが党首であった時代の保守党で、チャーチルはこれ以上ないというほど、攻撃の的にされてきた。野心家で当てにならず、激情家で冒険的、しかもロイド＝ジョージからバーケンヘッドやビーヴァーブルックまでの、よくない仲間に染まっている、と言われたのであった。基本的には保護主義の政党に復帰した際も自由貿易に固執したばかりか、彼の蔵相としてのキャリアは、後に選挙での重荷だと見なされた。一九三一年初めにチャーチルが影の内閣を辞した時も、さもなければ当然訪れたであろう大きなチャンスをむざむざ捨てようとしたのではなかった。しかしたしかに彼の離脱は、挙国一致政府からの除外を決定的にした。ひとたび離れると、チャーチルは蚊帳の外に置かれたままであった。

チャーチルが保守党リーダー層と見解を分かち、一九三〇年代初期を通じてしきりにさわいだ問題が、インドであった。彼は、保守党でしぶとく生き残るある一派の最も強力なスポークスマンになった。その一派は、各党の大物たちが結託して、イギリスのインド支配を見限ろうと共謀していると見てとった。これは、なるほどと思わせる非難であった。保守党政府が一九二六年に設置したインド統治問題に関する委員会は、議長に依然自由党員であったサー・ジョン・サイモンが就き、また、労働党からの委員としてまだ無名であったクレメント・アトリーがいた。インド総督を務めたアーウィン（後ハリファックス）卿〔一八八一～一九五九〕、保守党の政治家。教育相（一九二二～二四、一九三二～三五）、インド総督（一九二六～三一）。一九二五年アーウィン男爵、一九三四年ハリファックス子爵に。外相（一九三八～四〇）〕は、著名な保守党員で、敬虔な高教会派〔英国国教会だがカトリック教会の伝統、とくに礼典、儀式、教会の権威への服従を重んじる派〕のキリスト教徒であった。インドの眼前に自治領の地位をちらつかせて気を引こうという一九二九年一〇月のアーウィンの声明には、労働党政府も同意し、しかも野党にあったボールドウィンも当初は支持したが、そのため多くの保守党平議員が激怒した。結局一九三〇年のサイモン報告は、日和見主義者で名高い議長の性格をよく示すものとなった。報告での慎重で抜け目ない提案は、代議制政府の範囲拡大を謳い、インドの藩王たちだけでなく国民議会でガンジー〔一八六九～一九四八、インドの政治指導者、建国の父〕を支持する民族主義者たちを懐柔するような合意をねらい、しかも同時に、イギリス支配の基本的要素は守り、イギリスの頑迷な保守派をなだめようとするものであった。

この報告を受けて、マクドナルドはロンドンでの円卓会議を一九三〇年に招集した。会議は、藩王たちからの譲歩を何とか引き出したものの、国民議会が参加を拒否したためにその効力は損なわれた。そこでマクドナルドは、一九三一年に再び協議を試みることにした。この時は、アーウィンがガンジーとの直接会談を行った。二人の聖者が、老獪に話をまとめ、国民議会が参加することになった。雨のロンドンで、独特の白い服をまとい、サンダルを履き、眼鏡をかけたガンジーの姿は印象深いものであったが、その姿は粗暴なチャーチルからは人種的偏見を込めた嘲りを受けた。肝腎なのは、なるほどマクドナルドは円卓会議を招集するまでに保守党の支持頼みになっていたけれども、彼の政府はインドへのスタンスを大きく変えようとはしなかったことである。宥和政策が、避けうる摩擦の火種を取り除き、それによって変化する世界においてできる限り多くを救っていくための基本的戦略であり続けた。一九三一年危機ではっきりしたように、イギリスが世界を仕切ることはもはや無理だった。マクドナルドとボールドウィンは共に対インド政策を強引に進め、(三回目の円卓会議の後に)一九三五年インド統治法において、連邦政府への信任の明白な証しとなるものを発布した。

インドでは、提案された汎インド連邦への参加に藩王国が消極的であったために、自治の増大を目指した法案条項がある程度骨抜きにされた。しかし、ひとたび藩王たちの立場がイギリス議会で明確になると、法案をより穏当に映るようにさせることで、その通過が容易になった。チャーチルは、通過に至るまでずっと、政府に反対票を投じることが常であった一〇〇人余の保守党議員の先頭に立ち続けた。議会での討論は『ハンサード』〔英国国会議事録〕の四〇〇〇ページ分を占めるほどになった。しかもチャーチルは、イギリスで右派のインド防衛連盟を代表する発言者であった。彼の発言には、イギリスがインドを手放した際のインド内での騒擾を警告するといった、一九四七年の独立(および国家分割)に続く流血という事実に照らして予知的だと見られるものもあったが、彼の展望はあまり前向きなものではなかった。彼の見方は、「我ら永久《とこしえ》にそこにあるべし」という帝国主義的な前提を回顧するものであった。保守党の後継者をめぐる新聞界の大御所たちの議論を引き継ぐ形で、チャーチルは、党首を目指してではなかったかもしれないが、党首に対して紛れもない挑戦を行った。それは一九三四年一〇月の党大会で頂点に達し、頑迷な保守派はあと数票で勝利するところまできた。遅きに失したチャーチルの和解の申し入れ程度で、ボールドウィンが、彼の最後の内閣にこの男をけっして入れようとしなかったのは、驚くに足らなかった。また、主導権が滞りなくチェンバレンに移譲された時に、チャーチルが無視されたことも不思議ではなかった。

すでに六八歳のチェンバレンがついにボールドウィンを継いだ時には、事態はまずくなっていた。チェンバレンは政府の仕事への熱心さを保ち続け、大臣たちを容赦なくつつき、さまざまな省の仕事に首を突っ込んだ。しかし、政治家としての彼の修練は、もっぱら内政の複雑な諸事項の運営においてされたものであった。それに関して、彼は比類ない理解力を持っていた。しかし前外相だった彼の兄オースティンは、少し前に、彼にこう語っていた。「ネヴィル、君は外交について何も分かっていないことを、忘れてはいけないよ」と。だが、一族の中で唯一人首相の座に就いたネヴィル・チェンバレンは、一九四五年になってやっと解決することになった全面的な国際危機のなかで窮地に陥れられ去っていった。二〇世紀のどの時期においてよりも、当時のイギリス政治では外交政策が重要であった。チェンバレンには何か足りないと見られたとしても、それは自ら選んだ得意分野においてのことではなかった。

しかしチェンバレンは、同情を求めることも、誤りやすいことを認めることもけっしてしなかった。それよりも彼は、新たな任務の熟達に邁進し、ボールドウィンとは違って、首相官邸を外交政策における意思決定の中心にした。お気に入りの官僚サー・ホレース・ウィルソン［（一八八二～一九七二）、労働省事務次官、大蔵省事務次官等歴任。ボールドウィン政権でも首相の片腕］は、肩書きは政府の主任産業顧問であったが、実際には、官邸で首相の隣に座り、毎日連れ立って公園を散策し、チェンバレン内閣の誰よりも首相の相談相手役を果たした。キャリアの外交官を信用しないチェンバレンは、首相官邸の報道室を会見報告に用いたが、その内容は時に外務省の見解と齟齬をきたした。誰がボスであるかを誇示しようとする彼の明白な決意は、駐英大使たちには明らかであった。重大な政策の相違というよりもこの種の軋轢が、間もなく外務省での危機をもたらすことになった。

ボールドウィンが一九三五年末に、サー・サミュエル・ホー［（一八八〇～一九五九）、保守党の政治家。空相（一九二二～二四、二四～二九）、インド担当相（一九三一～三五）、外相（一九三五）］に代わる外務大臣が何としても必要だと知った時、見映えのするきちんとした身なりのアンソニー・イーデンはまだ三八歳で、国際連盟問題大臣の職に就いたばかりであった。細心にして外国語に堪能なイーデンは、常に外交官中の外交官であった。彼は清廉で、リベラルな圧力団体である国際連盟協会の秘蔵っ子であった。同協会は一九三五年六月に、戸別訪問による「和平投票」の結果を公表したが、それは、侵略者に対する国際連盟の制裁に多大な支持を与え、軍事的手段さえも支持するものであった。これは原則としては結構なことであったが、ムッソリーニのアビシニア計画で実地に試されることになった。ホーにとっての問題は、国際連盟によるアビシニア保護への支持を約束して一一月に選出された政府が、一二月になると、実際にはアビシニア分割を同時に計画（ホー＝ラヴァル計画［ピエール・ラヴァル（一八八三～一九四五）、フランスの法律家、政治家。首相（一九三一～三二、三五～三六、四二～四四）］）しているのを見破られたことであった。ホーは去らざるをえなかった。イーデンの輝かしい昇格は、アビシニアを救うというよりもイギリス政府を清新にすることに成功した。一九三六年六月には、国際連盟の信用は地に堕ち、チェンバレンはあからさまに、国際連盟の制裁を「狂気の沙汰」と呼ぶようになっていた。左派のジャーナリズムや国際連盟協会は立腹したかもしれないが、彼らが侵略への対抗手段として「集団安全保障」を叫んでも、イギリスの兵力使用を保証する意志がない中では、空疎に響くだけであった。

こうしたことのどれもが、新外相イーデンの好むところではなかった。しかし彼は、自分の政策の本質を「ヨーロッパ全体の宥和」と評することでよしとした。その意味は、ヴェルサイユ条約以来リベラル派が支持してきたこと、すなわち、正当な不平を除くことにより戦争の原因を除去することであった。したがってイーデンは、一九三六年のドイツによるラインラント非武装地帯進駐を黙認した。なるほどそれは、ヴェルサイユ条約に反する行為であった——しかし今や、ドイツが自国の領土を完全に制御することを否定する一方的で時代遅れの条項を、誰が擁護したであろうか。なるほどそれは力ずくでなされたのでもあった――しかし、いずれにせよ、会議のテーブル越しに、微笑したイーデンから握手とともにヒトラー〔一八八九～一九四五、オーストリア生まれのドイツの政治家、ナチス指導者。首相（一九三三～四五）〕に与えられたであろうものを、そのヒトラーから取り戻すために戦争をしようなどと、誰が望んだであろう。イーデンの不満は宥和政策そのものに対してではなかった。しかし、新首相の到来は、イーデンがもはや、貧しい持ち札にせよ、自分の流儀で自由に勝負することができないことを意味した。チェンバレンが自分の思いのままに外交を行うやり方に屈辱を感じたイーデンは、一九三八年二月に辞任し、その地位はもっと従順な後継者に取って代わられた。

ガンジーの懐柔で知られたハリファックス卿の任命は、宥和政策が新たな段階に入ったことの印しであった。しかしハリファックスは、お馴染みの敵対者が依然として敵対し続けていることを知った。かつてチャーチルはインドについて、「我々の国力がひどく損なわれているのではない」と言った。「我々は、意志の病にかかっている」というのであった。ヨーロッパ情勢についてのチャーチルの判断も、同様のものと言える。ガンジーに吠えろ、ヒトラーに噛み付け！　というのであった。しかし、窮状にあるイギリス政府にとって、大英帝国の維持がどうあっても最優先事項だというのであれば、別の論理があてはまったと言えよう。その場合には、国際連盟がぶつぶつ言い続けてきた自由と民主主義に関する退屈な問題などはもちろん不問に付して、ヨーロッパの独裁者たちと取り引きをし、それぞれの支配民族に支配力を行使させておくのが論理的な筋道であった。しかしチャーチルは、この方針は取らなかった。その代わりに彼は、一九三六年から、反ナチス会議といった団体のユダヤ系、左派、労働組合の支持者らと、ヒトラーのドイツに対する効果的な反対を結集すべく共闘し始めた。

ムッソリーニのイタリアが、難問として残っていた。ドイツを孤立させるための現実的な戦略として懐柔すべきか、それとも、イデオロギーをより重視した左派の反応に見られたように、もう一つのファシスト独裁として反対すべきか、を判断することは格段に難しかった。チャーチルも政府も、これら二つの選択肢の間で揺れていた。

再軍備は、チャーチルにとって一九三四年以来一貫したテーマであった。当初、あいまいでも平和主義がよく思われていた風潮のもとでは、チャーチルを好戦的な帝国主義者として片づけることは可能であった。しかし、彼のイギリスとドイツの空軍力比較の推定は、政府機密を好意的な官吏から漏らしてもらっていたために、政府を当惑させるに十分なほど確かな情報に基づいていた。実際、ボールドウィンはある時点では、下院で主張を撤回することを余儀なくされた。真相は定かではないが、歴史家たちは史料を用いて、ボールドウィンの撤回はそれ自体誤りであり、他方、チャーチルの数字もおよそ不正確であったと示唆してきた。再軍備計画はボールドウィンのもとで真剣に始められたが、それはチャーチルの望みよりはゆっくりと、しかし野党の主張よりは迅速に進められたというのが事実であった。一九三五年までGNPの二・五パーセントに抑えられていた防衛費は、一九三七年までに三・八パーセントに上昇したのである。

労働党は、段階を踏んで、ようやく再軍備が現実的に必要であるというふうに方針を転換した。そうした転換への第一歩は、一九三五年の党大会で見られた。その時アーネスト・ベヴィンは、組合のブロック票を後ろ盾にした権威をもって、温和な平和主義者のランズベリーを、「自らの良心をふれ回りながら、その良心をもてあましている」と叱責した。七六歳のランズベリーは、もう辞めてもおかしくなかった。ベヴィンの衝撃的な発言は、ずっと現実的なアプローチの前兆だった。ベヴィンは一九三七年に労働組合会議（TUC）の議長となり、ドールトンは労働党の議長となった。二人は一緒になって、再軍備への現実的な抵抗を除くのに大いに貢献した（ただし、嫌悪されたチェンバレンに対する議会での支持は、また別の問題であった）。

イギリスの相対的な弱さを認識していたために、政府はチャーチルが主張したような強硬路線を取りそうにはなかった。長く蔵相を務めたチェンバレンは、とくに正統派経済学の立場で見た時の、イギリスの再軍備に対する現実の経済的制約を痛感していた。単に航空機の注文を増やしても、それを生産する能力のある工場がない限り無益であった。たとえ工場を増やして軍需生産を増強したとしても、非軍需的生産用途からの資源の転用になるだけであろう――伝統的な「大蔵省見解」（「クラウディング・アウト」［政府の資金需要の増加が市中金利を上昇させ、民間の資金需要を抑制すること］）の繰り返しであった。同様に、増税は、戦争が本当に起こった時にイギリスの真の強さとなる経済の回復を減速しかねなかった。逆に、借り入れは、なぜ軍備のための予算不均衡はよくて、公共事業のためでは駄目なのかという厄介な政治的問題を引き起こした。はたせるかな政府が一九三七年に防衛債を発行し始めると、それは労働党の批判を呼んだ。結局のところ、再軍備は、経済回復が衰えていた時に需要を増大させることによって、経済に好ましい刺激を与えることにはなった。

しかし、チェンバレンが防衛支出を重荷や無駄と見ないとは考えにくかった。しかも、彼の陰鬱な気分は帝国会議によって強まった。そこでは、彼と同様に自治領の国々も、戦う気のないことが明らかになった。結局、二〇年ほど前、チャーチルによってガリポリに送り込まれた苦い記憶を持つオーストラリア人が、再び喜んで大砲の餌食になるとは考え難かった。前回イギリスは、帝国とアメリカに支えられて、ドイツとの戦いにどうにか勝利したのであった。どちらの助けが欠けても、今度どうなるかは分からなかった。

国際連盟は、ジュネーヴにどうにか残っていたが、アビシニア以後、集団安全保障について語ることは意味をなさなくなっていた。イギリスとフランスは、ヴェルサイユの合意を維持しようとするなら、自ら相応に行動しなければならなかった。両国がラインラントに関してそれをし損ねたことが、ヒトラーを後押しすることになった。一九三八年三月のドイツによるオーストリア併合は、さらにもう一つのヴェルサイユ条約違反であり、もう一つの無血クーデターであり、西側列強の名声と士気に対するもう一つの衝撃であった。一体次に来るのは何なのか？　答えは、明らかにチェコスロヴァキアであった。ヴェルサイユ条約後、チェコスロヴァキア共和国に編入されたズデーテン地方のドイツ系住民のためのヒトラーの要求は、一九三八年夏に誰もが目を離せない問題となった。

チェンバレンは、衝動的なヒトラーの機先を制するよう必死で行動し、ドイツ＝チェコ国境交渉に介入するためランシマン卿〔一八七〇～一九四九、自由党の政治家。富裕な船主の息子。教育相（一九〇八～一一）、商相（一九一四～一六、一九三一～三七）〕率いるイギリス派遣団を送り込んで、事実上、譲歩の下地を準備した。ランシマンの調査結果は、ボヘミア〔チェコスロヴァキア西部の地方〕でドイツ系住民が多数を占める部分をヒトラーに与えるという、ホー＝ラヴァル計画に基づいた、チェコスロヴァキア分割のためのイギリス＝フランス計画の土台になった。結局これは、民族自決の原則と軌を一にするものではなかったのか？　そしていずれにしても、ボヘミアを守るために、イギリスとフランスは何ができたのというのだろうか？　チェンバレンの採った方針を正当化することは困難ではなく、彼に好意的な新聞、とりわけ『タイムズ』紙は、このテーマに熱心だった。もし、フランスからの保障に支えられてチェコスロヴァキアが抵抗した場合には、フランスは一九一四年と同様、イギリスからの支援を期待し、その結果はヨーロッパでの大戦となったであろう。それゆえチェンバレンの役割は重要で、一九三八年九月に、彼はヒトラーとの会談を申し出たのであった。

ジェット機時代であれば、このイニシアチブはごく当たり前に見えるかもしれない。しかし当時、それまで飛行機に乗ったことのない七〇歳の人間がベルヒテスガーデン〔ヒトラーの山荘があったドイツのバイエルン州南東端の町〕まで飛行機で行ったことは、ヒトラーにさえ劇的な衝撃を与えたのである。コウモリ傘と、常に寄り添うサー・ホレース・ウィルソンに支えられたチェンバレンは決然と事にあたり、首脳会談ばかりでなく往復外交の草分けとなった。チェンバレンは二往復して、ロンドンの同僚にヒトラーの出す条件を報告し、ダラディエ〔一八八四～一九七〇、フランスの政治家。首相（一九三三、三四、三八～四〇）〕率いるフランス政府を抑え、ムッソリーニを巻き込み、尻込みするチェコ人を威嚇した。それでもヒトラーは、さらに多くを求めた。戦争の危機が切迫していた。首相チェンバレンは、塹壕やガスマスクといった戦時の備えがロンドンで進むのを知りながら、ラジオに向かって、「遠方の国の、我々が何も知らない人々の対立のために」戦争が起こるとは信じられないと語った。次いで、チェンバレンが九月二八日に下院で演説している最中に、またもや衝撃的に、三度目の訪独を求めるヒトラーのメッセージが届けられた。今度はミュンヘンであった。

ミュンヘンという名は、宥和政策への軽蔑と同義語になったが、それも理由のないことではなかった。軍用長靴《ジャックブーツ》をはいた二人の独裁者が西側の二人の首相を迎え、（チェコスロヴァキア自体は除外して）四者会談が始まった。出された条件は相変わらずのものであった。しかしチェンバレンは、抵抗しようというフランスの意思を抑え、話をまとめ、チェコ人にその内容をつきつけた。チェコスロヴァキアにはズデーテン地方をヒトラーに割譲する以外の選択肢はなかった。かくしてチェンバレンは、戦争回避という当面の目的を果たすことに成功した。サー・ジョン・サイモンが主張したように、そうすることによってチェンバレンはチェコスロヴァキアを救ったのであった。そして後の歴史家たちが述べたように、イギリスは表面上はポーランド人のためだと言って一九三九年に戦争へ突入したのであるが、結局第二次大戦において、一九三八年に裏切られたチェコ人よりもずっと多くのポーランド人が命を落としたことは陰鬱な事実であった。しかしこのことは、チェコ人が裏切られなかったという意味ではない。ミュンヘンで、相互に譲歩する過程としては宥和政策がよいという結構な議論を進めるために、チェンバレンは対価を払わざるをえなかった。それは、彼自身のためでも、彼を犠牲にしてなされたのでもなく、チェコ人を犠牲にしてなされたのであった。

　一九三八年に戦争が起こることはないようだった——しかし一九三九年にはどうなのか？　チェンバレンは文書になった約束で、できるかぎり自らを慰めた。その文書を彼はヘストン飛行場の滑走路でふりかざし、ヒトラーは今後態度を改めるだろうと請け合った。そうしてチェンバレンは自らの疑念をなだめ、自分が信じたいものを信じた。後に一部で弁明がましく言われた、チェンバレンはミュンヘンで時間かせぎをしていたというシニカルな考えは、チェンバレンの頭にはまったくなかった。そうではなく、彼は自らの政策をひとりよがりに正しいと信じ、政治的にも道徳的にも国内の敵対者に勝利しようとしたのであった。彼はこれを、束の間の安堵のうちに成し遂げた。宗教界のトップに感銘を与えた「我らの時代に平和を」という自らの誓いに、彼は応えなければならなかった。いや、ヒトラーが応えなければならなかった。さもなければ、チェンバレンは一巻の終わりであった。

　宥和政策の信頼性を損ねたのは、ヒトラーのためにあらゆる譲歩がなされたミュンヘンの後に、彼がとった行動であった。一九三八年末の水晶の夜《クリスタルナハト》［ナチスがユダヤ人の商店、住宅等を破壊し、大虐殺を行った一九三八年一一月九日から一〇日の夜］は、もっとすさまじい恐怖はこれからではあるものの、ナチス政権がユダヤ人に対していかに非人道的かを示すものであった。次いで一九三九年三月には、ヒトラーのプラハ占拠で、（防御されていない）チェコスロヴァキアの新国境を尊重するという彼の約束はまったく意味をなさなくなった。ここに至っても、チェンバレンはますます泥沼にはまっていった。しかし外相のハリファックスは、ガンジーとヒトラーの違いを認識していた。ハリファックスは、宥和政策は破綻したと見なし、政府がそれと運命を共にしてはならないと決意した。この緊張の結果、政策の尋常でないぐらつきが起こった。ポーランドが示した（曖昧な）抵抗の意思と、ドイツが間もなく攻撃を開始するだろうという（誤った）報告に促され、チェンバレンはポーランドの独立を保証したのであった。

しかしチェコスロヴァキアが遠方の国だとすれば、ポーランドはなお遠い国だった。ボヘミアをイギリス軍で守れないとすれば、ダンツィヒ［グダニスクのドイツ語名、ポーランド北部の港町］はなおのことであった。民主的なチェコスロヴァキア共和国に問題があるというなら、ポーランド政権への懸念はもっと強かった。戦争の可能性がもはや最悪の事態とは見なされないという様に、状況は変わったのである。しかしポーランドは、さらなる問題を不可避にした。ロシアについてどうするかという問題である。左派は、ファシスト国家に対するソ連との同盟をずっと呼びかけていた。政府には、スターリン［（一八七九〜一九五三）、ソ連の政治家。首相（一九四一〜五三）］の粛清で動揺する赤軍が、そう簡単に西側の民主主義を守るために手助けするとは思えないと疑う理由があった。遅まきながらモスクワで交渉が開始されたが、待っていたのはスターリンが代わりにヒトラーと同盟を結んだという、東方でのミュンヘンとでもいうべき、一九三八年八月の驚くべきニュースであった。

そのイギリスでの影響として、共産主義者はファシストに対して共に闘ってくれるという、左派の人々の安易な考えを正すということがあった。同時に、反宥和主義者たちの様々なグループ間での相互不信は沈静した。そもそも、イーデンや、政府での自分の将来に気を遣う彼の若き崇拝者たちは、当初チャーチルとはっきりと一線を画していた。つまりチェンバレンに批判的な保守党員でさえも、一つにまとまっていたわけではなかった。しかも、チャーチルの反ファシスト左派との結びつきは、彼のスペインに対する姿勢によって、込み入ったことになっていた。反共主義者だったチャーチルは、当初、共和主義者の主張を支持することに慎重で、後になってようやく立場を改めた。それは彼が、自身のナショナリズムへの懐旧をより大きなイデオロギー上の争いの中にひそめて、自分の主張を広める用意があることを示す徴候であった。逆に、左派の間では、挙国一致政府に代わる人民戦線の設立ばかりか、これにチャーチルを引き入れようという話もあった。ナチスの脅威に関する彼のシナリオが、新たに真実味を増していたのである。その結果、一九三九年の夏までにチェンバレンの政策は瓦解し、彼自身の立場はもはや磐石ではなかった。保守党には今やチェンバレンに代わる指導者としてハリファックスがいた。そして、上り坂の六五歳だったチャーチルに、引退はまだおよそ似つかわしくなかった。

2　最良の時

一九一四年の夏と違って、一九三九年に戦争が迫りつつあることを疑う者はほとんどいなかった。宥和政策について確固たる楽観的見解を持っていたビーヴァーブルックの『デイリー・エクスプレス』紙でさえ、一面からいつもの全段抜き大見出しをはずし、事態は逆であることを読者に確信させた。独ソ同盟があるおかげでヒトラーは、九月一日に気がねなくポーランドに進軍できた。外交上の目まぐるしい動きは、一時、宥和政策の復活を示唆し、いかなる立場であれそれに反対する者たちをあわてさせた。下院では、チェンバレンに圧力がかかった。アトリーが病気の間、労働党首代理だったアーサー・グリーンウッド［（一八八〇～一九五四）、労働党の政治家。保健相（一九二九～三一）、副党首（一九三五～四〇）、戦後再建委員会、ベヴァリッジ委員会委員］に「イギリスのために話せ！」と下院で叫んだのは、保守党のレオ・エイメリーであった。チェンバレンは、（イタリアとはまだであったが）ドイツとの戦争は止むなしということで今や一つにまとまった国を前にしても、適切に語れなかった。というのもこの国論の統一は、彼があくまで宥和政策にこだわった挙句に図らずも成し遂げた、おそらく唯一で確かに最後の成果だったからである。このことは、戦う必要に懐疑的であった者全員にとって教訓となった。すなわち、ヒトラーとの実務的な協約を切望した保守党の大部分、非国教徒としてのためらいを感じていた自由党サイモン派、再軍備は必要ないと考えていた労働党における集団安全保障の唱道者たち、そして、ソ連をヒトラーとの戦いの先鋒だと考えてきたその同調者たちにとってさえもそうであった。しかも、南アフリカを含む自治領がそれぞれ、イギリスと共に戦争に突入することを決定した。

イギリスにとって、一世代のうちで二度目の世界大戦であった。ほんの二〇年前に痛い思いをして得た経験が、何をしておく必要があるかを教えた。食糧配給、輸送車隊、空襲警報や灯火管制といったものである。さらに徴兵もあったが、これについて労働党の支持は確実であった。食糧省、経済戦争省、船舶省、国家保安省、労働および徴兵（合同）省の新設はすべて、第一次大戦から得た行政上の教訓を示すものであった。しかし戦時連立政権もできるのだろうか？　チェンバレンのもとでは駄目だと野党は主張した。そこで内閣の改造は、保守党の反主流派を引き込むに止まった。イーデンは自治領相になった。目玉のチャーチルは、一九三六年に創設された防衛調整相の座を長くねらっていた。しかしこれは、挙国一致政府には否めないことで、チャーチルは二五年ぶりに海軍省に戻ることで満足しなければならなかった。彼は九人からなる戦時内閣の一員となったが、他のメンバーはサイモン、ハリファックス、ホーといったお馴染みのチェンバレン派ばかりであった。一九一五年のアスキス連立政権の時もそうであったが、政府を首相の側近で固めようとするのは、当初思えたほど賢明なことではなかった。というのも、それは彼らを、その後の失敗の責を負う身代わりに仕立て上げたからである。

かくして、「退屈な戦争《ボー・ウォー》」が始まった――後には、アメリカ式の「まやかしの戦争《フォーニー・ウォー》」という用語が使われるようになった。その精神は、イヴリン・ウォーの『もっと多くの旗を掲げよ』（一九四二年）で捉えられている。奇妙にも、多くの人々にとって生活はいつもと変わりなかった。確かに、徴兵適齢者たちの召集が始まっていた。中には、その前に志願兵として入隊する者もいた。彼らは訓練され、装備も与えられねばならなかった。しかし大都市からの母子疎開の計画が急いで実施されると、疎開者の多くは、許可のあるなしにかかわらず間もなく家に戻った。懸念された爆撃が起こらなかったのである。拍子抜けの感があり、充分なことが行われていないとの考えが広まった。「古手の保守党員たち《オールド・ギャング》」が依然として政権の座にあった。大蔵省の優先事項が優先され、所得税は一ポンドにつき五シリング六ペンス（二七・五パーセント）のままであった［一九七一年二月に、十進法で一ポンド＝一〇〇ペンスになるまで、一ポンド＝二〇シリング＝二四〇ペンスであった］。しかし実際には、かなり大きな変化が起こっていた。かつての軍需省をモデルにした新軍需省のもとで、軍備生産、とくに航空機生産が増強された。防衛支出は従来GDPの七パーセントを超えることはなかったが、一九三九年にはそれまでのあり方を変え、一八パーセントに達し、一九四〇年には四六パーセントにまで上昇した。これはナチス・ドイツにおけるよりも高い数値であった。

しかし当時は、バターよりも大砲をというナチスの主張の方が、実情をあらわしているように見えた。逆に言えば、ナチスの戦時経済で生み出された歪みが、イギリスは大丈夫だという自信の理由と見なされた。チェンバレンには、「連合国側は最終的に勝つだろうが、唯一の問題はその目的を達成するのにどれくらい時間がかかるかである」と主張する十分な根拠があった。しかし、この評価が立証されるには何年もかかったのに対して、それが不埒なまでに自己満足的に見えるのには数カ月しか要しなかった。ただ、切迫した危機感は、まだ遠いところにあった。たいていのイギリス人にとって、戦争は舞台裏での出来事であった。取り乱した伝令が、東方での戦闘の様子を報告してはいたが――ポーランドはドイツに完全に打ちのめされ、フィンランドはソ連に敗れた。イギリスの最初の大きな軍事的介入は、一九四〇年四月までなかった。

ナルヴィク港［ノルウェー北部の、鉄鋼石の積み出しで知られる不凍港］からドイツ軍を追い出すことをねらいとしたノルウェー遠征は、主として海軍大臣チャーチルの責務であった。しかしその失敗は、チェンバレンにとって大きな圧力になった。ヒトラーは「好機を逸した」、というチェンバレンの新たな主張も的外れに思われた。愛国的であれ戦術的であれ、六カ月にわたって抑えられてきた議会でのひそかな不満がついに噴出した――政府にとってとりわけ危険であったことに、それは自党の平議員の間で起こった。エイメリーのような古株からハロルド・マクミランのような若手まで、よく知られた多くの批判的な議員が今や野党に票を投じる気でおり、それで労働党は不信任案動議を出す決意を固めたのであった。これはチェンバレンにとっての正念場であった。おおっぴらな衝突が、ぐらついているチェンバレンへの支持を強めるのか、それとも、造反派が彼を弱めるに足るほど強大になったのだろうか？

それは、きわめて重要な問題が下院の議場で決着を見た、まれなケースの一つであった。エイメリーはクロムウェルの言葉を用いて、「神の名のもとに、去れ」と述べた。これは予想できることであった。予想できなかったのは、かつて忠誠を誓った者の中でどの程度が棄権するかであった。チャーチルは意見を変えて、政府を擁護した。するとロイド＝ジョージは、彼の最後の決定的な口出しの中で、かつての同僚に「破片が同僚に当たるのを防ぐための防空壕になどされないように」と警告した。この言葉は二人の潜在的な標的を見事に区別し、首相を犠牲にして海軍大臣の責任を免じた。チェンバレンの周囲では、突然の逆風に驚きはあったものの、依然、本来二五〇あるはずの議会での賛否の票数の差が一〇〇以上あれば、政府は安泰だと考えられていた。結局、この差は八〇にまで落ちた。四〇人の反逆者が野党に票を投じ、八〇人が棄権したからである。かくして、チェンバレンの「友」（という言葉を彼は最後の訴えで使った）の四分の一以上が、彼を見放したのである。

　これは、チェンバレンにとってモラル上の敗北に等しく、誰もが認識したように、内閣の改造を必要とした。しかし、チェンバレン派が多数派であり続けたことも、忘れてはならなかった。野党党首たちはチェンバレンのもとで連立を組むことを拒んだ。しかしハリファックスなら、そこまで反対されそうはなかった。チャーチルは、自分が保守党議員には歓迎されなくても、下院はもちろん国全体で党を超えて広く支持されていることを知っていた。彼はしたがって、チェンバレンが招集した三者会談で、ハリファックスへの支持を厳かに断ることによって、結論を迫るつもりだったし、そうできたのであった。一九四〇年五月一〇日にバッキンガム宮殿に呼ばれたのはチャーチルであった。後に彼の戦時の回想でよく知られるようになった彼自身の思いは、「運命と共に歩む」というものであった。しかし、彼が自分の新内閣を組閣するのは自由であったが、思うように動けるわけではなかった。

　チェンバレンは残った。五人からなる新戦時内閣で、彼は枢密院議長となり、実質的に国内政策の調整の責を負った。大蔵大臣に新しく任命された、彼の子分キングズリー・ウッド［（一八八一～一九四三）、保守党の政治家。逓相（一九三一～三五）、保健相（一九三五～三八）。蔵相（一九四〇～四三）としてケインズの助言を求めた］が閣外に置かれたから、責の重さはなおさらであった。チャーチルの戦時内閣は、その規模や省庁の大臣を除外していることで当初はロイド＝ジョージのそれと似ていた。しかし、すぐれた部外者ではなく党の大立者を入れた顔ぶれの点でそれと違っていた。かくして、依然党首であったチェンバレンや保守党ナンバー2のハリファックスが残った。一方、労働党に与えられた閣僚席の二つは、党首のアトリーと、彼が党首選で破った副党首のグリーンウッドに与えられた。チャーチルは、自党に忠実な者と敵対するよりも彼らと強く結びついている時に、連立政権は非常にうまく機能するという教訓を学んでいた。それゆえ、チャーチルの戦時連立政府が瓦解しそうになる時は、いつも政党を軸にしていた。そして戦争末期に、それは見事に別れたのであった。

　チャーチルは、側近のための場所を確保することができた。中でもビーヴァーブルックには新設の航空機生産省が与えられた。チェンバレンと衝突した大臣経験者も、たとえばエイメリーにはインド省が与えられ、ミュンヘンをめぐって辞任したダフ・クーパー［（一八九〇～一九五四）、保守党の政治家、作家］は情報相として返り咲いた。イーデンは、当面は、陸軍省で満足しなければならなかった。政治の重心が移動し、永続的な効果をもった。R・A・バトラー［（一九〇二～八二）、保守党の政治家。教育相（一九四一～四五）、蔵相（一九五一～五五）等歴任。ゲイツケル（労働党）の後の蔵相で、政党を異にする二人が共通の政策スタンスであったことから「バツケリズム」'Butskellism' とよばれる「合意の政治」が始まった〕のような上り坂の大臣の経歴は傷つき、失業や宥和政策で挙国一致政府を常に批判していたハロルド・マクミランの将来の見通しは大きく変わった。チェンバレンは当座、党首の地位を保持し、チャーチルを自派の平議員たちに受け入れさせるよう最善を尽くした――チャーチルは当初、労働党にしか歓迎されなかったのである。ガンに襲われたチェンバレンが一九四〇年秋に辞任すると、チャーチルはついに保守党党首になった。そして、一旦ハリファックスが外相の職を解かれると、イーデン復帰の道が開けたが、このことは彼がまた後継者であることをはっきり認めるものであった。

　一九四〇年の終わりまでに、その後二〇年近くにわたる保守、労働両党の党首が確定した。クレメント・アトリーが労働党党首に選出されたのは、ライバルのハーバート・モリソンやヒュー・ドールトンもその感覚を拭い切れなかったように、幸運なことであった。アトリーは中流階級上層から労働党に入った最初の世代を代表する人物で、政治を除けばあらゆる点で自分の社会的背景に忠実であった。パブリック・スクールとオックスフォードで教育を受け、第一次大戦では前線に立ち、両大戦間期にはアトリー少佐として知られていた。悪評を買うほどに無口で、カリスマ性はなく、軽んじられやすかった。しかしチャーチルは戦時内閣に彼を受け入れなければならず、また彼の気骨を評価するようになった。それで、責任も増えたアトリーは、議長として無情であるという才能のため、とくに枢密院委員会を通して、戦時連立政府の国内政策を仕切るようになった。

　あらゆる点で労働党のもう一人の大物は、アーネスト・ベヴィンであった。実質的に自らが創設した運輸一般労働組合（TGWU）の指導者であったベヴィンは、一九四〇年に労働・徴兵大臣になった。この注目を集めた任命は、新しい時代の幕開けとなった。第一次大戦中に非常に大きな問題になったイギリスの人的資源の統合管理が、この議員経験のまったくない階級意識の強い組合のボスの手に任されたのである。ベヴィンには急いで労働党の安全な議席を当てがわなくてはならなかったが、すでに六〇歳近い彼が議会に慣れることはけっしてなかった。その代わり彼は、権力の行使を愉しみ、広い経験で得たものや直観的な知力を用いて、自分の省のことだけでなく政治問題全般に影響力を持った。数カ月のうちに、彼も戦時内閣に入れられた。彼とアトリーで形成した軸は、彼が死ぬまで、労働党を運営する上での基盤となった。戦争が続く間、彼はもう一人の同じように太った男チャーチルの陰になって尽力したが、その姿はラジオで活躍していたJ・B・プリーストリーが言ったように、「イギリス人とイギリス史のもう一つの半分を代表して」いた。

　戦時連立内閣が直面した任務は、単純ではあったが、およそ容易ではなかった――一九四〇年五月には、およそ不可能だと考えるむきもあった。チャーチルの強さは、そうでないふりをしないことであった。下院での首相としての最初の演説で述べたように、勝利が唯一の目的であり、「血と、労苦と、涙と汗」が、それを達成する唯一の手段であった。（アトリーがかつて述べたように）勝利へのチャーチル自身の貢献は、主にそれについて語ることであった。彼の声はラジオのおかげで実質的に国中に届き——一〇人のうち九人がニュースに釘付けで——、彼はこの演説をＢＢＣで九時のニュースの後に再び読み上げた。それは、その夏に数回はあった演説の最初のものであった。唸り声と舌のもつれがない交ぜになったような彼独特の弁舌は、チャーチルを愛情深く事細かに語る際によく真似られたが、多くの場合、本当にそういう話し方であったのかどうかは、あやしいところがある。しかしこのことは、彼がＢＢＣに対してくすぶった憤慨を持っていたにしても、彼の人柄がラジオを通して効果的に伝えられたことの印しであった。危機で高揚した雰囲気の中、彼が実はそれしか使えなかった高尚な弁舌《レトリック》は、事態にうまく合い、それまで彼のスタイルが招いた大げさ振りを感じさせなかった。一九三〇年代に彼の苦心のスピーチはしばしば古くさく響いたが、一九四〇年代には、彼の言葉は歴史に残るものに聞こえた。

　あるいは、それで、非常に多くの国民が、勝算の冷静な判断はさておいても、彼にチャンスを与えようと考えたのであった。一般の人々が敗北主義者だったわけではない。実際、世論調査によれば、勝利を予想する者が四分の三を下回ることはなかった。この頑強な人民主義的ムードは、それを本能的と呼ぶにせよ向こう見ずと言うにせよ、表面上は情報の多かった政府の懐疑派の見解よりも、チャーチルの見通しにより近かった。それは、ヒトラーのお先棒としてムッソリーニが参戦したことはもとより、ヨーロッパの連合国側前線が次々と瓦解するといった事態に直面する中で広まったものであった。一九四〇年五月一〇日から、ドイツ軍の空襲はいよいよ激しさを増し、またたく間に北海沿岸の低地帯からフランス北部へと進み、そこでイギリス軍は供給線の危機——したがって後退——が、切迫していると気づいた。フランスの急な陥落は、海峡の港町ダンケルクのイギリス遠征軍二五万人を撤退させるという五月末の決定の原因であり結果であった。これは屈辱的な敗北で、イギリス軍のほぼ全体（および主にフランス軍からなる一〇万の他国軍）を救助し無事に撤退させてようやく名誉を回復した。たいていの部隊が海軍によって移送されたが、それを補ったのが、小船に乗った志願兵の小艦隊であった。そのことがダンケルクを、プロが失敗した時に勇気あるアマチュアが国を救ったという伝説にした。

　チャーチルはフランスに戦いを続けさせるよう、必死に努力し、二国間の国制の統一さえ口にした。しかし、時の雰囲気は総崩れにむかっている、というものであった。フランス政府にとって、このことは北部をドイツの占領下に、しかし南部は対独協力者であるヴィシー政権［第二次大戦中、フランス中部の都市ヴィシーに置かれた臨時政府］のもとに置くような和平交渉を意味した。強情なド＝ゴール将軍［（一八九〇〜一九七〇）、フランスの軍人、政治家。第二次大戦中、連合国軍に参加、フランス抵抗の象徴となった。第五共和制初代大統領（一九五八〜六九）］だけが、自由フランス軍の支持者と共に抵抗した。イギリス政府にとって、ダンケルクは、イギリスの防衛が優先課題であることをはっきりと示した。被害を最小限に食い止めるための次の必然的なステップは、交渉による和平であり、それはいやなことではあったが、破局からは救うものかもしれなかった。戦時内閣において、チェンバレンとハリファックスは共に、この選択肢を検討することを望んだ。チャーチルも、誰か他のリーダーのもとであれば、いつかそれが必要かもしれないと認めた。しかし彼自身の決断は戦い続けることであり、この点で彼は二人の労働党閣僚の支持を得た。戦時内閣がこの問題に立ち戻ることはなかった。それは実際、チャーチル政権の大原則であった。

ドイツが成功裡に侵略をしかけようとするなら、夏が終わる前に英仏海峡での制空権を確立する必要があった。両陣営の相対的な強さを決めたのは、主に、チェンバレンが首相を辞した時に何が計画されていたかであった。しかし、航空機増産を促すためには、入念に作られた計画を無視してでも、自分の必要に合わせて供給を押さえてしまうというビーヴァーブルックの阿漕《あこぎ》なやり方は、短期のことが緊要な状況において、とりあえず短期的に結果を出した。彼もまた、戦時内閣に引き込まれた。

制空権をめぐる決戦において、イギリスは二つの秘密兵器を持った。一つは有能なイギリス情報部が果たした重要な役割で、これは戦後かなりたってから公に評価された。いま一つが、レーダーとして知られるようになったものであった。これは、そもそも電気技師ロバート・ワトソン・ワットの創案によるもので、短波の無線信号を使って敵機の接近を探知する手段であった。一九三五年から、その開発は空軍省によって進められ、とくに、ロンドン大学インペリアル・カレッジ学長で同省の科学顧問でもあったサー・ヘンリー・ティザード〔(一八八五～一九五九)、科学者、技術官僚。航空学の権威、防空委員長(一九三五～四〇)などを務め、レーダー網の開発に尽力。英国科学振興協会会長(一九四八)〕によって開発が促進された。一九三九年九月までに、一群のレーダー監視所がイギリスの南東側を守るようになり、かくして航空司令部は一九四〇年に、偵察を節約し、利用できる航空機のすべてをできるかぎり効果的な迎撃に集中できるようになった。

当時、ケント上空で日ごとにドイツ空軍と交戦する若きパイロットの勇壮ぶりが、人々の想像力を捉えた。一九四〇年のこうしたイメージに焦点を当て、それに歴史が形成されつつあるという自身の興奮を加えた演説が、チャーチルの演説の中でも最も人々の心に残るものとなった。チャーチルは、ありうべき本土沿岸での戦闘について語りながら、侵略の危機を小さく見るというよりもむしろそれを劇的なものとして捉えた。フランスが敗れたからには、彼の名づけた「ブリテンの戦い《バトル・オブ・ブリテン》」が、戦略上重要な戦いの意味をなした。そして彼は、「大英帝国と英連邦諸国」の仲間に「ブリテンの戦い」が「最良の時」となるだろうと語るうちに、未来を見据えていた。もちろん、多くのもっと悪いことがこれからまだやって来るのではあった。

七月の世論調査で、チャーチルの支持率は八八パーセントを示した。この数字は、一九四五年五月まで、七八パーセントを下回ることはなかった。金満家をも満足させるような大きな葉巻を吸い、ブランデーを大量に飲むといった特異な性癖にもかかわらず、彼は受け入れられた――ドイツの宣伝はこうした性癖をイギリス人に差し示したが、無駄であり、逆にイギリス人は、ウィンストンは民衆のヒーローだと冗談をとばした。国民的団結は、国がかつて直面したいかなる脅威よりも厳しい脅威に立ち向かう中で、通常の政党政治を脇に追いやった。にもかかわらず、一九四〇年が政治的な革命をもたらしたといっても、過言ではないのである。

今やイギリスとその自治領だけとはいえ、チャーチルのもとで戦い続けるという決定は、チェンバレンやマクドナルド挙国一致政府の政策および人材の双方をきっぱりと拒絶することを意味した。ビーヴァーブルックの新聞社で働く三名の左派のジャーナリスト――その一人は後に労働党党首になるマイケル・フット〔（一九一三〜）、労働党の政治家。党首（一九八〇〜八三）〕であった――が、『罪深き者たち』（一九四〇年）という、一大論争を呼ぶ書物の出版のチャンスをつかんだ。同書は、批判書の古典的傑作となった。書名のもとになった政治家たちに、国が直面する危機の責任があるとされた。ボールドウィンは選挙での人気取りを再軍備の必要に先行させたことに対して、チェンバレンはヒトラーにこびへつらったことに対して、そしてハリファックス、サイモン、ホー等々の「古手の保守党員」たちはそれを支持したことに対してであった。ビーヴァーブルックの役割については黙して語られず、大目に見られた。チャーチルや左派の一貫性のなさについてもそうであった。これは要するに、都合のよい部分を選んで宥和政策を神話化したものであり、宥和政策を振り返って当初されなかった批判を行い、チャーチルと左派の支持者が共謀してその後二〇年間にわたって都合よく信じることのできた物語をもたらしたのであった。*

＊　このことは、ボールドウィンが自ら認めたとされる一九三六年一一月の「あきれた率直さ」の取り扱いに明らかであった。ボールドウィンが下院で言ったのは、もしも彼が一九三三年から三四年の間に総選挙を行っていたら、労働党がイースト・フラムの補欠選挙で「戦争挑発」に反対して勝利したことを考えても、マクドナルド挙国一致政府は再軍備に関する国民の信任を得られなかっただろうということであった。『罪深き者たち』はこれを一九三五年の実際の総選挙を示すものとして描いた。またチャーチルの戦争回顧録では、索引の項にもあるように、ボールドウィンは「国より党を優先することを表明」していた。

3　血と涙

チャーチルはいかにして、勝利が可能だと考えることができたのだろうか？　戦争がクリスマスまでに終わると考える者はいなかった――もちろん、ヒトラーの条件を呑めば話は別ではあったが。いかなる類の交渉による和平も空論にすぎず、当時の孤立した少数の者や後の修正派の歴史家をひきつけただけであった。そもそも、ナチスがそれをテーブルに乗せなかった。二〇世紀半ばにおいて、（チェンバレンがミュンヘンで夢想したように）大英帝国を安上がりに維持することはできず、実際、（チャーチルが最後に落胆したように）それを維持すること自体もはやできなかった。その代わりに、一九四〇年におけるイギリスの立場は、チャーチルがなるほど正確にそう呼んだ、「暗く嘆かわしいありとあらゆる人間犯罪に満ちたぞっとするような独裁」を防止し、それに対抗する世界的規模の連合を招集する手段となることだった。新聞の読者は、六年間の初等地理のコースに入って、世界が新たに作り直される上で重要な道標となる一連の地名を地図で知るのだった。それは、ナルヴィク、ダンケルク、プラセンシア湾［一九四一年八月、ルーズヴェルトとチャーチルが戦艦プリンス・オブ・ウェールズ号艦上で大西洋憲章を結んだ］、真珠湾、シンガポール［一九四二年二月に日本軍が占領］、エル・アラメイン［一九四二年に連合国軍がドイツに勝利をおさめたエジプト北沿岸の激戦地］、スターリングラード［ソ連が一九四二年八月から四三年二月にかけての戦いでドイツ軍を撃退した激戦地］、アンチオ［ローマ南方の保養地で、一九四四年一月の連合軍イタリア侵攻の橋頭堡となった］、アルンヘム［オランダの都市で、連合軍は一九四四年九月、ここからベルリンへの進撃を試みたが失敗、『遠すぎた橋』として映画化された］、ヤルタ［クリミヤ半島の保養地で、一九四五年二月に、ルーズヴェルト、スターリン、チャーチルが日本に関する秘密協定等を結んだ］、ベルゼン［ナチスの強制収容所があったドイツ北部の村。アンネ・フランクの死亡地］、そして広島であった。

第一に、敗北を避けねばならなかった。「ブリテンの戦い」で前線は守られた。九月半ばまでに、ヒトラーが侵略して来ないことが明らかになった。彼は実は好機を逸したのだが、チャーチルはそうは言わなかった。次の問題は、第一次大戦時のように、アメリカが参戦するまでいかに持たせるかであった。アメリカの参戦は、戦争が大英帝国の防御と見られる限り、ありそうになかった。しかし、イギリスの一般国民がナチスの脅威に対して示した勇気についての報道が、もっと好ましい、そして何よりも民主的なイメージを産み出しつつある徴候があった。イギリスの宣伝は明らかにこのテーマを強調した。一九四〇年一一月に、前例のない三期目の大統領選出をルーズヴェルト［（一八八二〜一九四五）、アメリカ第三二代大統領（一九三三〜四五）］が果たしたことも、希望の印しであった。彼は進んでイギリスへの共感を示した。資金援助、ましてや軍事援助はまた別の問題ではあったが。

いまや財政上の警戒はすっかり忘れ去られ、ポンド残高は切り崩され、対外投資は安く処分された。イギリスが、経済上だけでなく戦略上の残余の資産を軍需品と取引した時、アメリカの重要な支援が保証された。チャーチルは一九四一年三月の武器貸与協定を、「いかなる国の歴史においても最も高潔な行為」と呼んだが、それは間もなく判明したように、最も損得を度外視したものでもなかった。アメリカ側が切り札のほとんどを握っていたので、取引で最も得をしたのも彼らであった*。しかし、チャーチルが、それに対して愛想のよい顔をしていたのももっともなことであった。それはうまく行われたし、何よりイギリスの生き残りに欠かせなかったからである。武器貸与は制約のない供給を保証した。チャーチルとルーズヴェルトは一九四一年八月、（プラセンシア湾の）ニューファンドランド沖の戦艦で会談し、大西洋憲章を発表した。共通の戦後目的は曖昧で高尚な文言で述べられていたが、重要な点は、アメリカは非交戦国ではあるが、けっして中立の立場ではないということであった。

＊ このことは、アメリカが民主主義の武器庫としての役割をはたした結果、繁栄したことによって示された。武器貸与は、英米の同盟がもたらした戦争という軍事的な怪獣の牙と尾に割り振られた分業と見ることができる。イギリスがより多くの戦いの牙を提供し、アメリカは重要な供給を担う尾となった。それでイギリスは戦争を継続できたし、一九四〇～四一年に肝心なのはこのことであったが、それはイギリス経済全体をひどく歪めることになった。一九四五年までに、イギリスは経済的に生き残るには、あまりに多くの牙を持ち、尾の方は少なすぎたのであった。

イギリスの伝統的な戦時の役割は、戦いで実際に最大の重荷を背負う同盟国の主計官を務めることであった。アメリカの世紀において、これはアメリカに奪われた多くの役割の一つで、イギリスは依存国になった。武器貸与でアメリカからの輸入を代替できたので、イギリスの日用品の生産は操業を減らすか戦時目的に回すことが可能で、そのため高水準の戦時動員が実現できた（もちろん、後に代価を払うことになるのだが）。一九三八年まで、イギリス軍は総勢で四〇万人を下回った。一九四〇年までには二〇〇万人が（若干の女性も含めて）従軍した。一九四二年までに四〇〇万人、そして一九四四年から四五年にはおよそ五〇〇万人で、――徴兵適齢者のおよそ五人に二人であった。これは、第一次大戦時よりもずっと多かったし、期間としても長かった。そしてその多くは生き残って、戦場で起きたことを伝えるのであった。攻撃にさらされた時の殺戮は凄惨であった――戦闘機のパイロットや爆撃機の乗員にとっても、艦隊を護衛する船員にとっても、ノルマンディー［イギリス海峡に臨むフランス北部の地方。一九四四年六月、連合軍の上陸作戦が開始された］に上陸する兵士にとっても。総計三六万のイギリス人が命を落とした。しかしこれは、ドイツと比べて非常に少なかったし、ロシアにいたっては正確な数は不明だが死者は数百万人に達し、戦後のイギリスが経験しなかったような深く大きな傷を受けたのであった。

実際、戦争当初の三年間で命を落としたイギリス人は、軍人よりも一般市民の方が多かった。このことは、殺戮が主に塹壕に限られていた第一次大戦との違いをよく示していた。今回はイギリス本国が前線であった。すべての人にガスマスクが支給された。大都市への爆撃が前から予想されていた。これは、非常に怖れられた近代戦の局面で、それによって文明生活が完全に崩壊することさえ予測された。港を擁する都市であるプリマスとポーツマスが最初に被害にあった。一九四〇年九月七日のロンドン空襲は、五八日間の連夜におよぶ爆撃の始まりで、誰にとってもまったく不快な出来事であった。命をなくす者もあり、家族や家を失った者を茫然とさせた。しかしそれは、広く士気を挫くとか、ましてや急に意気消沈させることにはならなかった。「大空襲《ザ・ブリッツ》」という呼び名はどうも適当でなかった。稲光のようなすごい一撃ではなかったのである。真の教訓は、塹壕戦と同様に爆撃の効果を決めるのは、敵を消耗させられるかどうかにある、ということだった。一〇月半ばにドイツ空軍の将校がゲッベルス［（一八九七〜一九四五）、ナチス・ドイツの啓蒙宣伝相］にこう言った。「わが空軍にとってロンドンは、空のヴェルダンになりつつある」と。

しかし、第一次大戦時と同様、膠着状態が魔法のような救済策を生むことはなかった。「ロンドンは耐えられる」［空襲下のロンドン市民の生活を描いた、一九四四年製作の政府によるドキュメンタリー映画のタイトルとして有名］という挑戦的な感情も、無差別爆撃が非効率だという戦略的洞察をもたらすものではなかった。こうしてイギリス空軍の役割は、防衛から「ブリテンの戦い」での戦闘機による活躍を経て、爆撃機での攻撃へと徐々に移行した。ハリス空軍中将は、戦略爆撃の猛々しい勇士であった。戦略爆撃は空軍爆撃司令部の重要性を高めると同時に、ドイツにやり返す唯一の手段でもあった。それゆえ、「爆撃手ハリス」はチャーチルの知性というよりは本能に訴えた。イギリスもドイツも双方とも否定はしたが、単なる復讐が動機の一つであった——カンタベリーに対してはケルンを。こうして一九四〇〜四一年の冬以後、ロンドンはドイツ空軍の関心からおおむね逃れたが、イギリスの他の都市が空襲を受けた。そうした都市もまた、空襲に耐えられることを示した。このことは、イギリスが貴重な資材や、さらに貴重な人間といった資源を、ドイツの都市への危険な「大量爆撃」に浪費することを妨げはしなかった。アメリカの介入は、連合国側の空軍力ばかりでなく、戦略爆撃に関する同様の考え方を強めた。一九四五年の地上戦の最後にドレスデンが爆撃され、いかなる軍事目的としても認めがたい地獄のような惨状で死や破壊がもたらされたことは、心乱される道徳上のジレンマとなった。

海軍は、一九一八年に止めたところから始め、大西洋海路を開いておくためにUボートを撃退した。チャーチルは、「大西洋の戦い」というドイツ側の言い方を一九四一年三月から使うようになった。その時点で船舶の損失は、一九一七年の水準に近い一カ月当たり五〇万トンに達していた。すでにイギリスはアメリカからの供給に依存しており、そのためにも大西洋を無事通過できることが重要であった。実際、アメリカの中立がある種の盾となり、大西洋での船舶損失は一九四一年末までに半減した。しかし一旦アメリカが参戦すると、Uボートは黙っていなかった。商船船員がひどい目に遭い、総計三万人が命を落とした。一九四二年三月の一カ月間で、船舶の損失は八〇万トンを超えた——それは許されない損失であった。左寄りの『デイリー・ミラー』紙は、ゴム製の救命ボートに乗った船員の諷刺漫画を掲載し、その説明《キャプション》にはこうあった。「石油価格が一ペニー上昇した——公式発表」と。このまじめなコメントが『ミラー』を発禁処分にすると脅す理由になったのは、政府がイライラしていた証拠であった。一九四二年一一月になって、一カ月当たりの連合国側船舶損失の総計が再び八〇万トンを超えたが、春には半減し、次の秋までにさらに半減した。

空中戦や海戦と違って、イギリスの地上部隊は当面は平穏であった。確かに、イタリアは、参戦するとエジプトに進攻した。イタリア軍はウェイヴェル元帥指揮下の英豪部隊に撃退されたが、すると元帥はすぐカイロに退却し、トブルク［リビア北東部の港町で、激戦区］に残されたオーストラリア部隊を窮地に立たせた。この一九四〇年末のベンガジ［トブルクの東方に位置するリビアの港町］での快勝に比べて、その後二年間は失敗が続き、チャーチルをいらだたせた。

チャーチルは首相であるだけでなく、戦時内閣の国防委員会議長も務め、戦争の遂行は大部分彼の手に委ねられた。彼はまた自らを国防相に任じた。それで三軍の大臣の行政任務をさしおいて行動できたし、軍司令官らと共に統合参謀本部委員会にも出席した。チャーチルは、この役割においてイギリスの戦略を実際に考え出したのではなかった。むしろ、選り抜かれた戦略考案者に対する、落ち着きのない頑固な保護者とでもいう方が当たっていた。そして、専門家としての彼らの判断を、最後には尊重した。しかしまずは、できるなら夜遅くまで続く活発な議論で納得させられることを、チャーチルは求めた。明晰だが無口なウェイヴェルは、これにあまり関わろうとしなかったため物足りないとされて、ついにはインドに飛ばされ、他の元帥たちが北アフリカの砂漠で名声をなす道を開いた。対照的に、首相チャーチルは一九四一年から、自分のできすぎのアイデアの引き立て役に、その後終戦まで（時にいらだちながらも）参謀総長を務めたサー・アラン・ブルック［（一八八三〜一九六三）、帝国参謀長（一九四一）などを務め陸軍元帥（一九四四）となる］を得たのであった。

一九四一年には、敵が失敗でもしないかぎり、イギリスが戦争の流れを変えられる見込みはまずなかった。幸運にも、敵は失敗をした。西方で挫折したヒトラーは、東を向き、六月にソ連に侵攻し、同国を参戦させた。チャーチルはこの棚ぼたをうまく捉え、進んで同盟を歓迎し過去を水に流した。国内では政府の方針を慎重に微調整して、イデオロギー上の含みを解消した。そしてイギリス共産党は、帝国主義戦争という内部に軋轢を生じる非難を進んで止めて、今度は西ヨーロッパでの第二戦線をしつこく求め始めた。その間に、それまで圧倒的だったドイツ軍に対して血に染まった後衛戦を維持することは、赤軍の手に任された。日本が真珠湾のアメリカ海軍基地を奇襲攻撃したことは、明らかに、イギリスにとってもう一つの思いがけない幸運の到来であった。これでアメリカは日本との戦争に引き込まれ、イギリスもすぐにそれに参戦した。おまけに、真珠湾のおかげでヒトラーとムッソリーニもアメリカに宣戦布告したのである。

日本が何らかの形で攻撃してくることについて、イギリス情報部もまったく無警戒であったというわけではない。情報部は――戦争中に最もうまく守られた秘密の一つであるが――（エニグマの名で知られる）ドイツの暗号システムに部分的にアクセスしていた。これは、チャーチルが真珠湾攻撃を前もって知っていたとか、いわんや枢要な情報をルーズヴェルトに隠して信用を落としかねない危険を冒したという意味ではない。いかなるイギリスの策略も、真珠湾攻撃という日本の騙し打ちにはかなわなかった。一旦アメリカと同盟を結ぶと、イギリスはエニグマの秘密を共有した。バッキンガムシャーのブレッチリー・パーク〔政府の暗号解読センターがあった〕の暗号解読者は、解読した暗号を日ごとに提供したが、それは首相のアマチュア的情熱を捉え、またもっと専門的な分析にかかると敵の意図を読むのに役立った。多くの重要な局面で、このことは、戦争が一年早く終わってもおかしくないほどの利点を連合国側の司令官に与えた。同様の効果を持つようになるもう一つの英米間の秘密が、核兵器技術の共同開発であり、それは〔アメリカの〕ニューメキシコの砂漠で安全裡に進められるようになっていた。

一九四一年一二月までに、二つの超大国がドイツに立ち向かうのを見て、チャーチルは最終的には勝利するという信念が正しかったことを知った。しかし、もちろん勝利はすぐに来るのでも、彼の好む条件で来るのでもなかった。チャーチルは戦争の残りの期間、悪い状況に精一杯対処し、とにかく彼が引き継いだ時の最悪の事態を好転させた。重要さを増していったのが、スターリンとの関係であった。ソ連は、西ヨーロッパに第二戦線をつくるよう連合国にしつこく要求した。アメリカは多少興味を示したが、ソンム川を記憶する者にとっては、フランス上陸のいかなる考えも時期尚早であった。カナダ隊が防備の固い浜への襲撃を試みて大量に虐殺された、一九四二年八月の杜撰《ずさん》に計画されたディエップ〔フランス北部、イギリス海峡に臨む港町〕急襲が、警戒心を強めた。その年の残りの間、赤軍のスターリングラードでの必死の抵抗に――それは彼らのソンム川でありヴェルダンであった――我が身のことのように懸念と心配が集中した。ソ連が戦争の矢面に立たねばならなかったとすれば、ドイツが撃退された時、彼らが東ヨーロッパでの報酬を求めるのは当然のことであった。その年の終わりには実際にそれが果たされ、以後、スターリンがますます支配力を強めるにつれて、チャーチルは、とくにポーランドについて、宥和政策の少なからぬ教訓をぐっと呑みこまねばならなかった。

チャーチルのルーズヴェルトとの関係は、重要という以上の、決定的なものであった。チャーチルは自分の雄弁と魅力を傾注してルーズヴェルトの友情を勝ちえたが、それが対等の友情になりえないことを知っていた。いよいよ勝利が見えてくると、戦争の指揮に関する決定は、ますますアメリカの手中のものとなった。イギリスは、果敢にアメリカとの特別な関係について語り、イギリスに従属的ではあっても特権的な地位が与えられるべきだと主張した。ドイツが片付いて、イギリスはヨーロッパ最強国の地位を確かなものにした。ロンドンに亡命政権を持つ他の同盟国は厄介な存在で、とくに、ド＝ゴールと自由フランス軍およびレジスタンスの支持者たちによって国の名誉が用心深く守られたフランスがそうであった。ド＝ゴールをもはや大国でないことを自覚した振る舞いをするよう（甲斐なく）たしなめながら、自分は毎朝どうやってルーズヴェルト大統領を喜ばせることができるか考えながら起きあがると、チャーチルは打ち明けた。スターリン、ルーズヴェルト、チャーチルは三大国の代表として語られるかもしれないが、実際には二対〇・五大国の関係であった。

アメリカは、ヨーロッパ戦を日本の敗北に優先させることに同意した。これはイギリスにとってはよい知らせであったが、オーストラリアを安心させるものではなかった。オーストラリアは、太平洋でのアメリカとの直接協力が、現実的な将来の道だということを嫌というほどわかり始めていた。日本の電撃戦は、ドイツの成功を繰り返すものであった。一九四二年二月のシンガポール陥落は、この地域でのダンケルクといってよいほど大きな衝撃であった。イギリス兵やオーストラリア兵の撤退もかなわず、彼らは日本の捕虜収容所で苦しむことになった。これがイギリス人に屈辱であったとすれば、オーストラリア人には日本の侵略を予想させるものであり、帝国防衛の無力さをはっきりと示すものであった。

　チャーチルは自分に責任があるとしたが、そう考えたのは、彼だけではなかった。しかも、ロンメル将軍率いるドイツのアフリカ隊にベンガジで敗れたのに続き、一九四二年六月にはトブルクが陥落し、またも捕虜が出た。これはチャーチル政権にとって最悪の時期であった。戦争の指揮に関して、今や良しとする者と同じくらいの者が不満であった。それでも、彼自身の人気は、およそ陰りを見せなかった。彼が必要としたのは、自分でよく分かっていたように、戦場での勝利であった。それは、第八陸軍を指揮するモンゴメリー将軍〔(一八八七～一九七六)、陸軍元帥。ノルマンディー上陸作戦のイギリス軍総司令官〕が一〇月に、エル・アラメインでもたらした。ロンメルは決定的敗北を喫し、イタリア軍支援のために送られた彼のすぐれたドイツ部隊は、とうとうイタリア軍同様に北アフリカを守ることができなくなった。モンゴメリーは、苦しみながらやっとの思いで勝利をつかんだのではなく、それは彼のスタイルでもなかった。そうではなく彼は、最大限の成功と最小限の犠牲を確信するまで、よりすぐれた兵力をとっておいた。彼は後方で指図するだけの元帥ではなく、ベレーをかぶり部下と同様のかっこうで共に戦うタイプの元帥であった。このことが、「モンティー」と呼ばれた彼がイギリス軍のヒーローとなった一つの理由であった。(東方における真の転換点となった)スターリングラードの戦いと時期を同じくし、北アフリカのヴィシー側の陣地に英米で上陸する道を開いたエル・アラメインは、士気を高める決定的なインパクトを与えた。イングランドでは突然教会の鐘が鳴り、チャーチルは心配に身を焦がさずにすむようになった。

「これは終わりの始まりではないが、始まりの終わりかもしれない」と、チャーチルは一九四二年一一月に宣言した。地中海が片づき、一九四三年夏にはシシリー上陸でイタリア侵攻作戦が始まった。ムッソリーニが倒れ、イタリアは連合国側についたが、イタリアは依然としてドイツ軍にしぶとく抑えられたままであった。一九四四年一月、連合国側は敵の前線を越えてアンチオ〔イタリア西岸、ローマ南東の港町〕に上陸し、戦場はヨーロッパ本土へ移ったが、それで戦争が早期に、あるいは簡単に終わることはおよそなかった。今やドイツが、ヨーロッパで一人しぶとく抵抗していた。スターリンが東部戦線を抑え、西部の第二戦線は一九四四年六月、ノルマンディーへの連合国側上陸でついに始まった。モンゴメリーは、第八陸軍をイタリアからオーストリアまで進ませる一方で、イギリスの上陸軍の指揮を任された。しかし彼は、アメリカの指揮官アイゼンハワー将軍［〔一八九〇〜一九六九〕、アメリカの軍人、政治家。連合国軍最高司令官としてノルマンディー上陸作戦を指揮。第三四代大統領（一九五三〜六一）］のもとに（窮屈そうに）付いていた。アメリカが部隊のほとんどを出していたことの反映であった。実際、一五〇万人以上のアメリカ兵が、時には長期間イギリスに駐屯し、ノルマンディー上陸の日に備えていた。*

* ノルマンディー上陸の前夜、イギリスには、その一年前の一〇倍以上にあたる、一六五万人を超えるアメリカ兵がいた。しかし、一九四二年八月以来、毎月少なくとも一〇万人がイギリスにやって来ていた。その中には、ノルマンディー上陸までに一三万人の黒人兵が含まれたが、当時イギリスの黒人系住民は八〇〇〇人にすぎなかった。アメリカ兵がイギリス人住民に与えた影響は大きく、もちろん、魅力的な若い女性に対してもそうであった――それでできた子供や、「アメリカ兵の花嫁」が、二つの余波であった。

アイゼンハワーは六月末までに、当初は浜に、後には海峡の港を使って、二〇〇万人の兵を上陸させることに成功した。しかし上陸が容易に進んだわけではけっしてなかった。しかも、ノルマンディー上陸は、イギリス市民にとって新たな危険の前兆であった。ドイツが飛行爆弾V1を新たに開発していたのである。一九四四年八月には、ロケット弾V2が登場した。V1は、少なくも昼間は撃墜もそう難しくはなかったが、V2は迎撃が困難で、そのため、北海沿岸地帯の発射基地を攻め落とすべしという連合国側への圧力が強まった。一九四四年九月のアルンヘムの空挺作戦は、手っ取り早い勝利をねらった賭けで、ライン川に橋を確保することを目的とした。しかしそれは、あるイギリス人将校が見越したように、「遠すぎた橋」となってしまった。近道は考えられなかった。連合国軍の前進を急がせようとする試みは、ドイツ陸軍のしつこさを手厳しく思い起こさせることになり、それは、一九四五年初めにアルデンヌ［フランス北部、ルクセンブルク西部、ベルギー南東部にまたがる森林、荒地の多い丘陵地帯］で、ドイツ軍がアメリカ軍に対して反撃を持続しえたことに示された――このことはモンゴメリーにとっては個人的な喜びであったが、スターリンには地政学上の利点となり、彼はかくして最初にベルリンに着くチャンスを得たのであった。

一九四五年二月、クリミア半島のヤルタで戦後社会の形を決めるために三巨頭が会談した際、戦争の最終結果について疑いの余地はなかったものの、戦争そのものはまだ終わっていなかった。ポーランドの運命に関するいかなる決定も、スターリンがすでに東ヨーロッパを支配しているという事実を前提にしなければならなかった。スターリンが他の国々、とくにギリシャと関わらなければ、チャーチルはかなり冷酷《シニカル》なお互いの勢力範囲の分配も、見て見ぬふりをするつもりであった。自由な選挙とは、いずれ与えられると、いくらでも自由に誓約できるものであった（と言うよりも、やがて明らかになるように、ソ連が支配する衛星国では、まったく与えられないものであった）。かくして、ヤルタで結ばれた曖昧な取り決めは、結局どの国が「裏切られ」、どの国が「救われる」のかを分かりにくくした。

（間もなくルーズヴェルトの死で力を弱める）三巨頭が旧世界式の武力外交を行う間に、アメリカでは、サンフランシスコでの会議で国際連合が結成されたことによって、連合国の戦争目的のより魅力的な側面が誇示された。そこにおいて、国際連盟の経験を持つイーデンは、新しいモデルを求めたのである。しかし、連合国軍がついにドイツを追いつめたのは、ようやく春になってからのことであった。――西からは連合国軍、東からは赤軍が、そして南からはイギリス第八陸軍が追いつめたのであった。一九四五年五月、ヒトラーは地下壕で自殺し、ドイツ軍は降伏した。

ヨーロッパでの勝利が実現し、イギリス中の通りで旗が掲げられた。喜びから覚めるような二つの新しい事実が、ヨーロッパ戦勝記念日［一九四五年五月八日］のお祝いムードに暗影を投じた。一つは、暴露されたナチスの強制収容所の恐怖であった。飢えた被収容者たちは、ベルゼンを解放したイギリス軍が予想さえしなかった悲惨な光景であった。しかし、これらのやせ衰えた生存者たちの姿は、間もなく報道写真やニュース映画を通して、これ以上ないというほどまでによく知られるようになった。そして、多くの人々とりわけユダヤ人は、生き残りさえしなかった。最初は徐々に広まった計画的な絶滅政策についての噂は、とくにイギリス人が第一次大戦中に残虐行為を誇張して広めたことを考えると、信用しにくいものであった。しかし、一九四二年の終わりから、イギリスのプロパガンダはナチスの強制収容所について、詳細で裏づけのある指摘をしていた。そうは言うものの、百聞は一見に如かずであった。

すぐに来た第二のショックは、日本との戦争の終わり方であった。一九四五年五月のヨーロッパ戦勝記念日に、アジアでの戦争はさらに一八カ月は続くと依然予測されていた。ビルマにいる「忘れられた」イギリス軍にとって、これは苛立たしい話であり、捕虜にとっては生命を脅かされる話であった。もっとも、政府にとっては、戦時から平時への段階的な移行期間によって、実際に少し息をつけることを意味した。こうしたことのすべてが、準備できていた核爆弾を日本の都市に投下するという決定で吹き飛んだ。アメリカの新大統領トルーマン［一八八四～一九七二、アメリカの第三三代大統領（一九四五～五三）］がイギリスの新首相アトリーと協議した際に、この新兵器の使用に関して、意見の相違はなかった。一九四五年八月六日に広島が爆撃され、同市は多くの人命を失う壊滅的な被害を受けた。数日後、二度目の原子爆弾が長崎を襲った。その後すぐに日本は降伏した。第二次大戦が終わり、核の時代が始まった。

4　誰のよき戦争か？

この戦争は「よき戦争」であったとする全般的な合意があった。今やナチスを擁護する者はいなかったし、イギリスが戦争を始めたことを過ちだと思う者もいなかった。どちらかと言えば、もっと早く始めなかったことが過ちであった。ヒトラーを他の方法で止められたと思う者もほとんどいなかった。第一次大戦では平和主義者だった多くの者が、第二次大戦では異なる方針をとった。もっとも、良心的な兵役拒否者も、今回はもっと冷めていたし、それほどの迫害もないと感じていた。しかも、多くの者にとってよい戦争であった。従軍した大半の者にとって、戦場での友情は、塹壕戦で受けた嫌な心の傷として焼き付くようなものではなかった。しかしまた、その後勲章を受ける者や在郷軍人会に入る者はずっと少なかった。戦争は社会的流動性の重要な原動力であった。幸運な者には、職業上の転機となった。新しい熟練を身につける機会や、専門職に就けるようになるための教育の機会が帰還兵に保証された。さらには、官庁や議会、王室やＢＢＣ、労働組合会議（ＴＵＣ）や労働党といった、戦争の重圧に順応した諸組織にとってもよい戦争であった。

この戦争を、一九四〇〜四一年に言われ始めた「民衆の戦争」と呼べるかどうかは、その主張がどの程度思い切ってなされたかによる。それは部分的に、危機感の共有が明白な階級区分を不鮮明にしたことを表現していた。「ダンケルク精神」に訴えることは、繰り返されたため後にはすたれたが、一九四〇年の夏にこの感情が真摯であったことは否定しがたい。防空壕に大勢でつめこまれた時にお高くとまる者はいなかった。行列待ちは、不平等を大いに減じた。戦争のニュースは、会話で共通の話題になった。間に合わせるか繕う（make-do-and-mend）という雰囲気のもとでは、しゃれた服装はおよそ愛国的ではなかった。困窮した都市部の子供たちの疎開は、時に富裕階級を広い家から追い出すものであり、あらゆる点で衝撃であった。ハロルド・ニコルソン〔一八八六〜一九六八、外交官、伝記作家、ジャーナリスト〕の日記が見事に明かしているように、上流階級にとっては生活のあり方すべてが崩壊した。彼らの一部は、それを悲しみながら迎え入れた。ロンドンにある特権階級専用の広場の鉄門の鍵を閉めておくのが、突如許しがたいことになった――そして、ひとたび鉄が軍需生産のためにスクラップとして取られるや、不可能になった。勝利のために蓄え、家庭菜園を耕し、繕う――これはすべての者が「がんばる」ことができ、「銃後」の貢献をすることができる戦争であった。このことが、第一次大戦の遺物である、経験や記憶における隔たりを埋めるのに大いに役立った。

もっとイデオロギー的に大胆な意味で、「民衆の戦争」という言葉は、社会主義によって社会主義のために戦争に勝利し、人民戦線の夢を実現することを目指した急進的な要求を意味した。これは、罪深き者たちとその時代遅れの特権的な政権を否認したという国内での暗黙の了解であった。逆に言えば、一九四〇〜四一年に左派がチャーチルにほしいままにさせたのは、彼が明らかに、戦争に勝つことを他の何よりも優先しようとしたからであった。彼は第一次大戦において、「戦時社会主義」を怖れなかった。今度の戦争でもそうであったが、ただしいかなる集産主義的《コレクティヴィスト》方策も真に戦争のためのものであることが求められた。ナチス・ドイツのソ連侵攻前夜に個人秘書から反共産主義の過去をなじられたチャーチルは、彼には「ヒトラーを倒すというただ一つの目的しかなく、その結果、自分の生き方は実に単純明快になった」と答えた。

愛国者が思いもかけず左派になる一方で、左派が思いもかけず愛国者になったと言っても逆説的にすぎることはない。ジョージ・オーウェルの小冊子『ライオンと一角獣』（一九四一年）〔川端康雄編、小野協一他訳、平凡社、一九九五年所収、他〕は、この瞬間をうまく捉えている。そのオーウェルは、「戦わずして戦争には勝てないということをとにかく理解できた」チャーチルに、国民は指導者たるべきものを見出したのであり、いずれ彼らは、「社会主義国だけが効率的に戦えることを理解できる」別の人物を選ぶかもしれないと書いた。「この世で最も階級に縛られている」とはいえ、イングランドは「そのなかだけで通用する言語と共通の記憶」をもった一つの家族のようなものであり、敵が近づくと進んで団結するのであった――それは「間違った構成員が権力を握っている家族」であった。民衆の戦争は、オーウェルのような人びとが一九四〇～四一年の冬に予期したような急激な変化を生みはしなかった。けれども、彼にとってイギリスは、依然として、「右であれ、左であれ、我が祖国」なのであった。

実際に、つぎのようなことが起きていた。イギリスのよく知られた諸制度は、一九四〇年にはひどく動揺したが、その後は重圧にさらされながら柔軟に対応した。その驚くべき回復力によって、民衆の戦争に向けての世論の高まりは、単に出鼻をくじかれただけでなく、捕捉され飼い慣らされたのであった。たとえば『タイムズ』紙は、その威厳ゆえにしばしば政府の代弁者として引き合いに出されてきた新聞であるが、イギリスの戦争目的としての社会正義に関する論説を載せ始め、それである保守党議員は同紙を、「〔一ペニーのタブロイド版で左派の〕『デイリー・ワーカー』紙の三ペンス版のようなもの」と呼ぶほどであった。オーウェルは、BBCに使われた多くの左派の一人であった（多義的に解釈できる表現だが、要は彼もそれを承知していたということである）。官庁《ホワイトホール》は、新しい主人や新しい命令の到来を乗り越えた。労働党の大臣たちは結局、公平で有能なイギリス官僚の最大の支持者になった。労働党の国家統制的諸政策はより多くの官僚を必要としたので、両者の間には利害の共感があった。およそ四〇万人を擁した戦後の官僚制度は、戦前の三倍に及ぶものであった。

国民の、国民のための、しかし実際に国民によるものではない、大きな政府は、第二次大戦のテーマであった。政府は、広範な影響を及ぼすことになる、非常時における福祉の責務を負った。乳児にはミルクが、また、ビタミン計画では子供に濃縮オレンジ・ジュースや肝油が与えられた。その効果を数量化することはむずかしいが、乳児死亡率の数値が大戦の後半に改善し続けたことは示唆的である。食糧大臣として政府入りした実業家のウルトン卿〔（一八八三～一九六四）、保守党の政治家、同党総裁（一九四六～五五）、実業家〕による、国民が「長年こんなに健康だったことはなかった」という主張も戯言ではなかった。このことは、モノ不足、行列待ち、そして厳しい統制の時代における矛盾に思われる。確かに、食糧配給は欠乏のもっとも明白な印しであった。しかしそれは、希少な資源を分配する際の「公平な分け前」の印しでもあった。ウルトンの成功は健全な行政運営によるものだが、情宣活動の効果を抜け目なく理解していた（このことは後に彼を保守党の総裁として成功させた）ためでもあった。国民は配給について泣くか笑うかどちらかだと彼は考えた。そのため食糧省の広報キャンペーンでは、食欲をそそらぬ国民向けパンをふくらませるという、ひねたユーモアも取り上げていた。配給帳の「点数」は、かなりよくできた代替通貨の役割を果たし、購買の際に広く代用できた。高級品を購入できた者は、この制度をより巧妙に使うことができたし、彼らはまた、制約がゆるやかだったレストランで食事をすることもできた。しかし、そもそも常に値段を見て消費を抑えてこなければならなかった貧しい者よりも、金持ちの方が実際に生活水準の落ち込みは大きかった。

しかも、購買力に関する甚だしい不平等は、ある部分は自発的に、ある部分は計画的に、所得の上位と下位の両端で減少しつつあった。所得に関するさらに厳しい累進課税で、一九四二〜四六年の標準的な税額は、戦前水準の二倍にあたる一ポンド当たり一〇シリング（税率五〇パーセント）になった。ひとたび一九四一年に食糧補助金が導入され、公式の生計費指数が大戦勃発時の三〇パーセント増（食品についてのみ二〇パーセント増）で安定すると、低所得者層にとって、基本的な食料は、変わりばえのない中身とはいえ、手の届かない値段が付くことはなかった。一九三八年に週四八時間労働で三ポンド五〇ペンスを稼いでいた肉体労働者は、一九四三年には週五三時間労働で六ポンドを稼いだ。その間に起きた価格上昇を考慮に入れても、仕事のある者にとってこれは大きな改善であった。仕事を得られなかった者も、失業者になるのではなく、従軍して報酬を与えられ、その家族も別居手当を受け取った。一九四〇年に依然として一〇〇万人を数えたイギリスの失業者数は、その後一〇万人にまで激減した。

経済を変容させたのは、一九三九年の一〇億ポンド*から一九四一年に四〇億ポンド、そしてピークの一九四五年には国民所得のおよそ三分の二にあたる六〇億ポンドに膨れ上がった政府支出の急増であった。このことは、ケインズが常に言っていたように、失業を一掃した。実際、彼が考えてきたものをはるかに超えた需要への刺激と共に、マクロ経済の問題はその性格を劇的に変えた。大量失業ではなく、インフレ圧力が問題となった。しかし、彼の『雇用・利子および貨幣の一般理論』（一九三六年）〔塩野谷祐一訳、東洋経済新報社、一九八三年、他〕は、原理としてその両方を見込んでいた。ケインズは、いつもながら構想を持っており、それを最初に『戦費調達論』（一九四〇年）〔宮崎義一訳『説得論集』東洋経済新報社、一九八一年所収、他〕という小冊子で提起した。彼は、財政システムを平衡錘あるいは均衡をとる調節物として用い、総可処分所得の水準をそれで購入できる総資源量の水準に合わせ、そうして過度の消費力によって生じるインフレーションを回避することを提案した。これは政策策定へのマクロ経済的接近で、需要を刺激するか抑制するかによって、適用の仕方が本質的に対称的となるものであった。

＊　本書では、「ビリオン」（billion）という用語は、（「一兆」ではなくて）「一〇億」を意味するものとして使われている。

一九四〇年に起きた以前との相違は、ケインズが突然、大蔵省のお気に入りとなり、大戦の残りの期間、同省で大蔵大臣顧問の席を与えられたことであった。過度な需要のインフレ効果を抑えようという彼の戦略は、一九四一年度予算で実際に試されることになった。それは、食糧補助金と、隠然および公然とした双方の増税によるものであった。うまく隠しながら行われたのが、強制貯蓄をそのままにさせておく「戦後信用」計画であった。所得税を新たに収入が増えた労働者にまで広げようとして、それを徴収するための源泉徴収（ＰＡＹＥ）制度が間もなく作られた。何よりも一九四一年度予算は、政府自身の歳入歳出勘定だけでなく、試験的な国民所得推計を示すことによって、予算のマクロ経済的効果を明らかにする最初のものであった。これらは、サー・リチャード・ホプキンズのもとで大蔵省が巧みにつかんだ経済運営の手段であった。広く非難された吝嗇ぶりでイギリスを戦争への備えのないままにし、罪深き者たちと共に沈む危機に瀕して、大蔵省はその代わりに、イギリスを浮揚させ新たな流れにと向かわせる、ケインズ主義という救命帯を身につけたのであった。

他の歴史あるイギリスの諸制度は、あるものは全体主義の罪悪と対照させてよく見せることで、尊敬を回復した。君主政体が英連邦を一つにまとめ、それでナチス・ドイツに昂然と立ち向かったのではなかったか？　新国王ジョージ六世は、内気な人物で当時はそれが庶民性の印しであった、（ただし彼の治世を縮めた）紙巻タバコのヘビー・スモーカーであった。彼は配偶者であるエリザベス妃の強い性格に支えられ、二人の一〇代の娘をもつ国王一家は健全で誠実なイメージをかもしだした。国王は自分の配給帳をもつ、家庭的な男性であった。対照的に、ウィンザー公となった彼の兄は、国を追われたただのプレーボーイであった［一九三六年、エドワード八世はアメリカ人で離婚経験もあるシンプソン夫人と結婚するために退位し、ウィンザー公となった］。国王一家は大空襲の間もロンドンに居残り、労働者地区のイースト・エンドで焼け出された住民たちを訪問した。富裕な地区であるウェスト・エンドもついに爆撃され、バッキンガム宮殿自体もやられた時、ドイツ空軍は図らずも首都の連帯を強化し、イギリス君主制の復興を完成させたのであった。

一九三〇年代には、しばしば単なるおしゃべりの場として片づけられていた議会は、チャーチルから念入りの敬意をもって扱われた。彼は、その熟達した演説において、議会の劇場感覚を活用した。戦争目的としてウェストミンスター式の民主主義が卓越していることを伝える際に、議会という媒体こそがその使いとなった。またもや、一九四一年に下院議事堂を破壊したナチスの爆撃が、イメージ作りを助けた。まだくすぶり続ける廃墟のただ中で思いに沈むチャーチルの姿を示した有名な写真は、情報省が打ち出したいかなる策よりも価値があった。大戦勃発前にすでにＢＢＣにとっても、よい戦争であった。

BBCを離れていたリースは、一九四〇年にチャーチルによって情報相の職を解かれた。チャーチルは、一九三〇年代にラジオ放送から排除されたことに憤慨していた。今やチャーチルは、失われた放送時間を取り戻した。一九四一年に、九時のニュースに続く彼の放送は、成人の半数によって聴取された。しかし、同じ時間帯のJ・B・プリーストリーによる番組「ポストスクリプト」も同様に人気を博した。彼の評判は、無骨な北部の作家からメディアの大物著名人に変わった。彼はチャーチルに対して、地方の大衆的な、そして広く左派の声を代表した均衡勢力を呈示したのであった。その影響のために、BBCが一九四一年に彼との契約を更新し損なうと、左派はかなり騒いだ。政府が、戦争宣伝を愛国の神話の域にまで高めるプリーストリーの才をほとんど評価しなかったのは事実だが、この決定は、当時言われたような、政治的圧力の結果というわけではなさそうである。BBCの公平さに関する評判は、広く実際に世界的な名声をもたらしていた。戦争についての真実を知ろうとして聴取者はロンドンに波長を合わせた。すべてが真実かと言えば、無論そうではなかった。語り草になっているよりはずっと、舞台裏での政府の圧力もあった。とはいえ、BBCの実績は、交戦中の国の公的な放送機関としては、悪いものではなかった。

しかも、大衆の間でのラジオの人気は、一九三九～四〇年の単一の本国放送《ホーム・サービス》に軍向け放送（後の娯楽放送《ライト・プログラム》）を追加した際に、リース流の厳しい趣向の水準をもっと緩めることで、不動のものとなった。「軍の恋人」と呼ばれた歌手のヴェラ・リン［（一九一七～）、ポピュラー歌手、第二次大戦中にラジオ番組『敬具』等で活躍］は、夥しい数のファンを得た。BBCは、戦争遂行への最大の貢献をする前に、その理事会が抱いた疑念――「兵士たちはこのような軟弱な歌を耳にして、どうして戦いに耐える力を身につけられるというのか」――を、払拭しなくてはならなかった。その貢献とは、多用しすぎた戦争宣伝の決まり文句にうんざりしていた働きすぎの人々を元気づけることであった。これを一番よく行ったのが、トミー・ハンドリー［（一八九二～一九四九）、リヴァプール出身のコメディアン］が生み出した、アナーキーでテンポの速いコメディー番組『またあいつだ』（ITMA）[It's That Man Again] であった。それは、「それでは、私がいたしましょうか」と尋ねる掃除婦モップ夫人のように、そのお馴染みのせりふを誰もが知っている役どころを生み出した。これらは、リースが考えていた類のものではなかったにせよ、ある種の国民的な財産となった。

BBCはまた、クラシック音楽やドラマの聴取者が倍増したことに気づいた。ドイツ人のベートーベンは死後になって第五交響曲の第一小節で勝利のVのテーマを提供し、それが盛んに演奏された。ロンドンのナショナル・ギャラリーでは、ピアニストのデイム・マイラ・ヘス［（一八九〇～一九六五）、ピアニスト。一九〇七年にサー・トマス・ビーチャム（一八七九～一九六一）の指揮で初演。ナショナル・ギャラリーのコンサートは一九三九年から四五年］が、呼び物となったランチタイム・リサイタルを行った。芸術への当初の関心は音楽・芸術奨励評議会（後の芸術評議会《アーツ・カウンシル》）の設立で公的にも促進された。同評議会はケインズを非常勤の会長とし、経済的に最も厳しい時期でさえも、大蔵省から幾許かの助成金を引き出した。

同様に大戦中は、あらゆる種類の文学への需要があった。これは部分的には公共図書館で、またある部分はとくにペーパーバックの出版社によって満たされた。とくにペンギンが重要であった。アレン・レイン［(一九〇二～一九七〇)、出版業者。ボドリー・ヘッドの社主を務め、一九三五年にペンギン・ブックスを創始。公企業になった同社の社長を一九六七年に退任］のアイデアを基《もと》にして生まれたペンギン・ブックスは、一九三五年以来、ハードカバー版を再版したペーパーバック向けおよび特別委託のペーパーバック向け双方の新しい市場を開拓していた。それらは、様々な種類の販売店で通常六ペンスで売られた。最新の主題をすばやく捉えたペンギン・スペシャルは、政治や国際問題への関心を促進した。それは一般的に左寄りに偏向していたが、レフト・ブック・クラブの（隠しようのない）政治路線からは自由であった。ペンギンは、戦時の用紙制限下で政府とうまく交渉し、その出版物は広く行き渡った。ペンギンの人員が密接に関わっていた陸軍時事問題局（ABCA：Army Bureau of Current Affairs）との取り決めによって、とくに軍隊の内部にも行き渡った。時事問題についての議論を促そうという陸軍時事問題局の任務は、冷笑的な兵士たちの無関心はもとより、時に左派的な偏向があるとの非難にも遭遇した。しかし、ひとたび戦後再建が論議の的になると、そうした任務は指導的な世論の形成に重要な役割を果たした。

労働運動の定評のある諸団体は、労働側の経済的交渉力が強まり、進歩的思考が政治的に目立ってきたことの恩恵に浴した。戦争で組合員数は五〇パーセント増え、一九四七年までに九〇〇万人を超えた。組合はまったく新しい権威と地位を獲得した。ベヴィンの傑出がその表れであった。彼が成し遂げたのは、イギリスの動員を、年々の「人的資源配分計画」を通して管理し、その効率性をこれまでになく高めたことであった。ベヴィンは、巨大な軍を編成するためだけでなく、軍にふさわしい人員を送り、鉱山や工場にはふさわしい人員を残しておくために、徴兵を利用した。また、若い独身女性は欠員を埋める際の移動予備要員として使われ、一方既婚女性には家の近くで仕事が与えられた。戦争初期にベヴィンは、労働力管理の権限を十分に行使していないのではないかという批判にあった。彼はそうした声に対しては、自らの実績を強く訴えた。確かにケントの炭田で争議の起きた一九四四年まで、労使紛争による労働損失日は第一次大戦時の三分の一にすぎず、逼迫した労働市場であったにもかかわらず、一九三〇年代の不況の年と同水準に保たれていた。労働省は、工場が労働組合にならった厚生基準を満たしていると納得しないかぎり、重要事業所として認定しなかった。ベヴィンが一九四三年二月に戦争遂行に必要なものとして提起し、平議員席の保守党《トーリー》議員が、こっそり実践される社会主義のもう一つの例だと憤慨した配膳業賃金法案が、戦時連立政府における議会での二度目の重大な対立を引き起こした。

最初の対立は——今回はそれに対する報復であった——前月に下院がベヴァリッジ報告を討議した際に起こった。ベヴァリッジがその報告書『社会保険および関連サービス』（一九四二年）〔山田雄三監訳、至誠堂、一九六九年〕で意図的に行ったのは、戦後福祉政策の包括的な青写真を提起することであった。彼が偶然になし得たのは、幸運なタイミングによって社会に大きなインパクトを与えたことであった。何しろ彼の報告書は、戦争の行く末に関するイギリスの不安を大幅に解消したエル・アラメインの勝利から数週間後の一九四二年一二月一日に公刊されたのである。

肝心なのは、戦争目的に関する曖昧で気分を高揚させるレトリックではなかった。あらゆる証拠が、人々は戦争で得た福祉の増進をさらに強める実際的で実現可能なものを求めていることを示していた。これこそ、ベヴァリッジが呈示したものであった。三〇年にわたる社会行政官としての経験に基づき、彼は貧困が、包括的で統合的な社会保険計画で根絶できることを示した。これに加えて、彼は児童手当の構想を示し、さらに、彼の計画に必要であるがそれを構成するものではない、二つの前提を打ち出した。一つは国民保健サービスを創設することであり、もう一つは大量失業の再発を許さないということであった。

ベヴァリッジ報告は、六〇万部以上を売り、思いがけないベストセラーになった。要約版が（一時的に回収されたが）、軍隊用に用意された。二〇人中一九人という高い割合で、人々はほどなくベヴァリッジ・プランについて耳にしていた。広く海外でも注目され、著者ベヴァリッジは著名人になった。話題が急に戦後再建に集中した。一方で政府は、チャーチルはもちろんアトリーもベヴィンも、まず戦争に勝たねばならないと不機嫌そうに考えていた。それゆえ、政府は下院でベヴァリッジ・プランに慎重な反応を示した。そのため、一〇〇人近い労働党平議員が、ベヴァリッジ・プランに緊急に取り組むよう要求して政府に反抗した。これはやがて政治の一大転機になることが判明した。それ以後、連立政府を戦後も続けることへの支持はなくなっていった。そして世論調査は、もし選挙が行われたら、労働党が保守党をかなりリードすることを示した。ベヴァリッジ報告の効果は、一九一一年に最初に制度化された既存の国民保険制度を再構築する構想の背後で、国内の改革を求める動きに世論の後押しを与えたことであった。

戦争の末期に労働党は、一つにまとまっていなかった一九四〇～四一年の革新的衝動に、いわば組織化された形を与えた。政党間の選挙休戦は、補欠選挙での争いをすべてなくしたわけではなかった。労働党は、たいてい対抗馬なしに、ほぼ問題なく議席を守った（ただし一九四五年四月に、労働党はマザーウェル選挙区をスコットランド国民党に取られた）。しかし、一九四二年から、保守党が出す欠員は、一群の左派非公認の挑戦者を生んだ。そうした候補は、一九四二年三月から六月の間に、保守党から四議席を奪ったが、これはまだシンガポールとトブルクのせいにできた。しかし、その後の戦況好転のニュースも、ベヴァリッジ報告後の保守党の運勢を回復することにはつながらなかった。理想主義的な前自由党議員サー・リチャード・アクランド〔（一九〇六～九〇）、戦後は一時期労働党に属したが、一九五七年に離党、核非武装運動（CND）の創設に関わる〕が創設したコモンウェルス党の候補者たちは、大戦の最後の二年間に補欠選挙で番狂わせを起こした。明らかに、同党が今や評判を

く貫く彼の姿勢に感銘を受けたアトリーは、今やクリップスに大きなチャンスを与えたのである。

後にドールトンはクリップスの存在によって影が薄くなるが、この不動の中枢部こそが、――一九四五年にモリソンに副首相の座を奪われたグリーンウッドは急速に影響力を失い、一九四七年には政府を去った――一期目の政権を支え続けた。労働党はこの五年間、少なくとも内政に関しては、驚くほど忠実に選挙綱領『未来に眼を向けよう』の内容が実現するのを見て、格別の満足を味わった。福祉国家を創設するための立法作業が、非常に重要な政策課題であった。

一九四五年五月から七月までの短期間、政権を担当したチャーチルの「暫定」内閣には、一つだけ家族手当法という立法上の記念碑があった。これはイギリスの全世帯に対して、二人目の子供から一人当たり週五シリング（二五ペンス）の手当を支給することによって、ベヴァリッジ報告に定められた目標の一つを実現するものであった。「家族給付」(family endowment) は、三〇年にわたって、とくに女性議員の草分けの一人エレナ・ラスボーン〔(一八七二〜一九四六)、フェミニスト、社会改良家。女性参政権運動に参加。一九二九年「イギリス大学連合」を代表する無所属下院議員に選出。家族手当、児童手当運動の推進者〕が精力的な運動を通じて普及に努めてきた考え方であった。彼女自身は自由党の家系に属していたが、家族手当の主張は労働党の支持を得ており、さらに法案が保守党によって制定されたという事実は、この問題に関して強力な超党派の合意があったことを物語っている。動機はまちまちであった。これを、所得の再分配による、大家族特有の貧困対策と見る者もいた。一方、手当を受けるのが母親であることから、フェミニズムの大義の前進と見る者もいた。もしこうした議論が概して人道主義の産物であり、費用を顧みずに建設される新しい理想社会《ニュー・エルサレム》を想起させるとすれば、他ならぬこの福祉政策を、国民的効率（さらには「人種的」効率）というかなり異質な観点から正当化する冷厳な議論もあった。

とりわけナチスによるユダヤ人の虐待が白日のもとにさらされると、こうした類の論調はうさんくさく、人種差別的で反動的に聞こえるようになった。しかし国の次世代の「優生学的」改良への関心は、二〇世紀初めの数十年間、しばしば福祉改革を求める月並みの進歩的な議論と絡み合っていたのである。このうちいくらかは惰性的な考え、またはあいまいな論理に基づいていた。したがってエドワード時代の「帝国民の育成」への論及も、せいぜい帝国主義的熱狂を社会改良に転用しようとするからくりでしかなかったと考えることができる。「人種的」という用語が、長いこと一般に「国民的」の高尚な表現だと思われてきたことも記憶されてしかるべきである。それにしてもなお二〇世紀の人口動態をめぐる論議の底流には、優生学が強くあった。「人種の自殺」とは、今世紀初め、産児制限を侮辱する言い回しの一つであった。人口衰退の恐怖は、二つの世界大戦に挟まれた時期に国民の注目を集めた――両大戦ともに、減少しつつある徴兵年齢層の男子を召集した大規模な軍隊同士の消耗戦であった。

国勢調査は、この間に起きたきわめて重要な変化をおおよそ示している。一九一一年の調査結果では、前世紀を通じて四倍になったイングランドとウェールズの人口が、いまだに年一パーセント以上の割合で増加していた。次に行われた一九二一年の国勢調査では、この年々の増加率が半減していた*——その後五〇年にわたってこの同じ率が続くことになった。なぜこうしたことが起きたのかは、出生と死亡に関する戸籍本庁長官の統計が示している。年々の出生数は、一八七〇年代末に始まった傾向が続き、世紀転換期の人口一〇〇〇人当たり三〇人から、一九二〇年（スコットランドの場合はこの一〇年後）には一〇〇〇人当たり二〇人まで落ち込んだ。一〇〇〇人当たり一〇人というこの低下とは対照的に、同時期を通じて人口一〇〇〇人当たりの死亡数の低下はその半分にすぎなかった。かくして出生率、死亡率ともに低下していたが、前者の低下はより急速であった。その結果、一つには人口増加率が減少した。もう一つには人口が高齢化した——これは、より多くの人々の寿命が伸びたというよりは、出生率の低下によって人口に占める若年層の比率が低下したためであった。一九〇一年には、イギリスの全人口のほぼ三分の一が一五歳以下である一方、六五歳以上は五パーセントにすぎなかった。一九五一年には、一五歳以下の割合は四分の一以下になっていたのに対して、六五歳以上は一〇パーセントを超えていた。

＊　一九一一年にはすでに年々の人口増加率が〇・六パーセントまで下がっていたスコットランドでは、人口はその後わずか二五万人増加したにすぎず、二〇世紀中葉にはおよそ五〇〇万人で安定した。しかし国境の北と南の差は、出生と死亡に関する根本的に異なる動向というよりも、人口移動が原因であった。スコットランドにおける自然増加率は、イングランドとウェールズに比べてほんのわずかながらも高かった。

赤ん坊はどこに消えてしまったのだろうか。一九四五年に七〇歳に達した者が生まれたのは、イングランドとウェールズの出産年齢にある女性一〇〇人当たりの年間の出生数が一五の時期であった。この数値は一九一一年には一〇以下に下がり、一九三〇年代になるとおよそ六あたりに落ち着いた。初期の下落は、一八七一年以降四回の国勢調査が示しているように、結婚を延期することで徐々に結婚年齢が上昇したことと結びついていた。ところが二〇世紀前半には既婚女性の比率は着実に上がっており、出生率のさらなる下落の原因にはなりそうにない。婚外出産もほとんどこの事態に寄与していない。全出生数に占める婚外子の割合は、一八七〇年から一九四〇年にかけて五パーセント強から五パーセント弱に低下したのである。

出生率低下の主要な原因は、当時の人々が目敏く指摘したように、結婚した夫婦による計画的な出産の制限にあった。この動向はすでに一九一一年には明らかであったが、その後の四半世紀を通じて初めてその真の規模が露わになった。二〇世紀の最初の一〇年間に結婚した女性は、平均三・四人の正常出産を経験した。この平均値はしかし、いまだに五人以上の子どもを出産する女性が全体の二五パーセントを超えており、——三〇年後に結婚した女性の間では、その率は一〇パーセントを下回った――幅広い分散を覆い隠していた。一九三〇年代には、子ども二人の家族が平均であるばかりか標準となり、全新婚世帯の半数以上で、生まれてくる子どもは一人か二人となった。この動向が続けば、二〇世紀末にはイギリスの人口が減少に転じるであろうことが予測された。そのため若い夫婦に子どもを持つことを奨励する諸提案は、それまで以上に耳を傾けられるようになった。

当初、出生率の下落は、繊維労働者のような特定の業種でより顕著であった。他方、炭坑夫は第一次大戦後に石炭業が不況に陥るまで、大家族を養い続けた。より裕福な階級の場合、二〇世紀初頭においても、子供三人よりも二人の世帯の方が一般的であった――その当時、肉体労働者の世帯は四、五人の子供を抱えているのが普通だった。それゆえに、しばしばイデオロギーに感化された優生学の立場から、国民の質の低下を危惧する（あるいは誤解した）声が一斉に上がった。実にこうした懸念が、戸籍本庁長官によるイギリス階級構成の公式分類を生み出す一助となった。* 実際にはその後、階級間の出生率の差は狭まった。一九二〇年代に結婚した夫婦のうち、今や農業労働者と肉体労働者の世帯の子供数は、それぞれ二〇年前の農業経営者と非肉体労働者の世帯に比べて少なくなっていた。一九三一年から五一年にかけて、戸籍本庁長官の上位二分類の社会経済階級の出生率が明らかに一〇パーセント増加したのに対して、それ以下の階級分類についてはほぼ一定のままであった。表面上、これで優生学上の不安は鎮まるはずだった。

＊ 戸籍本庁長官の分類方式は、一九一一年の国勢調査から採用された。これは専門職の階級Iを頂点に、不熟練の肉体労働者を階級Vとする単線的な社会階層制度を想定していた。この方式を用いる者すべてが優生学の理論を支持していたわけではないが、これを使うことによってその主張を検証することが容易になった。その後、とりわけ階級Iと階級IIの拡張といった再分類が行われたため、長期的な比較は慎重に扱う必要がある。

厳密な意味のいかなる家族計画も、生まれてくる赤ん坊が生き延びることを確信できるかどうかが頼りであった。一九〇〇年以降の乳幼児死亡率の低下は、このことを着実に保障していった。大家族を養う費用とそこから得られる便益の見通しが変化しつつある状況の中で、夫婦は家族計画を戦略として選択するようになった。費用は、児童労働に関する諸規制、就学規定の徹底、さらに義務教育年限の延長によって増大していた。逆に、民衆の知恵が子供に託した老齢時の貧窮対策という便益は――親孝行を当てにするか、あるいは救貧法が主張したような法的義務に頼るか、いずれにせよ――疑わしかった。世紀転換期のラウントリーによるヨークの社会調査は、三世代同居の世帯がわずか七〇軒に一軒の割合にすぎないことを発見した。一九〇八年以降の老齢年金は、家族との同居を求めるか、あるいは自らの独立を維持するかについて、老齢の親が有する交渉力を強めた。このような親族関係は、いずれもけっして単純ではなかった。しかし期待される親の役割は変化しつつあり、このことが大家族を抱えることに対して不利にはたらく兆しが見えていた。

　この種の動機と比較すると、コンドームのような機械的な避妊の手段の利用は二の次の問題であった。受胎の過程に関する知識の方がより重要で、性と生殖についての無知を意図的に助長していた壁を切り崩すことになった。若い女性の「純潔」を保つことは、ヴィクトリア時代後期の性をめぐる礼節の一面をなしており、貧富の別なく、人々の社会的体面《リスペクタビリティ》の試金石でさえあった。今日では、この本質的に私的な領域においても、妊娠を望まなかった夫婦が、禁欲と昔ながらの膣外射精を実践していたという証拠には事欠かない。こうした手法は、絶対確実というわけではなかったが——失敗した場合には人工中絶に頼った——出生率の全般的な低下を達成するのに確かに効果的であった。とくに『結婚愛』［矢口達訳、朝香屋書店、一九二四年、他］の著者でもあったマリー・ストープス［（一八八〇～一九五八）、古生物学者、産児制限論者。マンチェスター大学で女性初の自然科学の講師に就任（一九〇四）、イギリス初の産児制限診療所をロンドンに設立（一九二一）］のような女性科学者による産児制限の宣伝普及活動は、一九二〇年代にいくつかのタブーを打破することに寄与した。さらにもっと日常的なレベルでは、二度の世界大戦で、総計一〇〇〇万人の青年を軍隊に送り込んだことが、性と避妊に関する間に合わせながらも実践的な多くの情報を広めるのに役立ったことは明らかなように思われる。

　動員解除はそれ自体、人口に影響を与えた。一九二〇年には、出生数が突然はね上がった——一〇〇万人をはるかに上回り、史上最高を記録した。国全体としてみると、これは戦争の人的損失を人口学的に埋め合わせるものであった。他方、新しく親になった者にとっては、戦争中に見合わせた赤ん坊に対する埋め合わせであった。この影響は一時的で、五年もすると出生率は史上最低となった。第二次大戦終了時にも、同様の事態が生じているようであった。一九四六年から四八年にかけて、出生数は既存の動向から予測される数を五〇万人以上超過した——到底新しい家族手当という単一の動機には帰すことのできない戦後の「ベビーブーム」であった。

　しかしその後、出生率は第二次大戦前の低い水準に戻ることはなかった。それどころか、その当時、出産年齢にある女性一〇〇人当たり六であった年間の出生数が、一九五〇年代初頭には少なくとも七となり、次の一〇年間に九まで上昇した——これは第一次大戦直前の数年間以来の高水準であった。一九六三年から六五年にかけて出生数は、一九四六年から四八年の水準を上回った。それにもかかわらず一九六〇年代初頭の既婚女性は、五〇年前の既婚女性が平均して子供を三人出産したのに比べて、二人出産したにすぎない。何が起きたのかといえば、より多くの女性が結婚するようになったのである——当時、一五歳以上の全女性のほぼ三分の二が結婚していたのに対して、二〇世紀初頭にはこの割合はかろうじて半分にすぎなかった。とりわけ、人々は若くして結婚するようになった。イングランドとウェールズ全体で、二〇歳から二四歳の女性で結婚している割合は、一九一一年には四分の一以下であったが、一九五一年には半分、さらに一九七一年には六〇パーセントになった。したがって長期的に見ると、当初結婚の（時に無期限の）延期と結びついていた出生率の低下が、比較的若くして結婚することが普通になった時代になっても維持されたのである。一九七〇年代になるまで、この動向を再び揺るがすような重大な変化は生じなかった。

一九四〇年代の福祉国家は、チャーチルが表明したように「全階級に、ゆりかごから墓場まであらゆる用途に応じた国民的な強制保険」を提供した。これこそベヴァリッジ・プランの面目躍如たるところであった。なかでも全額を一般の税収で賄う児童手当は、いく人もの子供を抱える家族の所得を補う、必要不可欠な柱であった。この点を別にすれば、ベヴァリッジ・プランは、（男性の）稼ぎ手が妻と一人の子供を養うのに十分な賃金を得ることを想定していた。そしてこの収入から、包括的な社会保険制度に対する保険料が毎週差し引かれることになっていた。制度はさらに、雇用主の拠出分と国からの補助を財源にしていた。ベヴァリッジの明晰な頭脳は、無計画で接ぎ木的に導入されてきた既存の制度すべての統合に成功し、かくして被保険者は労働災害、身体の障害、疾病、失業、老齢、さらには（寡婦年金という形で）死の危険からも保護されることになった。

ベヴァリッジは、その詳細はともかく、大筋において戦後労働党政府の国民保険立法の基礎を提供した。夫と妻に子供一人を普通の家族単位として、その最低生活に必要な所得に基づいた標準的な給付水準が設定され、こうして半世紀前にラウントリーが提唱した貧困線戦略が実行に移された。戦前の国民保険制度とは異なり、肉体労働者あるいは低所得層だけではなく、被雇用人口全体が対象であった。さらにいわばモザイク状に構成されていたこの保険制度のすきまに落ち込んだ者に対しては、それでも国民生活扶助の受給が定められた。こうして、救貧法が絶えず認めてきた共同体による下層の貧困の救済という義務が全うされることになった。それは、資産調査に基づく給付の制度化だとして労働党が猛反対する中で、一九三五年に導入された失業扶助局の機能を一般的に拡張することによって行われた。しかし、労働党政府の国民生活扶助局も、申請者の権利として扶助を支給したわけではなく、ニーズの証明という裁量の余地を残していた点では、ほとんど変わるところがなかった。

今や（拠出制の）国家退職年金が万人に適用された。——一九四六年には年を取りすぎていて、本来の受給資格を満たせない者でさえも受け取ることができた。最初の老齢年金は支給開始年齢が七〇歳であったので、一九一一年の受給資格者は人口の三パーセントであった。一九五一年には、寿命の伸びや、男性は六五歳、女性は六〇歳という支給開始年齢の引き下げなどから、人口の一四パーセント近くが受給資格者となった。これは高価な財政負担であり、その後必然的にさらに高くつくことになった。

ベヴァリッジが明らかにしなかったのは、国民的な保健サービスという彼の高邁な構想をいかにして実施すべきかということであった。また戦時連立政府も、原則としてその計画を承認はしたが、保健・医療に関する提案に付き物の行政上の諸困難と利害の対立のいずれをも解決していなかった。一九一一年から一三年の健康保険計画に対する英国医師会（BMA）の参加を取りつけるには多大な困難が伴った。サー・ロバート・モラント［（一八六三～一九二〇）、行政官。教育省で一九〇二年教育法の立案に尽力、その後、国民保険委員会の委員長、保健省の事務次官を歴任］のような力のある官僚でさえも、その交渉の過程できりきり舞いさせられ、さらにロイド＝ジョージも、彼のウェールズ人としてのあらん限りの狡猾さと粘り強さを要求された。一九四五年以後、医師たちはまたもや苦い薬を飲まされることになった。

戦後労働党政府の保健相は、アナイアレン・ベヴァン［（一八九七～一九六〇）、労働運動家、労働党の政治家。『トリビューン』（一九三七～）の発刊に参加。党内左派（ベヴァン派）を形成して指導部と対立するが、一九五八年には副党首に就任］であった。炭坑夫の息子として自らも若くして炭坑労働を経験したベヴァンは、まず（マルクス主義の）中央労働《セントラル・レイバー・》学校《カレッジ》で教育を受け、瞬く間に一九二九年には故郷のエブー・ヴェール［ウェールズ南東部、マンマスシャー州の製鉄と炭鉱の町］選出の下院議員となり、その後労働党の政治家として経歴を積んだ。雄弁で奔放な知性を備え、魅力的存在となったベヴァンは、平議員というその立場から戦時を通じてチャーチルを執拗に批判したが、同時に彼にならったところも多々あった。それは、（議会における弁士という）お馴染みの点だけでなく、単なる「ブルジョア」政治家はこれを歯牙にもかけないといったそのより挑発的な素振りにも表れた。ベヴァンは閣内で若さと急進主義、機知とカリスマを体現し、未来の党首候補として人目を引く存在となった。ただしそれは、彼がそうした才能を活用して一貫した政治戦略を編み出し、党内の信用と支持を喚起することができればの話ではあったが。まったく閣僚経験を欠いていたにもかかわらず、ベヴァンは確固たる行政手腕を発揮し、大臣としてすばらしい門出を飾った。

ベヴァンは、医師が国家公務員に格下げされるのではないかというほとんどBMAが自ら招いた懸念を取り除くには、慎重に事を運ばなければならないことを心得ていた。しかしまた、議会における圧倒的多数というむちを持っていた彼は、これを用いて彼自身の最優先課題であった病院医療の国有化を押し通した。こうして古くからある篤志病院、地方自治体の管轄に移された古い救貧法の診療所、農村部の小病院《コテージ・ホスピタル》、戦前の健康保険制度の後援で設立された結核療養所、さらにその他多様な施設が併存するといった過去から引き継いだ変則的な状況に対して、一挙に単純な原則が適用されることになった。ひとたび各種病院が国家の管轄（地域病院委員会を通じて実施される）となれば、制度に参加する一般開業医に登録するすべての患者の人頭割料金を政府が負担することで、開業医による一般医療をより分権化した形で組織することができるのであった。

ところが、開業医の声を代弁し、新制度のボイコットを企てていた英国医師会の専門職としての不安を和らげるには、これでは十分でなかった。これこそ、法案の通過から一九四八年の法の施行にいたる二年間、ベヴァンが本質的に以前のロイド＝

ジョージと同様の試練に直面し、本質的に同様の方法で解決した点であった――それは甘言を弄するだけでなく（それが役立ったことはもちろんだが）、いわば医師たちを買収することによって達成された。専門医が、ベヴァンの最初の標的であった。彼らの反対は、一旦国民保健サービス（ＮＨＳ）病院における個人診療の権利が約束されると氷解し、彼らにとっては一挙両得となった。王立内科医協会《ロイヤル・カレッジ・オブ・フィジシャンズ》の会長でもあり、チャーチルをその最も著名な個人患者に数えたモラン卿「（一八八二〜一九七七）、内科専門医。ロンドンの聖メアリ病院付属医学校校長などを務める」は、まことに都合よくベヴァンの壮大な計画の代理人への変身を果たした（強要されたという者もいた）。裏をかかれたＢＭＡの幹部たちは、計画されたボイコットの姿勢を貫いた。しかしながら一九四八年五月の会員投票は、全国の開業医の半数以上が制度参加に賛成であることを示し、かくしてＢＭＡは降伏した。

　要するにＮＨＳの成果は、以前の健康保険医の制度と同様、とりわけ貧しい地域の医療にそれまで以上に多くの財源をつぎ込んだことであった。ＮＨＳが実施に移された一九四八年七月の「施行日」までには、九〇パーセント以上の医師の参加が確保された。最初の二年間、支出が予算を四〇パーセント超過し、制度の出費が手に負えなくなっているとの危惧を呼び起こしたが、その真の理由は、それまで適切な医療を受けられなかった患者のニーズの過小評価にあった。一九一一年の国民保険法のもとでも、健康保険医はその内容は限られていたとはいえ、すでに医療処置を被保険者に提供していた。しかしそれは、圧倒的に壮年期の男性が対象であった――彼らはまさに、医者の世話になることが最も少ない社会層であった。ＮＨＳは、それまで費用の観点から多くの不幸な世帯を締め出し、少数の特権でしかなかった良質の医療に対する女性、扶養子弟、老齢者の権利を確立したのである。

　ベヴァンの業績は、夢のような話だったものを、イギリス不朽の制度へと転化したことにあった。国民保健サービスはその後二〇世紀後半を通じて、有権者に対する労働党の切り札となった。しかしながら短期的には、労働党にとってここ二〇年間で最悪の党内危機の種となり、このことが逆に一九四五年には思いもよらなかったほどの保守党の復活を許すことになったのである。

2 戦後体制

　アトリー政府の経済政策は、二つの目的を調和させることを目指した。一つは相当数の私企業の公有化であり、もう一つは完全雇用の維持であった。労働党は「計画化」――それが何を意味したにせよ――を通じて、公有化政策を完全雇用維持の道具として用いることができると考えていた。実際、ベヴァンのような左派の中には、一九四四年の連立政府の雇用白書に盛られた「高度で安定した雇用水準」の維持というケインズ主義の言明を退け、社会主義政権のみが、それを達成できるとまで主張する者も少なからずいた。

現実はもちろん、それほど単純でなかった。公有化という社会主義的目標は、過去三〇年にわたって労働党綱領の第四条に奉られてきたが、これをいかにして実現するかはほとんど注目されてこなかった――モリソンは例外であった。おおむね独立した公企業として彼が創設したロンドン交通局が、一つのモデルを提供していた。彼はこれを他に押しつけようとはしなかった――その必要がなかった――が、この公企業方式がアトリー政府の国有化政策の雛型となった。実際にはモリソンの計画は、イデオロギーよりもプラグマティズムに負うところが大きかった。総選挙を控えた一九四四年一二月の労働党大会で、彼が選挙の敗因になるとして、国有化すべき産業の具体的な「選択《ショッピング》リスト」の作成要求に抵抗した理由の一端はここにあった。このときは左派が勝利を収め、その後、総選挙においても敗北を喫することはなかったので、公有化が大衆に支持されているとの左派の信念は強化された。しかしその知識と経験からハンドルを握ることになったのはモリソンで、彼は巧妙かつ慎重にほぼ計画全体を議会で通過させた。そしてとりわけ危ない曲がり角にさしかかるところでブレーキをかけた。それは、労働党にとって政治的危険を伴った鉄鋼業の国有化問題であった。

対照的に一九四五年のイングランド銀行の公有化は、ほとんど物議をかもすことがなかった――その上、すでに「金融当局」の間にあった緊密な協調関係をほとんど変えることがなかった。チェンバレン政府によって創設された英国海外航空会社（BOAC）の再編に対する反応は、もっと小さかった。一九四七年の炭鉱の国有化にしても、無益に終わった一九二六年の炭鉱夫の闘争に共鳴したすべての者にとって感慨深いものだったとはいえ、第一次大戦終結以来、政治の懸案となっており、先に一九三八年には（挙国一致政府によって）炭鉱の採掘権が国有化されていた。天然ガスの開発以前で、いまだ石炭と密接に結びついていた当時のガス産業の一九四八年の国有化は、すでに長年（たとえばバーミンガムでは、ジョゼフ・チェンバレンの施政当時から）地方自治体の管轄下にあった同産業の三分の一に関する限り、公有化の拡大というよりは集中化措置であった。こうした事実は、保守党がもっぱら自らを鼓舞するために、議会で大いに反対の声を上げるのを妨げなかった。しかし、翌年の電力供給産業（あるいはそのうちまだ市営ではなかった三分の一）への公有化拡大に反対を唱えて、保守党はさらに評判を落とした。というのも、二〇年前に、全国電力網を公益事業として設立したのが時の保守党政府だったからである。そのうえチャーチルも、その昔、鉄道国有化を提唱しており、四つの寡占会社の合同によって、統合された英国交通委員会の一翼をなすことになった英国国有鉄道《ブリティッシュ・レールウェイズ》の創設に反対する勢力の指導者として最適ではなかった。

これらの事例すべてに、公益事業の公有化による私的独占の排除という、古典的な自由競争の原理とも調和する強力な実践的根拠が存在した。しかしながら、社会主義者にとって公有化の魅力はそこにはなかった。彼らは好んで、ビッグ・ビジネスの大立者の追放による資本主義体制の廃止という点を力説した。こうしてイデオロギー的対立が熱気を帯び、後に失敗と見なされるようになった鉄道網の資金不足や石炭産業の疲弊ぶりが、国有産業の非効率性の実例に仕立て上げられ、一般に保守党に有利な材料を提供することとなった。また労働党の公有化リストの中で、唯一主要な製造業だった鉄鋼業をめぐる一大対決の重みがいやが上にも増した。余計な公約を押しつけられたモリソンのやり方は、機が熟していないことを理由に延期を繰り返しながらも、最終的にはともかく打って出る中途半端なフェビアン主義であった。鉄鋼国有化法案はついに一九四九年に、議会法に定める上院の法案拒否権を（二年から一年に）短縮する法案と一対にして上程された。それでもなお、次の総選挙の期限まで、法案通過に十分な時間は残されていなかった――そしてそのため、今や労働党を苦しめていた争点がくすぶり続けることになった。鉄鋼国有法は最終的に一九五一年に発効したが、後継の保守党政府が「非国有化」の舞台の呼び物としてこれに取り組むのは簡単なことだった（もっとも、舞台裏からの断続的な効果音は、道路運搬業も同様の運命にあることを示唆していたのだが）。

国有化のための資金調達は、大した問題でないことが分かった。政府は、接収される企業の株主に、代償として政府証券を発行した。* 多くの株主は、当初の好意的な査定と、その後、政府の金融政策が資本価値におよぼした予想外の効果によって優遇された。ドールトンは、蔵相としてすでに低い水準にあった公定歩合をさらに引き下げる「超低金利政策」を実施しようとしたとき、利子率の傾向的低下は――もし貫徹することができれば――「金利生活者の安楽死」をもたらすだろうというケインズの言明を噛みしめていた。ところが、一九四六年から四七年に発行した政府債（「ドールトン債」）の失敗によって危機が訪れた。これは国の長期債務の一部を、年二・五パーセントという前例のない低利で賄おうとするものであった。要は、この種の債券を額面価格で市場に強引に引き受けさせることは無理だったのであり、そのため価格を値切って処分しなければならなかった。まことに「超低」金利とは、その程度のことであった――それでも、二パーセントに固定された公定歩合が示したように低金利政策は維持された。予想外の結果とは、こうした最低の公的利子率よりも高い年間収益が見込まれた国有化資産の価値の騰貴を通じてもたらされた。資本利得は一九六五年にいたるまで内国歳入庁の目に止まらず、かくしてドールトンの不覚をいいことに金利生活者は非課税の収益を享受した。その結果、一つには低金利政策そのものの妥当性が問われ、もう一つには富の再分配手段としての高率所得税の限界を露呈することになった。

＊　労働党が引き継いだ政府保証債は一三〇億ポンドにのぼり、さらに一九五一年までに、ほぼ全額が国有化の補償に伴う二〇億ポンドがこれに付け加わった。政府保証債は、額面価格に基づく確定利付き証券であるため、表面金利が市場の期待を下回る場合には取引時価が下が

る。かくして固定利息年二パーセントの政府債一〇〇ポンド券は、市場が二・五パーセントの利回りを期待しているときには、実際には八〇ポンドで取り引きされることになる。つまりこの債券に対する政府の年々の利払いは二ポンドに固定されており、これは利回り二・五パーセントの債券八〇ポンドに対する実際の利息に相当するわけである。

これは、混合経済の枠内では、労働党の政策運営にも限界があることを示す一兆候であった。とはいえ代替案はといえば、ソヴィエト連邦の「国家計画委員会《ゴスプラン》」モデルに基づく完全に組織化された指令経済であり、これは代々の経済担当大臣の誰にもほとんど魅力のないものだった――さらに、政府のスポンサーであったアメリカにとっては、まったくと言ってよいほど魅力のないものだった。連合王国は、一九四〇年から四一年の冬にアメリカ合衆国の経済的援助を受け始め、その後一九四〇年代を通じてこれに頼ることになったというのが事実である。これは双方が好んでそうしたというよりは、必要に迫られてのことであったが、お互いにその事実をなかなか認めることができなかった。このようなアメリカの援助には、三つの段階があった。それぞれ疲弊したイギリス経済にとって寛大なカンフル剤となりながらも、またそれぞれ恐ろしい禁断症状を引き起こすことになった。

まず最初に導入された（そしてもちろん最初に停止された）のが、武器貸与法であった。率直に言ってイギリスの大戦勝利を可能にしたことから、その戦略的影響は決定的であった。その経済的影響もまた同様に決定的であった。完全に戦時動員されたイギリスの歪んだ統制経済は、もはや戦後の世界市場において独立勢力として立ち行かないばかりか、競争力もなかった。イギリスにとって第二次大戦の財政負担は、第一次大戦の二倍に上り、国富の二八パーセントが消失するとともに海外資産は純赤字となった。とくに他のスターリング地域に対して、三〇億ポンドの負債（「ポンド残高」［主にスターリング地域の政府・民間部門に対してイギリスが負っていた（交換性を失った）ポンド建ての短期債務］）が累積した。とりわけ輸出産業の生産能力は、戦争によって戦前の何分の一かに縮小した。なるほど国内の食糧生産は増大した。しかし一九四五年の国際収支の赤字見通しは、一〇億ポンドに達しようとしていた。一九四五年五月八日のヨーロッパでの戦勝記念日（VE Day）から、武器貸与法が失効する予定であった日本に対する戦勝記念日（VJ Day）までの息継ぎの期間に、段階的に収支均衡を達成しようとする計画は、広島への原爆投下によって粉々に打ち砕かれた。日本の降伏は、首相就任一カ月目であったアトリーにとってありがたいとばかりは言えない事態であった。数日のうちに、トルーマン大統領はイギリスの命綱を無邪気にも断ち切った。もし武器貸与法の開始がもっとも高潔な行為であったとすれば、その打ち切りは確かに英米関係をこの上なく動揺させる行為であった。同情したアメリカの高官たちによって経過措置が取りまとめられたが、今やイギリスが直面した選択は絶望的なもの――物乞いするか、借金するか、さもなくば餓死するか――であった。援助を引き出すことに自信を持っていたケインズがワシントンに派遣された。懇願の成果が上がらないことが分かると、連合王国による借り入れの条件をめぐる駆け引きが始まった。最終的に総額三七億五〇〇〇万ドルに上る借款の取り決めがなされ、これにカナダからの（相対的な経済規模から見てより多額の）一二億五〇〇〇万ドルが上乗せされた。借款条件は、見方によって寛大でもあり、また実行不可能でもあった。というのも、アメリカの援助のゆくえは、一九四七年夏を目途に、イギリスがポンドとドルの自由交換性を実施するという条件を呑むかどうかにかかっていたからである。交渉全体が欺瞞に満ち、悪辣で屈辱的であるとは、社会主義の左派と帝国主義の右派双方から上がった悲憤慷慨の声であった。自足的な経済体制を採用するという代案は、すでに乏しかったイギリス国民の食生活を厳しく制限することを必要としたので、あくまで飢餓を意味していた。実のところ、パンが一九四六年に史上初めて配給制となった。

結局ケインズの判断が他を制し、北米からの借款は受け入れられた。こうして、ほぼドールトンの蔵相在任期間と重なるドル依存の第二段階が始まった。二年余りのうちにイギリスの国際収支を改善してアメリカ合衆国との均衡を達成し、それによってすべての約束義務を果たすことができるという算段であった。そこで諸資源を輸出に充てるため、国内消費に対する財政緊縮が維持された。内閣官房経済部《エコノミック・セクション》および後の中央経済計画部に集ったケインズ主義の若手経済学者たちは、問題をこのように見ていた。他方、大蔵省古参の官僚たちは、高率課税が財政を黒字に戻しつつあることに満足していた。いずれの観点からの分析も、一九四七年四月の厳しい予算案を指し示しており、実際ドールトンはこのとき、所得税を平時としては記録的水準の九シリング（四五パーセント）に維持するとともに、タバコ税を二倍に引き上げた——これは国民の健康への配慮というよりは、ドルを蓄えるためであった。

それというのも、今や「ドル不足」がきわめて重大な問題となっていたからである。イギリスの輸出量は全体として、すでに戦前の規模を回復しており、諸種の推計の整合性に問題があったにせよ、今日では、全般的な国際収支が予期されたほど悪くなかったことが明らかとなっている。とはいえ、当時発表された誤った数値が、世上に不安を与えたのはもっともなことである。いずれにせよイギリスの問題は、もっぱらドル不足にあった。大まかに言えば、戦争によってアメリカ合衆国が豊かになったため、その貿易相手国に対してアメリカ製品の輸入に支払うための十分なドルを提供することが不可欠となっていた。スターリング地域のイギリス市場や国際的交換性を欠く軟貨（soft-currency）を持つその他の国々は、今やイギリスと同様、ドルに支配された硬貨（hard-currency）経済の市場に入り込むことができなかった。そのため、イギリスのアメリカに対する赤字を、多角的な貿易決済を通じて処理する伝統的な手段が通じなかった。逆にむしろ連合王国は、とりわけスターリング地域を対象に新たな投資を積み重ね、その総額は、この間（ハリウッド映画とヴァージニア産のタバコを含む）必要不可欠の輸入を賄うために流失しつつあったドル借款額に近づいていた。このドルをめぐるパラドックスを解消するには、一九四七年と一九四九年の二度の危機が必要であった。

しかしながら政府はまずもって、より一層ひどい精神的ショックを伴うもう一つの危機に直面した。当時、イギリスはいまだエネルギー供給源の九〇パーセント以上を石炭に頼っており、七〇万の炭坑夫を雇用して、よい年の産出高は二〇億トンあった。ところが一九四七年は事情が違った。この年は、一月から三月にわたる長期の厳冬の後に、雪解けによるひどい洪水が続き、二〇世紀最悪の冬を経験した。これは予見できないことであったが、燃料危機はけっして予測できない事態――燃料動力相のエマニュエル・シンウェルは、不遜にも彼自身そう主張はしたが――ではなかった。シンウェルは明らかに事態を把握しかねており、これは万能薬としての国有化にとって考えうる最悪の宣伝であった。この燃料不足によって、イギリスは何週間にもわたって操業休止同然の状態となった。国民の新政府との蜜月気分は、過去二年間、幸福の幻影を追い求めていたという失望にとって代わられた。

その間、ドルは月を追って少しずつ流失した。一九四七年七月、約束通りポンド・スターリングをドルと交換することが可能になると、多くの人々が直ちにそうしたため、せせらぎは奔流と化した。スターリング危機は、計画化された経済を政府が掌握しているとの主張がいかに空疎であるかをまざまざと示した。ひどく神経をすり減らしたドールトンはまごついており、平生の決断力を一時的に欠いたアトリーにとっても、それは最悪の時であった。この危機の結果、経済的には同年八月、アメリカの同意を得て交換性が停止され、政治的には九月に内閣改造があった。この危機をうまく凌いだクリップスは、大胆にもアトリーに、首相を（できればベヴィンに）替える頃合ではないかと直言した。首相はベヴィンに電話で照会したうえで、自分はそうは思わないがとクリップスに告げた。同時にしかしクリップスは、巧妙にも経済問題の最高責任者という新設のポストに回された。そして同年一一月には、不運にもドールトンがうっかり自らの臨時予算案に盛られた緊縮策を待機していた新聞記者に漏らすと――これは古風な特ダネであり、当時支配的であった古風な閣僚規範によれば、辞任事項であった――クリップス自身が蔵相に就任した。

クリップスの名前は、耐乏生活と同義となった。彼は自らの経済運営に、神の摂理にも似た厳格な目的意識を付与した。チャーチルの「我らが神に感謝」（There, but for the grace of God, goes God）との辛辣な皮肉はこの点を突いていた。しかし現実に勘定を払ったのはさらに多くのドルであった――アメリカ合衆国による財政援助の第三段階である。一九四七年七月、アメリカ国務長官のジョージ・マーシャル［（一八八〇～一九五九）、アメリカの軍人、政治家。第二次大戦中、米英合同参謀本部議長。国務長官（一九四七～四九）となり、共産勢力の拡大を防ぐための欧州援助計画マーシャル・プランを推進。ノーベル平和賞（一九五三）］は、ハーヴァード大学において卒業式にふさわしい意気上がる演説を行い、荒廃した大陸の再建にヨーロッパ諸国が主導権を発揮することを求めた。アーネスト・ベヴィンがこれに飛びついた。アメリカ政府の好意的な感触に力を得た彼は、西ヨーロッパ諸国の政府による一致した対応を引き出し、その結果、寛大なマーシャル援助が提供されることになった。アメリカ合衆国からのこの補助金は、啓蒙的な利己心の一形態とも呼びうるものであるが、今日から見ると、当時すでに始まっていたヨーロッパ復興の端緒になったとは思われない。そうはいっても、これほどうまく再建と戦後の社会および経済への期待を調和させた啓蒙的行為はまことに稀有であった。一見するとマーシャル援助によって、福祉国家が実現可能となった。アメリカ合衆国に対する社会民主主義勢力の友好的態度の伸展は、こうした文脈の中で理解する必要がある。

一九四九年のドルをめぐる最後の危機は、クリップスにとっても最後のものとなった。彼は蔵相としてわずか三年のうちに、大蔵省において新体制を確立し、ケインズ主義的手法の採用にまつわるあいまいさをほぼ取り除いた。「国家計画委員会」方式よりも、むしろ財政を総需要管理の主要な手段とする自由主義的な計画化の概念が勝利を収めた。彼の三度の予算を通じて多額の財政余剰が蓄積し、不可欠とされていた輸出への転換を生み出した。全体としての国際収支も、健全な黒字を回復していた。諸種の推計に幅はあるが、どう計算してもその額は、一九四八年と一九四九年の両年ともに、一五億ポンドを超えていた。ところがドル地域に対しては、一九四七年の五〇億ポンドの赤字が、その後実質的に一〇億ポンド以下まで縮小したとはいえ、これはマーシャル援助を勘定に入れた数字であった。これを除くと、一九四九年のドル・ブロックに対する赤字は、三〇億ポンドに近かっただろう。エコノミストたちにしてみれば、ドル地域の硬貨に対してポンド・スターリング（およびその他の軟貨）の切り下げを行って、貿易決済の収支を均衡させるという解決策を見出すことは、それほど難しくなかった。今や官庁《ホワイトホール》だけでなく、主要な閣僚職にも十分な数のエコノミストがおり、この選択肢が討議されることは必至であった。

一九四九年の夏、クリップスがスイスのサナトリウムで体調の回復に努める間、この問題を託された三人の若手閣僚はすべて経済学の専門家であった。燃料相のヒュー・ゲイツケル［（一九〇六～六三）、経済学者、労働党の政治家。蔵相（一九五〇～五一）、一九五五年アトリーの後継党首に選ばれたが、五九年総選挙で三たび保守党に敗れた］が年長であり、彼が提唱した平価の切り下げに、内閣最年少で商務大臣のハロルド・ウィルソン［（一九一六～九五）、労働党の政治家。一九六三年ゲイツケルの後を継いで党首となり、二度首相（一九六四～七〇、七四～七六）を務めた］と、大蔵省の経済担当副大臣のダグラス・ジェイ［（一九〇七～九六）、労働党の政治家。アトリー政府では大蔵省の副大臣職を歴任、一九六四年のウィルソン政府で商相に就任］が同調した。かくしてクリップスは、この政策の代弁者となった。同年八月末に閣議決定された後、政策は（内密にされた）三週間、一旦棚上げとなった。その間、クリップスとベヴィンは、より永続性をもつように根底から低い新交換比率を定めることを一任され、（海路）ワシントンを訪れた。一ポンドは一九四〇年以来続いた四・〇三ドルという水準に代わって、三〇パーセントも切り下げられ、二・八〇ドルとなった。このドル危機においては、一九三一年の時とまったく異なる政策上の優先事項を押し通す決意が見られた。もはや金融当局は、イギリスが国家債務の履行を拒むべきでないという配慮の念に囚われることはなかった。そしてもちろん、ポンド残高をドルに換算すれば、三〇パーセント減価することは事実であった。採用された方針は、必然的に（しかも苦しげに）クリップスが差し迫ったポンド切り下げを下院で否定するという事態を伴ったが、彼がこれを見事にやりこなしたため、市場は不意を突かれ、イギリスは十分に切り下げの利益を得ることになった。これが相当な額に上ることは、いまや不治の病に冒されたクリップスが、ゲイツケルに蔵相を譲ることになった一九五〇年一〇月を待たずに明らかとなった。

インフレ抑制のための物理的統制に補強され、国内の賃金凍結に支えられ、通商国家としてのイギリスの持ち前の強さを生かしたこのポンド切り下げによって、ついに慢性的なドル不足が解消された。そのため、一九五〇年には早くもイギリスに対するマーシャル援助が停止されるほどであった。一九五〇年のイギリスの輸出は、量にして戦前の経済回復が頂点に達した一九三七年を五〇パーセント上回り、工業製品の世界貿易に占める連合王国のシェアは、一九三七年の二一パーセントから、ほぼ二五パーセントまで持ち直した。なるほど、他のヨーロッパ諸国から本格的な競争にさらされるのはまだ先のことであった。それでも総じて、数年後ある保守党閣僚が、政敵の実績について個人的に記した次のような見解には、それなりの妥当性がある。すなわち「それは成功の記録である――一九四五年から五〇年にかけて大幅な経済回復があり、その後困難な時期を迎えたが、これは主として我々の手に余る諸状況に起因していた」。

3　多すぎた戦争

平時におけるイギリスの軍隊の勢力は、通常四〇万人以下であった。第二次大戦終結時の動員解除に伴って、一九四五年に五〇〇万人であった兵力は、一九四六年には二〇〇万人まで減少したが、それでも一九四八年にはなお一〇〇万人近くの兵力が存在した。一九四七年には国民兵役制度が導入され、一八歳になった有資格者にはすべて、最長二年の兵役が課された。このため一九五七年まで、およそ七五万人の兵力が維持され、国民兵役の段階的廃止に伴って、初めてその数が五〇万人を切るのは一九六一年のことであった。一八八〇年から一九四〇年の間に生まれた男性はほぼ全員、人生のある時期に軍役に服することになり、こうしてこの三世代にわたる人々は軍隊的規律を味わうとともに、軍隊的効率という用語の意味するところを実地に見聞することになった――これは良かれ悪しかれ、一九六〇年代以降に育った者がまったく欠くことになった共通体験の基盤であった。あえて特徴づけるとすれば、この戦後の国民兵役は、固有の島国的伝統を持つイギリスにとって平時に徴兵制をしいたという意味で類まれな時期であった。

ただとても平時のようには思われなかった。一九四七年の防衛費は国民総生産（GNP）のほぼ一八パーセントを占め、一九五一年になってもその比率は六パーセントであった。費用のある部分は、戦争の終わり方に起因していた。ドイツに占領軍を駐屯させなければならなかったし、そのうえイギリス占領地区の不幸なドイツ市民を養う必要があった――これがイギリスにおけるパンの配給制の主要な原因であった。まことに勝利の報酬とは、こうしたものであった。イギリスは大国のごとく振る舞い、進んでその重荷を負った。アメリカ合衆国への依存の現実が把握されるには時間がかかり、その当然の帰結――ソヴィエト連邦との対立の不可避性――の理解にもまた時間がかかった。ドイツではその結果、一九四七年にイギリスとアメリカの占領地区の実質的な統合が行われたが、これは西側の復興という両国の共通の目的（資力の差はともかく）が、いよいよソ連の政策と乖離したためであった。ドイツ人を抑え込むために進駐した英国陸軍ライン師団（BAOR）は、ソ連軍を抑止するために駐留した。

チャーチルは、イギリス人の戦後世界に対する見方を巧みに凝縮した二つのイメージを提供した。一つは、ヨーロッパ大陸に鉄のカーテンが降りつつあるというものであり、いま一つは、イギリスがヨーロッパと大英帝国と大西洋間の同盟の三つの環の交わるところに立っているというものであった。前者の見方から生じた危惧が、後者の壮大な野望へとイギリスを駆り立てた結果、同時にあらゆる方面にイギリスの役割の過剰な拡大が見られた。二〇世紀イギリスの卓越した外務大臣であったベヴィンは、チャーチル同様、イギリスの大国としての地位に疑いをさしはさむことがなかった。彼にとって、それはあくまで所与の目的であり、意志の力と外交術の行使がその達成手段を提供していた。新しい外交政策の実施と引き替えに炭坑夫に石炭増産を求めた時にも、ベヴィンの現実主義は、国力に見合うようにその国際的関与を容赦なく削減するところまではおよばなかった。彼の並々ならぬ尽力とその少なからぬ功績にもかかわらず、もちろんイギリス衰退の軌跡が恒久的に逆転することはなかった。実際、戦後五〇年を経てみれば、どれほどイギリスが分不相応な振る舞いによって弱体化したかという問題は明白なように思われる。少数ではあるが当時、このことを問う者もいた――たとえば、ケインズは終戦（そして自らの死の）間際に内閣に与えた助言の中で、この点に触れていたし、主任科学顧問（サー・ヘンリー・ティザード）も次のように予言していた――「我々は偉大な国民であるが、もし大国のごとく振る舞い続けるならば、じきに偉大な国民ではなくなるだろう」。

しかしながら、一九四〇年の向こう見ずな抵抗を賞賛する一方で、戦後世界の難題に対してまったく異なる本能的対応を期待することは筋が通らない。ヒトラーが、長い影を投げかけていた。まるまる一世代のイギリスの政治家が、その決意表明がいかなる代償を伴おうとも、けっして罪深き者になるまいと心に決めていたのである。彼らは、少しでもソヴィエト連邦が非妥協的な姿勢を見せると、疑わしきは罰せずとして、戦争で最大の被害を蒙った国に理解を示すのではなく、最悪のケースを想定して、領土拡大を企《たくら》むもう一つの全体主義国家の前進を阻止することに懸命であった。終戦時、左翼の間では、ベヴィン自身その構想を温めていると誤解された社会主義的外交政策が取り沙汰された。実のところ、彼はソ連への疑念について、外務官僚の講釈をほとんど必要としなかった。それどころか、うんざりするほど繰り返された反共の組合指導者としてのベヴィンの経歴にまつわるいくつかの逸話が、そのまま彼の外交上の指針表明となった――それゆえ、彼がソ連を、運輸一般労働組合（TGWU）を脱退した反対派支部のごとく扱っているとの悪口にも、それなりの根拠があった。ベヴィンが戦争直後のギリシャにおける共産主義者の活動に示した不信感は、ソ連の影響力と、自党内の強硬な左派双方に等しく対抗する決意の初期の表れであった。政権の責任から解放されたチャーチルが、「英語圏の諸国民」に向けて広く報道された演説を行う一方、ベヴィンは英米の機軸関係を築くための実践的な方策を講じた。

一方インドとなると、労働党の政策は、明らかにチャーチルのそれとは違っていた。ここでは、サイモン委員会からのベテランであったアトリー自身が主導権を握った。彼は、自治領としての地位をめぐる際限のない議論にけりをつけて、独立の主張を認めるべきだと考えた。そしてインド亜大陸を、（西パキスタンおよび東部の後にバングラデシュになる部分を包摂する）イスラム国家と、無宗派の国家ながらもヒンズー教徒の支配する社会であるインド自体に分割するという犠牲を払いながらも、この方針を潔く、しかも強靭な神経をもって実行した。最後の総督が送り出された。東南アジア方面連合国軍前最高司令官であった海軍司令官マウントバッテン卿［（一九〇〇～七九）、海軍軍人。ヴィクトリア女王の曾孫。軍の要職を歴任し、国防参謀総長（一九五九～六五）を務めた］である。申し分のない家柄の出で、自己宣伝に余念のない――戦時中のノエル・カワードの『我々の奉仕するところ』は彼の海軍での手柄を褒めそやしていた――マウントバッテンは、彼もその一員であった王室の端くれのごとく振る舞ったが、その急進的な性癖が周囲を苛立たせた。とはいえ実行に移されたのはアトリーの政策であり、それは二つの後継国家の指導層との友好関係を確保しながら速やかに撤退することであった。明確な回答を得られなかったアトリーは、権力移譲の最終期限を繰り上げることで対抗した。その間、マウントバッテン夫妻は国民会議派の指導者たち、なかでもネール［（一八八九～一九六四）、インドの政治家。インド共和国初代首相（一九四七～六四）］と親しく交わった。デリーは、彼の輝かしい経歴の中で最も苦いエピソード「我々の退散するところ」の背景となった。

「退散」（scuttle）という言葉を最初に使ったのは、野党党首としてのチャーチルであった。確かに撤退の負の側面は、一九四七年の分離独立に伴う両宗派間の流血沙汰であった。しかし、イギリスのインド統治の終焉に伴う人命の損失――間接的には、ガンジーも含めて――によって、少なくとも公然の戦争を引き起こすことなく、――また（新共和国を受け入れるために考案された処方箋のもとで）英連邦から離脱することなく――インドの独立は達成された。労働党は多民族からなる連邦構想の育成を重視していたので、これはより大きな褒賞のように見えた。一九四〇年のせっぱ詰まった時に唯一イギリスの真の友であることを示した旧自治領諸国に、議会制度の生みの親の後見を受けて自治への道を歩み始めた諸民族が、遠からず加わることになった。その意味でこの新しい英連邦というレトリックは、古い家父長的な手法の現代版——人間の顔をした帝国主義——と見ることもできる。退散はインドでは十分にその役割を果たしたが、アフリカではそうした撤退の日程を立てる計画はなかった。タンガニーカでは、落花生の栽培を奨励して植物油を作るという新植民地主義の野心的な計画が着想されたが、これとてすべてスターリング地域内でのことであった——それは、かつてジョゼフ・チェンバレンが入れ込んだ類の政策であった。この計画の失敗は、しばしば国内あるいは海外で社会主義の浪費と無策をやじる材料を提供することになった。

戦後イギリス外交政策の主要な成果は、ひとたび東ヨーロッパがソヴィエト連邦の支配下に入るや、再生しつつあった西ヨーロッパの将来の安全保障にアメリカを引っぱり出したことであった。ベヴィンがマーシャル・プランの実現に果たした役割が、その道を指し示していた。予期されたように、一九四七年七月に開かれたマーシャル援助の実施に関する交渉からソ連代表団が退席したことは、今やヨーロッパが二つの陣営に分断されていることを裏書きしたにすぎなかった。そこでベヴィンは、彼自身のさらなる計画に取り組んだ。第一段階は一九四八年三月の西ヨーロッパ連合の創設であり、イギリス、フランス、低地諸国（将来のベネルクス三国〔ベルギー、オランダ、ルクセンブルク三国の呼称。第二次大戦末期、ロンドン亡命中の三国政府間で締結され、発効した関税同盟（一九四八）に由来〕）が統合的な防衛システムを作り出すことを約束した。この壮大な構想の完成は、北米の参加を取りつけられるかどうかにかかっていた。一九三九年同様、カナダの積極的な協力は得られたが、怒りっぽく当てにならないフランスや執拗で頑固なイギリスが、アメリカの安全保障に緊密に絡んでいることを理解させるには、もっと時間がかかった。反ソ連の協調行動を主導するどころか、この時点のアメリカは、冷戦の同盟諸国に対して及び腰であった。

何をなすべきかに関するベヴィンの見通しは、ソヴィエト連邦の行動によって力強い確証を与えられた。一九四八年二月、プラハでクーデターが発生し、チェコスロヴァキアの、またしても民主政府が転覆させられたのである。社会民主主義の支持者に対する影響は決定的であり、もはや労働党内でもベヴィンの強硬路線に異議を唱える者はほとんどいなかった。四カ月後、ソ連は西ベルリンへの陸の輸送路を遮断した。これをただ黙認するか、あるいはただちに地上での紛争に突入するよりも、むしろ第三の道が選択された——必要物資すべての空輸である。これは一大作戦行動で、毎月毎月、一九四九年五月にスターリンが最終的に封鎖を解くまで首尾よく遂行された。そしてイギリスの基地にアメリカ空軍を定着させたことによる政治的効果は永続的であった。こうした文脈の中で同盟に向けた交渉の円滑な進展が可能になり、一九四九年四月には北大西洋条約（間もなく北大西洋条約機構〔NATO〕として知られるようになる）が締結された。

それにしてもイギリスは、第三の環であるヨーロッパの中ではどこに立っていたのだろうか。ベヴィンは、マーシャルとその復興計画に応えて主導権を発揮することによって西ヨーロッパの統合を促進した。ヨーロッパ経済協力委員会（CEEC）〔一九四七年設立。マーシャル・プランの受け入れ機関となった翌四八年設立のヨーロッパ経済協力機構（OEEC）の前身〕がその成果であった。にもかかわらず、イギリスはポンド切り下げを決めた際、ヨーロッパには通告せず、むしろアメリカとカナダにその決定を伝えていた。このCEEC無視は、寛大にも自分たちの解放者をそう簡単には忘れなかったヨーロッパ諸国に対するイギリスの尊大な姿勢をよく表していた。厄介なことにイギリスもまた、少しも忘れていなかった――そして少なくとも自らの変化しつつある国際的役割については、少しも学んでいなかった。イギリスが推し進めた外交政策は、主導権を発揮するヨーロッパの機嫌を取りながら――ベヴィンによる一九四八年のヨーロッパ評議会〔連邦構想を掲げた一九四八年のハーグ会議を基礎に、翌年結成された西欧一〇カ国による組織〕の取り扱いがそうであった――も、あくまで独自の立場を堅持しているイギリスをアメリカ合衆国に印象づけることに腐心するものであった（とはいえ、これに感心しなかったアメリカは、むしろイギリスのヨーロッパへの積極的関与を望んだ）。野にあった保守党のチャーチルはその華麗な弁舌によって、よきヨーロッパ人との評判をとったが、その細目を見れば、彼の政権への復帰が明白にしたことをすでに暗示していた――つまり、ヨーロッパの統一というチャーチルの仰々しい考えは、実際にはイギリスの参加を見込んでいなかったのである。かくして、一九五〇年にフランスが新設のヨーロッパ石炭鉄鋼共同体へのイギリスの参加提案（または最後通告）を行ったとき、内閣は全会一致でこれを拒絶した。

新生ヨーロッパ形成への参画を辞退したイギリス政府は、執拗に世界的な役割を追い求めた。イギリスで独自に原子爆弾を開発する決定が下されたのもそのためであり、またそれが可能であったということが、世界規模の影響力を志向するイギリスの自負心をくすぐった。傑出した数学者ウィリアム・ペニー〔一九〇九～九一、数学者。ロンドン大学インペリアル・カレッジ数学教授を経て、長崎への原爆投下にも関与、後に英国原子力公社総裁（一九六四～六七）〕の指導のもと、アメリカの協力という助けなしに行われた核能力の開発は、確かに原子物理学におけるイギリス科学の専門的力量の証左であった。ニュージーランド出身のラザフォード卿〔一八七一～一九三七、ニュージーランドの物理学者。新しい原子観の礎を築き、ノーベル化学賞受賞（一九〇九）〕が一九一九年から三七年のその死まで所長を務めたケンブリッジ大学のキャヴェンディッシュ研究所〔イギリスにおける科学技術振興を求める声に応えて一八七四年に設立された物理学研究所〕が、核分裂研究のパイオニアとなった。まさにここで、ラザフォードの二人の「弟子」であった若き物理学者ジョン・コッククロフト〔一八九七～一九六七、物理学者。ケンブリッジ大学の物理学教授（一九三九～四六）〕とE・T・S・ウォールトン〔一九〇三～九五、アイルランドの物理学者。長年ダブリン大学で教えた〕が、高圧の粒子加速器を開発し、これを使って一九三二年にリチウム核の変換に成功したのである。こうして世界的に関心を呼んだ実験で、史上初めて人工的に原子の核分裂が行われた。そして二〇年後、この二人はノーベル物理学賞を分かち合うことになった。

　キャヴェンディッシュ研究所で現実のものとなった実験上の成果――ラザフォードは、核エネルギーの実用化を「たわごと」と評していた――から、一九五二年のオーストラリアのモンテ・ベロ諸島［オーストラリアの北西海岸沖約一〇〇キロのインド洋に浮かぶサンゴ礁の島々］におけるイギリス初の核実験はもとより、広島への原爆の投下能力の開発に至る科学の道のりは長かった。そのうえ必然的に政治が割り込み、主導権を握った。かくも恐ろしい兵器を開発することについての倫理上のジレンマは、ナチスに先を越されるかもしれないというさらに恐ろしい見通しによって、おおむね解消されることになった。原子力兵器の実現可能性を初めてアメリカに納得させたのは、一九四一年のイギリスのモード報告［一九四〇年に航空機生産省内に設置されたモード委員会の報告。ウラン二三五を用いた原爆が可能であると結論していた］であり、戦時という文脈の中で、連合国側の専門知識の共同利用に関する実際上の諸困難は克服された。コッククロフト率いるケンブリッジ大学の物理学者のグループが、モントリオールに本拠を置くイギリス＝カナダ班の中核を構成し、イギリスのその他の科学者は、ニューメキシコ州のロス・アラモスの「マンハッタン計画」に編入された。このように、最初の原子爆弾の製造に関与したことから、少なくともイギリス政府の最高首脳部による戦後の核能力維持への決意は、一層堅いものとなった。そして一旦、一九四六年にアメリカによるそれ以降の協力の中止が明らかになると、それは独自の核開発計画を始めるかどうかの決断を意味した。基本的にアトリーとベヴィンによって下された計画開始の決断は、遅まきながらも一九四八年に議会で承認された。隠密裡に事を運んだということはできても、とても極秘にされたとは言い難かった。

　労働党政権の閣僚たちは、自らの外交上の立場に対する確固たる公正の感覚をもっており、ともかくも一九三〇年代後半に比べれば、相次ぐ国際的な難問に有効に対処してきたと感じていた。そのためのより高水準の防衛支出は、重荷にはなったが、十分負担可能な代償であった。果たしてイギリス国民に、いかなる代償ないし負担をも引き受ける用意があったかどうかは、誰もほとんど何も知らない遠方の国――朝鮮――での新たな紛争によって間もなく試されることになった。

　一九五〇年二月の総選挙の結果、アトリー政権は非常に不安定な状態に置かれることになった。それまで同政権は、補欠選挙を一つも落とさないという驚異的な記録を保持していた。これについては、一九四八年一一月の北ロンドン郊外のエドモントンのようにそれまで安全とされていたいくつかの選挙区で、二桁台の得票率の低下を記録していたので、幸運に助けられるという側面もあった。とはいえ、労働党は伝統的な支持層をしっかり掌握し続けた。一九五〇年の総選挙も、一九四五年と比べて保守党の得票率が四パーセント上昇したのに対して、労働党支持の落ち込みはわずか二パーセントにすぎないことを示していた。ところが、その一方で大規模な選挙区割りの見直しがあり、人口が減少していた都市部でそれまで過剰に選出されていた労働党議員数を矯正しただけでなく、党にとって新たに不利な状況を生み出した。かくして保守党の得票率の小さな伸びが、堂々たる八八議席増に膨れ上がり、保守党は労働党にわずか一七議席まで迫った。これに自由党が九議席を取ったので、政府の過半数は一桁台に落ち込んだ。自由党の全国的な得票率は、前回同様の九パーセントを維持したとはいえ、これは一九四五年に比べてはるかに多くの候補、総勢四七五名を立てることによって達成されたもので、このうち三分の二が供託金を失ったため、自由党組織は事実上破綻をきたすことになった。労働党はこの大いに縮小した議会での過半数を背景に、今や活力を取り戻し、野党としてしきりに対決を迫る保守党に対抗しながら二〇カ月におよぶ危機に臨んだが、その歩みはちぐはぐなものであった。

なぜこの時期に、腐敗した抑圧的な南朝鮮政権に対する、これまた腐敗した抑圧的な北朝鮮政権の攻撃が、それほど憂慮の念を呼び起こしたかといえば、それは冷戦および冷戦的な精神構造の所産であった。今やソヴィエト連邦が原爆を保有しているという事実が、いやが上にも緊張を高めた。ソ連の侵攻という事態の発覚は、北朝鮮が、モスクワと（中国革命の結果）北京の指令を受けた国際共産主義の前進の先兵にすぎないとするまことしやかなシナリオを生み出した。

さて朝鮮半島にアメリカの戦略的利害がおよぶかどうかは、大いに議論の余地があったが、イギリスにとってはＮＡＴＯの維持こそが要点であった。そのうえ国際連合がおよぼす影響力の存在があった。国連は、当初ソヴィエト連邦による恒常的な拒否権の行使によって出鼻をくじかれたが、折りよく（ソ連の一時的な脱退によって）国際共同体の良心を代表する組織として、侵略行為の阻止に動くことができた。さらに加えて一九三〇年代の集団安全保障の挫折に対する悔恨が、遅ればせながらも過剰な代償行為をもたらした。形式的には国連の後援を謳いながらも、事実上はアメリカ合衆国との同盟の一環として行われた南朝鮮防衛の軍事行動への呼びかけは、うんざりして気の進まなかったイギリスから、それでも見事なまでに一致した支援を引き出した。一九五〇年八月末には朝鮮に上陸していたイギリス軍は、その後三年にわたって、中国の介入によって長引いた面倒な紛争に巻き込まれることになった。

またしてもイギリスは戦争状態にあった。なるほど小規模な、しかも遠方での戦争ではあったが、経済および内政にとっては第一級の含意をもつものであった。苦心の末に達成された経済回復は、急停止を余儀なくされた。アメリカの軍事体制が世界各地の市場で商品価格をつり上げており、それがイギリス貿易に不利に作用したことを考えれば、ある程度それは避けがたいことであった。一九四五年から残っていた旧式化した軍需品の厖大な備蓄を考えれば、戦争そのものにかかる費用は大したものではなかったとも言える。しかし今や、全般的な再軍備が優先事項となった。一九五一年一月、アトリーは一九五二年から五四年までの三年間で推計四七億ポンドの防衛計画を発表した。これは、およそ一三〇億ポンドであった当時のＧＮＰの一〇パーセントをはるかに超える額を年々防衛費にかけることを意味していた。もちろんこうした状況は、過去に経験済みであった――ただ前回はアメリカの援助があった。今回は、その好意的な感触にもかかわらず、アメリカ合衆国のイギリス再軍備に対する惜しみない支援は、資金援助を伴わない口先だけのものに終始した。

ヒュー・ゲイツケルは、一九五一年四月の彼の最初の予算案でその財源確保の問題に直面した。わずか四五歳でクリップスを継ぎ、にわかに労働党の輝ける星としての地位をベヴァンと競うことになったゲイツケルは、大学の経済学者というその経歴から大蔵大臣には打ってつけであった。しかし彼は、単に数字を操るテクノクラートではなかった。むしろ上層中流階級出身にもかかわらず、厳格に平等を主張する社会民主主義者であり、理路整然とした弁舌がかもし出す冷たく洗練された外見に似合わず、内には強い情熱を秘めていた。もとよりベヴィンを支持していたゲイツケルは、合意した目標を達成するための財源の捻出に着手した。彼は税率を引き上げ、資金を個人消費から防衛生産へと振り向けた。所得税の標準税率は九シリング六ペンス（四七・五パーセント）に上がり、所得税特別付加税を合わせた最高税率は九七・五パーセントとなった。果たして政争の火種はここではなく、国民保健サービス（NHS）のもとで提供される入れ歯と眼鏡に自己負担を導入するという付随した財政提案にあった。

これがアナイアレン・ベヴァンに、内閣辞任のきっかけ――とても十分な理由とは言いがたい――を与えることになった。NHSは彼の創造物であった。彼は、もはや保健相でなかったとはいえ、この制度に並々ならぬ個人的愛着をもち、あくまで利用者に無料とすべきだという原則に固執した。問題となった額は、総額四〇億ポンドを超える支出のうちの一三〇〇万ポンド分であったが、争点の処理の仕方がうまくなかった。ベヴァンは、実際に利用可能な財源に照らして、再軍備計画が実施可能な規模を超えているとする説得力ある批判を展開した――ゲイツケルはこの点について、経済学の有益な教訓を得ることができたかもしれない――にもかかわらず、あえて副次的な争点を辞職理由に選んだ。翌日、突然辞任したウィルソンは、真正面から防衛計画の規模を問題にしていた。おそらくベヴァンは、左派の友人たちにそそのかされたのであろう。彼らにとって「ナイ」（Nye）［ベヴァン］は、気まぐれではあるが、インスピレーションあふれる英雄だった。またおそらく彼は、若手が彼の頭越しに蔵相の地位にのし上がる一方で、彼自身は労働省ごときを押しつけられたことを苦々しく感じていたのであろう。それというのも、この危機の処理をめぐる不手際は、差し迫った労働党指導部の交替を告げていたからである。ベヴィンは、ベヴァンが辞任するほんの一週間前、在任中に――一九五一年三月には体調が悪化して外相を続けられなくなったので、国璽尚書を務めていた――死去した。クリップスはすでに内閣を去っており、アトリーも入院中であった。ベヴァンとゲイツケルは、この後ほぼ一〇年にわたって労働党の指導権とアイデンティティをかけた闘争に身をやつすことになった。

一九五一年四月のベヴァンの辞任は、それまでアトリーが主導権を発揮する労働党とは無縁だった党内抗争出現の前兆となった。実際、彼の首相としての強みは、合意した綱領の執行者という点にあった。いまやベヴァン派は、政府の慎重な地固めの姿勢に対して、新たな国有化の推進を要求する、拭いがたく反米主義の色合いを帯びた左派の代案を唱えた。議会労働党内では少数派とはいえ、選挙区支部の活動家層を味方につけていたベヴァン派は、公認の指導部のみならず、党大会を支配する手段となっていた労働組合のブロック票への指導部の依存体質にも異議を申し立てた。

ところが、一九五一年一〇月に避けようのなかった次の総選挙がめぐってきた時、労働党の復元力は驚くべきものであった。党内対立は想像されていたほど響いていなかった。なるほど国有化反対の宣伝は、労働党にとって痛手ではあった。砂糖精製業を次の国有化候補のリストに加える党の提案は、漫画的なキャラクター「ミスター・キューブ」を使い、そのメッセージを砂糖の一箱一箱に託した、とりわけ効果的なキャンペーンに砂糖業界を駆り立てたのである。しかし労働党自身にも、保守党が福祉国家を解体し、あるいは再び大量失業をもたらすのではないかという人々の不安に訴える大いに効果的な攻め口があった。そのうえ、保守党は防衛や国際問題に関する通例の優位を発揮することができず、チャーチルを戦争屋と誹謗した『デイリー・ミラー』紙のキャンペーンも、端的に「引き金を引くのは誰だ」と問うていた。

各種の世論調査は、保守党の四ないし八・五パーセントの優勢を予測していた。ところが実際には、労働党は議席数こそおよばなかったが、両党ともに四八パーセント台を記録した全国得票率では、わずかながらも保守党を上回った。残った自由党は、いまや一〇〇人そこそこの候補しか後援できず、その得票率も三パーセントを切った。そのため自由党支持者——一九四五年には左寄りであったが、今や右に寄りつつあった——にとって自党の候補者がいない数百の選挙区では、結果的に保守党に追い風が吹いたのである。自由党支持者が概して棄権しなかったことは、八三パーセントの高い投票率からも明らかである。保守党は少ないながらも、政権運営が可能な一七議席の絶対多数を獲得した。まさに二大政党制の最盛期であった。そしてもし来たる議会で、六名の自由党議員がチャーチルの申し出を受け入れて新政権に参加していれば、たぶん自由党の歴史はこの時点で終わっていたであろう。

4　チャーチル（再登場）

住宅は、雇用や社会保障と並んで一九四五年の労働党に有利にはたらいた主要な争点の一つであった。それはまた労働党の選挙綱領の中で、唯一アトリー政府が解決の決め手を欠き続けた項目でもあり、そのため保守党に、この政策分野を政敵からもぎ取るきっかけを与えることになった。戦時中、およそ五〇万戸の住宅が破壊され、あるいは居住不能となる一方で、一九三〇年代後半には年間三五万戸に達していた住宅建設戸数は、戦争の五年間には総計で七万戸にも届かなかった。これに戦争の影響による婚姻率の急上昇（一九四〇年と一九四五年にピークがあった）と、戦後の出生率の一時的増加を合わせてみれば、住宅の必要は自ずと明らかであった。他人との同居や狭隘な住居で子をもうけた復員兵の家族は、一九三一年と一九五一年の国勢調査の間に、一部屋当たりの居住者数で測った過密居住がわずかに改善されたと聞いても感心しなかったであろう。戦後への期待が、すべての判断基準であった。

アトリー政権のもとでは、都市・農村計画に関する新たな権限を政府に与える法律が制定された——実際、新しい省が創設された——が、住宅は依然として保健省（いまや実質的には保健住宅省となっていた）の管轄であった。ベヴァンが国民保健サービス（NHS）の創設で頭が一杯だったため、政府は住宅問題を片手間に扱っている（kept only half a Nye〔an eye〕）との冗談が真実味を帯びることになった。しかし真の問題は、建築資材、建築業労働力、拡大しきった経済における投資の余地といった諸資源の不足にあった。政府の最優先課題は産業復興であり、住宅建設は立ち遅れた。実のところ、被災住居の再建も、新住宅の供給と同様、住宅ストックを増やすのには効果的であった。さらにアルミとアスベストを用いたプレハブ住宅が応急措置として導入され、これらは多くの子供たちが、家といえば「プレハブ」しか知らずに成人するほど長持ちすることになってしまった。そのうえ、ベヴァンが公営住宅について質的に高い水準を設定したので、量的に高い目標を達成することが難しくなり、そのため良質の住宅は建てられたが、その数はがっかりするほど少なかった。それでもなお、一九四八年には総建設戸数が二五万戸に近づいた。ただその後三年間は、毎年二〇万戸以下に削減されてしまう結果となった。

これこそ保守党の好機であった。党大会における一般党員からの圧力が、年間三〇万戸の目標を指導部に押しつけ、この主張が一九五一年の同党の選挙キャンペーンの中核をなした。首相となったチャーチルは、独立した住宅関連の省を創設し、その長に彼の取り巻きの一人、ハロルド・マクミランを任命した。一九三〇年代の保守党の中では左派の反逆児であったマクミランは、チャーチル派による党の掌握によって自らの経歴が一変したことを知った。チャーチルは、マクミランを特命全権公使代理として北アフリカに送り出し、彼はそこで軍務を通じて連合国軍司令官アイゼンハワーと懇意になり、またより高次の外交レベルでは、自由フランス軍の指導者ド＝ゴールとも交渉をもった。当時の彼にとっては目くるめくような昇進であった（そして一九五〇年代後半の有益ではあるが、あてにならない個人的なコネクションの基礎を築くことになった）が、これがマクミランを国内でトップクラスの政治家に押し上げたわけではなかった。住宅省の重責が、彼の名声を築いたのであった。

マクミランのもとには、建築業を熟知し、大規模な計画の遂行能力を示したアーネスト・マープルズ〔一九〇七～七八〕、保守党の政治家。郵政相、運輸相などを歴任」という有能な住宅担当の閣外相がいた。マクミランの役割は、まず第一に、事をすべてはるか容易にするため、公営住宅の建築水準を一律に引き下げること、第二に、政府の資源配分の中で、住宅の要求分を確保すること、そして第三に、目標が達成された暁には、これを省の手柄として大いに宣伝することであった。一九五三年、その名高い目標は達成された。実際、マクミランはカメラフラッシュの雨が降り注ぐ中で、年間三〇万戸目の住宅の鍵を入居者に手渡した。そしてこの象徴的な数字は、以後五年にわたって維持された。二〇年前には、同程度の建設戸数が普通だったことを考えれば、これは経済的にそれほど困難なことではなかった。それは朝鮮戦争の終結に伴う防衛費と産業投資とを、それぞれ部分的に削減する政策順位の転換によって実現した。イギリスにおける住宅への諸資源の過渡の集中と、これと並行する生産活動への投資の不足が、マクミランの成功談のもう一つの側面をなしていた。

今や住宅供給全体に占める民間の住宅建設の比重も五割に近づきつつあったとはいえ、公営住宅の拡大こそが戦後特有の展開であった。地方自治体によって建てられた住宅が新築全体に占める割合は、一九三〇年代には四分の一以下であったのに対して、一九四五年から五四年までの一〇年間には四分の三を超えた。したがってマクミランの功績は、相手の得意分野で労働党を負かしたところにあった。初めてこの戦略が転換するのは、彼の首相就任後であった。戦争直後の時期には、民間の家主による賃貸がいまだにイギリスの住宅のほぼ六〇パーセントを占めていた。しかし政府による家賃規制のもとでは、大家にとって経済的に利益にならなかったし、また伝統的な地主の党にとっても、彼らを保護することは政治的な利益にならなかった。一九五七年の家賃法は家賃規制の一定の解除をもたらしたが、これがあまりに大きな政治的代償を伴ったため、保守党員《トーリーズ》たちに、かねて彼らが唱えていた「不動産所有民主主義」(property-owning democracy) の方が有望なことを見せつけた。一九六三年には、課税「分類A」の廃止がこれに続き、持ち家所有者に税額補助が与えられるようになった。* 一九五五年から六四年の間に建った新築住宅は、優にその半分以上が持ち家であった。そしてこの頃には、年間の住宅ローンの承認件数が、戦前水準の二倍の五〇万件を超えていた。持ち家の物件は、築年数がまちまちだったのに対して、公営住宅およびアパートは、当然のことながらもっと新しかった——実際、スコットランドでは一九六五年の段階で、第一次大戦後に建った住宅全体の八五パーセント以上が地方自治体の所有であった。戦後二〇年間の決算は、持ち家を住宅ストック全体の半分にまで拡大すると同時に、地方自治体の持ち分を四分の一以上に引き上げたことであった。

＊　内国歳入庁は、不動産収入に「分類A」によって課税した（因みに、自営業収入は「分類D」、給与所得は「分類E」によっていた）。この方式全体が、古めかしい前提に基づいていた。持ち家所有者が所得税申告を行うと、所有者としての彼（彼女であることは稀であった）が、居住者（彼自身）から受け取る概念上の家賃［帰属家賃］によって課税額

を査定された。しかしもし住宅ローンを抱えていた場合には、その利子返済分は非課税とされた。「分類A」の廃止によって、この納税負担は取り除かれたが、利子の支払いに対する一般的な税の控除は続いた——これは一九六八年からは住宅ローンのみに限定された。イギリスの持ち家所有者はまた、資本利得税を免れていたので、これ以降、世界的に見ても例のない財政上の特典を享受することになった。

もし住宅が保守党の自慢の種だったとすれば、種々の統制の解除、とりわけ配給制の廃止もまたそうであった。このうち多くは一九四〇年代末には政治日程に上っていたが、明らかに労働党は、すでに一〇年を経過していよいよ不人気だった配給制の党と目されていた。需要圧の高い経済で統制手段を用いてインフレを抑制したので、必然的に闇市場が生まれ、世紀中葉のあの象徴的な存在、闇屋（the spiv）が格好の活動の場を得ることになった。朝鮮戦争の終結は平和の配当をもたらし、これによって保守党は砂糖と菓子、玉子とベーコン、マーガリンとバター、チーズと肉の配給制を終わらせることができた。これこそチャーチルが約束していた「赤身の肉」であった。

どう見ても首相を務めるのはこれが最後であったチャーチルは、他に何も望んでいなかった。それまでアトリー政権の大罪についてしきりに不平を鳴らしていたにもかかわらず、彼にはその成果を帳消しにする気はなかった。一九五一年にチャーチルが「国民に自由をもたらす」ことを約束したとすれば、それが賢明な政治戦略だったからであり、三〇年前に蔵相として嫌というほど痛い目にあった伝統的な健全財政の規律に服することを言明したわけではなかった。そうかといって首相就任時に七七歳を迎えようとしていたチャーチルには、新しい芸当を覚えるつもりなどさらさらなかった。チャーチルはそれまで、自らの戦争回顧録の執筆と、世界の聴衆に向けた偉大な演説の創作に励む一方で、時々思い出したように野党第一党の党首としての職務に関心を示す程度で、党の再建という困難な課題は、より有能な人材の手に委ねることでよしとしていたのである。戦後、保守党総裁となったウルトン卿が、戦時の配給食さながら、保守党《トーリー》をイギリス国民の口に合うように仕上げる任務を託された。党の機構は民主化され、政治資金調達の仕組みも整い始めた。このためもはや金持ちのアマチュアが、言いなりになる選挙区の候補資格を簡単に金で買うようなことはできなくなった。政策もまた、とくにR・A・バトラーが実権を振るった保守党調査部によって福祉国家と折り合いをつけることができた。よろしい、けっこうだ、と上の空で微笑むチャーチルであったが、いざ党の新しい政策文書『産業憲章』への賞賛の弁を振るう段になると、内々に「こんなものには断じて賛成できない」と釘を刺したのであった。

案の定、ひとたび保守党が政権に返り咲くと、こうした威勢のよい公約についてはもうほとんど音沙汰がなかった。なるほど、短命ではあったが内閣制度の革新があり、主要な政策分野の各省の権限を調整する三名の上級大臣が、「上院からのお目付役」として任命された——しかし、そこには何よりも重要だった経済が含まれていなかった。これを除けば、アメリカ合衆国のニューディール以後の共和党同様、保守党は「追随主義」(me-tooism) の立場を採ることで、失業の党としての汚名をそそぐことに甘んじていた。労使関係については、大いにその地位を高めた労働組合を警戒しつつも受け入れるのがチャーチルの方針であり、彼は、今や一〇〇〇万人に届かんとする組合員を抱えた相手とは断じて事を構えない覚悟であった。労働省は、国王退位危機の処理を手がけた法廷弁護士のサー・ウォルター・モンクトン［(一八九一〜一九六五)、弁護士、保守党の政治家。労相(一九五一〜五五)、国防相(一九五五〜五六)。妥協的な政治態度から「油差し」とよばれた］に託された。その柔和な物腰から、彼は「油差し」(the oilcan) と称された。政府が究極的な出資者であった国有産業の労使紛争は、賃上げによって処理された。逆に組合側も、さすがにクリップスのもとで実現した賃金抑制を保守党政府に公約することはなかったが、それでも調停による紛争の解決が試みられ、深刻なインフレは生じなかった。小売物価が急騰しなかった一つの理由は、一九五一年から五四年にかけて、卸売物価が実際に一〇パーセント下落したことにあった。交易条件が、イギリスに有利になったのである。三年前と比べると、一九五四年には連合王国が同額の輸入を賄うのに必要な輸出は、一二パーセント少なくて済んだ。現行の価格水準でイギリスの輸出品の買い手が見つかるかぎり、これは思いがけないもうけ物であった。

そうかといって、蔵相を継いだバトラーが左うちわというわけではなかった。朝鮮戦争の資金調達が、彼の最大の頭痛の種であった。GNPのほぼ一〇パーセント、政府総支出の三〇パーセントを防衛費に取られていたのである。しかし過大な規模の防衛計画には、自ずと限界があった。チャーチル政府は、実行不可能とベヴァン派が言い続けてきたことを認めざるをえなかった。したがって軍事的関与は、相応な規模に縮小された。ここで厄介な問題として残ったのが、防衛予算に対するラチェット効果［景気後退期に過去の習慣にもとづく消費支出が収入ほどには落ち込まず、景気の下降をくい止める効果をもつこと］であった。つまり朝鮮戦争が片づいた後も、防衛予算は従前の水準に戻る気配が見られなかったのである。それでも国民所得の順調な伸び——一九五五年までの五年間に四〇パーセント増えた——によって、そうした負担も耐えやすいものとなった。そこでバトラーによる所得税の減税が可能になった。標準税率が、ひとまず朝鮮危機当時の水準の九シリング六ペンス(四七・五パーセント)から、クリップス時代の九シリング(四五パーセント)に引き下げられた。しかしとりわけ効果的だったのは、一九五五年の差し迫った総選挙を前に実施された、戦後最低の八シリング六ペンス(四二・五パーセント)への引き下げであり、これがその後二五年にわたって一般的水準となった。

『エコノミスト』誌が、大蔵省の政策に見られるとされた連続性を評して「バツケリズム」の新語を考案したのは、一九五四年のことであった。おそらくは、ゲイツケルとバトラーが大まかに同じ政策手段を、異なる目的のために用いたというのが正直なところであろう。それぞれ成功と失敗に終わった政策転換の試みが、両者の相違の程度を表している。現に実施された政策の変更――しかしこれとても、もともとゲイツケルの発案であった――とは、公定歩合を経済運営の道具として用いることであった。一九五一年一一月には、すでに予期されていたように公定歩合が、平時としては二〇年ぶりに、まず二パーセントから二・五パーセントに引き上げられた。翌年には、さらにこれが四パーセントに引き上げられた。この時点から、後にケインズ主義と見なされるようになる公定歩合の操作が、金融引き締めの実施、あるいはインフレ緩和圧力を加える際の古典的手段となった。しかしこれも、実際には金融当局が金本位制の時代に開発した伝統的な手法に負うところがはるかに大きかった。

そのうえ、さらなる政策転換――あるいは逆戻り――を求める金融当局の慎重な働きかけは、まさにいま一歩のところで水をさされた。ここで提案されていたのは、国際収支問題を解決するためにポンドを変動相場制にする（暗号名ロボット〔Robot〕と称する）計画［ポンドを変動相場制にすることによって国際収支危機に対応しようとして、一九五二年にバトラーが閣議に提出した計画］であった。伝統的な手法によるポンドの防衛が必要になれば、自動的に発動される有益な規律が財政政策に組み込まれるというのが、その趣旨であった。これが現実に何を意味したかといえば、他の優先事項のためには完全雇用を犠牲にする場合もありうるということであった。バトラー自身はこの構想の実現に大きく傾いていたが、政府内で非公式に糾合した一派がこれに反対したため、ロボット計画はすんでのところで頓挫した。事情を言い含められたイーデンが、まったく新しい時代の寛容《リベラル》な保守党政治家との評判に違わず、これはまたぞろ金本位制復帰のようなものであるとチャーチルに告げたのである。これでロボットの命運は尽きた。こうした考え方が真剣に聞き入れられるようになるのは、二〇年も先のことであった。

アンソニー・イーデンは、一〇年以上にわたって果たしてきた次期首相候補という役廻りに苛立ちを覚え始めていた。彼は、外相としての務めは短く、ダウニング街一〇番地［首相官邸］への移動は速やかであることを願っていた。チャーチルはそうは見ていなかった。彼は、できうる限り長く名声と権力に浸る考えであり、また最後に、戦士ではなく癒し手として、ひとつかけがえのない貢献ができると信じていた。国内では、国王ジョージ六世の死に直面した彼は、一九五二年二月に若き女王エリザベス二世が王位を継承すると、かつてのヴィクトリア女王に対するメルバーン子爵役［（一七七九～一八四八）、ウィッグ党の政治家。首相（一八三四、三五～四一）在任中、一八三七年に一八歳で即位したヴィクトリア女王のよき政治的指南役を務めた］を自ら演じるというロマンティックな空想を掻き立てられた。一九五三年の戴冠式は、英連邦を結びつける、喜びに満ちた祝祭であった。年老いたチャーチルは、ネールを「アジアの曙光」と呼ぶことを学んでいた。これこそチャーチルが、願わくば劇的な個人の主導権によって、国際的な緊張緩和に移しかえようとした平和のヴィジョンであり、米ソとの「頂上会談」を求めていくとした一九五〇年の選挙運動の公約に応えるものであった。

もっぱら外交畑を歩んできた人間であるイーデンは、その行方がどうなることか、気が気でなかった。彼の直接の前任者はモリソンであった（これは関係者全員にとって、束の間の、不幸なエピソードとなってしまった）が、もちろんイーデンが本当の意味でその後を襲ったのは外相としてのベヴィンであった。外交政策に実質的な連続性が認められたのは、これが初めてではなかった——肥えたアンソニー・イーデンであるとは、ベヴィンを揶揄する言葉の一つであった。朝鮮半島、国連、NATO、英連邦、そしてアメリカ合衆国との関係において、保守党はほぼ同じ路線を踏襲した。核兵器についても同様であった。労働党のもとでの原爆の開発は、いまや公然と認められ、水爆も認可された。そのうえ、マクミランが内閣でしきりにヨーロッパとの協調を口にはしたが、統合に向けた動きに懐疑的だったイーデンの意見が優勢を占めた。しかもあれほど期待をあおっておきながら、チャーチルからはこの点についてほとんど一言もなかった。なるほど、左右の対立らしきものが存在した争点が一つあった。西側の連合国三国の占領地区から構成され、まさにNATOに加盟しようとしていたドイツ連邦共和国の再軍備の提案である。しかしここでも、両党の指導部の意見は一致しており、亀裂が生じていたのは労働党の方で、ベヴァン派が反ドイツのスローガンを掲げていた。

チャーチルにとっては、頂上会談の実現が、かつてのグラッドストーンにとってのアイルランド自治と同じ意味合いを帯びるようになった。つまりそれはどこまでも遠のいてゆく目標で、ただただ自らの指導権を引き延ばすだけのものであった。通常の職務でチャーチルの演じる失態が、同僚の中で彼がかろうじて名前を覚えていた者たちをも困惑させるようになっていた。テレビによる日常的な報道にわずかに先立つ時代だったことが、彼には幸いした。一九五三年に卒中の発作を起こし、数カ月静養したときも、彼にはまだ運が残っていた——イーデンもまた、彼にとってすこぶる不運なことに、病気で大手術を受けていたからであり、その後、彼に以前のような活力が戻ることはなかった。チャーチルは戦時中に個人的に結んだ親交を活用しようとしたが、スターリンは死去し、いまやアメリカ大統領であったアイゼンハワーも関心を示さなかった。一九五四年一一月にチャーチル八〇歳の誕生日がめぐってきたとき、誰もがそのパーティーがうまくいくことを——そして首相が早く辞めていくことを——願っていた。一九五五年四月、ついに彼が首相を退き、ようやくイーデンの焦りは報われた。彼はただちに総選挙に訴えて、自ら国民の信任を仰いだ。

労働党指導部もまた、明らかに世代交代の時を迎えていた。モリソンは、時機を逸してしまったというのが偽らざるところであった。彼はアトリーから党首の座が回ってくることを念願しつつ、副党首の地位にしがみついてきたが、党の今後の方向についてアトリー同様、確たる見通しがあるわけではなかった。アトリーは有能な議長であり、巧みな仲裁人であり、一致団結した仲間の頼もしい指揮官であった。しかしこうした技量だけでは、一九五五年に労働党の政権担当能力を国民に示すことはおろか、野にあった労働党の統一を保つにも十分ではなかった。まもなく彼も引退した。一五年にわたって——グラッドストーンとディズレーリよりも長く――アトリーとチャーチルは好敵手として、それぞれの党を率いてきたのであった。

第8章　こんな良い時代はなかった　一九五五～六三年

1　消費者文化

経済と政治の問題はさておくとしても、イギリス人は戦後、ハリウッドが広めたアメリカの大衆文化とは「特別な関係」にあった。極度のドル不足の時期においてさえ、アメリカ映画の輸入を制限しようとする試みは、関税によってもクオータ［割り当てによる上映制限］によっても効を奏することがなかった。第二次大戦は、以前から存在していたハリウッドによるイギリス市場支配を、あらためて強化したのである。これは、イギリスの諸資源が戦時の優先財の供給に振り向けられる一方で、消費者需要を満たすのにアメリカの産業が参入した典型的な事例であった。長編映画の製作は、単なる映画製作とは一般に見なされなかった——とりわけ、マイケル・パウエル［一九〇五～九〇、映画監督。プレスバーガーと共同で一九四〇～五〇年代に多くの映画を脚本、監督、製作］とエメリック・プレスバーガー［一九〇二～八八、ハンガリー生まれの脚本家としてドイツやフランスで活躍後、一九三六年に来英］の『ブリンプ大佐の生と死』（一九四三年）［邦題『老兵は死なず』日本公開、一九五二年］のような映画は駄目であった。実際にはひどく穏やかな諷刺であったが、『デイリー・ミラー』紙の大衆キャンペーン同様、戦時内閣の頑迷な神経に触れたのである。このような反対は、もちろん、『われわれの奉仕するところ』（一九四二年）に対してはなされなかった。この映画は、感情を隠して表にださないこと（stiff upper lip）をたたえる優雅に構成された国歌のようなものであって、ノエル・カワードとデーヴィッド・リーン［一九〇八～九一、映画監督。後期の代表作に『アラビアのロレンス』（一九六二）、『ドクトル・ジバゴ』（一九六五）、『インドへの道』（一九八五）］が共同監督した。それは、表に出さないことによってより効果があがるという類のプロパガンダ的価値を持っていた。戦争終結が間近となった時点で、同世代の中ではもっとも胸躍らせる男優であったローレンス・オリヴィエ［（一九〇七〜八九）、俳優、演出家、映画監督。ナショナル・シアター初代芸術監督（一九六三〜七三）］を除隊させ、オリヴィエ版の英雄的な『ヘンリー五世』（一九四五年）［日本公開、一九四八年］を製作させたことも確かに価値のあることであった。それは疑いもなく、「これほど幸せな思いを抱いてフランスから凱旋した者はおるまい」というセリフによって、まだ「除隊」を待っていた他の者たちを代弁したのである。

ハリウッドが、イデオロギー的に頼りなかったと言うわけではない。アメリカ合衆国が同盟国となる以前ですら、『スミス氏ワシントンに行く』（一九三九年）［邦題『スミス都へ行く』日本公開、一九四一年］のような映画に見られる馬鹿正直な民主的メッセージは、明らかに独裁者に反対して発せられたものであった。また、『カサブランカ』（一九四三年）［日本公開、一九四六年］が古典的作品となった理由には、ハンフリー・ボガート［（一八九九〜一九五七）、アメリカ合衆国の映画俳優］とイングリッド・バーグマン［（一九一五〜八二）、スウェーデン人の映画俳優］が演じた恋愛関係のもつれが、反ファシスト闘争の重要性と競い合うということもあった。とはいえ、灯火管制や戦時の耐乏生活状況下に映画館通いをした何百万という人々が求めていたのは逃避、とりわけプロパガンダからの逃避であったことに賭けて間違いないだろう。ハリウッドは、イギリス人に食糧の配給もナイロン［ストッキング］不足もない新世界を見せてくれたのである。それはある種の豪華なライフスタイルではあったが、身分に束縛されたイギリス上流階級のライフスタイルではなかった。自動車や冷蔵庫が、紙巻タバコ（抑えることのできなかった、戦後のドル流出のもう一つの原因）を吸うのとさして変わらぬ庶民文化として、描かれていた。

ハリウッドの砲火力が絶大だからといって、戦時中および戦後に、イギリス映画は質が高いという評判を獲得した事実は、曖昧にされてはならないだろう。安価に作られた「クオータ埋めのやっつけ仕事」という皮肉な悪名を頂戴しただけではなかったのである。もちろん、それ以前にも単発的な成功はあった。若きイギリス人監督だったアルフレッド・ヒッチコック［（一八九九〜一九八〇）、一九四〇年に渡米するが、第二次大戦中には帰国して情報省の宣伝映画も作った］は、バカンの『三十九階段』（一九三五年）［邦題『三十九夜』日本公開、一九三六年］の名だたる映画化で、サスペンスの帝王の名声を得たのに続き、『婦人が消える』（一九三八年）［邦題『バルカン超特急』日本公開、一九七六年］では、行われたばかりのテスト・マッチ［クリケットの国際試合］での得点に関する、まさしくイングランド的としか言いようのない漫画的な脇筋を交差させながら、独裁者の支配するヨーロッパという不吉な意識を観る者に喚起した。最良のイギリス映画は、ハリウッドとは巧みに異なるものを提供することで成功を収めた。デーヴィッド・リーンの『逢びき』（一九四五年）［日本公開、一九四八年］は、ノエル・カワードの一幕芝居を、社会的拘束によって阻まれてしまう不義密通という、秘められた情熱の美しい物語へと仕立て上げるのに成功した。イギリスのある鉄道乗換駅のビュッフェという舞台を背景に、トレヴァー・ハワード［（一九一六〜八八）、俳優］とシリア・ジョンソン［（一九〇八〜八二）、俳優。自己の存在を消し去るような演技で有名］の演技で控え目に物語られていくのだが、その感情を表に出さない態度が本当の姿ではないことをラフマニノフ［（一八七三〜一九四三）、ロシアの作曲家、ピアニスト、指揮者］のサウンドトラックが示していた。新設された国立映画協会《ナショナル・フィルム・コーポレーション》から資金を得たもう一つの忘れることのできない名作は、間違いなくキャロル・リード［（一九〇六〜七六）、デーヴィッド・リーンと並ぶ映画の巨匠］の『第三の男』（一九四九年）［日本公開、一九五二年］であった。それは、連合国占領下の戦後のウィーンを舞台にし、当局の規制だけでなく個人的な忠誠をも裏切る搾取的な麻薬闇市を、文字どおり下水道の蓋を開けて暴くのである。ハリー・ライム（オーソン・ウェルズ［（一九一五〜八五）、アメリカの俳優、脚本家、映画監督。一九五〇年代以降は主にヨーロッパで活動］）の登場を巧みに知らせるチターの魅惑的な主旋律は、グレアム・グリーンの無駄のない脚本とうまく作用し合ってサスペンスを組み立て、いくつかの忘れがたいイメージを映像に焼き付けるのに成功した。

戦前のイギリスの喜劇映画は、ジョージ・フォーンビィ［（一九〇四〜六一）、歌手、コメディアン。強い北部訛りのとぼけた役柄を得意とした］のような舞台の喜劇役者をよくスクリーンに登場させていた。一九四〇年代終わりと一九五〇年代初めは、イーリング撮影所が、はるかに巧緻なジャンルのニッチ［特定市場］を創出した。それは、やや奇想天外でありながらも、観察しぬかれた諷刺を主軸に組み立てられ、イーリング撮影所の名を有名にした。アレック・ギネス［（一九一四〜二〇〇〇）、強い個性と実在感をもって多様な役柄を演じた、イギリスを代表する俳優］の多芸多才が絶賛を浴びたのはその点においてであり、とりわけ『心優しき人びとと飾り紋章』（一九四九年）でそれは発揮された。彼はそのアンチ・ヒーローのスタイルをオリヴィエよりも軽やかに映像へ移しかえた男優であったが、『心優しき人びとと飾り紋章』においてギネスは、遠縁の親戚から家督相続者にいたる、ある貴族一族の相続権利を持つ家族全員を演じた。その全員が次々に死んでいく以上、適度に道徳的な結末を必要とすることは必至であったが、そのブラック・コメディぶりは最後の一コマまで止むことがなかった。アレグザンダー・マッケンドリック［（一九一二〜九三）、アメリカ生まれのスコットランド人映画監督］の『白いスーツを着た男』（一九五一年）を生き生きとさせているのも、それに類似の、因習的に洗練された体裁と、もっと破壊的な社会批評との間の緊張関係であった。とりわけ、能力主義を重んじる公共心に富んだ発明家が、革新の脅威を感じとった経営者と組合との結託した反対によって妨害されるくだりはそうである。これはイギリス産業についての一つの寓話であるが、一〇年後にボールティング兄弟［ロイ（一九一三〜二〇〇一）とジョン（一九一三〜八五）の双子の兄弟で、大半の映画を共同で制作］の製作した『俺様だけが大事』（一九五九年）でも繰り返された。ロンドンの理想化された地域社会を大衆迎合主義《ポピュリスト》的な立場から賞賛した『ピムリコへのパスポート』（一九四九年）と、ウィットを競い合いながらそれぞれに割り振られた役回りを演じる、イギリスのお巡りさんと泥棒を無批判に描いた『ラヴェンダー・ヒルの泥棒』（一九五一年）が、イーリング全盛時代に世に問われた。『貴婦人殺し』（一九五五年）［邦題『マダムと泥棒』日本公開、一九五七年］も同じく重要な作品だが、このジャンルの最後の作品と言えよう。実効ある国家の補助と活気ある国内市場のいずれにも支えられなかったイギリス映画産業は、映画館通いの習慣の衰退によって必要以上にひどい打撃を受けたのである。

映画館の観客数は一九四六年にピークに達した（一六億三五〇〇万人）が、これは一五歳以上の国民一人一人が平均して週にほぼ一度は映画館に通っていたことを意味する。一〇年後、イギリスの映画館はなお四〇〇万人の観客収容能力を持っていたが、実際の観客数は三分の一ほど落ち込んだ。しかし、本物の雪崩現象は、ようやく始まったところだった。一九六二年には、映画館の観客数は最盛期の四分の一以下へとガタ減りしたのである。この社会習慣の大きな変化は、もちろん、同時期におけるテレビの成長が後押ししたものであり、テレビの成長によって説明できる。一九六〇年代には、国民の三分の一が就寝前の夕刻にテレビを視聴していたが、月に一度映画館に出かける成人は、五人に一人より少なくなっていた。

一九四六年にBBCがテレビ放送を再開した時には、テレビの視聴権利書《ライセンス》保有者は一万五〇〇〇人しかおらず、しかもロンドンに集中していた。一九五六年には、それが五〇〇万人を超えたうえに、国内の九八パーセントの地域でテレビ電波の受信が可能になっていた。これは、独占に守られたBBCの一大投資が新しいメディアの大衆視聴者を急増させたことを表している。BBCの戦後の総裁であるサー・ウィリアム・ヘイリー［（一九〇一〜八七）、ジャーナリスト。BBC総裁（一九四四〜五二）、『タイムズ』紙編集長（一九五二〜六五）］の趣味に沿って優先順位が変更されたというわけではなかった。彼は当初、自宅にテレビ受像機を備え付けることを拒否したし、自分の執務室をテレビ放送局《テレビジョン・センター》にではなく、ラジオ放送局《ブロードキャスティング・ハウス》に置いていたのである。

ヘイリーの功績は、クラシック音楽、演劇、トークといった多様な番組を擁する高級なラジオ放送チャンネルとして第三放送《サード・プログラム》を創設したことにあった。それは、うまくいった夜でも二五万人の聴取者で良しとしていたからこそ成功した、とも言える。文化についてのあからさまにエリート主義的な見解を持っていたT・S・エリオットは、喜んで貢献した一人であった。第三放送が生み出した番組には賞賛すべきものがたくさんある――小さなウェールズの町を舞台にしたディラン・トマス［（一九一四〜五三）、ウェールズ出身の詩人、作家］の朗読劇『ミルクウッドのもとに』（一九五四年）［宇井英俊訳、池上書店、一九七五年］は、傑作の一つであった。しかしまた、第三放送の居丈高な構成には、惹きつけることができたかもしれない公衆に十分届いていないという感も少なからずあった。そのプログラム編成は、一晩のうちにオペラ、演劇、「トーク」のすべてにわたる観客となって、高級文化内の分業を越えることのできる聞き手というものを想定していた。「音楽放送《ストリーム・オブ・ミュージック》」に集中化するという、一九七〇年に出された「ラジオ3」への編成替えの提案は、熱心な愛聴者から激烈な反対の声を呼び起こしたが、新しい放送チャンネルはより特徴があって、しかも――たとえばプロムナード・コンサートなどの――より聞き手にアピールする時間枠を満たすことになった。

ラジオの黄金時代は一九四〇年代にあったという事実から逃れることはできない。テレビ以前の時代に、娯楽放送《ライト・プログラム》は膨大な聴取者をかかえ、そのコメディ番組は頻繁に使われる国民的なキャッチフレーズを供給し続けた。ラジオ・ショウ番組「アーチーを教育する」はその一つで、番組名と同じ名前のヒーローは腹話術の人形であった。これは、本当の話なんだと信じ込ませるのに成功した類まれな実例であった。さらに、一九五〇年代初期にはこの枠組み内でさらに革新がなされた。たとえば『グーン・ショウ』［その後のイギリス喜劇の発展に多大な影響を与えたＢＢＣ娯楽放送の喜劇番組］は、『またあいつだ』（ＩＴＭＡ）の適度に無秩序なちょっかいと、『モンティ・パイソンの空飛ぶサーカス』［一九六九〜七四年にＢＢＣテレビで放映された、驚くべき奇抜さを備えた諷刺喜劇番組］が後にテレビに持ちこんだ完全に自立したシュールレアリスムとをつなぐ使徒のようなものである。二つのメディアは、早死にしてしまうまではトーニー・ハンコック［（一九二四〜六八）、コメディアン。最初はラジオ、後にテレビで放送された『ハンコックの三〇分』で人気を博した］が橋渡しをしていた。イースト・チーム［ロンドン郊外の実在の地名］のレイルウェイ・カッティングズに住む下層中流階級特有の上品さというものをハンコックは表現してみせたが、それは実に見事に伝わってきた。すなわち、Ｈ音が聴き取りにくいのと同様の捕えにくい野心で、自分自身の投影としてのアンコック［Ｈを発音しないHancockの言い方］を創造したのである。一九六〇年代までに娯楽放送は瀕死状態となり、娯楽としては遠い過去の語彙となってしまった。そして、その遺骸は新設されたラジオ２に保存され、かたやラジオ１はあからさまに十代の聴取者に狙いを定めた。最後に、本国放送《ホーム・サービス》の落とし子であるＢＢＣのラジオ４は、もともとリースがつくった全国向け番組の子孫として生き残ることになった。

テレビ時代になると、ＢＢＣは全国の重要な出来事をすべてカバーすることでまたもや名声をなし、そのことはＢＢＣがもっとも威厳ある公社であり支配層の声であるとのイメージをさらに強化した。一九五三年六月の女王の戴冠式がその通りであることを示して見せた。それは国が再生する祭典であり、新たなエリザベス時代の幕開けが語られ、テレビ上の見世物として初めて上映された。一年以上の準備期間が費やされ、新しいテレビ受像機を売り込む無類の宣伝機会となり、この時点からテレビの視聴者は一〇〇万人台へと突入しはじめた。解説者の第一人者たるリチャード・ディンブルビー［（一九一三〜六五）、イギリスを代表するＢＢＣの政治番組『パノラマ』の初代ブロードキャスターとして有名］のなめらかなナレーションとともに、王室が新しいメディアを通してどのように投影されるかがここに示された。

それでもなお、ＢＢＣは安泰ではなかった。公的部門に市場原理を導入したいという保守党の熱望はチャーチルのもとでは他に出口を見出せなかったが、彼は、自分に放送させなかったリースの権力を忘れることはなく、ＢＢＣに配慮するようなことはほとんどなかったのである。ベヴァリッジが率いた放送委員会は民間放送反対の提言を出していたが、保守党の平議員であるセルウィン・ロイドがそれに異議を唱える報告をしたことで問題は未決のまま残され、一九五四年には、広告収入から資金を得て、ＢＢＣと競合するテレビ放送網を立ち上げるという法案が通過した。これはしかし、完全な規制緩和というわけではまったくなかった。独立テレビ放送協会（ＩＴＡ）は、民放テレビ局の制作本数を統制したり広告を制限したりする権限を持っていたし、スポンサー制度はそれからさらに三〇年間導入されなかったのである。多くの点で、この「独立」テレビという考え方は公共サービス放送のエトスの延長であって、まったくの否定ではなかった。

民放テレビは、実際、はじめは利潤を生み出すのに苦労した。洗練された美術史家でITAの会長となったサー・ケネス・クラーク［（一九〇三〜八三）、美術史家］は、一九五七年にその将来見通しについて、七〇パーセント以上が新しいチャンネルの方を好んでいるという主張を力説せざるを得なかった――七〇パーセントというのは単に、民放とBBCの双方を受信できる装置のついた新しいテレビ受像機が占める割合にすぎなかった。一九六〇年でさえ、その時点でのテレビ受像機総数は一〇〇〇万台に達していたのに、ITV［独立テレビ放送――ITAの監督下で放送される民放テレビ各局の総称］を受信できたのはたった六〇〇万台だった。いったんこの困難を克服すると、民放各社は、テレビが厳しい規制のかかった市場であるという事実から利得を得た。カナダ人の新聞王であるロイ・トムスン［（一八八四〜一九七六）、出版、放送、旅行ビジネスを世界に展開］は、株価が底値をつけていたスコティッシュ・テレビジョンを買い取ったが、頭がきれると同時に率直で、テレビの放映権を「金のなる木」と呼んだ。テレビ番組の人気をはかる視聴率は、当該時間を広告主に売り込もうとするITVにとっては無視できないものとなったのだが、視聴権料を正当化するために視聴者の奪い合い合戦にいったん組み込まれてしまえばBBCとても同じであった。

ITVが視聴率戦争の当初の戦いで勝利を得た。一九六一年には、一六歳以上の三分の二近くの国民が、ITVを定期的に視聴していると言っていた。唯一問題があるとすれば、主たる視聴者がC2（熟練労働者階級）であって、より豊かな中流階級のお客様ではなかったということであった。大きな人気を集めたのはゲーム・ショー番組――『お金を倍増しよう』、『一番好きなものを手に入れよう』、『時間内でやり遂げよう』――で、BBCがかつては低劣だとして嫌った種類のものだった。演劇とドキュメンタリーにおけるBBCの優位が脅かされることはほとんどなかった。しかしながら、ITVが単純に水準を下げたと言うのは不公平であろう。マンチェスターを拠点にして放映権を持つグラナダ・テレビ局は、初期の民放局の中でも抜きん出て創造的であった。民放各局が支援するよう強いられた全国向け放送番組『独立テレビ・ニュース』は、イギリスに革新的な演出技術を持ちこみ、ロビン・デイ［（一九二三〜二〇〇〇）、テレビとラジオでの政治インタビュアーの第一人者］やラドヴィク・ケネディー［（一九一九〜）、スコットランド人のテレビキャスター、作家。冤罪事件の追及で知られる］のようなニュースキャスターをテレビの新しい人気者に仕立て上げた。BBCによる模倣は、ひどく視聴率を気にした形でのお追従となった。しかし実際のところは、一九六〇年代には放送網間の競合と交流がBBCに新たな活力を与え、ITVの新奇性の魅力が一旦なくなると、BBCはその市場のシェアをITVから奪い返したのである。

二つの人気のある放送網を手にしたテレビは、まさにマスメディアそのものとなった。一九六四年、BBC2が、より高級な視点を持った第三の放送チャンネル（第三放送のテレビ版というには値しなかったが）として開設され、一九六七年にはカラー放送を始めた。一九六九年には、一〇世帯のうち九世帯がテレビ視聴権利書を購入していたが、その年、テレビはイングランドとウェールズで男女双方の余暇時間の四分の一近くを占めた。これは、単一の競合相手としては最大である庭仕事に費やされた余暇時間の二倍以上に当たる。重要なことだが、どちらも家庭を基盤にした余暇行動であった。全体としてみると、イングランドではテレビがパブに導入されることはなかった（たとえばアイルランドでは導入された）が、しかしテレビは、かつて家庭外で行われていたような余暇追求を楽しめる私的環境を提供した。それゆえ、人々の観る映画本数は減ったのではなく、増えたのである。彼らは単に映画館へ出かけるのをやめたのであり、旧作を家庭のテレビで鑑賞し始めたのだった。しばらくすると新作も、より短期間で決まってテレビで観られるようになり、そのことが映画への資金源をも変えていった。

　同じように、テレビが商業スポーツを駄目にすることはなかった。とはいえ、イングランドのリーグで戦うサッカー・クラブでは、入場料を払ってスタジアムの立見席で観戦する客が一九四九年には四〇〇〇万人を超えていたのに、それから二〇年のうちにその観客の三分の一が消えてしまった。またもや何が起きたのかと言えば、テレビがこの見世物を盗んだのである——というよりも、テレビがサッカー協会に放映権を得るべくお金を支払わなければならなかったと言うべきだろう。一九六六年にイングランドがワールドカップを主催し（優勝し）た時、テレビによるサッカー観戦の人気が確かめられた。それにもまして、観戦スポーツとしては観客数の少なかったラグビー・ユニオンが国際試合をテレビ放映することで利益を受けたし、ウィンブルドンのテニス選手権は小さな画面によく合っていることが確認された。新しいカメラ技術がクリケットの国際試合を放映するために開発され、テレビの前に座る観客がクリース〔クリケットで、ウィケット近くの打者が立つところに引かれた線〕で起こっていることを眺める特権を与えられた。一九五三年に、訪英したオーストラリア・チームからついにアッシズ杯をイングランドが勝ち取ったときには、ブラッドマンを見ることがなかった視聴者も、少なくとも、偉大なるイングランドの打者であるハットン〔（一九一六〜一九九〇）、一九三七〜五五年の間イングランド代表を務める〕とコンプトン〔（一九一八〜九七）、一九三七〜五七年の間イングランド代表を務める〕が最後までアウトにならずに頑張っているのを見る機会に恵まれた。誰にでも観てもらえる機会を提供することが少なかったスポーツ競技——ゴルフ、スヌーカー、牧羊犬競技《シープドッグ・トライアル》——でさえ、テレビを通じて大衆的な支持を獲得するようになった。

　民放テレビをめぐって論争がなされた時点では、メディアのアメリカナイゼーションへの恐れがかなり広く見られたが、当時はハリウッドとの競合によってイギリス映画産業の息の根が止められかねない状況にあったため、なおさらそうだった。放映権を獲得したイギリスの新しいテレビ局が、アメリカの民放テレビの長い経験から多くの方策《トリック》を持ちこんだのは明らかな真実である。昔のハリウッド映画を放映することが広告と広告の間の時間帯を埋める安上がりの方法であったこともまた疑いのない真実である。とはいえ、イギリス市場が相対的に小規模なために、イギリス映画産業はアメリカ映画と競合するのには不十分な基盤しか持たなかったかもしれないが、テレビの場合にはそれは当てはまらなかった。テレビの画面上では、はるかに多くの制作本数が国産だったのである。

それにもまして、テレビの衝撃は、個別世帯の重要性を強調した点にあった。ある程度これは、旧来の対面的な人間関係を直接犠牲にしたものだった。リチャード・ホガート〔（一九一八〜）、ヨークシャー出身の文芸・文化批評家。一九六四年にバーミンガム大学でカルチュラル・スタディーズの研究センターを創設〕は、その著書『読み書き能力の効用』（一九五七年）〔香内三郎訳、晶文社、一九七四年〕でしかるべき成功を収めたが、それは、著者が育った、路上でのつき合いを基盤にした北部労働者階級コミュニティを感受性豊かに（そして学識豊かに）想起したものである。民放テレビが導入される直前に執筆していたホガートは、民衆文化のアメリカナイゼーションならびに民衆文化の価値喪失を（実質的に同質のものとして）批判した。私たちが失った世界は、そのすべての欠点も含めて、ホガートの説得力ある哀歌《エレジー》にぴったり符合していた。一九六二年にグラナダ・テレビ局が始めた非常に人気のある連続テレビドラマ『コロネーション・ストリート』は、この様式を踏襲し、伝統的なランカシャーの労働者階級コミュニティをセピア色に描くことで本物の代償を提供することになったと言えるかもしれない。しかしながら、イギリス労働者階級の再形成は、長期にわたる継続的な歴史的過程であって、一九五〇年代における消費主義の突然の到来のせいにだけするわけにはいかない。

新しい豊かな世帯は、戦間期の消費動向を継承しつつ、テレビ受像機ばかりでなく、掃除機、洗濯機、電気ヒーター、電気調理器など、家庭をより魅力的にし、家事を便利にするさまざまな家庭用品を購入していた。実質換算で消費者支出は一九五二年から六四年の間に四五パーセント上昇し、そのうち最大の支出は食費、飲料費、タバコ代であった。しかし、これらは当然ながら所得がより大きくなれば小さな割合を占めるようになったのに対して、耐久消費財の占める割合は二倍以上に増え、その増加の大部分は一九五九年までの期間に起こった。一九五二年には二五〇万台の自家用車が行き来していて、それは一九三九年の水準をほとんど超えるものではなかった。しかし、一九五九年には五〇〇万台になり、自家用車ならびにオートバイへの消費者支出は、その間四倍になった。この時点だけを垣間見れば、自動車を持つことは中流階級のステイタス・シンボルであり続け、テレビ受像機の所有はもはやそうではなかったことが分かる。実際には、女王の戴冠の時から、自動車免許数の増加は、もっと低い水準ではあるが、テレビの視聴権利書数の増加の跡をたどっていた——一九六〇年代末までのほぼどの時点をとってみても、テレビ受像機を持っていた世帯のうち三分の二は自動車も保有していたのである。そのうえ、一九五九年はオートバイの登録が二〇万台の記録的伸びを見せ、総計で一七五万台となり、一九六〇年代後期まで下落することがなかった。これはオートバイの黄金時代であり、ぱっとしない家族用サイドカーという職人的イメージと、それまでにない十代の豊かさに基盤を持った衝撃的なほどめまぐるしく変わる若者文化との間で均衡を保っていた。

どうみても明らかなことは、いまやより多くの人々がまともな生活水準を享受できるようになったということである。平均週賃金は、一九五〇年には七ポンド一〇シリング（七・五ポンド）であったが、一九五五年までには一一ポンドを超えるまでに上昇していた。これは期間を通して五〇パーセントの上昇であって、生活費のほうは三〇パーセントの上昇であった。一九六四年までに平均賃金は週当たり一八ポンドを超えるようになり、年率で物価の二倍の上昇率だった。それ以上に、戦前の状況と違って、このような利得は大量失業によって制限を受けることがなかった。というのも、いまや労働年齢にあるほとんど誰もが仕事を見つけることのできる労働の売り手市場が存在したからである。新しい国民保険制度が一九四八年に導入されてから一九七〇年に至るまでの間、登録失業者数が平均で二パーセントに達したのは、二三年間のうちわずか八年間だけだった。完全雇用は、ベヴァリッジが述べたように、社会保障の真の基盤であり、国家給付によってでなく、自らの努力で人々が利得を得ることができるようにさせて欠乏に備えるものだった。戦前の長引いた不況の苦い記憶を持つ者にとって、この時代は画期であった。「率直になろうではありませんか。わが国民の大半にとってこんな良い時代はなかったのです」と、ハロルド・マクミランは一九五七年のある集会で語った。

2　イーデンの戦争

保守党は一九五一年に政権に返り咲いたことを自ら幸運だと考えていたので、大部分を反対政党によって決められた政治的検討課題に不満を持たずに合意した。一、二年の間に行われた補欠選挙では世論の支持は反政府に傾き、実際には一議席しか失わなかったとはいえ、政府の地位が不安定であることをよく示していた。イーデンが首相となる頃には、展望はうんと明るく見えるようになり、総選挙近くに行われたサトン・アンド・チームや、オーピントンや、トゥイッケナムのような上品なロンドン郊外選挙区における補欠選挙では、世論は政府支持へと動いていた。一九五五年五月の総選挙は、二〇世紀においてもっとも予想しやすい選挙の一つとなった。それは初めてのテレビ選挙という点で新奇性があったが、政治家はこのメディアを有効に活用する術をまだ学んではいなかった。保守党は、「保守党の下で自由は力を発揮している」というスローガンで戦い、敗北するようには見えなかった。ギャラップ世論調査は、保守党の有利ぶりをやや誇張し、有権者の過半数以上が保守党支持であることを示していた。しかし、過半数に迫った（四九・七パーセント）とはいえ、保守党はこの達成することの難しい栄誉をからくも逃した。保守党は純増でおよそ二〇議席を労働党から奪ったが、ほぼその全部がイングランドの議席であった。また、議席の再配分からもわずかではあるが引き続き利益を受けたため、保守党は議会での過半数を六〇議席上回るまでに増やした。

それでも労働党は、なお高い得票率を確保し、保守党に三パーセント引き離されていただけであった。このような僅差であれば、労働党が自ら作った傷は政権が取れなかった理由としては重要でない、という見解を受け入れることは難しい。党の分裂は労働党に特有のものに見えたし、隠しておくことができなかった。ベヴァンは、左派が握る労働党選挙区支部の人気者であり続け、そうした支部では一貫してベヴァンの支持者を党の中央執行委員会に選出していた。そして中央執行委員会ではベヴァン派が、ブロック投票によって最終的に党を支配していた巨大労働組合の権力ブローカーたちと対立を繰り返していた。運輸一般労働組合（TGWU）をベヴィンから引き継いだアーサー・ディーキン〔（一八九〇～一九五五）、労働組合活動家。強硬な反共路線で知られた〕がカギを握る人物として抬頭し、炭坑労働者の組合（NUM）と、自らが率いる組合（TGWU）と、もう一方の「一般労働者」の組合（GMWU）〔一般・自治体労働組合〕との間に同盟関係を築き上げ、後には機械工組合（AEU）の支持も獲得した。これらの組合は、ベヴァン派にとって、労働党の社会主義への熱望を裏切る右派としか映らなかった。逆にベヴァン派は、よくて熱狂的、悪ければ共産党の同調者だと見られていたが、それは冷戦の時代環境においては説得力を持つ非難であった（とりわけ、労働党の運動には大勢のローマ・カトリック信者がいたことを考えれば、そうであった）。ベヴァン自身は、ソ連には批判的であったが、アメリカに魅了されていたわけでもなかった。ドイツの再軍備が、NATOを強化する一方策として労働党指導部に支持されていたが、そのもっとも声高な批判者はベヴァン派であった。また、東南アジア条約機構（Seato）支持という党の方針に反対したために、ベヴァンは下院議員としての院内幹事の地位を失い、もう少しで党籍剝奪の事態になるところだった。これらすべてが一九五五年の総選挙二カ月前のことなのである。党内の激昂した厳罰主義者が労働組合の連帯の規範を無理矢理にでも課す決意でいたことは明らかであるが、それにもまして彼らには、ゲイツケルが有能な代理人となることがわかっていた。

ゲイツケルをも右派と呼ぶのは、簡便かもしれないが正確だとはとうてい言えない。彼のヴィジョンは、社会民主主義者のそれであって、世紀半ばにはその歴史的使命を使い尽くしていた労働党に適切な役割を探すことにあった——それは、彼の信奉者であるアンソニー・クロスランド〔（一九一八～七七）、労働党の政治家。教育相（一九六五～六七）、商相（一九六七～六九）など歴任。労働党修正主義派の代表的論客〕が『社会主義の未来』（一九五六年）〔関嘉彦監訳『福祉国家の将来』論争社、一九六一年〕で展開しようとしていた見方である。それは、社会主義をさらなる国有化の手段と同一視するのではなく、統制された混合経済の成長を通して社会的平等をさらに推し進めるという戦略を描いていた。しかしながら、ディーキンがゲイツケルに見たものは、単純に、ベヴァンに立ち向かう用意がある、さらにはベヴァンに反対して立つことのできる、ベヴァンと同世代（実際にはベヴァンより八歳若かった）の一人の政治家であった。最初は一九五四年に労働党の財政担当の地位をめぐってゲイツケルがベヴァンに挑戦したが、ブロック投票のおかげでゲイツケルが勝利した。そしてアトリーが引退し、モリソンに陰りが見えた後、ゲイツケルは一九五五年一二月の党首選でベヴァンを破ったのである。

ゲイツケルはベヴァン一派と内紛を続けたいとは思わなかった――いったい彼がそうしなければならないどんな理由があっただろうか？――が、党内の亀裂には癒しがたいものがあった。政策上の違いは小さかったが、ベヴァン一派とゲイツケル一派との間の個人的な憎悪は深刻であった。ハロルド・ウィルソンは、一九五一年にベヴァンとともに辞任したことがあったためベヴァン派だと目されていたが、実際のところ彼は両派のイデオロギーの見栄の張り合いにはうんざりしていたし、指導部とはすでに和解を果たしていた。ベヴァンにしてみても今や影の内閣への入閣を歓迎され、ゲイツケルのもとで、あるいは少なくもゲイツケルと共に、ぎこちなくはあっても自らを納得させて仕事をしようとしていた。一年とたたないうちに、彼らは驚くほどに効果の上がるパートナーシップを確立した――このときは、外交政策の明らかな危機によって、分断されるのではなく結束したのである。

イーデンは、もちろん、自身の外交政策を遂行しようと決意していた。外交は、二〇年にもわたる閣僚経験によって彼の信用が裏打ちされた分野であった。イーデンの問題は、海の向こうにあるのではなく、国内政策に自分の刻印を残せるかどうかにかかっていると一般に思われていた。そしてこの点に関しては、部下が自分の足を引っぱったのだと、イーデンは確かに主張できただろう。一九五五年春のバトラーの予算案は、総選挙の前に所得税減税を行うものであったが、新たなポンド危機を財政緊縮によって抑えこむために、秋の予算案が追加される必要があった。そしてこれは、わずか数カ月前にばら撒かれた国家歳入の二倍の額を回収することになった。悪賢いやり方と見なされようが、無能と見なされようが――バトラーは妻の死によってもたらされた哀しみに深く覆われていた――、これはバトラーが辞任しなければならないことを意味した。イーデン自身の介入は、自由主義市場のイデオロギーというよりも社会的良心によって駆り立てられていた。ロボット計画の息の根を止めた後も、彼はさらにパンへの補助金撤廃を拒否して、内閣における自らの権威を確立しようと努力した。

イーデンの首相職が効を奏すか完全な失敗に帰すかを決した問題は、いかんともしがたいことに外交分野に残された。三つの環が交差する場所にイギリスは位置するというチャーチルの考え――そして、原則としてどの側に立つことも拒否するという立場――は、その時点でなおイギリスの外交政策を導く暗黙の了解だった。マクミランは国防大臣を短期間務めた後、外務大臣になっていた。彼は配置が難しい男であった。それというのも、実現不可能な考えをあまりに多く抱いていたし、自分自身の役割についてもそうだったからである。彼がもし内閣で一番真剣なヨーロッパ贔屓だったとすれば、それは、他の閣僚がいかに真剣さを欠いていたかということに他ならない。というのも、マクミランには、他の閣僚以上にヨーロッパに真の優先順位を与える準備があったわけではないからである。「帝国は常に最優先されねばならない」と彼は公言した。すなわち、「ヨーロッパはその次」であった。それゆえ、西ヨーロッパ統合の発展過程に対して外務省があからさまに見せた頑固な疑念には、何の文句もつけられなかった。

一九五〇年にイギリスが参加を拒否した石炭鉄鋼共同体は、そうこうしているうちにも、大陸の六つの加盟国に大きな成果をもたらしていた。一九五五年六月には、六カ国はメッシーナ［イタリア、シチリア島北東部の港町］で会議を開き、より広範囲な経済連合を確立し、ヨーロッパ規模の適切な組織体制を計画することを協議事項として承認した。イギリスはその後行われた交渉に参加するよう熱心に招かれたが、最初は躊躇し、その後には言葉を濁し、結局は撤退した。イギリス以外の六カ国は、空席があったにもかかわらず迷わず先に歩みを進めた。イギリスの問題は、当時とりわけ不安定な関係に陥っていたアメリカ合衆国——道徳家である国務長官のダレス［（一八八八〜一九五九）、アメリカの国務長官（一九五三〜五九）。共和圏諸国を道徳的悪と見なす外交政策を展開］をイーデンが嫌っていることにそれは集約されていた——からもたらされたのではなかった。事実、イギリスの参加を奨励するのが合衆国の政策であり、アメリカ国務省とのやりとりでヨーロッパ主導に常に批判的だったのはイギリス外務省であった。英連邦が、より難しい問題として立ちはだかっていた。一九四八年でもなお、四つの自治領がイギリスの貿易の二五パーセントを占めていた。オーストラリアは、輸入の半分をイギリスに頼っていた。それらは、平時と戦時において築かれたさまざまな絆であった。しかしながら、それらの絆が当時イギリスの足枷になったとすれば、それはスターリング地域が、二〇世紀後半になってもイギリスの諸利害を維持する、すぐれて有効な手段だと見なされていたからに他ならない。こうした地球規模の大国だという自惚れは、ポンド通貨の役割やそれに付随する地政学的な戦略に象徴されていたが、それらに比べれば、メッシーナ以後机上にのっていたものは哀れなほどに不十分だと思われたのである。こうしてイギリス外務省は、ヨーロッパ六カ国が乏しい諸資源の共同市場への結集にとりかかるかたわら、疑い深い見下した態度で見守っていたイギリス世論の雰囲気をつかむことに成功したのである。

イーデンには料理すべきもっと大きな魚があった。メッシーナで始まった交渉過程からイギリスが撤退した一カ月後の一九五五年一二月、彼はマクミランを大蔵省に移し、代わりにそれまで目立つことのなかったセルウィン・ロイドを外務大臣に任命した。きっちりした法律家精神をもつロイドは、有能な腹心であることが分かった。つまり、（揺るぎないと同時に報われることもない忠誠心を持った）忠実な右腕であるだけでなく、細心の注意を払って上からの命令を実行に移すことのできる副官的人物でもあった。首脳部の政策は、ロイドが気づいたように、首相の周辺にますます集中する実力者集団によって作られることになった――皮肉なことに、これはネヴィル・チェンバレンの政策形成の手法を思い起こさせる。チェンバレンはイーデンが初めて仕えた首相であった。

しかし、その政策の中身は、どんなことがあっても、チェンバレンのものとは異なる必要があった。決断力に欠けるという保守党系の新聞の嘲りに傷つけられたイーデンは、宥和の素振りを少しも見せずに、決意してあらゆる面で自分がチャーチルの後継者だと見えるようにした。イーデンの私的な部下は、彼の激しい気性をよく知っていた。それはうまくいかなかった手術の結果近年悪化したもので、ストレスがたまると自制がきかなくなった。一九五六年の夏、イギリスの東方への歴史的な通路であるスエズ運河をエジプトの指導者ナセル〔一九一八～七〇、エジプトの軍人、政治家。首相（一九五四～五六）、大統領（一九五六～七〇）〕が国有化した時、当然ながらストレスが訪れた。考えを二転三転させながら、フランス、イスラエル、アメリカ、そして国連を巻き込んだうまくいかない事件の経緯に、イーデンは激しく反応した。首相の部下はまもなく、彼が「ナセルをムッソリーニに比するほど、極端に反ナセル」であることに気づいた。

それはあまり適切な比較ではなかったかもしれないが、そう言ったのはイーデンだけではない。ゲイツケルも八月に下院で同じような発言をした。宥和政策の教訓を学ぼうとする決意は、戦後のあらゆる危機に見られた。スターリンにもヒトラーのような領土的野心があったと考えるのは、深い歴史的洞察を示すものではないかもしれないが、理性的な対応を引き出すのは注意深さであるから、そう考えるのは確かに妥当ではあった。しかしながら、ナセルをこの同じ役割にあてはめるのは、想像力に欠けるか、想像力過剰のどちらかのように思われる。ナセルはロシアとつながっているというイーデンの一貫した考えは、先見の明があるというよりは偏執症のように見えるのである。事実は、エジプトがナイル河のアスワンにダムを建設したかったということであり、それがドルで支払われようとルーブルで支払われようと――あるいは運河の徴収料で支払われようと、あまり気にしていなかったということである。本当の問題は、イギリスのどのような反応が適切かということであった。

中東危機といえるものがそれ以前の一九五一年にもあった。労働党政権の最後の数カ月のことである。アバダン〔イラン南西部の国境の都市で石油基地を擁する〕にあったイギリス＝イラン石油会社（一九五四年以降は、略してBP〔ブリティッシュ・ペトロリアム〕としてよく知られている）の資産が国有化された。モリソンは国有化政策を自身で進めておきながら、社会主義者の外務大臣にふさわしい対応は一隻の砲艦を派遣することだと考えた。ゲイツケルはこれを止めた閣僚の一人であったが、それは、イギリスの資源不足およびアメリカの支持の欠如が、十分な理由もないままでのアラブ世界との対立を著しく不利益にするという理由に基づいていた。これは、栄光ある対処とはとても言えなかったので、保守党がアバダンをしかるべく政治的に利用して得点を稼ぐことになった——これは一九五六年にスエズをめぐって保守党が異なった行動をとるべく動いたもう一つの理由であった。

長きにわたるイギリスのエジプト占領はようやく終わりを迎え、イギリスはキプロスの基地を選好して、運河地帯からは撤収していた。運河の経営を統括する条約は急速に消滅へと向かい、イギリスの法的権利はせいぜい無駄な財産でしかなかった。一九五六年七月の国有化の直後に開かれた閣議が受けた助言は、ナセルが非合法的に行動したというイギリスの主張は脆弱な根拠にもとづいているというものであった。その後の三カ月間に首相が没頭したのは、軍事力の使用にもっともな公の理由を見つける試みであり、内心、彼はそのことにますますこだわった。イーデンが介入のための地ならしをしようと外交に訴えれば訴えるほど、状況は一段と悪化した。当初はキプロスから行う緊急事態に備えた軍事行動計画を立てるのに時間がかかったけれども、いったん軍の準備ができると、そこには行動にむけた固有の気運が生まれた。表向きには外交的解決を狙っていても時間ばかりを費やす国連の茶番劇に対して、介入を決めていた者たちはしだいにいらだった。マクミランは、自分の日記でナセルとヒトラーの区別をしなくなっており、介入を主張する重要人物であった。マクミランはアメリカ側との交渉では自分の本当の感情を押し隠すことを余儀なくされたが、それはアメリカ側が道徳的な高邁さという一線を維持することに固執したためであった。ところがマクミランは、彼特有のシニシズムのため、アメリカ側がとるであろう対応をまったく見誤ることになった。「私はアイク〔アイゼンハワー大統領〕を知っている、彼はじっとしたまま動かないさ！」と言って、マクミランは同僚を安心させた。

国連でのロイドの方針は、無邪気なことに、国際的な運河利用者の権利の保護に関することばかりであった。しかしながらイーデンは、ロイドが留守の間に、イスラエルとすでに連絡を取っていたフランス（しかもそのことを恥じていなかった）と戦争計画を練っていた。イスラエルがエジプトを攻撃すれば、イギリスとフランスは、和平調停者のふりをして介入する口実を持つことになるのであった。そしてこれを仕組んだ舞台裏の共謀は、イギリスの「治安維持行動」に対するアメリカの黙認を取りつけることを何よりの目的としていた。初めは計画通りに事が進んだ。イスラエルは予定通り一〇月二九日にエジプトを攻撃し、イーデンはただちに両国に対して最後通牒をつきつけた。それは介入の脅しによって裏書きされたものであり、したがって国連を通じた行動に先手を打つものであった。国連は感情を害し、原油の制裁措置を後ろ盾に、イギリスとフランスに侵略者の烙印を押す決議を重々しく行った。英連邦からの一致した支持はなかった。オーストラリアは賛成していたが、カナダは反対していた。それ以上に、アメリカで再選を狙っていたアイゼンハワー大統領が自らの力を誇示したのである。アイクは、じっと動かずにいなかったばかりでない。彼は、イギリスの勝手なおとぎ話を信用してほしいと依頼された際、自らの批判的精神を抑えることさえもしなかった。マクミランの陽気な予想はじきに忘れ去られた。少なくも、今や批判攻めにあう大蔵大臣となって、自分の立派な言葉に対して高くついた費用を勘定していた当の本人は、そうした。ポンドに対するアメリカの支持がいったん引っ込められると、スターリング地域の通貨準備高は壊滅的に減少したが、手痛い経験をしたマクミランは、同僚への報告においてその大幅な減少を軽視するようなことだけはしなかった。

この時までにスエズは、イギリスにおいて意見の対立する政治問題になっていた。確かに、ナセルをあからさまに擁護する者はほとんどいなかった。彼の敵であるイスラエルは、それよりも複雑な感情を人々の間に呼び起こした。外務省は、その伝統的な親アラブ路線にもかかわらず、単純に、敵の敵は友であるという格言に則って行動した。イギリスにおけるイスラエルの真の友人は明らかにシオニストであったが、彼らはとりわけ労働党で力を持ち、何よりもユダヤ人の民族的母国建設のための運動を行っていた。八年しかたっていなかったが、イスラエルの国家建設はイギリスにではなく、テロ活動も含むユダヤ人自身の活動に負うものであった。ベヴィンが取り仕切っていた戦後のパレスチナにおける国連の委任統治は、誰をも満足させられなかった。自由に移住することを望んでいたユダヤ人大虐殺の犠牲者も、土地を追われたパレスチナ人も、国連も、ベヴィンの外交政策全体の本質に対するいらだちをこの問題に激しくぶつけていた左翼のシオニストも、満足しなかったのである。一身に非難を背負う役割を拒んだベヴィンは一九四八年に退散と言うほかない政策を実行し、ユダヤ人に軍事力で新しい国家を建設する自由を与えることになった。イスラエルは、ユダヤ人の歴史的苦難贖罪の現存する象徴であり、左翼にとってはなお偉大な大義であった。しかしながら、この贖罪がパレスチナ人の犠牲によるものであることを認識していた人はほとんどいなかった。労働党の多くの人はイスラエルの成功に感情的に肩入れしたままであり、また、両民族が共に行動していることをイギリス政府が強く否定したことによって、両国の違いを維持することが容易になった。

イギリスでは、他の点での相違の程度がいかなるものであれ、野党のほぼすべてがイーデンの一方的な武力行使を非難した。この時点において、中流階級の自由主義的な世論は反保守党に鞍替えしたのであり、結局は自由党に政治的な将来を約束することになった。一つの象徴は、日曜新聞『オブザーヴァー』紙の反スエズ介入の立場であるが、これは、それまで相当大きな割合を占めていた保守党支持の読者を犠牲にしてのことであった。対照的に、労働党の労働者階級の支持者がこの問題に大きく動かされたことを示す印しはほとんどない。それは、古い中流階級的良心の政治的選択《ポリティクス》を思い出させるような問題だったのである。イーデンとゲイツケルはお互いに、相手が自分を欺いてきたと考えていた。今では彼らはとことん馬が合わず、イーデンは国連に対する生涯をかけた献身を放棄する裏切りだと非難され、労働党はもっと直截に、非愛国的だという烙印を押された。ベヴァンはトラファルガー広場の大野外抗議集会で、少しも自制することのない演説をぶっていた。ゲイツケルは首相の交戦を告げる放送に対してテレビ上で返答する権利を得るのに成功したが、それは、BBCの独立性をめぐる新たな内部危機を引き起こしただけでなく、国家への忠誠を欠くとの批判を保守党から受けることになった。保守党はスエズについてはほぼ一致しており、バトラーのような懐疑派も、いったん冒険が開始されると、その疑念を引っ込めたのである。

　しかしながら保守党は、内閣が突如撤退を決定した途端に分裂することになった。イギリス政府の実際の目的と、公言していた目的との間の齟齬は、単にその主張の道徳的不備にとどまらず、戦略的にも機能しえない一貫性の欠如をもたらした。イスラエルが不都合にもすばやい勝利を収め、エジプトは戦闘を中止したために、イギリスの開戦の口実は一週間とたたないうちに消えうせた。それゆえに、イーデンの描いた物語は、まさに物語として、今や瓦解した。そうした口実で戦争に入るふりをしてきたからには、国連軍を優先しイギリス軍は撤退するということが合意された際に、イーデンはこの結果に満足するふりをしなければならなかった。一方、現場では、停戦時までに真の軍事目的は何一つ達成されていなかった。運河そのものは、エジプトが船を沈めて妨害したため機能が麻痺したままであった。そして何よりも、ナセルは生き延びて他日を期すことになった。もとより、イギリスの戦争目的が明確だったことは一度もなく、口実を維持する必要から幾重にもかさなる曖昧さに包まれていたのであって、それが英米関係を損なうことにもなったのである。いったん作り話が吹き飛ばされると、イギリスには二重の罪があるように思われた。エジプトに対する侵略の罪だけではなく、大いなる同盟国を計算ずくでだましたという罪である。

　軍事行動としては、スエズは幕間劇のようなものであった。エジプト側の死者はわずかだったし、イギリスの死者はもっと少なかった。ジョン・オズボーン〔一九二九〜九四、劇作家。「怒れる若者たち」世代の代表的作家〕の戯曲『寄席芸人』（一九五七年）では、舞台裏においてスエズにいる一人のイギリス兵が死ぬが、その死が持つ重要性は明らかに統計上のものではなかった。それでもやはり、スエズの重要性を低く見積もるのは確かに間違っている。強大国ならば疑いもなく、イギリスが一九五六年にしたことよりはるかにひどい行動をとってもうまくやり過ごすことができたのであって、一九五六年が国際的な横暴の長い歴史におけるもっとも悪名高い日付だとは言えない。ちょうどスエズの時期、ソヴィエト連邦はハンガリーの自主統治を求める闘いを潰すために戦車を送った。ソ連は罰を受けずにやり遂げたが、それが、好都合な時期に西側帝国主義諸国によって展開された陽動作戦のおかげだというのでは、部分的にしか説明したことにならない。残酷なまでに単刀直入にスエズが実証して見せたことは、イギリスはもはや強大国の一員ではないこと、強大国のルールでプレーする能力がもはやないこと、そして誤魔化そうとすれば単に笑止千万に見えるということであった。

これは、イーデンの国際的政治家としての長い経歴にとっては悲しい結末だった。この危機は彼を葬り去った。彼の必ずしも良好とはいえない健康はもたなかった。イギリス軍の撤退が行われている間、首相自身も療養のため西インド諸島へ撤退した。イーデンが不在の間、スエズ介入の賢明さを常に疑っていたバトラーが、臨機応変の才と懐柔とを駆使しつつ、受けた傷を最小限に食い止めようとした。これが、旧世代の宥和主義者としての彼の常套手段だった。というよりも、敗北からなお立ち直れずに苦悩していた多くの保守党支持者がそう見なしたのである。スエズの真の受益者はマクミランであった。彼の英雄だったチャーチルがナルヴィク［ノルウェー北部の不凍港で、一九四〇年にイギリス海軍が大失敗に終わる作戦を展開］後にしたように、ある程度は自分自身が原因で作り出した災難を無傷で切り抜けたのである。マクミランが理解したことは、撤退が間違いなく必要だということだった。しかし、それは、鉄面皮の素振りのもと、誰にも気づかれずに行わねばならなかった。反米右派の保守党議員は、唯一の間違いは軍事作戦を中止したことにあると考えていたが、彼らもマクミランのやり方を好んだ。一九五七年一月にイーデンが帰国して首相を継続することができないことが明らかになった時、バトラーが引き継ぐだろうということが依然として予想されていた。しかし、女王に助言を与えるための、内閣の意向を探るためによく使われた非公式の過程において、マクミランへの強い支持が示された。彼は一九五七年一月に連合王国の首相となったが、それはヨーロッパ経済共同体（EEC）を樹立した六カ国によってローマ条約が調印されるほんの二カ月前のことであった。

3　「スーパーマック」

大方の予想に反して、後継の権利は年長者に手渡されたのであり、一九五〇年代後期に自らの刻印を残したのはバトラーではなくマクミランであった。二人は互いに警戒しながら共に仕事をした。バトラーは、内相となり、副首相の肩書きを得たが、それは政府で二番目に重要な人物という点で正しかった。唯一正しくなかったのは、自動的に彼が逆の立場を手に入れることになるとにおわせた点であった。内務省において、バトラーは信頼できる人物であった。党大会で儀礼的に示されたように、多くの草の根保守党支持者の権威主義的な気質から内務省を冷静に守ることができた。経済的というよりも社会的な政治課題に直面することになったが、バトラーは、大蔵省時代よりも内務省時代のほうが実際にはよりバツケリズム的であった。

保守党の国内政策に戦後の息吹を吹き込んでそれを魅力あるものにしたのは、誰よりもバトラーであった。自由主義者としてのバトラーの信用は、スエズ以降には彼にとって逆風となり、その一方でマクミランは当初、帝国主義者であり反米右派である「スエズ・グループ」［スエズからのイギリス軍の撤退に反対した保守党議員グループ］によって持ち上げられた。しかしながら、この二人のライバルの間には真の相違はほとんどなく、いったん政府の政策が実施され始めると、内政においても外交においても、右派は自分たちがまたもや周辺へ追いやられているのを知ることになった。マクミランは猫かぶりを「得意」としていたので、それが明らかになるのには時間がかかった。首相は、マクミランが昔から演じたがっていた役柄であり、事実彼はそれを演じて、幕間ではインスピレーションと気晴らしを求めてお気に入りの作家トロロープを読んだ。彼のエドワード七世時代風の大仰な振る舞いはもう少しで自己風刺と化す危うさを持っていたが、シニカルに勝ち負けを見定める一人のすぐれた知者［マクミラン自身］にとってはそれが大いに効果的な仮面だということが証明された。議会へ出る前にはひどく神経質になることもあったが、世間においては、彼の「ゆるぎなき冷静」な雰囲気がマクミラン神話の一部となった。

最優先事項は、合衆国との同盟関係を再構築することであった。マクミランは、アイゼンハワーとの旧知の仲を恥じらいもなく利用したが、アイゼンハワーは、幸運にも過去の事を根に持たない冷静な人間であった。バミューダの会議では事がうまく運び、公的な和解を生むことができた。この個人的なつてに頼った外交が特徴となり、ロイドはそれを忠義深く受け入れることができた。彼は外務大臣の職にとどまっていたが、それは、彼を更迭すればスエズに関して大いに非を認めたように見えるだろうとマクミランが抜け目なく判断したためである。チャーチルが戦線離脱した地点をマクミランは引き継いだ。そのチャーチルは頂上会談を求めていたのだが、それにはまだイギリス代表が加えられるものと想定されていた。マクミランの一九五九年のモスクワ訪問は、核兵器の実験を禁止するという合意に達するのに一定の役割を果たしたかもしれないが、その主たる効果は、総選挙を目前に控えて、世界を股にかける政治家だというマクミラン自身のイメージを盛り上げる点にあった。彼の白い毛皮の帽子は、見栄えのする写真を作るのに役立った。

イギリス独自の核製造能力には、今や太平洋でイギリスの水爆実験がなされ、高い優先権が与えられていた。バミューダ会談以後、それは合衆国の協力を通じて実施されることになり、見返りとして合衆国のミサイルは、イギリスの基地の無制限使用を認められることになった。実際、核戦略は国防大臣ダンカン・サンズ［(一九〇八〜八七)、保守党の政治家。住宅相（一九五四〜五七）、国防相（一九五七〜五九）、植民地相（一九六二〜六四）など歴任］が一九五七年に提出した政府白書の基礎となり、ソ連が西ヨーロッパに侵攻した際には大規模な報復を行う方針を宣言した。このような政策の魅力は、その恐るべき危険にもかかわらず、費用が重荷になっていたイギリスの従来型国防費の大幅な縮小を可能にした点にあった。徴兵制の廃止が予定され、それが数年後に実施された際には、イギリス軍の人員は半減する結果となった。この節減は予定された五年間のうちには実現しなかったと言われることがあるが、実質において大幅な節約がなされたのである。はっきりしていることは、一九五〇年代中頃には

GNPのほぼ一〇パーセントをあらかじめ占有してしまっていた国防費の負担が、一九六四年には六パーセントにまで切り詰められたことである。ここに政治的な逆説がある。というのも、祖国防衛のための自分たちの献身は特別なものだという保守党の主張《レトリック》にも関わらず、バターよりも銃を優先したのは労働党であった——何を優先するかが今や逆転したのである。資源利用に関する国のこの立場の変更が持つ基本的な魅力を理解することは難しいことではない。国全体の歳入のうち一〇〇ポンドごとに、三ポンドないしは四ポンドが以前は兵器を支払うための税金として消えていたのが、納税者自身の懐に残るようになったのである。

　この重大な再評価によって、イギリスの自力による核抑止は、スエズで非常に高くつくことが証明された帝国という野望に取って代わる（相対的に）安価な代替物となった。ポンド通貨が、イギリスの弱き環であることも明らかになった。海外での肩入れを減らすことは、国際収支への重荷を軽減することになった。キプロスは誰の目にも明らかな事例であった。ギリシャとの統一の要求は、イギリスによって強固に反対された。ギリシャ民族とトルコ民族との間に集団的暴力が起こる可能性が高いために「絶対に」撤退することはできないとイギリスは弁解し、さらに、ギリシャ正教の大主教マカリオス〔（一九一三〜七七）、キプロスの聖職者、政治家。キプロス共和国初代大統領（一九六〇〜七四、七四〜七七）〕が激化していたテロ活動に関わっていることも示唆しようとしていた。しかしスエズは、ゲームが終わったことを示していた。一九五七年にマカリオスは監獄から釈放され、一九六〇年には独立国家の指導者〔大統領〕となり、イギリスの軍事基地は縮小されたのである。

　キプロスの場合、「絶対に」とは結局六年間を意味することが分かった。また、イギリスのアフリカ帝国には、独立までの新しい時間の物差しがまもなくあてがわれようとしていた。アトリーのインドでの経験から学んだマクミランは、友好的な独立後の体制へのより迅速な権力の委譲に対して失望を表すまいと平静を装った。この戦略は、もともとは、非常に影響力をもった植民地官僚であり外交官であったサー・アンドルー・コーエン〔（一九〇九〜六八）、ウガンダ総督。（一九五二〜五七）、海外開発省事務次官（一九六四〜六八）。アフリカ諸国の自治を推進した〕の着想であった。ここにおいて少なくともイギリスは、事態がきわめて困難なものとなる兆しを見てとることができ、自らの帝国を清算するにあたって、フランスやベルギーやポルトガルなどの他のヨーロッパ諸国よりも如才なく行動したのである。黄金海岸のエンクルマ〔（一九〇九〜七二）、ガーナ初代大統領（一九五七〜六六）〕は、彼に先行するネールと似ていて、あたかも共謀するような過程をたどった。つまり彼は、獄中において民族主義者としての信任を得た後に、独立国家の指導者となったのである。こうして一九五七年にガーナは英連邦における最初の黒人共和国となった。しかし、このような帰結は、白人の植民者が高い割合で居住する植民地よりも、西アフリカにおいて達成しやすいものであった。

　ケニヤでは、権力の委譲は対立なしには済まされず、流血が見られた。一九五〇年代初めにイギリスは、マウ・マウの運動〔イギリスの植民地支配とそれに協力する者を標的にしたキクユ族の反乱〕を悪魔的であると決めつけ、投獄された民族主義者の指導者ジョモ・ケニヤッタ［（一八九四?～一九七八）、ケニヤ初代大統領（一九六四～七八）］と結びつけようと画策したのだが、それは残酷な遺産を残すことになった。一九五九年、その残酷さは、ホーラ収容所の囚人多数の死というかたちで白日の下にさらされた。これは、植民地における人種差別主義と不正というありふれた物語であるが、はるかかなたのウェストミンスター議会の繊細な良心が収容所の恐怖を知ってひどく動揺するのではないかと恐れた現地の者たちによって、本能的に隠蔽されたのである。このスキャンダルは政府にとって間が悪かったが、重大な打撃にはならなかった。脱植民地化の速度を上げるというマクミランの決意は固く、一九五九年にはイアン・マクラウド［（一九一三～七〇）、保守党の政治家。保健相（一九五二～五五）、労働相（一九五五～五九）、植民地相（一九五九～六一）、蔵相（一九七〇）］をその任務を果たす植民地大臣に任命した。マクラウドはやり手の、保守党リベラル派の上昇中の星であって、数年のうちに実質的に仕事を成し遂げた。ナイジェリアが一九六〇年に独立し、シエラ・レオネ、ガンビア、ウガンダがまもなくそれに続いた。テロリストから責任ある指導者に然るべく転換したケニヤッタとともに、ケニヤが一九六三年に独立した。

中央アフリカにおいてのみ、この退散という政策はつまずいた。地球上のあちこちにある脆弱な諸連盟が、一時的にだが植民地省の封筒の裏に殴り書きされた地政学的計画の記念碑となった――西インド諸島連盟、マレー半島連盟、そして何よりも一九五三年に創設された中央アフリカ連盟がそうである。中央アフリカ連盟は、いずれも圧倒的に黒人の多いニアサランドと北ローデシアと、南アフリカ型の白人優越主義者の政府が長年にわたり堅固に確立されていた（南）ローデシアとを一緒くたにまとめたものである。しかし一九六〇年には、そのような、尻尾で犬の胴体全体を振り回すまねはできなくなっていた。マクミランは、大きく報道されることになったケープ・タウンにある南アフリカ議会での演説で、「変化の風」について語った。モンクトン（「油差し」）が中央アフリカ連盟の実現可能性について報告するよう送り込まれた際には、チェコスロヴァキアの実現可能性について報告するようにランシマンが送り込まれた時のことが思い出された。それは、意見が対立する領土の過半数を超える者の願いに沿って実施されたにもかかわらず、背信行為が間近に迫っていることを白人居住者に警告することになった。ニアサランドと北ローデシアが離脱するのは自由だというモンクトンの提案は、連盟に暗い運命を投げかけた。一九六三年のこの埋葬を取り仕切るのはバトラーの手に任された。彼は比類なく悲しげな魅力をもって取り行い、かくしてマラウィ（ニアサランド）とザンビア（北ローデシア）独立への道を敷いた。ローデシアという取り扱いの難しい問題を別にすれば、脱植民地化は宥和主義者たちの最良の時だったと考えることもできよう。

しかしながら、このようなイメージはマクミランにはなんの魅力も持たなかった。彼の日記は、そのヴィジョンが一世代前に決定的に形成された一人の人間を示している。自治領を訪れた際に、彼は相変わらず「古き国」について語った――南アフリカにおいてさえそうであった。どんな変化の風も、マクミラン自身が望むのでなければ、彼自身の政策から生まれた多人種主義の英連邦から南アフリカを吹き飛ばすことはなかった。マクミランはアパルトヘイト（人種隔離政策）への原理的固執を間違いだと考えていたかもしれないが、一九六一年に決定的な転機が来た際には、「白人植民地」の隊列と袂をわかって英連邦からの南アフリカの追放に動いたカナダを苦々しげに非難した。中東についても話は同じで、アラブ民族主義の真正さに対する理解を欠いていた。それが、西側（あるいは東側）との従順な従属国関係の終焉を意味するものであったというのに。スエズへの対処の間違いを認めなかったことは、イスラエルとの共謀をいつまでも隠し通そうとした試みに象徴されていた。そうした否認は、マクミランのより愚かな支持者たちの利益を慮った、わかりやすく、不正直な、体面を保つための手の込んだやり方であったばかりでなく、マクミラン自身の態度の表れでもあった。彼はいまだにナセルをフェズ［トルコ帽］を被ったヒトラーと見なす偏見を抱いていたのである。

　マクミランの底知れぬ二面性は、政治的には貴重な財産であり、保守党右派を黙らせるのに役立った。彼らは、首相の政策が彼の弁説と釣り合っていないという事実を直視することがなかった。スエズそのものが保守党に選挙の上で打撃を与えたという証拠はほとんどない。というのも、選挙が行われる以前に、保守党はすでに労働党に相当な遅れをとっていたのである。それでもなお、補欠選挙は政府にとって打撃であった。政府は一九五七年二月に、社会階層が入り混じったロンドン郊外のノース・ルイシャム選挙区を労働党に奪われた。一二カ月後に保守党は、古い綿業都市ロッチデールを労働党に奪われたが、それは労働党の得票が増えたからでなく、テレビスターである自由党のラドヴィク・ケネディーの立候補が後押ししたのであった。前回の総選挙で立候補さえしていなかったケネディーは投票数の三六パーセントを獲得し、そのほとんどすべてが保守党からであった。わずかひと月後には、アスキスの孫であるマーク・ボナム＝カーター［一九二二〜九四、自由党の政治家］がデヴォンのトーリントン選挙区を保守党から奪い、それはあたかも自由党の復活、あるいは少なくとも再発見のように見えた。一九五八年夏の半ばまでには、保守党は全部で四議席を失っており、うち二が自由党、二が労働党に取られていた。

　政権半ばに政府への投票がこのように失われることは、選挙の周期においてやがて当たり前になっていく。しかしそれは、戦後初期の政治の特徴ではなかった。一九五七年までの補欠選挙ではわずか一議席が取って代わられただけで——しかもそれは政権党が獲得していた*。かくしてマクミランは、首相になった最初の二年間は、何があっても冷静に事を進める能力を必要とした。彼の偉業は、まず自分の権威を自らの政府に課すことに成功した点にあった。それはイーデンが決してうまくやり遂げられなかったことだった。その後で、次第に確かなかたちで世論を自らのものとしたのである。

＊　サンダーランド南選挙区は、一九五三年五月に労働党から保守党の手に渡った。一九四六年に争われた、二つの大学議席と一つのアルスター議席は、勘定に入れていない。一九四八年一月のグラスゴー・カムラチーも除外した。その議席は一九四五年には独立労働党が獲得したものだったからである。

失業率の上昇――二パーセントが高く見え始めるという程度の上昇ではあったが――に直面して、マクミランが見捨てることに決めたのは、彼自身の広い意味でのケインズ主義的優先事項ではなく、大蔵大臣であった。戦前の自分の選挙区だったストックトンにおける失業者の行列の記憶によって行動に駆り立てられたのは、マクミランだけではなかった。それは、たとえどれほどインフレの危険があろうと拡大措置を取るべきことを意味する婉曲的表現として、マクミランが大蔵大臣の時代に仕えた大蔵省の勇士たちにも馴染み深いものとなっていた。一九五七年一月、大蔵省のその空席はピーター・ソーニークロフト〔（一九〇九〜九四）、保守党の政治家。商相（一九五一〜五七）、蔵相（一九五七〜五八）など歴任〕によって埋められた。彼が健全財政に固執していたことは周知のことであったし、それにもましてさらに強硬な見解を持つ二人の政務次官《ジュニア・ミニスター》、ナイジェル・バーチ〔（一九〇六〜）、保守党の政治家。大蔵省経済担当副大臣（一九五七〜五八）〕とイノック・パウエル〔（一九一二〜九八）、保守党の政治家、のちにアルスター統一党に所属（一九七四〜八七）。大蔵省金融担当副大臣（一九五七〜五八）、保健相（一九六〇〜六三）〕によって補佐されていた。おそらくマクミランはこれを、インフレ圧力が高まっていること――一九五七年の小売指数は先行する一二カ月間に対して四パーセント近い増加を示していた――への不安を沈静する戦略、とりわけシティにおける不安を静めるための戦略と見ていた。いずれにしても、輸出がその時点で記録的な水準にあって貿易指標が確かなものであり続ける限りは、大蔵省はくつろいだ態度でいられた。

しかしながら、一九五七年の夏に突如ポンド危機が訪れた。危機は、政府支出が統制できない状態にあるのではないかとの懸念によって深刻化し、ついには通貨切り下げの話になった。バーチとパウエルによって援護されたソーニークロフトは、通貨供給を統制し、公共支出の水準を固定する戦術に打って出た。彼は自分の意見を通すことに成功し、公定歩合を一気に二ポイントも上げて七パーセントにしたが、それはロイド＝ジョージの連立政権が一九二〇年にデフレ政策をとって以来の最高水準であった。しかしながら、閣内では、かつて際限なく予算を使っていた保健相であり、今では微妙な問題を扱う労働相の職務に精を出していたマクラウドが、失業率を三パーセントまで引き上げかねない施策に対する抵抗の先頭に立っていた。失業率三パーセントというのは、当時ようやく完全雇用の公式定義として承認されたものである。家族の二人目の子供に対する手当の支給を打ち切るというソーニークロフトの提案は、政治的な理由でマクラウドに反対された。というのも、これは過去の保守党政府が法制化した福祉国家の一部分だったからである。こうしてマクラウドは家族手当の擁護者として名を残すことになった。

マクラウドが主導権を握っていたが、彼はバトラーから決定的な支持を受け――バトラーがロボット計画のことを忘れてしまっていたのか、それともおそらくは覚えていたのか、確かなことを言うのは難しい――、そして誰よりも首相から決定的な支持を受けていた。マクミランは政治課題を操作し、一九五八年の一一月までには、ソーニークロフトは孤立したまま放置されるようになっていた。最終的な見解の相違は五〇〇〇万ポンドの削減ということで、ほとんどの人はこれを些細な額だと見なした。ベヴァンと同じく、ソーニークロフトは自分の辞職の影響を大きくすることができなかった。またベヴァンと同じく、彼は二人の他の大臣を道連れにした。しかし、ベヴァン派が引き起こした危機と異なり、大蔵省の一陣がまるごと辞めても、党の対立という壊滅的な結果をもたらす端緒にはならなかった。ソーニークロフトは静かに去った。彼もパウエルも、数年後には閣僚に復帰することになったのである。マクミランは英連邦訪問へ旅立つ際にヒースロー空港でちょっと立ち止まり、「小さなごく限られた範囲の困難」だと、辛抱強く練習してきたさりげない言葉を伝えた。

楽観的な西部地方の地主であるデリック・ヒースコート＝エイモリー［(一八九九〜一九八二)、保守党の政治家。農相（一九五四〜五八）、蔵相（一九五八〜六〇）］が、次の大蔵大臣になった。彼は願ってもない好都合な状況を引き継ぎ、単にそれが熟するにまかせた。公共支出の適度の抑制と信用引き締めが、あらゆるインフレ圧力をすでに統御していた。生活費は、続く二年間のいずれの年にも、わずか一パーセント上昇しただけであった。その上、一九五八年には輸入価格が七パーセント下落して交易条件が急激にイギリスに有利となり、そのため国際収支は楽になった。一九五八年一一月には、公定歩合が四パーセントまで引き下げられたが、今や公定歩合は住宅ローンを抱える者にとって気がかりな問題となっていた。そしてヒースコート＝エイモリーは、一九五九年予算で大幅な減税を行うことが正当だと考え、とりわけ標準所得税率を八シリング六ペンス（四二・五パーセント）から七シリング九ペンス（三八・七五パーセント）まで引き下げた。これは戦後最低を更新したのであり、それ以上のさらなる引き下げはサッチャー時代になってからであった。経済は、一九五八年には停滞していたが、一九五九年には実質で四パーセント成長し、一九六〇年には六パーセント近い成長が見られた。

マクミランの名声が上向いたのは、この消費者の繁栄という波に乗ってのことだった。一九五八年一一月に、ロンドンの『イヴニング・スタンダード』紙がある漫画を掲載した。その無駄のない描写技術およびその特徴的な鋭い筆遣いは、それがヴィッキー［(一九一三〜六六)、政治諷刺漫画家。ハンガリー生まれで一九三五年に渡英］の描いたものであることを余すところなく伝えているが、寛容なるビーヴァーブルックは、ヴィッキーの左派的な立場を、前任者のローの立場と同じく、抜きん出た才能という理由で承認していた。あれは飛行機なのか、それとも鳥なのか？　それはもちろん「スーパーマック」であって、マクミランの恰幅のよい胴体がひどく強調されているが、それは、突き出た片方の手にぶら下がる安物の丸眼鏡という情けない描写によって帳消しになっている。これは忘れがたいイメージであり、すぐれたプロパガンダであった。ただし結局、それはマクミランに対抗するプロパガンダにはならず、彼に有利な方向に人々の見方が確実に動くにつれて、決定的に彼に利するプロパガンダとなった。マクミランの政治情勢の掌握ぶりは誰の目にも明らかで、そのことは、スエズから三年たたずに彼が有権者から揺るぎない信任を得ることができたことを意味した。人々の間には、「こんな良い時代はなかった」というスローガンをもってマクミランが選挙運動したという神話がある。実際に選挙広告に載った文句はこうだった。「保守党によって暮らしはより良くなっています。労働党にそれを破壊させないようにしましょう」。

一九五九年の補欠選挙の結果には、保守党の恐怖となるようなものはほとんどなかった。世論調査は、保守党が労働党に対してわずかとはいえかなり安定したリードを保っていることを示していた。そしていま一度、支持政党への忠誠心が安定した時代には、世論調査は正しいことが証明された。マクミランが一〇月に実施した総選挙において、保守党は得票率を維持し、再び五〇パーセントにわずかに足りないものではあったが、今や労働党をまるまる五パーセント引き離していた。補欠選挙での躍進は消え去ったが、自由党は二〇〇人を超える立候補者によって得票率を倍増させ、六パーセントとした（そして六議席を守った）。一九五五年の時のように、保守党はイングランドで議席を獲得したが、とりわけ、好況のさなかにあった自動車産業の地元で、経済的に豊かなウェスト・ミッドランズでそうだった。反対に、綿業が死に絶えかけていたランカシャーだけではなく、スコットランドでも支持を失った——その後ますます重要になっていく政治的分岐の始まりであった。

労働党が敗北した純粋に政治的な説明は、基本所得税率を引き上げないというゲイツケルの土壇場での誓約に求められている。しかし、チャーチルのいわゆる一九四五年の失策と同様、その影響を投票行動に見ることは難しい。労働党はうまく選挙戦を戦ってきたというのが、投票日までの一般的な見方だった。それは、テレビで仕事をしてきたアンソニー・ウェッジウッド・ベン［（一九二五〜）、労働党の政治家。技術相（一九六六〜七〇）、産業相（一九七四〜七五）、エネルギー相（一九七五〜七九）。一九七〇年の労働党敗北以降党内左派へと立場を移す］のような頭角を現しつつあった穏健派政治家の、テレビ放送による専門性のより高いプレゼンテーションを取り入れたものであった。もはや簡単に左派の怪物として退けることのできない、責任ある行動の取れる影の外務大臣ベヴァンや、もはや悪評を招くほど若すぎるということのなくなったきわめて有能な影の大蔵大臣ハロルド・ウィルソンを擁し、労働党は今や次に取って代わる政府のように見えると言うことさえできた。ベヴァン派は今や、国有化政策を後景に退け、他のサプライ・サイドの介入政策を優先するゲイツケル派の信念に沿って動いていた。さらに、経済成長を通してその資金を確保するような社会政策を描き、外交政策における大転換はしないと約束していた。

ここには労働党が選挙に敗れるという要因はほとんどないが、それでも負けたのである。保守党は今や四回の総選挙を通して躍進を続け、選挙の振り子は揺れることを止めていた。労働党の修正主義右派は市場調査の技術を転用して政治的優位を求め、広く引用されることになるその分析が、『労働党は敗北しなければならないのか？』（一九六〇年）という意味深長な題名で公表された。二大政党が支える福祉国家のもとでの豊かさは、単純に労働党の支持基盤を奪い去ったのだろうか？　後から振り返るという利点をもってすれば、それは馬鹿げた問いには見えないが、拙速な答えをもたらすものであろう。社会学的な動向は実際労働党に不利で、労働党の伝統的な労働者階級の支持基盤を掘り崩しつつあった。しかし、こうした地質学にたとえられるような変動過程は緩慢で、その効果が十分に現れるには時間がかかる。たとえば、労働者の代表を議会に送り出す道を誰よりも切り拓いた炭坑夫は、一九五九年になお六六万人を数えていたのであり、それは一九五一年以来わずか五パーセント減少したにすぎないのである。労働組合員の数は、男性労働力の半数をやや上回り、女性労働力の約四分の一をやや下回るところで安定したままであった。布製の平たい帽子、ウィペット犬、ブラウン・エール、ＴＵＣの発行していた『デイリー・ヘラルド』紙、そういった労働者階級の様々な象徴は一九五〇年代を通してすべて健在で、その後になってようやく年齢集団が移り変わると共に、トラックスーツ、ロットワイラー犬、ラガー・ビール、マードックの『サン』紙に取って代わられたにすぎない。労働党の国政選挙における衰退が、とりわけ社会学的に、あらかじめ確定済みだったと考えるのは単純にすぎる。

荒削りな経済的説明の方がそれよりも多少うまくいく。というのも組織された労働者、とりわけ当時景気の良かった自動車業界の組織労働者は、政府に申し出た自由な団体交渉のもとで豊かになることができたからである。このことが彼らを中流階級の一員に変えてしまうことはなかったし、ましてや彼らを一夜にして保守党の忠実な支持者に転向させたわけではなかった。そうではなく、彼らは自分たちの組合への関与に戦闘的であり続けたが、組合をより分厚い賃金支給袋を確保する手段として道具的に見なしたのである。政府も次第に同じ範疇で判断されるようになっていた。すなわち、雇用と物価に与える影響という観点から見たより良い生活水準の展望に、（第一に雇用、第二に物価という順序で）政府が十分に応えられたか否かが問われたのである。

失業とインフレの間にトレード・オフが成り立つという考えは、一九五八年に「フィリップス曲線」によって学術的な体裁を与えられたが、民主主義的な体制の機能に重要な含意を持っていた。リフレーション政策の実施によって、政府が経済循環を制御できるように思われたのである。そして、投票日を選べるというイギリス首相の特権を前提にすれば、こうした刺激策は選挙の周期に合わせて調整することが可能なように見えた。経済運営の問題が投票行動にとってますます重要になるにつれて、二通りの状況解釈がもっともらしく思われた。一つは、経済決定論で、すでに長いこと政権の座にある政党には納得のいくものだった。十分有能に責務を果たしている政府が、一体どういう理由でまた選挙に負けるのだろうか、というわけである。もう一つの解釈は、差し迫った政治的不確定要素が果たす役割をもっと広く認めたものである。たとえ「スーパーマック」であっても——かつてなく心変わりしやすい有権者のそのときどきの要求に応じて——誰も取って代わることのできない名人芸という信頼の証を見せ続けられるだろうか、と問うものであった。

4 怒り

消費社会は、一九五〇年代半ばには安堵と自己満足を助長しただけのように見えたが、いったんその居心地の良さが当然のものになると、今度は自らの落ち着くことのない不満をあおることになった。J・K・ガルブレイス〔（一九〇八〜）、カナダ生まれのアメリカの経済学者〕の著書『豊かな社会』（一九五八年）〔鈴木哲太郎訳、岩波書店、一九六〇年〕の題名は、その後避けて通ることのできない用語となり、それは、北米ではすでにお馴染みになった道を今やヨーロッパが歩んでいることを思い起こさせた。それは、私的な豊かさと、ガルブレイスが不愉快な特徴として強調した公的腐敗との乖離を伴うものだった。それ以前には、クロスランドの『社会主義の未来』（一九五六年）が相似のメッセージを提出していた。つまり、「バツケリズム」は言うまでもなく、「ケインズ主義」でも不十分であった。また、新しい保革合意《コンセンサス》の枠組み内にも、絶えず増え続ける個人消費に対抗して社会支出に優先権を与えるという、避けて通ることのできない厳然たる選択肢がある、というのであった。これは社会主義の修正主義的立場からの解釈であり、現代的に改革された労働党の社会民主主義戦略（それが、ほとんど伝統的な社会主義でないことを指摘した点において、党内の反クロスランド派は確かに正しかったが）としてクロスランドが提案したものであった。これら二冊の本は、左翼の態度形成に大きな影響力をもった。

時代の雰囲気をつかんだもっと耳障りな主張がいくつかあった。ジョン・オズボーンの戯曲『怒りをこめてふりかえれ』（一九五六年）〔青木範夫訳、原書房、一九五九年〕におけるジミー・ポーターの激昂した叫びは、「良き、勇気をふるうべき大義は一つも残されていない」というものであった。それはまるで、ジャロウやスペイン〔スペイン市民戦争（一九三六〜三九）には、共和国政府軍を支援するために国際義勇軍に参加したイギリスの知識人が少なからずいた〕が一九三〇年代に提供したような道徳的義憤を表明する良き機会を、抬頭する世代から豊かさが奪ってしまったかのようだった。オズボーンの作品は、戯曲としては強力なものだったがイデオロギー的には一貫しておらず、ジャーナリストはそれを「怒れる若者たち」（Angry Young Men）の世代の典型だと捉えた。顎鬚をたくわえサンダルを履いたコリン・ウィルソン〔（一九三一〜）、作家。フィクション、ノンフィクション合わせて百冊以上の著作を持つ〕は、明らかに様になっていた。そうでもなければ、彼の哲学風を気取った文学研究『アウトサイダー』（一九五六年）〔福田恆存・中村保男訳、紀伊国屋書店、一九五七年〕が目もくらむ名声の時を享受したことは説明がつかない。それはキングズリー・エイミス［(一九二二〜九五)、ロンドン出身の作家、詩人］の書評でこき下ろされた。学究生活に対するエイミスの地に足のついた諷刺作品『ラッキー・ジム』（一九五四年）［福田陸太郎訳、三笠書房、一九五八年］は、その数年前にすでに愛読者を獲得していた。それでもメディアは、エイミスをも「AYM」の一人に数え上げてやまなかった。その他に一味だと想定された者——詩人で小説家のジョン・ウェイン［(一九二五〜九四)、北部イングランド出身の小説家、詩人］や、北部地方における上層への社会移動のロマンスを扱った『最上階の部屋』（一九五七年）［福田恆存訳『年上の人』河出書房新社、一九六三年］のジョン・ブレイン［(一九二二〜八六)、北部イングランド出身の小説家］——に至っては、いっそう類似点を欠いていた。

どれほど彼らは怒っていたのか、そして何に対して怒っていたのか？　オズボーンは上層中流階級の抑圧的な社会慣習に挑戦することで悪名高かった。この点、彼は、自分に影響を与えた唱道者であるケネス・タイナン［(一九二七〜八〇)、ジャーナリスト。演劇批評を主とし、テレビで初めて、'fuck' の語を発したことでも有名（一九六五）］にけしかけられたのである。タイナンは『オブザーヴァー』紙の若き劇評家で、「定石を踏んだ戯曲《ウェル・メイド・プレイ》」を攻撃した。「定石を踏んだ戯曲」は、ノエル・カワードや、とりわけテレンス・ラティガン［(一九一一〜七七)、戯曲作家］の、ウェスト・エンドにおける長期にわたる成功の牽引力だった。たとえば、『ウィンスロー・ボーイ』（一九四六年）は、芝居でも、アンソニー・アスキス［(一九〇二〜六八)、映画監督。自由党首相だったアスキスの息子］が流麗に監督した映画（一九四八年）——彼は多くのラティガン戯曲を上手に脚色したが、これはその一つである——でも、法廷劇の定石が駆使されてこれほどすぐれた効果を発揮したことはほとんどなく、これこそ自分たちが好きなものだということを知っている観客を摑んで離さなかった。タイナンに挑発されて、ラティガンは慌てて自分の観客の擁護にまわり、いわゆる前衛的なるものに対抗して、彼の伝説的な「エドナ叔母さん」をアピールした。

こうした美学上の対照的なステレオタイプが曖昧にした事実は、「怒れる若者たち」を際立たせたのは、文学上の革新ではまずなかったということである。『怒りをこめてふりかえれ』の後、オズボーンは『寄席芸人』（一九五七年）でミュージック・ホールの表現様式を使い、イギリスの衰退を実に巧みに喚起する舞台づくりを行った。「そんなに強く拍手しないでくれないか——とっても古い建物［イギリス帝国の比喩］なんだ」と、年老いたスターのアーチー・ライスが皮肉な文句を口にする。ヴィッキーがもう一つの真似ることのできない漫画ですばやく捉えたように、ライスは容易にマクミランとなりえたのである。しかし、オズボーンは、カワードの劇作上のさまざまな常識——たとえば、『騎馬行進』（一九三一年）［加藤恭平訳「大英行進曲」『ノエル・カワード戯曲集1』ジャパン・パブリッシャーズ、一九七六年所収］——から、本当に遠く離れ去っていたのだろうか？　それとも、社会的ないしは政治的な常識という点で異なっていただけだったのだろうか？

キングズリー・エイミスは、定石を踏んでいると言うしかない、多岐にわたる一連の小説を書いていくのだが、彼が悟るのは、以後の四〇年間、彼の作品は自分がかつて非難した既成文壇の方に一層容易に同化されるということであった。徐々に、

『君のような女の子を手に入れるさ』（一九六〇年）に見られた月並みな左翼の辛辣な言葉の調子は、微妙に穏やかになった。『女の子、二〇歳』（一九七一年）では、安易なマルクス主義風のステレオタイプ化――「お前は帝国主義的人種差別主義者のファシストだ」――が皮肉たっぷりの軽蔑をもって観察されている。『スタンリーとその女』（一九八四年）の時期までにはエイミスは、最先端を行くフェミニスト特有のやり口を、自分の食べようとするカキに砂を入れようとする者のごとく扱うようになっている。これは政治的には、虫の好かない右翼への極端な移行を意味した。公人としてエイミスが印象づけたのは、宗教を持たないという点で異なるにもかかわらず、現代版イヴリン・ウォーのように成り果てたということであり、公衆に対して、「憤慨した老いぼれ」として非の打ちどころがない役回りを演じた。エドナ叔母さんではなかったかもしれないが、「中流趣味の」読者層をエイミスは意識的に獲得したのであり、一つには古典的な殺人推理小説の様式にのっとった『河畔の屋敷の殺人』（一九七三年）［小倉多加志訳『リヴァーサイドの殺人』早川書房、一九七七年］を出版し、さらにはジェームズ・ボンドの生みの親であるイアン・フレミング［一九〇八～六四、作家。彼自身、第二次大戦中に諜報員の仕事を経験した］のスタイルにのっとった小説『サン大佐』（一九六八年）を出版することで自らの卓越した技量を誇示した。

　ドロシー・L・セイヤーズ［一八九三～一九五七、探偵小説家、戯曲家、翻訳家］とアガサ・クリスティー［一八九〇～一九七六、探偵小説家、戯曲家］は、探偵小説において名声を馳せて長く、当時は経営難で四苦八苦していた「ブーツ」［薬局チェーン店として知られる］のような貸し本屋における定番であり、その後は急成長するペーパーバック本の定番となった。セイヤーズは、一九五七年に死んだが、その二〇年前、彼女の創作した探偵ピーター・ウィムジー卿が最後の謎めいた事件を解決したのを機にこのジャンルから足を洗っていた。そのいくつかの事件は、学者としては挫折したセイヤーズが自分自身の経歴からよく知っていた状況が背景になっている。たとえば、『殺人は広告する』（一九三三年）［浅羽莢子訳、東京創元社、一九九一年］における広告会社や、『祝宴の夜』（一九三五年）［黒沼健訳『大學祭の夜』春秋社、一九三六年］におけるオックスフォードの学寮がそれである。無頓着で、貴族的であり、学識を備え、そして忠実な男性の召使いを従えたピーター卿は、彼こそ真のアマチュアであるかのように、のろまな職業警察官の上を行った。しかし、彼は戦後のイギリス社会では、ほとんど生き延びることができなかった。

　対照的に、アガサ・クリスティーは、その最初の推理小説『スタイルズ荘の怪事件』［一九二〇年。田村隆一訳、早川書房、一九八二年他］から、一九七六年の死に至るまで（この頃には、彼女の戯曲『ねずみとり』［鳴海四郎訳、早川書房、一九八〇年］が、ウェスト・エンドで二五年連続上演を達成していた）、驚くべき人気を博し続けた。彼女の作品が示しているのは、性格描写にはぞんざいで、その代わりにウィットをもって読者に対峙する方途を選択し、緻密に構成された筋で限られた疑問を解いていくことである。彼女の目的からすれば、新雪で孤立したカントリー・ハウスのような様式化された舞台装置が、奇抜で浮ついたブライズヘッドばりの社会的文脈

［ウォーの小説『ブライズヘッドふたたび』に見られるような社会的背景］ではなく、必要なゲームのルールを提供してくれたのである。彼女の探偵たちは、退職したベルギー人警察官のエルキュール・ポワロにせよ、見くびられている小柄な老婦人ミス・マープルにせよ、伝統的な位階関係のどこかにきっちりはめ込むことは容易でない。そして、階級とは比較的無関係なクリスティーの魅力が、幅の広い読者層を満足させ続けることができたのである。

秘密諜報員007、すなわちジェームズ・ボンドの大衆的人気は、曖昧になりつつあった社会的地位の違いに依拠したものではなかった。『カジノ・ロワイヤル』（一九五三年）［井上一夫訳、東京創元新社、一九六三年］で一躍ベスト・セラー作家となってから一九六四年に死ぬまで、イアン・フレミングは新しいボンド冒険譚を毎年生み出したが、それは敵意ある批評が不平を述べたように（もちろん、逆効果を生んだのだが）、「セックスとサディズムとスノバリー」でジュージューと焼かれているようなものだった。本の売り上げを助けたのは確かにスノバリーだったが、この点に関するかぎり、それは古くさい、血統を意識した社会的に偏狭なものというよりも、ブランド品のスノッブ的魅力を手際よく操作したものだったのである。そしてその魅力は、ジョン・ブレインの小説のように、最上階の部屋［上層への階層移動］を約束する消費社会に適合していた。『ドクター・ノオ』（一九五八年）［井上一夫訳、早川書房、一九九八年］がボンド本として初めて映画化されてからというもの、目くるめくような国際的スターの地位を獲得していく過程で、イングランドのパブリック・スクールに由来する抑制の残滓を007はすべて失ってしまった。

ボンドは、それまでに作られた中でも最も利益の上がるイギリス映画のお手本となったが、それは気の利いた仕掛けのある小道具と、ピカピカの新品さと、悩殺的な魅力で満ち満ちていた。反対に、イギリス映画に「ニュー・ウェーヴ」の到来を最初に告げたのは、「キッチン・シンク」リアリズム［と呼ばれた社会派リアリズム］であり、フランスのヌーベル・バーグに匹敵するものであった。映画版『最上階の部屋』（一九五九年）［邦題『年上の女』日本公開、同年］は、階級制度に対するブレインの社会批評に一層鋭利な切れ味を加え、同時に、それまでのイギリス映画には欠けていた、セックスを描写する際の率直さも取り入れていた。階級を意識して北部工業地帯を描いたもう一つの小説であるアラン・シリトー［（一九二八〜）、労働者階級出身の小説家、詩人。反英雄的な労働者階級を主人公にした小説が多い］の『土曜の夜と日曜の朝』（一九五八年）［永川玲二訳、河出書房新社、一九六八年他］では、アーサー・シートンの平日労働日における疎外体験が、酒盛りとセックスからなる週末の過度のどんちゃん騒ぎと対置されている。カレル・ライス［（一九二六〜二〇〇二）、チェコ生まれの映画監督。一一歳で渡英、一九五〇年代のフリー・シネマ運動、六〇年代のニュー・ウェーヴ映画運動の中心人物の一人］が監督し、アルバート・フィニー［（一九三六〜）、俳優］のすぐれた演技も見られる映画版（一九六〇年）［日本公開、一九六一年］では、それが忠実に演出された。製作はジョン・オズボーンとトニー・リチャードソン［（一九二八〜九一）、演出家、映画監督。ニュー・ウェーヴ映画運動の第一人者］が設立した新会社、ウッドフォール・フィルムズであった。ウッドフォール製作の映画『寄席芸人』（一九六〇年）は、リチャードソンが監督し、オリヴィエをスター役に配して、ようやくオズボーン自身の作品を映画観客に首尾よく理解してもらうことができた。観客は映画化された彼の『怒りをこめてふりかえれ』（一九五八年）に最初は失望していたのだが、それというのも、リチャード・バートン［（一九二五〜八四）、ウェールズ出身の俳優］を主演にしたにもかかわらず、かんしゃくと不機嫌と憤懣がスクリーン上では薄まっていたからであった。

ほとばしり出て抑えることのできないオズボーンの怒りは見逃しようもないが、同時にその怒りの対象が何かを見極めることは難しい。新しいショー［ジョージ・バーナード・ショー］だと呼ばれたこともあったが、オズボーンにはショー風の政治的ヴィジョンの一貫性が欠けていた。というよりも、オズボーンの政治的ヴィジョンはおそろしく本能的なもので、その極度に論争的な衝動は、マクミランに対してだけでなくゲイツケルに対しても同じように公然と憎しみをぶつけることになったのである。

この未成熟な、焦点の定まらないいらだちと反抗の雰囲気にもっとも強く訴えた運動は、間違いなく核兵器廃絶運動（CND）であった。この運動が抬頭したのは、スエズ事件の後というばかりではなく、ハンガリー事件の後でもあった。というのも、それに続いた知識人たちの「旧左翼」共産党からの大量脱退が「新左翼《ニュー・レフト》」の誕生をもたらしたからである。共産主義者はもちろんソ連の核爆弾を労働者の核爆弾だとして賞賛したが、新左翼は差別なく反核であった。ソ連のものでも、アメリカのものでも反対したが、とりわけ、最も身近なイギリスの核に反対した。一九五〇年代初頭における核兵器の拡散は、世界を破壊し汚染するその力に対する不安を多くの人々の間に生み出したのであり、それはもっともなことでもあった。マクミランにはよくわかっていたことだったが、カンブリア［スコットランドと境界を接するイングランド北西部の州］のウィンドスケール（セラフィールド）にあるプルトニウム加工工場で起きた複数の事故に関する報告書を彼が握りつぶしていなかったなら、核汚染に対する一層大きな警鐘が鳴らされていただろう。

主流派の議論は、核兵器の逆説を利用したもので、まさに核爆弾の使用は考えられない故に、恐怖の均衡および相互確証破壊（MAD）による核爆弾の抑止効果によって平和が維持されうる、というものだった。一九五七年の防衛白書によってこの論議は山場を迎えたが、とくにその秋のブライトン［イングランド南部の海浜リゾート都市］での労働党大会がそうであった。旧世代のベヴァン派の多くは、いまや労働党に核戦略をすべて破棄するよう要求していた。しかし彼らは、自分たちの往昔の英雄が公然と変節するという辛酸をなめさせられた。ベヴァンは影の外務大臣として演説し、「国際交渉の場に素っ裸で」入っていくことを拒否した。彼が古い同志の動議を「感情的な発作」だとして即座に拒絶したとき、それはスリルに満ちた劇の一場面のようだった。それは、スエズ以後の労働党指導部の枢軸を固め、ベヴァンの最も古くからの政治上の友情関係を一部終わらせたが、CNDを終焉させることにはならなかった。

ブライトン以降、CNDは通常の政党政治の構造の外で活動する圧力団体として登場することになった。バートランド・

ラッセル、J・B・プリーストリー、A・J・P・テイラー［（一九〇六〜九〇）、イングランドの代表的歴史家。ヨーロッパ近現代史を専門とし、テレビでの解説も有名］、そして（もちろんのこと）ジョン・オズボーンらと並んで、ベヴァン派のマイケル・フットや労働組合指導者のフランク・カズンズ［（一九〇四〜八六）、労働組合活動家。一九五五年にTGWUの書記長となり、左派政策の支持に動く。技術相（一九六四〜六六）］のような著名人からの支持を受けた。CNDが当初成功したのは、そのメッセージの単純さ――「核爆弾を禁止しろ」――のためであり、それは計算された言葉というよりも、抗議の言葉を使っていた。このような、イギリスの核兵器放棄が全世界に倫理的影響を持つという信念を抱いていた点で、一方的核軍縮派が自分たちの偉大な権力について幻想を持っていたことは明らかであろう。一九五八年の復活祭の日には、ロンドンから、兵器研究本部があったバークシャーのオールダーマストンまで行進が行われた。その翌年にこの行進はもっと大きな衝撃を世論に与えたが、それはある程度、今度はオールダーマストンから出発して、トラファルガー広場に向かう最後の一行程で莫大な数の人が加わったためであった。非戦主義を希求したオールダーマストン行進は、方法的には平和主義をとるに止まり、家族の誰もが参加できる温和な年中行事のお祭りとして有名だった。特徴的なCNDのロゴは、襟の折り返しにつけるバッジや落書きを通して、まもなく馴染み深いものとなった。

一方的核軍縮運動が集めた人々の支持は、政府に危機感を持たせるに十分だった。誰が見ても政府が核実験禁止条約締結の努力を倍化したことは明らかであったが、ある程度それは、核兵器を統制するための多国間取り決めの締結可能性を示すためでもあった。しかしながら、政治的に恐れるべきことを最も多く抱えていたのは労働党であった。ゲイツケルすなわちNATOおよびその核戦略、という図式を誰もが確信していたが、この事実は彼のリーダーシップが紛れもなく問われていることを意味した。したがって、一方的核軍縮の問題は、労働党のアイデンティティをめぐる左右の幅広い闘争と不可分なものとなった。

このことは、一九五九年の労働党大会で現実のものとなった。総選挙敗北後にあって、ゲイツケルは党の綱領の第四条項を修正するという根本的な提案を行った。第四条項は、共同所有という言葉で労働党の根本原理を規定していた。ドイツでは社会民主党（SPD）が本質的に同じことを、その年の早い時期にバード・ゴーデスベルク［ドイツ西部にある保養地］での党大会で行っていた。しかしながら、イギリスで修正主義はそう簡単には受け入れられなかった。今や衰弱し数カ月後に死を迎えることになったベヴァンが党内の和解を探ったが、首脳部を断固たる拒絶から救うことはできなかった。ゲイツケルが頼みの綱としてきた巨大労働組合の支持がゆらぎ始めていた。とりわけ、ディーキンの右派体制が（短い空白期間の後）左派カズンズの書記長選出によって取って代わられると、もはや運輸一般労働組合（TGWU）を当てにすることはできなくなった。それ以上にゲイツケルは、彼の修正主義的議案が拒絶されるのをただ受け入れるほかなかった。というのは、彼は一年もたたないうちにもっと大きな危機に見舞われたからである。

一九六〇年までに、一方的核軍縮派は労働組合の支持および左派の選挙区支部の支持を十分に獲得し、それはＮＡＴＯ加盟条件と両立しえないというゲイツケルの熱烈な訴えにもかかわらず、党大会において自分たちの政策動議を通した。ゲイツケルは、（イギリス自身の核爆弾というよりも）ＮＡＴＯへのコミットメントを特別に重要な問題として切り離し、支持者に「われらが愛する党を救うために、闘って、闘って、さらに闘う」よう懇願した。議会労働党はいまや党大会決議と矛盾する立場におかれたが、ゲイツケルは翌年、党大会自身にその決議を覆させることに成功したのである。これはある程度は、各選挙区における草の根レベルの運動の成果だったが、主には、六つの巨大労働組合のうち三つが一九六〇年と一九六一年の間に立場を変えたためであった。それは、現状維持を支持する投票であったわけだが、それこそまさしく第四条項をめぐって彼らがしたことだった。こうした変化がゲイツケル自身の立場に与えた影響は計り知れなかったが、ある程度それは、議会のテレビ中継の導入がまだ進んでいなかった時代に、党大会がテレビ中継されたことでゲイツケルの役回りが劇的になったためである。一九六二年までに彼の一般的なイメージが、強力で決断力ある指導者というイメージになっていたことは議論の余地がない。逆に今や危機から危機へふらふらとよろめいていたのはマクミランであった。

基本的な問題は経済であった。四パーセントから五パーセントの間の成長率で一九五九年と一九六〇年に頂点に達した好景気を維持することができなかったのである。ヒースコート＝エイモリーの施策は国内消費を刺激するもので、そのため輸入が輸出の二倍近い速さで拡大していた。過熱の徴候に遅ればせながら気づいたマクミランは、またもや新大蔵大臣を探し求めてセルウィン・ロイドを引っ張りだした。ロイドはそれまで外務省で忠実にマクミランに仕えていた（この時点では、ヒューム伯爵を新しい外務大臣に任命することがそれほど重要だとは思われていなかった）。ロイドは、理解できることだが、高金利によって経済成長を締め付けることには躊躇を示しながら、慎重に取り組み始めた。そして公定歩合は一年以上安定せずふらついたが、一九六一年七月には、ポンドの弱さから七パーセント水準というまったくの困難を背負い込むことになった。

この頃は、しかし、金融引き締めがそれだけで機能するような状況ではもはやなかった。一九六一年予算で、ロイドは収入関税を変更するという新たな権限で自らを武装した。これらの「規制」によって、経済の微調整に新たな柔軟性がつけ加わることになった。こうして七月には、ロイドは、金融引き締めを直接的な財政緊縮によって強化することができた。その上、彼はこの政策パッケージを「賃金凍結」によって後押しした。それは、インフレを招く賃金合意を直接統制するために考案された、クリップス以降初めての試みであった。

抗議の声が激しく上がったが、それは何よりもこの政策が生み出した矛盾のためであった。特に、一方で公共部門の新しい合意を凍結しながら、民間部門は勧告による抑制に従わせようとしたにすぎない、ということがあった。こうした問題に対応すべく、政府は当初「全国所得委員会」を設置する方向に動いたが、労働組合会議（TUC）がこれを拒否したので、新しい政策への同意を勝ち取ることはほとんどできなかった。しかしながら、組合、雇用側、政府の代表からなる別の三者協議機関の設立については、TUCの協力が確保された。これが国民経済開発審議会（NEDC）〔一九六一年に設置され、九二年に解散〕である。大蔵省は経済管理に対する「不干渉」方針を徐々に放棄しつつあったし、このような情報の調整機関は、統制政策（dirigiste）とはおよそ言えないまでも、指示的計画《インディカティヴ・プラニング》の暫定的な実践だった。

　その統制政策という用語はフランス語だったが、用語だけでなく、その精神とそれを刺激した誘因も同じようにヨーロッパ的で、それにはもっともな理由があった。事実として、イギリスの参加がないにもかかわらず、EECはうまくいっていた。実際、はやくもうまく行きそうにないように思われたのは、欧州自由貿易連合（EFTA）〔一九六〇年発足〕内の七カ国からなる対抗集団を組織しようとしたイギリスの企てであった。七カ国には食料輸出先を圧倒的に連合王国市場に依存するデンマークやアイルランドのような国が含まれ、イギリスが容易に受け入れられるような緩やかな自由貿易連合となっていた。しかし、それは六カ国によって確立された共同市場とつながることには失敗したのである。六カ国は、たとえ閉鎖的とか、コーポラティストとか、カルテル化したとか、過剰規制とか、保護主義的とか、何と言われようとも今や活力あふれる勢力となっていた。

　一九五三年には、六カ国合わせてイギリスの輸入の一〇パーセントを占めたにすぎず、それに対してオーストラリアとニュージーランドからの輸入は一四パーセントであった。後二者は逆に、イギリスの輸出の一二パーセントを占め、それはヨーロッパ六カ国の割合をやや上回った。しかしながら、一九六〇年までには、イギリスの輸入の一五パーセント近くがEECから来るようになり、オーストラリアとニュージーランドからはわずか八パーセントにすぎなくなっていた。さらに、その時点でEECはイギリスの輸出の一六パーセントを占めるようになり、オーストラリアとニュージーランドはわずかその三分の二程度になっていた。英連邦を選好するということは、単純に、イギリスの経済が間違った道を進もうとし、拡大しつつある市場に背を向けていることを意味した。その市場は、イギリスが国際貿易の成長についていこうとするなら最も必要なものだった。一九五〇年代半ばに、イギリスの輸出は工業製品の世界貿易の約一六パーセントを占めていたが、一九六〇年までには、このシェアは一三パーセントを下回っていた（一九六六年にはさらに一〇パーセント以下にまで下落していた）。

　マクミランはいつもヨーロッパ統合にひそかに共感していると告白してきたが、恥を偲んで、もうこそこそ立ち回るのを止めるほかないと決断した。一九六一年の夏、彼は内閣を説得してEECの加盟申請を行うことにした。イギリスはメッシーナ会議以降、EECの構造を変えることを期待していたのかもしれないが、当然にもそれはイギリスの好むような形にはならなかった。とくに、料簡の狭い保護主義と莫大な農業への補助金を特徴とする共通農業政策は、食料の自由貿易というイギリスの歴史的偏向に公然と挑戦するものであった。オーストラリアとニュージーランドに対しては、移行を容易にする特別措置が必要なことは明らかだった。以前から長くドル圏にあったカナダは、同じ問題を投げかけはしなかった。外務省のヨーロッパ問題担当大臣として、エドワード・ヒース〔（一九一六〜）、保守党の政治家。労相（一九五九〜六〇）、通産相（一九六三〜六四）など歴任後、首相（一九七〇〜七四）〕はこうした諸困難の解決を委ねられた。党の元院内幹事長であったヒースは、内閣にとって有能な人材の抜擢といえた。彼は一九五〇年に議会入りして以来一貫して親ヨーロッパ的であり、ようやくブリュッセルで始まった延び延びになっていた交渉に積極的に参加する新しいイギリスを代表する人物として、紛れもなく適任者であった。イギリスの加盟にとって真の障害はブリュッセルではなくパリにあった。ド゠ゴール大統領は、自分の義務が、アングロ・サクソン人のヨーロッパ人としての資格認定を行うことにあるという高慢な見解の持ち主だった。彼はいつもこのような難題をイギリス人に対して抱いてきていたのである。しかしマクミランは、アイゼンハワーの場合とちょうど同じように、長きにわたる個人的関係をここで利用できると確信していた。

マクミランの困難は、強さからではなく、すでに弱まっていた立場を立て直そうとヨーロッパへの攻勢に着手したことによって、倍加した。政府の人気は、賃金凍結を後追いするように、急落していた。一九六一年の補欠選挙では自由党に得票を奪われていた。一九六二年の三月、ブラックプール・ノース選挙区における山のように大きかった保守党の過半数を、自由党はもう少しでひっくり返すところであった。そしてその翌日、一番堅固な保守党基盤を持つ郊外の代名詞だったケントのオーピントン選挙区を奪取するという、考えられなかった夢を自由党は実現した。これは、補欠選挙における第二次大戦以降もっとも大きな番狂わせであった。オーピントンの住民（Orpington Man）という妖怪が、突如議会の保守党議員を脅かすようになった。マクミランの対応は、不人気の最大の原因――セルウィン・ロイド――を取り除いて政府に活気を取り戻そうとするものだった。しかし、この無慈悲な選択をする際にマクミランは自制心を失い、それを七月の内閣大改造で埋め合わせようとしたのである。セルウィンの他六人もの大臣が首を斬られることで、この「予期せぬ粛清」はさらなる怒りを蓄積することになり、世論の流れの方向も変えることはできなかった。

オーピントンの再現はなかったが、自由党の介入が労働党を助けていることは今や明らかで、労働党はその年が終らないうちに保守党から三議席を奪った。労働党政権到来の見込みは、それ自体が人を不安にさせるところがあったが、ヨーロッパに関しても特有の問題をはらむものであった。というのも、労働党はヨーロッパという問題全体に対して一般に懐疑的だと見られていたからである。自由党は、共同市場への参加に無条件で賛成する唯一の政党であったが、自由党が支配政党となることは考えられなかった。公式には労働党はその立場を留保したが、ゲイツケルは一九六二年一〇月、彼を情緒を欠いた人間だと見ていた者を再び混乱に陥れた。今度は、労働党大会で、EECへの加入は「千年の歴史の終焉」を意味することになると語ったのである。この情熱的な立場は、英連邦への配慮から着想されたのかもしれず、それが労働党の将来を拘束することはなかった。しかしそれは、およそ親ヨーロッパ的な空気をもたらすものではなかった。

ベヴァン派が五年前にベヴァンに裏切られたと感じたのとちょうど同じように、もっとも熱心なヨーロッパ主義者の中でもとくにロイ・ジェンキンズ［(一九二〇～二〇〇三)、労働党、社会民主党、自由民主党の政治家。内相(一九六五～六七、七四～七六)、蔵相(一九六七～七〇)。社会民主党の創設者の一人(一九八一)］のような若手のゲイツケル派は、いまや戸惑いを隠せなかった。逆にゲイツケルは、近年彼がひどく打ち負かした左派から望んでもいない熱のこもった敬意を受けたのである。しかしながら、一九六三年一月、ありきたりの病気が突如危機的な状況をもたらし、ゲイツケルは五六歳で死んだ。副党首を務めていたジョージ・ブラウン［(一九一四～八五)、労働党の政治家。経済問題相(一九六四～六六)、外相(一九六六～六八)］は個人的な資質にかなり疑義があり、そのためもう一人のゲイツケル派であったジェームズ・キャラハン［(一九一二～)、労働党の政治家。蔵相(一九六四～六七)、内相(一九六七～七〇)、外相(一九七四～七六)、首相(一九七六～七九)］も指導権争いに打って出ることになった。結果は、どちらも選出されず、代わりに旧ベヴァン派のハロルド・ウィルソンが選出された。

ウィルソンが野党第一党の指導者の地位を継ぐ頃までには、政府は前にもまして深刻な問題を抱えるようになっていた。マクミランはイギリスが独自の核兵器を保持することを主張して国防政策をめぐる危険な賭けに出ていた。その主張を達成できるか否かは完全にアメリカ次第であったにもかかわらず、である。マクミランはケネディー大統領［(一九一七～六三)、アメリカの政治家、民主党。第三五代大統領］と一九六二年一二月にナッソー［中米バハマの首都］で会談したが、ケネディーとの交渉でマクミランの前に立ちはだかった問題がこれであった。それは大部分、マクミランが自分で課した問題だった。イギリスは、スカイボルト・ロケット［空中発射核ミサイル］が提供されるというアメリカの生半可な約束に頼っていたのだが、実戦で役に立たないとしてケネディー政権がそれを破棄した時――「ガラクタの山」というのが、その時使われた表現の一つである――マクミランは政治的な攻撃にさらされることになった。彼の手の内にあって勝負できる切札はほとんどなかった。彼はまず、近年キューバのミサイル危機［一九六二年一〇月］の際にアメリカを支持した点に言及したが、次に言及したのは彼のソンム川の思い出［第一次大戦の激戦地であるフランスのソンム川で、マクミランは重傷を負った］であった。消極的だったケネディーからマクミランが引き出したものは、ポラリス型潜水艦発射ミサイル［核ミサイル］をイギリスに供給するという合意であった。そこにイギリスの核弾頭を装着することが、いずれ可能になるはずであった。この攻撃力がアメリカから自立したものと呼べるかどうかは、アメリカが不可欠な技術を提供していたのだから、議論の分かれるところである。しかしナッソー会談はまちがいなく、「特別な関係」を象徴する強力なメッセージを発したのである。

マクミランがどこまでド＝ゴールの反応（あるいは反応のなさ）を計算していた（あるいは計算違いをしていた）かは、はっきりしない。ド＝ゴールは、どうころんでもイギリスの加盟を阻止していたということも大いにありうる。しかしナッソー会談がド＝ゴールに教えた真の教訓は、イギリスはヨーロッパへの献身よりも大西洋を跨ぐ関係を優先するということであった。選択する必要などないと考えていた点で、マクミランは戦術的に間違っていたことがはっきりした。一九六三年一月にパリで発表されたド＝ゴールの拒否権は、イギリスのＥＥＣへの加入交渉を事実上終わらせることになった。そしてヒースは無念にも帰国したのである。

痛ましく、そしてひそかに、マクミランはこの拒絶が彼の一連の政策を支える要となる部分を奪い去ったことを認識していた。とはいえ、彼が次の選挙を十全に戦うつもりでいたことを示す徴候には事欠かない。一九六三年の夏に突発したプロヒューモ事件も彼の決意を挫くことはなかった。派手な噂や中傷が氾濫したが、しだいに明らかになったのは、プロヒューモ陸相［(一九一五〜)、保守党の政治家。陸相(一九六〇〜六三)］が自らの愛人を（とりわけ）ソ連大使館付武官と共有していたことだった。このスキャンダルはプロヒューモの辞任をもたらしただけで、首相の辞任には至らなかった。一〇月にマクミランが辞任した理由は、したがって、彼の政権が衰弱状態にあったためではなく、彼自身が自分の健康状態を誤認したためであった。前立腺肥大の手術で一時的に衰弱したが、病が峠を越える前に――実際にはまもなく峠を越え、その結果は非常に良好で、続く四半世紀の間、公的人物として留まる事ができるほどであった――辞任に向けて事を進めてしまっていた。

保守党が党大会を準備していたちょうどその時このドラマが演じ終えられたので、党首争いは世間が注目する中で行われ、アメリカ風の党大会の派手な騒々しさが一部ブラックプールの不釣合いな舞台に持ち込まれた。保守党は、もう一度バトラーに目を向けたが、またもう一度バトラーに背を向けた。あるいは、マクラウドのような批判者が主張したように、「魔法のサークル」の活動を通じて、意図的にバトラーに背を向け、資格の点ではより不十分な候補者を優先した。世襲貴族に称号を返上することを認める当時制定された法律［一九六三年の爵位法］のもとで、二人の候補者が出てきた。一人は当然ながらヘイルシャム卿であったが、首相の座を狙うその露骨極まりないやり口のため、ベッドに横たわる現職者の支持を失った。マクミランは代わりに外務大臣のヒューム卿に心が傾いたが、彼のことはほとんど誰もが忘れていた。マクミランは女王陛下に、内閣の大多数がヒュームを選んだと助言した。マクラウドとパウエルは、ヒュームのもとで仕えないと決めただけではなかった。彼らはバトラーにそのことを伝え、かくしてパウエルの考えでは、バトラーに弾薬を装塡した銃を渡したことになるのだが、いかにも彼らしくバトラーはそれを使わないことにした。こうしてマクミランは最後まで自分の思い通りにした。ヒューム卿はサー・アレック・ダグラス＝ヒュームとして首相になり、バトラーは新政権においてまたもや第二の地位を占めることになった。今度は、もはや一年しか残されていない議会の最後の期間中、外務大臣としての任務に就いたのである。

第9章　闘争に代えて　一九六三〜七〇年

1　若者

バトラーは一九六四年選挙の後に、ついに議員を辞めた。根っからの政治手腕をケンブリッジのトリニティ・カレッジの学寮長として、自分をもっと評価してくれる聴衆の前で発揮するためであった。彼は長い議員生活を振り返った時、すべての者に機会を与えることになったと自負した一九四四年教育法が、自分の真の功績だと考えた。バトラー法は四〇年間にわたって、地方当局が公立学校を維持し、宗派に基づく学校を援助する役割をはたす際の基礎であり続けた。それはついに、一世紀以上にわたって教育改革を苦しめてきた宗教教育論争の熱をさました。同法の結果、実際に、国教会系の学校数が二〇年間で初等学校全体の三分の一まで減り、一方カトリック系の学校が中等学校全体の一〇分の一に増えたのである。同法はまた、すべての者に中等教育をという望みを現実のものにした——戦前には、五人の子供のうち四人までは、一四歳で労働市場に入るまでの初等教育を受けただけであった——。長い間延び延びになっていた義務教育修了年齢の一五歳までの引き上げが一九四七年に実施されると、初等教育課程を［後述の「イレブン・プラス」が行われる］一一歳までとし、それから最低あと四年間は子供たちが次の段階の義務教育を受けるという形になった。

バトラー法が長持ちする理由となった行政上のすぐれた点は、中等教育の提供一般に選択原理が採用されることを暗黙の前提として、同時に、複数のコースを持つ総合中等学校《コンプリヘンシヴ・スクール》の設立を地方教育局（ＬＥＡｓ）の自由にまかせたことであった。その結果、イングランドとウェールズのたいていの地域で、選択的な「イレブン・プラス」［一一歳で行われる中等教育コース選抜試験］教育に三種類の学校が用意された。すなわち、中等教育修了一般試験（ＧＣＥ）によって大学入学の必要を満たすように作られた教育課程を持つグラマー・スクール、職業指導を強調した実業学校《テクニカル・スクール》、そしてその他の者のための新中等学校《セカンダリー・モダン・スクール》の三つであった。

一九四四年には、これらの学校の間で生徒数の割合が五対一五対八〇になるだろうと考えられた。このことは、先端が鋭くそびえ立った学力のピラミッドになることを暗示していた。実際には一九五〇年代半ばまでに、この割合は、イングランドとウェールズでイレブン・プラスを受けた生徒のうちグラマー・スクールが二五パーセント以上、実業学校は五パーセント以下、そして残りの三分の二が新中等学校（あとは、一二余りの総合中等学校に一パーセントほど）であった。このように、グラマー・スクールが予想されたよりも大きな割合を占め、実業学校の割合は予想よりも小さかった。よく知られたグラマー・スクールの教育上の優位、あるいは単なる社会的声望のために、親たちから選挙がらみの圧力を感じる地方当局は、この方向に走らざるをえなかった。ウェールズでは、年齢層の三〇パーセント以上がグラマー・スクールに行くことができた。このことは、それに相応してウェールズでは一五歳をすぎても学校にとどまる子供が多いことに反映されていた。一九五〇年代の初めに、ウェールズで一八歳まで学校にとどまる者の割合はイングランドのそれの倍であり、こうしたことは何らかの形の高等教育まで受ける場合についても同様であった。庶民出身の知識人を養成する伝統がはるかに長いスコットランドでは、もっと広い基盤を持つ学校制度がすでに存在していた。

実際のところ、イギリスにおいて――イングランドではウェールズやスコットランドにおけるよりもひどかったのであるが――、教育は強く階級に制約されたままであった。イングランドとウェールズでは、二〇世紀初めに専門職や管理職の階級に生まれた子供五人のうち二人がグラマー・スクールで教育を受けており、（バトラー法の恩恵を十分に受けた最初の年齢集団である）一九三〇年代後半に生まれた者の場合、それは五人のうち三人にまで増えた。対照的に、第一次大戦前に中等教育を受ける可能性が一〇〇人に一人であった不熟練労働者の子供たちは、第二次大戦後にイレブン・プラスに受かる可能性が一〇分の一になった。これについて言えることは、せいぜい、それが正しい方向への進歩だったということである。しかも、ひとたびこのバトラー法後の年齢集団がグラマー・スクール（あるいは同等の学校）に入ると、専門職層からの子供たちで一七歳以後も学校に残る者がさらに増えたために、当初の社会的偏向はますます悪化した。そうした統計は、文化的な野心や経済的な不平等と同等に、いかんともしがたい社会的な影響が複雑に絡み合っていたことを示している。しかし、早急な改善を目指す者にとって最も手頃な標的は、イレブン・プラスによる選抜が不平等なことであった。

念入りに作られた試験で、それ以前の教育や家庭環境に関わりなく、子供の知能指数（ＩＱ）を正確に測定できるという考えの普及には、教育心理学者サー・シリル・バート〔一八八三〜一九七一年〕の研究が大きな役割を果たした。ＩＱテストに基づく選抜には、もっともらしい進歩主義的な背景があった。結局それは、全階級に公平に見出されるはずの純然たる能力という名において、既存の社会的特権に挑戦する方法だと見なされたのである。社会学者マイケル・ヤング〔（一九一五〜二〇〇二）、一九四五年の労働党選挙綱領の執筆者。放送大学の提唱など成人教育に尽力した〕が、その著書『能力主義の興隆』（一九五八年）〔窪田鎮夫・山元卯一郎訳『メリトクラシー』至誠堂、一九八二年〕で「能力主義」という用語を導入した時、彼は（ある種の懸念を抱きつつ）、この社会的エリートが新たに正当化されつつあることを指摘した。しかし、能力主義によるヒエラルキーの冷淡なまでの効率性に関する彼の憂慮は、イレブン・プラスのひどい非効率性の方が明白な時点では、時期尚早であった。中流階級の子供たちの不釣合いに高い合格率に、その社会的偏向が明らかなだけではなかった。特権的な階級においても、かつてイレブン・プラスで失敗した子供たちが、その後私立学校《インディペンデント・スクール》においてＧＣＥでよい結果を出したことに示されるように、ＩＱテストは学問的適性の指標としては不十分であった。そのうちに、バートの先駆的研究にも異議が唱えられ、ＩＱテストの知的基盤を揺るがすことになった。

さまざまな種類の中等学校は同等に尊重されたという戦後の婉曲的な言い回しが偽りであることは、社会の現実の姿によって示された。実際のところ、新中等学校は、労働者階級の子供たちに労働者階級の職に就く用意をさせることで終わった——用意をさせるというよりもむしろ、単にそのように条件づけていた。総合中等学校を支持する主張の核心はここにあり、そうした主張は、少数の（ここでも主にウェールズの）独自路線を行く地方議会の政策から、明確な進歩主義的特効薬の地位にまで上昇した。総合中等学校の推進は、中央から単一のモデルを押しつけるのではなく、地方教育局が解決すべき問題であり続けた。バトラーは、彼の一九四四年法のもとでそうした地方分権がもたらされた事実を喜んだ。一九六四年に保守党が政権を離れるまでに、二〇〇の総合中等学校が開校した。ウェールズと並んで、総合中等学校が初期に展開したのは、やはり労働党が地方議会を支配していたグレーター・ロンドンであった。* その後に続いた労働党政府がやったことは、とくにクロスランドが一九六五年に教育科学省を引き継いだ後に発した回状一〇／六五を通じて、中等学校再編の背後で影響力をおよぼすことであった。この影響力は、法的強制力こそなかったけれども、すでに少し開いていた扉をさらに押し開くことになった。一九七〇年までに中等学校の生徒の三〇パーセント以上を収容する一〇〇〇以上の総合中等学校が設立され、一九七四年には、マーガレット・サッチャー〔（一九二五〜）、保守党の政治家。教育相（一九七〇〜七四）、一九七五年に保守党党首、一九七九年にイギリス史上初の女性首相となる〕を文部大臣にした政府に〔一九七〇年に〕交代していたにもかかわらず、二〇〇〇の総合中等学校に生徒の六〇パーセントが通っていた。一九八〇年までに、総合中等学校は生徒の九〇パーセントをカバーするようになり、ケントのような保守党支配の強い若干の地方教育局だけが、グラマー・

スクールを維持していた。

＊ 労働党はロンドン州議会（ＬＣＣ）を三〇年にわたって支配し、――それが、保守党の一九六三年ロンドン施政法による同議会廃止の理由の一つとなった。同法は首都の区域を、（依然として労働党が頻繁に多数を占めた）グレーター・ロンドン議会下の郊外にまで拡大した。地方教育局は、郊外の外環では特別自治区議会によって形成された。しかし、インナー・ロンドン教育局（ＩＬＥＡ）が、都心部の特別自治区内ではこれらの機能を引き継いだ。ＩＬＥＡは、いずれの政党にせよ旧ロンドン州議会の管轄地域で多数を占めた方によって統制されたために、当然ながら労働党の統制下にあり続けた。

当時、総合中等学校支持派の弁舌《レトリック》は、一様にグラマー・スクールに反対するものであった。クロスランドが自ら始めた国内の「すべてのくそったれグラマー・スクールをつぶせ」という運動は、その卑俗な表現方法が異例であっただけである。それでも、グラマー・スクールは、ウィルソン、ヒース、ジェンキンズ、サッチャーといった政界での実力本位の新興リーダーを育成したことはもとより、全般的にかなりの成果をあげていた。今日から見て非難されそうな点は、新中等学校という考え方が失敗したことと、技能教育に注がれた資金が貧弱だったことである。義務教育修了年齢を一六歳に引き上げる計画は、教育に関して長く存在した格差を解消しようとするものであったが、それは一九六八年の経済危機によって延期された。実際のところ、労働党の政策が大多数の者にもたらした恩恵は主に将来を見越したものであったのに対して、その損失は、再編による中断や地方で高く評価されていたグラマー・スクールの喪失によって即座に起こった。そういった懸念はしばしば選挙で保守党に有利に働き、また、中流階級の親が（選択的に）私立学校に子供をやる動きを煽り、公立の中等学校をこの点で以前より総合的《コンプリヘンシヴ》でないものにした。

クロスランド自身の社会的平等への情熱は、疑う余地のないものであった。というのも、それは（通常「右派」と呼ばれた）労働党の修正主義者の優先事項とぴったり合致したからである。クロスランド自身は「パブリック・スクール」の出身であったが、それで彼がこの類の教育を大切にすることはまずなかった。しかし、一九六〇年代の労働党政策の帰結は奇妙であった。公立のグラマー・スクールは、さもなければ真に総合的な教育制度は創出できないという議論にもとづいて閉ざされていった。対照的に、私立の授業料が必要な学校は、特権を永続化する社会的に最も差別的なやり方だという議論がありえたにもかかわらず、手つかずにされたのである。

さまざまな種類の私立学校が全児童の約五パーセントを教育し続けたが、これは第二次大戦時の九パーセントよりは下がっていた。この部門はずっと規模は縮小したかもしれないが、とにかく（国の視学官が認可を与える際に用いた用語によれば）、より効率的になった。イヴリン・ウォーが『衰亡記』（一九二八年）に書き残した私立学校のグロテスクな無能ぶりは、上位パブリック・スクールのビジネスライクなやり方に次第にとって代わられた。後者は、需要面では節税につながる授業料納入方法を、供給面では良質な少人数教育を強調することにより、困難な市場で強引に売り込んだ。一方、私立学校の中には、混成の立場を持つ一群の学校があり、それらは、国から直接助成を受けながら、しかもしばしば（パブリック・スクールの伝統的な定義である）校長会議に所属していた。これら一八〇の直接助成学校の大部分は、その昔に基金によって設立されたグラマー・スクールであり、地方教育局が出す奨学金を受けた子供のかなりの割合を受け入れていた。これらの学校は学業的には奮闘し、中等教育進学者の二パーセントほどしか受け入れていなかったにもかかわらず、一八歳まで学校教育を受ける者のおよそ八パーセントを輩出し、また卒業生の半数を大学に送った。長年にわたり、有名な「パブリック」スクールを扱う多くの計画が討議されていた。計画の中には、パブリック・スクールの廃止をねらったものもあれば、財政的な援助を企図したものもあった。私立学校は一九六〇年代の総合化では手をつけられなかった。しかし、一九七五年に、直接助成校――能力主義的選抜の最たるもの――は廃止されたが、それでもなおパブリック・スクールは存続した。

イングランドの選択的な学校システムは、それよりもさらに選択的な大学システムと長い間密接に結びついていた。大学でも、同様に、学業にもとづく選択が社会的な差別を強化していた。二〇世紀の初めイギリスには二万人の学生がいたが、そのおよそ三分の一はオックスフォードかケンブリッジの学部学生であった。実際にオックスブリッジは、第二次大戦まで数の上では研究職を支配し続けた。戦後は、バトラー法のもとでより広範に利用できるようになった奨学金のおかげで、大学生の割合が初めて当該年齢層の二パーセントを超え、一九六二年には四パーセントにまで上昇した。その時までに三〇の大学があった。オックスフォードとケンブリッジにはそれぞれ一万人の学部学生がいたが、それもロンドン大学に比べれば少なかった。ロンドン大学はユニヴァーシティー・カレッジ、キングズ・カレッジ、インペリアル・カレッジ、ロンドン・スクール・オブ・エコノミクスといったカレッジから成っていたが、それらはたいてい独立していた。しかも、ロンドン大学が生み落とした五つの地方のカレッジ（ノッティンガム、サウサンプトン、ハル、エクセター、レスター）が今度は独自に大学となり、（マンチェスター、バーミンガム、リーズといった）もう一つ前の世代の一群の都市大学、別名赤レンガ大学を数の上で補強することになった。スコットランドでは四つの古い大学（エジンバラ、アバディーン、グラスゴー、セント・アンドルーズ）がすべて規模を拡大させ、またウェールズ大学は一八九三年の勅許のもとに連合組織として設立され、アバリストウィス、バンゴール、カーディフおよびスウォンジーに（後にランピーターにも）母体となるユニヴァーシティー・カレッジがあった。

以上は教育の拡張の物語であるが、依然として限定の話もあった。たとえば、父親が肉体労働者である学生の割合は、一九二〇年から六〇年まで四分の一前後に止まり続けた。中流階級の子供の少なくとも八人に一人が最終的には大学まで行けたのに対して、労働者階級の子供の場合は一〇〇人に一人にも満たなかった。おそらく驚くべきことに、スコットランドの状況もイングランドのそれとあまり違っていなかった。ウェールズでのみ、父親がブルーカラーである大学入学者が他と比べてかなり多かった。しかし国際的水準から見て、当該年齢層が高等教育を受ける割合は低かった。一九六二年において、教員養成やその他のカレッジにいる者すべてを合わせても、わずか八パーセントに過ぎなかったのである。

経済学者のロビンズ卿〔一八九八～一九八四、ロンドン・スクール・オブ・エコノミクス教授（一九二九～六一）〕が委員長を務めた高等教育に関する政府委員会が直面した問題は、ここにあった。一九六三年のロビンズ報告で提案された解決策は、とにかく、もっと大きな高等教育制度を創出することであった。政府がすでに、大学に入学した学生全員への奨学金給付を言明していたので、このさらなる言明は、拡張的なだけでなく、費用のかさむものになった。その結果、高等教育を受ける学生の総数は一九七〇年までに倍増した。ロビンズ報告時におよそ一二万人であった大学生の数は、一九九〇年には三七万人に達した。

ロビンズが提案した二〇年間にわたる拡張は、科学振興に資するはずであった。当時、これは流行の主張であった。一九五九年にC・P・スノー〔一九〇五～八〇、作家、物理学者〕は、両者の間で互いに理解不能な溝が存在する「二つの文化」――人文知識人の文化と自然科学者の文化――を明らかにして、有名な議論を引き起こした。それは、四〇年前にウェルズを懸念させた「溝」の現代版であり、それに対して長い間唱道されてきた一つの矯正策が、科学教育の改善であった。ロビンズは、一九六二年に理学や工学の分野で学位を取ろうとしている学生が、大学に学ぶ学生総数の半分を大きく下回ってはいないことを知った。そして、二〇年後には彼らが明らかに過半数を占めることが期待された。しかし、そうはならなかった。一九八〇年までに理系の学生数はほぼ倍増したが、文系の学生数も一六〇パーセント増えたのである。その時点で、文系には男子と同じくらい女子学生がいた。対照的に、同じ一九八〇年に医学を専攻した女子学生二人に対し、男子学生は依然として三人いた。純粋科学では男子学生が五人であり、工学の場合は一八人であった。

かくして、科学は、かつてのように男性だけの分野ではなかったにせよ、どのレベルでも依然として頑なまでに女性に冷たいままであった。もちろん、イギリスの科学研究には偉大な卓越性があり、ノーベル賞を多数獲得し、人口との割合で言えば、国際的にも傑出していた。戦後のもっとも顕著な進歩である一九五三年のキャヴェンディッシュ研究所における基本遺伝物質DNAの構造の発見は、その一〇年後に、それにきわめて深く関わった研究者たちの一人を除く全員にノーベル賞をもたらした。ジェームズ・ワトソン、フランシス・クリック、彼らのケンブリッジの同僚であるマックス・ペルツとジョン・ケンドリュー、そしてロンドンのキングズ・カレッジのモーリス・ウィルキンズであった。しかし、残念なことに彼の同僚ロザリンド・フランクリンにノーベル賞を与える術はなかった。

彼女のエックス線の仕事がきわめて重要な手がかりとなり、それは科学における女性の偉大な役割の範となるものであったが、受賞の四年前に起きた彼女の悲劇的な死が、然るべき認知の機会を奪ったのである。

　ロビンズ報告後の時期において、家族の中で初めて高等教育の機会を得た若い世代の学生に道を開いたのは、新しいポリテクニックであった。クロスランドは、一九六七年に教育科学省を去るまでに、同省と地方当局によって共同運営される三〇のポリテクニックを認可した。その目的は、大学よりも広範なコースを提供し、研究よりも教育に集中することであった。ポリテクニックはしばしば高等教育の総合的な形態とみなされたが、一部のポリテクニックは、多様な目的と相容れない伝統をもった既存の組織を統合し、散在する敷地でわずかな資金で運営をしていく際に、似通った問題を経験した。しかし、多くのポリテクニックは、新たな役割を担うことにすぐに成功し、一方他のポリテクニックは既存の教育モデルにならうことを選び、学生の獲得を大学と競った。

　ロビンズは、すでに建設中であった一群の新大学を大いに後押しした。それらの大学は、既存組織の監督下に置かれるようなこともなく、すぐに認可を受けた。サセックスが著名な成功例であり、それにイースト・アングリア、ヨーク、エセックス、ケント、ウォーリック、ランカスターが続いた。これらはすべてイングランドの田園地帯に建設された。スコットランドでは、スターリングがこの例にならったが、ダンディー、エジンバラのヘリオット＝ワットおよびグラスゴーのストラスクライドは、それぞれの都市に既にあった基礎の上に発展した。実際のところ、王立科学学校《ロイヤル・カレッジ・オブ・サイエンス》を基礎にしてつくられたストラスクライドには、ロビンズ報告後に大学の地位を与えられたイングランドの九校の先端技術に関するカレッジとかなりの類似性があった。バースとラフバラだけが、校名に工学という言葉を保持したことは重要かもしれない。一九六八年までに、大学の総数は五六に達した。しかし、ロンドン大学や古い赤レンガ大学自身が、時にほとんどもとの面影もないほどに拡張していたことを忘れてはいけない。

　大衆高等教育における最も顕著な発展は、量的なだけでなく質的なものであった。放送大学《オープン・ユニヴァーシティー》はまさにハロルド・ウィルソンが創出したもので、彼は首相としてその始動の際に十分な資金提供を保証した。遠距離学習の革新的な形態としてラジオやテレビを使う、オープン・ユニヴァーシティーは、社会的な出身が伝統的なイギリスの学部学生とはまったく異なり、たいていがパート・タイム［定時制］学生である一群の学生を受け入れた。成人学生、女子学生、恵まれない境遇の学生など、教育を受けたいという望みをくじかれた多くの人々にとって、オープン・ユニヴァーシティーは頼みの綱になった。オープン・ユニヴァーシティーの番組は深夜早朝にＢＢＣで放送され、このことは、当初学生のやる気を試す役割を果たし、カセットやビデオの登場がこの厳しさを和らげるまで続いた。しかし、学業水準の厳しさは、非常に伝統的なやり方で維持された。オープン・ユニヴァーシティーがもたらす、継続が困難な中での知的冒険という挑戦は、ウィリー・ラッセル［（一九四七〜）、戯曲家・小説家。『リタを教育する』でゴールデン・グローブ賞、アカデミー賞を受賞］の戯曲および後に映画となった『リタを教育する』（一九七九年初演および一九八一年映画公開）［吉岩正晴・芦沢ミドリ訳『リタの教育』夏書館、一九九九年］の着想のもととなった。

　大学生活の考え方が明白に変わりつつあった。C・P・スノーは自分が活躍していた時代に、『マスターズ』（一九五一年）でケンブリッジのカレッジの陰影を見事に捉えていた。キングズリー・エイミスは、ウェールズのあるユニヴァーシティー・カレッジにおける戦後の研究者をめぐる出世のプレッシャーを『ラッキー・ジム』（一九五四年）［福田隆太郎訳、三笠書房、一九五八年］で高級喜劇に仕立てた。しかし、「より多いはより悪いを意味するであろう」というエイミス自身が後にした予言は、より多いが多様であることを認識していたとは言えない。チェンバレンがバーミンガムに創設していた自慢の都市大学は、『交換教授』（一九七五年）［高儀進訳、白水社、一九八四年］でデーヴィッド・ロッジ［（一九三五〜）、作家、評論家］が、英米間の学問文化の相互浸透についてウィットに富んだ探索をする際の型通りの背景になった。ロビンズ自身はおよそ好まなかったであろうが、ロビンズ後の新大学における社会科学系学部の雰囲気は、とりわけ教員・学生間の不適切な性関係に関する安易な「マルクス主義気取りの」合理的解釈をちりばめたマルコム・ブラッドベリー［（一九三二〜二〇〇〇）、作家、批評家］の『ヒストリー・マン』（一九七五年）で、紛れもなく表現された。

　学生――オックスブリッジでさえこの用語が益々使われるようになっていた――は、一九六八年までにニュースの種となった。髭にアノラック、プラカードに横断幕、シュプレヒコールに拡声器の出現が、海外で起こっていた学生の街頭デモといったものからイギリスは免れていることに終わりを告げていた。ベトナム戦争がこうした類のアジテーションの大きな焦点になった。しかし一九六八年に、アジテーションはもっと身近な標的に向けられ、カレッジや大学の建物が占拠された。それは、部分的にはフランスや合衆国で並行して起きていた出来事をまねていたが、同時に、もっと直接的な学生の不満を浮き彫りにした。流行していたマルクス主義者の主張によれば、学生は搾取された労働者階級と自然に共鳴するのであった。もっとも彼らと組織労働者との関係が、この漠然としたレトリックの限界を克服することはまずなかった。一部の理論家は、労働者階級が消費主義に染まって無関心な中で、常に新たにされる若者の不満こそが、社会に急進的な変革をもたらしうるとさえ主張した。

　自分たちを革命の突撃専用部隊《ショック・トゥループ》だと考える学生はほとんどいなかったが、彼らのライフスタイルはしばしば、両親、教師、納税者――要するに年配の者にとってショックであった。家から離れて住む学生の間ではもとより、若者の性行動が、伝統的な縛りから逃れていた。「翔んでる六〇年代」という型にはまった印象は、しばしば女性の避妊用ピルの導入と結びついていた。しかし証拠が示すところでは、行動における変化は、実際、ピルが広範に利用可能となった一九六〇年代末より一〇年も早くからであった。ピルの広範な利用は、新しい性の社会的慣行の原因というよりも、そうした慣行への対応であった。確かに、望まない妊娠を怖れる気持ちはそれほどでなくなり、人工的な避妊の方法がより広範に用いられるようになった。若者の間で、「寛容社会《パーミッシヴ・ソサエティ》」についての話が示唆するほどの盛んな性行動があったかどうか、はっきりさせるのは容易ではない。しかし、新しい開放性があった。生来のつむじ曲がりであった詩人フィリップ・ラーキン［一九二二〜八五］は、「性交は一九六三年に始まった」という見解のスポークスマン役を買って出た。それはおそらく真実をついた詩的表現であった。さらに、若者によるドラッグの使用が広く目立つようになり、――時に意図的に――強い反発を引き起こした。かくして、一九六〇年代は、世代間の対立という時代を超えた問題を新たな段階に引き上げた。それはある程度は、世の中が豊かになり、若者が逼迫した労働市場で以前よりずっと早く経済的に自立できるようになったからであった。学生もまた恵まれていて、学費だけでなく、国際的な水準からすれば潤沢な、生計のための奨学金が公費で支払われた。

　何年にもわたって激しさを増していた派手で騒がしい若者文化は、一九六〇年代に頂点に達した。ライブにしろ、レコードやラジオにしろ、ポップ・ミュージックがそれを最も明らかに示していた。戦争以来、アメリカ合衆国がこの市場を支配していた。突然、イギリスのバンドが世界的な名声を得た。一九六二〜六三年にそのめざましい経歴の第一歩を踏み出したビートルズは、「ペニー・レイン」のような曲が想い出させて止まないように、リヴァプール出身のグループであった。ジョン・レノンとポール・マッカートニーという天才的なソングライターがいたビートルズは、比類ないほど多数の長く歌われる名曲を驚くほどいとも容易に生み出していった。「イエスタディ」は何年もの間に数百のバージョンで収録された。女王と年老いたチャーチルを除けば、若者なら誰もが知っている一連のヒット曲をもつビートルズは瞬く間に、最も有名な現存するイギリス人となった。もっとも一部のサブカルチャーは、ローリング・ストーンズのむきだしの際どさを好んだであろうが。その後、何十ものバンドが、彼らに続いて登場し、「マージー・サウンド」［リヴァプールから起こったポップ・ミュージック］を広めようとした。

　ここに、無認可の周波数でほぼ絶え間なくポップ・ミュージックを流し続ける海賊ラジオ船の入り込む市場があった。ウィルソン政権は、遮二無二ＢＢＣの独占を強めようと試み、多くの若者に、無理解で愚かだと思われた。ウィルソンがこの愚行を、ビートルズを大英帝国勲五等勲士（ＭＢＥ）の叙勲者に推薦することで償ったのか悪化させたのかは、議論の余地がある。遅ればせながら、ＢＢＣはラジオ1を開始した――それは、海賊船からではなかったが、海賊的行為には違いなかった。家族が茶の間でラジオの回りに集まり、お気に入りの番組を一緒に聴くことはもうなくなった。その代わりに、カー・ラジオとトランジスタ・ラジオが、とくに若者の間で流行《はや》った。彼らは自分たちのチャンネルを持ったのであった。かくして、技術の発達と消費者需要の変化が、かつては鉱石ラジオを生み、ついには「ウォークマン」を生んだ――三代かけてのヘッドフォンからヘッドフォンへの歩みであった。

ファッションにおいても、イギリスは、リージェント・ストリート〔ロンドン中心部にある高級ショッピング街〕をちょっと入ったカーナビー・ストリートから、さっそうと始まった流行を国際的な流行にまですることに驚くほど成功した。カーナビー・ストリートは一時期世界的な若者ファッションの中心地となった。男性も女性も、デニムと大胆な花柄を色々に用いた形式ばらなさ《インフォーマリティ》をファッションの基調にしていた。戦後一〇年間流行ったロングスカートは、単に短くなっただけではなかった。一九六〇年代後半のミニスカートは、裾を腿の中ほどまで引き上げた。それは、若い女性だからこそ思い切ってやれるスタイルであった。マリー・クワント〔一九三四～、ファッションデザイナー〕やビバ〔そもそもは通信販売として始められた廉価のブティック〕のようなこの方面で有名な名前は、若い顧客にとって新たな評判となった。長い間続いてきた社会的な差異を覆す、あるいは少なくともそれを隠す大衆文化の力は多くの点に示され、階級というよりも世代を区別する様式を生んだ。特権的な教育を受ける者でさえ、その影響を免れなかった。かつては確かに社会階級を示してくれたパブリック・スクールのアクセントは、一〇代の若者の間で、もはや戻りようがないほどすたれていった。彼らにとって、それは真似できるおかしなしゃべり方の一つにすぎなくなった。長髪とジーンズの若者は男か女か区別がつかないというのは、もはや時代遅れの年寄りの冗談ではすまなかった。どのような生い立ちの若者も、同じように見え始め、少なくとも表面上は互いに親近感を抱き始めていた。こういった変化にまごつきながらも、政党は若者の票をおずおずと求めだした。一九六九年に、参政権を一八歳に引き下げるのに際して、首尾一貫した反対はなかったのである。

2 保革合意《コンセンサス》の政治

サー・アレック・ダグラス＝ヒュームが首相であった一九六三～六四年の一二カ月を支配したのはハロルド・ウィルソンであった。自分がかつて首相を務めたという権威もないのに、野党の党首がこれほどまで優勢だったことはかつてなかった。しかも、ヒュームは穴埋めではあったかもしれないが、たやすい相手にはならなかったのであるから、それは価値があった。もちろんウィルソンは、一四代目の伯爵が現代の強国を率いようとしているという考えをからかった。相手を一四代ウィルソン氏と呼べるというヒュームの絶妙の応酬も、結局、出身や経験の不利なコントラストを和らげることはできなかった。ヒュームは下院に慣れていなかった。一方ウィルソンは、ある程度マクミランのやり方を続けることで、パンチのきいた手際のよいスタイルを完璧にした。通常週二回の首相への質問が真剣勝負の場にまでなったのは、この時期のことであった。ヒュームは、上品で高貴な伝統的タイプの保守党員という印象を与えた。しかし、国民の耳をとらえたのは、庶民性を持つウィルソンの方であった。

四六歳のウィルソンは、チャーチル、アデナウアー〔(一八七六～一九六七)、西ドイツの政治家。首相(一九四九～六三)〕、アイゼンハワー、ド＝ゴール、マクミランといった年金をもらうような年齢の政治家が普通であった時代には、若く見えた。しかし、若さはいまや彼の味方であった。時代遅れの政治家たちを面白おかしくまねた、ケンブリッジ大学のフットライト劇場で長い間目玉の出し物であった学生劇の類のものが、一九六二～六三年に『ザット・ワズ・ザ・ウィーク・ザット・ワズ』として深夜にテレビ放映されると、一大センセーションを呼んだ(それはまた、総裁サー・ヒュー・グリーン〔(一九一〇～八七)、ジャーナリスト。BBCの記者などを経て総裁(一九六〇～六九)〕の下でBBCが主張した新たな自由の印しであった)。マクミランとヒュームは、過去から来た人物としてこき下ろされた。対照的に、ケネディー大統領の生き生きしたイメージは魅力的に見えた。一九六三年一一月のケネディー暗殺はイギリスで広く悲しまれ、より深く心から悔まれた彼の政治的遺産は、労働党のものにされた。ウィルソンも、イギリスを再び前進させることについて語った。彼自身の売り込み方は、科学と社会主義の結びつきを巧みに論じることであった。そしてウイルソンは、イギリス再生を意図した将来の労働党政府の構想によって、実力発揮の機会を与えられる能力主義のテクノクラート的中間管理職のヒーローとして、自らを投影しようとした。これは「特定の階級にこだわらない」アピールであり、一四代伯爵といった社会的差異を維持する保守党の既得権益が国の進歩を妨げていると示唆する階級闘争で、保守党を守勢に立たせるものであった。

もしこれがロイド＝ジョージの生まれ変わりのように聞こえたとしても、北部の非国教徒の急進主義というウィルソンのルーツを考えれば、驚きではなかった。しかし一九五一年以降の彼の政治的経歴は、ベヴァン派という彼のイメージに基づいていた。左派および党大会の闘士という彼の役割は、一九六〇年になっても再確認された。その時彼は、党首の座をゲイツケルと争ったのである。しかし実際に、ウィルソンが常に優先したのは、党の団結であった。彼は国有化や一方的軍縮を盲信してはいなかった。彼は、同僚のクロスマン同様、実際のところベヴァン派の修正主義者で、労働党左派と行動を共にはしたが、それに属していたのではなかった。ここでも、ウィルソンは労働党のマクミランたろうとし、伝統的な党派的スローガンにかこつけて、党を中道に導こうとした。ウィルソンはさかんに報道された一連のスピーチで目標を示し、より高度な経済成長でさらなる社会支出を可能にするような新生イギリスを創出する必要を繰り返し強調した。それは労働党に鮮明なイメージを与えたが、このすばらしい目標を達成する政策の内容は、イメージほど明瞭ではなかった。

確かに、少なくも二年間は、こうした目標の多くが、いわゆる豊かな時代についての自己満足から目覚め、急いで新しい試みをする気になった保守党と共有されていた。新しいヨーロッパを観察したばかりのヒースは、拡大された商務省で幅広い権限を与えられた。ヒースは同省で、古びた競争への規制から経済を解放するという彼お気に入りの計画を推進した。供給者が定めた標準価格での商品販売を店舗に義務づける再販売価格維持は、地方の保守党で発言力の強い小規模商店主の怒りにもかかわらず、違法だと宣言された。これはヒースの勇敢な行動で、ひとたび騒ぎが収まると、彼に何の害ももたらさなかった。それどころか、保守党が間もなくウィルソンと同年代で同様の資質を持ったリーダーを必要とした時に、ヒースを悠長なモードリング［（一九一七〜七九）、保守党の政治家。蔵相、内相等歴任］の有力なライバルにのし上げた。

レジナルド・モードリングは、一九六二年以来大蔵大臣として、一九六三年には失業率が平均二・六パーセントとなった経済の再生という問題に直面していた。この数字は、戦後の福祉国家が実施されて以来最悪の年平均値であった。それゆえ、「ストップ・ゴー」政策［総需要抑制策を発動して景気の拡大を阻止（ストップ）し、また抑制策を解除して、経済活動を自由にする（ゴー）政策］のサイクルは、選挙前のゴーの局面に入った。それは、低い公定歩合と、一九六三年予算における消費支出からの十分な刺激で、成長率を一九六三年の四パーセントから一九六四年には六パーセント近くまで引き上げようというものであった。ただしそれは、経済がますます過熱し、国際収支への重圧がますます増えるといういつもの副作用を伴うのであった。モードリングは、「成長促進」の維持を決意し、国際収支の問題を輸出の活性化を導いて解決しようとした。実際、輸出は伸びていた。しかし、一九六四年までに、輸出が一九六一年より一〇パーセントを少し超えるだけの増加であったのに対して、輸入は、消費支出の伸びで二〇パーセント近く増えていた。

総選挙前にこれをどうにかしようとすることは、政治的に不可能であった。そして、世論調査と補欠選挙の両方が労働党支持の大きな増加を示していたので、ヒュームは最後までそのまま耐える決意をした。彼自身は、核の問題に焦点を合わせようとしていた。この点でウィルソンの過去には攻め入る隙があった。これに対して経済運営は、政府が守勢に立たされる部分であった。政府は、選挙前の活気あるブームを、それまでより高い四パーセントの持続的成長につなげることができると主張しなければならなかった。それは労働党にさらに高い成長率を約束させた。労働党は保守党政府の「無為な一三年間」を執拗に語って、変化を求めるムードを捉えることに成功した。ウィルソンの支持率はヒュームのそれに先行し続けた。ウィルソンのリードがすっかり定着したものと捉えられたことは、ウィルソンが能力だけでなく誠実さに関する世論調査においてもリードしていたことに示されている。しかしヒュームが、地味ながらも自分の力で奮闘した結果をみくびってはならない。つまるところ彼は来るべき選挙での壊滅的敗北の奈落を見つめながら、意気阻喪していた党を引き継いだのであった。多くの者が驚いたことに、一九六四年一〇月の総選挙は接戦となった。

労働党は、六三〇議席中三一七議席を獲得し、辛うじて勝利した。四四パーセントの得票率で、保守党を一パーセント足らず上回るのみであった。とはいえ、一九五九年以来の変化ははっきりしていた。保守党は得票率を六パーセント下落させ、六〇議席を失った。労働党の躍進の半分以上が、ロンドン、ランカシャー、ヨークシャー、スコットランドの伝統的に支持が強い地域での支配を強化したことからもたらされた。しかし全体として、保守党が失ったものをすべて労働党が得たわけではなく、それは部分的に、自由党の得票が過小評価されていたためであった。自由党は九人しか当選しなかったが、得票率は一一パーセントで、一九二九年以来の最高であった。これらは主に反保守党票で、多くは左派勢力再編成の必要を訴える自由党党首ジョー・グリモンド［一九一三～九三、自由党の政治家。党首（一九五六～六七）］の戦略に惹かれたものであった。確かに、この再編成は正式にはなされなかった。しかし自由党への支持は、全階級を通じてかなり均等に、中道左派を支持する一群の有権者がいることを示した。労働党はこれを取り込むことができそうであった――それはウィルソンにとって、僅差の結果からして程なくやってくるであろう次の選挙に向けて先のことを考えるに際し、はっきりとした教訓となった。

絶対多数が一桁だけのウィルソン政府は、いつになく選挙を考慮することに支配された。この事実は、首相の技量と意向にも同様に作用した。ウィルソンは一九六六年を、自分の「本当の」内閣を組織できる時と予測した。それは彼が、皆に気をもませておくように仕組まれた巧妙な戦術と妥協によって、当面の政治運営をこなしながら、もっとはっきりした選挙での勝利の道を作り出せれば可能だというのであった。この目的は確かに達成されたが、手段そのものが目的と化してしまう犠牲を払ってなされたのであり、後々そのことから逃れるのが困難になった。ウィルソンは支配権を持っていたが、鈍感なキャラハンを大蔵大臣にし、気まぐれなブラウンのためにまったく新しい経済省を創設して、ライバルたちを指導層に取り込んだ。首相以外では、新しいウェールズ省を任された年配の政治家ジェームズ・グリフィス［一八九〇～一九七五、労働党の政治家］と、外務大臣のパトリック・ゴードン＝ウォーカー［一九〇七～八〇、労働党の政治家、作家。外相（一九六四～六五）、教育・科学相（一九六七～六八）］だけが、大臣の経験者であった。*

＊　見栄えのしないゲイツケル派だったゴードン＝ウォーカーに期待されていた経験の豊かさは、彼が総選挙で議席を失ったため、実際にはほとんど役に立たなかった。スメズウィックでの人種差別的な選挙運動で落選したために、彼の大臣任命を押し通すことは道義上譲れない問題になった。その上、彼を下院に戻す試みとして巧みに計画された一九六五年二月の補欠選挙にも彼は敗れた。同様にカリスマ性を欠いたマイケル・スチュアート［一九〇六～九〇、経済学者、労働党の政治家。外相（一九六五～六六、六八～七〇）、経済問題相（一九六六～六七）］ぐらいしか、この出だしのつまずきの後に短時日で外務省を引き継ぐことのできる人材はなかった。

ウィルソンは政治的バランスを取ろうとして、ベヴァン派時代からの二人の親しい人物を大臣に任命した。リチャード・クロスマン［一九〇七～七四、労働党の政治家。ウィルソン政権で下院院内総務等も歴任。大臣在職期を含む国会議員時代の日記 *The Richard Crossman Diaries* が有名］と（唯一人の女性大臣）バーバラ・カースル

八億ポンドの赤字という噂が飛び、市場での警戒感がさらに強まった。そうした赤字を矯正する二つの古典的な手段が、デフレと平価切り下げであった。デフレは経済成長を抑制することで機能し、それで輸入が十分に減るのであった。しかし労働党はこの選択肢を「ストップ・ゴー」だとして拒否した。平価切り下げは、明らかに実利的な選択であった。ポンドが、（一ポンド＝二・八ドルで）ドルに対してだけでなく、（依然として一ポンド＝一一ドイツ・マルク強であった）ドイツ・マルクに対してはもっとはっきり過大評価されている兆候が、ポンド危機のたびに高まっていたからである。しかしこの選択肢は、ブラウンおよびキャラハンと協議したウィルソンによって即座に除外された。

それは、部分的には経済的理由からであった――ウィルソンは、直接介入的な施策に傾きがちな、本質的にミクロ経済的アプローチを採っていたのである――。しかし、主な理由は政治的なものであった。同僚で反対する者のなかったウィルソンの見解とは、一九四九年に平価切り下げをした労働党がもう一度その役を担うことはできないし、それは議会での立場が不安定なだけになおさらだ、というものであった。それで政府は、持っていた経済的武器のいずれを使うことにも難色を示した。政府に残されたのは、成り行きにまかせ、そしてアメリカにまかせることであった。というのも、準備通貨として分不相応に無理な役割を果たしてきたポンドのドルによる救済がいかに重要であるかは疑いの余地がなかったのである。スエズ紛争が悲しみのうちに終わったのは、アメリカの支持が撤回された時であった。マクミランは、イギリスは将来、アメリカの格下のパートナーとしてその後に付き従っていくべきだとの教訓を学んだ。これが、核による防衛政策の基礎になり、それは、ウィルソンがばかにした「自立」を装い、超大国としての自負を維持しようとするものであった。皮肉なことにウィルソンは、実際のところ同様にアメリカの支援に依存し、それゆえアメリカが決定する条件に支配される経済戦略を採ったのである。

一九六四年一一月、ポンドは多数の中央銀行の協調行動で救われた。その中にはイングランド銀行も含まれ、同行は公定歩合を、今や一般に危機的水準である七パーセントに引き上げた。一時的な輸入追加税が、関税および貿易に関する一般協定（GATT）の規約に反するにもかかわらず課せられた。所得税は八シリング三ペンス（四一・二五パーセント）まで上昇した。大蔵省は、この政策パッケージが経済を均衡状態に押し戻すような効果を発揮すると期待していた。この間、新設の経済問題省（DEA）は、あたかも、その経済成長計画を妨げることは何も起こらなかったかのようであり続けた。同省は、かつてのロイド＝ジョージの軍需省のように、基本的に、特異な一個人の手に負えない才能を発揮する手段であった。しかし、ブラウンがその才能を発揮したやり方は、刺激的ではあるが不安定なものであった。ブラウンの不安定さ――飲酒は明らかに問題の一つであった――は、彼を気まぐれな大臣にした。邪魔されたと感じると辞任をちらつかせ、しかし、絶好調の時には直観的に問題の核心をつき、困難に立ち向かってうまく同意を導くことができた。

ブラウンが何カ月も努力を傾注したナショナル・プランは、このようにして作られた。ナショナル・プランは、労使双方や国民経済開発審議会（NEDC）との入念な協議の末に、一九六五年九月に公刊された。それは、年四パーセントの持続的成長という目標を掲げていた――この目標は、まったく非現実的というわけではなく、一九六三年と一九六四年にはこの水準を上回っていた。しかしそれが印刷に回されようとした時でさえ、この目標は政府決定によって達成できないものになろうとしていた。実際の経済を代表するDEAと財政を代表する大蔵省との間で、経済政策の策定に際し「建設的緊張」があると言われていた。膨大な専門知識を持ち官僚組織全体を掌握していた大蔵省の支配力が実際に弱まることはけっしてなかった。ポンドが慢性的に弱いとすれば、大蔵省の政策が支配的となるのも当然であった。しかも、一九六五年の夏に、アメリカのポンド支援を確かにするために、キャラハンが政府は引き締め政策を続けるとの言質を与えたことが、今日では知られている。これがどれだけナショナル・プランを傷つけたのかは、すぐには明らかにならなかった。

これらすべてにおいて、ウィルソンの立場は重要であった。ウィルソンは、キャラハンとブラウンの間を仲裁したり、政府の選挙での勝機を失わせることは何もすべきでないと力説しただけではなく、ワシントンのジョンソン政権との包括協定を結んだ。ベトナム戦争の激化が政権にとって最重要事であったジョンソン〔(一九〇八〜七三)、アメリカの第三六代大統領（一九六三〜六九）〕が本当に望んだのは、東南アジアでのイギリスの支援であった。彼は、ベトナムにイギリス軍が来ないだろうことは認めざるを得ず、ウィルソンとスチュアートから、アメリカの目的に同調するという一般論的な表明が得られただけであった（しかも後にアメリカの軍事行動の一部については、はっきりと距離を置くことが強調された）。しかし、当時公式にはしばしば否定されたが、ポンドとベトナムの間には明白な関連があった。ウィルソンが結ぶことのできた取引の条件は、したがって、アメリカがどの程度彼の助けを望むかだけでなく、彼が平価切り下げを回避するためにアメリカの要請にどれだけ応えることができるかにかかっていた。たとえウィルソン自身が、平価切り下げを回避するために何でもするように見えたとしても、仮にアメリカが、ウィルソンは簡単に平価切り下げをするだろうと考えていたとすれば――それは、こんどはドルを弱くするがゆえにアメリカとしても避けたいところであった――イギリスにそれほど高い代償を強要できなかったであろう。アメリカが正しく推測したように是が非でも平価切り下げを回避したいというのがウィルソンの立場であったので、彼にはナッソーでのマクミランの場合と同様に、手持ちの札がほとんどなかった。それはおよそ、すばらしいというには程遠い話ではあったが、ウィルソンは少なくともイギリス軍がベトナムの泥沼に陥ることは回避した。

ウィルソンの支配的立場は、政府の中でも国民の目にもほとんど揺るがなかった。政府がいかなる経済的困難に直面したとしても、さしあたり保守党のせいにすることができたし、保守党は選挙で盛り返すような状態からは程遠いままであった。あわれな男ヒュームは去らねばならない、と広く受け入れられていた。しかしウィルソンは、より強力な保守党リーダーが選ばれるのを遅らせるために、すぐに選挙があるという噂を利用した。一九六五年七月にようやくヒュームは辞めていき、保守党は初めて、新しい党首選挙の手続きを履行することになった。マクラウドは影の内閣に戻っていたが、いまや党内で胡散臭《うさんくさ》がられていた。パウエルは、党首に立候補した際のふるまいや保守党議員の投票でみじめな三位に終わったことから確かなように、もっと胡散臭がられていた。選挙の結果、ヒースがモードリングを僅差で、しかし決定的に破った。しかし、保守党人気へのよい影響は短命に終わった。一九六五年夏の政府のデフレ策にもかかわらず、九月には政府が世論調査で再びリードしていた。

何かを示すという点で、ウィルソン政府は見事であった。ナショナル・プランはうまく受け入れられた。公定歩合は引き下げられ、経済は、あまり速くはなかったけれども、依然成長を続けた。失業者増加の懸念があったにもかかわらず、一九六五〜六六年を通じて、失業率は平均で一・五パーセントにすぎなかった。一九六六年に、物価は二年前より九パーセント高かったかもしれないが、所得は一一パーセント高かった。より洞察力のある閣僚たちが認識したように、労働党は、自分たちの運が続き、敵が依然混乱しているうちに、人気に乗じる必要があった。この点で、ウィルソンのリーダーシップはもっとも効果的だと見られた。彼は、間に合わせの現状維持策を建設的な政府ができるまでの前置きというふうに言い紛らわせた。彼の言葉は国内でその通りに信じられた。それは、労働党のキャンペーンが異例なほど彼を中心に展開することを意味した。というのも彼は党よりも人気の点で先んじていたからである。

兆候は、一九六六年一月にハルの補欠選挙で見られた。政府は、ハンバー川に吊橋を建造すると発表して、折りよく介入した。そうした介入は、橋自体と同様、およそ必要ではなかったが、世論調査での労働党のリードは、政府支持にまわる意見が増えたことで、はっきりと強まった。総選挙がそれに続き、労働党の絶対多数は一〇〇になった。一九五九年に保守党が成し遂げたことをそのまま再現したような結果であった。かつてのゲイツケルのように、ヒースは、経済がうまくいっているという幻影に対する彼の理に適った警告が、丁重に無視されたと知った。保守党票はよくもちこたえ、一九六四年よりも一・五パーセント下がっただけであった。これに対し自由党票は二・七パーセント減った（しかし票は、党がもっとも必要としたところに固められ、その結果自由党議員の数は九から一二に増えた）。実際、労働党は保守党から一票取る間に自由党から二票取って、得票率を四八パーセントにまで増やした。これは実質的に、一九四五年の時と同じ水準であった。労働党の獲得議席は、一九六四年よりも全国に満遍なく広がった。都市部や工業地帯の古い拠点では穏当な増加であったが、いまや郊外のさまざまな階級から成る選挙区、ニュータウン、大学のある都市、大聖堂のある都市と、全般に広まった支持によっても議席を増やした。ブリストル・ノースウェスト、クロイドン・サウス、ハロー・イースト、ポーツマス・ウェスト、ベビントン、ビレリケイ、ハイピーク、チズルハースト、ベッドフォード、エクセター、ランカスター、ヨーク、オックスフォード、ケンブリッジ——これらの選挙区はすべて、一九四九年の選挙区再編以降初めて労働党の手に落ちたのであった。労働党を「政権を取って当然の党」にしようというウィルソンの夢が、順調に叶いつつあるようであった。

3　社会政策

第二次大戦後のイギリスに創出された福祉国家は、しばしば世界の羨望の的だと言われた。労働党は確かにそれを実現したことを自慢したし、一方保守党は、それを取り壊そうとするいかなる考えをも強く否定した。もともとは二〇世紀初めにラウントリーが確立した貧困線の概念に依拠し、ベヴァリッジ・プランに基づいて形成された福祉国家は、窮乏という大きな災いを、一挙にではないにせよ、協調による決定的な攻撃で根絶することを目的にしていた。完全雇用はそれ自体が、両大戦間期に古い工業地帯で広まったような貧困に取り組む最善の手段であった。それと共に、国民保健サービス（NHS）は家族の病気の経済的負担を軽減し、一方児童手当は、大家族に直接的な援助をもたらした。これらの措置は、よく起こる生活の不測の事態に対して、すべての人が加入し援助を受ける社会保険への道を開いた。そうした事態とは、本来、人が仕事と仕事の間にあって雇用されないでいる摩擦的失業の未解決の部分、一家の稼ぎ手の病気、労働災害、老齢である。そして、それでも経済的にぎりぎりの生活状態を切り抜けられない人が万一いる場合には、国民生活扶助というセーフティー・ネットがあった。それは（かつての貧民救済のように）、貧困が正真正銘のものであることの証明とともに、その人に与えられた。

「貧困は完全になくなった」と、ダラムの炭坑夫の指導者サム・ワトソン［一八九八〜一九六七、ダラム炭坑夫協会書記（一九三六〜六三）］は、一九五〇年の労働党大会で宣言した。これは、単なる党派的な主張ではなかった。ラウントリーが、その先駆的な研究の半世紀後に故郷のヨークに戻って、最後の社会調査を指揮し、『貧困と福祉国家』（一九五一年）を出版した時、彼はかつてと比べて陰鬱さが減り、より満足を与えてくれる状況を明らかにした。その際、貧困生活を送る労働者階級の割合が、一九三〇年代の三〇パーセント以上から三パーセント以下になったことが、重大なニュースとして報道された。『タイムズ』紙は、それを「どうしようもない窮乏の実質的な根絶」と呼んだ。しかし一〇年もすると、そうした判断はその時代特有の自己満足のように見え、「貧困の再発見」が話題の中心になった。これは部分的には、経験的データの分析がより洗練されたということであった。ラウントリーの方法は、社会学や社会行政といった、新しい大学の学部で発達した専門知識と比べて、粗く見えるようになった。しかし、とくにピーター・タウンゼント教授［（一九二八〜）、社会政策学者。LSE、エセックス大学を経て、ブリストル大学教授（一九八二〜九三）］の功績が、大きな変化をもたらしたのである。

貧困線という概念は、当初は急進的なものであった。科学的根拠のある生存水準を値札付きで確立することによって、それは、貧困に懐疑的な者に挑戦し、これより少ない収入でやっていくことがいかに困難であるかを説明した。しかし、貧困線は、貧者が何を欲するかについて、労働者階級の支出の本来的なパターンではなく、中流階級の専門家による査定を反映しているという点で、その客観性にあやしいところがあった。貧者はしばしば、「不必要な」品物にお金を「浪費している」と批判された。彼らには、それらが重要に思えたにもかかわらずである。ここで肝心な事実は、必需品というのは、かなりの程度、社会的に条件づけられるということであった。つまり、必需品とは実際に生きている人が、自分の社会生活を完全に営む上で必要だと感じるものであった。一九六〇年代までに、それは、かつてはそうであったにしても、木靴やショールを意味はしなかった。テレビが普通に社会をつなぐものになった一九六〇年代には、もしテレビを持てなかったなら、貧困で社会から取り残されたと言えたであろう。貧困の定義にそういった主観的な要素を取り入れることは、必然的に貧困を相対的な概念にし、福祉の政治経済学にとって非常に重要な意味をもつことになった。

保守党が福祉への支出を削減したと考える理由はない。保守党は、無駄をなくしてNHSの経費を節減する考えをひそかに抱いたかもしれない。しかし、（ともに労働党の政策顧問であった）リチャード・ティトマス［（一九〇七〜七三）、社会行政学者。高等教育を受けず、数々の職業を経て、ロンドン・スクール・オブ・エコノミクス教授（一九五〇〜七三）］とブライアン・エイベル＝スミス［（一九二六〜九六）、社会行政学者。ロンドン・スクール・オブ・エコノミクス教授（一九六五〜九一）］という二人の専門家が主導した、一九五六年のギルボード報告は、NHSが効率的に運営されていることを示唆した。NHSへの支出は、当初はマクラウドのもとで、後には（もっと驚くべきことに）パウエルのもとで増加した。パウエルが保健相を務めた一九六〇年代初期には、病院建設計画の注目すべき拡大があった。社会的支出は、実際一九五〇年代を通じて国民所得に占める割合をおおむね維持した。それから一気に、そして加速度的にその割合を増加させたのである。

国家財政をますます圧迫した増加の勢いは、ウィルソンが政権を取る以前からすでに明白であった。ウィルソン政府の政策が事態をさらに悪化させた、――あるいは、見方によっては改善した。労働党は、それがとくに恵まれない社会集団の恩恵になるからという理由で、主義として公共支出の増加を明言した。かくして、この戦略を理論づけたクロスランドは、一九六四〜七〇年の労働党政権の間に、公共支出が増加したことに対して満足を表明できた。*しかも、このプロセスを進めたのは、社会的支出の増加であった。教育、医療、年金、失業への公的支出は、一九六〇～七五年の間に実質で年五パーセント増加した。これらの費目は、一五年間でGDPにおけるシェアを一一パーセント強から一九パーセント近くまで伸ばした——それはおそらく、アトリー政権がなし得たものの二倍に相当する資源の大きな移転であった。しかし、恩恵を受けたと思われる者の間にも有権者の間にも、アトリー政権が与えたと同じだけの満足感を生むことはできなかった。

＊　こうした統計は、とくに注意深く解釈する必要がある。クロスランドは、当時の大蔵省の定義に沿って公共支出がGNPの四一パーセントから四八パーセントに増加したという数字を引用した。しかし、一九七七年にイギリスの数値を計算する基礎が国際慣行に沿うようになり、そうすると公共支出はGDPの約七パーセント低減していたことが明らかになった。

他のOECD各国に共通に見られた社会的支出の増加ではあったが、イギリスにおけるその理由は複雑であった。比較的小さな理由としては、単に、人口構成の変化、とくに老人と扶養される子供の数が増えたことが挙げられる。理由の大部分は、給付の実質的な増加であった。しかし、ここでも人口構成の変化が二次的な影響をおよぼした。というのも、高齢化する人口は、国家が支払うべき年金の総額を容赦なく引き上げたばかりでなく、より高い年金を優先する有権者を増やしたからである。一九五一年には国民の一四パーセントが国家からの年金の受給資格者であったのに対し、その後三〇年間でその割合は一八パーセントまで増えた（そして増え続けた）。国家の普遍的な年金で高齢者の貧困問題に対処できるという前提は、一九四八年の当初から非現実的であった。この年金は、それ自体で十分であるにはあまりに低い水準に設定されていたし、私的な財源で補われることもおよそなかったからである。それで多くの年金受給者は国民生活扶助を申請したし、老人は絶えず再発見される貧者の最も大きな集団の一つであった。労働党は野党時代に、クロスマンのもとで、基金の運用益によって賄われる国家老齢年金制度の計画による新しい方法を考案していた。これは、一九五九年および一九六四年の総選挙において、労働党の一番目立った提案の一つであった。その目的は、かつての収入に相関させた、安定して十分な年金の見通しをすべての人に与えることであった。

民間による福祉の方を好んだ保守党の対応は、既存の国家年金受給者に一時的な増額を施そうというものであった。これで、職域年金制度が拡大するための時間をうまく稼げたが、この制度が抜本的な変革に対する既得権益として働くことになった。労働党もいったん政権につくと、大きな計画を進める代わりに、同様に一時しのぎの施策に頼った。長年の拠出積み立てによって支給を賄う年金基金を確立する制度を導入しようとする際に必ず出てくる難しい問題は、年齢が行き過ぎて拠出金を積み立てられない世代をどう扱うかという問題であった。野党時代に慎重に考案された計画に代わって、当面の拠出金で賄われる賦課方式が一九七〇年に議会に提案されたが、提出が遅すぎて議会を通過する見込みはなかった。このことは、まもなく退職する者がまず恩恵を受けることを意味した。それはまた、納税者にとっては実質上、状況の変化に応じて上限のない負担増に直面することを意味した。所得比例国家年金制度（SERPS）が、ついに一九七八年に実施され、長年の間に幾度となく修正されたが、二〇年前のまったく違ったプランに遡るある特徴は保持し続けた。すなわち、所得に関連させた年金という特徴である。

疾病給付および失業給付に対する所得比例の補足分が、一九六六年に導入されていた。そして、一九六五年に確立された解雇の際の退職手当を受ける権利も同様に、様々な個々人の所得能力が失われた分に連動するようになった。こういったスライド方式の給付の導入は、もはや正しくないとされた最低限の生活の糧という概念に基づく定額給付の原則から、一貫して離れていくことの前触れとなった。それに代わって貧困線は、国民生活扶助（一九六六年に補足給付と改称）を与える基準としてますます再定義されるようになった。それで実際には、貧困線自体が――平均的生活水準に――指数連動化され、期待される水準を、満足させることも賄うことも難しいところまで押し上げたのである。

これらの相対的な水準によって測定された、（常に上昇する）境界値より収入の少ない世帯数に関する証拠が多数出現し、広く世に示された。エイベル＝スミスとタウンゼントによる『貧しい者と最貧の者』（一九六五年）は、クリスマスの時期にして は特別な類のベストセラーとなり、同情に満ちた季節的市場を切り開いて、問題に関する一般の関心を高めた。今や貧困が根絶されたなどと誰も言えなかった。実際、相対的な不利益のすべてを根絶できずにいて、そんなことが言えるはずはなかった。こうして、新しい方法論が問題の枠組みをこのようにすると、所得分配の問題は、貧困そのものの問題ともっと密接に関連するようになった。

即座に出てくる一つの政治的含意は、単に福祉の給付水準を高めて生活が貧しい者の数を減らそうとする政府は、自ら災いを招くだろうということであった――そうすることによって、生活が貧しい者の数を計算する際の所得水準も引き上げてしまうからである。確かにウィルソン政権はこの種の強い批判に見舞われた。一部の統計は、ウィルソン政権が、生活の貧しい者をかつてないほど多く残したことを示そうとした。しかし、それは実際には、同政権が給付水準を実質的に増額させたことを示したか、さもなければ、富と収入における相対的な不平等の問題はずっと根が深いことを指摘したのであった。

「貧困ロビー」は今や活動的な勢力となり、それまでは疎外されていた恵まれない集団のための詳しい宣伝活動を盛んに続けた。このことは、それ自体は健全な展開であったが、それに伴って、利己的な目的を抱く利害集団を生み出した。急増する社会行政従事者の共同体が官僚組織化したことは、国家、地方当局、大学、民間非営利団体のいずれに雇用されるにせよ、増額し続ける福祉予算に職業的利害を持つ専門家の数がどんどん増えることを意味した。この過程において、関係者の地位や報酬が福祉サービスを受ける者の生活水準よりも明らかに改善されたことを認めたからといって、福祉官僚制度を悪し様に言う必要はない。単に、公的な資金をどんどん使うことが、社会的公正という複雑な問題に対する単純に割り切りすぎた取り組み方として、疑問視されるようになったのである。

民間非営利団体の役割がどんどん増大したことに対し、労働党はしばしば強く反対した。しかし、そうした役割の増大は、国家主権主義に対して強まりつつあった反発の一つの兆候と見てとれる。確かに、子供の遊び場の運営等を行った組織のような相互扶助団体は、自助の一例のように見える。しかしそうした団体は、しばしば公的資金、とくに地方当局からの支援を求めたし、それを獲得した。ヘルプ・ジ・エイジド（一九六一年設立）は、介護を施す慈善事業団体の一例で、それは老人に対する公的施策が不十分なことについて一般の意識を高めもした。最もよく知られた任意団体は、実際のところ、国家による行為を不要にするのではなく、むしろそれを促進するために活動した。シェルター（一九六六年発足）は、ホームレスのための運動を、住居そのものの供給によってではなく、問題についてのキャンペーンを進めることで始め、その堂々たる態度は好意的に報道された。運動のリーダーであるデズ・ウィルソン〔（一九四一〜）、言論活動を経て、シェルター代表（一九六七〜七一）。『ソーシャル・ワーク・トゥデー』、『イラストレイテッド・ロンドン・ニューズ』の編集に従事〕が述べたように、「解決策を考え出すべきは政府であった」。同様に、貧困児童アクション・グループ（一九六五年発足）は、とくに、大家族が依然として貧困の主因であることを調査結果に基づいて示すことによって、児童手当の必要に関する一般の関心を効果的に維持した。

これらの活動団体は、急進的な影響力をもつようになり、ウィルソン政権を行動に駆り立て、とくに政府の活動が不十分な時にはそれを厳しく非難した。政府の福祉政策の成果は、失望的なものだと理解された。というのも、政府は必要な財源を見いだせなかったばかりか、自身が最初に高めた期待に応えられなかったのである。住宅政策は、平価切り下げ危機の後に縮小され、年五〇万戸の住宅建設という政府目標は放棄された。しかし、一九六七年と一九六八年には四〇万戸以上が建設された。これは新記録で、シェルターが関与するより前の時期に、マクミランが成し遂げた記録を大きく上回っていた。同様に政府は、一九六七年に大蔵省の反対を押して遂に閣議を通した、貧困家族を援助する独創的な計画についてもほとんどその功を認められなかった。これは、一様に支払われていた児童手当を実質的に引き上げて、その増額分を所得税を納めるより裕福な世帯だけを対象とする増税によって取り戻すというものであった。こうして、貧しい者が自ら申請したり、資産調査を受けたりすることなしに、援助の目標は彼らに定められた。しかし、もし労働党がこのような施策による政治的な賞賛を期待したとしても、一九七〇年の選挙戦中に貧困児童アクション・グループから浴びせられた非難で失望することになるのであった。より好意的に受け取られ、実施にあまり費用がかからず、その社会的影響がもっと持続的であったのは、とくに一九六五年一二月にロイ・ジェンキンズが内務大臣に就任して以降の二年間に内務省が後援した法律であった。ジェンキンズは平議員として、猥褻物出版法（一九五九年）の議会通過に尽力した。同法は、文学的価値を弁護の可能性として取り入れ、かくして一九六〇年の、『チャタレー夫人の恋人』の出版に関するペンギン・ブックスの勝ちに終わった法廷闘争の道を開いた。この立法措置は、検閲に関するジェンキンズの関心を示す前兆となり、彼は続いて内相として、劇の上演を認可するという宮内長官の歴史的役割を終わりにすべきだと、王室の反対を押して主張した。しかも、猥褻物出版法は、その後の、議論は呼んだが政党間の対立にはならなかった、微妙な領域での立法措置のモデルを提供した。それは、内務省の支持が約束されている議員立法提案というやり方であった。

死刑はこうしたやり方で、一九六五年に廃止された。一九六六年に、ジェンキンズは議員立法の法案提出権の抽選で上位を占めた新進の自由党議員デーヴィッド・スティール〔（一九三八〜）、自由党の政治家、党首（一九七六〜八八）〕に、同性愛法改革に関する立法措置を提案するように説得を試みた。しかしスティールは、これがスコットランド境界《ボーダー》地方の彼の選挙区の有権者にあまりに過激だと考えたので、その代わりに中絶改革の方を選んだ。初めて合法的に中絶を認めたこの提案は、驚くほど評判がよかった。世論調査では七〇パーセント以上がそれを支持したが、これはおそらく違法あるいは「闇」の堕胎の多さと危険の両方が周知の事柄だったからである。ほどなく同性愛法の改革が続いた。というのも一九六六年一〇月にジェンキンズが内閣を説得して、下院ですでに提出されていた議員立法のための時間を政府に与えるようにさせたからであった。成人間での私生活における同性愛行為を合法化する提案は、一〇年前にウォルフェンデン報告が勧告して以降棚上げされていたが、一九六七年に法律となった。

同様のリバタリアン的な動きは、この時期に他の西側諸国でも共通に見られた。そしてその後の、「モラル・マジョリティー」と自称する反動的諸団体の巻き返しも同じように起こった。そうした自由を求める動きは個人および市民としての権利を主張する新たな決意の表れであり、中でも「ウーマン・リブ」と「ゲイ・リブ」が目立つ例であった。逆に言えば、それは社会的行動や尊敬の伝統的規範が崩壊する兆候であり、イギリスを統治しにくくするものであった。絞首刑、検閲、中絶および同性愛に関する法案は、労働党の選挙公約ではなかった。下院では、これらの法案は、リベラルな考えの議員からの党派を超えた支持を集める一方で、伝統主義の（しばしばカトリックの）労働党議員からの反対にもあった。とはいえ、これらの法案は、労働党の過半数がなかったら通過しなかったであろう。そして一九六五年から六七年の間にそれを促進したのが、この過半数を進んで活用しようとした、労働党の内相であった。したがって、労働党が「寛容社会《パーミッシヴ・ソサエティ》」と結びつけて考えられたのも、理解できることである——この結びつきを、ジェンキンズを継いで内相になったキャラハンは後に絶とうとした。

ジェンキンズ自身は、「洗練社会《シヴィライズド・ソサエティ》」という用語の方を好み、この点で旗幟を鮮明にし続けることにやぶさかでなかった。ウェールズの労働党議員の息子で、グラマー・スクールからオックスフォードに進んだ彼は、努力の跡を見せずとも卓越しているというベイリアル・カレッジの神話に応えた上に、（それほど才能に恵まれない同僚の間で十分な嫉妬を呼ぶほどの）すぐれた伝記作家としての羨ましい評判も獲得していた。彼は、紛れもなく、労働運動の階級に縛られた枠の中に身を置くよりもずっと効果的に、リベラルな世論を説得できた。同世代のトニー・クロスランドやデニス・ヒーリー「（一九一七〜）、労働党の政治家。蔵相（一九七四〜七九）、副党首（一九八〇〜八三）」とともに、彼は（少なくも、ヨーロッパ共同市場問題がゲイツケルの人生の最後に噴出するまでは）生粋のゲイツケル派であった。ヒーリーは防衛相として、またクロスランドは教育相として、共にジェンキンズより先に入閣していた。そのジェンキンズは、TSR2爆撃機といった高価な事業をキャンセルすることを恐れない、現実的な考えの航空相として政府でまずその名を上げた（ただし、英仏共同開発の超音速旅客機コンコルドはキャンセルされなかったが）。彼の内閣入りは、予想された昇格であった。しかし内務省は、政治的評判を得るにはさえない場所として悪名高かった。ジェンキンズの功績は、労働党支持者がその政府のことを詫びるのにうんざりしていた時に、彼らの大半を喜ばせるような政策の推進力となったことであった。一九六七年末までに、ジェンキンズが大臣としての才能を伸ばしたことによって、彼は落ち目のウィルソンと並ぶライバルになった。どちらもこの点を、見逃すことはなかった。

4　回　復

ウィルソンは、その抜け目ない策略で有名であったが、戦略については、いまひとつ明白でなかった。一九六六年三月に獲得した大きな過半数を使って、首尾一貫した長期的政策を切り開くという彼が鼓舞した希望は、ほどなくあやういものとなった。当初の問題、あるいは少なくも弁解は、全国船員組合によるストライキであった。それは、物価・所得政策のもとでの賃金決定の規範を脅かしただけでなく、一九六六年夏の間、輸出入の流れを一時的に歪めた。ウィルソンはこれを、彼の権威に対するあからさまな挑戦と見なし、（政府ではなく組合にいる）「政治的な目論見ある者たちの固く結束した集団」を暗にほのめかして、国会議員たちをぞっとさせた。このことで、迅速な解決がもたらされたのかもしれないが、危機感も高まり、ポンドに悪影響を及ぼした。キャラハンは、選択雇用税（SET）の導入によって、選挙後の予算があからさまにデフレになることを回避しようとした。選択雇用税は、キャラハンの政策顧問ニコラス・カルドア「（一九〇八〜八六）、ケンブリッジ大学のポスト・ケインズ派経済学者」の名案で、経済のサービス部門全体における雇用に税を課すことによって、製造業部門全体での雇用を奨励する手段であった。そういった計画が長期的に持つ構造的な利点が何であったにせよ、SETによる財政的抑制が効果を持つには六カ月かかるという事実が、短期的には経済を弱みにつけこまれ易くした（そして長期的には、SETはいずれにせよ生き残れなかった）。

一九六六年七月のポンド危機では、短期が問題であった。ウィルソンは、船員のストで政府の予定が狂わされたと言った。しかしポンド危機が明らかにしたことは、政府はそれまでも、既存の為替レートと経済成長とを調和させようと少しもしてこなかったということであった。平価切り下げ論はそれまで、政治的な理由でもっともらしく抑えられていた。しかし総選挙の結果、そうした理由は追いやられ、流れも変わった――政府の背後に堅固な過半数が控える議会の初めほど、平価切り下げを無理にでも通すのに絶好の機会はないのであった。根っからの政治人間であったキャラハンは、七月半ばに、平価切り下げこそ唯一の選択肢だと決心した。それで、ウィルソンは孤立して窮地に追い込まれた。事実上、内閣の大物全員が、今や反対方向を向いていた。彼の左派の重要な盟友クロスマンとカースルも、今や平価切り下げ支持に回ろうとしていた。平価切り下げは、ブラウンを先頭にすでに内閣の右派から唱道されており、右派はクロスランドとジェンキンズの内閣入りでいよいよ力を強めた。こうして強力な連合体ができあがった。しかし、ウィルソンは説得されなかったばかりか、平価切り下げに対する彼自身の懐疑の根拠を、既存の平価のもとに内閣を再び結集させる手段にしたのである。

最初にウィルソンは、閣議に先立ち、キャラハンとの軸を再確立すべく、彼に正面から立ち向かった。ここで何より問題となったのが、ヨーロッパであった。ポンドが二ドル八〇セントで過大評価されている限り、イギリス経済がEECに統合されえないことは一般に認められていた――当然フランス政府はそう言うに違いなかった。したがって、平価切り下げを唱道する者はヨーロッパのことを考えているのではないかと疑ってかかる根拠があった――そして疑心暗鬼は、ウィルソンの気質に深くしみ込んでいた。今やイギリスのヨーロッパ共同市場参加への支持は、単に大きくなりつつあるだけではなかった。それは、次の二〇年間における労働党の団結と力に多大な影響を及ぼす仕方で増大していた。概して、親ヨーロッパ派は党内右派に属し、とくに（この問題以外では）かつてゲイツケルと行動を共にしていた修正主義者や社会民主主義者であった。そして反対は、概して左派からで、その多くはかつての忠実なベヴァン派であった。そこでウィルソンは、こうした派閥の忠誠を利用した。平価切り下げを内閣の親ヨーロッパ派による陰謀と見なして――あるいは少なくもそのように描いて――、彼は政治的なつけを回収したのである。ブラウンがこの問題をリーダーシップの問題に個人化した時、ウィルソンはこれで安心だと悟った。しかも彼は、平価切り下げを機能させるには何らかのデフレ策が必要だとの論点を巧妙に捉えた。もしそうならば、デフレ策についての合意が為替レートの決定に先んじるべきだと、彼は口当たりよく主張した。この合意を確実にしてから、ウィルソンは見事なまでに首相の権力を誇示しながら、平価切り下げを仮定された将来のことに段々と追いやったのである。

七月の経済対策は、かなりの引き締め策であった。公定歩合は七パーセントとなり、政府支出は（国内、国外ともに）削減され、分割払い購入制度は制限を受け、賃金・物価の上昇は完全に凍結された。直接の犠牲者は、ブラウンと彼のナショナル・プランであった。ブラウンの威信は、ひどく傷つけられた。彼の内閣からの辞任表明は——最初でも最後でもなかったが、実際に書面で提出された数少ないひとつであった——、後に撤回されたが、世間がよく知るところとなった。彼は外務大臣に追いやられ権威を失墜させられた。ナショナル・プランは今や空文化した。外務省から移されたマイケル・スチュアートが経済問題省に行き、とくに物価・所得政策に関して事態を収拾した。過去に任意の所得政策が、経済拡張と引き換えに労働組合に売り込まれたことはあった。今や組合は、拡張が為替レート維持の犠牲となった時代における、法的拘束力をもった賃金抑制の脅威に怒った。

ウィルソン政権期の所得政策は、アスキス連立政権期の徴兵制度の導入と同様の難問を呈示した。表向きは任意の政策に法の力を与える際に、いかにして平議員支持者の感じやすい良心をなだめるかという問題であった。一九一五年のダービー計画を再演するように、一九六六年の賃金凍結は、当初は任意であったが、提示された増額分を物価・所得委員会に届け出るという法的義務で裏書きされた。ひとたびこの茶番におよそ効果がないと分かると、凍結自体に一二カ月の法的な裏書きが与えられた。しかしそれは、一二カ月過ぎた時に一体どうするのかという新たな問題を生んだ。こうした施策の短期のインパクトは見事なものであった。製造業での賃金の上昇は半減した。もちろん、経済の非情な現実がこの政策を、より説得力のあるものにした。というのも経済は、一九六六年にせよ一九六七年にせよ、（ナショナル・プランで構想された率の半分である）二パーセントほどしか成長しなかったのである。

そうした政策は、苦い薬の効き目があると分かれば、正当化できた。とくに賃金凍結は、政府と労働組合内の政府支持者との間にまだ残っている友好関係のすべてを、通貨市場に対する一つの大きな博打に賭ける、一度限りの緊急手段であった。ウィルソンは、彼の決定的な介入が、経済の健全な成長軌道を回復させることで、とくに輸出に関して何らかの結果を出し、それによって正当化される必要があることをよく分かっていた。確かに、一九六六年の国際収支は三年ぶりで黒字になった。しかしその後は、再び大きな赤字に転じた。その理由は、輸出が停滞している時に輸入が急増したことであった。一九六七年の貿易収支赤字額は、一九六四年時よりさらに大きい六億ポンドに達した。一九六六年七月の政策パッケージから一年たたないうちに、さらに何かする必要のあることが明白になった。

政府政策の新しい方向づけの兆候は、一九六六年から六七年にかけての冬に現れ始めた。まず、防衛政策の再検討があった。デニス・ヒーリーは、政権の期間を通じて、申し分ない知性を備えた防衛相であった。彼は一九六四年にウィルソンに同調し、潜水艦から発射されるポラリス弾道ミサイル計画の継続を、驚くほど従順な内閣に既成事実として提示した。イギリスの大国としての地位を主張しつつも、ヒーリーはより現実的に、適当な手段さえあればその地位の維持に努めようとしたが、実際には一九六六年七月の危機が示したように、そういう手段は見当たらなかった。とくに海外における本格的な防衛費削減が必要になり、その明らかな標的になったのがスエズ以東に駐留するイギリス軍であった。しかしスエズ以東での駐留はまさにウィルソンが、ポンド支援と交換に続けることをアメリカに約束したものであり、それはこれまで以上に必要とされていた。こうして政府の困難は、振り出しに戻った。

ベトナムはジョンソン大統領の問題であったかもしれないが、ジョンソンがくしゃみをすれば、ウィルソンは風邪をひいた。とくに古くから左派の地盤を持つウィルソンの国内での名声は、このますます厄介になる不人気な戦争に共謀することで、ますます傷つけられた。したがって、ウィルソンにはこの戦争が威厳ある終結に導かれること、——あるいはいかなる形であれ終わることを望む理由が一つならずあった。一九六七年二月にソ連のリーダーであるコスイギン〔一九〇四～八〇、ソ連の政治家。首相（一九六四～八〇）〕がイギリスを訪問した際に、ウィルソンは調停者として動き、彼の交渉の手管を存分に使って、アメリカ政府に無理にでも譲歩させようとした。それをコスイギンの影響力で、ハノイの共産党政府の眼前にちらつかせようというのであった。ウィルソンは、この私的な首脳会談というドラマに我を忘れ、ジョンソン政府とのホットラインを使って悦に入っていた。彼は、平和を達成できそうだと感じながら、気を揉みつつ電話の返事を待った。しかし気がつけば、電話は通じなくなっていた。ジョンソン大統領には話をまとめる気など、とくにこのやり方でそうする気など、およそなかった。ホワイトハウスの記録に残されたコメント——「ウィルソンの如きに構っていられるか」——が、英米の特別な関係の現実を見事に捉えていた。そしてこの関係はその後、衰退し続けた。

一九六七年の初めに、ウィルソンは、本質的に帝国が終焉した後のイギリスの世界における役割についてだけでなく、暗に、対ヨーロッパおよび対米関係についても、立場を変えたようである。彼は、ポンド支援とイギリスの極東における駐留の継続とをあからさまに関連させた、アメリカのさらなる協定の申し出を断った。その代わり、スエズ以東からの段階的撤退の計画が立てられた。同時に、政府はEEC加盟を企てて、政治的主導権を握ろうとした。ブラウンが外務省に移ったことで、この問題が議題に上った。一九六六年一一月までに政府はEEC加盟申請の意図を発表したが、それに対する労働党内での反対は、ほとんどなかった。そして一九六七年の一月から三月にかけて、ブラウンとウィルソンは感触を探るためヨーロッパ諸国を訪問した。彼らはその訪問で、予想されたことを見出しただけであった。すなわち、加盟国中五カ国は好意的だが、ド＝ゴールは相変わらず頑迷に反対したのである。にもかかわらず、内閣は五月初めに正式申請を行うことを決定した。そのことで、カースルのような一部の懐疑派が辞任することもなかった。EEC参加については、自由党はもとよりヒース率いる保守党も強く推していたので、政府は下院において、三六の労働党議員の反対票があったものの、圧倒的な支持を受けたのであった。これらはすべて、象徴的な重要性を持っていたかもしれない。しかし、それでド＝ゴールが左右されるようなことはまるでなく、彼は即座に反対し続けることを宣言した。そして、ブラウンの威勢のいい主張はあったけれども、一一月にイギリスの加盟申請に対する正式却下の知らせが届くまでというのは、単に時間の問題にすぎなかった。

この時までには、新たな状況が展開していた。というよりも、いつもの状況（ポンド危機）に新しい結果（平価切り下げ）が伴った。これは政策決定というよりも、事態の成り行きに対する条件付降伏とでもいうものであった。平価切り下げは政治的な破滅だというキャラハンの一貫した解釈は、自ずと確認された。彼は動揺し、その余波で大蔵省を去った。しかし、最終的にほとんど反対はなかった。厄介な条件を伴う国際通貨基金（IMF）による救済を除けば、代替案がほとんどなかったのである。ポンドはドルに対して一五パーセント切り下げられ、新しいレートでは一ポンドが二ドル四〇セント（九・五ドイツ・マルク）になった。例によって、ウィルソンには言い訳があった。今回は、中東での六日間戦争と、その後のスエズ運河閉鎖のためだというのであった。実際、キャラハンとは違って、ウィルソンはほとんど図々しいほどの回復力で立ち直り、テレビでイギリス国民に向かって、これは新しいスタートを切るチャンスになると語った。そして、（おそらく、一ポンドが二〇シリングでなく一七シリングになると万一翌朝誰かが考えた場合に備えて）親しげにこう付け加えて安心させた。「ここイギリス国内でのポンドは——あなたのポケット、財布、あるいは銀行のどこにあっても」切り下げられてはいないと。

ウィルソンにとっては、それは新しいスタートであったかもしれない。確かにそれは、一五カ月におよぶ実りなき経済的犠牲に対して見るべき成果のほとんどない中での一からの出直しを意味した。したがって次のデフレ措置は、経済的にも心理的にも政治的にも一層厳しいものになった。公定歩合は今や八パーセントになった。政府はすでに重大な困難のうちにあり、補欠選挙で敗れ続け、その間、最大一八パーセントという労働党と保守党の間での戦争以来の記録となる票の移動も見られた。そしてラナークシャーのハミルトンの議席は、スコットランド国民党に奪われた。世論調査も同様の顚末を示した。生彩のないヒースの指導性にもかかわらず、保守党の方がはるかに高い支持を得ていたのである。

ウィルソンには新しい大蔵大臣が必要であった。二人の明らかな候補が、経済の素養がある大臣で、長く平価切り下げを主張していた、クロスランドとジェンキンズであった。ウィルソンは、政治的理解力に一日の長があると思われたジェンキンズを選び、クロスランドは商務省に残った。労働党右派の躍進と釣り合いを取るべく、ウィルソンは内閣が左派の古い友人の支持で守られるように手段を講じた。クロスマンは枢密院議長と下院院内総務になり、政府の立法プログラムの取り扱い（そして、時に取り扱いの誤り）の責任を負った。カースルは、運輸省での仕事を猛烈にこなし、そこで飲酒運転防止運動を促進した後に、一九六八年四月に再び昇格し、今度は雇用・生産性省の筆頭国務大臣というきらびやかな肩書きを得た。このことは彼女に産業政策を形成する上での広範な権限を与えたが、しかしそれは政府に致命的な結果をもたらす方向でのものであった。

　彼らが地位を上げていた大臣であったとすれば、ブラウンは終わろうとしていた。一九六八年の初めに、彼はまたもや辞任を口にした。またしても深夜の、公然と知れ渡った口論があり、そして翌朝の悔恨があった。しかし今回、ウィルソンは彼が消え失せても大丈夫であった。親切にもブラウンに外務省を譲ったスチュアートが、親切にもそこに戻った。内閣の危機（陰謀、とウィルソンは言った）に引き続いて、主にブラウンとキャラハンが工作した、南アフリカへの武器販売を再開するかどうかについての事件がちょうど起こった。それは首相ウィルソンに、自分が依然として内閣の主人であることを示し、かくして不安を一掃させたエピソードではあった。内務省に流された落ち目のキャラハンによる不平まじりの脅しは別にして、政権はより団結し、大臣たちが平等に権威を有するようになった。他の有力な大臣たちの意見が多く聞かれるようになり、ウィルソンの非常に個人的な「私設顧問団《キッチン・キャビネット》」の意見が聞かれることは相対的に減った。彼の個人秘書であるマーシャ・ウィリアムズ［（一九三二〜）、一九五六年よりウィルソンの私設秘書］は依然として物議をかもしてはいたが。内閣は苦境を共にすることで団結し、とくに首相と蔵相の間の効果的な職務関係を強固にした。ウィルソンもジェンキンズも共に、平価切り下げをうまく機能させることが最大の関心事であった。

　そのためには、輸出に資源を回し、海外支出による直接の流出を止めるように、政府支出をさらに削減することが必要であった。一九六八年一月の一連の閣議で、スエズ以東の軍事的撤退を加速化するというジェンキンズの要求がついに認められ、一九七一年後半という最終期限が同意された。他の削減の中には、アメリカからの戦闘機購入の解約があった。これはアメリカの国務長官が「一つの時代の終わり」と実感をこめて呼んだ、優先順位の転換がもった象徴的な重要性を強調するものであった。GNPの六パーセント前後で落ち着いていた防衛支出が、七年のうちに四パーセントに低落したのである。政府支出のもう一つの削減は、閣内ではあまり論議を呼ばなかったものの、実は労働党支持者が心情的にとりわけ重視する政策に対してなされた。とくに、義務教育修了年齢を一六歳に引き上げることの延期と、年五〇万戸の住宅建設という目標の放棄とが、そうであった。ジェンキンズは、一九六八年三月の蔵相として最初の予算で、ガソリン、酒類、タバコの税ばかりか、一回限りの高額所得への課税も含めて、九億ポンドもの額になるありとあらゆる増税を行った。この思い切った予算は、下院の労働党議員の間では好評を博したが、国民の間で政府がひどく不人気になったことは、一連の補欠選挙で労働党が失った票の記録的な多さで明らかになった。

ジェンキンズは、「二年間の苦闘」ですむと確約したが、国際収支の黒字への転化がいかに困難であるかは予見しなかった。一九六八年の赤字は、事実上、一九六七年と同様に悪かった。一九六八年七月にバーゼル協定が結ばれ、準備通貨としてのポンドの終息が近づいた。しかし、ポンドが新たな猛襲を受けたとしても、さしあたり十分な支援がなかった。さらなる平価切り下げの、必死の計画が秘密裡に準備された——最初は「ブルータス」、次は「ヘカベ」と名づけられた——。一九六八年十一月には、貿易収支が依然として好転の気配を見せないために、輸入供託金の緊急措置が強引に取られた。しかも、政府の物価・所得政策は、崩壊し始めていた。その立案にはますます矛盾が目立ち、その実施はますます困難になり、労働党議員たちはその更新に賛成票を投じることをますますためらうようになっていた。

バーバラ・カースルの労働組合改革の提案が大きな議論を呼んだのは、この文脈においてであった。彼女はその白書を、自分のヒーローであるベヴァンの政治的な遺言である『恐怖に代えて』（一九五二年）〔山川菊栄訳、岩波書店、一九五三年〕に敬意を表して、『闘争に代えて』と呼んだ。しかし批評家たちが、それは実際には所得政策に代えてとすべきものだと言ったことには一理あった。労働組合に関する王立委員会は少し前に、法は労使関係に不介入であるのが最善だとするイギリスの伝統的な見解を是認していた。しかし保守党が、今や法的枠組みが必要だと言うことで、国民の心の琴線に触れたのは疑いようがなかった。労働組合はもはや、ベヴィンの時代からの温和なイメージに頼れなかった。一九六四年には、国民の七〇パーセントが組合を一般に良いものだと考え、一二パーセントだけが悪いと考えていた——これはその一〇年前の割合と同様のものであった——が、一九六九年には五七パーセントだけが良いものと答え、悪いとする者が二六パーセントになった。およそ一〇〇〇万人だった組合員数は一〇年間で実質的に変わらなかったが、労働争議での労働損失日数は、五年間の鎮静期間の後、着実に増加していた。しかも、組合の公式の組織によって認められたものではなく、職場レベルの代表が指導する規律のとれていない性格の自発的ストライキが、問題だとして強調された。カースルのねらいは、よき社会主義の原則に基づき、労働組合の新しい権利を適切な手続きの順守という新しい法的義務で釣り合わせて、混乱の中から秩序を生み出すことであった。

しかし、『闘争に代えて』の全体戦略を支配したのは、より切迫した政治的な優先事項であった。ウィルソンは、それまでもしばしばあったように、保守党を出し抜くという考えにひかれた。そして労働組合改革は、それ自体が効率性を高める手段となるという点でも、またポンドの海外での信用に対する効果という点でも、経済を憂慮する大臣たちを魅惑した。しかし、ストライキ実施を決める投票の強制や、争議の冷却期間を課するという考えそのものが、労働運動と本質的に相容れないものであった。組合が予想通り反発したばかりでなく、労働党の平議員たちも支持を差し控えると脅し、内閣においてさえも、キャラハン率いる大臣たちの一部が、明らかにこの策を葬り去ろうと決意していた。ウィルソンの戦術は、全過程をスピードアップし、それで反対を封じ込めようというものであった。それゆえ、ストライキに関する強制投票は除外し、しかし紛争に介入する権限を政府に与える短い法案が一九六九年四月に用意された。しかしこれも、労働党のすべてのレベルで反対された。ついには下院の院内幹事がウィルソンに、法案の通過を保証する下院での多数を確保できないと告げた。労働組合会議（TUC）との交渉で身動きがとれなくなったウィルソンとカースルは、後退を隠すような、面子を保つための案をひねり出すしかなかった。

政府が、労働組合関連の法改革の構想をまずこれみよがしに公にし、次いで不名誉にも放棄する際のどちらにおいても最悪の結果しか得られなかったことは、まず疑いようのないところである。労働党はかくして、改革論をあきらめ、しかもそれを実行できないことをさらけ出した。驚くべきは、政府が一九六九年夏にかくもみじめな状態にされていたことではなく、それから一年のうちに、かくも見事な盛り返しを見せたことであった。脆弱な経済が政府に労使関係に関しての行動を約束させたように、経済の回復が政府をその重圧から解放したのであった。

一九六九年の間、当初は不安定であったが、次第にかなりの勢いで、月例の貿易収支がついに黒字に転じた。年間の国際収支黒字は五億ポンド近くとなり、一九七〇年には八億ポンドに達した。なぜそうなったかというと、諸外国の通貨で以前よりも競争力をもつ価格がつけられるようになった一九六九年のイギリスの輸出品は、総額で平価切り下げ前の二五パーセント増となり、一方輸入総額の増加は、その半分に過ぎなかったからである。しかし、平価切り下げに伴ってポンドではより高い価格のついた輸入品の増加が最初にあったので、純益が示されるまで二年かかったのである。

政府の選挙見通しに関して言うかぎり、経済回復は間一髪でやって来た。しかしジェンキンズは、それまで長い間実現できそうになかった国際収支の黒字を一旦達成するや、それを二度と失うまいとの決意を固くしていた。一九六九年予算がかなり緊縮的であっただけでなく、一九七〇年予算にも選挙運動的な要素は少しもなかった——というよりも、それはもっと洗練された類の選挙前の予算であった。減税という棚ぼたを、ジェンキンズは総選挙目当てでしかもそれを露呈するようなものだと考え、その代わりに財政・金融政策を賢明に行うことで、持続的な繁栄への自信をはっきり打ち出そうとした。しかも、このことは市場だけでなく有権者にも驚くほどよく評価された。一九七〇年五月の地方選挙で労働党が巻き返したことで、早い時期の総選挙が取り沙汰され、ほんの数カ月前には補欠選挙での度重なる敗北で動揺していた政府に急に勝ち目が出てきた。補欠選挙での一五の敗北の最後はまだ一九六九年一二月のことで、その時は一〇パーセントの票の移動をもって、ウェリングバラで敗れたのであった。

しかし一九七〇年六月までに、状況は好転していた。ウィルソンは、首相官邸庭園のベンチから、総選挙で国民の信を問うと発表し、雲一つない晴天の日が続く中、ショッピング・センターをブラブラしたり、メキシコでのサッカーのワールド・カップにおけるイングランドの勝算について雑談したりしてすごした。政治に代えて、と言ってもよかろう。ちょうど一九六六年のように、ヒース率いる保守党が、有権者の自己満足をかき乱そうとした。しかし世論調査はどれも、ウィルソンが国民のムードを的確につかんでいることを示唆した。ところが、選挙戦の最後になって、労働党にとって穏やかならぬ兆候が出てきた——貿易収支は著しく悪化し、天候は変化し、イングランドはメキシコで敗れ、ひねくれたように一つの世論調査が保守党の僅かなリードを示した——。それはまさに、不吉な前兆となった。イギリス全土での保守党への票の移動は、一九四五年以来最大であった。イングランドでは、反労働党を示す票の移動が五パーセントを超えたが、投票率は一九五〇年より一三パーセント、また一九六六年より五パーセント近く低い、七一パーセントに落ちた。事実は、労働党に投票したかもしれない多くの者が、家に留まったということであった。もっと悪いことが、続こうとしていた。

第10章　不満の冬 一九七〇～七九年

1　イギリス人？

当然のことであるが、外国人は、世界でイギリスの地位が変わってしまったことに、たいていのイギリス人（Britons）よりも早くから気づいていた。ディーン・アチソン（一八九三～一九七一）、アメリカの国務長官（一九四九～五三）が一九六二年に述べた見解は、よく引用されるが、ある明白な真実を表現している。いわく、イギリスは「帝国を失ったが、まだ新しい役割を見いだしてはいない」。それはマクミランにとっても明らかに不愉快なことであり、というのも彼の政府はちょうど大英帝国に終止符を打つことに忙しくしていたからである。この過程は、人々を啓発して多文化主義的な英連邦の創設に向かう過渡期として聞こえのいい表現で述べられたが、それはまったく間違っていたわけではなかった。英連邦というのは、さまざまな点でよくできた概念であった。というのも、クリケットから慣習法まで、多くの特徴的な伝統を進んで選択した連邦の同胞国間の対等な関係の背後には、奉仕《サービス》という、帝国的思想のもっと賞賛すべき特徴が少なからずあったからである。たとえば、英連邦の大学間には、相互の親近性にもとづいた密接なつながりがあった。英連邦から大勢の生徒を受け入れ、傑出した卒業生を多くの連邦諸国にエリート集団として送り出しているロンドン・スクール・オブ・エコノミクスは、その一例である。（一九八〇年代に一度ならず明らかになったように）、共和制国家でさえも女王を英連邦の首長として認めていたので、王室にはイギリスの首相とは別の有益な象徴的役割があった。しかし、帝国がファミリー・ビジネスのようなものであった（オーウェルに言わせれば、間違った構成員が経営しているものであったかもしれないが）のに対して、英連邦は、せいぜい一族の再会を制度化したものにすぎず、その構成員は結局自分自身の好きなように行動したのであった。

イギリス帝国主義の全盛期には、自由貿易が時代を超えた真実として描かれる体系的な政治経済学があった。しかし、実際には、イギリス海軍の至上の力と、ロンドンの金融上の覇権が前提条件で、砲艦も金本位制も通常は本国に有利な秩序を強化するために利用された（時には属領にも役立った）。誤っていたのは、このイデオロギーを鵜呑みにし、まるで二〇世紀に予期せぬ厄介な事が待ち受けていないかのように、イギリスはその方向に自己満足して進むことができると考えたことであった。逆にチェンバレン派の帝国主義者たちは、この問題に敏感で、特恵関税を基礎にした解決策を提案したが、それも道を見出すことはできなかった。そのことは、衰退する大国と、その拘束にいらだつ途上国双方の急務が、ますます一致しなくなっていることによって明らかであった。要するに英連邦には、帝国的な考えを持ったイギリスの政治家を満足させるような政治的誓約も経済的合理性もなかったのである。

白人の居住地である「旧英連邦」は、まさにチャーチルが述べたように、政治的には一九四〇年にイギリスの最良の時を共有した。しかし、こういう政治的関係に将来があると考えていた点で、チャーチルは誤っていたことが明らかになった。経済的には、オタワ協定の特恵的な貿易形態と、金融上それに相当するスターリング地域が、戦後世界でさらに発展する見込みはほとんどなかった。スターリング体制は、国際通貨となったポンドがいかに膨張しすぎたかを示す前例のない対外債務（ポンド残高）を持ち、相次ぐ危機でよろめいていた。一九六七年のポンド切り下げは決定的な打撃で、国内経済の優先事項と、スターリング体制の国際的な信頼性との乖離を露わにすることになったが、そのようなことは金本位制の最盛期には想像もできなかった。同様にイギリスは、今や帝国防衛の歴史的任務に、遅まきながら終止符を打った。保守党は当然にもこのことすべてを労働党政府の責任だと非難したが、実はヒース政府が新しい優先事項を強化しようとしていた。保守党《トーリー》の選挙公約に反して、政府はスエズ以東からの撤退を取り消さなかった。政府はまた、国内経済の成長を断念するのではなく、ポンドの価値を下げ、そしてイギリスをヨーロッパ共同体に参画させたのである。

第二次大戦後まる二〇年間を経てようやく、帝国は終焉したのだと認識されるようになった。さらに、イギリスのアイデンティティという問題が、個々のイギリス人に対して社会的、文化的アイデンティティの問題を突きつけた。政治的な創造物である連合王国は、大英帝国こそが最高の表現形態だった国際的な政治経済上の優位を前提にしていた。帝国が終焉を迎えても、他の元帝国政権下で見られたような国内に傷跡を残すような影響は、連合王国では見られなかったとしばしば言われてきた。しかし、イギリス人特有の多少控え目な表現ではあったにせよ、イギリスでも確かに、そのような影響は、移民や人種、ナショナリズムなど軽視されてきた問題をめぐって表面化した対立と疑念のなかに明示されていた。そしてそれが、連合王国そのもののアイデンティティの意味を明らかにすることになった。

　イギリス社会が、それまで移住・移入の繰り返し《パターン》から影響を受けなかったと考えるのは、もちろん正しくないだろう。想像以上に大規模であった国外への移住は、第一次大戦以前には珍しいことではなかった。連合王国から旧英連邦諸国への移住は一九三〇年代に一時的に逆流したが、第二次大戦後には再び国外への流出が始まった。南洋州へのイギリス人の移住が、その最大の要因であった。その数は一九五〇年代初期には年間五万人以上の水準になり、一九六五年には八万人に達した。しかし、こういう差し引き後の統計値の背後には、次のような事実もあった。すなわち、イギリス人の南洋州への移住者数は、一九六〇年代後期を通して年間一〇万人へと増大したが、南半球から連合王国への移入者数は、一九七〇年代初期にようやく年間四万人に届くという緩慢な増加しかなかったのである。これらの人々の大部分は、オーストラリア人やニュージーランド人ではなく（作家ジャーメイン・グリア［（一九三九〜）、オーストラリア生まれの作家、フェミニスト］やクライヴ・ジェームズ［（一九三九〜）、オーストラリア生まれの作家、批評家］のように、年に二〇〇〇〜三〇〇〇人はそうであったが）、本国へ戻るイギリス国籍の市民で、帰国の理由は、失望から家族の絆までさまざまであった。それでも、連合王国からの実際の移住者数は、一九四六年から七四年までの毎年、移入者の数を上回った――一九六〇年と一九六一年には、「新英連邦」の第三世界の国々、おもに西インド諸島やインド亜大陸といった地域からの移入者が急増したために、移住・移入による出入国者数の差は非常に小さくなったのではあるが。

　しかし、連合王国に関するこういう差し引き後の集計値からは、移入に関する実際の難題が根本的にイングランドの問題だということは、明らかにならなかった。スコットランドでは、一九六六年になっても、新英連邦で生まれた人口はわずか一〇〇〇人に二人にすぎなかったのに対して、イングランドではその六倍の数字であった。これはイングランドでは、一九三一年の国勢調査以降に顕著になった、純増移入者の一部であった。対照的にスコットランドでは、両大戦間期に移住者の数が急増した。二〇世紀最初の二〇年間は、一〇年毎に二五万人のスコットランド人が故郷を離れたのに対して、一九二〇年代にはその数が総計で四〇万人近く――人口の一二人に一人――に達し、この流出は戦後も続いたのである。

　スコットランドは、明らかに経済的な吸引力を失っていた。そこは世紀転換期にはアイリッシュ海を渡る移入労働者を引きつけていたのであり、アイルランドからの移民の割合が、イングランドのそれより三倍も高かった。第二次大戦後になると、アイルランド人は再びイングランドに利点を見出し、他方、スコットランドへ移住するアイルランド人の数は次第に減少した。その上、スコットランド人は、かつても常にそうであったが、今ではその数をさらに増して、境界の南［イングランド］に移住を続けていた。一九八一年の国勢調査では、イングランドの人口は六〇年前より三〇パーセント増大したが、スコットランドの人口は五パーセントの増加にすぎなかった。人口統計におけるこうした国内の対比は、それ自体が経済的な不均衡の結果であった。それは、一世紀前にイギリスとアイルランドが分岐した経験を繰り返し、国民意識に深い影響を及ぼすことになった。一九六〇年代までに、スコットランドのナショナリズムが新しく勢いを増していたことは、おそらく驚くことではないだろう。

それまでスコットランドの政治は、連合王国全体の政治と同じ傾向をたどってきた。たとえば一九三一年に挙国一致政府は、事実上境界の北側［スコットランド］でも南側［イングランド］でも大成功を収めた。反対に、一九四五年には逆の結果になった。ほとんど気づかれなかったが、一九五九年の総選挙は、（スコットランドの保守党員が依然そう呼んでいた）合同主義《ユニオニズム》の衰退における転機であった。というのも、一九五九年の総選挙で、一九五〇年以降初めて、スコットランドにおける保守党の議席が労働党よりも少なくなったのである。一九七〇年にイングランドでは保守党への有権者の鞍替があったが、それはスコットランドでは再現せず、保守党《ユニオニスト》の二三議席に対し、労働党が四四議席を獲得した。そのうえ、境界の南で自由党がちょうどそうなったように、スコットランド国民党（SNP）が今や重要な第三党となった。実際、一九五九年から七四年二月にかけて、スコットランドでのSNPの得票率の増加は、ある総選挙での減退を除き、概して自由党のそれと類似していた。一九七四年一〇月には、SNPはスコットランドの票数の三〇パーセント以上を獲得した。これは、保守党に五パーセントの差をつけ、労働党にわずか六パーセント及ばないだけであった。イングランドにおいて労働党と保守党が今やライバルとして均衡を保っていたのに対して、スコットランドでは労働党が四一、保守党が一六、SNPが一一、自由党が三議席であった。

補欠選挙の意外な結果、とりわけ一九六七年に、SNPが労働党からラナークシャーのハミルトン選挙区［グラスゴーの南東にある町］の議席を獲得した目覚ましい勝利は、こういう躍進の兆しとなっていた。これは、前年にカマーゼン［ウェールズ南部の港町］で、ウェールズ国民党《プライド・カムリ》が勝利した補欠選挙に続くものであったため、一層不穏なことに思われた。歴史的に合同《ユニオン》の闘士であった保守党が、スコットランドとウェールズで今や常に少数派となっていたので、労働党はますます周縁のケルト地域に依存してイングランドでの弱点を補うようになった。その基盤さえも、ケルト地域のナショナリズムによって弱められようとしていたのだろうか？　確かにカマーゼンはウェールズ語地域の中心地であり、労働党は、ウェールズ語法の成立（一九六七年）を急いでいた。それは二言語併用《バイリンガリズム》を承認して、文化的ナショナリズムから政治的トゲを抜くためだけであったかもしれないが。しかし、一九六七年に、英語を主言語とする人が圧倒的に多いロンダ・ウェスト選挙区［ウェールズ南部、炭田地帯の中心地］の補欠選挙で、ウェールズ国民党は四〇パーセントの票を獲得し、一九六八年のカーフィリー選挙区［ウェールズ南部、カーディフの北に位置する商業都市。ウェールズ最大の城跡がある］の補欠選挙でも同様の結果を収めた。このことは地方選挙の勝利とともに、ナショナリストの勢いが、言語で定められた文化基盤に留まるものではないことを示していた。

ＳＮＰには実際、固有な言語を基盤とする強固な選挙区があったわけではないが、一九七〇年以後ウェールズ国民党よりも強力な政治勢力を備えるようになっていた。その年の総選挙で、双方ともに全国投票数の一一パーセント以上を確保した。しかし、ＳＮＰへの支持は、その次の総選挙で二倍、一九七四年一〇月の総選挙では三倍になった。それに対してウェールズ国民党は、（三議員を保持していたとはいえ）十分な進展はなかった。ＳＮＰの二度目の急浮上は、確かにＳＮＰのアピールが、文化的というよりも経済的な力点をおいたことに根本的な理由があった。北海の海底で大規模な油田が発見されたことは、同じように劇的な石油の国際価格の上昇とも結びついて、一九七四年にはスコットランドの経済見通しを変えていた。まったくのところ、連合王国の原油生産は、五年間で八万七〇〇〇トンから七五〇〇万トン以上に増大し、トン当たり価格も以前の数倍になっていた。この「黒い黄金」の一〇〇〇倍を下らない増大見通しは、「我らの石油」というＳＮＰのスローガンに集約されているように、ナショナリストの思想を大いに活気づけるものとなった。これは、北部［スコットランド］と南部［イングランド］の間で増大していた経済的格差にまつわる長年の不満を、合同《ユニオン》自体に対する政治的挑戦へと翻案する手段となった。

最も洗練されたイングランドの政治家たちは、ナショナリズムを退屈なものと見なしていた——もちろんそれは、他の人々のナショナリズムであって、彼らは自分たちにはナショナリズムがないと装っていた。しかし、イノック・パウエルはそうでなかった。パウエルは孤独な予言者として頭角を現したが、辛辣な見解を表明したために、一躍重要な時の人になると同時に、政府の要職からは永久に追放されることになった。パウエルは理想主義者であったが、彼の理想は依然として、失われた帝国の感情に興奮を覚えるようなものであった。彼はジョゼフ・チェンバレンを英雄として讃えてその伝記を書いた。パウエルの知的卓越は明白であったし、また、自分の経歴を犠牲にしてまで、原則的立場を進んで表明する態度も明らかであった。このことは、政府の財政上の浪費を理由に一九五八年にマクミラン内閣を辞したこと、また一九六三年にヒューム政権への奉職を拒否したことに表れている。パウエルは三度《みたび》、保守党のフロント・ベンチ［下院で与党・野党の閣僚級幹部が座る正面席］に戻ったが、一九六八年四月の演説は彼のフロント・ベンチからの放免をとうとう決定的なものにした。

移民問題の演説をした時に、パウエルは「歯をニッとむき出しにした黒人の子供」の逸話と、「多くの血で泡立つテベレ川」［テベレ川はローマを貫流して地中海に注ぐ。ローマの詩人ウェルギリウスの叙事詩『アイネーイス』に出てくる預言で、パウエルの演説は「血の川」演説として知られている］の光景とを並べて話した。一夜にして彼は、人種問題について広まっていた懸念（つまり偏見）を明言する用意のある確固たる政治家として、大衆の権利の思いがけない擁護者となり、自分の選挙区であるウルヴァーハンプトン［イングランド中部の工業都市。バーミンガムの北に位置する］の住民にとってだけでなく、ロンドンの湾港労働者にとっての英雄ともなった。保守党の指導者層からは退けられたけれども、パウエルは自説に賛同する幅広い有権者を得たのである。とはいえ、強烈な警告で支持者の心をつかんだ演説に対する拍手喝采を満喫する以上に、彼はそれを利用しようとはしなかった。しかし、とくに本国送還に関する措置を要求したパウエルの提案は、しばしば最初に思われていたほど急進的とは言えない（あるいはより不正直な）結果となった。一九七〇年の選挙時にウェスト・ミッドランドで保守党が見せた桁外れの強さは、当然のようにパウエルのおかげだとされた。パウエルは、他の人たちが隅へ押しやってきた今にも燃えそうな鬱積した社会的不満を、政治の上で燃え上がらせたのである。

「テベレ川」の演説当時、イングランドおよびウェールズの人口の九二パーセント以上は、イングランドとウェールズで生まれていたので、移民は統計的に大きな問題ではなかった。その中で、二パーセント強は連合王国のその他の地域、主にスコットランドで生まれ、二パーセント弱が英連邦からの移民であった。僅差でこれに続いたのがアイルランド人で、諸外国で生まれた人数の割合をわずかに上回っていた。このように本国生まれの割合は圧倒的なものに見えるかもしれないが、イングランドおよびウェールズで一九三一年まで安定的であった約九六パーセントという本国生まれの数字を、丸々四パーセント下回っていた。一世代の間に移入者の数が二倍になったというだけではなかった。この総数のなかで、アイルランド人の数が三〇年前の二倍になったという事実は、西インド諸島やインド亜大陸からの急増する移民の影響と比べると、あまり目につかないものであった。

移民統計に人種的な重みを与えたのは、「色の黒い外国人」がイギリスの一定の町や都市に集中し、目立つ存在になったことであった。料理から宗教まで、新来者には彼ら独特の慣習やしきたりがあり、もちろん肌の色も彼らに特有のものであった。「ニガー（nigger）の隣人をお求めならば、労働党に投票を*」という選挙スローガンを除けば、イギリス人が「ニガー」を話題にすることはめったになかった。当時は、「有色の」という言葉を用いることによって、黒人に言及するのを避けることが礼儀正しいと考えられていた。ただしこの慣習は、間もなく逆の意味をもつようになった。しかし、まったく偏見をもたない白人はまずいなかったし、『黒人の町』（一九五七年）のような小説や短編集『イングランド、ハーフ・イングリッシュ』（一九六一年）でコリン・マッキネス［一九一四～七六、小説家。ロンドンの若者たちを描写した］が描いたような、移民の「黒人」と本国生まれの「ジャンプルズ」（ジョン・ブルに由来）が、路上で声を掛け合うような関係に理解を示す白人もほとんどいなかった。反対に、一九五〇年代初期からロンドンに住んでいた小説家V・S・ナイポール［一九三二～、トリニダード・トバコ生まれのインド系の作家］は、『ビスワス氏の家』（一九六一年）のような本の舞台設定のために、少なくも想像の世界ではカリブ海の島に帰国したのであった。

＊　これはもちろん保守党に公認されなかったし、パウエルに対するヒースの措置は、ヒースが断固として保守党を人種問題に関して潔白に保つ決意であることを表していた。しかし、一九六四年のスメジック［バーミンガム近郊の町］での選挙運動中に報じられたこのスローガンは、私の知るところでは、一九六八年にもロンドンのハリンゲー自治区の地方選挙で用いられた。そこは新英連邦からの移民が極度に集中している選挙区であった。

経済的には、一群の低賃金の不熟練労働者に対する労働市場の過大な需要があって、移民はそこに吸収されていた。なかでも、公共輸送機関や国民保健サービス（ＮＨＳ）に雇われる人々が、とくに目だっていた。一九五一年の国勢調査では、新英連邦で生まれた人口が一〇万人だったのに対して、一〇年後にはその数が四倍になった。基準、方法、および動機が異なるために生じる様々の推計を調整するという難題の渦中で、人種関係研究所は、一九六〇年代後期の有色人種の規模を一〇〇万人と推定した。

しかし、こういう増大はもはや当時進行していた移民の結果ではなかった。もっと長期的な問題は、それよりもイギリス市民の間における人種関係の問題であった。一九六二年に政府は、労働党の反対を斥けて英連邦移民法を可決した。これは、とりわけ雇用証明を必要とすることによって、英連邦の市民が連合王国に居住する権利を初めて制限するものであった。一九六五年には、労働党政府が証明書の数をさらに八五〇〇に制限した。それは、将来の移入者に対する厳しい処遇を、すでに英国内に居住している者に対する歓迎の微笑みで償おうとするもの――人種差別を違法だと宣言した最初の人種関係法（一九六五年）であった。この二面的な政策には、多くの弁解の余地があった。というのも、事実上世界で唯一、連合王国だけが自国への入国と市民権を制限すべきでないという議論には無理があったからである。他方で、門戸開放が歴史的に誤りだったと考えている人々でさえ、新世代の黒人のイギリス人に対する体系だった報復措置には概してしりごみしていた。しかし、この点についての合意をひとつにまとめておくことは容易でなかった。公正な諸慣行の監督行政に努めるなかで、新しい人種関係委員会は多くの非難中傷を受けた（たとえば一介の医師が、自分の朝食用のポリッジを作らせるためにスコットランド人に限定して家政婦を雇う権利を拒否された、という世間に広まった作り話など）。さらに、家族ぐるみの移入の大々的な進展を抑えようとする試みは、当初、多くの懸念を緩和したが、それと同じくらい悪化もさせた。こうして、移民規制を手ぬるいと決めつける批判に擁護されて、人種的な動機をもった煽動が自由に行われることになった。

英連邦移民法が一九六二年に施行される直前に、二三万人以上の移民が新英連邦から到着したために、一八カ月の間に移民人口は二倍になった。大規模なものとしては、これが最後の移民となり、門戸が閉ざされる前に入国を急がせることになった。しかし、英連邦からの移民は、移民法が施行されて最初の三年間は年間五万人以上の水準を維持していたし、一九六五年に証明書の数が制限されても、この水準はあまり下がらなかった。その理由は、すでに認可されていた男性労働者の扶養家族である妻や子供が、一家の稼ぎ手の後に付いて受け入れ国であるイギリスに来る権利を行使したからである。ただの一、二年ではなく、一〇年、二〇年という期間に及ぶものであったが、これもまた一回限りの結果と見ることもできよう。それでも、一九六八年に移民規制は再び厳しくなり、今回はその過程において人種的偏見が明白になるようなものであった。その結果、イギリスのパスポート所持者のあるカテゴリーの人々（ケニアのアジア系住民と、後のウガンダ）は、それまで完全に合法的な入国法的権利と見られていたものを拒否されることになった。他方で、移民が見込まれている別のカテゴリーの人々は、イギリスのパスポートを所持していなくても、「イギリス居住権」、すなわちイギリス人が祖先だということを基準にして、認可されることになった。このことは、国民が支持するだろうという理由で、内務大臣のキャラハンが正当化した。彼は、この新たな審査基準に加えて人種関係立法を強化することによって、自由主義者の批判をなだめた。その結果、新英連邦からの移民は、その後一〇年間で半数に減少し、それからは一定数に保たれた。

パウエルが不満を大々的に表明し始めたのは、こういう状況下であり、人種問題を抑え込もうとする与野党首脳陣の不安定な合意がそこにはあった。パラドックスは、移民の主要な原因がすでになくなっていた時に、ちょうど移民問題が大きく報道されたことであり、そのため合法的な移入者が彼らの家族と再び同居する権利を拒絶すること以外に、為すべきこと――あるいは為しうることは、ほとんどなかった。「移民を本国へ送り返せ」というのが、一つのスローガンであった。しかし、自主的な本国送還は、せいぜいごく少数者のための人道主義的な政策にすぎず、強制的な本国送還には、人権や他の英連邦諸国の態度、とりわけ「本国《ホーム》」が意味するものをめぐる様々な問題がつきまとった。大いに議論された「移民」人口は、実際には人種的に異なった多くのコミュニティから成り、その後の増大は移民というよりも人口動態や文化の問題であった。なぜならそこには、増大する一方の連合王国生まれの子供の数が含まれていたからである。

すでに一九六六年までに、ジャマイカ人の親をもつ子供の五人に四人はイギリス生まれであった――七万人を下らない黒人のイギリス人がいたのである。これは、ジャマイカ人が最も長い間、イギリスに居住してきたという事実を反映していた。一九八〇年代までに、五〇万人からなる西インド諸島出身者のコミュニティの大部分は、イギリス生まれであった。パキスタン人のように、もっと近年になってから移住してきた集団が続いて同様の家族のライフ・サイクルに加わったが、*それは彼らの年齢構成が高度に出産年齢に傾いていたためであった。そのうえ、一九六〇年代を通して、移民（とりわけアイルランド人）は、本国人よりも多人数の家族をもった――移民の平均的な家族の人数は、五〇年前のイングランド人家族の人数とほぼ同じであった。

＊　一九六六年に、イギリスに定住していた新英連邦からの全移民の四〇パーセント以上が、二五歳から四五歳の間――主要な就労年齢であると同時に、主要な出産年齢――であったが、それに対して、イギリスの総人口に占めるこの年齢層の割合は二五パーセントであった。

人口動態の含意は、いずれイギリスの非白人人口の規模が増大する時期が来るということであった。しかし、どの位の期間に、どの位増加するのかは分からなかった。実際、有色かどうかを尋ねた最初の国勢調査は、一九九一年に非白人人口の総計が三〇〇万人以下になることを示していた。しかし、非白人人口が早くも一九八五年には三五〇万人に達するという公式推計が、一九六七年の下院に提出されていた。そして、とくにインナー・シティ［都市の中心街地区。貧困などの社会問題が多いとされる］の産科病棟や学校における移民家族の不釣り合いに多い子供の数から、それよりももっと高い推計値が引き出されていた。移民に対して福祉国家が負担する想定額も、誤った推定にもとづいていた。実際、この世代の移民は一貫して、児童福祉サービスと学校教育に対しては過重な負担を要求をすることになったが、老齢年金や老人介護にはほとんど負担を求めることがなかった。次世代では、このバランスが逆になった。移民による失業給付の要求は、労働市場における移民に対する差別に直面して、失業の一般的水準のいかなる上昇にも異常なほどに敏感に反応した。同時に、特定地域に移民が集中していたため、移民の全体的な規模については誤った認識の広まる余地が大いにあった。

移民コミュニティの集中は、もちろん少しも目新しいことではなく、その傾向は、移民コミュニティ内の「連鎖的移民」だけでなく、移民の分散を阻む一般社会の差別によっても一層強まった。一九六六年には、グレーター・ロンドン議会の一〇〇地区のうち八地区に、新英連邦からの移民が人口の二〇パーセントを越えて集中していた。他方、グレーター・ロンドン全体では、新英連邦からの移民は総人口の三・二パーセントにすぎなかった。そこの移民の三分の二は西インド諸島出身者であったが、他方、グレーター・ロンドンと同じ程度に高い移民人口率を示していた他の唯一の大都市圏であるウェスト・ミッドランドでは、移民の大部分がインド亜大陸の出身者であった。ウェスト・ミッドランドで最高の集中率（四・八パーセント）を示していたのは、ウルヴァーハンプトンで、それはパウエルの生まれた町であり、彼の選挙区であった。ロンドンもウェスト・ミッドランドも、ともにこの時期、景気のよかった地域であり、そのことが明らかに移民が集中した理由であった。しかし、こうした地域内でも、移民が通常選んだのは人口が減少している町であり、それは、住宅費が安いという同じく合理的な理由によるものであった。したがって、パキスタン人を、ウルヴァーハンプトンのような衰退しつつあった町のさびれた一角に引き入れたのは、仕事の空き状況に加えて安価な賃貸住宅であった――実際パウエルのような友好的でないその土地の人が当てつけに言ったように、ウルヴァーハンプトンにもパキスタン人が来る以前には栄えた時代があった。

パウエルが避けた一つの問題は、イギリス人になることができるのかどうかという問題であった。それはつまり、国籍は血統と人種の問題に帰着できるのかどうか、そして国家への忠誠心は市民権とともに獲得できるものなのかどうか、さらには、文化的な融合によって民族的少数派の次世代に自己実現の機会が与えられるのかどうかという問題であった。西インド諸島出身の第二世代の人々にとって、融合は確かに失望的なほど遅い、断続的な過程であった。たとえ彼らが英語で育てられ、典型的なイギリスのスポーツ、とりわけクリケットに参加したとしても、このことに変わりはなかった。

マルクス主義文化史家としての著作はまったく別にしても、クリケットについて書かせたら、ほぼ間違いなく二〇世紀最高の作家と言えるC・L・R・ジェームズ［（一九〇一～八九）、トリニダードの歴史家、作家。植民地主義に反対した黒人の擁護者。一九三二年イギリスに移住］は、ブリクストン［ロンドン南部の黒人地区］の著名な住民となり、一九八九年にそこで死んだ。西インド諸島のすばらしいクリケット選手たちは、国際選手権チームの遠征の際だけでなく、イングランドのクラブ選手としても長年イングランドに慣れ親しんでいた。一九三〇年代に、ランカシャー・リーグで全盛を博したリアリー・コンスタンタイン［（一九〇一～七一）、トリニダードのクリケット選手。速球のオールラウンド・プレーヤー。弁護士でもあった］もその一人である。一九六二～六四年にトリニダード・トバゴの高等弁務官を務め、一九六九年に黒人で初めて一代貴族に列せられたコンスタンタインは、その際立った経歴をロンドンで閉じるずっと以前から、真に多才な人物《オール・ラウンダー》としてすでに伝説的な人物になっていた。彼がよりよい人種関係のために尽力するようになったのは、友人のジェームズが書いているように、「クリケット選手としての第一級の地位と、一人の人間としての三流の地位との間のぞっとするような相違に反抗した」からであった。

才能があろうとなかろうと、多くの黒人は、明らかに「フェアでない」差別から来る逆境に直面していた。しかし、二〇年かそこらのうちに、サッカー選手やラグビーの前衛《フォワード》や、クリケットの速球投手など、ナショナル・チームでイングランドを代表するようになった黒人選手の存在は、進歩の顕著な象徴になったと言えるだろう。黒人の短距離選手リンフォード・クリスティ［（一九六〇～）、陸上選手。一九九二年のバルセロナ・オリンピック一〇〇メートルで金メダルを獲得］は、イギリス人としては半世紀ぶりに、彼の種目で世界チャンピオンになった。黒人のポップ・スターは、レゲエやラップのような民族音楽を、イギリスの若者文化の一部にした。レニー・ヘンリー［（一九五八～）、喜劇俳優。テレビに多数出演］のような黒人コメディアンは、テレビの視聴者が彼を見て笑うのではなく、彼と一緒に笑うほどの実力を確かにもっていた。黒人のニュース・キャスターによって、BBCは国内的にも国際的にも新たな局面を開いた（ITN［独立放送テレビニュース］も同様）。一九九二年までには、民族的少数派から数名の国会議員も出ていた——彼らはすべて労働党であった（南アジア出身者の保守党地方議会議員も登場していて、彼らは商店主の場合が多かった）。運輸労働組合で、アーニー・ベヴィン［アーニーは、アーネスト・ベヴィンの愛称］が座っていた伝統ある委員長席に着いたのは、黒人指導者のビル・モリス〔（一九三八〜）、労働組合活動家。一九九二年に運輸一般労働組合の書記長に選出〕であった。一九九〇年の高等教育において黒人学生が相対的に少数であったことは、事実上黒人学生がいなかった一五年前と比べれば、少なくとも改善された状態であった。

人種差別の撤廃は、このように困難を強いるものであったが、不可能なことではなかった。パウエルはしかし、イスラム教と折り合いをつけるというやっかいな難題を指摘した時、パウエルに反対する自由主義的《リベラル》な批評家が認めたよりもより的確に問題をつかんでいた。とりわけパキスタン人のコミュニティは、とくに一九八〇年代のイスラム原理主義の抬頭に伴い、独自の文化をそのまま維持しようとした。彼らは受け入れ国のさまざまな慣習に対して、ほとんど妥協を許さない壁を築いたのである。このことは、イスラム教徒の女性や少女がヴェールをかぶる権利を認めるよう主張した際には、もっともなことに思われた。しかし、対立する道徳観の優越性をめぐる主張は、非宗教的な自由主義との衝突が避けられない情勢を生み出した。皮肉なことに、多文化社会の成長を楽観視していた相対主義的な立場の自由主義者たちは、サルマン・ラシュディ〔（一九四七〜）、インド生まれのイギリスの作家〕の小説『悪魔の詩』（一九八八年）〔五十嵐一訳、プロモーションズ・ジャンニ、一九九〇〕を発禁にしようとするイスラム教徒と対立することになった。それは、ポスト・モダン的なヴォルテールといった作風で、イスラム教徒が崇拝する預言者に諷刺の眼差しを投げかけたものであった。

2　トウィードゥルディ（似たり）

エドワード・ヒースは、多くの国民の予想に反して、一九七〇年に首相になった（ヒース自身の予想には反していなかったのであるが）。ヒースは個人的な魅力に乏しく、大衆に対するカリスマ性のなさも同じく明らかで、就任以前から無力な党首と見なされていた。しかし、それと同様に彼は、三〇議席差の過半数でもって保守党の勝利をもぎ取ると、強力な立場を手中にした。ヒースは孤独な首相であった。それは、彼が独身であったためだけではなく、長年の習癖によるものであった。音楽が彼に情緒的な充足感を与えていた。給費奨学生としてジェントルマンの政党の中で出世していく間に、ヒースは用意周到に行動する技を身につけた。将校食堂、院内総務の執務室、ヨット・クラブでの気兼ねのない付き合い――彼はその頃は優れたヨット競技の選手になっていた――は、彼が心地よく思う男らしい慣習の一部であった。ヒースにとって、異性とうまくやるのは楽なことでなかった。彼は一人の女性を閣僚に任命した――教育省のマーガレット・サッチャーである。サッチャーは異議も唱えず、中等教育総合化の革命をさらに推進する仕事に熱心に取り組んだが、この任命は両者の良好な関係をつくるには至らなかった。閣僚で唯一人、ヒースが身近に感じていたのは、ウィリアム・ホワイトロー〔（一九一八〜）、保守党の政治家。内相（一九七九〜八三）〕であった。ホワイトローは、ボーダーズ［スコットランド南東部の州］に住む地主の一族出身の率直な元近衛連隊長であった。彼には、ヒース首相が是非とも必要としていた生来の政治的手腕が豊かに備わっていた。ホワイトローは実に多くのことに耐え、ある時は北アイルランド相に任命されたことにも耐えたのである。

ヒースは、彼の前任者であるダグラス＝ヒュームに外務大臣のポストを与えたが、これは穏当な措置であった。内務大臣にはかつての政敵モードリングが任命されたが、彼の政治的勢いは明らかに弱まっていた。やがてモードリングは、厄介な金銭上のスキャンダルに見舞われた。それは、腹黒いというよりもだまされやすいという印象を彼に与えたが、それでもやはり一九七二年に、彼は辞任するはめになり、その政治生命も風前の灯になった。マクラウドが、大蔵大臣に就任してわずか一カ月後の一九七〇年七月に急死するようなことがなかったならば、ヒースはこの痛手をもっとたやすく切り抜けられていたであろう。マクラウドは、新政府の中で真に並々ならぬ政治的手腕の持ち主であった。彼は、首相自身が経験していたよりも豊富な閣僚経験をもち、最終的には実行することのできなかった税制改革を計画していた。ぽっかり開いてしまった大蔵省のこの空白に直面して、ヒースは致命的にもアンソニー・バーバー［一九二〇～、保守党の政治家。経済閣僚や保健相などを経て蔵相（一九七〇～七四）］を選んだ。政治家としてあまり知られていなかったバーバーは、強い意志をもった首相の部下ではなく、自分が独立した人間であることを最後までうまく示すことができなかった。実際ヒースは、行政上の専門的な意見だけでなく政治的な助言も、次第にサー・ウィリアム・アームストロング［一九一五～八〇、一九六八～七四年にトップ内務官僚として多大な影響力をもった］に求めるようになった。やはり自力で叩き上げてきたアームストロングは、救世軍に属した両親に育てられて上級公務員になり、その中できわめて影響力のある長になっていた。

保守党は「静かな革命」について話していた。これは、一九七〇年一月にセルズドン・パーク・ホテルで選挙前の戦術計画会議をした際に、右派が用いた表現と一致するものであった。当時この種の話しは、ウィルソンを非難するプロパガンダのように思われていた。「セルズドンの連中」の反動的な傾向に対する警告を、ウィルソンはまるで見てきたかのように公言していたからである。実際には、大きな政府と大きな組合を同時に制圧するという一般的な観念が、浮動票層を目覚めさせた――というよりも引きつけた――という証拠は、ほとんどなかった。ある一点について、保守党の選挙公約《マニフェスト》はもっと明確であった。いわく、「我々は、賃金の強制的規制という思想を断固として否認する」と。当然のことだが、新政府のもとで、物価・所得省は廃止されることになった。自由市場を指向する政府のイメージは、ウェストミンスター議会の外部から著名な人物が任命されたことによってさらに高まった。ジョン・デーヴィス［一九一六～七九、実業家、保守党の政治家］が、イギリス産業連盟（CBI）［経営者団体で、FBIの後を受けて一九六五年に発足。産業界の要求や課題を政府と世論に訴えることを使命としている］の会長職――ベヴィンやカズンズに匹敵する使用者側の地位――から直接、政府に新人として落下傘降下したのである。ヨーロッパや近代化の問題に関するヒースの責務を共有していたデーヴィスは、通商産業省という大きな省の仕事を任された。新人らしい偽善のなさで、彼は、納税者の金が「経営不振の大手企業」の救済に無駄遣いされているという意見を漏らした。デーヴィスは、自分の前言を取り消す術《すべ》をすぐに覚えた。しかしそれは、政府の産業政策および社会政策に期待される洞察として、彼の見解が無差別に流布した後のことであった。

したがって、良かれ悪しかれヒース政府は、一九六〇年代を通して政府が相次いで追求してきた介入政策——とりわけ所得政策——との断絶を約束すると表明していたし、野党側もそのように考えていた。それに代わって、市場による解決策が追求されることになった。とくに、いったん労働組合の規制力が、組合の地位に関する法改正によって弱められてしまえばそうであった。それゆえ、長い間準備されてきた労使関係法案が、きわめて重要な意義をもった。この法案は労働大臣ロバート・カー〔一九一六〜、保守党の政治家。労相（一九七〇〜七二）、内相（一九七二〜七四）〕の所轄であったが、こういう事情のもとでなければ、雰囲気を和らげるカーの人柄は、労働組合の指導者と心の通い合う関係を築いていたかもしれない。しかし、カーは不本意ながら、一重大法案による改革を選択し、交渉を徐々に進めるというやり方を断念せざるを得なかった。反対に労働組合会議（TUC）は、話し合いに応じるどころの様子ではなく、徹底的にカーの法案に反対していた。この法案は、物怖じしないバーバラ・カースルが激しく非難したように、労働党からも厳しい反対にあった。新しい労使関係裁判所（Industrial Relations Court）が、登録している組合に対して、組合員投票による議決と争議の際の冷却期間を強制できるという広範な権力をもつ機関として設立された。しかし、そこにはTUCが巧妙に利用した合法的な抜け道があった。それは、組合が登録を拒否すれば、新裁判所の管轄外にいられるということであった。

一九七一年に法律が通過した時には、世論調査での労働組合に対する支持は三年間で最高の数字であった。法律が施行されてから一年後に、その前のウィルソン政府と同じように、ヒース政府がこの世で最悪の事態に陥ったことは明らかであった。政府は、政治的にも経済的にも産業的にも莫大なコストをかけて、法令集に大部の法律を加えたのであるが、何の利益もなかったのである。TUCは、傘下の加盟組合が登録するのを妨げて制度上の争いに勝利した。非常に苦心して設立された労使関係裁判所は、実質的に何もできなかった。雇い主は、労使関係への悪影響を恐れて、裁判所を利用することに尻込みしていた。実際に、裁判所が介入すると事態は悪化し、冷却期間は加熱期間になった。とりわけ一九七二年に、裁判所がロンドン港湾で五名の職場代表を逮捕させた時には、彼らの訴えが麻痺的な効果をもつストライキを引き起こしそうになった。事態は膠着状態に陥っていたが、あたかも時の氏神のような高等法院の公認事務弁護士の時宜を得た介入によってこの件は打開し、「ペントンヴィル〔ロンドン北部にある大規模な刑務所〕の五人」は実質的には政治的な理由で釈放されることになった。この茶番劇は明らかに、保守党が意図したものではなかった。

政府は、デーヴィスが推進した産業戦略に関してもいい状況にはなかった。一九七一年初め、ロールスロイス社が倒産に見舞われた時、デーヴィスは、特大級の経営不振企業をめぐって正念場を迎えた。これは、無名で取るに足りない、なくても済むような会社ではなく、イギリスの主要な飛行機エンジン製造会社——そして、もちろん、豪華な乗用車メーカーであった。すなわちロールスロイス社は、イギリスの精密な機械工業生産の国際的地位を語る代名詞であった。政府は、ロールスロイス社を国有化するという苦しい決断をした——これには、労働党がイデオロギー的に大いにほくそ笑んだ。その後、アッパー・クライド造船会社が倒産し、(ナショナリストの高揚で刺激された政治的背景のなかで)グラスゴーが大量失業に脅かされたとき、すでに苦況を経験した政府が再び援助にあたったのは、それほど驚くことではなかった。それにも増して、政府に最大の屈辱が訪れるのは、まだこれからであった。

問題の根源は、インフレとその解決法にあった。一九七〇年が遺した経済的な困難はそこに胚胎しており、賃金と物価が加速度的に競い合うように上昇して、インフレ率を前年比ですでに六パーセント以上押し上げていた。ポンドの購買力がどんどん低下していることを、保守党は大いに強調した。しかし、一九七一～七三年というヒース政権下の丸三年間に、男性の工業労働者の所得が年間約一四パーセント近く増加したのに対し、物価の上昇は平均九パーセント近くであった。この差を埋めるのに年間五パーセントの生産性の上昇がなければ、インフレの悪循環がさらにもつれるという結論は、どうしても避けられなかった。

ポンドが切り下げられても、イギリスの価格は再び競争力をなくし、それが国際収支の大きな悪化となって表れた。一九七一年の一〇億ポンドを超える記録的な黒字から、一九七三年には一〇億ポンドを超える記録的な赤字に転落したのである。もちろん、国際通貨市場の不安定性が助けになることはなかった。この時は重大な転機で、固定為替相場制のブレトンウッズ体制が崩壊し、ポンドは市場でその水準を見いだすままにされた。ベトナム戦争の緊張下でアメリカ・ドルが弱くなっていたため、一九七二年から七三年の間、ポンドは二・四〇ドル前後で取り引きされていた。しかし、ドイツ・マルクに対するポンド平価には実勢が表れていた。一九六七年一一月のポンド切り下げ後に九・五マルクであったポンドは、一九七二年には平均八マルク以下、一九七四年には六マルクにまで急落した。これは事実上三〇パーセント以上に及ぶ、さらなる平価の切り下げであった。

政府は本来の所得政策をすでに放棄していたが、公共部門の賃金決定には明らかに責任があった。公共部門では、不公平な措置に対して不満が積み重なっていた。一九七二年に、炭鉱をめぐる危機が訪れた。わずか一五年前に、英国石炭庁(NCB)は、連合王国内に依然七〇万人以上の雇用者を有していたが、その後、この総数はかなり継続的に三〇万人以下にまで減少した。とくに、労働党の元大臣ロービンズ卿の方針下で、NCBは、このことを性急な解雇よりもむしろ従業員の自然減少によって成し遂げた。それは、全国炭坑労働組合（NUM）が、賃金削減策に反対して暗黙裡に職の保証を手放すという交渉過程で行われた。その間、炭坑労働者の賃金は、ちょうど衰退産業で予想されるように、工業労働者全体の賃金ほど急速に上昇することはなかった。NUMの委員長ジョー・ゴームリー［（一九一七～九三）、労働組合活動家。NUMランカシャー地区書記長（一九六〇～七二）、NUM書記長（一九七一～八二）］は、伝統的に穏健派であるランカシャー炭坑労働組合の出身であった。現実的な指導者であったゴームリーは、副委員長でスコットランドの共産主義者ミック・マガヒー［（一九二五～九九）、労働組合活動家。一九六七年にスコットランドNUM委員長に就任。NUM副委員長（一九七四～八七）］の強まる圧力に対して、今や好意的になっていた。ヨークシャー炭坑労働組合のアーサー・スカーギル［（一九三八～）、労働組合指導者。一九七二年にヨークシャーNUM委員長に就任。NUM委員長（一九八二～二〇〇二）］のようなもっと若い戦闘的な人々の圧力に対しては、言わずもがなである。一九七一年の炭坑労働者の所得は一四パーセント増加し、それは生活費を充分に上回っていた。しかし一九七二年には、ますます不満をつのらせていた組合から、ロービンズ時代に失われた基盤の補償を強く求める大きな要求が提出された。

政府が、NCBの抵抗姿勢を強化したのは当然であった。なぜなら、賃金の和解条件がすでに驚くべき水準に上昇していたからである。ゴームリーが考えていた当初は小さかった両陣営の隔たりが、争議の進行とともに大きく開いていった。一九二六年以来初の全国炭坑ストライキが、一九七二年一月に始まり、NCBよりもNUMの方がはるかによく準備できていることが、すぐに明らかになった。燃えるようなスカーギルの指令のもとに、ヨークシャーから襲撃を始めた「支援ピケ要員《フライング・ピケッツ》」は、ソルトリーのような遠方のウェスト・ミッドランドあたりの重要な石炭供給貯蔵庫を閉鎖する成果をあげた――それはまた、スカーギルの組合経歴を引き上げる効果もあった。多人数が集中してピケを張るというこの新しいやり方のために、貯蔵された石炭に近づけなくなった。多くの発電所の閉鎖は、石炭不足そのものよりも、このためであった。政府は非常事態宣言を出し、エネルギー保全運動の一環として、産業の操業を週三日にする権限も行使した。しかしこれは、暗闇に落ちていく地滑りを止めそこなった即興策にすぎなかった。政府は要求に屈した。急いで召集された調査委員会の迅速な勧告によって、政府は多額の賃金増大を認めただけではなかった。それ以上のことをNUMが要求すると、ヒースは、残業手当、有給休暇、年金などさらに多くの点で組合の要求に応じたのである。炭坑労働者の所得は、一九七二年に一六パーセントも跳ね上がり、それはインフレ率の倍以上であった。

これは、NUMがその産業上の影響力を用いて獲得した完全な勝利であった。とはいえその勝利は、炭坑労働者に対する世論の同情の高まりによるものでもあった。ある程度は、洗練されていない広報活動の恩恵もあって、組合の率直な要求――忘れ去られた労働者たち、炭坑で流された血、一九二六年に対する償い――は、予想もしなかった世論の暖かな反響を呼び起こした。ヒースにとって、これは経済的な敗北であると同時に道徳的な敗北であった。ヒースは今や、労働問題を解決するためのよりよい方法を検討すると語り、一般にヨーロッパでの慣行だとされているモデルにもとづいて、労使双方から積極的な協力を求めた。こうした介入主義的でネオ・コーポラティスト的な取り組み方もまた、言うまでもなくウィルソンのやり方と通じるものであった。呑み込むのに苦い薬ではあったが、結局それは呑み込まれたのである。政府の政策がUターンしたという話題は、ありきたりのものになった。ヒースは、このことよりも、彼が直面した経済的苦境に悩まされた。失業者が一〇〇万人という感情に訴えるような数字に達すると、ヒースは優先事項の変更を決意した。労働組合がヒースとの交渉に応じようとしなければ——これが労使関係法の遺産であった——、政府は独力でその義務を果たさなければならなかった。

　ヒースは自分のテクノクラート的傾向から、整然とした行政的解決策を取り、もっと抜け目のない政治家なら考慮するような非合理的な反応には構おうとしなかった。一八八八年の州議会導入以来、最も根本的な地方自治改革に関する自由裁量権を、忠実な副官であるピーター・ウォーカー［一九三二～、保守党の政治家。農相（一九七九～八三）、エネルギー相（一九八三～八七）、ウェールズ相（一九八七～九〇）］に与えた一つの理由はここにあった。一九七二年の地方自治体法は、ラトランド［イングランド中部］やアイル・オブ・イーリ［イングランド東部］のような歴史ある州、すなわち何世紀にもわたって育まれてきた郷土愛の中心を一掃したのである。そして、エイヴォン［イングランド南西部］、ハンバーサイド［イングランド北東部］、クリーヴランド［イングランド北部］のような、特色のない、簡単に作られた州も含めて、新しい境界線が設けられた。イングランド古来の樫の樹を根こぎにするようなこの青写真で暴露された保守本能の欠如を知れば、エドマンド・バーク［一七二九～九七、思想家、ウィッグ党の政治家。近代的保守主義の先駆者］は草葉の陰で嘆いたことだろう。根底から合理化されたこの新体制の下では、伝統的な州の保守党エリートに差し迫った脅威がもたらされるということに、保守党の幹部は気づいていた。新しい選挙区の境界線を自党に有利になるように引く慣行さえもウォーカーは認めず、保守党中央本部の訴えもはねつけた。ヒース流の合理化におけるこの実例は、ある人々（あまり多くはなかった）からは壮大だと思われたけれども、それは政治ではなかった。

　近代化のためには政治的資源が必要であったが、ヒースは、それを動員することが得意でないことを知っていた。そして彼は、時代遅れの仲間の忠誠心が障害として立ちはだかれば、それらを簡単に無視できないことも思い知った。ウィルソンのまったく一時しのぎの変節を嫌悪したヒースは、今こそ新しい方向づけが必要だと考えたが、それを達成するのに必要な政治的な機微というものを軽く見すぎた。その結果、多くの保守党員は、政府のUターンを弱体化の徴候だとあざけったのである。反対にヒースは、「セルズドンの連中」が十分に認識できていなかった状況の複雑な現実に、自分は勇敢に立ち向かっているのだと思っていた。とくに一九七二年までにヒースは、高成長と低失業を低いインフレーションと両立させる唯一の手段として、所得政策を採用しようとしていたのである。

最初の予算でバーバーは所得税を減税し、さらなる変更を行おうとした。しかし、それは実際の課税額でなく、算定方法におけるものであった。所得の源泉が何であれ、あらゆる所得に対して伝統的に標準税率が適用されてきた。しかし、アスキスの時代から、勤労所得は実際に課される税率の軽減を受けてきた。そのため、源泉課税の対象となる賃金取得者は、実際には標準税率の全額を支払うことがまったくなかった。一九七三年から実施された新しい取り決めが、この紛らわしい慣行に取って代わった。新しい取り決めでは、この軽減措置を考慮して、(十進法による)三〇パーセントという所得税の「基準率」を設定した——一見低くなったように見えたが、実際には(少なくとも勤労所得に関しては)同じであった。このような誇張はされたが、税負担は軽減された。

一九七〇年に、ジェンキンズは大きな予算余剰を出していた。政府収入は、支出よりもGDPの五パーセント以上大きかった。それにもかかわらず、最初はバーバーのもと、次はヒーリーのもとで、この大きな余剰は七年たたないうちに、GDPの六パーセントという政府の赤字に取って代わられた。それは平時ではまったく空前の額であった。赤字額は四年以上にわたって持続的に増え続けた(それをとり除くには、はるかに長い時間を要した)。赤字は、保守党のもとで中央政府の支出割合が実際に増加したために生じたのではなかった。それは、四年以上にわたって、政府の税収がGDP比で少なくとも七パーセント減少したために生じたと説明されている。*

* 伝統的な予算勘定(コンソル基金)[整理公債基金で、各種の公債を整理統合して設けた基金。公債利子の支払いの他、王室費などに用いられる]に示されている通りである。他方、一九七三〜七四年の歳出は一九七〇〜七一年よりも一パーセント以上減少した(地方政府の歳出は増加したのであるが)。インフレは多少の歪曲をもたらすのであり、元の数字は、歳入が一五パーセント増、歳出は四二パーセント増、名目GDPは五〇パーセント増を示している。

政府収入のこの相対的な下落は、とくに石油産出国のカルテルの形成(OPEC[石油輸出国機構])に引き続いて原油価格が高騰した「オイル・ショック」の後では不慮の出来事であり、予測しえないことであった。しかし、これはすでに驚くような勢いになっていた傾向に拍車をかけただけのことであった。こうした一方的な税負担の軽減によって経済に財政的刺激を与えようとすることは、経済史上にも理論上にも前例のないことであった。こういう政策の変更は、歴史的に見たケインズの知性豊かな頭脳の最も無謀な想像を越えるものであった。これは戯画化されたケインズ主義であった。

これこそ「バーバー景気」であって、それは、一九六九年から七二年まで二パーセント程度で変動していた年成長率を、七三年には七・四パーセントにまで然るべく押し上げた。刺激は、財政面だけでなく金融面でも与えられていた。最も広く用いられた貨幣供給の尺度(他の定義と区別するためにM3と呼ばれた)によれば、貨幣供給は、一九七〇年までの三年間を通して約二五パーセント増加していたが、一九七二年と一九七三年には、それぞれの年にこの水準で増加した。信用の拡張が放任されていることは明らかだった。一九七〇年の公定歩合は七パーセントで、インフレ率よりもわずかに高く、実質利子率を一パーセント以下にしていた（個人客向けの実際の市中金利は、もちろんこれよりも高く設定されていた）。一九七一年に、公定歩合は二段階を経て五パーセントにまで下げられた——小売物価指数（ＲＰＩ）が一〇パーセント近くになった時である。こうして実質利子率はマイナスになった。市中の金利でお金を借りることのできた人は誰でも、その価値を保持する資産を購入すれば儲けることができた。

それゆえ、一九七一年に住宅価格が暴騰し始め、町のどこにあるのか、地方のどこにあるのかにもよるが、二、三年のうちにしばしば以前の倍の価格になったのは少しも不思議でない。とくにロンドンでは、市場に通貨があふれ、不動産価値の尺度が完全に変わってしまった。これには、たとえばイズリントン〔ロンドン中心北部にある区〕やウォンズワース〔ロンドン中心に近く、テムズ河南岸にある区〕のような中心市街地の復興に見られるように、有益な側面もあって、そこではさびれつつあった都市の住宅の「高級化《ジェントリフィケーション》」〔都心の老朽地区への中高所得層の流入に伴う地区の再生〕が実際の住宅評価の改善につながった。また、持ち家所有者の大半も困らなかった。というのも、法外な価格で購入した家の支払いに必要となる非常に大きな住宅ローンの負担が、同じインフレの進行によって、実質額では軽減されたからである。インフレが多くの個人にとって好都合だという事実を無視することは、たとえ単に防護策としてではあっても、それが社会的に不動のものになったいくつかの理由を顧みないことである。ゲームの一歩先に出ることが、その場合のやり方だった。すなわち、その後のインフレで割り引かれる資産は保有したまま、一方で当面は大きな賃金上昇を先制的に確保するのである——実際の物価上昇と、予想される物価上昇とを、ともに埋め合わせるために。このような期待における革命は、それ自身で自己を強化する論理をもっていた。一九七二年に、物価は七パーセント上昇したが、労働者の所得《インダストリアル・アーニングズ》は一六パーセント上昇したのである。

所得政策は、単純に失業を放置しないで、この集団的自滅の悪循環から脱する合理的な方法であった。介入政策はさらに推し進められた。一九七二年の産業法は、保守党《トーリー》も転換期にあるような徴候だとして生まれ変わった社会主義者ベンによって歓迎された——これには保守党自身が大いに当惑した。一九七二年の夏、ヒースが賃金抑制策に関して労働組合の協力を得ることに失敗した時、政府は自ら法律による所得政策を導入したのである。これは、労働者階級の生活水準に対する保守党の攻撃だと儀礼的に非難されたかもしれないが、その条項は実際にはきわめて平等主義的であった。第一段階の賃金凍結によって政府は好景気を維持し、多方面におよぶ産業パフォーマンスの改善が期待された。失業率の低下は、政府にとっても組合にとっても歓迎すべきことであった。実際に所得政策の第二段階は、こういう有利な交渉条件のもとで、よりよい取引に向けたさらなる交渉の余地を組合に与えていた。しかし、苦境に陥ったのは、一九七三年秋の第三段階になってからであった。

ヒースは、TUCとの公式の話し合いに打って出ようとしていた。TUCの書記長ヴィクター・フェザー「（一九〇八〜七六）、労働運動の指導者。TUC書記長（一九六九〜七三）」は、従順な男であったが、退職を前にして、組合員の支持を集められないことが分かっていた。それにもかかわらず、ヒースと、彼の片腕であるアームストロング（フェザーによると「副首相」）は、NUMとの非公式な話し合いを求めた。NUMは、彼らが最も恐れていた組合であった。ゴームリー自身は、再びヒースの善意をありがたく受け取り、「時間外労働時間」への支払いで炭坑労働者を宥めるのに十分かもしれないとこっそり伝えた。二度目の炭坑ストを不可避にしたのは、ヒースがこの条項を、炭坑労働者だけの特別待遇として奥の手に留めておかないで、第三段階の一般ガイドラインに素直に盛り込んだためであった。それを受けてNCBはただちに包括的で最終的な申し入れをしたが、NUMからは即座に拒絶されただけであり、NUMは一一月から超過勤務拒否決議を始めた。こうして政府は炭坑労働者とのより深い対立にはまり込んだが、今回の第三段階は法的な裏付けがあることで複雑になった。その意味は、炭坑労働者が、政府そのものに対する挑戦を決意して政治的な態度に出るかもしれないということであった。

しかし、国制に関わるこういう厳密な理解はまた、政治的あるいは経済的にいかなる理由が持ち上がっても、炭坑労働者に対する譲歩を増やす余地はないことを意味していた——しかし、そうした理由が実際に持ち上がったのである。というのも、オイル・ショックが突然、相対的なエネルギー費用に関するあらゆる議論の前提条件を変えてしまい、その結果、炭坑労働者の主張を石油産出国の交渉力の強さが支えることになったからである。高価格どころか、石炭はたちまち相対的に安価なエネルギー源となってしまった。しかもイギリスは、北海油田の操業が軌道に乗るまでは、石炭なしに済ませることはできなかった。その間に、石油の輸入にかかる費用の増大がイギリスの交易条件を急速に悪化させ、すでに弱くなっていた国際収支に莫大な負担をかけた。一九七三年の一〇億ポンドという赤字の記録は、一二カ月間持ちこたえただけで、その後、赤字は三〇億ポンド以上になったのである。

ここで、速やかに政治の安定を求める状況があったことは明らかである。北アイルランド相として苦い経験を終えたばかりのホワイトローが、そうした安定のために抜擢された。しかし、ホワイトローは難局を打開することができず、今や第二次炭坑ストが急迫していた。今度は、政府側は周到な準備をした、あるいは、準備をしたと考えた。一九七三年一二月、政府は先制的にイギリス産業界に週三日操業を課した。一九四〇年の苦難の時を彷彿させるような国民的な熱狂が安全に縮小した規模で起きたのだから、それはある意味では大成功であった。ろうそくや戦時中の逸話が持ち出され、イギリスは耐えて難局を切り抜けられそうなことが示された。というのも、生産高の急激な減少という予測にもかかわらず、一九七四年最初の四半期の製造品生産は普段の九五パーセントであった。このこと自体が、生産性向上への見通しに対する興味をそそる見方となった。

　しかし、これらは何ら当時の政府を助けるものではなかった。土壇場になってTUCは、他の組合が炭坑労働者との特別の取り決めにつけ込んだりしないことを請け合うと言ってきた。このことは、労使関係の点ではナンセンスであり、実際上は信じがたいことであったかもしれない。しかし、もし政府が窮地を脱することだけを考えていたとすれば、それは政治的な命綱ともいえるものであった。ヒースはTUCの申し出を拒絶し、アームストロングは一九三一年のモンタギュ・ノーマンのように挫折して退いた。首相は当惑し、自信を失い、孤立しているように見えた。保守党の支持者は長い間、不人気な組合が有権者の当然の憤りにさらされるであろう対決を楽しみにしていた。ヒースは、こうした状態で総選挙を行いたくはなかったが、結局、それ以外に方法はないという結論に達し、投票日を最終的に一九七四年二月末と定めた。ホワイトローがよく承知していたように、政府は炭坑労働者を懲らしめるためではなく、彼らと話をつけるために選挙での勝利を必要としていた。

「誰が統治するのか？」と保守党は迫った——いい質問であった。しかし、この選挙は国制上の問題ではなく、一九一〇年の時と同じく、政治によって決着がついた。政府は、炭坑に関する緊急の問題が日毎に崩壊するのを目の当りにしていた。炭坑労働者の賃金と給付金の公式計算の誤りが一度ならず発覚して、困惑の種になっていた。しかし、ヒースの運命を決めたのは、そこに印刷された小さな文字ではなく大きな展望であった。不運な政府は再度、週三日制の暗黒の中で動けなくなり、二桁のインフレを引き起こしていた。選挙期間中、保守党への支持は下がり、世論調査では労働党よりも自由党が優位に立っていた。

　自由党は、最近一六カ月の補欠選挙で目覚ましい票数を獲得していた。自由党党首としてジェレミー・ソープ［（一九二九～）、自由党の政治家。戦後の自由党の復活に貢献。党首（一九六七～七六）］は、堂々たる貫禄で好機をつかんだ。総選挙では予想されたほど多くの自由党票を獲得できなかったものの、それは保守党票の半分にも届く一九パーセントであった。いうまでもなく、自由党は保守党議員の半数も獲得したわけではない——保守党の二九七名に対し、たった一四名だけであった。しかし両者を合わせると、明らかに労働党の三〇一名をしのぐ数になった。こうした計算は、最終結果が分かった時にヒースの想像力をつかんだ。そのうえ、自由党は所得政策を支持していた。ヒースは辞任せずに、ソープに会い、連立政権の見通しを持ち出して気を引こうとした。ソープ自身の気を引いたのが何であれ、自由党の反応は、一九五一年の時と同じように、こうした選択肢を認めなかった。この時点になってはじめて、労働党が選挙に勝ったという認識はほとんどなかったけれども、ヒースが負けたということで、ウィルソンは政権に呼び戻されたのであった。

3　アイデンティティの問題

人種と国籍、忠誠心とアイデンティティの真理と見なされているものを引き合いに出した時、パウエルはおそろしく真剣であった。移民問題だけでなく、アルスターをめぐる昔からのもめ事と、ヨーロッパをめぐる近年の不和に関するリベラルな合意にすすんで挑戦した彼の姿勢に、それがよく表れていた。その結果、合同主義者《ユニオニスト》の主張を擁護して、北アイルランドにある一二選挙区の一つから国会議員になったことは、パウエルにとって筋の通ったことであった。プロテスタント地域では、合同主義者の主張が今にも葬り去られそうな状態にあると信じ込まれていた。

半世紀たって、アイルランド問題は、再びイギリスの政治の議題に上るようになった。驚くべきことは、おそらくそれがこれほど長い間忘れられていたことである。しかし、長年イギリスの二大政党のどちらにも、一見平穏に委譲された体制を乱さなければならない十分な動機はなかった。その体制のもとでは、一九二一年にストーモント［北アイルランド東部。旧北アイルランド国会議事堂（現在は行政庁）の所在地］が設立されて以来、そこが「プロテスタント市民のためのプロテスタント議会」だとされていた。保守党は、眠った犬をそのままにしておくことで満足だった。なぜなら保守党は、ウェストミンスター議会で、一二名にもなるアルスター統一党《ユニオニスト》議員から事実上自動的に得られる支持を、何十年間も享受していたからである。彼らの大半は、北アイルランドのプロテスタント地域で圧倒的な票を得て再選されていた。実際、一九五一年には、四人のアルスター統一党議員が無投票で再選された——これは連合王国の総選挙で、最後の無投票当選であった。そこで保守党は、歴史的な同盟者であるアルスター統一党が彼ら自身の身辺を牛耳るままにさせ、ストーモント体制について厄介な疑問を呈するようなことはしなかったのである。

さらに驚くべきことには、労働党もまた自ら災いを招くようなことはしなかった。アトリー政権は実際、ストーモントの地位を強化して、イギリスへの帰属に賛成するアルスターと中立主義のアイルランドという第二次大戦下の対照的な立場に配慮を示した。宗教色のない労働者階級の政党であったために、労働党は、北アイルランドで地盤を固めるのに苦労した。そこでの政治は、労働党の本来の支持者を分裂させた党派的な忠誠心によって、深く溝が切り込まれていた。カトリック少数派のための影響力ある合憲的な異議申し立てが抬頭したのは、ジェリー・フィット［（一九二六〜）、政治家。北アイルランド行政府のメンバー（一九七三〜七五）］と、後にはジョン・ヒューム［（一九三七〜）、北アイルランドの政治家。一九七九年、ＳＤＬＰ党首、欧州議会議員に選出］の指導下で社会民主労働党（ＳＤＬＰ）が創設された、一九六〇年代後期になってからであった。さもなければ、それは、アイルランド共和国軍暫定派（ＩＲＡ〔暫定派〕）の武装集団とつながりを持つ、妥協を許さないナショナリズムの政党シン・フェインが支配する領域であった。

北アイルランドで暴動に発展するような危機が引き起こされたのは、カトリック教徒に対する様々な形の差別が強化されたからではなく――それは長年北アイルランドに固有のものであった――、しっかり定まらない改革の試みがなされたためであった。テレンス・オニール大尉［(一九一四〜)、北アイルランドの政治家。内相（一九五六）、蔵相（一九五六〜六三）、首相（一九六三〜六九）］は、一九六三年に首相になるとすぐに北アイルランドを近代化に向けて少しずつ動かし始め、ウィルソン政府に促されてその方向に進み続けた。「オニール主義」に一貫した論理があったのかどうかは疑わしいし、多国籍企業の経済的要請に突き動かされる一貫した論理があったのかどうかはもっと疑わしい。経済的衰退と社会的貧困に窮した北アイルランドのどうしようもない後進性という意識が自分を動かした、とオニール自身が主張したのであれば、彼にはまた、合同主義を唱える労働者階級の支持を脅かしている失業問題を抑え込もうという党派的な関心もあったのである。その起源が何であれ、オニール主義の影響で、半世紀もの間、栓をされていた瓶から悪霊が呼び出されることになった。彼自身が、アルスター合同主義《ユニオニズム》という伝統ある「豪族《ビッグ・ハウス》」の主《ぬし》の一人だったので、オニールのものだと誰にも分かる自由主義は、被害妄想の強いオレンジ党員にはひどく評判が悪かった。オレンジ党員は常にカトリック教徒の陰謀に油断なく注意していた。彼らの大衆迎合主義的なプロテスタンティズムは、カリスマ的人物であるイアン・ペイズリー師［(一九二六〜)、北アイルランドの政治・宗教指導者。原理主義の立場にたつプロテスタント強硬派］によって（大きな）発言力をもつようになった。これこそ、合同主義が内部分裂する最初の兆しであった。その兆しは一九七四年までに、ウェストミンスター議会の北アイルランド代表を、公式統一党員《オフィシャル・ユニオニスト》と（ペイズリー派）民主統一党員《デモクラティック・ユニオニスト》、前衛統一進歩党員《ヴァンガード・ユニオニスト》とに分裂させることになり、社会民主労働党はこの分裂からわずかに恩恵を受けていた。

アメリカ合衆国の公民権運動に触発されて起こったデモ行進が流血の事態を招いたとき、オニールは失脚し、同じく合同主義の最上級の出であるジェームズ・チチェスター＝クラーク［(一九二三〜)、北アイルランドの政治家。農相（一九六七〜六九）、首相（一九六九〜七一）］がそれに代わった。豪族にしてみれば、それは最後のいちかばちかの機会であった。急速に分裂しつつある状況下で、チチェスター＝クラークの後任には、自力で成功したベルファストの実業家ブライアン・フォークナー［(一九二一〜七七)、北アイルランドの政治家。開発相（一九六九〜七一）、首相（一九七一〜七二）、権力分有政府代表（一九七四）］が就いた。フォークナーは、能力主義で成功した最初の北アイルランド首相であったが、その勝利を味わっている時間はほとんどなかった。というのも、彼はその最後の人物でもあったからである。信用をなくしたストーモント体制は、ウェストミンスター議会が要求するようになった改革を実行するための緊張に耐えられるほど強健ではなかったというのが事実である。王立アルスター警察隊［一九二二年創設の北アイルランド治安警察］が法を執行する主体ではないかと強く思われていた。その準軍事組織であるB特別隊は、制服を着たプロテスタントに他ならないと見なされていた。一九七〇年に彼らを解散させた後、内務大臣のキャラハンは、それをイギリス軍で置き換える以外ほとんどなす術《すべ》を持たなかった――ストーモント体制を掘り崩す決定的な段階となったが、和平を保つための改善はほとんど見られなかった。後続の保守党政府は、IRAを孤立させるという破滅的な企てにおいて、裁判なしの予防拘禁を強制した結果、悪い状況をさらに悪化させた。その代わりにIRAは、ナショナリストの間で新たな信頼を得ることになった。プロテスタントの準軍事組織もまた、今や「前衛」運動と連携して戦闘態勢についていた。さらに悪いことに、一九七二年一月、デリー［北アイルランド北部の港町］で、（許可されなかった）ある公民権デモがイギリス軍と衝突し、非武装のカトリック教徒一三名が死亡する事態となった。これが「血の日曜日《ブラッディ・サンデー》」である。もはやカトリック教徒は、イギリス軍が自分たちを守ることができる、あるいは守る気があるとは信じなくなった。「血の日曜日」は、「騒乱」の新たな局面を開くことになった。IRAの暴力行為がエスカレートし、一九七二年の死亡者数は、兵士一人の殺害に対して市民二人が殺される形で、数百人にものぼった。他方でヒースは、ストーモント議会を完全に停止することを決めた。

こうして、権限委譲された政府の五〇年間の試みが失敗した後、イギリスは北アイルランドの直接統治に乗り出すことになった。これは、恒久的な解決策を意図したものではなかった。ウィリアム・ホワイトローを補佐役としたヒースは、異なるコミュニティ間で、合憲的な前進の道を切り開いてくれるような、権力分有の形態を考案するためなら、どんな苦労も惜しまなかった。しかし、一九七三年一二月のサニングデール合意には、フォークナーとフィットだけでなくアイルランド政府も関わったのであるが、それは紙上の機構にすぎなかった。権力分有政府を確立するという非常に微妙な時期に実施された一九七四年二月の総選挙は、旧来のあらゆる同族的な忠誠心を燃え上がらせることになった。フォークナー自身は今や調停が必要だと考えるようになっていたかもしれないが、支えの杭が彼の足下で流されようとしていた。一九七四年五月に、排斥と裏切りを感じていた草の根的な合同主義者にサニングデール合意が受け入れられなかったことは、プロテスタントが組織したストライキへの大きな支援によって十分に示された。フォークナーは辞職し、サニングデール合意は死文化した。窮境が続き、調停者たちは敗北を認めた。しかし、プロテスタントの勝利は実のないものであった。彼らが声高に宣言した忠誠心は、合意を阻むには強力であったかもしれないが、彼ら自身の悲劇的なジレンマを露呈していた。それでもなおプロテスタントは、ユニオン・ジャックを翻してイギリスの文化と制度に対する忠誠心を大胆に宣言した――実際には、イギリスの文化や制度からますます疎外されていくと感じていたというのに。プロテスタントの苦境と嘆願こそ、パウエルの想像力をとらえたものであったが、彼自身すでにヨーロッパ政策が原因でヒース内閣から外されていた。

一九七三年一月一日、連合王国はついにEECの正式加盟国となった。これはヒースにとって最も重要な願望であり、彼の最良の業績であった。ブリュッセルの控えの間での苦い経験から、ヒースは、ヨーロッパへの道はパリを経由するものだということを理解していた。一九六九年、ド゠ゴールに代わってポンピドゥー〔(一九一一～七四)、フランスの政治家。首相(一九六二～六八)、大統領(一九六九～七四)〕がフランス大統領に就任すると、連合王国の申請が再開できるようになった。ウィルソン政府の終末時には何もなされなかったが、ヒースが選出されたことによって、ヨーロッパは議題の頂点に押し上げられることになった。一九七一年五月、ヒースは直接ポンピドゥーに面会した。ポンピドゥーは、イギリス人がよきヨーロッパ人になれるということを説得できる、現実主義的なド゠ゴール主義者であった。ヒース自身がよきヨーロッパ人としての自覚をもっていたこと、またアメリカに対してヒースが冷めていたこと——それほど特別な関係ではないと考えていた——が、ポンピドゥーを説き伏せるのに決定的に有利となった。

フランスの支援を受けて再開されたブリュッセルでの交渉は、一九六三年や一九六七年には厄介に思われていた難問の解決に成功した。これはある程度、ヨーロッパにおけるイギリスの主要な貿易相手国であるデンマークとアイルランドも加盟を申請していたためであった。そして、英連邦の物産供給国が、一〇年のうちに帝国特恵は時代遅れだという考えに慣れるようになっていたためでもあった。一九六〇年に連合王国の輸入品の四パーセントは、依然ニュージーランド産であったが、一九七〇年には二パーセント程度になっていた。他の貿易相手国——サウジアラビア人のように良質のラム肉を好み、それを食べるのに十分な富をもった国民——は、けちなイギリスの消費者に代わって利益をもたらしてくれる顧客であった。もちろんヨーロッパへの加盟は、こういった重大な変化の際には避けて通れない痛みを伴うものであった。とくにニュージーランドとの間の移行措置は、全体の取り決めの不可欠な部分であった。EEC加盟に際してのこうした付加的なコストは、名誉の負債と見なすことができよう——一九四〇年に振り出された後の日付の小切手が、一九七一年の切り下げられた通貨で支払われたのであった。

真の問題は、メッシーナ以来形成されてきたEECが、明らかに当初の加盟六カ国の特別な利益に役立つものであって、後から加盟し歴史的には外海の方を向いてきた国の利益になるものではなかったということである。連合王国には、共通農業政策(CAP)という重い負担があった。それは、競争力のない小規模農業者に補助金を出すために、食糧費を高く設定し消費者に負担を強いるものであった——それは、巨大な工業国家ドイツに対して、フランスが自国生産物の市場を開くために支払った対価でもあった。反対にイギリスは、一九七一年には哀願する側で、EECに加盟するための条件を要求することはできなかった。それどころか、南半球から来るラム肉への風当たりを和らげる努力を一方でしながら、厄介な仕事をうまくやろうと遅まきながら手を尽くしていた。CAPの影響で、イギリスの消費者は次第に安価な輸入品に手を出せなくなり、その代わり助成金を受けた(それでもまだ高価であった)EECの生産品を供給されるようになったのである。

利益の多くは、ヨーロッパ大陸諸国の農業者のもとに――多少はイギリスの農業者のもとにも――入った。イギリス産小麦の市場価格は、三年間で二五〇パーセントも跳ね上がった――実際、それはインフレ率の一〇倍であった。こうしてイギリスの農業生産者は、国内市場における保護という一世紀にわたる願望の答えを、CAPのなかに見出したのであった。彼らはそれまで開かれた市場で苛酷な競争を強いられてきた結果、ヨーロッパで最も効率のいい農業生産者になっていた。今や彼らは、価格と生産量の双方において報償を得ながら、繁栄する保証された市場に向けて供給することになった。輸入小麦は半分に削減され、イギリスの小麦生産は一九七〇年代に五割増大した。一九八〇年に小麦の栽培面積は三六〇万エーカーになり、一九四三年という戦時下の最盛期を超えた。そしてこの数字は、いわゆる大不況が始まった一八七四年以来の最高のものであった。さらに、近代的な方法のおかげで生産高も一層上昇した。一九八〇年の小麦の生産高は八〇〇万トンであり、一〇年前の二倍、五〇年前の一〇倍にもなった。自由貿易帝国主義の政治経済学は、逆転してしまっていた。

その結果イギリスの消費者が被った負担は、同時に起こった国内のインフレの加速化によって悪化した。一九七四年一月に、小売物価指数は一九七一年の水準を二五パーセント上回った。同時に、従来生活費全般と歩調を合わせていた食糧価格は、四〇パーセントも値上がりした。多くの人々が混乱したのは、少しも不思議でなかった――その混乱は、長年なじんできた貨幣価値の尺度が、貨幣自体の変更によって今や不安定になったために、一層ひどくなった。何世紀にもわたってシリングとペンスを用いてきたのであるが、一九七一年にスターリングは十進法になった。一ポンドが一〇〇の「新ペンス」に分割され、そのペンスは二・四旧ペニーの価値があった。一方シリング硬貨は、実際には同型の五ペンス硬貨と最終的に入れ替わるまで流通し続けた。ハーフ・クラウン（一二・五ペンス銀貨）の廃止は寂しいものであったが、「タナー」（二・五ペンス銀貨）ともども、その後再びお目見えすることはなかった。何世代もの間、イギリスの児童たちは、ストーン、ポンドおよびオンスという重量単位でスターリング価格を計算する算術に磨きをかけてきたが、徐々に進んでいたメートル法への移行によって、こうした知識は無用なものになった。かつて地図で赤く塗られていたところ［イギリス領］であれば、どこでも普及していた帝国の度量衡に対して、長年阻まれていたナポレオンのこの度量衡が勝利を告げたのであった。

「かつて私の知っていた世界が、ばらばらになり始めた」。イギリスがインドを手放すことを決断したときの気持ちを思い起こして、パウエルはこのように語った。四半世紀後、イギリスのEEC加盟についてのパウエルの思いは、それに劣らず時代錯誤的で激しいものであった。伝統的な保守的ナショナリズムと、ブリュッセルの経済干渉主義に対する新自由主義的な反感とを併せ持った保守党《トーリー》右派の反発を、彼は表明していた。この激しく強力な混合物こそ、後にサッチャリズムを燃え上がらせることになったものである。労働党の方でも、ヨーロッパ問題はひどい軋轢を生み、一〇年以内に党を分裂させることになる亀裂を露わにした。一九七〇年の選挙で労働党が敗北した後、左派はEECに対する当時の不評を利用して、政権時にウィルソンが採用していた党内合意の手法に反対する者を結集する手段にした。首相の間、ウィルソンはもちろんイギリスの加盟を支持していた――彼が好んで言ったように、「もし条件が整えば」。得られる条件は、実際には年を経てもほとんど変わらなかった。それでもウィルソンは、今や労働党の優勢な動きに合わせて変更する口実を見つけた。党内の結束が、ウィルソンにとって最も重要な考慮事項であった。そこで、労働党の関わり方に何らかの一貫性を与えることが、副党首ブラウンに代わったロイ・ジェンキンズに委ねられた。ジェンキンズは働きかけて得た六九名の労働党議員を率いて、一九七一年一〇月に加盟原則を支持した。これは、一九四〇年に保守党《トーリー》の平議員たちがチェンバレンに反旗をひるがえした時以来の、党議拘束を無視する、党派を越えた国民的問題の最も重要な事例であった。その時と同様に、この重大な一歩を踏み出した者のほとんど誰も、後に悔やむことはなかった。

それでも一九七一年という年は、一九四〇年、一九三一年、一八八六年、一八四六年――既存の政党体制が崩れて新しい方向で再編された時期――とは異なっていた。労働党の副党首としてジェンキンズの立場は、間もなく耐え難いものとなり、彼はその職を辞した。しかし、ジェンキンズと彼の支持者は、EEC関係の必要な法律制定に関しては、保守党政府について党を超えた多数派を形成するよりも、労働党と行動を共にして自党との関係を改善しようとした。さらに、間もなくウィルソンは、再び右派へと路線修正を始めた。彼はもともとトニー・ベン〔（一九二五～）、政治家。労働党左派の代表的存在。技術相（一九六六～七〇）、産業相（一九七四～七五）〕が鼓舞した動きを助長してきたのであるが、ベンはしだいに欧州共同市場加盟に反対を唱えるようになり、この問題をいずれ労働党政府のもとで国民投票にかけようとしていた。ここに、EECとは「再交渉」を約束する以上先に進まないで、党内の結束を取り戻す機会があった。そして、意外にもウィルソンが一九七五年までに政権に返り咲いたので、この戦略は実行に移された。EECの他の加盟国は、ブリュッセルで辛抱強く新しい交渉に携わっていたが、その肝心な要点はすべてヒース政権の時に取り決められたままであった。しかしウィルソンにとって、再度のEEC支持へと横滑りするにはそれで十分であった。要するにウィルソンは、（右派から見れば）わずか四年前にヨーロッパに関する彼らの主張を裏切ったのと同じように、（左派から見れば）彼らの主張に背いたのである。

一九七五年夏に行われたEEC加盟をめぐる国民投票の間、首相も、野党の新党首マーガレット・サッチャーも、さして目立った役割は果たさなかった。その代わり、加盟賛成のキャンペーンの先頭には、この問題に十二分に関わってきた政治家が立った。労働党側は、頭角を表した閣僚シャーリー・ウィリアムズ［（一九三〇〜）、政治家。教育相（一九七六〜七九）。一九八一年社会民主党結成に参画］の支援を受けたジェンキンズ、保守党側は元閣僚たちに支持されたヒースであった。彼らは一時的な中道連合に結集したが、そこにはEEC加盟に最も早くから最も一貫した支持を表明していた自由党も含まれていた。他方、反ヨーロッパ派の方は、思想上の幅広い隔たりに跨《またが》っていた。右派のパウエルは、ナショナリストの信念をもっていたが、それでもなお一九七四年には労働党に投票するよう彼の支持者を説得していた。というのも、ヒースがブリュッセルに議会の権威を譲り渡すと言い立てられていたためであった。パウエルと組んだのは似つかわしくない左派のマイケル・フット、バーバラ・カースル、トニー・ベンのような政治家で、EECを「裕福な連中のクラブ」と見なして相手にしなかった（その場合でも、やはりイギリスが選ばれることを誇らしく考える人もいたかもしれないが）。投票結果には、イギリスの加盟賛成への支持が明瞭に表れた。経済的に繁栄しているイングランドの諸地域で、南北を問わず賛成票は最も多かった。サリー［イングランド南東部］やウェスト・サセックスだけでなく、ノース・ヨークシャーでも七六パーセントに達する支持が得られ、またタイン・アンド・ウィア［イングランド北東部］でも六三パーセントの賛成票が投じられた。スコットランドでは、反対票が明らかに四〇パーセントを超える州がいくつかあり、ウェスタン諸島［ヘブリディーズ諸島、スコットランド北西の群島］では七〇パーセント以上の反対票が投じられた。アルスターでも人々は容易に説得されず、ぎりぎり過半数の賛成票が得られただけであった。

しかし、連合王国全体で二対一の多数派を相手に、反対派が議論をするのは容易なことでなかった。確かにどちらにとっても、この結果をもたらすのにプロパガンダはあまり重要ではなく、国家への忠誠心とイギリスの運命がどこにあるのかを察知する直感の方がより重要であった。イギリスでは、例のごとく階級によって支持に相違が出た。賛成票を投じたのは、概してより裕福でより教養のある階層であり、大いにありそうなことは、彼らが近年、肉体労働者よりも海外旅行をよくしていたということだった。* しかし、新規に発行されるパスポートの数が急に増えたことは、国際便の増加と同様に、イギリス人の主にヨーロッパ大陸への海外旅行が急速に広まってきたことの証であった――少なくとも島国のヨーロッパ人としてのアイデンティティの意識を強めるようになったのである。政治的には、ウィルソンが非常に苦労して追求した戦略が成功し、そこに至るまでの過程で彼自身が失った名声を少なからず埋め合わせた。イギリス人にとって、国民投票は国制上類例のない第一歩となった。戦術的な考慮で用意されたものではあったが、大いに賞賛すべきものであった。あと知恵で見ると、ジェンキンズが、労働党による国民投票の採択を副党首を辞任する機会（およそ原因とは言えないが）として選んだことは、確かに誤りであった。型にはまった政党間の垣根を越えて明白な国民の選択がされたことによって、国民投票は見事なほどに決定的な形で問題を解決したのであった。

＊ヨーロッパ大陸からの料理の影響も、同様の階級差があるとはいえ、島国根性の減退を強めてきたかもしれない。イギリス料理の水準は、レストランや家庭、パブやピザ店においても、一世代の間に顕著に――そして大いにその必要があって――改善されてきた。エリザベス・デーヴィッドの『フランスの田舎料理』（一九六〇年）は、ペンギン・ペーパーバックで猛烈な売れ行きとなり、後世へのその影響は歴史的評価に値する。

4　トウィードゥルダム（寄ったり）

一九七四年には、二回の総選挙が行われることになった。最初の選挙がきわどい結果であったため、すぐに二回目の選挙が必要になったのである。下院で労働党は、三〇議席過半数に足りなかったが、実際には、この数が示すよりも、その立場は強力であった。というのも、自由党、スコットランド国民党、ウェールズ国民党、社会民主労働党、分裂状態にあったアルスター統一党など、均衡を左右する決定権をもつ弱小政党が、ヒースの再来を望んでいなかったからである。したがってウィルソンは、一九六四年から六六年にかけてなし得たように選挙状況をうまく統率し、時宜を得た時に安定多数を獲得するよう労働党から頼りにされていた。その機会は、大方の予想通り一〇月に訪れ、またもやヒースは敗れるだろうと思われていた。ヒースの国民的一致団結《ナショナル・ユニティ》の政府への呼びかけは、一九七二年以降の彼の政策と一貫するものであった。二月の選挙では労働党は過小評価されたが、今度は世論調査でかなり過大に評価されていた。ウィルソンは過半数こそ得たものの、全体で三議席差に過ぎなかった。これは一九六六年の選挙の再現ではなく、一九六四年選挙の再現であった。二月とは違って、今や明らかに保守党より有利な立場にあったが、労働党は、依然として全国の投票数の三九パーセントしか獲得していなかった。自由党の得票は少し低下し、一八パーセントであった。

これは保守党にとって悪い結果であった。保守党が恐れていたほど悪くはなかったとしても、この結果は、四回の選挙で三回敗れるという、指導者としての弱さがヒースにあることを表していた。数カ月もしないうちに、ヒースは党首の座を追われた。しかし、これは労働党にとっても、よい結果とはとても言えなかった。確かに一九六四年とは違って、労働党は、イングランド出身の議員を保守党よりも多く送り込んだ。ところが投票率が低かったうえに、世論調査の予想に見合う結果を労働党が出せなかったことは、アトリー時代と著しく異なって、労働党の支持者が確信を欠いていたことを示していた。全有権者に占める比率で見ると、労働党の得票は、敗北はしたものの、一九五一年に最高の四〇パーセントを獲得していた。一九六六年という近年でも、三六パーセント以上を獲得していた。ところが、一九七四年の二つの選挙では、三〇パーセントよりかなり低いところまで下落したのである。これでは、政府を樹立する堅固な基盤にはならなかったし、ましてやイギリスという国を統治できるのかどうかという問題に直面する政府の基盤にはならなかった。

労働組合が権力の座にいるように見えた。ウィルソンは、労働党と労働組合会議（TUC）が「社会契約」を結び、それが対立を協調関係に変えるだろうと公言した。この社会契約という概念は実質を伴わず、とうていルソーの死後の名声を高めるものにはならなかった。政府は、すでによくない状況にあった労使関係を、それ以上悪くするようなことは何もしないように決断していた。保守党の労働立法は撤廃された。一九七〇年から七四年の労働争議の間に、七〇〇〇万日もの労働日数が失われていた。これは、一九一〇年から一四年の有名な「労働不安」（八〇〇〇万日）に肩を並べる状況であった。それでも一九二〇年から二四年のひどさ（二億五〇〇〇万日）と比べると、半分に過ぎなかった。しかし、一九五〇年から五四年までと比べると、七倍以上もの労働日数が失われていた。チャーチルからヒントを得て、ウィルソンは、ウォルター・モンクトンと同じ役割を果たせるような社会主義者マイケル・フットに目をつけた。そして、フットが雇用担当大臣に任命された。

ベヴァンの公認された伝記を著し、『トリビューン』誌の元編集者であったフットは、労働党のなかでも「穏健左派《ソフト・レフト》」の旗手として定評があった。フットは油差しのような役割がよく合い、モンクトンを労使関係の闘士のように思わせるほどの融和策を労働組合に対してとった。まず炭坑労働者の要求を金で処理して、炭坑ストを終結させ安堵感を広めた。この「特例」は「現行賃金率」をすぐに引き上げ、今や他の組合もそれを要求する権利があると考えた。社会契約に敬意を表して、政府はヒースの賃金委員会を廃止した。かくして信じられないほどの賃金騰貴が続くことになった。組合の指導者は、ただマッチに火をつけただけであった。労働者の所得は一九七三年に一五パーセント増加していたが、一九七四年には一九パーセント、一九七五年には二三パーセント上昇した。対照的に、ストライキで失われた労働日数は、以前に比べてわずかな日数に減少した——それは、結局のところ一時的な中休みであった。

フットは六〇歳であったが、閣僚の中では新顔であった。彼を除けば、上位では外務省にキャラハン、大蔵省にヒーリー、環境省にクロスランドといった、お馴染みの古い面々による内閣改造であった。こうした面々が中心勢力を形成し、対照的に、ウィルソン前内閣の二人の確固たる支持者であったジェンキンズとカースルは地盤を失うことになった。ジェンキンズは再度内務大臣に任命されたが、ヨーロッパに関する彼の見解のせいで外務大臣就任が問題外となったために、明らかに熱意を失い、一九六〇年代の内務大臣の時に発揮した創造的才覚をほとんど見せなかった。ヨーロッパ懐疑派に対してヨーロッパ擁護派を釣り合わせ、右派に対して左派の勢力を均衡させて、ウィルソンはかつての巧妙な手際よさを見せていた。

個人的には嫌悪していたものの、ウィルソンは、労働党の「強硬左派《ハード・レフト》」の代表者ベンに、重要な役職を探さねばならないと考えた。実際にベンは、今や反EEC主義を左派の政策課題と結びつけて「代替的経済戦略」を提案していた。その中心は、大規模な公有化とイギリス製造業を保護する関税であった。ベンは、連合王国の最大手企業二五社を国有化すると言っていた。ヒースの産業法の権限をもった通商産業大臣にベンが任命されたとき、実業界には怖れる者もいたが、実際には、内閣におけるベンの影響力は、とりわけ用心深い首相のために、抑制され弱められていた。

ベンの真の支持層は、労働運動そのもののなかにあった。党大会での受けのいい威勢のいい雄弁さと、労働党政権の全般に穏健な活動との隔たりに満足できなかったのは、ベン独りではなかった。ヨーロッパに関しても、所得政策に関しても、労働組合の改革であっても、党大会決議は第一次ウィルソン政府の業績を事実上否認するものであった。右派ではジェンキンズが、労働党の統治倫理との一貫性を保持しようとしていた。左派ではベンが、政府を党大会と党執行部の意向に合わせることによって、一貫性のなさを取り除こうとしていた。党大会と党執行部では、左派と組合との連携が今や全般に広まっていた。両者の中間では、ウィルソン、キャラハン、ヒーリー、そして今ではクロスランドも、こうしたイデオロギー的側面にはまったくの無関心を装い、レイバリズム〔賃金交渉や労働組合の強化など、限定的で慎重な活動を重視する伝統的な労働運動〕と党の団結とを一時しのぎの妥協によって維持しようとしていた。運輸一般労働組合（TGWU）のジャック・ジョーンズ〔（一九一三〜）、労働組合活動家。TGWU書記長（一九六九〜七八）〕と、機械工組合（AEU）のヒュー・スカンロン〔（一九一三〜）、労働組合活動家。AEU委員長（一九六八〜七八）〕は、二大労働組合の指導者であり、きわめて重要な人物であった。彼らは、すでに「闘争に代えて」〔非公式ストライキの抑制を目的に、労使関係法の改革を提案した政府白書（一九六九）のタイトル〕に対する反対運動で、采配をふるっていた――ウィルソンは、「私の芝から君らの戦車をどけたまえ」と抗議していた――こうして権力政治の教訓を思い知らされることになったのである。賃金抑制は社会契約のどこにも書かれていないと主張して、組合が頑なに動じないでいる間、政府は一年以上も、迫られたさまざまの選択肢から何一つ選ぶことができないまま、あるいは選ぼうとしないまま揺れ続けていた。

事態を表面化させたのは、それ以後二〇年にわたって、多くの危機の中で水面下に隠れて存在していた問題、すなわちヨーロッパであった。一九七五年六月の国民投票は、イギリスがEEC加盟国として留まることで決着した。このことは、代替的経済戦略には不可欠の孤立主義的「立てこもり経済」(siege economy)を排除するものであった。国民投票を考案したベンは自縄自縛の状況に陥り、すぐさま彼は、襲いかからんばかりであったウィルソンに降格させられた。エネルギー省に送られたベンは、周縁に追いやられた格好になったが、異義申し立てを支持者に頻繁にアピールしつつ、彼は閣僚のポストに執着した。それ以降強硬左派は、再び社会主義を裏切っていた労働党政府への影響力をかすめ取られたように感じた。しかし穏健左派の方は、雄弁なフットの甘言に釣られて、概ね指導部と見解を同じくしていた。決定的なことに、大半の労働組合もそうであった。ジョーンズの早めの決断に応じて、六月にTUCは賃金抑制の提案に取り組むようになった。

　賃金抑制という考え方全体が、強硬左派にはひどく評判が悪かった。いかなる賃金争議においても組織された労働者の主張は自明のごとく正しいのであるが、所得政策は資本家の仕事を資本家のためにすることを意味するに過ぎない、と彼らは主張した。しかし、ジョーンズが今や言うようになっていたことは、多くの普通の労働組合員たちには常識のように思われた。所得政策という言葉は避けたが、政府は、穏当な一律の均一賃上げを求めて、TUCとの取引に必死でしがみついた。それは、一九七五年に二四パーセントも生活費を引き上げていたインフレの悪循環を断ち切るためであった。ヒースの時とほとんど同じくらい目立った政策転換をした後、次の三年間に政府は物価および所得政策を進めることになった——物価については、公然たる法律による政策であったが、賃金に関しては、婉曲な言い回しの任意的なものであった。

　政府は年々、骨折って次から次へと誤った峠を越え、そのたびに、もう最悪の山場は過ぎたに違いないと信じていた。ウィルソンは、そうしたごまかしの幕間の一つを利用して、トップから身を退こうと考え、一九七六年四月に首相を辞任した。六〇歳で、とりわけ健康が壮健とはいえない男にしては、悪意のない野心だったと言えよう。タレーラン〔一七五四〜一八三八、フランスの政治家、外交官。ウィーン会議のフランス代表（一八一四〜一五）〕のように、ウィルソンは任期の終末においてでさえ、巧妙に仕組まれた策略を疑われるほど裏表のある人物としてよく知られていた。実際、ウィルソンは自分の心づもりを数名の人々に打ち明けていた。その一人であるキャラハンは、長いことウィルソンの後任になりそうだと見なされてきた。労働党の党首選挙の第一回投票で、他の候補者は、実質的に同じ支持者に対してキャラハンほど訴えるところがなかった（ヒーリーとクロスランド）か、あるいは訴えの届いた範囲がもっと限られていた。すなわち後者では、ジェンキンズはヨーロッパ擁護派の社会民主主義者に対して、ベンは強硬左派に対して、フットは穏健左派に対して訴えただけであった。それゆえ二度目の投票で、キャラハンは文句なしにフットを負かしたのであった。

　新首相は誰に対しても悪意を見せなかった——以前から敵対していたカースルだけは例外で、彼女は閣僚から外された。ジェンキンズも間もなく離れたが、彼の場合は、任期四年のヨーロッパ委員会議長就任というはるかに相応しい選択であった。こうして、首相にあえて挑戦する者のいない一致した内閣になった（もちろんベンは除いてであるが）。キャラハンの組閣の大きな欠点は、彼が前に務めた外務大臣のポストに関係していた。クロスランドはその職を喜んで引き受けたが、数カ月もしないうちに脳卒中で急死してしまった。もう一度内閣改造を行いたくなかったので、キャラハンはクロスランドの副官であったデーヴィッド・オーウェン〔一九三八〜、政治家。外相（一九七七〜七九）、社会民主党党首（一九八三〜八七）〕を登用した。若さ、見栄えのよさ、そして（陰口を言う者があったように）うぬぼれた思い上がりという点で、オーウェンは外務大臣として一九三五年のイーデン以来、無類の存在であった。

キャラハンは、首相として多くの点で印象的な人物であった。政党の運営手腕ではウィルソンに劣らず悪賢かったが、それはウィルソンほど見え透いてはいなかった。その結果キャラハンは、おそらく左派にあまり反感を抱かれなかった。強硬左派は、少なくとも自分たちがどの位置で首相を支持しているか分かっていたし、キャラハンがヒーリーだけでなくフットとも築いた協力関係によって、穏健左派は経済産業戦略で歩調をそろえていた。キャラハンは、自分が閣僚として重要な四つの省すべてに在職したことがあり、経験という厳しい試練から比類ない教訓を得たと思っていた。もちろん政治家然とはしていたが、それでも彼はジェンキンズのようによそよそしい印象を与えなかったし、ヒーリーのように傲慢な感じもなかった。その代わり、「ジム」――「ジムがうまくやるよ」(*Jim'll Fix It*)という人気テレビ番組の題名から、時にそう呼ばれた――のような良き伯父さん的人柄が、安心感を抱かせると広く思われていた。世論調査では、キャラハン自身の支持率が、いつも政府の支持率を上回っていた。本心であろうと表面的な装いであろうと、社会主義の教義への忠誠は、ただ単純にキャラハンにとって優先事項ではなかった。全国民の率直な友人というイメージをもって、新首相は一九七六年九月の労働党大会に赴き、「これまでは可能であったとしても、今や浪費をすることによって不況を脱出することはできない」という正直なメッセージを伝えたのであった。

この演説が、ケインズ主義時代の終焉を告げるものかどうかについては、議論の余地がある。確かに、ケインズ主義的と称する多くの議論が、一九七〇年代半ばの状況の中で妥当性を失っていた。賃金の増加が需要を引き上げ、その結果失業を減らすという単純な考え方は、賃金の要求を正当化する捨てばちの口実として労働組合の指導者に用いられたこともあったが、今やこれは失業に加えて、インフレを増大させる原因のようであった。しかし、一九七六年を転機だと考えるのが正しいとしても、その転機は必ずしも「マネタリズム」という表示がされた道路に沿って曲がることを意味するものではなかった。大蔵大臣としてヒーリーはあまりに外部の影響に無頓着で、通貨供給の厳しい規制がインフレを打破する唯一の策だという教義に単純に転向することはできなかった。M3の年間成長率は、一九七五年から七六年の二年間には一〇パーセント前後であったが、それ以降の三年間は平均で一二パーセントになった。すなわち、一九七六年以降、何であれ通貨政策は緩和されたのである。ケインズ主義者でもマネタリストでもなかったヒーリーは、イギリス経済がさらされ続けた困難な状況の中で許された限りにおいて、現実的な方策を求めて進んだことを自賛した。

経済が、一九七三年末から丸二年間の景気後退に急落したのは事実であった。生産高が一年前に比べて著しく減少したのは、一九三〇年代初頭以来初めてであった。これはオイルショックが引き起こした世界的な現象であり、経済に計り知れない混乱をもたらした。そのことの意味が明らかになるまでには時間がかかった。短期的には、石油産出国が単純に歳入の急増を処理しきれなかったために、大量の貨幣がともかくも借り手を求めてロンドンに戻ってきた。国際収支と予算の双方における莫大な赤字を乗り切るためには、明らかに対外借り入れが必要であったけれども、それが長続きするはずはなかった。連合王国の公共支出および個人支出双方の要求を、経済の経常的生産高にどうにかして合わせるということが、不可避であった。一九七六年には回復の兆しが見られたけれども、経済成長全体の傾向は低い水準に転じていった。一九六〇年から七三年まで、経済成長は年間平均三パーセント以上であった。しかし、一九七四年から七九年にかけては、平均成長率が年間わずか一・四パーセントであった。したがって五年以上もの間、国内生産高（あるいは所得）は、予想よりなんと一〇パーセントも少なかったのである。

一九七三年から七四年にかけての保守党政府の緊急課題や、一九七四年から七九年に労働党政府が直面した扱いにくい問題が、主に石油のためであったなら、それは、もちろん、明るい兆しのある雲のようなものであった。というのも、北海油田が稼働し始めようとしていたのであり、問題は太陽が顔を出すのを待つだけだったからである。連合王国は、一九七四年には一億トンの石油を輸入し、輸出は一〇〇万トン足らずであった。一九八〇年には、輸出と輸入が、量でも価格でも同様にほとんど釣り合うようになった。エネルギー省では、ベンの介入主義的傾向が異例の幅広い支持を得たのであり、国際的な石油会社から得る税収入だけでなく、英国ナショナル石油公社（ＢＮＯＣ）を通して、彼はイギリス政府のために直接の利害関係を保とうとした。日本や西ドイツなど自国産の石油がない産業上の競争相手に対し、連合王国は工業国家としての白銀時代を迎えようとしているように見えた。短期の問題は、オイル勘定がやがて余剰を生むまで何とか持ちこたえることであった。オイル勘定によって、国際収支は一九七四年にはＧＤＰの四・四パーセントの赤字に追い込まれたが、一九七七年から七八年には余剰をもたらすようになった。

経済的だけでなく政治的にも、虹の橋のたもとに金の壺があるというはかない期待は、あらゆる暫定措置をやりがいのあるものに思わせた。ヒーリーは五年間で、グラッドストーンが彼の生涯に行ったよりも多くの予算を導入した。それは、次から次に浮上する緊急事態に取り組むため一年に二回、三回となることもしばしばであった。なかでも最大のものは、一九七六年九月のポンド危機であった。混乱の種となったのは、あまりに多くの危機的な経済指標が、同時にそのまま長く続いたことであった。すなわち、一二五万人を超える失業者、一〇億ポンドに達する国際収支の赤字、年間に一六パーセントというインフレ、一ポンド＝一・五七ドルというポンド安、一五パーセントにもなる利子率、そして明らかに手に負えなくなって赤字予算の記録を作った政府支出である。今や信頼は大きく揺らぎ、国際通貨基金（ＩＭＦ）から借款を確保する必要が生じ、政府は二度目の大きな清算の時を迎えた。

IMF危機はドラマに満ちていた。ある時点でヒーリーは国際会議のためにヒースローを発ったが、次の瞬間には国際会議に背を向け、労働党大会へ急行した。その後、内閣では熾烈な争いが起こり、援助のためにIMFが要求する条件をめぐる討議のある段階で、事実上終ることのない審議に入った。この状況は、一九三一年よりも一九四五年の状況と似ていた。というのも事実は、労働党が立てこもり経済の方針をとらなければ、借款が必要となり、それを利用しうる条件は、当然貸す側が指示するということであった。その条件は政府支出全般の削減に集中しており、こうした条件に応じるという政治的論理は、経済的な論理についてはまだ議論があった大臣たちにさえも承認された。もちろん大蔵省は、いつもそうしてきたように削減のための固有の論拠を提示できたであろう。しかし今や大蔵省は、根本的な手術が必要となったという広く共有された確信に訴えることができた。

バーバーの時の財政赤字の発生は、歳入の相対的な減少から生じたのかもしれないが、ヒーリーのもとでそれが増大したのは、基本的には政府支出の増大によるものであった。政府支出は二年間でGDPの六パーセント上昇した（それは赤字そのものとほとんど同じ額であった）。これはヒーリー自身がやったことではなかったが、彼は音楽が止まった時に大蔵大臣の椅子に座っていた人物であった。とりわけ一九六〇年代には、完全雇用、高成長、低インフレを期待して政府介入の拡大が行われたが、もはやそうした状態は得られなかった。経済成長によって必要な税収を賄うことは、もはや期待できそうもなかった。それどころか、個人の税負担は、かつては中流階級の不満の種であったが、今や就業しているほとんど誰もがそう感じるようになっていた。一九四九年には、平均的な所得で二人の子供がいる妻帯者は、所得税の支払いを完全に免除されていた。しかし、一九七五年には、そうした人の所得が全国平均の半分にも届かないうちに、課税最低限度を超えてしまうようになった。

保守党政権下で、失業者数が短期間ではあるが一〇〇万人に達した時、それはヒースに大きな方向転換をもたらした。しかし、労働党政権下で、一〇〇万人という水準はごく普通になった。一九七六年から七九年まで毎年、失業率は平均五パーセントを超えていた――それは、一九五〇年代および六〇年代のどの年と比べても、二倍の水準であった。このことは、生産と税金の喪失だけでなく、失業者とその家族を支えるための、国家が予期しない出費を意味していた。一九七六年四月に、ヒーリーはすでにかなりの額の支出削減をしていた。IMF危機の影響で、その年の一二月にはさらに削減が繰り返された。一九七九年までに、とくに住宅と教育において大きな支出の削減が行われ、また赤字全般の（より小規模な）削減が行われた。

このような施策で政府の支持を高めたものは、一つもなかった。実際IMF危機の後、労働党の地位は、一九六八～六九年におけるポンド切り下げ後の泥沼状態以来、最低の水準まで急落した。補欠選挙は、ウォルソル［イングランド中部。バーミンガムの北西に位置し、皮革製造で有名］、ワーキングトン［イングランド北西部。アイリッシュ海に臨む町］、バーミンガム・ステツチフォード（ジェンキンズの元の地盤）で敗北した。なかでも最大のショックは、以前には揺るぎない炭鉱地域の選挙区だったアッシュフィールドで、一九七七年四月に敗北を喫したことであった。このような敗退は単に心理的挫折をもたらしただけではなく、政府から議会の多数派という地位を奪ったのである。

政府は、少数派諸政党のおかげで生き延びることができた。ソープが関係したスキャンダルが突発したため、自由党は彼の代わりに、未経験のデーヴィッド・スティール〔（一九三八〜）、自由党の政治家。党首（一九七六〜八八）〕を指導者にしなければならなかった。スティールは、（新外務大臣のデーヴィッド・オーウェンのように）まだ四〇歳になっていなかった。キャラハンはスティールに対して、父親のような誠実さで接しているふりをしていた。もっと肝心なことは、ソープの一件を背負って自由党は総選挙を戦いたくないのだと、キャラハンが見ていたことであった。反対に自由党の目には、今やキャラハン政府が自分たちの支持できる政策を進めているように映り、連合政治が原則論として自由党の共感をそそった。こうして、「リブ＝ラブ協定」の基礎がつくられ、一九七七年春から七八年秋まで続いた。一九三一年以後のボールドウィンと同じように、キャラハンは、自由党の立場が移《うつろ》いやすいことを、自分がともかく追求したかった方針を遂行する口実に利用することができた。しかし、キャラハンは選挙制度の改正を認めようとはしなかった。権限委譲は、また別の問題であった。というのも、スコットランドとウェールズ双方に選出議会を設けるという提案は、すでにナショナリストの要求を抑えるための政府戦略の一部であったからである。この二つの法案には、議会で非常に多くの時間が費やされていたが、それは、法案に対する労働党議員の支持に熱意がなかったからでもあった。しかし、一九七八年夏に法案が通過するまでは、これらの法案が、自由党議員だけでなくナショナリスト議員も労働党政権を支えてくれる保証となった。

キャラハン政府の在任期間を支配したのは、インフレと労働組合という双子の問題であった。一方を解決することによって他方も解決されるというのが、理想的であった。すなわち、物価および所得政策を機能させるために、労働組合の協力を得ることができればよかったのである。友好的な環境を作り出すために、確かにフットはできる限りのことをしたのであり、労使関係法を撤廃しただけでなく、彼自身の労働立法を通過させた。その法案はとくにクローズド・ショップに関して、一九〇六年の労働争議法以来労働組合が享受してきたよりも著しく大きな権限を初めて彼らに与えた。調停業務も開設された。それでも、労使紛争で失われた日数は一九七七年に急増し、一九七八年にもその日数は減らず、そして一九七九年は、一九七二年よりもさらに悪く、二〇世紀最悪の年の一つになった。

労働党による所得政策の当初の成功は、賃金抑制の同意を勝ち得たことであったが、その成功はこうして再来した労使関係の軋轢に屈し、政策そのものを脅かした。一九七六年から七七年にかけて、労働者の所得上昇は、生活費の上昇よりかなり低いままであった。生活費上昇の減速化がなかなか進まなかったのである。だから、生活水準が切り詰められていたという、左派の主張は正しかった。しかし、全般的な切り詰めを避けるという選択肢はなかった。実際のところ、選択は、物価および所得政策によって経済衰退の影響を管理するか、あるいは、自由市場を介した失業による調整に委ねるかのどちらかであった。そのため、政府介入に制約されずに、賃金交渉で市場の力を擁護するという点で、労働組合の左派とマネタリストの右派との間に暗黙の協定が生じたのであった。それ以上に、所得政策はますます効力をなくしていて、ヒース内閣と同様キャラハン内閣でも、それなりに成功した二、三年後には困難が訪れた。ジャック・ジョーンズの引退は、政府が彼の産業上の政治手腕を頼りにしていただけに、さらなる打撃となった。運輸一般労働組合（ＴＧＷＵ）の指導者としてのジョーンズの後任にはモス・エヴァンズ［(一九二五～二〇〇二)、労働組合活動家。ＴＧＷＵ書記長（一九七八～八四）］が就き、自由な団体交渉を最大限に擁護した。一九七八年に、小売物価指数の上昇率は前年のわずか半分で、この八パーセントという数字はここ六年間で最低であった。しかし、長期にわたってインフレを低く抑えるという見込みを確実にできるかどうかは、一九七八年から七九年にかけての賃金交渉に対する組合の反応にかかっていた。

　労働組合員の数は、長年、一〇〇〇万人あたりを上下していた。しかし、一九七〇年代半ばにその数は急増し、一九七九年には一三〇〇万人を超えるピークに達した。総労働人口の半数が今や組合員になったのである。二〇〇万人を擁するＴＧＷＵは、巨大な存在を維持し、一五〇万人の機械工組合や一〇〇万人近い一般自治体労働組合がその後に続いた。こういった組合が、一九四五年以来そうだったように三大組合であり続けた。しかし、炭坑労働者や鉄道従業員の組合は数の上では三大組合に次ぐものであったが、伝統的な産業の組合から、急増するホワイトカラー職、とくに公共部門への移行が進んでいた。一九七九年に、全国地方公務員組合（Ｎａｌｇｏ）と全国公務員組合（ＮＵＰＥ）には、両方で合計一四〇万人が所属し、これは、全国炭坑労働組合（ＮＵＭ）と全国鉄道労働組合（ＮＵＲ）の組合員を合わせた数の三倍以上であった。その上、公務員は争議行為《インダストリアル・アクション》（まだこの古風な用語が使われていた）の先頭に立っていた。その一つの理由は、公務員の所得政策は厳しく監視されたのに対して、実際の「賃金ドリフト」が、基本賃金率にもとづいて算出された基準以上に民間製造業企業の賃金を押し上げていたためであった。公務員がしばしば驚くほど戦闘的な態度に出たもう一つの理由は、彼らが公共支出削減の影響を直接に被りやすかったためである。ことわざにある多くの凶暴な動物のように、公務員は攻撃されると咬み返したのである。

　こうして、一九七八年から七九年にかけての「不満の冬」が作り出された。政府は、五パーセントに設定した賃金基準を提示したが、それは最初から現実性のない野心的な目標であった。その上、多くの人々が行われるものと期待していた一九七八年一〇月の総選挙を、最後の土壇場になってキャラハンは撤回したのである。良好になる経済ニュースに支えられて、労働党は、世論調査で一年近くも保守党とまったく互角の状態を保っていた。しかしながら、一九七九年三月までに保守党は攻略しようのない大きなリードを奪った。この間に起こったことは、一連の破壊的なストライキに直面して政府の政策が崩壊したことであった。五パーセントという基準を鼻であしらうことに決めたのは、TUCだけではなかった。労働党大会でもそれは却下され、政府は名ばかりの支持者との激論にさらされた。まず、運輸一般労働組合のモス・エヴァンズに率いられた――あるいは、大臣らが憤慨して言い張ったように、率いられてはいなかった――いくつかの基軸産業の組合が、大きな賃上げ合意をして基準を打破した。次いで、公共部門の組合がそれに追いつこうとし、広く世間に知られた国民保健サービス（NHS）で働く労働者のストライキ、それからとくに清掃作業員のストライキが続いた。収集されないで路上にうず高く積み上げられたゴミ山の光景は、市民が忘れることのできないものであった――たとえそのことを保守党がご丁寧にもたえず思い出させ続けたためであったにしても。一九七九年二月のギャラップ調査によれば、そのわずか三カ月前には、保守党は労働党に五パーセントのリードを許していたにもかかわらず、今や二〇ポイントの差をつけて労働党をしのいでいたのである。

政府はつぶれかけていた。しかし、不満の冬が政府崩壊の基本的な原因であったとはいえ、直接の契機はナショナリストの逆襲であった。一九七九年三月末に、政府は下院の信任投票に（一票差で）敗北した。三月初めに、スコットランド国民党（SNP）が、労働党政権を支持する理由をなくしていたからである。リブ＝ラブ協定の終焉とともに、政府は実際、SNPが刃向かわないことを頼りにしてきた。少なくとも、長年待ち望まれていたスコットランドへの権限委譲をめぐる国民投票が三月一日に行われるまでは、そうであった。ウェールズでは同じ日に投票が行われ、驚くことではなかったが四対一で権限委譲を否認した。スコットランドの投票は、かろうじて権限委譲の提案を支持した。しかし、賛成票の多くは工業地域のクライドサイドに集中しており、北海油田による繁栄を目下享受している地域は反対であった――まるで、グラスゴーに対して「それは我々の油田だ」とでも言っているかのようであった。SNPにとってさらに都合の悪いことに、スコットランド全体の有権者の三三パーセントが賛成票を投じたのに対して、権限委譲の法案には四〇パーセントの支持が必要だという修正案が盛り込まれていた。これによって、国民投票は無効となってしまった。その月のうちに、SNPは、有権者の二八パーセントの票しか得ていなかった政府を倒すために、保守党および自由党の議員と手を組んだのであった。

きわめて見込みのない状況下で、また自分が選んだ選挙日程でないにもかかわらず、キャラハンは大胆な選挙運動を繰り広げ、失った地盤を苦労して取り戻そうとした。数カ月間、保守党は、新たに雇った広告代理店サーチ・アンド・サーチ社が作成したポスターを利用していた。ポスターには、失業手当をもらう長蛇の列が描かれ、「労働党は働いていない」(Labour Isn't Working)という説明文《キャプション》が付けられていた。確かに、失業は一九七八年八月という時点で一六〇万人に達しており、総選挙の時にもまだ一三〇万人であった。しかし、保守党が失業率を下げられるかどうかは、もはや最重要案件ではなかった。職よりも物価が、目立った問題として取り上げられるようになった。インフレが再び二桁の数字に戻っていたのである。何よりも不満の冬は、どの政党が組合にようまく対処できるのかについて、有権者の考えを変えてしまっていた。半年後、この問題は保守党にとって弱点ではなく、大きな資産になった。たとえそうであっても、一三〇〇万人の労働組合員が忠実に労働党に投票していたなら、この問題は重要ではなかったであろう。しかし、実際に労働組合員の三人に一人は、今回は保守党に投票した。キャラハンは、勝利が自分から遠ざかっていくのを確実に感じていた。それは、個別の選挙運動の問題というよりも、社会的気運《パブリック・ムード》の著しい変化によるところが大きかった。新しいスタートをきる時が来ていた。

第11章　喜びなさい？　一九七九～九〇年

1　ジェンダー

保守党は、一九七五年に女性を党首に選出した。もちろん女性は、一九一八年から国会議員に立候補することができたし、一九二八年からは選挙権が男女平等になっていた。また女性は長年、地方政府で活発な役割を果たしていた。とはいえ、第二次大戦以前に、女性が国会議員に立候補することは依然としてめずらしいことであった。全候補者のうち、女性は二〇人に一人にも満たず、選出される可能性はもっと小さかった。大方の女性は、自由党か労働党の候補者であったが、一九三一年に保守党が勝利した時には、一五名という記録的な数の女性議員を生み出した。というのも、保守党の一六名の女性候補者のうち、一三名が当選したからである。政党が、男性でなく女性の候補者を自党の安定議席の選挙区から立候補させることは少なかったが、その時は党が圧勝したので彼女たちも当選できたのであった。逆に一九四五年には、二四名の女性議員のうち二一名が労働党議員であった。一九五〇年から七九年にかけて、二大政党から立候補する女性の数は、多い年には、労働党が四〇名、保守党が三〇名前後であった。しかし、一九六六年のようなお粗末な年には、両党を合わせた女性候補者数が五一名で、一九三〇年代より少ないこともあった。とはいえ、その年には女性候補者の過半数をわずかに上回る二六名が選出されたという事実が、それをいくらか埋め合わせてはいた。

それでもやはり、一九六六年に議会の保守党席に着いた二四六名の男性議員に対して、女性議員はたった七名で、マーガレット・サッチャーはその中の一人であった。彼女は驚くべき決意によってそこまで辿り着いた。リンカンシャー［イングランド東部の北海に臨む州。農業の中心地のひとつ］のグランサム［アイザック・ニュートンなどの生地でもある］という町にあった食料雑貨店の娘マーガレット・ロバーツは、第二次世界大戦の末期に、グラマー・スクールからオックスフォードのサマヴィル・カレッジに進学し化学を専攻した。彼女は当時の平等主義的な政治思潮に反発して、F・A・ハイエク［一八九九〜一九九二、オーストリア生まれの経済学者。社会主義に反対し、自由な競争市場を至上とする。ノーベル経済学賞（一九七四）］の『隷従への道』（一九四四年）［西山千明訳『隷属への道』春秋社、一九九二年、他］で展開された主張、すなわち計画と福祉国家に対する反論に深い感銘を受けた。彼女の成長において、真に政治的な影響を与え続けたのは父親であった。家庭における父親の金言は倹約と勤勉であり、彼自身、メソディズムと自由主義を原点に、保守党の参事会員という地元の要職につくまでの経歴をその金言で乗り切ってきた。家族経営の塗料会社で成功したビジネスマン、デニス・サッチャーは、さい先のよい時に石油産業に乗り出していたが、彼との結婚が文字通りサッチャー夫人の誕生となった。彼と結婚して、彼女はその名声とともに語られる名前、（双子の）子供、そして自分が本職に専念できるように支えてくれる夫を手に入れただけでなく、これらすべてのことを実現するために必要な資金をも手に入れた。それにもかかわらず、彼女は富豪の妻というよりも、まさしく食料雑貨店の娘だと見なされていた。

　マーガレット・サッチャーが並みの女性でなかったということは、少しも驚くようなことではなかった。彼女は、男たちの世界で自分の道を切り開いていかなければならなかった。実際彼女は、仲間内で集いたがる保守党のお偉方が、性差別もさることながら社会的に尊大な態度で、自分のことを「あの女」と言って見下していた事実をけっして忘れずに、道を切り開いたのである。結局彼女は、挫折して低い地位にいた忠誠心ある保守党員に迎合する訴えをして、この状況を自分に有利なように変えることができた。そうした党員たちは、彼女を自分たち自身の仲間だと見なした。この点で、社会的地位がないために部外者が経験するある種の困難を、ジェンダーが和らげたのである。ヒースがなかなかお偉方の仲間内への入会を許可されずに苦労していたのに対して、サッチャーは、少なくとも自分が許可されることは決してないし、だからそれに構う必要もないことを知っていた。保守党の改造は彼女の政治的業績の一部となるものであったが、最終的には伝統的エリートによる長年の支配を掘り崩すことになった。そうしたエリートの中には、男女の然るべき役割分担を支持して疑わない伝統主義者もいた。

　そのような現状はなかなか変わらないままであったが、サッチャーが政治的権力を握る素晴らしい幸運が訪れた。一九六六年以降、彼女がいずれフロント・ベンチに座る運命にあったことは確かである。それは、彼女の明敏な頭脳や勤勉のためだけではなく、保守党が表舞台に出せる女性議員をどうしても一名は必要としていた時に、彼女の代わりになるような人物がほとんどいなかったためでもあった。保守党には、バーバラ・カースルやシャーリー・ウィリアムズのような水準の女性議員は一人もいなかった。バーバラ・カースルがウィルソン政府の中枢の一人だということは自明であったし、サッチャーより五歳年下のシャーリー・ウィリアムズの方が、将来の首相候補だと言われることが多かった。しかし、たとえ「名ばかりの女性」(token woman) としてヒース内閣に入閣したのだとしても、サッチャーは一、二年のうちにやり手の大臣として頭角をあらわし、閣内でも閣外でも自分の省のために有能に闘えるようになった。彼女の政治生涯を大きく変えたのは、ヒースの不運あるいは手腕のなさと、それによる破局から逃れる彼女自身の才覚とが組み合わさった結果であった。

ヒース自身が退陣しなければならないことは、一九七四年一〇月以後、彼以外の者には明瞭であった。ヒース内閣の前閣僚だったサー・キース・ジョゼフ［（一九一八～九四）、保守党の政治家。保健・社会保障相（一九七〇～七四）、産業相（一九七九～八一）、教育相（一九八一～八六）。政策研究センターを通して社会的市場経済、マネタリズムを主唱した］が党首選に出馬しそうだと、一時思われた。ヒースに敵対するようになったジョゼフは、右派の首領としてパウエルの後釜に座っていたが、最近表明された彼の見解は、パウエルのそれと同様に極論だとして否定的に見られていた。性格的にも指導者に不向きであったジョゼフは、自分の適職は、たとえ筆頭ではないにせよ、最も中心的なサッチャー主義者になることだと考えた。大方の予想では、ヒースの重臣だったホワイトローが、党首選で最終的には勝利する——制度上は数回の投票が認められていた——と見られていた。しかし、一九七五年二月に起こったことは、サッチャーが大胆にもヒースに対抗して立候補し、より多くの票を獲得したことであった。その時までに彼女の立候補を支持する勢いは強くなり、ホワイトローが二回目の投票でついにヒースから離れて候補者として乗り出してきた時には、彼女が勝利を確実にするのに十分なほどの支持が集まっていたのである。

こうして、保守党議員は自分たちとしても意外なことに、女性を選び、しかもそれは彼らが概してあまりよく知らない人物であった。新党首がジョゼフの計画した路線を歩み始めたという紛れもない徴候が一旦はっきりすると、保守党は「ハイジャック」されたという噂が流れた。一連の演説でジョゼフは、ダマスカスへの道で神の啓示を受けたように［聖パウロが、エルサレムからダマスカスへ向かう途上で啓示を受けキリスト者となったことをさす］、保守主義の真義の理解について突然の転向をしたのだと声高に宣言していた。しかしサッチャーは、成熟しきった政治人間だという点で彼とは違い、空論的な経済的自由主義を開陳するというような危険はけっして冒さなかった。そうではなく、彼女はアダム・スミス［（一七二三～九〇）、古典派経済学者、道徳哲学者。『国富論』（一七七六）で「見えざる手」による市場原理を説いた］の前例にならって、慎慮、国内経済の重視、勘定支払い、負債の回避、帳簿の帳尻合わせといった、偉大な王国においては無視することが馬鹿げているような諸原則に訴えることができた。サッチャー自身の特有さは、主婦の究極の常識に訴えかけることであった。高度にプロフェッショナルな職業婦人であったサッチャーが、自分にふさわしくないなどと少しも思わずに自らに割り振ることのできた役割は主婦であった。

サッチャーは最良の意味での政治的日和見主義者であり、いつも自分に訪れた好機をすばやく掴んで利用した。ロシア人が彼女を侮辱して鉄の女というあだ名をつけた時、彼女はそれを誉め言葉として受け取った。女性としてただ一人高い地位にあることを、彼女は特有の強みにした。女性であることを利用して、彼女は、同僚の多くが今まで経験したこともないような率直さを武器に、お気に入りの同僚をからかっては宥《なだ》め、そうでない者をからかっては叱責した。彼女はたっぷり物が入るハンドバッグを持ち、その場にぴったりの文書をすぐに取り出すことができた。それが彼女のトレードマークになったことは、諷刺漫画家に幸いしただけでなく、PR《ピーアール》の仕方に対する彼女の勘の良さを示すものであった。彼女は自分の強固な信念を少しも隠そうとせず、それを合意というものがもつ弱さと対照させたのである。彼女は社会主義に我慢できなかったけれども、マイケル・フットのような議会の論敵が抱く古風な社会主義信条には敬意を払うことができた。それよりも本当に軽蔑していたのは、彼女が「ウェット」と呼んだ保守党議員であった。

とはいえサッチャーは、女性らしい慎重さで物事を進めることも誇りにしていた。前任者のヒースは三度選挙に敗れたかもしれないが、自分は一度しか惨敗することを許されないと思案していた。彼女は、野党党首としての自分の失敗から学んだ。その声が甲高いと性差別主義者から指摘されるようであれば、声の高さを下げるという訓練を受けた。凝った服装が垢抜けない婦人という固定概念を植えつけるというのであれば、強くシンプルなイメージを作り上げるべく、「強く見せる着こなし」について助言を求めた。首相になって彼女は権威を振り回すようになったが、一九七九年以前の保守党首脳は、女性をトップに立たせる用意がイギリスにあるのかどうか不安であった。二〜三年の間、彼女はキャラハンにも自分の党にも世論調査でかなりリードされていた。しかし、彼女にとって幸運なことに、不満の冬が彼女を有利な立場へと前進させたのであった。

最初の女性首相が他の女性のためにはほとんど何もしなかったという事実、そして、六〇年にわたって選挙の際に女性票で優位を得てきた保守党が、女性党首のもとでそれを失ったという事実には、かなりの逆説がある。世論調査が行われる以前の時代には、この「ジェンダー・ギャップ」を正確に測定することはできなかった。しかし、長年変わらないその性質は、一九四五年から七九年までのどの総選挙においても、女性は男性より保守党に投票する傾向が強かったという明白な事実と一致している。その傾向は年齢層の高い人々に強かったが、高齢層に女性が多かったという事実は、この優位を誇張するだけで、理由を説明するものではない。一九五五年には、男性の四七パーセントしか保守党に投票しなかったのに対し、女性の五五パーセントが保守党に票を投じた。ジェンダー・ギャップは、このように一九五〇年代の選挙における保守党の優勢のもっともな理由だと考えることができる。しかし、一九八〇年代の優勢の理由にはならない。というのも、そのギャップは、一九七〇年代に八パーセントからわずか二ないし三パーセントへとかなり着実に狭まっていたからである。その上、一九八三年と一九八七年にサッチャーが選挙で大勝利した際に、女性の保守党への投票数が、初めて男性の投票数を下回ったのである。もちろんこれは、女性の指導者に対する男性の偏見がなくなったことの表れだとか、女性は今や「単に男性と同じように」投票するようになったことの表れだなどというように、多様な読み取り方ができよう。

政治的なジェンダー・ギャップは確かに小さくなったが、それは社会的にも経済的にも、ジェンダー・ギャップが小さくなっていたからであった。こうしたギャップの縮小で、男女は生活でも仕事でも以前よりはるかに対等な立場に置かれることになった。二〇世紀前半に、女性の雇用は、二度の世界大戦にもかかわらず、相対的に増加することはなかった。実際、一九三〇年代の不況で雇用は相当に減少した。一九五一年に女性が労働人口に占める割合は三一パーセントで、一九一一年の値をわずかに上回っただけであった。その割合は、一九七〇年までに三五パーセントを超えたが、その後の二〇年間に急激に上昇した。一般に女性労働者は種々のサービス業に就いていたので、経済的には、サービス部門全体の長期にわたる成長がこれを説明した。第二次大戦の時から、秘書、事務職、および販売員といった職種は、女性の主要な雇用先として家事労働に取って代わった。こうして経済構造の一つの変化は、男性の伝統的な仕事が、女性の日常的な仕事に取って代わられた点に見られた。

最終的な結果は、イギリスの労働力構造に重要な変化が起きたことであった。一九七五年当時の最大業種である金属・機械工業の雇用者総数は四二〇万人で、それに比べて銀行、保険、および金融は一五〇万人であった。一九九〇年までには、双方ともに二七〇万人ほどになり、卸、小売、ホテル、および配膳業に分類される四八〇万人の雇用者よりも少なくなってしまった。そのうえ、この時期に起こった劇的な変化は、失業率が高くなり始めていたためにいっそう目立った。高い失業率は当然、活気づくサービス部門よりも、衰退する製造業部門にはるかに大きな打撃を与えた。就業可能人口をすべて算入した総労働力統計によると、一九九〇年には四三パーセントが女性であった。しかし、女性労働者は今や男性よりも実際に職に就きやすく、——とくにパートタイムの職ではそうであった。フルタイムの就業者三人に対して、パートタイムで働いている女性は二人であった。一九九〇年に、一九七九年よりもフルタイムの職は一〇〇万減ったのに対し、パートタイムの職は一〇〇万増えていたのである。最終的な結果としては一九九〇年までに、一一七〇万人の男性労働者に対して一一〇〇万人の女性が実際に就労していた。統計上、男女は急速に対等になりつつあった。

社会的地位と賃金との一致は、もちろん別問題であった。一九七〇年に議会を通過し、一九七五年に施行された同一賃金を要求する法律は、およそ最終的な勝利ではなかった。しかし、性差別禁止法（一九七五年）によって、公平な待遇を監督する機会均等委員会がいったん設立されると、この争いは個別事例ごとに闘うことが容易になった。一九七〇年には、女性の平均週賃金は、肉体労働職でも非肉体労働職でも長年そうだったように、男性の賃金のほぼちょうど半分であった。一〇年もしないうちに、それが約六〇パーセントにまで上昇したのである。賃金の上昇は、女性の労働組合員の増加と関係していて、その数は一九七九年に四〇〇万人近くになっており、過去一〇年間における増加の速さは男性の二倍であった。しかし、一九八〇年以降はそれ以上の改善があまり見られなかった。男性の方が長時間働くという事実を考慮に入れても、女性の賃金率は男性の平均賃金の三分の二あたりで行き止まっているようであった。今や、ジェンダーにもとづいたあからさまな賃金格差は違法となったので、ジェンダーに結びついた技能や資格の間にある目に見えない差別がその格差の理由であった。

女性にとって専門職の資格は、通常、高等教育機関への進学に依存していたが、そこには長きにわたって揺るぎないジェンダー・ギャップがあった。全日制《フルタイム》の大学生に占める女子学生の割合は、一九二〇年代に二八パーセントに達していた。そして実際、次の三〇年間には三ないし四パーセント減少した。ロビンズ時代までは、どの社会階層においても、男子の大学進学率は女子の二倍であった。反対に、ロビンズ以降の拡張期には、男子の大学入学者数が二〇年間で二倍以上になったのに対して、女子は四倍にもなり、一九八〇年までに、女子は入学者全体の四〇パーセントを上回り、さらに増加していた。オックスフォードとケンブリッジが完全に共学になり、最後の男子制カレッジが女子の入学許可に同意したのは、ようやく一九八〇年代になってからであった——入学した女子学生の社会的・教育的背景は、男子学生と同じ者が圧倒的に多いことが分かった。

高等教育においてジェンダーの偏りが薄れたことは、専門職の家庭出身の女性が、結局自分の兄弟と同じ待遇を受けるようになったことに表れていた。大学を卒業した女性が、社会でも対等の待遇を要求したことは、少しも驚くことではない。その動きはフェミニストの圧力団体による活動のなかで目立つようになり、一九六〇年代に再び注目を集めた。しかも、はっきり主張する女性たちによって形成された、顕著な文化的状況のなかで、そうした活動は息を吹き返したのであった。

シェリー〔一七九二～一八二二、ロマン派を代表する抒情詩人〕は、詩人が知られざる立法家の役割を果たしていると主張したが、それは際立った一群の女流作家によって実証された。彼女たちの多くは大学を卒業していた。アイリス・マードック〔一九一九～、小説家〕は、すでに立派な見習うべきモデルとなっていた。オックスフォードで首尾よく哲学者としての学術的なキャリアを積むかたわら、『鐘』（一九五八年）〔丸谷才一訳、集英社、一九六九年〕や『切られた首』（一九六一年）〔工藤昭雄訳、新潮社、一九六三年〕のような思考を刺激してやまない小説を出版していた。受賞作となった『ブラック・プリンス』（一九七三年）〔鈴木寧訳、講談社、一九七六年〕や『聖俗なる愛の機械』（一九七四年）〔鈴木寧訳、集英社、一九七九年〕が出版される頃までに、マードックは、おそらく同世代の中で最も尊敬されるイギリス人作家となっていた*。マードックより二〇歳年下のマーガレット・ドラブル〔一九三九～、小説家、評論家］は、『夏の鳥かご』（一九六二年）［井内雄四郎訳、新潮社、一九七三年］から始まって、『ギャリックの年』（一九六四年）［井内雄四郎訳、サンリオ、一九八一年］、および『碾臼《ひきうす》』（一九六六年）［小野寺健訳、河出文庫、一九八〇年］で非常に若くして名をあげた。これらの作品では、自信と学識に満ちた北部出身のオックスブリッジの女子学生が、（男性に開けてもらうというよりも）自分たちに扉が開かれることを期待する若い女性として、自由に過ごす様子が描かれている。彼女たちは、今や自分自身の権利で洗練された都会の世界へと入り込んでいったが、そこでは、『黄金のイェルサレム』（一九六七年）［小野寺健訳、河出書房新社、一九八二年］に登場するデナム一家のような人々が、長年にわたって特権をもって暮らしていた。姉のA・S・バイアット［（一九三六〜）、小説家、評論家］は、マードックと同じように、研究者としてのキャリアと独創的な作家としてのキャリアとの両方の基盤を築いていた。その経験は、後に彼女の主要な小説『抱擁』（一九九〇年）［栗原行雄訳、太原千佳子訳詩、新潮社、一九九六年］で純化されることになった。アンジェラ・カーター［（一九四〇〜）、小説家］は、『魔法の玩具店』（一九六七年）［植松みどり訳、河出書房新社、一九八八年］の出版で名声を確立したが、そこには、不可思議に解き明かされるテーマを、印象的に伝える一人の少女の感受性が描かれている。フェイ・ウェルドン［（一九三一〜）、小説家］は『女にひれ伏して』（一九七一年）、『私を忘れないで』（一九七六年）および『魔女と呼ばれて』（一九八四年）［森沢麻里訳、集英社、一九九〇年］といった一連の小説で、辛辣なフェミニストの考えを明らかにしていった。これらの作品では、シュールレアリスムでリアリズムの味わいを深めるという誰も真似のできない手法が取られている。

＊　彼女の名声は、今や六歳年上のアンガス・ウィルソン［（一九一三〜九一）、小説家］を凌いでいた。性の志向という点でも、『アングロ・サクソンの姿勢』（一九五六年）［永川玲二訳、川村二郎編『世界の文学15』集英社、一九七七年所収］や『動物園の老人たち』（一九六一年）のような小説に見られる洗練された囚われないアイロニーという点でも、ウィルソンは現代のE・M・フォスターであった。ウィルソンが一九九一年に死んだ時、彼の著作はすべて絶版になっていた。

女性解放運動は一九六〇年代のスローガンとなった。「ウーマン・リブ」は、ある程度はアメリカ合衆国での発展に刺激され、またベストセラーになった『去勢された女』（一九七〇年）［日向あき子・戸田奈津子訳、ダイヤモンド社、一九七六年］の作者ジャーメイン・グリアという恐れを知らない闘士を同伴していたが、それは、長いこと男性が享受してきた特権を要求するものであった。性の自由は、確かにこうした特権の一つであった。異性愛行為には男性のパートナーが必要なので、これは男性の抵抗を受けることの最も少なそうな分野であった。象徴的になったブラジャー焼きは、とくに若い女性の間で、服装の自由という罪のない波及効果をもたらした。そして、服装の自由は「翔んでいる六〇年代」のイメージの一部になった。それでもウーマン・リブの主唱者の中には、性的な不平等を意志の力で一掃できると考えるのは安易だとして、間もなくそれを疑問視する者も出るようになった。ましてや、ここであげたような実存主義的な素振りによって一掃などできないと考えるようになった。

その後二〇年以上にわたって、フェミニズムは時に戦闘的に指導されるさまざまな運動に取り入れられた。そうした運動の中では、性をめぐる争いは他の手段を用いたジェンダー政治の延長線上にあった。それよりも党派心の弱い気風の中では、ジェンダーの違いがもつ根深い本質を認識することが、フェミニズムの課題の一つになったが、それは男女間の相互理解を必要とするものであった。このことは本源的な問題に関わっており、同一賃金法の制定といった単純な解決法で済むような問題ではなかった。雇用がもたらす女性の収入が少なかったのは、ある程度次のような理由による。つまり、肉体的な力を誇示するものであれ、他人に権力を振るうものであれ、伝統的に男性と結びついた職務が一般により高く評価されてきたのに対し、伝統的に女性の技能を要する仕事は——手先の器用さから、思いやりのある対人関係まで——大抵それほど多くの報酬を与えられていなかった。そのうえ、あらゆる教育レベルにおいて、明るい見通しを持ってよりよい賃金の仕事を探す女性は、単に男性と競うだけではなく、男性が暗に自分たちに都合のいいように設けた慣習の下で、競争しなければならなかった。優れた資格を持った女性でも、やはり壁にぶつかった。目に見える壁も見えない壁もあったが、それらの中には、上級管理職から事実上女性を除外する「ガラスの天井」や、男性が自分たちのために内々に道標を立てた昇進への「黄金の道」があるとも言われた。政治の世界では、圧力団体のやり方がこういった状況を改善するのに一定の効力を発揮していた。一九九二年までを見ると、国会議員に立候補した女性の数は、いとも簡単に新記録を達成している。これは、全体についても、選出された総数（六〇名の議員）についても言えることであったが、それだけでなく各々の政党についてもそうであった。自由民主党から一四四名、労働党から一三八名、保守党から五九名の女性が立候補したのである。その数は一九七九年の時の二倍以上で、その後も明らかに増え続ける傾向にあった。

議会だけでなく家庭においても、ジェンダーの役割に関する伝統的な考え方は、ますます疑問視されるようになった。雇用パターンの変化は、家庭内での暗黙の労働分担とともに、結婚した夫婦として生活している稼ぎ手と主婦というステレオタイプ化した区分に、疑問を投げかけていた。新しい規準に対して、政府は、たとえば一九八八年に布告されたナイジェル・ローソン［（一九三二〜）、保守党の政治家。蔵相（一九八三〜八九）］の個人課税の改正というかたちで適応した。これにより男性は、妻の所得税申告に何ら責任を持つ必要がなくなった。それよりも重要なことは、図式化がもっと難しいとはいえ、夫婦が共働きを続ける場合の、家事や子育ての負担のような日常的な行為のはっきりとは捉えがたい変化であった。確かに「新しいタイプの男性」には、伝統的に女性の仕事とされてきたことを分担する傾向があった（そして時には、分担していることを見せつけることもあった）。このことは、流行の専門職に就いている人々の住宅地——マーク・ボクサー［（一九三一〜八八）、漫画家。『タイムズ』『ガーディアン』など多くの新聞、雑誌に連載漫画を書いた］は、ずっと以前からコマ割り漫画『NW1の生活と時代』でカムデン・タウン［ロンドン北西部の地区で、NW1はその地区を示す郵便番号］を諷刺していた——だけでなく、イギリス全体に、特に男性の失業率の高い地域にますます広がっていった。乳母車を押したり、オムツを換えたり、スーパーマーケットで買い物をしたり、あるいは夕食を——おそらく、とりわけ客人のために——作ったりすることさえ、男性にとってまったく普通のことになった。諸々の指標は、日常の雑事の矛先が依然として女性に向けられていたことを示している。一九八四年には、既婚女性の一〇人中九人が洗濯やアイロン掛けを、一〇人中七人が掃除を、一〇人中五人が買い物を、いまだに一人でこなしていた（家の修繕を行っているのは、一六人中一人にすぎなかったけれども）。こうしたパターンは、家庭と仕事の二重のプレッシャーに耐える女性のストレスを増した。

結婚という制度も、見直しの途上にあった。初婚の平均年齢は、六〇年間着実に低下した後、一九七〇年以降再び上昇し始めた。一九九〇年までには、初婚の女性の大部分は二五歳以上、男性の場合は二七歳以上で、この水準は戦間期以降見られなかったものである。もちろん当時、「同棲する」ことはけしからぬことであったが、それから五〇年後、カップルが一緒に住むことは、しばしばその後に控えている結婚の前段階として珍しいことではなくなっていた。ますます増えていく未婚のカップルは、意図して子供を生むことを選択した。それが、婚外子の割合が上昇した主要な理由であった。その割合は、全出生児の約三パーセントという第一次大戦以前の歴史的な低さから、第二次大戦後の五パーセント近くにじわじわ上昇した。急増し始めたのは一九六〇年以降で、一九七〇年代に約一〇パーセント、一九八八年には全出生児の二五パーセントにも達していた。その頃までには、確かに婚外子の七〇パーセントが、父母の連名で登録されるようになっており、両親の関係が安定したものであることを示していた。しかし、紛れもないことだが、婚外子の増加傾向は同時に、女手ひとつで子供を育てる女性の増加を予兆するものとなった。離婚がますます広まるにつれて、たいていの場合、それまで主婦であった女性が幼い子供の保護者となったからである。

第二次大戦以前は、年間に一〇〇組の結婚について大体一件の離婚例があった。大戦後は、それが一〇組に一件近くとなり、一九五〇年代に減少したものの、一九六〇年代には増加した。一九六九年の離婚改正法は、結婚における犯罪（大抵は不倫）という概念を、結婚生活の破綻という概念に置き換えたが、それはより容易な離婚を要求して大きくなりつつあった声に応えたものであった。二、三年のうちに離婚件数は二倍になった。一九八〇年代には年に一六万件以上になり、成立した結婚の件数の半数近くにおよんだ。離婚は大抵、それに関係する全員の生活水準の低下を意味していた。それは、一世帯ではなく二世帯が援助を必要とするという明白な理由のためであった。元夫婦のどちらかが新しい家族をもった場合には、一つの問題が際立つことになった。扶養の必要がある子供たちを世話する離婚した主婦に分かったことは、一般に自分たちの収入が最もひどい打撃を受けるということであった。彼女たちにとって、離婚は文字通り貧乏くじであり続けた。しかし彼女たちは、今や失敗した結婚の落とし穴から少なくとも抜け出すことを考えることができるようになった。とくに一九七〇年代初頭の法律の変更によって、結婚生活の資産に対する配偶者の平等な権利が確立され、その結果妻に夫婦の家の保有権が認められてからは、そうであった。こうして、とくに住宅の価格が急騰しつつある時期に離婚した男性は、自分の最大の固定資産を失う傾向が強くなった。不動産に関するヴィクトリア時代の前提は、見事に逆転した。離婚が単純に容易になったと言うのは正しくないし、不幸な結婚の多くを解消することによって、離婚がより幸せな結婚をもたらしたのかどうかは明らかでない。それでも、寿命が延びたこともあって、一九八〇年代の高い離婚率は、結婚の平均的な持続期間を一八二〇年代の状態に押し戻したのである。

2　サッチャリズム

サッチャリズムという言葉はベヴァニズムと同じように、本質的にその個人の統率スタイルをそういうものとして認めるために、他人が発明しなければならなかったものだという見解には一理ある。この言葉は、一九八〇年代初期に使われ始めた。『マルクシズム・トゥデー』誌が非難の意味をこめて取り入れたのであるが、ナイジェル・ローソンによって好ましい意味合いが添えられた。ローソンは、かつては非常に有力な金融ジャーナリストであったが、今や経済戦略の立案でますます影響力を強めている大臣であった。彼の定義によれば、サッチャリズムとは、自由市場、通貨の規制、民営化、および支出と課税双方の削減を一緒にしたものであった——これらは、自助とナショナリズムという「ヴィクトリア朝価値観」の大衆的基盤が復活したことと結びついていた。サッチャリズムの基礎を準備するのに、パウエルが果たした役割は明らかである。長年にわたって経済問題研究所《インスティテュート・オブ・エコノミック・アフェアーズ》（IEA）が行ってきた、ハイエク的な経済自由主義のための布教活動もそうである。またキース・ジョゼフは、一九七四年に政策研究センター《センター・フォー・ポリシー・スタディーズ》（CPS）の設立に重要な役割を果たし、マネタリストのアプローチを保守党の政策立案の主流に取り入れた。サッチャー自身がどうしても成し遂げなければならなかったことは、サッチャリズムを政府の政策課題とするのに十分な支持を集めることであった。

確かにサッチャーは、一貫性を欠いたイデオローグであった。政府不介入という総論が、常に干渉せずにはいられない彼女のやり方と衝突すると、彼女は内閣でサッチャリズムの原理原則に忠実な人々を落胆させることになった——なぜなら、彼女は一番よく分かっているのは自分だと思っていたのであるから。閣僚の中にはもちろん、彼女が一九世紀自由主義の教義を支持していると見る者もいたが、一九世紀自由主義の国際主義的立場は彼女には文字通り異質なものであった。ことナショナリズムに関しては、彼女は旧来の保守党員《トーリー》であった。彼女は、チャーチルの名前を思うままに引き合いに出す一方で、二度にわたるチャーチル政府が採択した国内政策の手本となるべき多くの指針には背を向けていた。彼女の信念はイデオロギー的というよりも気まぐれであった。彼女は自分の成り行きに合わせて政策をつくり、即席に公言したことを利用して、それまで同意の得られていなかった方針を同僚に認めさせたのである。

　サッチャー政府は、一九七九年の議会で四〇議席を超える十分な過半数を得ていた。保守党が全国の投票数の四四パーセントを獲得したのに対して、労働党は三七パーセントであった。一四パーセントを獲得した自由党は、一九七四年以来減少してきていたが、それでもまだ一一議席を確保した。保守党は、（ナショナリスト政党の沈滞の結果、いくつかの議席を拾い上げたにもかからず）ウェールズでもスコットランドでも、労働党の半数の議席しか獲得できなかった。さらにイングランド北部でもほぼ同じことが言え、そこでは五三名の保守党議員に対して、一〇七名の労働党議員が選出された。このように政府は、製造業で高い失業を生みやすい地域を代表するというよりも、豊かなイングランド南部を代表するものであった。このことがある程度は選挙上の断熱材の役目をし、一般に認められているように、少なくも短期的には失業を増加させるような政策の追求を許したのであった。

　サッチャーは、サー・イアン・ギルモア〔（一九二六〜）、保守党の政治家。ヒース政府で軍需相、国防相を歴任。第一次サッチャー政府の国璽尚書〕、ピーター・ウォーカー〔（一九三二〜）、保守党の政治家。ヒース政府で住宅・地方行政相、環境相、通産相を歴任。サッチャー政府では、農相、エネルギー相、ウェールズ相を務めた〕およびフランシス・ピム〔（一九二二〜）、政治家。院内幹事を経て北アイルランド相（一九七三〜七四）、国防相（一九七九〜八二）、フォークランド戦争時に外相〕のような指導的な「ウェット」を内閣から排除するほどの自信を持ってはいなかった。ホワイトローは別格であった。最初は内務大臣、後に枢密院議長として、彼はそれまでヒースに仕えたように、非の打ち所のない忠誠心と率直な助言をもってサッチャーに仕えた。彼の助言は、少なく見ても「ウェット」のきらいがある人物のものだったために、なおさらサッチャーを支えるのに重要であった。ヒース自身は、熱心にというわけでもなく駐米大使の職を勧められたが、即座に断り、平議員席で静かにしている（skulk）方を選んだ（すねる〔sulk〕と言う者もあった）。しかし、かつてヒースのもう一人の腹心の友であったキャリントン（第六代男爵）卿〔（一九一九〜）、保守党の政治家。国防相（一九七〇〜七四）、外相（一九七九〜八二）、NATO事務総長（一九八四〜八八）〕は外務大臣に任命された。こうした選任は党内の混乱を和らげるのに役立ち、ヒースがサッチャーに異を唱えるようになった頃には、彼女は揺るぎない権力の座についていた。サッチャリズムに対する閣内の強力な支持者は、当初サー・ジェフリー・ハウ〔（一九二六〜）、保守党の政治家。蔵相（一九七九〜八三）、外相（一九八三〜八九）、副首相（一九八九〜九〇）〕であった。ハウは、気むずかしいが有能な弁護士で、大蔵大臣に就任した。産業担当大臣になったキース・ジョゼフも、もちろんサッチャリズムの強力な支持者であった。ナイジェル・ローソン、ノーマン・テビット〔（一九三一〜）、保守党の政治家。雇用相（一九八一〜八三）、通産相（一九八三〜八五）、保守党議長（一九八五〜八七）〕、セシル・パーキンソン［(一九三一〜)、保守党の政治家］、ニコラス・リドリー［(一九二九〜九三)、保守党の政治家。運輸相(一九八三〜八六)、環境相(一九八六〜八九)、通産相(一九八九〜九〇)］のような揺るぎないサッチャー派は、「ウェット」が退けられその後任として閣内にうまく取り込まれるまでは、たいがい下級大臣のポストで好機を待たなければならなかった。

任命にあたって、大臣と同様に官僚の場合も、その候補者に「我らの一員」かどうかを問いただすことで、サッチャーは悪名高かった。彼女は、政府の使命を信じている人間に仕えてほしかったのであり、戦後の合意《コンセンサス》の政治を繕うのに人生の最良の時を費やしてきた官僚に、当初サッチャーは疑念を抱いていた。絶対に信頼できる忠臣を配置して、彼女はダウニング街一〇番地を要塞に変えることになった。確固たるマネタリストのアラン・ウォーターズ教授［(一九二六〜)、経済学者。サッチャー首相の経済顧問(一九八一〜八四、一九八九)］が信を受けた経済顧問となり、チャールズ・パウエル［(一九四一〜)、外交官、実業家。ローデシア問題特使などを経て、首相秘書官(一九八三〜九一)］は一九八四年から欠くことのできない個人秘書となった。バーナード・インガム［(一九三二〜)、ジャーナリスト。一九六〇年代に記者から官僚に転身。広報担当首相秘書官(一九七九〜九〇)］――社会主義者だったが、信念を変えてサッチャー派に転向した数多くの一人――は、彼女の首相在任中ずっと、比類ない影響力をもった広報担当官であった。歯に衣着せぬ発言が身上のヨークシャー気質を慎重に維持しながら、インガムは政策問題や個人的な対立を大衆受けのする文句に変えて表現することができた。閣僚たちは、ダウニング街から発せられる報道陣向けの状況説明が、自分個人に対する敵意をはらんでいたり、自分にあまり協力的でないような場合には、それを首相の寵愛を失う早期の警告として受け取り、ひどく恐れるようになった。入念に作り上げられた大衆紙との結びつきを通して、サッチャー派のプロパガンダは、伝統的に労働党を支持していた低所得層の有権者にも届いた。インガムお気に入りのタブロイド紙であったルパート・マードック［(一九三一〜)、オーストラリア生まれの米国の新聞社主］の『サン』紙が、労働組合会議（TUC）自身の『デイリー・ヘラルド』紙の現代における生まれ変わりだという事実は、一九七九年までに『サン』紙の発行部数が四〇〇万部になり、労働党系のライバル紙『デイリー・ミラー』を追い抜いたという事実と結びついて新しい時代の到来を告げた。サッチャー時代の幕明けにあって、『サン』紙が保守党支持を表明した時こそ至福の時であった。

サッチャーは、ヒース派のジム・プライアー［(一九二七〜)、保守党の政治家。ヒース政府で農相、サッチャー政府では雇用相、北アイルランド相を歴任］を、労使の宥和を強く望む「ウェット」だといぶかっていたにもかかわらず、彼を雇用相に任命し、労働組合の改革を実施するよう命じた。不満の冬は人々の態度を頑なにしていたが、慎重に進められたプライアーの計画を乱すには訪れるのが遅すぎた。これは政府にはありがたいことで、プライアー雇用法は、(当事者の職場外で行われる)「支援」ピケを違法とし、クローズドショップに対する労働者の高い支持率を要求するという最小限の内容をもつもので、一九八〇年に広く世論の支持を受けた。これが一旦うまく通過すると、その規定をより強化する法律制定の見通しが生まれた。とくに、閣内で孤立を深めていたプライアーが、組合に対して断固たる強行策を取ろうとしていた妥協知らずのテビットと交代させられた後はそうであった。一九八二年のテビット法は、クローズドショップに対する正面切った攻撃であり、それは、組合に対して違反行為への法的責任を課す一方で、労働者の争議行為の機会をさらに制限するものであった。その後二、三年の間に徐々にふえた法律によって、組合役員の定例選挙や政治資金の存続認可だけでなく、いかなるストライキ行為の前にも組合員投票をすることが必要になった。この非常に効果的な持久戦法は、あらゆることを一気に行おうとしたヒースの過ちを避けると同時に、究極的には労働組合を多数の絹の紐で縛り上げようとするものであった。

持続的に増加する失業も組合を弱体化させた。組合員数は、一九八〇年代に三〇〇万人減少したが、この喪失の半数は一九八一から八三年の二年間に集中していた。しかし、サッチャー政府はまずどの争いから手をつけるか慎重であった。保守党は、労働党政権下で設立された公共部門賃金委員会が勧告する賃上げは、いかなるものでも尊重すると選挙で公約していた。そのため、一九七九年から八〇年にかけて賃金が爆発的に上昇した。サッチャー政府が直面した――いや、政府側の準備が整うまでは、直面することを拒んだ――最大の対決は全国炭坑労働組合（NUM）との対決であった。NUMは、ヒース政権を倒壊させたと見られていたために保守党の仇敵として大きな位置を占めていた。ここに政治生命がかかっていることを意識したサッチャーは、当面は争議を金で片付ける道を選んで、一九八一年に石炭産業との対立から身を引いた。ストライキの件数は、あれやこれやで一九八四年まで継続して増加したが、主要な理由はここでも失業であった。

政府の経済政策の基礎は、大蔵省の副大臣（財務金融担当大臣）ローソンが起草し、大臣のハウが採択した中期金融財政戦略（MTFS）であった。これは、インフレの抑制を最重要目標にして、経済管理の問題にマネタリストのアプローチを用いようとするものであった。ともかくインフレさえ抑制されれば、政府介入と重々しい税の重圧から民間企業を解放するサプライサイドの経済改革に助けられて、雇用は自ずと回復するだろうと論じられた。保守党の政策声明が宣言していたように、これが問題に対処する「正しいアプローチ」であったが、その採用にあたって政府は決断を必要とした。成功の秘訣は、市場、とりわけ労働市場に対して、何が起ころうとも金融の秩序は維持されるということを教えることであった。ある一定額の通貨しか流通しなければ、それによってインフレは抑えられるのであり、インフレを誘発するような賃金決定は、特定の労働者集団を仕事から締め出すか、あるいは特定の雇用者をビジネスから締め出すだけであった。ある程度の生産高の減少や失業の増加は、学習過程の一部として予定されねばならないことであった。しかし、通貨供給が削減された後の二、三年間に、インフレは然るべく低下するはずであった。

この単純な理論を実行に移すことは、そう簡単ではなかった。所得税の即時削減が一九七九年予算で強行され、サプライサイドの誘因を強化することに対する政府の取り組みの真剣さが示された。基準税率は三三パーセントから三〇パーセントに下がり、最高税率も八三パーセントから六〇パーセントに下がった。この代償として、付加価値税（ＶＡＴ）が、八パーセントから上限の一五パーセントにまで引き上げられた。これが約束されていた直接税から間接税への移行であり、富める者に有利につくられた逆進的な税負担の再配分であった。これはまた直接にインフレを刺激することになり、小売物価指数を二〇パーセント近く押し上げた。しかしこれこそ、事態を改善するためには、それを悪化させることを恐れない政府のやり方であった。通貨政策によって経済からインフレを追放する戦略が維持され、通貨供給（£Ｍ３）の増大を段階的に低水準に制限していくことが、目標として公表された。しかし同時に政府は、国内の通貨供給を左右する一連の伝統的手段を失うことになった。というのも、自由市場を追求するあまり、為替管理を廃止してしまっていたからである。政府に残されたのは、利子率という効果の弱い手段であった。

基準金利は最初の年に一七パーセントという高さにまで上昇したが、£Ｍ３は依然としてその目標範囲を大きく超えていた。翌年もほぼ同じであり、もし目標値を達成しようとすれば、利子率をおそらくもっと高くしなければならなかった。しかし、高い利子率はすでにイギリス産業をひどく破壊していた。そして石油景気に乗じて、ある時点ではポンドの平価を二・五〇アメリカ・ドルおよび五ドイツ・マルクに押し上げ、輸出業者の困難をさらに増していたのである。ローソンやウォーターズのような教条的マネタリストでさえもここまでだと感じ、£Ｍ３を誤った目標値だとして問題視するようになった（それは、見かけを変えて公表はされ続けたのだが）。それに代えて政府が選んだのは財政の引き締めであり、それは、公共部門を元の水準に戻し財政赤字を削減するという強調点と一致していた。

保守党の政策は、福祉の量を計画するのではなく、支出《キャッシュ》・制限《リミット》を課すことによって、公共支出を抑制し削減しようとするものであった。したがって、インフレが予想より高いことが分かれば、支出を増やすのではなく、（明らかにやや独断的なやり方で）福祉を削減するのであった。公共支出全体の赤字幅は、一九七九～八〇年にはＧＤＰの五パーセントであったが、翌年は六パーセントに上がった。この上昇は、実際の削減計画をひっくり返すものだったかもしれないが、不況時の公共支出の構造には合致していた。なぜなら、上昇の主要な理由は、高い失業からくる社会保障費の増大であったからである。他の種類の社会的支出は一九七〇年代半ばにすでにピークに達していたが、ＧＤＰ比で見た社会保障費は増大し続け、一九八〇年代半ばには、一〇年前の八パーセントと比べ、ＧＤＰ比で一二パーセントを占めていた。ここに、サッチャー政権下における七年間の逆説があった。すなわち、公共支出は一九七九年時よりも国民所得の大きな割合を占め続けたのである。

一九八一年予算でハウは、支出をさらに大きく削減しただけでなく、あらゆる種類の増税（もちろん所得税を除く）によってこれに対応した。断固として赤字をGDP比で二パーセント減らそうと努力して、ハウはそれに成功した。注目すべきは、ハウがこれに着手したのが、過去五〇年における最悪の不況の真最中だったことである。それは、紛れもなくケインズ主義を否定するもので、――金融政策よりも財政政策に依存するという一点を除いては、そうであった。こうして、マネタリズムはデフレ政策の隠れ蓑となり、戦後の経済管理が雇用問題に与えてきた優先順位は放棄された。しかし、インフレに取り組む手段としては、ハウのやり方が正しいことが証明された。£M3の目標値が、名目上一九八三年までに達成されたという事実は、要点をついていない。というのも、予想されるインフレへの効果には構うことなく、£M3が、当初計画したレベルに下げられるのと同じくらい、その目標値もたえず上向きに修正されていたからである。それでも、インフレは、一九八〇年の一八パーセントから、一九八三年の四・五パーセントまで着実に下落した。

そうなった本当の理由は、不況そのものの影響であった。一九八一年秋までに失業者は二八〇万人になったが、それは一九七九年五月の二倍の水準であった。一九八二年から八三年の冬には、失業者は三三〇万人になった。この時期には、毎年雇用者数が実際に減少しており、一九八三年までに二〇〇万以上の職が失われていた。失われた職の多くは製造業で、フルタイムの仕事であり、それらの多くには男性が従事していた。またそれらの多くは、労働組合が組織化されている工場であり、多くは伝統的な工業地域にあった。総じてこのような見通しは、長年続いてきた地理的および社会的格差を増幅し、なかでも最も顕著なものは、北部と南部の格差であった。ここで言う北部は、イングランド北部の工業地域とともに、スコットランドとウェールズを指していた。そして南部は、主としてイギリスの南東部、より広い範囲のグレーター・ロンドンのような部分を指しており、そこは最悪の不況を免れていた。

経済周期のピークからピークで見て、一九八〇年から八三年の成長率はわずか〇・六パーセントで、第二次大戦以降の平均値のわずか四分の一であった。一九八〇年には、経済は丸々二パーセント落ち込んだ。それは、一九七四年の時よりもさらに大きな後退で、一九八一年にも改善の見込みはなかった。この時こそ、サッチャー政府が決断力を発揮した時であった。しばしば、Uターンの予測はされていた。「そうしたい者は、逆戻りすればいいのです」、「私は逆戻りはしない」と、サッチャーは一九八〇年一〇月の保守党大会で語った。一九八一年三月にハウの予算が提出されると、国民は彼女の決意を悟った。ロンドンのブリクストンやリヴァプールのトクステス［リヴァプールの中心地区、失業者や黒人居住者が多い］のような、貧しいインナー・シティで起こった暴動にも、彼女は動じなかった。一九八一年九月の内閣改造で、ローソン、パーキンソンおよびテビットのようなサッチャー派が重要なポストに就き、プライアーは北アイルランド相に追いやられ、ウェットの大御所二人は辞めさせられた。ギルモアは静かに去り、チャーチルの娘婿であるソームズ〔（一九二〇～八七）、政治家。国防相。一九六〇～七七年に農相、駐フランス大使、ヨーロッパ委員会のメンバーを歴任〕は、解任の報に接してまるで「自分のお手伝いに辞めさせられた」ようなものだと言って、サッチャーに一撃を加えた。

政府は危機に瀕していた。しかし、それは野党も同じであった。政権を失ってから、労働党は急速に左傾化していた。このことは、フットを党首に選出した際にはそれほど明らかでなかった――一九八〇年一一月に彼は僅差でヒーリーを破った――が、優勢になる左翼連合の闘士として、ベンがあらためて目立つようになる頃から顕著になった。こうして、以下の事項を含む綱領を党大会で通すのに、十分な組合の支持が得られるようになった。すなわち、一方的軍縮による防衛政策、ヨーロッパ共同体からの撤退、現職の労働党議員の公認取消しをもっと容易にする党組織の変革などである。反対に、「三人組」の出現――シャーリー・ウィリアムズ、デーヴィッド・オーウェン、ウィリアム・ロジャーズ〔（一九二八～）、政治家。運輸相（一九七六～七九）。社会民主党の副委員長（一九八二～八七）として自由党との連合を推進〕による社会民主主義派を結集するための連帯行動――で、労働党の分裂は現実に想定できるものになった。ジェンキンズは、テレビ放映された一九七九年のディンブルビー講演で、中道政党という考えを持ち出したが、その折には冷たくあしらわれた。しかし、一九八一年一月にジェンキンズがヨーロッパ共同体の任務を終えるまでに、左派はうかつにも彼の潜在的な支持者の一団の育成に手を貸していた。ウェンブリーで開かれた労働党特別大会で、左派は組合の影響力を揺るぎないものにする方針で勝利した。反対に、ジェンキンズとの協力が新政党の設立に向けた戦略となったために、三人組――あるいは今では四人組になっていた――は、「一党員、一票」の要求を軸に決裂したのであった。

一九八一年に社会民主党（ＳＤＰ）が創設されたことは、ジェンキンズが言うように、イギリス政治の「古い型を破る」ための一つの試みであった。そのためには選挙改正が必要であったが、それに取りかかるには、現行制度下での躍進が必要であり、それが自由党と協定を結んだ理由の一つであった。これはそもそも無理な話で、二大政党のイデオロギー的な両極化がなければ、その実現は考えられなかった。サッチャー政府は、記録的な失業に構うことなく、何としてもマネタリストの実験を行おうとしているようであり、労働党は組合に拘束されているようであった。選挙人団の変更によって、ベンがもう少しで副党首の座をヒーリーから奪うところであった。一九八一年の間、社会民主党は破竹の勢いで進んだ。夏までに、労働党から一五名の議員が離党してきたが、もっと多くの者が加わることになった。七月にジェンキンズはウォリントン〔イングランド、チェシャー州北部のマージー川に臨む都市〕の補欠選挙を戦い、労働党にひどい衝撃を与えた。一一月にはシャーリー・ウィリアムズが、以前は保守党の安定議席であったクロスビーの議席を奪った。その余波で、ギャラップ世論調査では、社民＝自由連合《アライアンス》が全国で五〇パーセントの支持を獲得した。他の両党は、ともに二三パーセントであった。明らかにこうした支持率は、対抗者がすぐに主張したように、メディアの大げさな報道によって誇張された幻想であった。しかし一九八二年四月になっても、連合は保守党に六ポイント、労働党に八ポイントの差でリードしていたのである。

政府の立場を決定的に変えたのは、経済が上向いたためではなかった。南大西洋での戦争という、誰も予想しなかった事態が起こりそうになったのである。この戦争でサッチャーは冷静さを失い、外務大臣をも失ったが、そのおかげで彼女は自分で選んだ時期に行われた次の総選挙に勝利することができた。キャリントンの辞任は、悲しい損失であった。彼は冷静沈着に外務省を取りしきり、首相を説得して意にそぐわない決定をも承諾させた。その中には、イギリスの賃金水準が絶えず軋轢の原因になっていた対ヨーロッパ関係だけでなく、とくにローデシアに関する決定も含まれていた。野党の指導者としてのサッチャーは、保守党内でローデシア支持陳情団《ロビー》に同情的なように思われていた。保守党は、調停を求めるスミスの新しい策略――実際には南アフリカからの圧力に応えるもの――を支持していた。彼は明らかに、黒人のナショナリスト勢力を分裂させ、そうすることで最も強力な指導者であるロバート・ムガベ〔（一九二四〜）、ジンバブエの政治指導者。ジンバブエ・アフリカ民族同盟議長（一九七七〜八七）、初代首相（一九八〇〜八七）、大統領（一九八八〜）〕の力を削ぐことを望んでいた。しかし、在任中のキャリントンは、サッチャーを説き伏せて、スミスを孤立させる協定を承認させた。そして、一九八〇年に法的に独立したジンバブエの指導者として、ムガベが、黒人多数支配原則のもとで権力を勝ち取ることを可能にしたのである。

ところが、外務省がもう一つの巧みな宥和策を工作しようとした時には、思うように事を進めるのがもっと困難になった。今度はフォークランド諸島だった。アルゼンチンが長年主張してきたように、フォークランドは、牧羊業を営む少数の頑強な人々に避難場所を与えるという、時代遅れになった帝国の高価な責務であった。もし彼らの生活様式がもはや経済的な実益を生まないのであれば、イギリスの納税者が彼らに対する無期限の支払いを承諾すべき理由は一体どこにあるのか――徹底した経済的自由主義者の議論のようではあるが――、それを見出すのは容易でなかった。外務省の副大臣であったニコラス・リドリーは、リース・バック式貸付という条件を加えて、主権の譲歩に賛成する議論をもちだしていた。しかし、少数ながらも強硬な下院のフォークランド支持議員団《ロビー》のために、この解決策は実行不可能になった。仕方なく、イギリスの責務は継続することになった――しかし、サッチャー政府が防衛費削減の一部として常備の哨戒船を引き上げたため、アルゼンチンにはその意図がほとんど伝わらなかった。キャリントンはこれを浅はかだと警告していたが、サッチャーは彼に反対していた。それにもかかわらず、一九八二年四月初めにガルティエリ将軍〔（一九二六〜）、アルゼンチンの軍人、政治家。大統領（一九八一〜八二）。フォークランド戦争の引責で辞任〕の軍事政府がフォークランドを侵略すると、逆説的ではあるが、この危機がサッチャーを国民の指導者にしたのである。それは、ナルヴィク強襲がチャーチルを、スエズ危機がマクミランを成功に導いたのとほぼ同じことであった。

政府は窮地に立った。キャリントンは責任を取って辞任し、ピムが代理の外務大臣として抜擢された。サッチャーは、下院の臨時議会を襲った衝撃と落胆のムードをとらえた——意外なことに、フットも対抗措置を強く支持した。そしてサッチャーは、島を奪い返すために総力をあげて軍を派遣すると発表した。平和的な解決を図ろうとしたピムの努力を、アメリカは仲介したが、一九五六年にセルウィン・ロイドが努力した時と同様に、空しい結果に終わった。その理由も同じで、首相には別の計画があったからである。スエズの時と違う一点は、この危険を冒した策に、いずれの野党も反対しなかったことである。実際オーウェンは、自分の外務大臣在任中はフォークランドの防衛がうまくいっていたという事実を利用して、今では政府を事態の収拾に駆り立てるという人目を引く役割を演じていた。もちろん、ガルティエリと彼の軍事政府を擁護する者はほとんどいなかった。その意味で、ガルティエリは理想の敵であった。イギリス軍を派遣するための艦隊が、一団となって地球を半周した——あたかもイギリスの防衛力にまだまだ余裕があるかのように。それは、ガルティエリの侵入行為に対しては、あまりにも不釣合いだと大概の外国人を驚かせた反応であった。

遠征がそれに値するものだったとすれば、サッチャーは勇敢な指導者であった。とくに彼女には、輸送艦「キャンベラ」のような攻撃の的になりやすい重要船に、アルゼンチンのミサイルが壊滅的な打撃を与えるかもしれないという危険に直面する覚悟ができていた。実際に多くの死傷者が出たのは、五月初めにフォークランド諸島のはるかかなたで、アルゼンチンの巡洋艦「ベルグラノ」を撃沈した時であった。『サン』紙が、「つかまえたぞ」(GOTCHA)という見出しで一面を飾ったのは、この時だった。数日のうちに軍艦「シェフィールド」を失い、本国にはこの戦争全体の危険な性質が伝わった。しかし、一旦イギリス軍が上陸すると、その軍事行動は、比較的少ない死傷者で効率のいい結果を生み出した。サッチャーは、断固たるひたむきさで目標を追求するために、ピム、ホワイトロー、パーキンソンを含む戦時内閣を自分の回りにつくっていた。彼女は、政府支出削減の際に、この戦争の財政上の費用——これには非常時の基金が使えると分かっていた——についても、イギリスが将来どのようにフォークランドを守っていくかについても、詳しく述べようとはしなかった。彼女にとってイギリス領土の奪回は、それが氷河のサウス・ジョージア島のような荒涼とした領土であっても、独自な正当性をもっていたのである。サウス・ジョージア島は、重要な攻撃に先んじて、イギリス軍が最初に奪い返したところであった。ダウニング街のカメラの前でこのニュースが伝えられた時、首相は、「喜びなさい!」(Rejoice !) というたった一言を吐いて質問を一蹴した。

サッチャー流の勝ち誇った信念は、フォークランド戦争で生まれた。それは、良かれ悪しかれ、彼女自身の尺度で「鉄の女」をやってみせることに依拠した政治スタイルであった。一九八二年六月末までに収めた勝利とともに、サッチャーは宣言した。「我々は、後退する国民であることを止めたのです。その代りに、新たな自信を見出し、――その自信は、本国における経済闘争で生まれ、八〇〇〇マイルの彼方で試されて確かなものとなったのです」。弱気になった者を論駁して、来たるべき経済戦線の勝利と戦争をこのように比喩的に結びつけることは、彼女自身の指導力を正当化するためにきわめて有効であった。フォークランド戦争の後、困難をものともせずに勝利を収める力量に対する首相の自信は、幅広い層の人々に共有されていた。危機にあった八週間、世論調査で彼女自身の支持率は急上昇し、政府の支持率も同様に記録を伸ばした。一九八二年七月までに保守党は、労働党も連合《アライアンス》も二〇ポイント近く引き離していた。この時点から、サッチャーは二期目の政権を勝ちとる力をもったのである。

経済回復のニュースは、こうして選挙に有利な反応を一層確実にした。景気の後退は一九八一年に底をついていた。一九八二年には成長が回復し、一九八三年には四パーセントに近づいた。確かに、失業は一九八三年一月に三二〇万人であったが、六月までには、三〇〇万人という心理的に重々しい水準を季節的に下回った。こういった規模の数字は、確かに戦後の他のいかなる政府であれ糾弾するに十分であっただろう。サッチャリズムの政治的業績は、経済論争の焦点を変えたことにあった。それゆえ、政府がインフレを低下させた実績が、決定的になった。これこそ政府が約束していたことであり、達成したことであった――どのようにして、いかなるコストで、またどのくらい続くのかということは、机上の問題になった。さらにこの話は、もっとよさそうに見えた。というのも、住宅ローンの支払いが、小売物価指数（ＲＰＩ）に含まれていたからである。これが、一九八〇～八一年に利子率がピークになった時のＲＰＩの上昇を幾分誇張していた。しかし、一九八三年までに住宅ローンの金利は、おもに選挙前の数カ月間ではあるが、四パーセント下がり、これがＲＰＩを五パーセント下げた。職に就いていて持ち家がある人々は、一九八三年には安堵感があった。失業率は一二～一三パーセントで安定していたから、八七パーセントの人々は職に就いていたことになる。大半の人々に広く恐怖心を煽っていたのは失業の拡大であり、それは、今は明らかに抑えられていた。しかし、失業者自身は一九三〇年代のように少数派利害者で、彼らはいずれにしても労働党に投票する地域に集中していた。

一九八三年の総選挙で、最終的にサッチャーがその地位を確保できたのは、労働党の情勢のおかげであった。フットは、彼の文才と議員経験にもかかわらず、有能な首相になるとは思われなかった。語数の多い労働党の選挙綱領――ある影の閣僚によれば「史上最長の遺書」であった――は、労働組合を元の地位に戻そうとしただけではなかった。それは、イギリスがＥＥＣとＮＡＴＯの防衛政策の双方から撤退することを提案していた。党内でヒーリーが率いる社会民主主義派は、ばつの悪い妥協を強いられていた。これは連合にとっては好機で、五月に選挙戦に入った時、連合は世論調査で一七パーセントの支持に止まっていた。「首相になるべき男」という名のもとで努力していたジェンキンズは、生彩のない選挙戦を戦っていたが、連合は世論調査で日に日に労働党との差を縮めていき、スティールが連合離脱を拒んだことの正当性が明らかになった。実際に連合は、全国投票で労働党を最終的にわずか二パーセント下回るところまで追い上げた。労働党の得票率は二八パーセント以下で、一九一八年以来最低の出来であった。もっとも、議席数における両勢力の差はもっとはるかに大きく、連合の二三議席に対して労働党は二〇九議席であった。社会民主党が必要としていた躍進は、ジェンキンズ、オーウェン、および他の四名の議員を除いては起こらなかった。それよりも自由党の議員数が増える結果となり、それは一七名になった。しかし、連合の二派が融合するという論理はオーウェンによって阻まれ、今や彼が、社会民主党の党首としてジェンキンズを引き継いでいた。

野党の混乱は、保守党にとってもっけの幸いだった。わずか四二パーセントの得票で、保守党は四〇〇名近くの議員を当選させ、党の単独過半数を一五〇前後まで増やしたのである。グレーター・ロンドンで保守党は今や労働党の二倍の議員を確保し、それ以外のイギリス南部では、保守党議員一六八名に対して、自由党がわずかに五名、労働党はたった三名という議員数であった。この地域では、現職議員に挑んだ候補者が労働党を破り、連合の進出が見事に成功していた。しかし、現職の保守党議員を脅かすことは、まったくと言ってよいほどできなかった。サッチャーの優勢な力は大臣の交替に示された。サッチャーは、ようやくピムからは解放されたが、彼の代わりとなる外務大臣に、勝ち誇った保守党幹事長のパーキンソンを立てることはできなかった。というのも、性的なスキャンダルが重くのしかかり、そのために彼は議員の辞職こそしなかったが、政治生命を棒に振ることになったからである。彼に代わってハウが外務大臣になり、ローソンは引き続き大蔵大臣に就任できたことに満足していた。リドリーも昇進し、運輸大臣として入閣した。

これは完全にサッチャー派の内閣であった。唯一目についた「ウェット」は今ではピーター・ウォーカーだけで、エネルギー相としての新しい任務に就いた彼は首相と一体となっていた。炭坑労働者との衝突を招いたという理由で、政府を非難するのは正当ではないだろう。政府は他方で、早くも一九七八年にリドリーが描いた構想に沿って、ある手はずを整えるために果断な手段を講じていた。ソルトリーの教訓から、炭坑労働者のストライキの間は石炭の備蓄を高水準にするだけでなく、石炭を入手しやすくし、さらに代替エネルギー源の確保を保証しなければならない状況になっていた。支援ピケに関する新しい法律も、最後の二つの炭坑ストで全国炭坑労働組合（NUM）が用いていた戦術の効果を弱めていた。ソルトリーの英雄になったアーサー・スカーギルは、今では全国炭坑労働組合の委員長であった。妥協を知らない彼の階級闘争の弁舌は、保守党の憎むべき人物として、彼をガルティエリの然るべき後継者にしていた。一九八三年からスカーギルは、英国石炭庁（NC

B）の新しい総裁イアン・マクレガー〔（一九一二〜）、実業家。アメリカで成功後、イギリス、リーランド社の副総裁として帰国。一九八〇年ブリティッシュ・スティール社の総裁。英国石炭庁長官（一九八三〜八六）〕と敵対するようになった。マクレガーは、意志の固いスコットランド系のアメリカ人で、三年間を費やしてブリティッシュ・スティール社の余剰生産力を削減したばかりの実業家であった。彼は、石炭産業についても同じことをしようとしていたのである。

こういうことが、大きな衝突をもたらした諸要因であった。一九八四年四月、スカーギルが炭坑閉鎖に対する争議行為を呼びかけ、炭坑労働者はイギリス中でストライキに入った。しかし厳密に言えば、これは全国ストライキではなかった。当時必要とされていた全国投票の召集を、スカーギルが拒んだからである。その代わりに彼は、各地区のNUMがそれぞれ投票を実施することに任せた。こうした不備のあるやり方は、スカーギルの組合員に対する信頼の欠如を生み、危機にさらされることも戦闘性も最も少なかったノッティンガムシャーの炭坑労働者が仕事を続けたために、計画は駄目になった。さらにスカーギルは、大規模なピケ――とくに彼自身が率いるヨークシャーの炭坑労働者によるピケのような――は、石炭の移動を止めるのに、限られた効果しか持たないことを悟った。それが警官との激しい衝突を引き起こし、テレビで放映されると強烈な印象を与えることになったのではあるが。スカーギルが率いているにもかかわらず、人々は炭坑夫たちに大きな同情を寄せ続けていたのであり、マクレガーの率いるNCBは広報活動にほとんど手腕を発揮できなかった。しかし、マクレガーは本当に責任を託されていたわけではなかった。否認されているにもかかわらず、実際に作戦を取り決めていたのはウォーカーで、更なる挑戦を「撃退する」という首相の決意が、それを強めていた。

炭坑ストは一年間続き、一九二六年以降のどの争議よりも多くの労働日数が失われた。スカーギルとサッチャーの話し合いによる妥結はほとんど見込みがなく、双方ともに、どんなことをしてでも完全な勝利をつかもうとしていた。政府側のコストは、経済の回復が妨げられることであった。炭坑労働者の側は不屈の精神と快活さで見事に耐えていたが、ストライキ中の労働者の家族は大きな苦しみを背負いこんでいた。しかし窮乏のために、一九八五年の初めには、ますます多くの炭坑労働者が職場へ戻り、ストライキは次第に消え失せた。スカーギルは強情な態度を崩さず、炭坑閉鎖の加速化を、自分に先見の明があったことの証拠として引き合いに出していた。NUMは組合員の半数を失った。

こうして炭坑労働者は、労働運動の突撃専門部隊としての名声を失うとともにおとなしくなり、間もなく、新聞印刷労働者も同じように真っ向から敗北することになった。彼らはフリート街を厳然として支配し、制限的慣行といえば彼らのことをさす存在となっていた。「経営権」の主張を決意していたマードックが、かつてのドックランドの地ワォッピングで、強化された巨大なタイムズ新聞社の新工場に、新式のコンピュータ化された技術を備え付けた時、彼は、由緒ある印刷工組合との最終的な対決において、法の保護を求めることができた。こうした苦々しい労働争議は、いずれも賃金をめぐるものではなかった。炭坑ストライキの場合は政治的に大きな反響を呼んだが、ワォッピング争議は、労働慣行の変化に反抗する組合を抑えるという、もっと広範な経済的重要性をもっていた。ワォッピングでは、抵抗する権限が印刷工組合から容赦なく奪い去られ、他の多くの組合は抵抗する意志を失った。彼らが、仕事を失うという犠牲を払った反面で、組合が進んで生産性のことを話し合おうとしていたこともあって、就業者の数は減ったが能率はよくなり、なおかつ比較的よい賃金が支払われていた。ここでもサッチャーは、戦って手に入れた名誉を祝うことができたのであった。

3 価値観

「経済学というのは手段であって、目的は心と魂を変えることです」とサッチャーは一九八一年に述べた。サッチャリズムは、経済的自由主義とぴったり重なり合うものではなく、個人の選択の自由を最大にすることを意図するものであった。しかしサッチャーは、道徳的、人格的、および性的な行為においてレッセ・フェールを指向する徹底したリバタリアンの考え方には決して引き込まれなかった。「寛容社会」は、サッチャー流の大衆主義《ポピュリズム》が追い払うことを使命としていた自由主義的なエリートとともに、ののしりの対象であった。一九九〇年にテビットはこのことをうまく捉えた。すなわち彼は、「一九六〇年代という、我慢ならない、自惚れで独善的な、世間知らずで罪悪感に苛まれた、優柔不断で同性愛的な、あの三流の一〇年間、あの斜陽の棲《すみか》の正統主義」を痛烈に批判したのである。首相として最大の権限をもっていた時でも、サッチャーの社会的な態度はアウトサイダーのそれであって、自分の閣僚の頭越しに世論に呼びかけていた。彼女は、不特定の「誰か」が人々の不満を何とかするのが当然であるかのように、大衆の不満を表明しようとしたのである。彼女は保守党大会で絞首刑賛成の演説に公然と拍手を送り、内務大臣を当惑させた。道徳的大衆主義《ポピュリズム》というサッチャーの政治学は、グラッドストーン以降、類を見なかったような成功をもって実践されていたが、それはサッチャー政府に真の急進主義的な傾向を与える助けとなった――それにもかかわらず、その経済的自由主義の大事業は、彼女の生来の保守主義によって加減され、おそらくは妨害されることになった。

「ヴィクトリア朝価値観」への回帰に依存した経済近代化の運動を説くことに、サッチャーは何の矛盾も感じていなかった。その価値観は、救済に値する貧民と値しない貧民の区別を復活するという点にとくに留意して、選択的に解釈された。サッチャーは、いくつかの明白な理由で、しばしば階級の戦士という烙印を押されていた。彼女は心の底から労働組合を嫌っていた。それにもかかわらず、自分が労働者階級の有力層の立場を擁護していると信じ、古い階級制度に関する固定観念には異議を唱えていた。保守党《トーリー》の「ウェット」に対する飽くことのない反目は、彼女の回顧録の中で明らかにされた「にせ名士」というイメージに集中していた。彼らは皆、表面上はジョン・ブル［典型的なイギリス人］を装ったが、実際には打算と和解の政治を求めていた。「ノブレス・オブリージュ」［高い身分に伴う義務］と「一つの国民」は、おそらくこのディズレーリ主義の伝統を示す別の婉曲表現で、これらは、チャーチル、イーデンおよびマクミランの下でよく引き合いに出されていた。実際、一九八四年に初代ストックトン伯爵に叙せられた老齢のマクミランはただたどしい歩みで上院に入り、いかにも彼らしい印象的な遠回しの言い方でサッチャリズムを非難し、炭坑労働者がソンム川の戦いで示した優秀さをまざまざと再現したのである。それにしても、この種のトーリー的な温情主義が黙認されていたということは、教会や国家だけでなく社会の「エスタブリッシュメント」［支配者層］も自ずと保守党《トーリー》であるという前提が必要であった――が、もはやそれを当然だと見なすことはできなくなっていた。

　アングリカンの主教が、リヴァプールのような貧しい都市における貧困層の窮状に何度も注意を向けようとしていたのは、イングランド国教会が祈りを捧げる保守党《トーリー》であることをやめていたことを確かに示すものであった。実に穏和なランシー大主教は、フォークランド戦争の記念礼拝式で、語調に勇ましさが欠けていたために、サッチャーの機嫌を損ねた。国教会はBBCや大学と結びつけられて、非常にいぶかしい自由主義的なエスタブリッシュメントの一部になった。「おしゃべり階級」(chattering classes) というあだ名は、歯切れはいいが無能な中流階級の自由主義をうまく言い表していた。保守党は一九八七年の選挙で、大学教育を受けた有権者の三人に一人の支持しか得られなかった。

　政府と長年保守主義の主力であった伝統的な専門職業人とは、互いに不信感を抱きあい、それを一層強めようとしていた。高給の弁護士は自分たちの制限的慣行が、政府の急進的政策によって異議を唱えられていることに気づいた。医者は、国民保健サービス（NHS）の全面的な市場主導の改革に動揺していた。高官の伝統を教え込まれてきた上級公務員は、新しい管理上の用語を修得しなければならず、時には「ネクスト・ステップ」計画のもとで、半独立の行政機関に自分たちの仕事が切り離されることもあった。教授陣は、大学への資金供給の削減と、文書作成の増大という二重の苦痛を抱えて不満の声を上げていた――その大半は、同僚や研究成果および教育の質を評価する実業界のやり方を模倣したものであった。「福祉事業関係の職業」は、自分たちの経歴に有利なように、「思いやり」を福祉の官僚制として制度化するものだとして、サッチャー派が軽蔑する対象となった。このことは、支出削減の影響を受けやすい公共部門で働く人々の利害と、高い税金にますます不満をつのらせながら市場部門で生計を得ている人々との間にあった溝を、かなり大きくすることになった。その溝は、「二つの国民」の対立を扱ったディズレーリの小説『シビル』（一八四五年）と同様に、デーヴィッド・ロッジが『素敵な仕事』（一九八八年）［高儀進訳、大和書房、一九九一年］でうまく捉えたように、文化の対立を激化させた。

サッチャーは小規模企業を弁護した。雑貨商の倫理に対する自分の忠誠心から、彼女は、サービス部門と自営業が平行的に成長していくことを好ましく思っていた。一九七九年から九〇年の間、連合王国の雇用に純増はなかった。しかし、自営業者の数は一五〇万人も増え、全雇用者の八パーセントから一五パーセントになった。画一的なマーケティングに対する消費者の反抗は、以前からその兆しが見えていた。「本物エール運動」（CamRA：Campaign for Real Ale）は、小さなことはいいことだという感情をパブに集中させていた。小規模の自営醸造業者と非常に有効な協力関係を結んだこの運動は、低温殺菌された大量生産ビールに脅かされていた伝統的な（つまり「本物の」）イギリス産ビター・エールを振興したのであった。この運動が非常に成功したため、大手の醸造会社も自分たちの昔からのエールを復活させて応酬した（彼らには、ラガー・ビールの方がもっと利益になったのだが）。街角のパン屋も同じ経路をたどった。本物エールの愛好がサッチャー派の政治の前兆となったわけではないし、実際にはラガー・ビール消費の増大が自営熟練労働者の上昇と関係していたのであるが、両者とも経済変革の方向にそって動いていた。保守党の活動家となった不動産業者の増加がしばしば目立っていた。

公営と民営による適切な供給の範囲が、中心的な問題となった。以前の保守党政府は公共部門を許容していたが、今回はその手足がもぎ取られることになった。民営化は一九七九年には主要な議題ではなかったが、サッチャー在任中の最もダイナミックな政策となり、この政策は世界中でサッチャーの名と結びつけられることになった。国が所有していたブリティッシュ・ペトロリアム（BP）［イギリスの石油会社］株の一部は、IMF危機以降、ヒーリーによって、確実に歳入を増やし財政赤字を埋めるために売却されていた。これは民営化に対する一つの動機であり続けたが、「大衆資本主義」（popular capitalism）に向けての思想的な推進力になった。真の公有制とは株式を公衆の手に委ねることだと主張された。したがって新政府は、ブリティッシュ・エアロスペース［イギリスの航空機会社］およびケーブル・アンド・ワイヤレス［イギリスの電信電話会社］という国有企業二社とともに、BP株をもっと多く売却した。事態をもっと進めたのは、ローソンがエネルギー相をしていた一九八一年から八三年の時期で、その時に彼は、ブリットオイル（前の英国ナショナル石油公社（BNOC））を一〇億ポンドで民営化することに着手した。成功が成功を生み、ますます上昇機運にある市場で、広く宣伝された安値の株券（cut-price shares）が売買されることがよくあるパターンになった。一九九〇年までに、BPは総額六〇億ポンド、ブリティッシュ・ガス［一九八六年に民営化］は七〇億ポンド近く、ブリティッシュ・テレコム［イギリス最大の電信電話会社で一九八四年に民営化］は五〇億ポンドが売却された。これらは巨大企業であったが、ロールスロイス、ブリティッシュ・スティール、ブリティッシュ・エアウェイズ、空港および水道会社もまた、民営化企業の対象にあげられた。その結果、経済に占める公企業の割合が、半分以上削減されることになった。そこでの雇用は八〇〇万人から三〇〇万人に縮小し、GDPへの寄与も一〇パーセント以上から五パーセント以下に減ることになった。

公的独占を私的独占に替えたという限りでは、民営化は、もともとの国有化過程の裏返しにすぎなかった。そして、構造転換的な変化が、同様に期待外れになる可能性もあった。ローソンやリドリーなどの急進的なサッチャー派は、この問題に気づいていた。しかし、実質的な競争の導入が困難だったのは、ある程度は次のような理由のためであった。すなわち、自然独占の業種が含まれていたこと、そして、所有の分散は収益性を減らし、またそれがある事業をより強力な外国の競争にさらすことになるという理由であった。こうした議論は、民営化されても自社の支配権を維持しようとした、ブリティッシュ・ガスおよびブリティッシュ・エアウェイズのような強力な経営者によって展開された。彼らは、政府が株の市場価格を下げたくないことを知っていた。政府は結局のところ、独占の解体よりも、個人所有の創出により熱心であった。しかし、政府は新しい公的規制の機構を策定した。そして、こうした機構は、政府がもはや所有者でないという事実によって消費者保護が促進されるように、政府が直接関与しないなら、より効果的に機能するだろうと主張された。こうして目標は、年とともに、物価をインフレ率以下に押さえることに特定され、オフガス［Office of Gas Supply 民営化されたガス供給事業の監視機関］とかオフテル［Office of Telecommunications 民営化された通信事業の監視機関］というようなニュースピーク用語［世論操作のために国家権力が用いる言語で、G・オーウェルの小説『一九八四年』に出てくる造語］の名前のついた規制機関によって監視された。

民営化は確かに株式所有を以前よりも容易にした。一九八〇年代の間に、イギリスの株主の数は三倍も増加し、総計九〇〇万人に達した。それにもかかわらず、全株式のうち（機関投資家ではなく）個人が所有する割合は、同じ時期に三分の一も減少し、およそ二〇パーセントになった。実際のところ、こうした新規の株式所有は、経済的に見れば取るに足りないものであった。しかし、株式所有がそれをもつ個々人にとって重要だということは、また別の問題であった。これは、ビジネスをより好ましく思う態度を植えつける助けになったという点で、財政的というよりも心理的に重要だったのかもしれない。完全な意味の大衆資本主義でないにせよ、民営化は一時的に資本主義の人気を一層高めた。しかし、民営化がもたらした最大の功績は、「不動産所有民主主義」というより古い時代の保守党の考え方を確認したことであった。公営住宅の借家人に、その居住期間の長さに応じた割引価格で持ち家の購入権を与える政策は、環境大臣のマイケル・ヘーゼルタイン［（一九三三〜）、保守党の政治家。国防相（一九八三〜八六）、環境相（一九九〇〜九二）、商相（一九九二〜九五）、副首相（一九九五〜九七）］によって一九八〇年に実施された。それはたちまち普及し、当初抵抗していた労働党の地方議会を困惑させるという思いがけない政治的利得をもたらした。一九八七年までに一〇〇万人が公営住宅から持ち家に住む住人に変わった。

持ち家所有者は、長年、比類ない保守党びいきの有権者だと思われてきた。一九七〇年以降、その数が全世帯の過半数になると、それは労働党にとって危険なものになった。民営化によって、持ち家所有は社会的な上昇志向をもつ熟練労働者（C2階層）の手に届くものになり、持ち家所有が市場に占める割合を一九八〇年の五五パーセントから、一九九〇年の六七パーセントにまで引き上げた。当初は地方議会が資金を融通していたが、すぐに住宅金融組合が莫大な住宅ローンの大半を貸し出すようになった――こうして、ヴィクトリア朝価値観が確実に勝利を収めるなかで、住宅金融組合はもともとの職人的な起源に戻ったのである。職能別組合の伝統とともに労働運動のなかで伝統的に重要な役割を担ってきた熟練労働者層の中で、保守党は一九八七年の総選挙において労働党を七パーセント、リードすることになった。公営住宅団地で、真新しくペンキを塗られた正面扉と『サン』紙が入った郵便受けは、保守党改革でサッチャーが達成したことの象徴であった。保守党は、あらゆる階級の人々の中でうまくやった者たちの連合であった。

持ち家所有者は、自由市場の原則を犠牲にしてでも、首相に擁護された。ローソンは、自分の基本政策に税制改革を掲げた大蔵大臣として、自分を真のサッチャー派だと見なしていた。それは税の中立性原則にもとづくもので、同等に正当な経済活動において市場の力が自由に働くのをゆがめないようにして、国家の歳入を増やそうとするものであった。ローソンの目的は、税制にまとわりついてきた歴史上の例外措置を取り除いて、富を生み出す動機を人々に与えるような合理的な制度を考案することであった。しかし彼は、間もなく自分の計画が持ち家所有者をかばうサッチャーと衝突し、住宅ローンの利払いに関する税額控除の制度を改変しようとする彼の試みを、サッチャーが拒絶したことを知った。それは税制改革を進める大蔵大臣にとって、高価な政府補助金として目立っていた。それは一九八七年までに七〇億ポンドになり、イギリスの公営住宅予算のほとんど二倍にもなっていた。

さらに、住宅ローンの利率が政治的に重要なことは、持ち家所有者からなる国家のなかでますます明らかになっていた。政党支持と利率との関係が、一九八〇年代に明白に表れた。利率が少しでも上昇すると、政府の人気は急に下がったが、それは、以前に失業率が少しでも上昇すればそうなったのと同じであった。これこそ投票行動における大きな変化であった。

公共放送は、BBC自身も事業をしていた一九八〇年代の市場の動向に明らかに不慣れであった。BBCは、その経営委員会の任命権を握られていたためだけでなく、視聴権料の高さを継続して交渉する必要から、政府の圧力にさらされていた。もちろん経済的自由主義者は、商業的出資による放送の自由市場を支持する理念的な議論を展開した。しかし、一九八六年のピーコック報告は、消費者の利益に奉仕するような公的規制に関する洗練された「次善の」防御策を生み出し、BBCに広告を導入しないように勧告した。新しく大きな商業的好機が、衛星テレビの発達によって訪れたが、それは放映可能となる前の段階で多額の初期投資を必要とした。そして結果は、最初の放送に首尾よく成功したマードックのスカイ・テレビジョンが、最初に認可されるはずだった会社ＢＳＢを傲慢にも出し抜くことになったのである。まんまとやられたＢＳＢは、合併して一九九〇年にビースカイビー（ＢＳｋｙＢ）になった。

ケーブルテレビ設備の大きな拡張よりも、急速なビデオの普及で、イギリスはアメリカやヨーロッパ諸国より抜きん出ていた。一九九〇年までに、三家族に一家族はビデオを持っていた。さらに、ビデオは四回のうち三回までがＢＢＣまたはＩＴＶ系の番組の録画に使われた。チャンネル４が二番目の民放テレビとして一九八二年から放送を開始したので、地上波のテレビ番組は、人気チャンネルと少数派チャンネルとの間でちょうど釣り合いがとれ、各々一つをＢＢＣが放映した。実際には、チャンネル４は制作会社というよりもむしろ出版社のような活動をし、一般的な理念や番組作りでＢＢＣと似ていることが多かった。チャンネル４は、とくにテレビ用に製作されたイギリス映画の放映で成功した。

イギリスが世界に強い印象を与えたのは、とくにテレビを通してであった。イギリスのテレビ番組の質の高さは、広く国際的な評価を獲得しただけではなく、公共サービスの素晴らしい伝統を実証するものと見なされた。かなり多くの番組が輸出されたことで、このような文化作品を売る企業家的手腕が示され、かくて競争的市場の基準にも合格したのである。

『モンティ・パイソンの空飛ぶサーカス』〔ＢＢＣで一九六九〜七四年に放映〕で、テレビ喜劇《コメディ》の慣行がシュールレアリスムの域にまで達したことは、世界中に衝撃を与え、この制作チームのその後の映画作品によって衝撃は一層大きくなった。『モンティ・パイソン――ライフ・オブ・ブライアン』（一九七九年）〔日本公開、一九八一年〕では、二〇〇〇年前に十字架にはりつけられて死んだ純真で誤解された主人公が描かれている。その最後に十字架上で歌われる「いつも人生の明るい面を見よう」という歌は、視聴者を侮蔑すると同時に笑いを取るように作られていた。視聴者の反応はまちまちであった。続いてジョン・クリーズ〔一九三九〜、喜劇俳優〕は、広く海外に輸出されたテレビ・シリーズ『フォルティ・タワーズ』〔ＢＢＣで一九七〇代後半に断続的に放映され、日本を含む世界七〇カ国で放映された〕において、『モンティ・パイソン』で暴走したアニマル・スピリットを奪い返して飼い慣らした。このコメディでは、小さなホテルで目につく窮屈で礼儀正しいイングランドのしきたりと、怒りっぽい主人の中に込み上げてくる抑圧されたヒステリーとの齟齬《そご》に面白さがあった。クリーズは、同様のテーマを映画にも使った。その第一作が、小説家であり劇作家でもあるマイケル・フレイン〔一九三三〜、劇作家、小説家〕が脚本を書いた『時計じかけの校長先生』（一九八六年）である。これは、妄想にとりつかれた校長の威厳が崩れていく様子を、年代を追って描いている。そして『ワンダとダイヤと優しい奴ら』（一九八八年）〔日本公開、一九八九年〕では、内気なイギリス人の法廷弁護士が恋に落ちる様子が描かれた。こうした作品には、海外の観客の心を動かすためにある程度の妥協もあったが、同時に苦境を強いられてきたイギリス映画産業の喜ばしい活動の兆候も見られた。

イギリスが得意とする際立った分野は、ハリウッドが無敵を誇るような超大作映画ではなく、制作側からすればテレビ用に作られた映画によって、また消費者側からすればビデオの普及によって、映画とテレビの区別がしばしばなくなるような分野であった。イヴリン・ウォーの『ブライズヘッドふたたび』の映画化（一九八一年）と、イギリスのインド統治の末期を舞台にしたポール・スコット〔一九二〇～七八、小説家〕の小説「インド支配《ラージ》四部作」の中の『王冠の宝石』（一九八二年）のテレビ化は、話題のシリーズとして高い評判を得た。このように評判を高めた作品は、その後はビデオになって、E・M・フォスターの小説を映画化して成功した作品とともに立派に生き残ることができた。デーヴィッド・リーンの遺作となった『インドへの道』の映画化（一九八四年）〔日本公開、一九八五年〕は、ムーア夫人役のペギー・アシュクロフト〔一九〇七～九一、舞台俳優〕の素晴らしい演技で、大プロダクションによる演出のすばらしさを示した。続いてイズマイル・マーチャント〔一九三六～、インドの映画プロデューサー〕とジェームズ・アイヴォリー〔一九二八～、アメリカの映画監督〕が映画化した作品は、細部にこだわりもっと小さい規模で作られた――しかし、『眺めのいい部屋』（一九八六年）〔日本公開、一九八七年〕と『モーリス』（一九八七年）〔日本公開、一九八八年〕に続いて、アンソニー・ホプキンズ〔一九三七～、俳優。一九九一〕でアカデミー賞など数々の賞を受賞〕とエマ・トンプソン〔一九五九～、俳優。『いつか晴れた日に』（一九九六）でアカデミー賞など数々の賞を受賞〕が申し分ない適役となったさらなる意欲作『ハワーズ・エンド』（一九九二年）〔日本公開、一九九二年〕は大当たりとなった。これらの作品は、どういう基準で見ても優れていた。原作の小説に見られる多様なニュアンスを繊細に解釈し、よどみのないテンポと、その時代背景を呼び起こすように復元する確かな作風をスクリーン上に表現していた。

しかし、イングランドの田舎家の庭先をイメージしたローラ・アシュレー製の布地と同じようにマーチャント＝アイヴォリー映画は非常に成功したが、「文化遺産産業」を批判する者たちによって、回顧的な（時には作り上げられた）イギリス理解を強めるものとして簡単に一括されてしまうことになった。確かに一九六〇年代以降、建築物保護が潮流になった。その当時はまだ、都市の高速道路や高層住宅を優先して、古きよき建物が取り壊されていた。ジョン・ベッチマン〔一九〇六～八四、詩人。一九三〇年代から詩集を刊行。史跡に関する王立委員会の委員も務めた〕が亡くなる一九八四年までには、彼の生涯にわたるヴィクトリア時代の遺産の擁護がもはや単に古風な趣だとは思われなくなっていた。一九七二年に桂冠詩人となったベッチマンは、気取るところがなく親しみやすい、そして時には機知に富んだ詩で広く愛されていただけでなく、ヴィクトリア時代のゴシック建築であるセント・パンクラス駅のような危機に瀕した建物の保存運動のために自分の地位を利用した。由緒ある建物ばかりが熱心に保護されたわけではなかった。包括的な再開発というよりも、街区全域の保存と修復計画が今や流行となり、一九八〇年代後期の不動産ブームの時にもそうであった。

観光業が大きなビジネスになったからといって、イギリスは郷愁で商売をするところまで落ちぶれたのだろうか？　主に田園地方を保存するために一八九五年に創設されたナショナル・トラストは、増え続ける歴史的建造物を管理するようになり、国内外から空前の数の観光客を集めるようになった。海外からの旅行者はよく歴史的な観光地を訪れたが、多くの人々は活気ある芸術の公演も鑑賞した。スコットランドでは、毎夏エジンバラ・フェスティバル［一九四七年に創始され、音楽と演劇を中心とする］が大きな呼び物となり、数週間の期間中に上演される音楽や演劇のプログラムの質の高さは国際的に評価されている。野心的な来演者の上演のために「フリンジ」［伝統的な演劇の枠におさまらない主題や表現からなる芝居をさし、小劇場で上演された］が設けられたことは有名で、それは『フリンジを越えて』（一九六〇年）という不敬な諷刺劇のタイトルに刻まれて後世に伝えられた。ジョナサン・ミラー［一九三四〜、医師、俳優、劇演出家］、アラン・ベネット［一九三四〜、劇作家、俳優］、ダドリー・ムーア［一九三五〜二〇〇二、俳優、音楽家］、およびピーター・クック［一九三七〜九五、喜劇作家、俳優］は、これで最初に名をあげた。イングランドでは、ＢＢＣの後援で六週間にわたるプロムナード・コンサートがアルバート・ホールで開催されていたが、これは毎年行われる幅広いクラシック音楽の演奏会の中で最も著名なものであった。こうしたコンサートは、四つの大きなオーケストラがあるロンドンだけでなく、現代音楽の作品をもっと積極的に取り入れようとしていたバーミンガムのような都市でも聴くことができた。

公的資金を配分するという芸術評議会《アーツ・カウンシル》の役割は、戦後のイギリスで芸術に対してより活気に満ちた風潮を生み出した点で重要であった。コヴェント・ガーデン・オペラ劇場の再開は最優先事項に掲げられ、その運営費用が芸術評議会の予算の大部分を占め続けた。この政策は、左派の平等主義者からも右派の大衆主義者からも、エリート主義だと批判されたけれども、イギリスのオペラやバレエがかつてない水準の国際的地位にまで到達するのに役立った。確立された伝統を基盤にして、ストラトフォード＝オン＝エイヴォンに本拠地を置くロイヤル・シェイクスピア劇場［一八七九年創立］は、ロンドンのナショナル・シアターの開館［一九六三年］によって、ようやく補完された。当初はオールド・ヴィック劇場が使われ、そこが長年シェイクスピアものの本場であった。ナショナル・シアターの最初の監督であり、俳優として初めて爵位を与えられたローレンス・オリヴィエは、芝居の選択に際して斬新な手法を用いた文芸監督のケネス・タイナンとともに、長年にわたる比類のない優れたキャリアで有終の美を飾った。ロイヤル・シェイクスピア劇団（ＲＳＣ）とナショナル・シアターで行われた公演——例えばピーター・シェファー［一九二六〜、劇作家］の『アマデウス』（一九七九年、映画化は一九八四年）——は、続いてウェスト・エンドやブロードウェーでもロングランになった。こうして、英語圏では他に並ぶところがないロンドンの舞台評判が維持されることになった。

ナショナル・シアターが、サウス・バンク［ロンドンのテムズ河南岸］に独自の新しい建物をもつようになったのは、ようやく一九七六年のことであった。それは現在、素晴らしい芸術の中心地として、テムズ河を挟んでビッグ・ベンを河上に、セント・ポール寺院を河下に望んでいる。デニス・ラスダン〔（一九一四〜）、建築家〕の設計によるどっしりした渋い外観は、コンクリート製の表面に施された木目の回り縁だけがその印象を和らげている。広々とした機能的な館内には、伝統的なプロセニアム〔舞台と客席を区別する扉口〕を備えたホールと、〔客席中に張り出した〕オープン・ステージのホールがあり、これらの大ホールのどちらも、いくつかの層になった観客席にゆったりした快適さを与えている。まさしくその時代に合った建造物として、ナショナル・シアターは別の時期におけるサウス・バンクの傑作であるロイヤル・フェスティバル・ホールとよく対比される。広大な輪郭と大胆にガラスを用いたロイヤル・フェスティバル・ホールは、一九五一年のフェスティバル・オブ・ブリテンのために、ロバート・マシュー〔（一九〇六〜七五）、建築家。ロンドン州議会建築主任（一九四六〜五三）〕とレズリー・マーティン〔（一九〇八〜二〇〇〇）、建築家。マシューの後任となるが、一九五六年にケンブリッジ大学建築学科の初代主任となる〕の下で、ロンドン州議会の建築部によって設計された。万国博覧会の一〇〇年後に開催されたフェスティバル・オブ・ブリテンは、とくにそれを立案した若い人々にとって、イギリスの創造的・芸術的な復興に対する抱負を象徴するものであった――サウス・バンクに群をなしてそびえる現代の公共建築物はその希望を表し、ヴィクトリア時代以後の復興を輝かしく表明している。

海外でいち早く知られ、メディアの関心を集めたイギリス一番の象徴は、依然として王室であった。それはもちろん、ある程度は抜け目のないメディアの宣伝によって、二〇世紀後半のうっとりさせるような華麗さを我が物にしたのである。テレビ放送は、王室の家庭生活を垣間見せて人々の興味をかきたて、王室全体にもっと親しみやすく打ち解けた印象をもたせるように、長年にわたって放送範囲が緩められ、テレビは結婚適齢期の四人の子女たちの話題でもちきりであった。皇太子《プリンス・オブ・ウェールズ》チャールズは、ケンブリッジ大学で優等学位を取得して王室の新しい面を切り開き、建築からインナー・シティの社会的窮状まで、環境問題の領域に寄せる自分の関心を主張し続けた。一九八一年に、彼は三三歳でダイアナ・スペンサー嬢と結婚した。二〇歳になったばかりのダイアナはほとんど教育もなく、形式張らない上流階級の流儀を通したが、一見して処女のようであった（この結婚《マッチ》あるいは不釣り合いな縁組《ミスマッチ》の成就に、それは考慮すべき重要な点であった）。二人の結婚式はテレビの特別番組として世界中に放映され、一九八六年にアンドルー王子が結婚した時にも同じことが繰り返された。両夫妻それぞれに子供たちが誕生して、おとぎ話のロマンスは進行中の昼メロとして家庭的な趣を帯びるようになり、だんだんうんざりはしても幸せな印象が強まった。しかし、一旦メディアが非常に接近するようになると、夫婦間の行き詰まりが途切れなく続き、一九九二年にはついに女王陛下の三人の既婚の子供たち全員が別居ないし離婚するにいたっても、同じように過度な放映が続いた。これは、彼らの三代前の祖母が認めていたであろう価値観とは、到底相容れないものであった。

確かにヴィクトリア朝価値観は、その定義が弾力的だったように、イギリスを救済する手段としては捉えどころのないものであった。誰かが議論したように、イギリス文化が何世代にもわたって企業家精神を妨げてきたとすれば、心身ともに一新するのに数年で済まないのは当然であった。おそらくサッチャーが一九九〇年に言わんとしたのは、そのことであった。「サッチャリズムは一〇年間だけのものではありません。何世紀も続くのです」。サッチャーが選挙で勝利したから、サッチャー派の有権者が生まれたわけではなかった。一九八三年にも一九八七年にも同様に、サッチャー不支持の票が五八パーセントも投じられていた。それに加えて、一九八〇年代後期の調査結果によると、自分たちが貧しいのは自らの努力不足のせいだという主張に同意したのは、回答者のわずか五人に一人で、一〇年前よりもかなり少なかったのである。国民保健サービスは依然として評判がよかった。人々は世論調査員に、税金が削減されるよりも、福祉のための支出が増えた方がよいと語った——他人の目の届かない投票用紙記入台では、税金の削減がより強力に支持されたようではあるが。

要するに、サッチャリズムは、経済周期の特定の段階におけるイギリス人の当面の行動を修正し、その点で卓越した成功を収めたのであるが、それを示すことの方が根本的な考え方の転換を指摘するよりも簡単である。たとえそれが、本質的に周期的な種類の回復であったにしても、一九八〇年代には、不況の時期の後に力強い回復を見せる余地が十分に残されていたのである。衰退の一〇〇年の終わりを語ることは、しばしば衰退の一〇年をひっくり返すことを意味した——それは、やりがいはあるが、あまり英雄的とは言えない仕事であり、経済的な奇跡とも歴史の分水嶺とも見なす必要のない取り組みであった。

4　好景気と破綻

アメリカ合衆国ほど、サッチャーを暖かく迎え入れたところはなかった。第二次大戦後の内閣では、ヒース内閣が最も親アメリカ的でなく最も親ヨーロッパ的であったが、ちょうど対をなすように、サッチャー内閣はまったくその反対であった。アメリカ合衆国は理念化され、自由市場、小さな政府、反共産主義、強力なドル、そして全能の神にもとづいた社会のモデルとして、サッチャー派に強く支持された。一九八〇年にロナルド・レーガン［(一九一一～二〇〇四)、アメリカの共和党政治家。カリフォルニア州知事（一九六七～七五）、第四〇代大統領（一九八一～八九）］が大統領に選ばれて、サッチャーは真の味方を得たのである。彼女の考え方は、レーガンのそれと大まかに一致したことによって補強され、サッチャーはそれを力強く説き立てた。これは確かに特別な関係で、そのためにサッチャーの国際的な名声は急速に高まった。サッチャー内閣の外務大臣サー・ジェフリー・ハウはまったく陰に追いやられ、影の薄い状態のままにされた。フォークランド戦争の際に、アメリカのひそかな支援が不可欠だったことをサッチャーはよく承知していた。そのためになおのことサッチャーは感謝し、アメリカに対する揺るぎない支持を公にすることによって、その気持ちを表明したのである。このことは、イギリスの核兵器を最新にするために、トライデント・ミサイルの契約と引き換えに、イングランドにある二つの基地の機動巡航ミサイルの装備を促進するという彼女の信念と一致していた――核兵器廃絶運動（ＣＮＤ）が組織した長年の抗議にも関らず――。実際の試練は、大統領とサッチャーの意見が食い違った時に訪れた。

戦略防衛構想（ＳＤＩ）は、ソヴィエトの核攻撃に対抗する高技術の防衛システムを、アメリカが持とうとするものであった。したがって、攻撃の脅威から双方を守ってきたとされる相互確証破壊（ＭＡＤ）の前提は破棄された。レーガンにとって、「スター・ウォーズ」［スターウォーズ計画は、一九八四年に開始された、宇宙空間で弾道ミサイルを撃破しようとするアメリカの兵器研究計画で、ＳＤＩともいう］は世界の核兵器全廃の可能性を切り開くものであり、彼はこの考えに沿って進もうとしていた。ソヴィエトの新しい指導者ゴルバチョフ［一九三一〜、旧ソ連の政治指導者。共産党書記長（一九八五〜九一）、最高会議幹部会議長（一九八八〜九〇）、初代大統領（一九九〇〜九一）］にしてみれば、ＳＤＩは核の均衡を不安定にするもので、それをアメリカが放棄することが和平の前提条件であった。サッチャーはどちらにも同意しなかった。また、ＳＤＩはおそろしく費用がかかり技術的にも確かでないから、追求する価値がないとも考えなかった。そうでなく彼女は、たとえ効率的でないにしてもＳＤＩはソヴィエト連邦に対する核の優位を与えるのであり――、同等に高くつくシステムの開発に向けたいかなる努力も、ソヴィエト経済を破綻させるだろうと考えていた。したがってサッチャーは当面、一九八六年のレイキャヴィク［アイスランド南西部の港町で首都］首脳会談の結果に強い衝撃を受けた。レーガンが、ＳＤＩを実施しない代わりに、あらゆる戦略ミサイルを段階的に縮小させる「ゼロ・オプション」を今にも受け入れようとしていたからである。イギリスが入手することになっていたトライデント・ミサイルも、その対象になることが仄めかされた。しかし、サッチャーが大いに安堵したことに、そのような合意は挫折することになった。そして、急に取り決められたワシントン訪問でその確証を得て、サッチャーはようやく胸をなでおろした。

だからといってサッチャーは、ゴルバチョフを個人的に敵視していたわけではなかった。一九八四年、病床のチェルネンコ［一九一一〜八五、旧ソ連の政治家。共産党書記長（一九八四〜八五）］がまだソヴィエトの指導者だった時に、チェッカーズ［イングランドのバッキンガムシャーにある首相の郊外別邸］にゴルバチョフを招待したことは、かなり大きな成果をもたらしていた。サッチャーが快く記者団に話したように、ゴルバチョフは彼女と一緒に仕事ができる人物だと分かったのである。サッチャーはゴルバチョフ時代の改革を喜んで受け入れたが、鉄の女の異名に矛盾するようなことはなかった。ソヴィエトの不同意に逆行して、彼女はポーランドの連帯［自主管理労組］運動闘争に強い支持を表明した――たとえそのために、思いもよらず、彼女が労働組合のやり方の代弁者になったとしてもである。そのお返しに、少なくとも共産主義体制が崩壊しつつあったある時期に、東ヨーロッパでサッチャリズムに対する熱狂が見られた。一九八九年末にベルリンの壁が崩壊した時、サッチャーは冷戦の終結に一役買ったと主張することができた――それには喜ぶべき十分な理由があった。

フォークランド戦争の際に垣間見られたサッチャー特有の不屈の精神は、一九八四年一〇月の保守党大会で過酷な試練にさらされることになった。その会期中サッチャーが滞在していたブライトンのホテルで、IRAによる爆破事件が起きたのである。隣合わせの部屋にいたテビット夫妻は重傷を負い、院内幹事［ジョン・ウェイカム］夫人は命を落とす羽目になった。サッチャーは予定通りに翌日も大会の討論を続行し、ひるむことなく演説することに固執したが、それは鉄の女という彼女のイメージを強く印象づけるのに十分であった。それは、海外だけでなく国内に向けられた彼女のアピールの重要な部分であった。防衛政策は、選挙時に保守党の大きな利点となった。対照的に、二回の総選挙における一方的軍縮主義の立場は、労働党の信頼性を損う根本的理由となった。

一九八三年一月以降、有力大臣のマイケル・ヘーゼルタインは保守党大会でカリスマ的な支配力を発揮し、国防相として注目される役割を担っていた。一九八一年に政府は、軍縮への強い要望を受けて、主要防衛費の見直しから得られた結論を承認していた。その見直しでは、輸送艦艇の多くを解体処分することが提案されていたが、それは数カ月後にフォークランド諸島の奪回に重要な役割を果たした。艦艇の代わりに、見直しの方が屑箱行きになったのであった。しかし、防衛設備の調達は、ヨーヴィル［イングランド南西部］に本拠地を置くヘリコプター会社ウェストランド社をめぐるヘーゼルタインの窮状に示されるように、重大な問題をもたらし続けた。一九八五年一二月にウェストランド危機をあそこまで不穏にしたのは、それが他の二つの問題を起こす引き金となったためであった。ひとつは欧州共同体（EC）の次元の問題で、ウェストランド社の乗っ取りをもくろむアメリカの企業に代わる企業を、ヘーゼルタインはヨーロッパで探し求めていた。しかし、本当に危険をはらんでいたのは、サッチャーと閣内の大臣たちとの関係であった。

新しく産業大臣になったレオン・ブリタン［（一九三九〜）、保守党の政治家。内相（一九八三〜八五）、通産相（一九八五〜八六）。一九八八年ヨーロッパ委員会のメンバーに就任］は、閣内の花形として頭角をあらわし、明らかにサッチャーの「身内の一人」であった。自由市場についての彼の考え方からして、アメリカによるウェストランド社の乗っ取りを、彼が容易に認めたことは別に驚くことではなかった。サッチャーはブリタンを支持し、ヨーロッパの中で別の可能性を考えることは時間の無駄で、まったく反アメリカ的だと見ていた。ヘーゼルタインは、閣内で適切な議論の機会を拒まれていると主張した。ヘーゼルタインに対抗しようとして、ブリタンの省は機密資料を報道陣に漏らすという行為に駆られたが、それはどうやら、ダウニング街の黙認を得ていたようであった。一九八六年一月にヘーゼルタインが辞任しても――テレビカメラの前で、ダウニング街一〇番地から闊歩して出て行ったのだが――有害な憶測は鎮まらなかった。その上、明らかに首相の言動に表裏があったことに立ち戻ってみると、サッチャーの形勢は急に危うくなった。この点で、彼女はブリタンの辞任によって大いに救われた——感情を害してはいたが、何よりも彼は控え目であった（後にサッチャーは、彼をヨーロッパ委員会の二人のイギリス代表の一員に任命することになった）。そして結局、野党がこの問題を下院で効果的に追求できなかったことに助けられて、サッチャーはかろうじて乗り切った。しかし、この出来事の全体、とくにブリタンが見限られたことによって、閣僚たちは、忠誠心に対するサッチャーの考え方に不安を感じるようになった。それを受けてヘーゼルタインは、平議員席の論客として一旗あげ、自分の不満を膨らませながら好機をうかがうことになった。

政府の存続が奇妙に危うくなったことが、補欠選挙での弱体ぶりによって露呈した。一九八四年六月、連合《アライアンス》は意外にもポーツマス・サウス選挙区で勝利し、依然として勢力のあることを示した。翌年夏の世論調査では三党すべてが互角に肩を並べ、その状態がウェストランド社問題によって引き延ばされ続いていた。経済的好況によって保守党が全国的な支持率で三位から浮上したのは、一九八六年六月になってからであり、ギャラップ調査で保守党が再び首位に立ったのはその年の末であった。総選挙が召集された一九八七年五月に、保守党は一〇ポイント、リードしていた。しかし、第二位にいたのは労働党ではなく連合であった。

一九八三年にフットが辞任すると、労働党の党首は、老いた一方的軍縮主義者から若い一方的軍縮主義者に代わった。四〇歳になったばかりのニール・キノック［（一九四二〜）、労働党の政治家。教育問題に関する野党の代表質問者（一九七九〜八三）、労働党党首（一九八三〜九二）］が左派から承認を得られたのは、ある程度はウィルソンおよびキャラハンのもとで大臣職に就いていなかったからであった。もちろんこれは、彼にフロント・ベンチの経験がないことも意味していた。キノックはウェールズのベヴァン派の伝統を引き継いでいた。彼の感情と雄弁のすべては左派に強く通じるものであったが、彼が当時考えていた労働党にうまくいきそうな選挙戦略は彼を中道へと引き寄せた。一九八五年一〇月の労働党大会で、彼がミリタント派［労働党に浸透し、リヴァプールなどで一時期実権を握ったトロツキストの極左集団］の「攻撃的性質」を力強く非難したことはその公然たる一歩であったが、内心では、一方的軍縮主義のために労働党が依然としてもたついていることがよく分かっていた。防衛に関する保守党への国民の信頼は、連合内におけるもめごとによっても強められた。オーウェンは連合内で社会民主党党首としての地位を利用して、トライデントへの支援を信義の問題にしようとしていた。保守党と同じように、オーウェンは、イギリスの軍事抑止力によって守られた独立（それはアメリカによってもたらされたものであったが）こそ、最優先の問題であることを強調していた。それに対して、連合内の多数派はいつも、NATOへのイギリスの関与が最も重要だという立場をとっていた。

防衛をめぐる野党の混乱が大いに害をおよぼすことになった背景には、こうした状況があった。連合の力強い外見は、実際には見た目よりも保守党を脅かすことがなかった。それは、保守党の支持基盤であるイングランド南部で、第二位をめぐって激しい競り合いがあるだろうということに過ぎなかった。確かに労働党は、四年前よりも非常に効果的に一九八七年の選挙戦を戦った。「キノック」と題された政見放送番組が、ヒュー・ハドソン〔（一九三六〜）、映画監督。『炎のランナー』でアカデミー賞受賞〕の手腕を要請して作られた。ハドソンの映画『炎のランナー』（一九八一年）〔日本公開、一九八二年〕は、一九二四年のオリンピック大会でメダルの獲得に奮闘するイギリス人をスリリングに描写した作品であった――その六〇年後に、キノックの素晴らしい潜在能力を示すために、彼の技量が請われたのである。選挙戦では、労働党幹部がサッチャリズムの下でどれほど学んだかが示された。銘柄に義理立てすることなく、たえず品定めをして回る顧客に、市場で自分たちの製品をアピールしながらいかに売りこむかを学んだのである。

それでもやはり、保守党が指摘し続けたように、労働党の政策はほとんど変わらなかった。連合はどうかと言えば、自由党のスティールと、社会民主党のオーウェンという二人の党首を抱えるという弱点があり、そのことは二人が明らかに異なった調子で話すという事実のために深刻な問題となった。オーウェンは、基本的に政府の率直な友人であり、スティールは、政府に敵対する論客であった。ジェンキンズとウィリアムズは、ますます孤立していく社会民主党の同志よりも、率直にスティールを支持した。こうして選挙後の分裂は、一方で自由党との合体を望む社会民主党の大部分の議員と、他方、社会民主党の名称に固執する独立路線のオーウェン派残党との間に生じた。この両党の反目は、その後の自由民主党（Liberal Democrats）の結成に際しても、その行動を縛るような傷跡を生むことになった。

後から見て驚くことは、当時の保守党がそれまで以上に選挙結果を心配していたことである。投票日の一週間前にもかかわらず、サッチャーと保守党幹事長のテビットの間に「激しい口論」（サッチャー自身の言）があったが、それを引き起こしたのはたった一つのでたらめな世論調査であった。二人の関係は、「ふらふらの木曜日」（wobbly Thursday）から完全に立ち直ることがなかった。あれほど傾倒していたサッチャー派の幹事長が、首相自身から選挙運動をもっと結集する形で展開しなかったと、事実上責められるというのは意味深長なことであった。なるほどサッチャーは、選挙で下された判断を彼女個人に対する承認と見なしていた。一九八三年の時と比べて、保守党の票は四二パーセントの線を維持し、労働党は三ポイント増やして三一パーセント――ちょうど一九三一年と同じように――になり、連合は二三パーセントまで勢いを失った。保守党は三七六議席獲得し、依然三桁の数の差で議会の過半数を維持していた。一方、労働党は二〇議席増やして二二九名の議員となり、連合の議員は二二名であった。これは再びイングランド南部で得られた勝利であって、そこでの労働党は、グレーター・ロンドン以外ではたった三議席しか保持できなかった――そして今回は、ロンドンの八四の選挙区のうち二三区という戦後最低の数になった。対照的にスコットランドでは、保守党の一〇議席に対して労働党は五〇議席を獲得し、ウェールズでは労働党の二四議席に対して保守党はわずか八議席であった。「一つの国民」というよりも、今では少なくも三つの国民が存在していた。

経済状態はもちろん根幹に関わる問題であった。イギリスの生産性が今やヨーロッパで最高の成績を収めているのを、保守党は誇っていた。仔細に言えば、この主張は生産性の上昇分だけに当てはまることであった。製造業の基盤が一九八〇年代に他国よりも急速に落ち込んでいたので、実際のところは、二〇〇万〜三〇〇万人のあまり有用でなさそうな労働者を切り捨て、残ったより無駄のない有能な労働力によって、一人当たりの生産高の上昇が達成されたのであった。失業が下がり始めた時に、こうした上昇分を確保することこそ本当の試練であった。

登録された失業者数は、報道によれば一九八六年一月に三四〇万人という最高値に達した。その後は着実に減少して、一九九〇年六月には一六〇万人になった。政府が失業者数の算定方法を変えたために、野党は詐欺だと触れ回ったが、それは野党を悩ませただけでなく、本当の動きを分かりにくくした。標準的な基準で計測したOECDの数字によれば、イギリスの失業者数は早くも一九八三年にピークに達し、労働力の一二パーセントを超えていた。これはEECの平均より二ポイント高かったが、一九九〇年には六パーセントまで下がり、ヨーロッパの平均値を二〜三ポイント下回った。結論として二つのことが明らかである。イギリスの失業者数をどのように算定しても、一九八〇年代における最低の年は一九七〇年代における最高の年よりも悪かったこと、そして、比較される諸外国よりも上昇下落の激しい変動を経験したことである。力強い回復の中で、朗報が伝えられた。ピークからピークで測ると、一九八四〜八八年の五年間の経済成長率は三・七パーセントであり、一九六一〜六四年と一九六九〜七三年に達成された記録を破ったのである。

こうしてローソン景気は、モードリングの「成長への突進」やバーバー景気と並んで、歴史上にその名をとどめることになった。どの場合にも、経済循環の回復期における上昇パターンは、消費者需要を刺激することによってさらに勢いを増し、経済を加熱状態にした。ローソン景気の場合に違うのは、ケインズ主義を熱心に追求しすぎた結果ではないことであった。ローソンは筋金入りのマネタリストを自認していたが、蔵相の信条が本当は何であるのか分からずじまいの人もいた。一九八五年にローソンがロンドン市長公邸の演説で最終的に認めたように、以前の£M3という目標は確かに消滅していた。問題は、その代わりに何を置くかであった。彼は一九八五年までに、£M3の本当の代わりとなるものを、かつての金本位制に非常によく似たポンドの固定相場制という原理に見出していた。これが、欧州為替相場機構（ERM）に加入するための彼の論拠であった。彼はポンドをこのシステムの中に封じ込めることによって、イギリスのインフレ率を永久に低く固定しようと望んだのであり、これが基本的な目標であり続けた。

イギリスがERMに加入しようとするのであれば、確かに今が好機であった。労働党は、一九七九年にERMが創設された時は鼻であしらっていたが、一九八〇年代初めにポンドが石油通貨の激しい変動を示した時の経験から、イギリスの輸出産業に安定的な為替相場が必要なことを痛感していた。しかしローソンは、首相に自分の提案を切り出すと、必ず拒否されるか、少なくとも足止めされてきた。サッチャーのERM反対論の理屈は――経済政策に対する政府の行動の自由度を損ねると主張しながら――結局のところ、平価切り下げという選択肢を保持したいということであった。実際、彼女は金利の上昇に――厳しい金融政策を実施する際には避けられないことであっても――ひるむことがしばしばであった。その影響が住宅ローンの利率におよび、それが政治に作用しやすいという理由からであった。このことは、基準金利が総じて低下していったために、当座の問題にはならなかった。それは不規則にではあるが、一九八五年初めの一四パーセントから、一九八八年春の八パーセントへと下がったのである。住宅ローンの利率は、一、二歩遅れてその後に続いた。

それにもかかわらず、ダウニング街一〇番地〔首相官邸〕と一一番地〔蔵相官邸〕の信頼関係がなくなっている徴候は、ますます明らかになった。首相は、ERM反対論を憶せずに唱えるウォーターズ教授の助言に頼るようになった。自分の手の内を明かさないのを好んだローソンは、彼だけが知っている非公式の為替相場機構を頼りにした。実際にポンドが、一ポンド＝三ドイツ・マルクでドイツ・マルクを追い回していたことは、後にサッチャーが関知していなかったと言ったにもかかわらず、よく知られるところとなった。政府の一体感にひび割れの徴候が表れたのは、一九八八年三月にサッチャーが下院で述べた、「市場の力に立ち向かうことなどできません」という声明が、ローソンの為替相場政策への挑戦と受け取られた時であった。首相は、当面は折れたのであった。

それでも世間の異常な高揚感は、サッチャーの三選勝利の余韻に浸って一年以上続いた。後から考えてみれば、このことが、ダウニング街の二人の対立と合わせて、多くの人から大失敗と見なされた二つの施策――一九八八年度予算と人頭税――を説明するのに役立つ。首相と、彼女が公然とそう呼んでいた「素晴らしい蔵相」とは、一緒になって経済の奇跡を達成すると信じられていたので、ERMと通貨政策という双子の問題で膠着状態に陥っていたにもかかわらず、分かちがたく結び付いていた。二人の間には、意見が一致している重要な領域があった。それは、税金の削減がよいことだという点であった。したがってローソンは、自ら進んで一九八八年三月に大幅な減税予算を導入した。所得税の基準税率は、すでに一九八六年に二九パーセントまで、一九八七年には二七パーセントにまで下げられていたが、今回は二五パーセントまで引き下げられた。さらに、所得税の最高税率も六〇パーセントから四〇パーセントに低減された。

こうして保守党は、所得税減税という公約を実現した。イギリスにおける全般的な税負担は、実際、比較できる大抵の国と同様に一九八〇年代に増大していた。しかしその配分は、確かに個人税の減税分をまかなう間接税の増大に変わっていた。そしてこれは大いに再分配上の効果があって、税引後もその前と同じように、貧しい者は相対的にもっと貧しくなったのに対して、富める者はまったくのところ一層豊かになったのである。*高額所得者に非常に重要であったのは、税制による利益だけではなかった。こうした人々の多くは同時に、とりわけ近年民営化された会社で賃金の大幅な上昇による利益を享受していた。シティの「ヤッピー」が著しく裕福になった背後には、それを支える堅実な財政上の計算があった。ローソンの指導原則は、こうした誘因を創り出して、その結果として、将来の富を生み出す原動力に火をつけようとすることであった。確かにローソンは、一九八八年、あらゆる活動が一斉に成功を収めたと主張した――物価と利子率が下がり、雇用と経済成長が増大し、税金の削減にも関らず予算に余剰が生じたのであった。

* 個人納税者の納税額は、一九九〇～九一年には一九七八～七九年よりも二七〇億ポンド減少した。この減税額の半分以上は、当時年収二万ポンド以上の四〇〇万人の納税者に帰属し、あとの残りはその他の二二〇〇万人の納税者のものとなった。もっと一般的に言うと、一九八九年にはいかなる中規模会社の社長も年間五万ポンド以上の収入を見込むことができた。これは、インフレを考慮しても、一〇年間で三分の一をはるかに超える上昇であった。そしてこの範囲の納税者は、所得税の減税によって年間に大枚九〇〇〇ポンドもの利益を得たことになる。

ローソンの信念に誠実さが感じられたことは、疑いようがなかった。というのも、もっと抜け目のない大蔵大臣であれば、選挙後ではなく選挙の前に、ばらまき予算を導入したであろう。しかし、消費者需要の増大によるインフレ的な効果がすぐに表れた。一九八八年初めには四パーセントだったインフレ率が、一九九〇年秋には一〇パーセント以上に上昇した。バーバー景気の時と同じように住宅価格は急騰し、モードリングによる成長への突進策の時のように、国際収支は急速に悪化した。消費財が不足していた一つの理由は、一九八〇年代初期の不況によって、国内の製造業の稼動力がひどく破壊されていたためであり、今や生産の急増は不可能であった。これまで、国際収支の窮状を和らげてきたのは石油であった。一九八五年に石油の余剰は八〇億ポンドというピークに達し、価格の急落がこれを半分に縮小した。このことは短期的には重要でなかった、なぜなら国際収支は、一九八六年には依然として（ちょうど）均衡していたからである。しかし一九八九年までに、赤字総額は二〇〇億ポンドという新たな記録に達した。これはGDPの四・四パーセントであり、一九七四年と同じくらい悪い状況であった。

民間部門がつくった赤字に対処するのは民間部門だと言って、ローソンは無関心を装っていた。為替相場への影響という理由だけでも、こうした見解は容認できないものだったが、間もなく政府予算に同様の赤字が出てきたので、なおさらそうであった。この赤字は、またもや思いがけない利益で覆い隠されていた。というのも民営化による収入が、支出を上回って計上されていたからである。ローソンが一九八八〜八九年度に実現した一四五億ポンドの予算余剰のうち、一三〇億ポンドもの額が公共資産の売却から生じていた。それがこの規模で繰り返されることはなかった。こうした問題が重なるにつれて自信は弱まり、政府は不安とともに夢から覚めた。利子率は、一九八八年春の七・五パーセントから確実に押し上げられ、満足からは程遠い一九八九〜九〇年の冬には一五パーセントになった。

一九八八年度予算がローソンの自信過剰の結果であったとすれば、サッチャー政策の代償を典型的に表したのが人頭税であった。保守党は長い間、住宅の固定資産税を廃止する形で、地方財政を改革しようとしてきた。これが、一九八七年以後の立法計画の主眼だと、サッチャーは明言することになった。これこそ、資産所有者だけでなくすべての成人住民が、それぞれ個人として均一額を支払うという「コミュニティ・チャージ」計画であった。その目的は、労働党が支配する地方議会による金遣いの荒い政策を抑制することで、それは保守党がどうすることもできないと感じていた領域であった。*サッチャーの不敵な反応は、彼女の敵に対して中央政府の権力を結集することであった。こうして、（労働党の支配下にあった）グレーター・ロンドン議会は一九八五年に廃止された。他方で、地方政府の支出を制限する地方税率上限枠についての施策が、その他の地方議会の活動を妨げたのである。

＊　保守党が地方選挙で相対的に弱かった理由は、ある程度は、全国選挙で彼らが過剰に代表されていたためであった。選挙制度のおかげで、サッチャーは一九八〇年代に二つの大勝利を獲得したが、それは反保守党の票が非効率的に分散していたためであった。しかし、地方選挙では労働党と連合への支持がはるかに効率的に分布し、人気のない政府と争うこれらの政党の力量が、しばしば最大の力を発揮した。

人頭税はもっと徹底した解決策になりそうであった。人頭税を施行する担当大臣［環境大臣］のリドリーにとって、それは魅力的であった。人頭税は、浪費的な支出が招いた費用の割り当てをすべての有権者各々に最大限に負担させることによって、地方の資産所有者から搾り取る力を労働党から奪おうとするものであった。このように大衆が責務を負うことによって、地方税率上限枠の必要はなくなった。これは、チェンバレンが施行した一九二〇年代後期の改革以降、地方政府の財政に関しては最大の変革であった。ただし、チェンバレンは大蔵省の支持を得て初めてその改革に踏み切ったのであった。それとは対照的に、サッチャーとリドリーは、彼らの考えを馬鹿にしたローソンを抱き込まないまま計画を推し進めたのである。

もしも大蔵大臣が人頭税への移行を一九八八年の豊かな財源によって和らげていたなら、選挙の大敗北には必ずしも陥らなかったであろう。そうではなく、スコットランドでは一九八九年に、それ以外のところでは一九九〇年に根本的な変化が訪れた。その頃、景気はすでに後退し、利益を得た人よりも損をした人が多くなっていた。唯一目立って利益を得たのがまたもや富裕な人々だという事実に、保守党の議員でさえ本気で怒りをつのらせる者もいた。その上、サッチャーが人頭税だけでなく地方税率上限枠も必要だという結論を下した時、地方政府の責任という大原則は放棄された。最悪だったのは、労働党の地方議会がとにかく支出を増やすためにこの混乱状態を利用しただけでなく、有権者が明らかに政府に責任があると考えたことであった。一九九〇年春までに、世論調査で保守党の支持率が三〇パーセント以下となり、労働党に二〇ポイント余りも差をつけられた。ミッド・スタッフォードシャーの補欠選挙では、労働党がここ何年間かで最大の勝利を収めた。

　しかし、サッチャー失墜の引き金となったのは、人頭税ではなかった。確かに、一九八九年五月にサッチャーが首相就任一〇周年を迎えた時の反応は、妙に冷たいものであった。そして一二月の党首選で、彼女は平議員の名ばかりの対抗者と対決しなければならなかった。それでも、内閣が団結して支持してくれていたなら、彼女は頑張り通せたであろう。遅くとも一九九〇年になると、彼女はそのような支持を期待できなくなっていたが、その理由は人頭税ではなくヨーロッパであった。ECとイギリスとの関係が隠れた暗礁となっており、相次ぐ閣僚の辞任という危機のなかでサッチャー内閣は浸水沈没していった。ヨーロッパ問題は、今や多くの人々が本来の党首挑戦者と見ていたヘーゼルタインの辞任にも一役買っていた。おそらく最も信頼できるサッチャーの支持者であったリドリーが、ドイツ人に対する憎悪を露わにした発言によって、一九九〇年六月に辞任を余儀なくされた理由もそこにあった。最終的にそして致命的であったが、対ヨーロッパ政策はローソンとハウの辞任をも後押ししたのであった。

　脳卒中で倒れたホワイトローが一九八八年に辞任していたので、サッチャー内閣の中ではハウが最年長であった。それでもサッチャーは彼に十分な敬意を表さなかったため、最後には高い代償を払うことになった。ハウは外相として、ECとの関係改善に努めた。彼は、一九八五年に単一欧州議定書「単一市場の発足や欧州議会の強化を盛り込んだ基本条約で、一九八七年七月に発効した」に署名するようサッチャーを説き伏せ、これによってイギリスはより親密な統合の原則に委ねられることになった。一九八九年、依然としてサッチャーがERMへの参加を拒み、ウィルソン流に時はまだ熟していないと主張していた頃、ハウはサッチャーに圧力をかけるためローソンと力を合わせようとしていた。EC指導者によるマドリード首脳会議が開かれる前に、二人は一緒に辞任すると脅してサッチャーと対決した。当面サッチャーは二人を思い留まらせたが、実は七月にハウを外務省から移動させて、この恨みを晴らした。彼女はもっと従順な人物であるジョン・メイジャー「（一九四三〜）、保守党の政治家。外相（一九八九）、蔵相（一九八九〜九〇）、首相（一九九〇〜九七）。首相就任時、イギリス首相としては二〇世紀最年少」を選んだが、それは驚くべき昇格であった。その一方で、ハウは副首相という実質的に力のない肩書きを得て、自らを慰めていた。

激しさをます首相の熱狂的愛国主義がタブロイド新聞の偏見に迎合するのを見て、ローソンは大いに当惑した。しかしそれよりも、首相の私的経済顧問であったウォーターズの破壊的な役割——とくにERMに対する明示的な嘲笑——に、彼はもっとひどく動転していた。このことが公になり、サッチャーがウォーターズを手放すのを拒んだために、ローソンは一九八九年一一月に辞任する以外に選ぶ道がないと考えた。サッチャーは、それを理解できないことだと公言した。平然としてサッチャーは、この空席をまたもやメイジャーで埋めた。大臣としてのメイジャーの経験の多くは、大蔵省で培われたものであった。かつてヒース派であったダグラス・ハード〔(一九三〇〜)、保守党の政治家。内相(一九八五〜八九)、外相(一九八九〜九五)〕が外務大臣になり、サッチャー派の内閣とは程遠いものになった。ここでERMへの加入について首相の承認をとりつけたのは、メイジャーであった。これはもちろんあらゆる問題を解決するものではなかった。経済状態が悪化していたために、最初からポンド平価を維持するために苦しい努力を強いられた。イギリスが初めてECに加盟した時のように、今回も、時宜を得た時になすべき事をするのが重要だという具体的な教訓が得られたのであった。

　ハウが辞任したのは、ローソンが辞任してからほとんどきっかり一年後であった。このことを、サッチャーはほとんどまったく焼き直しだと見ていた。何故このように符合するかについて、あからさまに理解しがたい様子を装うことまで含めてである。問題は、またしてもヨーロッパ統合への関わり方であった。入念に仕組まれたサッチャーの沈黙は、今回は一九九〇年一〇月三〇日の下院での質疑に持ちこたえられなかった——「ノー、ノー、ノー!」。ハウは去ることを決意した。事が起きたのは、イーストボーンの補欠選挙で、保守党が容易に確保できるはずの議席を失った二週間後であった——もちろんそれは労働党ではなく、機能不全だと思われていた自由民主党に奪われたのであるが、自由民主党は人頭税のおかげで第三党としての地位をうまく取り戻していたのである。党首に対する本格的な挑戦の話題——ヘーゼルタインが候補であるのは明らかであった——が、当惑した保守党議員の間に広まっていた。これが確実になったのはハウの辞任演説で、「おそらくあまりにも長すぎた」相矛盾する忠誠心との格闘について話した時、彼のくすんだ話しぶりは、それが与えた強烈な衝撃とまったく対照的であった。ヘーゼルタインが出馬を表明すると、彼はハウとローソンの両人から支持を受けたのである。

　サッチャーの統率力が、今や崩壊に至る悪循環に陥ったことは明白であった——彼女の党首選運動を取り仕切る人々だけが、熱心に票集めをするには及ばないと考えていた。しかし、一回目の投票ではヘーゼルタインの一五二票に対し、サッチャーには二〇四票しか投じられなかった。確かに改正された規則では、サッチャーが文句なしの勝利を表明するには、あとわずかの票が足りないだけであった。しかし、三期連続で保守党を率いてきた現職の首相にとって、五人に二人の保守党《トーリー》議員が彼女を支持していないとしたら、こうした計算はどうでもよかった。サッチャーが辞任を決意したのは、彼女の退陣によってはじめてヘーゼルタインの敗北を確実にできるという理由のためであった。

しかし、一体誰が彼に対して勝利を収めるのだろうか？　またもやメイジャーが、その空いた席に滑り込んだ。彼はどう見ても首相後継者として教育されてきたとは言えなかったが、一連の間に合わせの首相候補が次々と躓いたり——あるいは、追い落とされた——ために、わずか一六カ月前に大蔵省の副大臣に就任したばかりのメイジャーは、最高の地位への昇進に最後の一歩を踏み出した。二回目の投票ではヘーゼルタインだけでなく、イートン校出の老獪なハードとも対戦したメイジャーは、自分の貧しい生まれが、サッチャリズムの政府を確実に維持する候補者であることを表明する際にプラスとなっていることに気づいた。彼は必要な数に充分足りる票を獲得できた。こうして一九九〇年一一月、保守党は、為し遂げたことを思って恐怖を覚え、サッチャーが首相として在任した一一年半をこのような形で終わらせることに多少は罪の意識を感じながら、サッチャーを盛大に見送ったのである。

おしゃべり階級が彼女のやったことの害悪について絶えず語り合ってきたからといって、マーガレット・サッチャーが言い尽くせないほどの害悪をもたらしたというのは真実ではない。それどころか、サッチャーの改革がもたらした成果は、多くの長年の敵対者からも認められた。彼らは胸の内では炭坑夫に同情していたかもしれないが、労働組合に再び権力を戻そうとは言い出さなかった。彼らはまた民営化を軽蔑していたかもしれないが、国営産業と公営住宅の時代に戻ろうとは言い出さなかった。サッチャー以後の労働党は、どちらかに認められようとする両極端の党派的政党であるよりも、むしろ一〇年前の社会民主党（SDP）により近い類似性をもつようになっていた。

サッチャーは莫大な犠牲を払って勝利を獲得してきたが、大抵の場合、犠牲は他の者が担った。統計調査で比較できる所得から、路上で物乞いが再び目立つようになったことに至るまで、いかなる基準で見てもイギリスはより一層不平等社会になった。その上、サッチャーは自らの壮大な計画を実行する際に、考えることを選ぶより、荒削りな即興の方法に頼る場合の方がずっと多かった。一九七九年綱領で彼女の大きな拠り所となったマネタリズムは、まもなく跡形もなくなった。しかし、その主要な目的は達成されたので、サッチャー主義者には計画の変更を正当化する十分な理由があった。ローソンが一九八五年にロンドン市長公邸で行った演説で述べたように、「インフレ率は判事であり陪審員であった」。サッチャーが辞任した時、小売物価指数の上昇は再び二桁に跳ね上がった。他方で、失業者数は二〇〇万人以下であった。周期的な景気後退が始まると、それに続いて再びインフレ率は低くなり、失業者数は上昇することになった。インフレと失業の間にあるトレード・オフのようなものは、サッチャリズムがそれを廃棄してきたと主張するケインズ主義政策に特有のものでないことは明らかであった。かつてマーガレット・サッチャーは、何を変えてきたのですかと問われて、会見記者に「全てを変えてきたのです」と断言した。回顧録では、サッチャーは別の表現をすることになった――「政治には最終的な勝利などないのです」と。

第12章　若い国家　一九九〇～二〇〇〇年

1　メイジャーからマイナーへ

サッチャーの失墜はイギリス政治の時代を画することになった。首相が任期半ばで、その地位を追われるというのは、十分に劇的なことであった。二〇世紀には、わずか三人の前例があっただけで、アスキスとネヴィル・チェンバレンの二人は戦時危機の時にその地位を追われていた。というのも、自党の平議員の多くが、戦争に勝つために彼らは適任でないと考えたからであった。またロイド＝ジョージの場合には、彼を支えていた連立政府が崩壊したのであった。議会の安定多数をもった政党が、平和時に自らの指導者に対する支持を撤回したことはかつてなかったのである。

保守党が、サッチャーのもとでは次の選挙に負けると考え、党首が変われば勝利するかもしれないと考えたから、そうしたことは明らかだった。いずれの考えもおそらく正しかった。一九九〇年夏の世論調査では、労働党が少なくも一五パーセントのリードを示して脅威となっていたのであるが、メイジャーが政権を握るとすぐに政府が逆転してわずかにリードしたのである。この効果は一時的であったが、以後、保守党の支持率は、四〇パーセント前後のところを動いていた――それは、サッチャーが三回にわたって議会の多数派を勝ちとった時の水準よりも、それほど低くなかった。これは、持続する保守党の活力を見事に示すものだと見なすべきことなのかもしれない。しかし結局のところ、それに匹敵する支持率を労働党が回復していた――わずかにリードさえしているとしばしば報道された――という事実の方が、当時はより強い印象を与えていた。

したがってメイジャーは、サッチャーとは違うという印象を与えることが大切であった。ようやく一九七九年にはじめて議員になった時、メイジャーは凝り固まったサッチャー主義者ではなく、院内総務の仕事によく順応した有能で穏和なフィクサーだと見られていた。大蔵省の副大臣になって政府支出を抑制する仕事に就き、必要な削減を不要な騒ぎを起こさずに実行した能力によって、彼のことをよく知らなかった首相から主義を貫く人として認められるようになった。それゆえサッチャーは、メイジャーをまず外務大臣にし、次いで（まったくのところあまりに早く）大蔵省に大臣として迎える気になったのである。おそらく彼女は、何よりもメイジャーがイギリスの欧州為替相場機構（ERM）加入を支持していたために、一九九〇年一〇月、この嫌な案件を受け入れざるを得なかったと振り返ってみたことだろう。しかし、その時にはもう政治的な選択の余地がなかった。サッチャーは、翌一一月に自分が敗れた時、ヘーゼルタインを外す唯一の道は、メイジャーを支持することだと考え、こうしてメイジャーはサッチャー派の投票で選出されたのであった。

「私は、マーガレット・サッチャーの継承者として戦っているのではない」と、メイジャーは言い切った。しかし、継承者となることが、彼が自分のかつてのパトロンに認めてもらえる唯一の道であった。一五年間にわたって彼女が情緒を剝き出しにして党を支配してきたことが、彼女の存在感《プレゼンス》を持続させたのであり、それを無視したり軽視したりすることは危険であった。サッチャーは、議会の会期が終わるまで下院で議員を務め、その後は上院議員になった。しかし、彼女を駆って自分の名声の残余を大いに利用させたのは、外国、とりわけアメリカにおける精力的な発言の機会であり、そこで彼女は親ヨーロッパ外交に反対する主張（そこには彼女が以前、政府として支持したものも含まれていた）をますます辛辣さを加えて堂々と行った。こういった断続的な干渉が、一度ならずもメイジャーを窮地に立たせ、彼が自分の地盤を固めようとする努力を絶えず阻んだ理由の一つであった。別の理由は、「無階級社会」に対する願望に、彼が自分で内実を与えることができなかったことである。彼は、自分のすばらしい社会的上昇の軌跡が、「無階級社会」を例証すると考えていた。彼は、南ロンドンのディケンズの世界を彷彿とさせるような響きをもつコールドハーバー通りにあるみすぼらしい長屋式住宅《テラスハウス》のみすぼらしい家庭の出身で、ほとんど学校教育も受けていなかった。

メイジャー政府が新しい優先事項をもった新政府だという証拠は、弁解もしないしへこたれてしまうこともないマイケル・ヘーゼルタインが、まずは環境大臣として閣僚に復活したことであった。そして、彼は人頭税に責任をもつことになった——責任をもつというのは、できるだけ早くそれを撤廃することであり、誰もがそれに賛成であった。一九九一年三月、ヘーゼルタインは「地方議会税《カウンシル・タックス》」を導入し、個々人に課税するというやり方を止めた。それは昔の「地方税《レイツ》」にとてもよく似た地方財産税の復活であったが、今度はもっと広い層に及ぶ資産評価にもとづいて課税をした。もちろん問題点は残り、ヘーゼルタインの即興策が保守党をすぐに救うことはなく、一九九一年の地方選挙で再び青ざめるような敗北を被った。しかし、「人頭税」という名称はなくなり、それとともにメイジャー政府の前途に暗い影を投じていたきわめて強力な象徴もなくなった。

三年間におよぶ地方自治体財政の危機がもたらした一つの結果は、三大政党制の復活であった。ここ三〇年間の国会議員選挙における自由党の周期的な復活は、それほど華々しいとは言えないまでも、着実な地方選挙での前進に支えられていた。社会民主党（SDP）の出現は、この流れを実際に変えたというよりも、競り上げただけであった。しかし、一九八七年の総選挙後の連合内でのあからさまな争いは、こうして獲得したものを台無しにしてしまう恐れがあった。SDPの大半は自由党と合流して、一九八七年に社会・自由民主党（Social and Liberal Democrats）という新党の結成に合意していた（一九八八年には自信をもって民主党〔Democrats〕という短い名称にし、一九八九年に最終的に、歴史をもつ自由党の誇りを尊重して自由民主党〔Liberal Democrats〕に落ち着いた）。問題は、SDPの名称にこだわるオーウェン派の残党が（事実上一九八九年五月に）活動を停止するまでに、この合同の試みが分派を生み出したことであった。実際、一九八九年のヨーロッパ議会の選挙で、自由民主党は緑の党の後塵を拝して国内で四位に甘んじることになった。緑の党は、環境問題を持ち出す機会を利用して、一五パーセントの得票という一回限りの勝利を記録した。オーウェン派SDPが消滅した後、緑の党も衰退し、さらに人頭税危機が刺激になって、一九八八年七月以来、前海兵隊員のパディ・アシュダウン〔（一九四一〜）、政治家。イギリス海兵軍に勤務（一九五九〜七一）、自由民主党党首（一九八九〜九九）〕が率いていた自由民主党の蘇生を助けることになった。自由民主党は、一九八九年最後の三カ月の世論調査での支持率が八パーセント足らずのどん底であったが——それは事実上、一九五〇年代にグリモンド〔（一九一三〜）、政治家。自由党を率いて大躍進させる。スコットランド・ナショナルトラスト運動の指導者〕が自由党を救い出した水準に戻るものであった——、驚くべき回復力で復活して、一九九一〜九二年までにはしばしば二〇パーセントに届く支持を獲得し、前回の選挙以来の最高支持率を記録したのであった。

新首相の控え目で愛想のいいスタイルは、サッチャーのそれとは非常に違っていた。しかし、彼の政策は単純に人間の顔をしたサッチャー主義だったのだろうか。必然的に連続性が見られた分野もあり、とりわけ外交政策がそうであった。イギリスの世界的影響力の覆うべくもない衰退は、鉄の女にとってさえも制約となり、サッチャーはフォークランドでの勝利にもかかわらず、香港からの撤退の論理に抗することができなかった。条約に定められたイギリスの諸権利の失効という差し迫った事態に直面して、一九八四年の中英共同宣言を承認したのはサッチャーであったが、それを履行しなければならなかったのはメイジャーであった。彼は合意していた中国への返還を円滑に進める課題を負った最後の香港総督（一九九二〜九七年）に、自らの政治上の盟友クリス・パッテン〔（一九四四〜）、保守党の政治家。海外開発相（一九八六〜八九）、環境相（一九八九～九〇）、保守党総裁（一九九〇～九二）を歴任。一九九九年からヨーロッパ議会議員に］を選んだ。植民地における代議制度を強化しようとしたパッテンの努力は、彼自身の自由主義《リベラル》的な信条に符合するものではあったが、そうした民主主義的な言辞も、イギリスが統治した一世紀のもっと早い段階で表明されていればもっと説得力をもって響いたであろう。一九九七年七月に香港のユニオン・ジャック旗が降ろされた時、亜熱帯地域におけるイギリスの支配圏は、散在する遠方の島々と岩だらけの前哨軍事基地のみとなっていた。

こうしてついに大英帝国に落日が訪れると、ヨーロッパ政策が、ますますメイジャーにとっての試金石だと見られるようになった。メイジャーは首相になってまもなくボンに行き、イギリスは「ヨーロッパのまさに中心に」いることが望ましいと述べて、より積極的な姿勢を明らかにした。当然なことにサッチャーが意見を表明し、党は穏やかでなくなった。ましてや共通のヨーロッパ通貨が、ドイツ統一後のヨーロッパの一体化を維持する方法だという見方に対しては、穏やかでなかった。かくして彼自身の政治的立場が弱かったために、一九九一年一二月にメイジャーがマーストリヒト［オランダ南東部マース川に臨む都市］での政府間会議に出席した時、彼に策略をめぐらす余地はあらゆる側面で制限されていた。選挙が迫っていて、労働党は保守党と互角になり、自由民主党が復活していることを、彼は知っていた。そして、保守党を掌握する自身の力が弱いために、依然としてメイジャーはあまりにも行動的な前任者の影に隠れてしまっていた。

そうした状況下にあって、マーストリヒトでの交渉は、背水の陣で戦ったメイジャーに勝利をもたらした。イギリス国内の反ヨーロッパ派に対して、マーストリヒトでの交渉は、もちろんイギリスの主権を勇敢に防護するものとして提示された。しかし、メイジャーはハンドバッグを振り回すぶち壊し屋ではなく、ヨーロッパ各国の首脳陣もそのことを知っていた。確かに彼は、他の一一カ国とまったく同一歩調をとることには同意しなかった。それら諸国は、ますます苛立ちをもたらすようになった全会一致の要件がなくても済むように投票手続きを改正し、今やより完全なヨーロッパ連合（ＥＵ）にしようと決意していた。しかし彼らは、まったくイギリスを除外するのではなく、メイジャーが抱える諸困難に対して寛大であり、結局、二つの重大要件から離脱しうる権利を認めた。すなわち、イギリスが、計画された共通の通貨（後にユーロと呼ばれた）に加入するか否かの決定の延期を認めただけでなく、社会規定《ソーシャル・チャプター》（後に社会憲章《ソーシャル・チャーター》と呼ばれた）を拒むことをも自由にしたのである。後者は、イギリスの産業および雇用立法にヨーロッパ規模の基準を導入することになったのであるが、それは自由市場を唱えるサッチャー主義者にとっては、「ブリュッセル」に集約される介入主義的不正を代表するものであった。メイジャーにはよくあることであったが、彼が成し遂げた慎重な妥協は、賢明な政治の所産であった。マーストリヒト条約を、その一部分が削除されたイギリス版でさえも、受け入れることにきわめて消極的だったメイジャー自身の支持者たちは、ある閣僚が述べたように、そうしなければ労働党政府のもとで「社会憲章をくっつけた」条約を受け入れなければならなくなることをよく知っていた。

　EUは二〇世紀末のイギリスの政治を二極化する問題であることが、しだいに明らかになった。しかもそれは、政党政治に新たなひねりを加える形でそうなった。マクミランとヒースのもとで、保守党はヨーロッパ支持の政党であったが、サッチャーが多くの一般党員に確実に遺したものは、ヨーロッパ的ということすべてに関して、ますます強まる執拗な反感であった。それとは逆に、労働運動内部では同等に反対の動きがますます強まっていた。労働運動は、ブリュッセルがサッチャー主義に対抗し、それを抑え込む場になるかもしれないという考えに目覚めていた。島国的社会主義にはそのことができていなかったのであるが。こうしてヨーロッパ委員会のジャック・ドロール〔（一九二五～）、フランスの政治家。社会党国際経済担当（一九七六～八一）、財政経済相（一九八一～八四）、EC委員長（一九八五～九五）〕委員長が、一九八八年に労働組合会議（TUC）で講演した時、彼はいきなり暖かい聴衆に迎えられたのである。そして、労働条件に関するヨーロッパ的規制を支持する労働組合の熱情によって、労働党の政策はブリュッセルから完全に離れるという一九八三年の公約から一八〇度転換することになった。キノックは自らこの転向の旗手になり、メイジャー政権が社会憲章に調印しなかったこと、完全な通貨統合を表明するERMに参加しなかったことを非難しながら、労働党を一九九二年四月の総選挙に導いた。

　これは、一九八七年のローソン景気の時とは非常に違った条件のもとで争われた選挙戦であった。確かにインフレは、この頃には一九八〇年末の一〇パーセントを超えるピークから持続的に下がっていて、一九九二年中には四パーセント以下に落ち込み、一九九〇年代の残りの期間、その水準かそれ以下に留まった。対照的に失業している労働力の割合は、経済成長がまず落ち始め次いでマイナスに落ち込むと、二桁の数字に近づいた。一九九二年のGDPは、二年前よりも明らかに低い水準であった。それは規模こそ小さかったが、一九七三～七五年や一九七九～八一年の不況と類似のものであった。一九七三～七五年の不況はヒースを政権から引き下ろしたと言っていいし、一九七九～八一年のそれはサッチャーの前進をほとんど止めたのであって、メイジャーにとっては思うに深刻で焦眉の急を知らせる先例であった。しかも、輸入品に対する需要が減って国際収支は改善したけれども、スターリングをERM内の固定レートで維持する必要があったため、利子率は一〇パーセント以上に留まっていた。

　そのためもあって、不動産市場がジェットコースターのように急騰急落し、上昇する時の興奮が、急落する時の胃の不快感に変わった。一九八九年までの四年間に倍増した住宅の価格は、次の三年間に一〇パーセント下落した。保有期間の長い持ち家所有者は、自分の家の資産価値が上下するのを顔をゆがめあきらめながら見ていたことであろう。しかし、不動産所有民主主義の夢に最近取り込まれて購入した若者たちは、ローソン

れない事態を受け入れる他なかった。ラモントは一人残され、スターリングのERM離脱を公表することになった。彼はさしあたり大蔵大臣のままであった。二年前に首相になるのを助けてやった男のために汚い仕事をしたというだけの理由で、彼は自分が辞任する必要はないと思ったのである。しかし、ダウニング街における二人の隣人の良好な関係が、危機の犠牲になり、その不吉な前兆となった。

　今度はラモント自身が犠牲者になった。一九九三年五月にケネス・クラーク〔（一九四〇〜）、保守党の政治家。保健相（一九八八〜九〇）、教育・科学相（一九九〇〜九二）、内相（一九九二〜九三）、蔵相（一九九三〜九七）〕に取って代わられたのである。サッチャー政府のベテラン閣僚であったクラークは、今やメイジャーの強力な親ヨーロッパ派の仲間として、ひときわ目立つ存在になっていた。個人的な感情がいかに複雑であれ、ヘーゼルタインもそうであった。彼はメイジャーに対してはっきり分かるように忠誠を示したことによって、一九九五年に副首相という両刃の肩書きを与えられることになった。この三人が、政府のその後の残任期間四年間を通して、良い時にも悪い時にも、とくに悪い時に、政府を主導したトップであった。

　ブラック・ウェンズデーの逆説は、政府が恐ろしいと公言し、確かに恐ろしい瞬間を招いた結果が、実際は政府に望みある経済政策をもたらしたことであった。クラークが引き継いだ時の経済状況は、確かに問題をはらんでおり、そのなかで最大のものは予算の大幅な赤字であった。伝統的な収支計算値（コンソル基金）で測ると、負債は一九九三〜九四年にGDPの一〇パーセント以上であり、平和時に記録された最高の数字であった。こういうことになったのは、好況の頂点でローソンが大きな余剰を取り入れなかったこと、メイジャー自身が大蔵大臣の時に自己満足していたこと、そしてラモントが不況の財政への影響に対する対応に遅れたことに、より大きな原因があり、クラークの施策によるものではなかった。しかし、クラークは窮状を解決しなければならない大蔵大臣であり、彼は公共事業を厳密にチェックし、ほとんどあらゆる種類の税をこっそり増額するという賢明な政策の組み合わせによって、それを成し遂げた——ただし所得税は例外であり、彼はそれを一九九五年と一九九六年に一パーセント減税することができた。労働党は野党にあってこれらすべてに反対したが、政権に就くとその多くを真似ることになった。

　クラークが大蔵省で本当に成功したのは、ほとんど無頓着と言ってもいい冷静沈着さで切り札を手にプレーしたことであった。態度においても服装においても人間としてリラックスし——むさくるしいスエード靴を気に病むよりも一パイントのビター・ビールで自分を慰めるのを好んで——、彼は、窮地に陥っていた大蔵省が大いに必要としていた穏やかな権威という良識をもたらしたのである。彼はもちろん、ブラック・ウェンズデーが、平価切り下げであったなどとはけっして言わなかった。しかし結果は、スターリングを他の主要な通貨に対して少なくも一〇パーセント切り下げたのであり、およそ二・五〇ドイツ・マルク、あるいは一・五〇ドルというレートが通常になった。これはイギリスの輸出業者にとっては好機であり、二〜三年以内に大筋で貿易収支の均衡をもたらした。さらに利子率は、国内の経済成長を促進するのに好都合な六パーセント前後の水準まで下がるままにされた。一度はイングランド銀行総裁と公の場で衝突するという犠牲を払ってさえも、クラークはこの政策を持続する決意であることを示し、彼自身の判断が大筋で正しかったことが結果によって証明された。経済は今やよりよい均衡状態になったので、経済成長——一九九四年には四・七パーセントの高さにまで達していた——を持続的なインフレ抑制策と結びつけることが可能になったのである。

これがすなわち、政府による経済の成功物語であった。それにもかかわらず、経済が回復した時、それは「得票に結びつかない回復」であることが判明した。メイジャー自身の政治的立場は、救いがたいほど損なわれていた。それは、単に一時的な敗北ではなく、明らかにブラック・ウェンズデーに関わる彼の判断に対する拭うことのできない信頼の喪失であった。世論調査によれば、労働党がただちに優勢を確固たるものにし、それは次の総選挙まで継続して維持されることになった。実際のところ、一九九三年五月以降、ギャラップ調査における保守党支持率が三〇パーセントを超えない期間が四四カ月も続いたのである。「総選挙と総選挙の間における政府支持の落ち込み」という俗説は、同じように長い期間続いた保守党支配に終止符を打った、九〇年前の関税改革をめぐる党内抗争以来の前例のない崩壊のあり様を、当面おおい隠したものにすぎなかった。しかし今では、保守党内を二分しその衰運を定めたのは、客観的に見て良好な経済回復を達成したにもかかわらず、ヨーロッパというほとんど同様に分裂を引き起こしかねない問題であった。投票行動は基底にある社会的経済的要因によって決まると、あまりに安易に説明されてきた時代にあって、実際の出来事だけではなく、政治的リーダーシップの影響にいかに多くのことが左右されるのかを認識することは、我々のより深い洞察を可能にするだろう。

2　ニュー・レイバー

ニール・キノックは、一九九二年の総選挙後に辞任する時までには（もちろん選挙での敗北は別にして）、労働党の指導者としてかなりのことを成し遂げていた。一九九〇年までに、彼は少なくともメイジャー政府と同じくらい親ヨーロッパ的で反インフレ的な政策上の立場を支持し、それ以前の一〇年間の左傾化を退ける国内政策見直し論者の中心にいた。注意すべきことであるが、これは欧州為替相場機構（ＥＲＭ）の支持にまでおよび、それはキノック政府が誕生していたとすれば、同様に厄介な問題になっていたであろう。結局のところ、四回目の選挙の敗北は、労働党内の意識的な「近代化論者《モダナイザー》」の間で党を根本的に改革するための進んだ議論を引き起こし、それを実現するさらなる機会を与えた。ジョン・スミスがなるべくして野党の党首になった時、彼もまた、労働党は選出に値する穏健な政党だという社会的印象を与えようとした。そして彼も、党内の労働組合の投票権者に頼って、こういった変化を達成しようとした。しかし、多くの若い近代化論者たち、とりわけゴードン・ブラウン［（一九五一〜）、労働党の政治家。ジョン・スミスのもとで影の内閣の蔵相（一九八七〜八九）、通産相（一九八九〜九二）、影の蔵相（一九九二〜九七）を務めた。ブレア内閣の蔵相（一九九七〜）］とトニー・ブレア［（一九五三〜）、労働党の政治家。首相（一九九七〜）。影の内閣のエネルギー相（一九八八）、雇用相（一九八九）、内相（一九九二）を歴任。労働党党首（一九九二〜）］が、労働党内の改革派のスターとして登場し、労働組合という不落の城を決定的な障害物と見なして、党の組織体制そのものの改革を優先させたのである。

　スミスはこうした強力な改革運動にふさわしい指導者ではなかった。政府がますます深い穴に沈み込んでいくのを見て満足していたスミスは、労働党の国会議員候補者の選出における「一党員、一票」（OMOV）運動への取り組みをしぶしぶ承知したにすぎなかった。確かに、改革の内容は小文字で小さく書かれ、党首の選出権は選挙人団の手元に残って、議員、組合、および一般党員という三者間に等しく配分された。しかし、物を言ったのはOMOVの原則であり、一九九三年九月の労働党大会でスミスが党首としての信任を賭けたのもこの点であった。これは決定的な一歩であり、成功はしたけれども、彼にとっては最後の一歩になってしまった。八カ月もたたないうちに、彼は突然の心臓発作に襲われて急逝したのである。*

* 突然ではあるが、彼にとって発作は二度目のことであった。最初の心臓発作で、彼は一九八八年に影の大蔵大臣の職務を辞めていたが、その後は、完全に快復したようであった。一九九三年六月、ヴェニスを訪問した時に、マイケル・ヘーゼルタインも心臓発作に襲われた。しかし、それを軽く見せようとする彼の努力は、スミスの死後はあまり説得的ではなく、ジョン・メイジャーの後を継ぐというわずかに残っていた希望も潰えた。

　したがって、一九九四年五月に、労働党は時期尚早のまま、新しい世代から党首を選ぶことになった。二人の候補者がいることが明らかだった。何年もの間、ブラウンが同世代の中で、次期の党首候補として一際目立っていた。彼は知的聡明さと、スコットランド教会の牧師の息子として受けた教育にふさわしい明瞭な道徳的潔白さを備えていた。彼は、同胞のスコットランド人スミスに、影の大蔵大臣として冷静さと鋭敏さをもって仕え、大いに成功した。それに比べると、ブレアは、最近フロント・ベンチに加わったばかりであった。キノックの雇用担当スポークスマンとして、素早く要領のいいブレアの初仕事は、労働組合の主張を抑えて、クローズドショップ制に対する党の支持を撤回したことであった。このことをブレアは、彼一流の戦略的な大胆さと戦術上の詭弁を組み合わせることによって成し遂げた。しかし、彼が大きく花開いたのは、スミスのもとで影の内務大臣になった時であり、彼は有利な評判を作り出すように自分の考えを提唱する見事な才能を示し、こうして二年足らずでカリスマ的な注目を集めるようになった。

　二人は、大まかに言って類似の近代化戦略をもっていた。彼らはすぐに協調関係を打ち立て、それは親密で信頼のおける政治的協力によって維持された。彼らは遠からず高官になって協力し実績を上げることが十分に期待できた。どちらが党首として最終的に成功するのかについて、彼らはお互いに考えめぐらしたかもしれない。しかし、二人ともそうした選択の必要がこんなに早く来るとは思ってもいなかった。スミスが死んで幾日もたたないうちに、ブレアが党首選に立候補することにブラウンは対抗しないという決断がなされた――正確なところどういう理由でそうなったかについては議論が残った。近代化論者の大義は、こうして一九九四年七月の党首選で全面的な成功を勝ち得たのである。その時ブレアは、労働党議員および党員だけでなく、もっと驚くべきことに（残っていた対立候補が労働組合出身のジョン・プレスコットだったにもかかわらず）選挙人団の労働組合部門からも絶対的過半数の得票を得た。

　ブレアは四一歳でブラウンよりも二歳若く、メイジャーよりも一〇歳、サッチャーよりは二七歳若かった。これは、ひとつの世代交代であり、この若い指導者は、それを自分に有利になるように巧みに転じられることを示した。経験不足だという非難を受けて立ち止まる――労働党政府が最後に政権にあった時、ブレアは議員でさえなかった――のではなく、彼は前進の時だと宣言した。ブレアはサッチャー時代の変化の多くを、所与のものとして明示的に受け入れた。彼は丁重に（そして巧妙に）サッチャー自身にも敬意を払った。しかし、左派だけでなく中道派をも労働党側に結集できるようなサッチャー以後の戦略を断固として追求した。彼に敗れたライバルのジョン・プレスコット［（一九三八〜）、労働党の政治家。ヨーロッパ議会に選出（一九七五）。影の内閣で雇用、エネルギー、運輸の政策立案者を務め、一九九七年ブレア内閣の副首相となる］は、一五歳年長のずけずけ物を言う元労働組合の活動家であったが、後に党の傷口を癒すための副党首として重宝がられた。しかし、新党首一派の「見映えのいい連中《ビューティフル・ピープル》」（プレスコットは彼らをそう呼んだ）は、彼を「中枢部からはずれたやつ」と見なした。ブレアと同年生まれのピーター・マンデルソン［（一九五三〜）、労働党の政治家。通産相（一九九八）、北アイルランド担当相（一九九九〜二〇〇〇）］は、キノック体制下における党の筋金入りの政治局員であり、「スピン・ドクター」［政権に有利な世論操作を行う対メディア・スポークスマン］として当たりの柔らかい会話術で知られていた。彼は影の影響力があると広く認められ、平凡というよりは目立っていた。ブレアは、若さ自体を美徳として、また政治的若返りの隠喩《メタファー》として利用した。社会主義についての彼のヴィジョンは、当初は戸惑いを見せていた一九九五年の党大会を、確信させることになった「若い国家」というヴィジョンであった。

　ブレアの党首としての第一歩には、就任当初の人気を重大な政治目標のために用いるという意図が早くも示されていた。一九九四年一〇月の党大会のテーマは「ニュー・レイバー」であった。これが単なる「メディア対策」ではなかったという事実は、しだいに代議員に理解されはじめ、彼らはブレアが、公的所有の教義を奉った党綱領第四条の書き換えを求めていることを知った。それは党の建て直しを追求するためのＯＭＯＶに匹敵する動きであり、労働組合との一体性をかなぐり捨てた労働党は、今度は歴史的な社会主義的立場を捨てようとしていた。こうしてブレアは多くのことを求めることになった。しかし、ブロック投票に頼らずに、改革を党員自身に呼びかけた勇気は、一世代前にゲイツケルが第四条を変えようとして失敗したのとは対照的であり、教示的であった。確かに今や全国の党員数は増加しつつあり、このことは、ブレアと党との相互の信頼を示す一つの頂点であった。いったん権力の座につくと、彼には上から統制しようとする傾向があることが分かった。ロンドン市長およびウェールズ議会の長について労働党候補者を選択する際の高圧的な姿勢に、それは表れていた。

ブレアの登場がイギリス政治のすべてを変えたと考えるのは、何も変えなかったと言うのと同様に誤っている。明らかに、近代化論者たちはキノックのもとですでに労働党を崖っ縁から引き戻していたし、スミスの時に保守党はすでにがたついていた。強い立場を利用したブレアの指導者としての影響力は様々な点に見られた。彼は、一九六〇年代初めのハロルド・ウィルソン以来、下院の質疑時間で優位にたって政府の協議事項を片づけた最初の野党党首であった。ブレアは、政策上の立場を引用しやすい文句に要約する「サウンド・バイト」〔物事を端的に表現する短くパンチのある文句〕の名人になり、メイジャーはその手法をいたずらに嘲笑った。

メディアの報道がブレアを褒めそやし、そこでは彼の若々しい振る舞いは政治を全体的に再生させる徴候として、しばしば無批判に受け入れられた。ブレアの振る舞いは、彼が単純に今までと同じような労働党政治家ではないと思わせた。実際、彼は中流階級の出身で、私立の学校に通いオックスフォード大学を卒業していた。彼の前には、アトリー、ゲイツケル、そしてフットがそうであった。しかし、プロレタリアの出身ではないことを長所として宣言したのは、ブレアが最初であった。彼は「変化を望まないイングランドの中流階級《ミドル・イングランド》」の不安と希望を直感的に理解できると主張し、誇示的な愛国主義であれ、立身出世の願望であれ、それが体現する価値観を「まとまりのある《ワン・》国民《ネーション》」政党であるニュー・レイバーと一体化させようとした。こういったことは、言うまでもなく、保守党の伝統的な象徴でありスローガンであって、サッチャーが以前に伝統的な労働党選挙区に訴えて成功したことを意識的にまねた集票行為において、冷静に利用された。若いブレア一家はニュー・レイバーの縮図であった。ブレア夫妻はイズリントンの高級なテラスハウスに住み、それぞれの仕事と三人の子育てという競合する要求をうまく両立させている、二人とも専門職業人として意欲満々の親でもあった（四人目の子供が後にダウニング街で誕生した）。労働党に向けられた最悪の嘲りは、もはや時代遅れということではなく、時流に乗っているということであった。しかし、そうであるなら、それは疑いもなく人気のある時流であった。

来る月も来る月も、労働党は世論調査で五〇パーセントをかなり超える支持を獲得した。保守党が混乱しているのとは対照的で、それは残酷なほどであった。メイジャーは、繰り返し自党内の反乱に妨害された。一九九二年に行われたデンマークの国民投票におけるマーストリヒト条約の否認によってメイジャーは、イギリスの批准延期を余儀なくされたが、その時彼は下院で自分が敗北すれすれのところにいることを知った。さらに悪いことに、一九九三年夏、政府はヨーロッパに関するある票決で負け、生き残りをかけて信任動議を上程しなければならなかった。それでもまだ納得しなかった八人の保守党議員が、一九九四年一一月、しつこくも政府に反対する票を投じたのである。メイジャーは闇雲に反撃に出た。最初は、反対派から党員資格を取り上げたが効果はなく、次いで五カ月後に戻したが、それも効果はなかった。彼の最後の策略は、一九九五年六月に、自分を保守党党首の再選にかけることであり、批判者に対して「立候補するか、さもなくば文句を言うな」と迫った。

　彼が誰を念頭においていたかを想像するのはむずかしくない。サッチャー夫人の当時のお気に入りであったマイケル・ポーティロ〔(一九五三〜)、保守党の政治家。国防相（一九九五〜九七）〕が最も目立つ華々しい右派の閣僚の一人であって、メイジャーが彼らを「嫌な奴」だと思っていたことはよく知られていた。しかし、ポーティロはこの党首選の間、じっと静観していた。その代わりに、閣僚を辞任する勇気を見せたのは恐ろしく超然としていたジョン・レッドウッド〔(一九五一〜)、保守党の政治家。ウェールズ担当相（一九九三〜九五）〕であった。レッドウッドはこうして、一九八〇年代を黄金時代として振り返る経済的自由主義者とヨーロッパ懐疑派の主張を擁護した。他方サッチャー夫人自身は、およそ彼女らしくないことだが、彼女自身どちらを支持するのか明言を避け、慎重であり続けた。メイジャーは二一九対八九で勝利し、二二人の議員が棄権した。かくてメイジャーは勝利を宣言した。実際、彼は六六パーセントの支持を得ていた。比べてみると、一九九〇年の最初の投票の時、サッチャーの支持率は五五パーセントであった。しかし、下院で自党の三分の一の議員はもはや彼を支持していなかった――それは、一九四〇年に保守党議員がネヴィル・チェンバレンを見捨てたのとほぼ同じ割合であった。

　当初メイジャーを党首に選んだサッチャー派の支持がなくなったからといって、メイジャーがサッチャー主義に背いたと責めるのは正しくない。しかし、一九八〇年代のムードを捉えたような政策が、いつまでも効果的であるとは限らなかった。民営化はその全盛期には大いなる課題であったが、同じやり方が鉄道に容赦なく適用された時、その有効性の限界が見えたようであった。その措置に国民が熱狂しなかった――他の民営化政策は当初、熱狂的に支持された――だけでなく、計画そのものに一貫性のないことが露呈したのである。とくに軌道の管理と車両の管理との分離がそうであった。「車両に対する人頭税のようなものだ」と語られたにもかかわらず、英国国有鉄道網の民間会社への委譲が、一九九七年の選挙の前に慌しく行われた。一連の悲惨な列車衝突事故が発生したが、それはひとつには軌道の保全に問題があったために生じたものだった。多くの人が、「だから言ったじゃないか」（実際にはそう言わなかったにしても）とぶつぶつ言うことになった。

同じように、規制緩和は一九八〇年代にはしばしばもっともなかけ声だと思われたけれども、後になってやっかいな問題が生じた。家畜の飼育と解体処理に手ぬるいやり方を認めたことの責任は、どの程度規制緩和にあったのだろうか。一九八〇年代にしだいに明らかになったことは、突然に起こった家畜のBSE（「狂牛病」）はとりわけ連合王国で広まったが、それは市場任せの慣行のためであって、他の国ではもっとよく規制されていたということであった。それだけでも十分にひどいことであった。しかし、BSEは人体にクロイツフェルト・ヤコブ病［スローウィルスによって起こるまれな致死性の脳疾患］という病気をもたらすかもしれないという証拠がますます増え、それまで公式には否定されていたのであるが、危険性のあることが警告された。両者の結びつきを認める閣僚の声明が一九九六年三月に出され、続いてイギリス産牛肉の輸出は事実上の全面禁止になった。それはEU内ではとりわけデリケートな問題になり、どこにおいてもある程度予想通りの反応が湧き起こった。この危機に市場が確実に反応して、消費者が牛肉を避けた（大陸に比べればイギリスではその程度が少なかったけれども）ため、イギリスの農業者は、この輸出産業を復活するのに長期にわたる困難に直面した。しかし、だれもこの危機を単純に市場の解決に任せておくことに賛成はしなかった。もっと厳しい規制が行われることになった。安易な政治的嘲りは問題外であったが、こういった身の毛もよだつ統計でイギリスが世界の先頭に立ったことは、痛ましい反省を引き起こす原因になった。

メイジャーが不運な首相だったことは間違いない。彼は自分ではどうしようもない出来事に対する責任を取らなければならなかった。しかも、自分の指導性に対する敬意ではなく個人的な同情を呼び起こすようなあわれな態度で、それを行ったのである。このどう見ても正直な男が一連のスキャンダルに巻き込まれているのを悟った時ほど、それが明瞭になったことはない。スキャンダルの多くは最初は些細なことであったが、「いかがわしい」印象を与えて政府を傷つけた。一九九三年の保守党大会でのメイジャーの演説が、多様な状況に対応できる「基本に戻れ」という題目で一括されたという事実は、いずれ面倒になる難しい事態に直面したことを意味した。説教を意図したものではなかったが、それは、道徳上のわずかな退廃でも厳しく判定する説教のように受け取られた。* その後、戸惑うほど頻繁に、閣僚に関する性的興味をそそるすっぱ抜きがタブロイド版の新聞に現れた。たいていは遅ればせの辞任が続き、効果のない首相の支持自身が問題になった。

* メイジャー自身、一九八〇年代に保守党の閣外大臣であったエドウィーナ・カリーと関係をもったことが、二〇〇二年のカリーの回想録の出版によって初めて明らかとなり、この点で首相としてのメイジャーの困惑の原因に新たな光を投げかけることになった。

もっと深刻だったのは、議会運営手続きの悪用（「質問汚職」［特定の者を利する質問を議会で行い、その見返りに賄賂を受け取ること］）であり、議員が名声を危うくするような接待を受け入れたという、相互に関連した申し立てであった。これは、公的生活の道徳的規範について広い議論を呼び起こし、より具体的には、二人の著名な保守党の元閣僚に関する恥辱が広く報道されることになった。*

* 『ガーディアン』紙が非難した前の閣外大臣ニール・ハミルトンは、汚名を晴らそうとする目立った試みに失敗し、その後破産した。ジョナサン・エイトキンは内閣を去って、同じように『ガーディアン』紙と闘ったが、結局、偽証罪で刑務所に送られた。人気のある小説家ジェフリー・アーチャー（アーチャー卿）［（一九四〇〜）、保守党の政治家、サスペンス小説家。保守党副総裁（一九八五〜八六）］は、保守党の副総裁であり、ロンドン市長の有力な保守党候補者であったが、彼もまた後に投獄された。

そのことの結果の一つは、下院が新しい「道徳的規範と特典に関する委員会」を設置し、議員に対して金銭的利害の登録を義務づけたことであった。これらすべてのことについて、保守党は故意にぐずぐずしているという印象を与えた。対照的に、労働党は新しい基準に照らして非の打ち所がないと公言した。これは、「基本に戻れ」の労働党版と見ることができよう。それによって、将来の労働党政府は、自己宣言した規準に違反したと見なされればどんな場合でも窮地に立たされることが確実になったのである――そしてそれは、とりわけ党への献金という形で、然るべく起こった。ロイド＝ジョージとチャーチルは、二〇世紀末に実施された厳格な管理体制下であったなら、財務に対する精査を乗り切れなかったであろう。より高い期待を課したことの究極の結果は、政治家というものの清廉潔白さに対する国民の信頼を減じたことであったが、短期的には「いかがわしい」ことで傷ついたのは保守党であった。

以前にバルフォアがそうだったように、メイジャーは職を譲らないことを断固として決めていた。彼の立場がいかに屈辱を受け、先の見込みがまるで望みないものであってもそうであった。一九九二年四月に選出された議会は、五年の任期を全うするだろうと、長いこと当然のように思われていた。同様に保守党は、類まれな一八年という政権担当期間の後に、ついに権力を失うだろうと、当然のように思われていた。もはや勝利を期待できなくなった時、保守党があまりひどくない負け方をする唯一の望みは、経済面での業績次第だと見られた。しかし、ケネス・クラークの大蔵省での業績は広く認められていたとはいえ、それを保守党のキャンペーンの中心に置くことはできなかった。というのも、親ヨーロッパ的見方のために、彼は党内で事実上孤立していたからである。ますます危うくなる内閣が維持した公式の路線は、一九九九年に始まるように計画された単一通貨にイギリスが加入する可能性を残しておくことであった。

ユーロ（今やそう呼ばれるようになった）に対する世論調査によれば、国民は二対一の差で参加に反対であった。それゆえ、イギリスのEU加盟に関する国民投票の実施を唯一の目標にして、金融家のサー・ジェームズ・ゴールドスミス［（一九三三〜九七）、フランス生まれのイギリスの活動家、金融家。イギリスのEU加盟に反対］を指導者とする新党が一九九五年に結成された時、保守党員は驚愕した。この問題は、ルパート・マードックの新聞、とりわけ『サン』紙で大きく取り上げられた。同紙は前回の選挙を労働党に不利になるように動かしたことを依然として誇りにしていたが、今やブレアが主導するニュー・レイバーを支持する用意があった。一九九六年四月に、クラークはいささか気乗りしないまま、イギリスは、ユーロを採用する前にともかくも国民投票にかけることに同意した。そして、何カ月もたたないうちに、労働党も同じ約束をした。したがって、形式的には政府と野党が合意したことになる。保守党は反ユーロであり労働党はユーロ支持であるという事実を覆い隠すために国民投票が考案されたというのは、あまりに単純である。しかし、国民投票が両党において、異なる目標をもったことは確かである。こうして、とくに『サン』紙はその紙面で、ブレアが通貨に刻まれた女王の顔に対する強い愛着を表明するところを載せることができた――ユーロ参加を彼が強く望んでいると思われていたことに奇妙に反する感情表現ではあったが、選挙に勝ちたいという彼のもっと強い願望に反するものではなかった。

投票日が最終的に一九九七年五月一日と決められ、ニュー・レイバーは総選挙の話題をさらった。保守党は、ニュー・レイバーはまやかしだと警告することはできたかもしれない。すなわち、それは旧来のおなじみの社会主義という怪物を隠したまったくの繕い物であると。実際ブレアは、そうした非難を予想し、労働党は成し遂げてきた変化をはっきり認めなければならないと党員に対して言明することによって、それに先制攻撃を加えた――痛みが大きいほど、労働党は先祖返りした労働組合運動の被造物ではないことをうまく証明することになった。ブラウンもこの繰り返し安心させる戦略を支持していた。すでにクラークが来たるべき二年間に対して定めていた公共支出の目標を、労働党政府は固守すると断固再確認したばかりか、直接税の税率を上げないという公約を付け加えた。こうして過去における労働党敗北の亡霊は儀式を経て追い払われたのである。

労働党の地滑り的勝利は、長いこと世論調査で予想されていた。しかし、それは額面通りには受け取られていなかったし、またそれとほぼ同様に信じられてもいなかった。実際、労働党の得票は四四・四パーセントで、予想よりもいくらか少なかった。それでも選挙での保守党離れは、一九四五年以降最大であり、議員の数は一六五名に減少し、それは、一九〇六年以来最も少ない数であった。保守党内の分裂は疑いもなくこの結果を招いた一因で、個々の保守党候補者がユーロ参加に反対を表明したり、EU加盟そのものにさえ反対して党の公式路線と袂を分かったので、選挙運動中に不和が表面化した。これは、もっと極端なヨーロッパ嫌悪派の候補者に出し抜かれるのではないかと恐れたためでもあった。なかでも国民投票党（Referendum Party）の推す候補者が最も目立っていた。同党の全国的な得票率は二・七パーセントで、小さかったかもしれないが、多くの選挙区で、その得票数は当選者と敗れた現職保守党議員の得票差を上回っていた。およそこのことが保守党総崩れの重要な要因ではないと分析されているが、それは激減した一隊となって議会に返り咲いた保守党の反ヨーロッパ的偏向を強化することになった。影響力の大きい保守党系の新聞、とりわけ『デイリー・テレグラフ』は、ブレア政府を吹き飛ばすのはヨーロッパ問題だと物怖じせずに報道していた。

これはブレアの選挙であった。新しい議会で彼は四〇〇人を超える支持者をもち、それは一九四五年のアトリーと一九〇六年のキャンベル＝バナマンに匹敵するものであった。しかし、アトリーもキャンベル＝バナマンも、一九九七年のブレアのように選挙運動を掌中に収めていたわけではない。これは一部には工夫の才によるもので、よく整った党機構は、アメリカのクリントン〔（一九四六〜）、アメリカの民主党政治家。アーカンソー州知事（一九七九〜八一、八三〜九二）を経て、第四二代大統領（一九九三〜二〇〇一）〕率いる民主党から「党の公式の方針に沿って発言すること」を守る重要性――それはフォーカス・グループ〔番組、コマーシャル、製品などの開発に有用な情報を得るため、司会者のもとで集団で討議する消費者グループ〕と即座の反駁手続きの手法に支えられていた――を学んでいた。舞台裏ではスピン・ドクター〔メディア対策を担当したピーター・マンデルソンを指す〕の妖術を利用しながら、他方でブレアは、それと対照的に表舞台で甘く明るい雰囲気を作りだすことができた。彼は自分の確固たる指導力をもって、変化を望まない心配性のイングランドの中流階級を明確に納得させただけでなく、労働党政府の誕生に貢献することによってより強い要望をもつようになった人々を奮い立たせることができた――それは〔保守党政権があまりに長く続いていたために〕三六歳以下の有権者にとっては新しい経験であった。勝利に対するブレアの反応――「新たな夜明の到来とは言えませんか？」――は、過度の感傷のきらいがあったけれども、当座は文字通りに受け取られた。

この結果を生んだのは、労働党を支持する全国的な投票の強さだけでなく、その分布であった。一九八〇年代に保守党に有利に働いた選挙制度が、今度は命取りになった。保守党は以前には安全だった議席を労働党に奪われた――たとえば郊外の北ロンドンのエンフィールド〔グレーター・ロンドン北部〕ではポーティロが敗れた――だけでなく、自由民主党にも議席を奪われた。自由民主党の得票率は一七・二パーセントでわずかに減りはしたが、議会の代表を四六議席に増やし、一九二九年のロイド＝ジョージの時代以来最大の第三党になった。

新首相は、勝利について自信はあったが、この地滑り的勝利までは予想していなかった。実際に彼は、政治的支持基盤を広めるという目的に合致する、連合政権の可能性という非常時対策を考えていた。自由民主党の党首であるパディ・アシュダウンは、ブレアから絶えず誘いをかけられていた。そしてこの二人は、共感可能な政治上の親近性の上に築かれた、彼らのいう共同の「プロジェクト」について自信を分かち持っていた。自分たちに対する全国の支持者の多くが、メイジャー政府から逃れたいという共通の目標を持っていると、彼らが感じとったことは正しかった。一九九二年の時と違って、たいていの自由民主党員は今やブレア率いる労働党政府を恐れることはなかった。また一九八〇年代初頭と違って、多くの労働党支持者は、現職の保守党《トーリー》議員を引きずり下ろす機会がありそうなところではどこでも戦術的に自由民主党に投票する用意があった。こうした新たな尺度に基づいた戦術的投票は、しかし、一九九七年には政府における協力関係の形成にはいたらなかった。そうではなく、労働党の多数を膨らませただけで、連合構想は非現実的なものになった。そのことにブレアは素早く気づいたが、気落ちしたアシュダウンがそれに気づくには時間がかかった。

ブレアのプロジェクトが見事なほど広範囲にアピールしえたのは、それがほとんど何もかも含む柔軟な定義に基づいていたからだというのが事実であった。ブレアはその巧みな弁舌で、しばしばニュー・レイバーの社会主義的系譜とともに自由党的系譜を主張した。そして彼は時に、選挙制度改革も含む多元主義的な政治理念について語った。しかし、一九九七年以降ブレアは、自分の党に有利に作用した選挙制度が生み出す圧倒的多数の支持を得た首相となった。彼のプロジェクト——おそらく新しいプロジェクトではあるが、今度は党の利害と結びついていた——が組織的な支持を得られたのは、実際にブレアが労働党を自分のものにしていたからであった。こうして、彼が首相の座につく際に主張した言葉には若干のあいまいさが残った。いわく、「我々はニュー・レイバーとして選出されたのであり、ニュー・レイバーとして統治するだろう」と。

3 有名人！

一九九七年八月、皇太子妃《プリンセス・オブ・ウェールズ》であったダイアナの生涯が交通事故によって終わった。彼女がわずか三六歳であり、まだ十代を終えていない二人の少年の母親であったということが、なにはともあれ彼女の死に悲劇的な個人という特徴をもたらすことになった。彼女が王位継承者の妻でかつてあったということもまた、いやおうなく公衆の関心をかき立てることになった。バッキンガム宮殿［ロンドンにあるイギリス国王の居所］は、こうした出来事に対して、寡黙な礼儀正しい感覚をもって、また注意深く計算された悲嘆と哀悼を表明することによって、首尾よく対処するだけの十二分の経験を持ち合わせていた。しかしながら、それらはいずれも、今回の王室の特別な出来事に対しては不適切であることが判明した。不正確とはいえダイアナ妃として広く知られていた彼女はすでに、直感的とも操作的とも呼ばれたアピール本能を顕示し、幅広い人々の共感を生み出す能力を示していた。彼女は、テレビで自らの結婚の破綻について語っていたし、パパラッチ［有名人を執拗に追いまわすフリーのカメラマン］の機嫌を取ると同時にその追跡を逃れつつ、人目を惹く社交生活を送っていた。そして彼女の死は、億万長者のプレイボーイを同伴した猛スピードでの車の追いかけっこの最中、パリにおいてもたらされたものであった。ダイアナは「人々の王妃」であったとするブレアの即座のコメントでもって、イギリス国民のムードを素早く巧みにとらえたのは、王室ではなくイギリス政府であった。人々のあふれんばかりの情緒的な哀悼がそれに続き、ケンジントン宮殿［ロンドンにあるヴィクトリア女王生誕の宮殿］では積まれた献花が人の肩の高さにまで達し、葬儀では通りが群集の列で埋まったが、これらはまったく予期せぬ事態だった。

　チャーチルの死の衝撃、あるいはネルソン［一七五八〜一八〇五、イギリスの提督。トラファルガー海戦でフランス・スペインの連合艦隊を撃破し、ナポレオンのイギリス本土上陸を阻止した］の死の衝撃さえもが、先例として思い起こすことができるというのは、たしかに真実である。しかし、対照的であることを際立たせたのは、彼らが独自に著しい偉業を成し遂げた英雄的な人物であったという明白な事実であった。というのもダイアナは、彼女がしたことよりも彼女が何者であったのかということによって賞賛されたからである。この点では彼女も、出生あるいは婚姻によって取り決められている役割を担う王家の他の構成員と、似たり寄ったりだと言うことができるかもしれない。しかし彼女は、有名であるということで有名、という意味合いにおいて著名人の地位を獲得したという点ではまた、他の皇族とは異なるのである。彼女の突然の死に対して人々の本能的な反応を喚起することになったものは、メディアによって投影され、受け取った国民によって想像された、ダイアナの個性であった。それは、道理にかなったものと言えたかもしれないが本質的には非理性的であり、後からわかったように、移ろいやすいものであった。その時点において奇妙で新奇だったこと、あるいは困惑させられさえしたことは、かくも多くの抑制をイギリス人が捨て去ってしまったことが明らかにされたことであった。事実、慣習が変わりつつあることのさまざまな兆候はすでに明白となっていた。たとえば、直情的であることで有名な、イングランド代表チームの選手ポール・ギャスコイン［一九六七〜、通称「ガザ」で知られるイングランドの著名フットボール選手］が、一九九〇年のワールド・カップで審判の判定に対して傍目もはばからず泣いたとき、決然と我慢して采配を受け入れなかったと批難されることを彼は覚悟したかもしれない。しかし実際には、この出来事は、たちどころに民衆的ヒーローとしての「ガザ」を作り出したのであった（ダイアナに匹敵する移ろいやすい魅力をもって）。

　以上のような事例の説明には、もちろん、過度の社会的解釈が加えられていると言うこともできるだろう。ここで明らかにされたことは、感受性の完全な変化というよりも、流行の変化に準じた行動様式の推移の進行として理解した方がより良いのかもしれないのである。イギリス人は――いやむしろイングランド人は――本性として冷静で控え目だという考えは、明らかにひとつの民族的偏見であり、しばしば、ラテン民族やケルト民族が有するとされる熱情や感情の享受能力と対比される。明白なことだが、こうしたイメージは自己補強的でもありうるのであって、それらが両義的なものである場合においてもやはりそうであり、たとえ明示的に諷刺されている場合でもアイデンティティを暗黙のうちに強化するものとして重宝されるのである。しかし、これらは文化的な構築物であって、時とともに新しい状況に適応していくことが多い。したがって、わざと控え目に物事について語るイングランド人の習性は、ノエル・カワードがお手の物としていた早口で歯切れの良い上流階級アクセントが舞台以外では嘲笑されるようになったずっと後も、二〇世紀を通してイングランドの文化全体に遍在し続けたが、しかしそれは役割を変えながら存続した。外形そのものは、一度として精査されたことのない感情の内陸地帯の存在を言外にほのめかすような、乾いた、そっけない、感傷とは距離を置いた、遠まわしの暗示的な物の言い方を伴いながら、生き延びたのである。それは、一九九六年にブッカー賞〔イギリス本国および旧植民地の作家を対象にし、その年に英国で刊行された最も優れた英語の長編小説に与えられる文学賞〕を受賞し、五年後には傑出した映画作品になったグレアム・スウィフト〔（一九四九〜）、小説家。ロンドン生まれ〕の小説『ラストオーダー』〔真野泰訳、中央公論社、一九九七年〕に、的確に表現されている。映画では、南ロンドンのあるパブという場面設定の中で、マイケル・ケイン〔（一九三三〜）、俳優。映画『アルフィー』（一九六六）や『サイダーハウス・ルール』（一九九九）の好演で知られる〕とトム・コートニー〔（一九三七〜）、俳優。映画『長距離ランナーの孤独』（一九六二）などに主演〕が、何食わぬ顔をしたぶっきらぼうな物言いを通して、人生の浮き沈みを巧みに要約して演じて見せてくれている。そこで示されているように、控え目な物の言い方はイングランド人特有のものであるかもしれないが、いつも変わらずそうであるわけではないし、いわんや生得のものではない。こうした国民的性格は、習い覚えるか、あるいは条件づけられた芸術形式または一種の記号《コード》であり、それゆえそれを維持するための世代間の伝達メカニズムに依存している。

しかしながら、文化が伝統的には年寄りから若者へと手渡されてきたものであるとすれば、二〇世紀後期の大衆文化はしばしばその過程を逆転させた。この逆転は、もうひとつの逆転と鏡映しとなっていた。そこに見られたことは、高級ファッション界において、社会的エリートたちが路上のスタイルを模倣するということであった。若者によって確立された文化的規範は、彼らの世代に特有のものとして留まることなく、若者の趣向、言葉遣い、行動、関心事、スポーツ、ファッションへとますます重点を移しつつある社会の中で、より広範な受容を見出した。これはもちろん、少なくとも六〇年代以降独自なものとなった若者文化の既存の特徴の上に築かれたものであり、ある程度は、それ以前の世代の自己イメージを反映していた。彼ら先行世代は、中年時代に特有の古くさい期待や慣習に反抗した。一九六〇年には三〇歳以下の人間のみがジーンズを着用したと言うことができるとするならば、二〇〇〇年には七〇歳以下の人間のみがジーンズを着用したと言うこともできるだろう――彼らは、四〇年を経た、同一人物なのである。イギリスがブレアの言説で言うところの若い国家になったのか、それとも単に、品よく成熟することを拒んだ若い国家になったのかは、見解の分かれるところである。

パンク〔社会的因習に反抗し、速いテンポの騒々しい演奏スタイルで知られるパンク音楽のミュージシャンやそのファンのファッションで、一九七〇年代後半に流行〕とかヒップホップ〔ラップ音楽とグラフィティアートなどに代表される、一九八〇年代にアメリカの黒人の若者の間で始まったストリート・カルチャー〕といった、十代のファッションにしばしば源泉を持つ堅苦しくない身なりは、より広範に受け入れられるようになった。レストランと劇場は、着衣についての規則を緩和したが、それはある程度は若い客層をつかむためであった。多くの雇用者が、昔なら休暇の週末にのみふさわしいと考えられたような衣服の着用を職場で許可するようになった。女性は、（雇用者による差別を訴えた多くの裁判が闘われ、勝ち取られた後に）職場においてばかりでなく、大学の学位授与式出席のためであれ国が主催する晩餐会への出席のためであれ、最も正装が必要とされてきた場においても、あたりまえのようにズボンをはくようになった。男性はといえば、スーツを着用した場合でさえ、ネクタイは、ロールネックのセーターや襟元までボタンをぴっちり締めたシャツ（実際にそのシャツに襟がついていればの話だが）によって取って代わられて、しばしば必須ではなくなったのである。

　普段着の種類やスタイルにおいては、ジーンズやチノからスニーカーにいたるまで、見るからにアメリカの影響が大きかった。トレーナーとTシャツは男女両性にとって標準的な衣類となった。野球帽や各種のトラックスーツもまたそうである。これらはアメリカのスポーツ衣料から生まれたものであったが、この市場に国内産の同等物が参入するのにそれほど時間がかかったわけではなかった。とりわけ、ラグビーのジャージが男女両性の普段着として採用されたように。こうした衣類の多くに付けられている目立つロゴは、もともとは組織に関連したもので、しばしば所属学寮や大学の応援を表すものであった。しかしその商業上の可能性はさまざまなかたちで自由に活用されることになった。昔は台襟内側にひっそりとたくし込まれていた製造会社の商標が、帽子やトレーナーやスポーツシューズに飾り付けられた目立つロゴに取って代わられた——実際のところ、ロゴなしのこうした商品を買おうとしても、それはほとんど不可能になったのである。古くからのスポーツ衣料製造業者は、よく知られているからという理由でよく知られているブランドに、その地位を奪われた。それらブランド会社は、自分たちでは何も製造することなく、しばしば第三世界の国々に商品をアウトソーシングしている。そうであるというのに、最も効果的な名前と最も効果的な商標という流行のスタイルすべてを携えているのである。これらは、スポーツの領域から一般大衆市場を経て、流行の服を製造販売するファッションハウスへと高級品市場への道筋をたどる中で、ティーンエージャーからその親へと移っていくファッションであった。かくして、ブランド名による紳士気取り《スノバリー》は、かつては慎み深いステータス・シンボルであったが、今では正装においてさえ過剰に見せびらかされるようになった。たとえば、「バーバリ」［イギリスの高級衣料品のブランド］のレインコートの特徴的な格子縞の裏地は、最初は各種のマフラーやハンドバッグなどを通して、世界的なファッション・アクセサリーとなったのである。

　ブランド化することの重要性は、ここではマーケティングの教訓となった。自らのアイデンティティを確立したり自社製品の名づけ方を習得したりするにあたって、ブランド・イメージの重要性を評価するようになったのは、民間会社ばかりではなかった。赤いバラをロゴとしたニュー・レイバーの歴史は、そういった観点から物語ることができるのである。ひとつの組織がある名前のもとで自らを売り出すとき、その名前はしばしば弾力的な由来をもつ必要がある。本来の中核的業務とはほど遠いことも少なくない多様な諸活動を、垂直的あるいは水平的に統合する可能性があるからである。商業的組織の中には、イニシャルの背後に撤退することを選択したものもある。イニシャルは、特定の事業活動を限定しなかったし、同様に、どんな言語においても気恥ずかしい思いをさせるような意味を持たずに済んだ。しかし、なお優れていたのは、「ヴァージン」のような、自由に浮遊する名前であった。それは、航空会社にもレコード会社にも、あるいは清涼飲料会社にも適切な名前であり、その社交的な創業者であるリチャード・ブランソン〔（一九五〇～）、企業家。ヴァージン・レコードやヴァージン航空の創業者〕が説明したように、「製品に依拠してではなく名声を核にしてブランドを築く」という野心を持つものであった。肝心な点は、よく宣伝された名前に付けられた視覚的に特徴的なロゴの重要性であり、耳目をひきつけ、熱心な信奉を取り付けることにあった。

勝ちを争う団体競技から引き出されたこうした戦略がプロスポーツに適用されたとき、車輪はぐるりと一周回ったことになった。またもや、アメリカの事例が先鞭をつけた。とりわけ、何世代にもわたる顧客の支持に依拠することができるようなブランドをすでに築いているスポーツチームやクラブを、マーケティングする可能性を示したという点でそうであった。二〇〇〇年までに、マンチェスター・ユナイテッド〔イングランドの代表的フットボール・クラブ。一八七八年創設。通称「マンU」で知られる〕は年間二五〇〇万ポンドを儲けるとしたが、それは、独特の赤い線の入ったレプリカのサッカー着や、その派生商品であるカレンダーや雑誌やビデオなど、直接クラブに関連したものばかりでなく、布団カバーからウィスキーにいたる一連の品目をも商品化することによってである。これはマンチェスター・ユナイテッドを、ダラス・カウボーイズ〔アメリカのダラスに本拠地を置くアメリカン・フットボール・チーム〕と肩を並べる、世界で最もお金持ちの二つのスポーツ・クラブのひとつにするという事業計画の重要な構成要素であった。

「マンU」をイギリスの（あるいはヨーロッパの）フットボールを主導するブランドにした力は、スポーツに必要な技術というよりも、鋭い商才であった。その抬頭は、衛星テレビの抬頭と共生関係にあった。ルパート・マードックは、彼自身はスポーツ・ファンではなかったが、スポーツの放映権がもつ強力な武器としての可能性を抜け目なく利用したのである。その強力な武器でもって、マードックのビースカイビー（BSkyB）衛星放送〔一九九〇年に設立された、イギリスの衛星テレビ放送会社〕は、当初は参入の困難だった市場に入り込むことが可能になった。その結果が、一九九二年に強豪クラブとの四年間契約に対して三億ポンド以上の値をつけたマードックの大胆な決断であった。それは、それら強豪クラブで新しいプレミア・リーグを作り、それ以外のフットボール・リーグから切り離すというものであった。フットボールの放映は賭けであったが、百万人の新規契約者の獲得に成功したので、ビースカイビーは十二分に元を取ることができた。同時に、プレミア・リーグのエリート・クラブも、格段に増えた収入を享受したのである。一九九八年には、独占・《モノポリーズ・》合併管理委員会《アンド・マージャーズ・コミッション》の介入がなければ、マンチェスター・ユナイテッドが六億二五〇〇万ポンドでビースカイビーに実際に売却されるところであった。委員会は、互いに密接な関連を持つ商業活動の所有権がこのように集中することは、公共の利益に反することになると判断したのである。

他のスポーツが、太陽の下でも、またいっそう重要なことにテレビ画面上でも、それぞれの時を享受したことは確かなことである。スポンサー契約は、めまぐるしく展開する広報に、さらなるひねりを加えることになった。ウィンブルドン［ロンドン郊外にある地名で、同地開催の全英オープン・テニス選手権大会の別称でもある］は、テニスのトーナメントとして世界中のテレビ視聴者に知られ、その威信を保持した。一方国内では、年中行事のようにして、イギリス人選手が優勝するのではないかというめくるめく期待が決まって新聞を賑わしたが、コート上ではそれらの期待は決まって粉砕された。クリケットもまた同じように、白のフランネル着とキュウリをはさんだサンドイッチに体現された、より悠長な時代にイングランド人が発明した娯楽のように思われた。結局のところ、その後のイングランド人独自の技術の洗練も、展開の速い、時間に制限のある国際試合の過酷さという試練に残酷にも曝されることになり、クリケット選手は、スポンサーの用意した、メディア受けし、照明の下で見栄えのする、色調の統一された装具一式を身にまとうことになった。イングランドのラグビーがプロのルールの下で華々しく発展したことは事実である。新しいロゴがラグビー場のグランドに文字通り投影されることになったのとちょうど同じように、プロのルールによって、高得点ゲームに新しいペースがもたらされることになった。その過程で、イングランド代表チームは、かつては支配的だった南半球の国々の試合展開に匹敵する能力を再発見することができたのである。テレビ放映からの莫大な資金が、ごく限られたエリートであるトップレベルのクラブや選手に流れ込むようになり、ラグビー・ユニオン・フットボール――ラグビー・リーグにほとんど取って代わってしまった――は、比較的小規模であるとはいえ、サッカーのように成り果てたのである。ちなみにサッカーは、「フットボール」という言葉で大半の人々が理解しているもののままでほとんど変わってはいない。

フットボールは、「美しいゲーム」に他ならないとされ、一九九〇年代後期の大衆文化において、メディアによる報道という点で測ろうとも、人気あるいは金銭的な報酬という点で測ろうとも、それまでになく支配的になった。プロのフットボール選手は、かつてはきわめて制限の多い契約によって所属クラブに縛られていたが、一九七〇年代後期からは雇用条件を著しく改善してきた。しかし、彼らが自由契約制度《フリー・エイジェンシー》を確立し、それによって完全な交渉力を勝ち得たのは、一九九五年になってからのことであった。マンチェスター・ユナイテッドのデーヴィッド・ベッカム［（一九七五～）、イングランドの代表的フットボール選手。二〇〇三年にマンチェスター・ユナイテッドからスペインのクラブ、レアル・マドリッドへ移籍」のような、トップ・クラブのトップ選手なら、一九九七年にはすでに、週一万ポンドの収入を得ることができた――一世代前のフットボール選手の年収以上である。こうして高所得者になり、なかには浪費家になることをまぬかれない者も現れ、そうした選手のナイトクラブでの享楽ぶりがメディアの注目を集め、スポーツへの献身というイメージとはそぐわない、しかし過熱した評判が立つことになった。それ以上に、ベッカムのような、個人として容姿に優れた選手は、ヘアクリームやサングラスの広告契約の交渉権を行使することができるようになり、収入を倍増させた――そして次にはそれが、グランド外での名声を高め、クラブとの契約にあらためて反映させることができるようになったのである。ベッカムがイングランドのチームのキャプテンになったとき、彼はもはや、才能あるフットボール選手というばかりではなかった。「ベックス」は、国民的偶像として扱われたのである。

　異文化で構成されたフランスチームの、一九九八年のワールド・カップでの優勝という成功がまさしく示しているように、国の代表チームの命運に自分の代理人としての重要性を賦与するのは、イギリス人に独特なものではない。しかしフランスは少なくとも、単一の代表チームに、ひとつの共有されたアイデンティティを表すことができた。連合王国では、そうはいかない。とりわけラグビーの国際試合は、一義的には、四つの「自国内の国《ホーム・カントリーズ》」の間での試合を意味したのである（フランスが加わって「五カ国」対抗選手権となり、後にはイタリアの参加が認められて「六カ国」に拡大した）。イングランド対スコットランドの試合やイングランド対ウェールズの試合は、毎年、古来の民族感情や対抗心をかき立てたが、それは青と白からなるスコットランドの斜め十字（聖アンドレアの十字）の旗や、赤と緑からなるウェールズの竜旗の誇示によく体現されていた。しかし、かつてはイングランドのサポーターの熱情に欠けた（そして不適切な）反撃はユニオン・ジャックの旗でなされたのに、一九九〇年代には赤と白のセント・ジョージの十字旗がイングランド・チームの象徴として、まずフットボールで、次にラグビーとクリケットで再び採用されるようになったのである。イングランドの旗は、それまではイングランド国教会にのみ掲揚されているのが見られたが、こうして広く目に付くようになり、それが次には、以前なら公共建造物か右翼の政治集会でのみ見られたユニオン・ジャック旗の私的な場での掲示に拍車をかけた。ここでもまたニュー・レイバーは素早く自らを象徴的に同一化し、とりわけ一九九七年には、無数のユニオン・ジャックの手旗でもってブレアをダウニング街一〇番地に迎え入れた。二〇〇二年六月に、フットボールのワールド・カップでのイングランドの試合において観客席に見られたポップ・カルチャー・ナショナリズムは、同時期の女王の在位五〇周年記念の祝賀へと継ぎ目なく融合し、イングランド中の町や村で大々的にユニオン・ジャックとセント・ジョージの旗が並んで掲示されるという事態を誘発した。

　この祝祭用の旗の大盤振る舞いは、この手の象徴的誇示など気に留めることがないと考えられていた人々の、もうひとつの大きな変化であった。「ユニオン・ジャック」のイメージが常に慣れ親しんだものであり続けてきたこと、そしてしばしば、両義的な「まがい物の」愛国主義としての「プロムズ最終日」になにがしか負っているような皮肉まじりの仕方で六〇年代以降利用されてきたことは、真実である。一九九〇年代半ばのイギリスのポップ・ミュージックは、こうした流儀に則ったものだった。「ブリットポップ」は、この音楽市場のアメリカ支配に挑戦しようとビートルズにまでさかのぼったものであったが、レノンとマッカートニー級の音楽的才能の発掘に失敗して、独自の長期的な影響を及ぼすことができないでいることを悟った。それでもなお、一九九六年、スパイス・ガールズ［一九九四年にイギリスで結成された女性音楽グループで、一九九五年にヴァージン・レコードと契約。メンバーのひとりヴィクトリア・アダムズは、のちにベッカムと結婚］のファースト・シングル「ワナビー」（'Wannabe'）のアメリカにおける大成功は、ビートルズの同様の売上を凌駕したのであった。そして「ワナビー」は、七週間にわたってイギリスのヒットチャートで一位を維持したばかりでなく、海外の三二カ国でヒットチャート一位の座を占めたのであった。それまでの少年で構成されたバンドの成功に挑戦するかたちの、この注意深く計算された五人の少女グループ売り出しキャンペーンは、サッチャーをひとつの見習うべきモデルとして認識し、フェミニズムと女性らしさ《フェミニニティ》の両方を利用しつくしたものであった。スパイス・ガールズには「態度《アティチュード》」というものがあった。彼女たちはユニオン・ジャックのショーツをはき、自分たちをトップ・バンドにするのと同様にトップ・ブランドにした。メンバーのひとりが後に述べている。「私たちは『お馴染みの名前』になりかったの。エイジャックス［アメリカのコルゲート社製洗剤名］みたいにね」。彼女たちが本物の音楽的才能を持ち合わせていたかどうか、それがライブ演奏においても維持されるものだったのかどうかという問題は、シングル、アルバム、ビデオ、映画の形で、振り付けされた歌とダンスのお定まりの演技を通じて自分たちを投影する才能に比べれば二の次の問題にすぎなかった。彼女たちの名前を簡単には思い出せない者たちにも分かり易いように、五人の少女は商標付きのパッケージにされた――ジンジャー・スパイス、ベイビー・スパイス、スケアリー・スパイス、スポーティー・スパイス、ポッシュ・スパイスと命名されたのである。マジックのようにして彼女たちに名声をもたらした驚くべき人生を今では歩んでいるものの、彼女たちは、彼女たちの舞台裏の映像が示しているように、自分たちのファンに忠実であることを守っている普通の少女たちであった。

これはひとつの有名人世界であったが、そこではメディアがつねに妖精物語のようなロマンスの可能性に目を光らせていた。一九九七年には、ヴィクトリア・アダムズ［（一九七五〜）、スパイス・ガールズのメンバーで、後にベッカムと結婚］は、ポッシュ・スパイスとしてすでに有名人だった。彼女はすでに一〇〇万ポンドの価値があった（二〇〇〇年にはおそらく二四〇〇万ポンドの価値があった）。彼女はすでに、「パーシル・オートマティック［リーバ・ブラザーズ社製の洗剤名］」と同じくらい有名に」なりたいという野心に取り付かれていた。その次には何が起こるのだろうか？「ポッシュとベックス」が「噂のカップル」であるというニュースが流れた時、タブロイド紙の夢は現実となり、そしてその後雑誌『ＯＫ！』が二人の壮大な結婚式の写真に対して一〇〇万ポンドを支払った時、この出来事は金のなる木になった。というのも、メディアや広告業界にとっては、まさに願ってもない商売になる結婚だったのである。昔であれば王室に対して、いや少なくとも亡き皇太子妃に対してのみ使われたような恍惚とした言葉遣いで、ベッカム夫妻について語る者が現れるようになった。

　これが、それまではジェンダーによって強固に分断されていた二つのサブカルチャーの合流点となった。一方は、ニック・ホーンビィ［（一九五七〜）、小説家、評論家。ロンドンに接するイングランド南東部のサリー生まれ］の観察の行き届いた『熱いピッチ』［森田義信訳『ぼくのプレミア・ライフ』新潮文庫、二〇〇〇年］に描かれているような、若い男性特有の荒っぽいフットボールのファンの世界であった。他方は、ベッカムの柔和で両性具有的なスタイルに惹き付けられた、ゲイである男性の世界であった（特記すべきことだが、それがベッカム自身の人気を減少させることはなかった）。こうしてそれは、若い女性特有の会話をちりばめた流行に敏感な、ヘレン・フィールディング［（一九六〇〜）、小説家。ヨークシャー生まれで、BBCでドキュメンタリー番組を制作していた経験を持つ］が『ブリジット・ジョーンズの日記』［亀井よし子訳、ソニー・マガジンズ、一九九八年］で捉えた世界への架け橋となった。これは、もともとは新聞のコラムに連載されたものであった。その筋立ては、『高慢と偏見』のパスティーシュであり、引き続きベストセラーとなったのちに、イギリス人と思わせるに足る説得力ある演技をおこなったアメリカ人女優レニー・ゼルウィガー［（一九六九〜）、俳優。テキサス生まれ］を擁して映画としても成功した（二〇〇一年）［日本公開、同年］。この映画を作った製作会社「ワーキング・タイトル」は、同じようにハリウッドのスターを輸入して他にもヒットした映画を作った。なかでも『四つの結婚式と一つの葬式』（一九九四年）［邦題『フォー・ウェディング』日本公開、同年］は、二億五〇〇〇万ポンドを超える海外での売上を達成した。古風で風変わりな、絵葉書にあるような輸出向きのイギリスという昔からのジャンルを使いながらも、一九九〇年代の様式でそれを賄った映画であった。対照的に『フル・モンティ』（一九九四年）［一九九七年、日本公開］は、国際的な成功を突如収めるとはやや予想しにくい映画であった。それは、空漠とした用済みの北部工業地帯を背景とし、失業した主役たちが思いついて、男性ストリッパーというありそうにない装いでその男らしさを晒してみせるのである。これは、変わりゆく社会的慣行のあり方をひとつならず多くのやり方で誇示する弾力的な労働市場の寓話であった。二〇世紀後期の多文化的なイギリスはおそらく、家族の緊張関係を繊細に、また微妙な差異をとらえて探求したマイク・リー［（一九四三〜）、映画監督、演出家、脚本家、俳優。人生や日常の人間関係の悲喜劇をリアリズムタッチで繊細に描いて、現代のイギリス社会を鋭く照射する作品群で知られる］の映画『秘密と嘘』（一九九六年）［日本公開、同年］に最もよく捉えられている。また活字では、ある意味ではページから飛び出しているのだが、驚異的なデビュー小説『ホワイト・ティース』［小竹由美子訳、新潮社、二〇〇一年］によく描かれており、それによって著者ゼイディー・スミス［（一九七五〜）、小説家。イングランド人の父とジャマイカ人の母を持ち、ロンドンに生まれる。『ホワイト・ティース』は、多文化に満ちた現代のロンドンを活写した作品］はまたたく間に有名人作家となった。

有名人というカルトがまったく新奇なものではないことは明らかだが、二〇世紀後期のメディアを通した意図的な喧伝によって、それはより全面的な広がりをみせた。高級ファッションが大衆的スタイルを吸収するようになったのとちょうど同じように、芸術においても、有名人実践者を広報宣伝する際には「ストリート・クレディビリティ」［普通の若者たちから承認を得られるような表現スタイルや価値観を持っていること］が重視されたが、それはしばしば、スポンサー契約に追い立てられてのことであった。ある程度これは、人々の参加を阻むものを打ち壊そうとする意識的な試みであって、たとえばサイモン・ラトル［（一九五五～）、指揮者。リヴァプール出身。一九八〇年に指揮者としてバーミンガム市響に着任。市響を世界的オーケストラに立て直したのち、一九九九年にベルリン・フィルハーモニーの音楽監督に就任］のような有名人指揮者が、より幅が広く若い聴衆をクラシック音楽に惹き付けていた。これは、エリート趣味としての高級文化というステレオタイプに対する挑戦であったが、それはどちらかというと、スティーヴン・ダルドリー［（一九六一～）、演出家、映画監督。ロンドンのロイヤル・コート劇場の芸術監督・演出家として名声を馳せた後、映画に進出］の映画『ビリー・エリオット』（二〇〇〇年）［邦題『リトル・ダンサー』日本公開、二〇〇一年］が、イングランド北東部の労働者階級出身の少年のストーリーを物語るような仕方でなされた。すなわち主人公の少年は、敵対的な無理解を克服してバレエのダンサーになるという大志を実現するのであった。

テート美術館のターナー賞は毎年、人々に広く認められるということはなかったかもしれないが、非常に大きな注目をマスコミなどから集める能力を示した。ホルムアルデヒドを使って動物の死骸を保存し、一般公開の展覧に出品した悪名高いデミアン・ハースト［（一九六五～）、アーティスト。ブリストル生まれ］。の作品の場合や、寝起きたままの状態の自分のベッドを検分するよう促すトレイシー・エミン［（一九六三～）、アーティスト。ロンドン生まれ］の作品の場合がそうであった。芸術への金銭的支援をする際には、新設された「文化・メディア・スポーツ省《デパートメント・オブ・カルチャー・メディア・アンド・スポーツ》」の名前が明確に宣言しているように、多くの人々のアクセスという問題に対して強い配慮が示された。一九九四年に創設された全国宝くじ《ナショナル・ロッタリー》からの収入を使った芸術支援によって、二〇〇〇年までに総額一〇億ポンドがイングランド芸術評議会《アーツ・カウンシル》によって配分されるようになった。配分先は二〇〇〇以上に達し、王立オペラ・ハウスのようなきわめて伝統的な受領者から、ゲイツヘッド［イングランド北東部、ニューカースル対岸に位置する町］にアントニー・ゴームリー［（一九五〇～）、彫刻家。ロンドン生まれ］が制作した新作彫刻「北部の天使」にいたるまでその幅は広かった。「北部の天使」は、スチール製で五四メートルの翼幅を持ち、幹線道路A１の何マイルも離れた場所からも見ることができた。

全国宝くじはまた、新時代の到来を知らせるようなやり方で二〇〇〇年を記念するという責務を負った、ミレニアム委員会の資金源ともなった。二〇億ポンド以上を受け取り、その大半は、大規模なものから小規模なものまで、あるいは利益のあがるものからそうでないものまでも含めた一連の主要プロジェクトに投資された。目立って大規模であり、結局のところ最も利益があがらなかったと判明したのは、ミレニアム・ドームであった。多くのことがドームに対して要求された——一八五一年や一九五一年のときのような大博覧会の核としての用をなすこと、新世紀となる時刻が告げられたその時に、グリニッジの本初子午線に世界の注目を集めること、そして、ロンドンの南東であるこの地区にロンドン地下鉄を建設することを正当化すること、であった。これらの中には、地下鉄のジュビリー線の目を見張るような拡張が証左しているように、達成されたものもあった。ジュビリー線は、さまざまな建築家が、著しくモダンな流儀で機能と形式とを調和的に結び付けて作った、大聖堂を思わせる各駅を擁している。

ドームは、近くから見るよりも遠くからのほうが、内部よりも外部からのほうが、また祝賀が実際に催されていたその時よりも企画段階にあった時（あるいはあと知恵で考えた時）のほうがよく見えた、というのが事実であった。論争のあった建築計画と一貫性を欠いた事業計画を一九九七年に保守党から引き継いだブレアは、それにもかかわらず自ら推進することを決定し、その後彼自身のトレードマークとなっていくやり方でもって期待を抱かせ、賭けを大きなものにしたのであった。広大なドーム——「ひとつの非常に大きな傘」と、その設計者であるリチャード・ロジャース〔（一九三三〜）、建築家。イタリアのフィレンツェ生まれ〕は述べた——は、テムズ川の上にゆらめくテクノロジーの摩訶不思議であった。しかし、等しく大きな疑問が残った。中に何を入れるのか？　どうやって収支を合わせるのか？　ドームが予定期限通りにオープンしたことで予言された最悪の事態は回避されたとしても、それは代償を払ってのことであった。総費用は一〇億ポンドに達するほど高騰し、入場者数は事業計画に示された著しく楽観的な予測をはるかに下回ったことで、ドームは、迅速な事業判断のモニュメントにも、また企業家としての才覚を示すモニュメントにもなれずに終わった。

そうしたさまざまな特性は、ほかの分野に、より肯定的に見て取ることができる。文学が巨大ビジネスとなったことはますますもって明らかであり、これまでとは異なる水準の利潤をもたらすようになった。英連邦の作家が出版した小説に対して与えられるブッカー（後にマン・ブッカー）賞は、競争的な見世物としてメディアの注目を次第に大きく浴びて有名になった。それによってもたらされた便益は、高度な才能を持った作家が高度な売上げを享受するようになったということである。多くの受賞作家たちが優れていたことは自明であった。A・S・バイアット〔（一九三六〜）、小説家、批評家。ヨークシャー生まれ。小説家マーガレット・ドラブルの姉〕の『抱擁』〔栗原行雄訳、小野正和・太原千佳子訳詩、新潮社、二〇〇三年〕は、ヴィクトリア時代の文壇の謎を繊細な展開で暴いてみせた。カナダの作家マイケル・オンダーチェ〔（一九四三〜）、カナダの詩人。セイロンに生まれるが、ロンドンで教育を受けたのちカナダに移住〕の『イングランド人の患者』〔土屋政雄訳『イギリス人の患者』新潮社、一九九六年〕は、第二次大戦前のエジプトの状況を戦時下のイタリアと並置し、胸を衝く恋愛物語を展開したものである。パット・バーカー〔（一九四三〜）、小説家。ヨークシャー生まれ〕の『幽霊の道』（一九九五年）は、第一次大戦をめぐる優れた三部作の完結編であり、詩人であるオーウェンとサスーンの人間関係を基盤としている。これらはすべて、文化的にさまざまに異なる国際性に適応するかたちで後に映画化された。時代感覚を保つために歴史的調査を利用するというのは、これらの小説に限られたことではなかった。実際、フィクションと歴史研究との間の溝は、本格的な伝記やそのほかのわかり易く書かれた歴史的著作に対する人々の需要が高まるにつれ、狭くなっているように思われる——とりわけ、テレビ番組としてシリーズ化された作品の場合はそうであり、その番組の案内役はやがて、名声と富とを得ることになったのである。

　有名人は、それ自身の勢いというものを持っているように思われた。料理人やフットボール選手やエンターテイナーと同じように有名な有名人作家の中には、自らが原作者であるという強みを利用して売りに出された本なのに、それを実際には執筆してはいなかった者もいた。イギリスのゴースト・ライティングの長い歴史の中で、二〇世紀後期は、まったく新しい一章を切り開いたのであった。その結果はベストセラーの販売部数に如実に表れ、それ以前の記録をすべて凌駕した。メディアの魔術こそがこの成り行きを支えたのだとすれば、ハリー・ポッターの生みの親が、実際に自ら執筆したにも関わらず最も成功したイギリス人作家として脚光を浴びたことは、正しいことであったと言わねばなるまい。彼女の魔法そのものが、驚異的なシリーズとなった児童書となって賞賛されたのである。なんとJ・K・ロウリング〔（一九六五～）、小説家。ウェールズ南東部のグウェント生まれ〕は、シングル・マザーとして困窮し、コピー機で複写するだけの金銭的余裕がなかったために、一九九五年にはその初稿をタイプで打ち直していた。それなのに、二〇〇〇年になると彼女は、ハリー・ポッターを通じて、市場性の高い一連の商品とタイ・アップした映画化権と六六〇〇万部の本を世界中で売って、三五〇〇万ポンドを稼ぎ出していたのである。それは、タブロイド新聞でさえでっち上げることのできなかった物語であった。

4　法の支配

犯罪は割りに合わないというのは格言的な言い習わしとしては正しいのだろうが、政治の場では、それはしばしば保守党にとって十分に割りに合うものだった。社会政策と医療保健サービスが左派の仕事だと長い間考えられてきたのとちょうど同じように、法と秩序は自明のことのように右派の課題だと見なされていた。犯罪件数の増加についての不安は、実際の犯罪が増えたのであれ、明るみに出た件数が増えたのであれ、より強硬な取り締まりやより厳しい刑罰に対する要請を増大させた。逸脱した行動や違法行為をさせる社会の状態を理解することが必要だという寛容《リベラル》な思想は、処罰こそが本当の答えである場合には、過失を過小評価してしまうものだと考えられた。一九九三年に保守党の内務大臣に任命されたマイケル・ハワード〔（一九四一～）、保守党の政治家。内相（一九九三～九七）〕は、そういった類の言葉を用いたのであり、とりわけ彼が繰り返したサウンド・バイト、「監獄は役に立っている」においてそうであった。

　この奥の手がもはや保守党のものではないとハワードが悟った時こそ、イギリス政治の分岐点であった。というのも労働党の若き影の内務大臣トニー・ブレアが、保守党がなわばりにするこの分野で彼らの裏をかく見事な能力を発揮して、内務大臣のハワードを影に置こうとしていたからである。ブレアは、犯罪行為は許せないということと、犯罪者に対する処罰だけでは不十分だという認識とのバランスのとれたスローガン（実際にはブラウンが考え出した）をもって登場した。一九九三年一月のテレビ会見で初めて彼が述べたように、「我々が必要としているのは、犯罪にも犯罪の原因にも厳しい、犯罪に対する適切な国民的戦略」であった。これこそ彼を有名にしたマントラ［スローガン］であり、一八カ月で労働党の党首に選ばれる男たることを示すものであった。

　ブレアが政治家になる前は弁護士だったことを忘れてはいけない。彼は弁護士の息子であり、オックスフォードでの学位も法律であった。彼は弁護士を生業とし、後に結婚するやはり弁護士のシェリー・ブース［（一九五四〜）、法廷弁護士、一九九五年に勅選弁護士に任命］に出会ったのも法廷であった。ブレアは、法曹界でその後成功した彼女にはかなわなかったが、一九八三年に下院議員になり、間もなく転がり込んだフロント・ベンチでの責務も、重要な法律上の側面をもつものであった。まずは、雇用と労働組合法を改正し、次いで、――彼の出世に決定的であったが――影の内務大臣となったのである。


　もちろん、ブレアの政治姿勢には、法律的な側面よりもはるかに多くのことが含まれ、法律を狭く定義すればなおさらそうであった。しかし、ブレアにとって最大の関心は正義と法の支配であり、それこそ彼が最も深くかつ最も強く関与した問題の多くを形作っていた。さらにこの姿勢は、ブレア政府が何よりも専心したいくつかのことを説明する手助けもしてくれよう。すなわち、実現されたこと、および実現されずに残ったことの双方について、政府の優先事項が何であったのかを、それは明らかにしてくれるのである。

　これは多くの点において、今までとは違った新しいタイプの労働党政府であった。野党の人々は、労働党が勢い元来の課税し支出する政策に逆戻りして経済を破綻させるだろうと予想したが、その予想ははずれた。この古い労働党《オールド・レイバー》のイメージは、左派が自ら一九八〇年代に頑迷に追求したものであったが、それは戯画であることが示された。ブラウンは自身が労働党の歴史を学んだ研究者であったが、厳格な大蔵大臣として登場し、クリップスを思い出させるような目的に対する厳しさと、ジェンキンズに匹敵するような財政上の慎重さとを兼ね備えていた。強い経済を引き継いで、彼はその強さを持続させる諸政策をとり、すぐに重圧をかけるようなことはしなかった。その結果、次の総選挙までにすばらしい成果を生み（現政府もそれを公言して憚らなかった）、一九七九〜九七年の一八年間の保守党政権下で、年平均の経済成長率は二・二パーセントだったが、一九九七〜二〇〇一年の労働党政権の最初の四年間に成長率は平均二・六パーセントにもなったのである。

これはもちろん、以前のローソン景気やバーバー景気のような意味でのブラウン景気ではなかった。実のところ、好況と不況の循環を終わらせるという約束こそ、当初からブラウンの大臣職の要諦であった。大蔵大臣として彼が最初にしたことは、ほとんど誰もが驚いたように、彼の手のうちにあった権力の一つである基準金利《ベース・レート》の管理を手放したことである。その代わりに、ドイツやアメリカの範と見られていたものにもとづいて、金融政策の責任は中央銀行の手中に置かれた。こうしてイングランド銀行は独立の金融政策委員会を設立し、この委員会には、インフレを二・五パーセントという目標値に維持するように公定歩合を定める任務が与えられた。その程度のインフレはすでに予想されていただけに、これはいっそうの信頼を受けた。少し前にクラークは、イングランド銀行よりもよく利子率の適正な水準を推測していたが、イングランド銀行に独立性を付与したことはシティで好意的に受け入れられた。とりわけ、その後インフレが持続して低下したので、ブラウンのしたことの正しさが立証された。実際、二〇〇二年までにデフレの恐れが、ここ五〇年来初めて表面化し始めるほどであった。その時までには、保守党もイングランド銀行の独立性を容認していた。

こうして労働党は、インフレと結び付いた汚名を返上することに成功した。その上ブラウンは、雇用を犠牲にしないで、このことを達成した。彼は自ら、「福祉から仕事へ」という誓約の闘士となって、二五万人の若者を失業登録から抹消することを目指し、それを公益事業に対する超過利潤税によって賄おうとした（公益事業は、当時その独占的地位を利用して私的な利益を得ていたために悪評だった）。誓約は実行され、二五万人が失業登録からはずれた。これが特定の計画によるものか、経済の一般的な繁栄によるものなのかは、政治的にはどちらでもよかった。公式の失業率が、保守党政府の一八年間に五パーセント以下に下がったことはけっしてなかった。そして、一九九三年には再び一〇パーセントを超えるピークに達した。しかしその後は、インフレの水準と平行して下がったのである。二〇〇一年の初めまでに、失業率は二・三パーセントにまで下がり、伝統的なケインズ主義者でさえも喜ぶ水準になった。労働者が高賃金を要求したために失業したのでないことは明らかだった――これは政権に就いた労働党が、非常に慎重に設定されたとはいえ、最低賃金を含むEUの社会憲章を受け入れていたという事情があってもそうであった。ここでも保守党は二〇〇〇年までに、評判がよく実効可能なことが判明した政府の政策に反対することを止めた。ちょうど野党にあった労働党が、以前にサッチャーの新しい政策の多くを呑まなければならなかったのと同じように。

ブラウンの政策でもっとよく議論されるようになったのは、おそらく驚くことでもないが、その財政上の効果であった。現行の所得税率と、保守党がすでに定めていた一九九七〜九九年の支出制限を同時に受け入れることは、ブラウンが新たな課税も支出もしないことを誓約したように見えるかもしれない。しかし、それは事の全部ではなかった。この原則のもとでも、間接税を引き上げることはできたのであり、ブラウンはそれを容赦なく操作した。とりわけ、一連の地味な再分配政策、なかでも彼が好んだのは就業している低所得家庭の税控除であるが、その財源を賄うことにおいてそうであった。保守党がブラウンの「隠れた増税」［ペンション・ファンドへの税など気付きにくい税］を愚弄しても、ブラウンはたじろがなかった。税金は実際、GDPの三五パーセントから三七パーセントに上昇したが、経済成長のためにGDPそのものが高かったから、これは政府収入がさらに膨れ上がったことを意味した。こうして一九九八年までには予算の赤字がなくなった。財政余剰の大半は相当量の公債を完済することに用いられ、こうして将来の収入に対する債務元利未払い金［借金の利子および元金の一部を返済するために毎年保管しておく勘定］の必要額を少なくした。ブラウンの財政運営上の厳正さはおよそ隠れたというには程遠く、彼は慎慮を決まり文句にしていた。しかし、そのために彼は、必然的に各省庁の性急な支出要求と戦うことになった。

ところが、労働党は社会福祉と医療保健の改善に対する抱負を述べ続けていた。選挙公約の一つは、国民保健サービス（NHS）の予約待ちの名簿《ウェイティング・リスト》から一〇万人削ることであった。この虚飾にも見える切りのいい数字が、様々の業務を抱えて許容能力を超えた病院内で、どうにもならないプレッシャーになったことはほぼ間違いない。こうして病院の成績は勝手に決められた一つの基準で評価され、他方で病院はそれに相応する資金の増大もなくその基準に対処することを期待された。ブレア自身は一九九六年の有名なサウンド・バイトで、政府の三つの優先事項を「教育、教育、教育」と宣言していた。この場合も、低学年用小学校（五歳から七歳までの子供が通う）の一クラスの生徒数を三〇人に減らすことが具体的に公約されたが、一クラスの生徒数を減らすということ自体が困難なだけでなく、それが最優先事項になって、教育予算全体のなかで他の費目を押しのけるという予算配分上の逆効果を生み出すことになった。困ったことに、こういった公約は希望を大きくするだけでなく、高くつくことが明らかになった。ダウニング街の流行語は、今や実現《デリヴァリー》であった。しかし、約束した結果を実現するには、もっと資金が必要であった。

「隠れた増税」は当初は急場の用を足したかもしれないが、その限界はますます露わになった。いちばん目立ったのはガソリン税に対する反対で、二〇〇〇年九月にイギリス全土（およびヨーロッパの多くの国）に広がった。その時、農夫とトラック運転手が異例にも同盟してガソリン価格の上昇に反対するデモを行い、備蓄基地をバリケードで封鎖したために、ガソリンスタンドは干上がった。ガソリン価格の上昇はもちろん一部は国際的なオイル価格上昇のためであったが、一部には自家用車の使用を抑えようとして計画された「大気浄化《グリーン》」税が連続して上昇したためであった。政府は世論調査で一時的に打撃を受けた——唯一の挫折がここにあった——けれども、ますます支離滅裂になる抗議者たちの要求に応じることはなく、自信をもって彼らを引っ込ませた。この一件は、より開かれた討論の場をつくったのであり、税金によって達成される戦略的目的のための課税が正当化された。しかし事実は、ブレア政府の一期目には、一世代も続いた社会的インフラへの過少投資がほとんど改善されなかったということである。社会民主主義的政策課題を繰り広げ、教育制度と医療保健サービスの改善計画のために財源を明確に確保できるようになるには、二期目が必要であった。

反対に政府が、あまり資金を必要としない国制上の改革を即座に優先させることを妨げるものは何もなかった。選挙制度の改正はよく議論はされたけれども、自由民主党がまもなく気づいたように、いくつかの意味で安請け合いの誓約であることが判明した。一九九七～九八年に自由民主党のロイ・ジェンキンズ（ジェンキンズ卿）が委員長を務めた投票制度に関する委員会は、結局無駄に終わった。代替票を基礎にして注意深く練られた提言が、ブレア自身の支持を得ることができず、ましてや労働党の多数派の支持など得られなかったからである。政府はこの路線をさらに進めることはしないで、ヨーロッパ議会の選挙とスコットランドおよびウェールズへの権限委譲法案に、［得票数と代表者数との］比例代表制の形態を導入するに止まった。

権限委譲は連合王国の国制に大きな変化をもたらした。一世紀前のアイルランド自治をめぐる論議は、イギリス政治を大きく分断するものとなり、保守党は統一党《ユニオニスト》と名前を変えて選挙の上で大きな利益を得た。実際スコットランドでは、今でも保守党は統一党と呼ばれているが、スコットランド議会の創設に歴史的に反対してきたため、それが近年における衰退の主要な原因となった。一九九七年の総選挙で、保守党はスコットランドでもウェールズでも一議席も取れず、労働党は権限委譲問題を解決するまたとない機会を得た。過去の失敗した記憶に悩まされていたために、労働党がこの問題を解決することはいっそう重要であった。というのも、一九七九年にキャラハン政府崩壊のきっかけとなったのは、スコットランドへの権限委譲の立ち往生だったからである。

ここではタイミングが肝心であった。経験から教訓を得て、政府は議会の最後の年でなく最初の年に行動を起こした。広範に権限を委譲する法案を通過させるために、政府は独立の議会を求めるスコットランドでの強い合意を利用した。ただしそれは、スコットランドの国民投票で承認されなければならず、またいくつかの課税権を含んでいたので、国民投票の追加項目で特別に採択される必要があった。スコットランド国民党はこうして、国民投票における「賛成、賛成」票運動に進んで参加した。そして一九九七年九月に、権限委譲そのものに対しては七四・三パーセントの賛成票、課税権に対しては六三・五パーセントの賛成票が生み出された。このように見事な多数票は、一週間後に行われたウェールズの国民投票での辛勝とは対照的であった。それはより限られた権限の委譲ではあったが、ウェールズ議会の創設を承認するものであった。比例代表の選挙制度が確立された結果として、スコットランド行政府（Scottish executive）における労働党と自由民主党との連立が当然視された。この連立は然るべく実現したが、それは権限委譲の推進が彼らの共通の利益であることを反映していた。独立という宣言された目的に向かう最初の段階では国民党の支持を受けたとはいえ、このように権限委譲は合同《ユニオン》を維持する新しい手段だと見ることもできた。保守党でさえも新しい取り決めに加わることになったのであるが、それは比例代表制が、スコットランドにおける保守党の弱い立場を前提すれば、彼らに有利に働いたためであった。

境界の南、イングランドにおいても保守党は強い状態にあるとは言えなかった。党首をすぐさま辞任したメイジャーの後継者に、今やヨーロッパ懐疑派というよりもヨーロッパ嫌悪派の弱小勢力となった議会保守党は、クラークを選出しそうにはなかった。こうして保守党は、ウィリアム・ヘイグ「（一九六一〜）、保守党の政治家。ウェールズ相（一九九五〜九七）、党首（一九九七〜二〇〇一）」を選出した。彼は三六歳で、メイジャーの閣僚のなかで最年少であった。彼は、議会での首相への質問では有能な敵手であり、直截なヨークシャー流儀とオックスフォード学生自治会の修辞術の双方を巧みに使った。彼の若さは堅苦しくないイメージに合い、それは快活な新妻を同伴することで強調された。また彼は、今や引退間近の年齢層が中心になっている党員の文化的偏見のあるものを除こうと努力した。しかしヘイグは、メイジャーよりも伝統的な右派の姿勢を進んで取る用意があり、多くの亡命希望者の地位が「偽物」だと倦むことなく政府を罵るようになった。決定的なことに、ヘイグは保守党の反ヨーロッパ路線を強化し、ユーロ参加は二度の総選挙を経るまでは検討されるべきでないと主張していた。

ユーロは不人気のままだったが、それでも世論調査で保守党の支持率を引き上げることはなかった。保守党は三〇パーセント以上の支持を得られれば幸運であった。異例なことに、この労働党政府は一つの補欠選挙も失うことがなかった（保守党は自由民主党に一議席を奪われたのである）。労働党が再選されるだろうという予想は広汎にわたり、根拠も確かで、二〇〇一年の総選挙の結果が確認した通りであった。それでも保守党が右派だと思われていたとすれば、そのイメージは国民の気運というよりも、党に忠実な者たちの意向に一致するものであった。国民の気運は、おそらくブレアが鼓舞するような演説で言った若い国家ではなく、指導者としての彼におとなしく従う若い国家であった。

ブレアは、しばしばそう言われたほどには、大統領のようではなかったかもしれない。しかし彼は、自分が同格の閣僚のトップにすぎないとは、口先だけのお世辞でも言わなかった。首相官邸の規模は大きくなり、実質的に政府の独立の部局になった。そのことの表向きの理由は、政策とその表明を管理することであり、ちょうどニュー・レイバーが中央から指導され、誰もが「党の公式の方針に沿って発言すること」を守り続けてきたのと同じであった。こうしたことの多くはアラスター・キャンベルが報道官として行ったことであり、彼はメディアで首相の声を代弁し、その後の危機の時にも、とくにコソボの時に同じような役割を果たした。

ブレアとブラウンは政府の中心に権威の枢軸を確立し、彼らのライバルとはお互い同士だけであった。彼らの関係は、ブレアの秘蔵っ子ピーター・マンデルソンに適当な地位を見つける問題で、初めてごたごたした。新たに議員に選出されたばかりで、いきなり内閣に席を確保したいというマンデルソンの野心は、もし実現していたとすれば、パトロンであるブレアを困惑させていたかもしれない。しかし、妙に落ち着かない役割で閣外に置いておくことも、ブレアを困惑させた。内部の確執が続くのを、新聞が書き立てた——マンデルソンとブラウンとの確執は十分なダメージになったし、ブレアとブラウンのそれはニュー・レイバーの遂行計画《プロジェクト》にぞっとするような見通しを与えた。早くも一九九八年一月に、ブレアは自分の大蔵大臣に対して過度な支持の確認をしなければならなかった——「彼は私のロイド＝ジョージです」と。それは、必然的にダウニング街のかつての隣人たちの運命［ロイド＝ジョージがアスキスに、キャラハンがウィルソンに取って代わったように］に関する言及を引き起こした。それにもかかわらず、ブレアとブラウンのパートナーシップはそうした思惑を越えて存続した。

他の閣僚は誰もこの同盟の中に入れなかった。もちろんマンデルソンも入りそこねた。ブレアの側近という立場から、自身の実力を備えた閣僚として抬頭する機会を二度も与えられていたというのに。* もう一人のブレアの忠臣であるジャック・ストロー［（一九四六～）、労働党の政治家、弁護士。内相（一九九七～二〇〇一）、外相（二〇〇一～）］は、もっとうまく閣僚の地位に落ち着いた。ストローは内務省において、ニュー・レイバーが長いこと約束していた断固たるやり方を貫きうる大臣であることを示した。ロビン・クック［（一九四六～二〇〇三）、労働党の政治家。外相（一九九七～二〇〇一）、下院議長（二〇〇一～〇三）］は、容赦ないスコットランドの労働党政治の流れにルーツをもち、野党時代に議会での手強い討論者として頭角を表していた。しかし彼は外務省でつまずいた。情け容赦なく報道された結婚の破綻のために最初から落ち着かず、また彼がいささか勝手に言い放っていた倫理的外交政策の約束を維持することが困難になったのである。とりわけクックは、自ら外務大臣の役割を果たしたがってやまない首相のために、（多くの前任者たちと同じように）ますます影が薄くなった。

＊　一九八八年七月に通商産業大臣として閣僚になったマンデルソンは、五カ月後にはまた新聞の見出しに登場し、彼の高価な邸宅が別の閣僚からの秘匿ローンで購入されたことが明るみに出た。数日後になって、彼の辞任はようやく受理された。この一件を許されて、彼は一九九九年一〇月に内閣に戻った——今度は、一五カ月の在任であった。二〇〇一年一月に再び新聞の見出しが書き立て、またもやマンデルソンは内閣を離れたが、今度はブレアが急いで追い出した。実際の証拠は乏しいものであったが、マンデルソンのような経歴を持った事件を起こしやすい政治家を沈めるには、その一件で十分だった。

首脳外交の時代にあって、アメリカ大統領との接触はどんな首相にとっても必然的に優先課題となった。サッチャーが最後にしたことの一つは、一九九〇年夏のイラクのクウェート侵攻について、ブッシュ大統領［（一九二四～）、アメリカの共和党政治家。ＣＩＡ長官（一九七六～七七）を経て第四一代大統領（一九八九〜九三）〕に強硬路線をとるように勧めたことであった。しかし、続いて一九九一年の初めに起こった湾岸戦争に、国連が後押しする連合軍の一部としてイギリス軍を派遣する責務はメイジャーに降りかかった。湾岸戦争にはフォークランド紛争がもったような政治的意義はほとんどなかった。それは短期間の戦いであり、圧倒的なアメリカのハイテク兵器がクウェートの解放に成功した。サダム・フセイン〔（一九三七〜）、イラクの軍人、政治家。一九七九年大統領となり、翌年対イラン戦に突入、八八年停戦。九〇年クウェートに侵攻し、翌年米軍を中心とする多国籍軍に敗れ撤退〕がイラクの指導者として生き残り、国連による兵器査察をめぐって、その後一〇年間に協力と反抗を交互に繰り返すことになったのではあるが。

ブレアが引き継いだのはこういう状況であった。最初から彼は、クリントン大統領がサダムを降伏させようとするのを強力に支持した。わけても一九九八年二月に、イラクに対する武力行使の権限を（二〇数名の労働党平議員に反対されながらも）議会から獲得したのである。六カ月後にブレアは、スーダンとアフガニスタンでクリントンがテロリスト攻撃だと称して巡航ミサイルを使うことを支持した。そして、国際法を維持する必要があると訴えながら、一九九八年の暮れにイギリスだけがアメリカのイラク爆撃に加わったのである。しかしそういった行動が、倫理的外交政策を進めるものだったかどうかは疑わしい。そうした行動のタイミングは非常に明瞭に、クリントンが性的問題のスキャンダルの真っ只中で弾劾を逃れようとするのを助けるものであった。是が非でも友を必要としていた時であり、クリントンはブレアの支持に疑いもなく感謝し、（とりわけアイルランドについて）返礼をする用意があった。ブレアは、無批判的な親アメリカ派だということが、彼に対して繰り返される批判――左派の陣営からだけでなく、妬み深いヨーロッパ諸国の首脳たちの間からも――になっていたとすれば、彼はその印象を自分で強めた。

全世界が舞台だったブレアは、自分の雄弁と自分の正しさに対する自信を増大させながら、全世界を股にかけた。ブレアは時にサッチャーと比べられるが、サッチャーの見方は本質的にナショナリストのそれであった。ブレアの見方はむしろグラッドストーンで、その良心の政治は国際的な広がりの中に投影されていた。模範的なお手本となったのはグラッドストーンであり、当初の歩みは不確かであったが、アイルランドであれバルカンであれ、ブレアはそれを意識的に見習おうとしたように思われる。

北アイルランドに関して、ブレアはもちろん、暴力紛争の絶えない四半世紀における最初の首相ではなかった。暴力紛争はその地方を無法状態に陥れて大きな衝撃を与えていた。サッチャーのもとでのイギリスの対応は、テロへの屈服を拒むことが基本であり、想像力に富むというよりは決然としていた。アイルランド共和国軍（ＩＲＡ）が彼女の暗殺を企てたという事実は、いっそう悪化した対立の中で双方を硬直化させ、一九九〇年代までに明らかになったようにどちら側も完全に勝利することはできなかった。ブレアが、テロに対して断固としていたのと同時に、テロの原因に対しても断固たろうとしていたのは驚くべきことではなかった。これは次のことを理解することであった、すなわち、合同主義者《ユニオニスト》［イギリスとの連合の継続を主張する北アイルランドのプロテスタント］が敵対するナショナリストを「無法」と呼ぶことが時に正しかったとしても、IRAに対する支持は、カトリック少数派が「不正義」と考えるものによって燃えあがったのである。この点に関するブレアの敏感さは、おそらく個人的な共感によってとぎすまされていた――彼の妻はリヴァプールのカトリック教徒で、子供たちはカトリックの学校に通い、彼はしばしば子供たちと一緒にカトリックの礼拝に行っていた。

こうしてブレアは、メイジャーが敷いたより柔軟なやり方を発展させた。メイジャーは、同じようにこの難局を何とか打開する方策を探し求めていたアイルランド共和国政府の助けを得て、ナショナリスト側と非公式の話し合いをする道を初めて開いていた。一九九三年一二月に両政府は「ダウニング街宣言」を発表した。その表現には歴史的な感情を損ねないように細心の注意が払われ、明らかに交渉による解決の達成を目的としていた。そうした希望は、八カ月後にIRAが休戦を宣言したことによって高められた。

北アイルランドにおける明るい兆しの全部が偽りのものであったわけではない。しかし、労働党政府のもとでようやくそのたどたどしい歩みを復活した和平への道のりにおける多くのものはそうであった。その時のIRAの休戦は当てにならないことが間もなく判明し、一九九六年にロンドンとマンチェスターの大爆弾テロで無惨な終結になった。しかし、ブレアは首相として政治的な代案をもう一度提起する決意をしており、外向的で率直に発言するモー・モーラム［(一九四九〜)、労働党の政治家。一九八七年下院に選出。九九年に北アイルランド相を辞任］を国民に評判のいい北アイルランド相に任命したが、慣例にとらわれない彼女のやり方は行き詰まりの打開を押し進めた。IRAの休戦が復活した。アイルランド政府の援助が容易に得られそうであり、アメリカの調停も役立った。クリントンの介入をブレアはいつも切り札にしたのであった。さらにブレアは、かつてのグラッドストーンやロイド＝ジョージのように解決を求めて最前線に立って評価を上げた。とりわけ弁説においてはそうであった。

「双肩に歴史の使命を感じます」と、一九九八年四月にベルファストに到着するや、ブレアは切り出した。ヒルズバラ城［ベルファストの南に位置する］でのきわめて重要な交渉は、長年の敵を向かい合わせ、日夜連続の緊張のなかで最後の瞬間まで結論が出ないままであった。合同主義者の指導者として並はずれて気転のきく政治家デーヴィッド・トリンブル［(一九四四〜)、政治家。北アイルランド紛争の和平合意達成に貢献し、一九九八年ジョン・ヒュームと共にノーベル平和賞を受賞］は、社会民主労働党（SDLP）［一九七〇年に北アイルランドで創設されたカトリック穏健派の政党で、南北アイルランドの統一を目指す］の穏和なナショナリストだけでなく、IRAそのものとも取引をしていた。IRAは、今やジェリー・アダムズ［(一九四八〜)、政治家。一九七八年シン・フェイン党副議長、後に議長となる。一九八二年北アイルランド議会に選出］とマーティン・マックギネス［(一九五〇〜)、シン・フェイン党の政治家。一九七〇年シン・フェインに参加。一九八二年北アイルランド議会に選出］が指導するシン・フェインとしてより安全になっていた。彼ら二人は、自分たちの暴力にまみれた経歴を一途に償おうとする成熟した政治家として立ち現れていた。彼ら自身が述べたように、「シン・フェインぬきで機能する合意はありえない」のであった。この発言は、シン・フェインを含めた合意がうまくいくのかどうかという問題を未決のままにしていた。

最終的に主要な党派がすべて調印した一九九八年四月の聖金曜日協定によって、北アイルランドにおける権力分有行政（power-sharing administration）への道が開かれた。こうしてナショナリスト少数派（もちろん主にカトリックであるが）も、法の支配のもとで正義を実現することができた、あるいはブレアはそう願った。しかし、モーラムとナショナリストとの良好な関係を利用する一方で、主権の制限は自由に交わされた合意によってのみなされうることの再確認を、合同主義者が求めていたことも、ブレアは分かっていた。包括合意は、北アイルランドの住民投票に参加した人々の七一パーセントによって承認された。しかし、権力分有行政の第一大臣に任じられたトリンブルは、合同主義者が和平の永続を確信するまでは、権力を分かち合うことを拒絶した。

トレード・オフは単純に思われた。もしもテロリストが武器を二度と使わないように放棄すれば、彼らは、公正に再組織される政治制度に合法的な一員として受け入れられるだろう。もちろんプロテスタントのコミュニティにも、このことが当てはまるテロリストがいた。しかし、本当の難問がＩＲＡの立場であることは誰もが知っていた。三〇年近くもＩＲＡはイギリス政府と戦ってきたのである。武器を明け渡すことは敗北を認めることだと見られたであろう。期待しうる最大のことは「自発的武装解除」（decommissioning）であった。しかし、武器の使用中止を確認できる明らかな兆候がなければ、シン・フェインが政治的手段による解決にいかに表向きの関与をしても、以前のＩＲＡ活動家たちが平和を愛するという証拠にはならないと合同主義者は考えた。こうした状況下で、武器使用の棚上げに向けて歩調を速めるＩＲＡの歩みはいずれも、約束された完全な武装解除によっても依然として暴力の脅威が消し去れていないという合同主義者の不信に引き続き遭遇したのである。散発的に続く暴力、とりわけ「真のＩＲＡ」を名乗る分派が仕掛けた一九九八年のオーマ〔ベルファストの西に位置する〕での爆弾テロがそうした脅威を現実のものにした。一九九九年一一月になってようやく権力分有行政が確立され、権力の委譲がそれに続いた。北アイルランド固有の困難――議会も一時的に機能を停止した――が繰り返されたのは確かだが、危機のたびに、ＩＲＡの一時的休戦の兆候は、がまんならない合同主義者の期待に応えるものでないことが明らかになった。しかしながら事実は、分割が維持されたにもかかわらず、ＩＲＡは活動を再会しなかったのであり、委譲された政府はしばらく北アイルランドに存続した。そしてシン・フェインはその政府に執着したが、そうすることでうまく引き出された政治的利益によってそれは確かなものになった。

アイルランドでブレアは、辛抱強く不屈であった。また重要なことに、このことは、第一期目のブレア政府の他の政策には必ずしもなかった戦略的行為によって強化された。彼は概して慎重な首相であり、踏み出す前に様子を見た。彼の最大の挑戦は、依然としてヨーロッパにおけるイギリスの役割を定めることであった。ここでの彼の直観は、イギリスの独自性を主張することよりも、協力関係を機能させることであった。しかし、連合王国が単一通貨の埒外にある限り、どうしてもある程度周辺的な地位に追いやられているという感は拭えなかった。世論調査は、多数派がユーロに納得していないことを示していた。大蔵大臣のブラウンは、政府がその採用を推奨する前に、満たされるべき五つの経済上の条件を設定した。その第一の条件は、ユーロ加入が「イギリスにとって好ましいもの」でなければならないということであり、事実上、それは他のすべての条件を含んでいた。それは疑いの余地なく重要なことであり、経済的判断だけでなく政治的判断も避けることのできない一般的基準を設定していた。かくしてブレア政府は、第二期目には、ユーロをめぐる国民投票を実施すべきか否か——そしてその時期——について、意図的に何の確約もしなかったのである。

　ブレアは生来慎重な首相であったが、彼はまた、一旦自分の信念に見合う大義を見出すや、あっと言わせるような大胆さを示すこともできた。首相としての彼は、ますます海外にそうした大義の存在を認め、世界を正す道を絶えず追い求めた。とりわけ彼自身のキリスト教信条が、政治的考慮を超えた情熱で世俗的問題に結びつけられることになったのは、彼の道徳的《モラル》・大衆主義《ポピュリズム》のせいであった。コソボやアフガニスタン、また後のイラクのような遠く離れた場所においてさえもそれが見られ、それらの地で法と正義を回復する必要を良心に訴えたのである。

　コソボの危機によって、ブレアは国際的指導者になった。セルビア人の引き継いだ国家からは自律していると見なされていた、この不幸な旧ユーゴスラビアの地域に関わる問題には、複雑に絡んだ歴史的要因があり、そのためにいずれの立場の者もあふれるばかりの宣伝をして憚らなかった。ユーゴスラビアの分裂以来、攻撃的なセルビア人のナショナリズムから主にイスラム教徒の住民を守ろうとする西側諸国の努力は、よく見ても不十分で、悪くすれば見下げ果てたものであった。ブレアは、一九九八年までこの問題に実質的な関わりをもたなかった。しかし、セルビア人の「民族浄化」が引き続き行われている事態に直面して、この紛争の是非を判定しようという彼の姿勢はますます強くなり、それが公然と表明された。「これは今や善と悪との戦いである」と、彼は一九九九年四月に『サン』紙の読者に告げた。後に彼が自らコソボに出向いた時、難民に対するセルビア人の扱いを見て、「犯罪的だ」と秘かに彼は述べていた。

　ブレアはこうして、罪のないコソボの人々を無法な抑圧から救うため、危険と費用がいかに大きなものであっても、NATOによる実効的な介入を進める最も果敢な闘士になった。「コソボの人々に正義を保障する手段は我々の手中にあり、今やその正義を施行する義務が我々にはある」と彼は主張した。彼のメッセージは国際的な協調による支持を求めるものであった。重要な彼の声明の多くは海外でなされ、とくにアメリカを訪れた時に発表された。危機の間中、ブレアは、北アイルランドの時と同じように、クリントンと密接に協働した。実際、二つの危機は重なり合っていた。一九九九年三月に始まったセルビア人に対するＮＡＴＯの空爆は、主にアメリカの責任で行われた。しかし、地上軍の発動に戦略を拡張することにクリントンは慎重であり、それは国内政治に対するもっともな配慮を示していた。にもかかわらず、一一週間の爆撃の後にセルビア人を降伏させたのは、結局のところＮＡＴＯによる地上軍の介入という、公然たる威嚇であった。

ブレアがたたみかけたのはこの時であった。イギリスの世論調査がこの時点で不満を示していたにもかかわらず、イギリス軍を戦闘配置につけ、それが気の進まない同盟国を説得し同じような行動をとるよう考えさせることになった――こうしてセルビア人にＮＡＴＯの条件を呑むようにさせたのは、ブレアの決断であった。戦略そのものに対する多くの批判と、戦争が一般市民に与える付随的な被害に対する批判にもかかわらず、ブレアの不屈さは崩れなかった。彼を際立たせたのは、目標――国際的規模における法と正義の主張――を定め、それをいかなるものであれ必要な手段の行使に結びつける一刀両断のやり方であった。軍隊による実力行使を辞さない彼の冷徹な決断を後押ししたのは、必要な同盟国の支持を維持するための彼自身の弁舌であった。ブレアの指導性は、政治的結果を自ら生み出す彼の潜在的能力を示すような形でコソボの難局にうまく対処した。彼は世論に押されてそうしたのではないし、困難をものともせずに達成して世間も認めた成功に対して、選挙の上で直接の見返りがあったわけでもない。コソボ以後、ブレアをアメリカの傀儡だと言うのは的はずれとなった。同じようにこの二〇世紀最後の危機を研究した者は、その後の二〇〇一年九月一一日の大事件に対する彼の対応、あるいはアフガニスタンとイラクでの戦争に至る彼の歩みに驚きはしなかったはずである。

二〇世紀の間に連合王国の歴史家たちが採用した歴史の観点は、当然のことながら変化した。一九〇〇年には、大英帝国の存在が全体を支配し、あるいは少なくもその枠組を形作っていた。そして、全体のムードそのものが、懸念の色合いを帯びるようになったとはいえ、大英帝国の勝利を誇るものであった。一九二〇年代のラムゼイ・ミュアから一九六〇年代のニコラス・マンサーにいたる自由主義《リベラル》的な歴史家たちが、帝国から英連邦への進化という見方を提示されるにつれて、帝国史はその立場を修正するようになった。しかし、この自由主義的な歴史観そのものが、新世代の修正主義的な歴史家たちによって、ウィッグ的だと否認されることになった。イングランド史は、一九六〇年代に完結したオックスフォード版イングランド史叢書、およびペリカン版イングランド史叢書の初版に見られるように、長い間、スコットランドとウェールズとを暗黙のうちに組み入れるというやり方で書き続けられてきた。しばしば最後のウィッグ史家と言われるG・M・トレヴェリアンは、一九二七年から四〇年までケンブリッジ大学の欽定近代史教授であった。しかし、彼が卓越していたのは、厳密な学風のためではなく、優れた文学的感性と、一般読者のために歴史の範囲を創意によって広げる才能をもっていたためであった。彼の『イギリス社会史』（一九四四年）〔第一巻、藤原浩・松浦高嶺訳、第二巻、松浦高嶺・今井宏訳、みすず書房、一九七一年、一九八三年〕は驚異的な売り上げを記録し、一九四〇年が、開明的で自由主義的な指導者精神の伝統と同時にイギリス社会の活力の証明でもあるという感覚を表明していた。「英国夫人《マダム・ラングレッテル》、あなたはとても素晴らしい」と、フランスのある書評は、トレヴェリアンのイギリス中心の自己満足をちくりと諭《さと》す評をしたのであった。

これが依然としてウィッグ的解釈であり、過去の物語をますます開明的な現在に向かうさい先のいい進歩として描いているというのであれば、それはイギリスの歴史家の間に深く根づいていた。たとえば社会政策の説明は、しばしば同じ主題についての変奏をうまく組み合わせたもので、貧困問題は恵み深い国家介入によって苦労して取り扱われ、最終的には成功裡に克服されるのであった。それはあたかも福祉国家の興隆が、大英帝国の衰退を単純に補塡しているかのようであった。外交史家として修養を積み、その信条は政治的急進派であるA・J・P・

テイラーが『イギリス現代史 一九一四〜四五年』(一九六五年)［都築忠七訳、みすず書房、一九六八年］を手がけた時、彼は、列強としてのイギリスの凋落を悼むことはせずに、「それでもイングランドは立ち上がった」という事実の方を祝った。

テイラーの言うのが、出生時の平均余命が二〇世紀初頭以来、男子で一七年延び——女子の場合は一九年——、あるいは一九四八年の一人当たりGDPが一九〇〇年よりも実質で三五パーセント上昇したという意味であるならば、彼はまったく正しかった。しかし、こういった寸描は動態的に継続する過程の一時点における寸描であった。二〇〇〇年までに平均余命は男女ともに、さらに一一年長くなり、イングランドとウェールズにおいて男性は七五歳、女性は八〇歳の誕生日を迎えられることを公式の推計は示していた——食生活、運動、薬などによって生存の機会が継続的に改善されていることを考慮するなら、こういった推計も今では低すぎると見る者もいる。さらに二〇世紀の終わりまでに、一人当たりGDPの水準は、インフレーションを考慮しても一九四八年よりも一七五パーセント高くなっていた。こういった様相を見ると、イギリス人はその最良の時の後に、さらにかつてないほどいい時代を持ったことになる。とはいえ、二一世紀の初めにこの本を執筆していて、衰退の問題から逃れることは困難であり、そのことは数多くの本の表題が即座に確認してくれる。

二〇世紀を通してみて、イギリスの地位の相対的衰退はもちろん不可避であった。相対的に見た国力は軍事的ないし政治的意味合いが大きいのだから、その点は明らかである。しかし、経済的衰退はもっと複雑な意味で相対的であり、実際のところ絶対的とも言い得る。二つの世界大戦は根底からイギリスの資源を涸渇させたのであり、人的、物的双方について、勝利のために高い費用を強要した。しかし、戦時経済は、諸資源の全面的利用を必要としたことによって、同時に若干の利益をもたらしたことも注意されるべきである。第二次大戦は、それに先立つ不況の年月が残していた失業を一掃した。さらに一九四五年から二〇〇〇年までの期間で、相当程度に絶対的な衰退といえる年は五年間だけで、——それはすべて一九七四年と一九九一年の間であった。一九五九〜七九年の二〇年間、経済は平均二・八パーセントで成長し、一九七九〜九九年は二・二パーセントの成長率であった。こうして二〇世紀の後半——とりわけ第3四半期——に、若干の主要な競争相手国よりも見劣りがするとはいえ、イギリス経済がその歴史上かつてない長期的な成長を享受したことは疑いようがない。

したがって問題は、もしもイギリス国民が集団として異なった選択をすることによって自らの歴史的機会を捉えていたら、もっとよくなっていたのかどうかということである。経済的に見れば適切な比較の対象は、間違いなくフランスやドイツのようなヨーロッパの他の主要国である。一九五〇年にイギリス経済はその規模においていずれの国よりも大きく、両国がイギリスを追い抜くのはまだ先のことであった。両国ともに、第二次大戦による経済的後退からの回復が、戦争によって征服されることのなかったヨーロッパ唯一の参戦国であるイギリスよりも効果的であった、という結論は避けがたい。そうかといって、イギリスが敗れていたら得るものが多かったと考えるのは突飛なことであり、ナチス・ドイツと和解していればイギリスの力と繁栄――ましてや国民的威信――を維持する一助になったと考えるのはあまりに単純である。結局のところ、これらは道徳的次元での選択だったのであり、単に自国の直接的で物質的利害を最大化する代替的な戦略をめぐる問題ではなかったのである。

イギリスが一九三九年から四〇年にしたことが正しかったとして、一九四五年以降にしてきたことは間違っていたのだろうか？　国内における戦後体制は、福祉国家の実現と、高水準の雇用の維持に献身してきた面がある。ここでも適切な比較の対象は同じヨーロッパ諸国であり、それらの国はたいてい、やり方が異なっていたとはいえ、社会福祉サービスに少なくとも連合王国と同じ規模の予算を使うようになっていた。イギリスだけがそのような施策のために経済成長を妨げられたと考えるのはおかしく、福祉国家と実質的な完全雇用は相互依存的だと考える方が合理的である。第二次大戦後の長期の経済成長は、社会保障のための十分な財源を準備した――失業が低く維持されている限りはそうであった。ここでのイギリスの経験は、他の多くの場合と同様に、他のヨーロッパ諸国とそれほど違っていない。

戦後世界において、イギリスが列強としての自負を維持することはできなかったし、防衛費は過重な負担であり、帝国的な地政学思考が時代遅れであることは、今や容易に見てとれる。しかしそれにもかかわらず、アメリカ合衆国が西ヨーロッパの安全保障のために明らかに必要なある種の大西洋連合において明確な役割を引き受けるまで、一九四五年以後、何年間か権力の真空状態が生じる可能性があったことを忘れてはならない。またイギリスの脱植民地化は、他の旧植民列強国が帝国を手放す際に被ったような傷跡をほとんど残さずに、相対的に成功したことも看過されてはならない。他の欠点が何であれ、英連邦の存続は、それが衰退する国家が現実に適合するための適切な戦略であったとすれば、イギリス政府が宥和政策の才覚をまったく失ったわけではないことを示していた。フランスがもっと明確な意図をもって、帝国以後の幻想から離れヨーロッパ統合という枠の中で国家目標を建設的に追求するようになったのも、ようやくスエズ以降のことであった。

ここにこそ最も明白な失われた機会があった。というのも、イギリスがヨーロッパ共同体に加盟した時には、一度だけの好景気はすでに尽き果てていて、イギリス国民はヨーロッパ共同市場の恩恵に浴すという経済上の具体的な教訓を受ける機会を失うことになったからである。もっと決定的なことに、発展するヨーロッパの諸制度は、すでに多くの点でイギリスの伝統と利害にうまく合わない仕方で形成されつつあった。これこそ基礎を築く時にイギリスが参加し損なったことの報いであり、一九五〇年のシューマン・プランの時には議論の余地があっても、一九五五年のメッシーナ会議の後は確実にそうであった。

　ヨーロッパ統合問題が、何故イギリスの政治でかくも重要な役割を果たすようになったのかについては、もちろん多くの説明を必要としない。本当に説明が必要なのは、何故そうなるのがかくも遅れたのかということである。おそらく政党の指導者は、早期の討論を抑えようとするうちに、一旦このボトルの栓が抜かれて、ヨーロッパという魔人の霊が島国的政治のなかに解放されると、それに関する意見の相違がいかに大きくなるかということに気づいた。そしてこの島国的政治が、折り合わない政策や優先事項や偏見の軋轢のもとで、間違いなくぐらつくだろうことにも。一九八〇年代半ばまで、抬頭するヨーロッパ連合（EU）について大いに懐疑的であり分裂していたのは労働党であり、それ以後、奇妙にも逆転してそうなったのは保守党であった。ここ三〇年の間に、政治の亀裂はますますイギリスと大陸ヨーロッパとの関係に関する問題から生じるようになった――それは、二〇世紀のうちにイギリスがどうしても解決できなかったという観点からすると、ますますもって御しにくい問題になったように思われる。

訳者あとがき

本書は、Penguin History of Britain の第九巻 Peter Clarke, *Hope and Glory : Britain 1900–1990*, London : the Penguin Press, 1996 : Penguin Books, 1997 の翻訳である。著者のピーター・クラークは、我々が翻訳を進めている過程で二〇〇二年の夏から秋に、日本語訳のために新たな終章 "12 : A Young Country 1990–2000" を書き加え、"Epilogue" を改訂してくれた。この「第12章　若い国家　一九九〇～二〇〇〇年」が付け加えられた他には、内容に大きな変更のない *Hope and Glory : Britain 1900–2000*, second edition が、ついこの四月にイギリスで出版された。それは、長年にわたって待望されていた「二〇世紀イギリス史の標準となるべき……輝かしい本」（ベン・ピムロット）と評されているが、本書は、事実上この第二版の翻訳と変わるところがなく、文字通り二〇世紀全体をカバーするイギリス現代史である。

一九〇〇～二〇〇〇年という二〇世紀全体を対象にしたイギリス現代史の研究書は、イギリス本国でも類書がないようである。旧い Pelican History of England の最終巻 David Thomson, *England in the Twentieth Century, 1914–63*（1965）は、五〇年間弱をカバーしていたにすぎないし、Kenneth Morgan の先駆的な研究 *The People's Peace, 1945–89*（1990）も第二次大戦後の四〇年間余りを対象としているだけである。また、本書の著者が「テイラーの本との距離を保つことが、独立のための努力の一部となった」と言う A. J. P. Taylor の *English History, 1914–1945*（1965）（都築忠七訳『イギリス現代史』みすず書房、一九六八年）も、イギリスが「一九世紀から二〇世紀へと決定的な飛躍をとげ」、「イギリス国民が成年に達した」、「民衆の戦争」たる第二次世界大戦で終わっている。

本書が言うように、イギリス史は従来ナショナリズムを無視するというかたちで扱ってきたようである。Pelican History of *England* も Oxford History of *England* も、スコットランドとウェールズを暗黙のうちに「イングランド史」に組み入れるというやり方で書き続けられてきた。Penguin History of *Britain* がそれに取って代わるのは、時代の変化を示す徴候なのであろう。世界各地におけるナショナリズムの抬頭、ナショナル・アイデンティティの表明を背景に、本書の著者は、北アイルランド、スコットランド、ウェールズに十分な注意を払い、「イングランドとイギリスが容認できる同義語でなくなっている」ことを認識している。

　本書はまた、政治史、社会経済史を中心にしながらも、スポーツと娯楽、メディアと大衆文化といった文化史を各章にバランスよく配し、「より広い範囲の人間の経験」について語ろうとしている。ジェンダーにも相応の注意が払われている。著者は「新しい歴史」の成果に敏感であろうとし、二〇世紀のイギリス人の歴史を書くには、複数の観点を取り入れる必要があることを強調している。一九〇〇年のイギリスは、議論の余地はあっても世界の最強国であった。世界の広大な領域が地図の上で赤く塗られ、世界中の富がイギリスの財布を満たしていた。ポンドは世界通貨であり、その優位は国際的オーケストラの指揮者になぞらえられた。他方、二〇〇〇年のイギリスにとって最大の問題の一つは、ヨーロッパ統合問題であり、ヨーロッパにおけるイギリスの役割を定めることであった。「この前例のない変化の時代を生きた丸々三世代の経験の多様な側面をつなぎ合わせるような説明」こそ、著者が求めているものであり、それは二〇世紀を通してイギリスを転換させた政治経済的変化を理解できるような説明であった。それが単純に衰退の歴史として語れるはずはなく、国際的な政治経済上の指導権が他国に移っても、イギリスは「依然として栄光の時をもっていた」のであり、イギリス人は「希望を育んできた」のであった。諸家の評が言うように、本書は、イギリス人が求めるバランスのとれた二〇世紀を見渡すイギリス史の標準書と言うことができよう。

　ピーター・クラークは、一九九一年からケンブリッジ大学のイギリス近現代史の教授であり、二〇〇〇年からは六五〇年以上の歴史を誇るトリニティ・ホールのマスターでもある。一九四二年生まれのクラークは、イーストボーン・グラマースクールを出た後、一九六〇〜六六年までケンブリッジのセント・ジョンズ・カレッジで学生時代を過ごし、その後、一九八〇年までロンドンのユニヴァーシティ・カレッジで歴史学講師、近現代史のリーダーを務めた。ユニヴァーシティ・カレッジ時代に、クラークは *Lancashire and the New Liberalism* (Cambridge University Press, 1971) と *Liberals and Social Democrats* (Cambridge University Press, 1978) を公刊した。彼はそこで、ランカシャー綿業の衰退と新自由主義の解釈について新たな議論を喚起し、またホブソン、ホブハウス、ウォレスのような新自由主義者が、いかに自由主義的な社会民主主義思想を確立したか明らかにした。自由主義と社会民主主義、自由党と労働党の協働の可能性は、本書でも一貫してテーマになっている。

　クラークは一九八〇年にケンブリッジに戻り、歴史学講師、近現代史のリーダーを務めると同時に、セント・ジョンズ・カレッジのフェローとなった。その後、九一年に教授に就任し、二〇〇〇年にはマスターとなって、現在にいたっている。ケンブリッジに戻ってからは、単著だけで *The Keynesian Revolution in the Making, 1924–1936* (Oxford University Press, 1988); *A Question of Leadership: from Gladstone to Thatcher* (Hamish

Hamilton, 1991)（その後、*A Question of Leadership: Gladstone to Blair*〔Penguin, 1999〕); *Hope and Glory: Britain, 1900-1990* (the Penguin Press, 1996); *The Keynesian Revolution and its Economic Consequences* (Edward Elgar, 1998); *The Cripps Version. The Life of Sir Stafford Cripps, 1889-1952* (the Penguin Press, 2002) を出版している。クラークの本はいずれも高度な学術書であるが、ほとんどがペーパーバックになっていることからしても、おそらくよく読まれているのであろう。

「この本は主に私の仲間である歴史家に向けて書かれている」という文章で始まる『ケインズ革命の形成』（*The Keynesian Revolution in the Making*）も、その一冊である。この本は、「経済史、政治史、知性史、制度史を合わせた見事なカクテル」（ピーター・ヘネシー）と評された。それは「歴史的なケインズ（historical Keynes）の探求」であり、クラークが目指したのは、従来ケインズ革命が取り扱われてきた「非歴史的な抽象」から「歴史的なケインズ」を救いだし、ケインズ革命をその専門でない人々が理解できるように説明することであった。スキデルスキーも絶賛したこの本は、ケインズには複数の側面があり、ケインズ革命は「様々な側面で、無数の人々のなかに様々な程度に」形成されたことを思い起こさせてくれた。クラークは、とりわけケインズに関する一連の労作で、歴史家が経済学の議論に精通する方が、経済学者が歴史の議論に精通するよりも簡単であることを示し、歴史研究の将来に希望を与えてきた。

ケインズは、『一般理論』を「この本は主に私の仲間である経済学者に向けて書かれている」という文章で始めたが、クラークはケインズの経済理論に精通したうえで、それを政治的、歴史的コンテキストのなかに置こうとした。「経済学者ケインズ教授」と「政治家ケインズ氏」の双方を共に追求し、それらを「ケインズ経済学の政治学（the politics of Keynesian economics）」としてまとめる。マクミラン委員会は、ケインズにとって『貨幣論』を説明する場であったが、クラークは、マクミラン委員会における経済学者および金融当局（大蔵省とイングランド銀行）の広範な証言を、「啓発的に解説、分析し」、ケインズの『貨幣論』の立場と雇用政策に関する当局の見方との双方における「理論的および実際的、『政治的』要因のバランス」を見事に明らかにし、経済思想の形成過程を描いている。スーザン・ホーソンが評したように、この本は当該領域に関心をもつ「すべての経済学者にとって必読書」であり、彼女はこの本を仲間の経済学者に熱心に薦めながら、その魅力的な筆致がそれを読むことを有益なだけでなく楽しみにしていると述べている。

『ケインズ革命の形成』は、言うまでもなく、ケインズの理論的立場を政策や理論をめぐる実際の議論のコンテキストなかに位置づけるための周到な歴史的調査に基づいている。クラークは、社会がどのように動き、その動きの歴史的証拠がどこにあるかを知っているようである。理論家は頭でものを書こうとするのに対して、歴史家は資料でものを書こうとする。クラークによる「歴史的なケインズの探求」における、こうした手法、歴史的な調査・研究、およびそれに基づく構成・構想の力量と、彼の表現力・筆致は、その後の著書でも遺憾なく発揮されている。『ケインズ革命の形成』が「経済史、政治史、知性史、制度史を合わせた見事なカクテル」であれば、本書 ***Hope and Glory*** は、それにさらに社会史、文化史を加えたもっと見事なカクテルと言えよう。また、本書に続いて出版されたスタフォード・クリップスの伝記 ***The Cripps Version*** も、翌年にはペーパーバックになり広く読まれているようである。アトリー、ベヴィン、モリソン、ドールトンとともに第二次大戦後の労働党内閣（一九四五〜五一年）の隅石の一人であったクリップスは、一九四七年にはドールトンに代わって大蔵大臣となったが、その政策は「実際に現存するケインズ主義」と言いうるようなマクロ経済管理の財政戦略を明示的に採用するものであった。それは、サッチャー政策の前まで続く「戦後の合意《コンセンサス》」の始まりでもあった。当時クリップスは次の首相と言われたようであるが、「イギリス人がもてなかった最良の首相の一人」を扱った伝記 *The Cripps Version* は、ドールトンについて「名匠にふさわしい見事な伝記」を書いたピムロットによって次のように評されている――「慎重で賢明な議論、入念に行き届いた調査の勝利であり、サー・スタフォードを彼のために長く保存される台座の上に置いた」。

クラークはまた二〇〇二年の冬にオックスフォード大学でフォード特別講義を行い、現在それを出版のために改訂しているという。**“Britain's Image in the Twentieth Century”** と題する六回の講義は、チャーチルとクリップス、ケインズとヴァージニア・ウルフ、オーウェルとサッチャーを扱うものであった。クラークはサッチャーの歴史的位置づけについてもすでに何度か講演し論文を書いている。「経済学というのは手段であって、目的は心と魂を変えることです」とサッチャーは述べたというが、「戦後の合意」の終焉、サッチャリズムの興隆と変容、イギリス社会における価値観の変貌は、本書における戦後史を扱う部分の大きなテーマになっている。クラークはより多くの時間を著作にさくために、この秋にはトリニティ・ホールのマスターを退任するという。今後、彼によってどういう歴史書が書かれていくのか、大いに期待されるところである。

歴史的な洞察と学識に富むだけでなく、比喩やジョークに富むピーター・クラークの著書は、多くの英語国民に親しまれ広く読まれてきたのであるが、日本語にすることはけっしてやさしくなかった。時間をかけ注意はしたつもりであるが、思わぬ誤りがあることはおそらく避けられない。もとの翻訳の分担は以下の通りであり、椿、市橋、長谷川、西沢が最終的な調整をした。プロローグ、第1、2章（西沢）、第3章（姫野）、第4、8章（市橋）、第5、7章（椿）、第6、9章（長谷川）、第10、11章（米山・西沢）、第12章（西沢・市橋）、エピローグ（西沢）。翻訳の過程で、著者のピーター・クラークをはじめ、多くの知人から教えを受けた。索引は、菅一城氏（一橋大学経済研究所専任講師）と大学院生の手を煩わせた。出版にあたっては最初から最後まで、名古屋大学出版会の橘宗吾氏と長畑節子氏にたいへんお世話になった。厚くお礼を申し上げたい。

二〇〇四年五月

訳者を代表して　西沢　保

イギリス現代史 1900-2000

2004年8月20日　初版第1刷発行
2009年5月20日　初版第2刷発行

定価はカバーに
表示しています

訳者　西沢　保他

発行者　石井三記

発行所　財団法人　名古屋大学出版会
〒464-0814　名古屋市千種区不老町1名古屋大学構内
電話(052)781-5027/FAX(052)781-0697

Printed in Japan
印刷・製本 ㈱クイックス
ISBN978-4-8158-0491-6

《訳者紹介》

西沢《にしざわ》　保《たもつ》

1950年生まれ

1983年　一橋大学大学院社会学研究科博士課程修了

現　在　一橋大学経済研究所教授

主　著　『マーシャルと歴史学派の経済思想』（岩波書店，2007 年）

市橋《いちはし》　秀夫《ひでお》

1962年生まれ

1995年　ウォーリック大学社会史研究所大学院 PhD 取得

現　在　埼玉大学教養学部教授

主論文　「英国戦後復興期における地域芸術文化政策の展開――コヴェントリ市の経験」『文化経済学』第 2 巻 第 3 号（2001 年 3 月）

椿《つばき》　建也《たつや》

1959年生まれ

1993年　ウォーリック大学社会史研究所大学院 PhD 取得

現　在　中京大学経済学部教授

主　著　『近代イギリスと公共圏』（共著，昭和堂，2009 年）

長谷川《はせがわ》　淳一《じゅんいち》

1961年生まれ

1989年　ウォーリック大学社会史研究所大学院 PhD 取得

現　在　慶應義塾大学経済学部教授

主　著　*Replanning the Blitzed City Centre,* Open University Press, 1992

姫野《ひめの》　順一《じゅんいち》

1947年生まれ

1978年　九州大学大学院経済学研究科博士課程修了

現　在　長崎大学環境科学部教授

主　著　『社会経済思想の進化とコミュニティ』（共編著，ミネルヴァ書房，2003年）

米山《よねやま》　優子《ゆうこ》

1974年生まれ

2007年　一橋大学大学院言語社会研究科博士課程修了

2009年　博士（学術）

現　在　神奈川県立外語短期大学専任講師

索　引

ア　行

カ　行

サ　行

タ　行

ナ　行

ハ　行

マ　行

ヤ　行

ラ　行

ワ　行

文献案内

＊の付いた著作には詳細な文献目録がある。

私が依拠した文献は，ある意味で，20世紀イギリス史の研究者として過去30年間に読んだもの全部であり，そう考えると文献目録を作成することは不可能である。その一方で，私がこの本を書いている間，いつも手元にあった書物のリストを作ることは比較的容易である。1980年までの時期の統計全般について，私は何よりもB. R. Mitchell, *British Historical Statistics*（Cambridge, 1988）［中村壽男訳『イギリス歴史統計』原書房，1995年］に依拠している。1980年代を扱った本書の第11章のために用いた経済統計の大半については，Christopher Johnson, *The Economy under Mrs Thatcher*（Penguin, 1991）の有益な補遺に収められた50ページに及ぶ表を用いている。社会統計については，A. H. Halsey（ed.）, *Trends in British Society since 1900. A Guide to the Changing Social Structure of Britain*＊（1972）に大幅に依存しており，程度の差はあれ，そのまったく新しい版である *British Social Trends since 1900*＊（1988）に依拠している。David Butler and Gareth Butler, *British Political Facts, 1900–1994*（7th edn, 1994）の第7版がちょうどよく出版され，私がこの本で使った数字を更新するのに役だった。しかし，選挙の統計について私が主に用いたのは，依然として，F. W. S. Craig, *British Electoral Facts 1885–1975*（3rd edn, 1976）であった。本書に引用されている統計の90パーセントは，こういった必要不可欠な文献から取られている。

もちろん，他の参考図書，とりわけ *Annual Register* を頻繁に利用した。公職に就いている役人については，E. B. Fryde, D. E. Greenway, S. Porter and I. Roy, *Handbook of British Chronology*（3rd edn, 1986）が，信頼できる便覧である。*The Dictionary of National Biography*，とりわけ *The Twentieth Century DNB* が非常に有益であり，とくに（死亡年による）各巻，すなわち1951～60年の巻，（ed.）E. T. Williams and Helen M. Palmer（Oxford, 1971）；1961～70年の巻，（ed.）E. T. Williams and C. S. Nicholls（Oxford, 1981）；1971～80年の巻，1981～85年の巻，（ed.）Lord Blake and C. S. Nicholls（Oxford, 1986, 1990），および補巻の *Missing Persons*, （ed.）C. S. Nicholls（Oxford, 1993）が有益であった。補巻は，重要な人物の，中で漏れていた人々，とりわけ女性の中で漏れていた人々を補っている。それでもなお見落とされている人々――あるいは，本書を執筆している時点では，*DNB* に収録される必要条件からまだ幸運にも逃れていた人々――については，*Who's Who*，とくにたまたま私の書架にあった1908年，1932年，1946年，1972年，および1990年の巻に頼った。何冊にも及ぶ *Dictionary of Labour Bio-graphy*, （ed.）Joyce M. Bellamy and John Saville（10vols., 1972–2000）は，もっと専門的な事項についての手引きとなり，John Eatwell, Murray Milgate and Peter Newman（eds.）, *The New Palgrave : A Dictionary of Economics*（4vols., 1987）も同様の役割を果たしてくれた。

これまでに出版された20世紀イギリス史は，対象にしている時期が，当然のことながら本書よりも短い。David Thomson が旧版のペリカン・イングランド史叢書を，*England in the Twentieth Century, 1914–63*（1965）で締めくくったとき，それは50年間弱をカバーしていたにすぎず，本書が対象とした時期のかろうじて半分である。私は本書を執筆した後で，Thom-

sonの本を再読して改めて感心し，より早い時期における彼自身の論じ方が図らずも自分に影響していることに気づいた―― Kenneth O. Morganの先駆的な研究 *The People's Peace, 1945-89** (Oxford, 1990) に立ち返った時にも同じように感じた。いずれの場合にも，私は自分の本の内容を変えたいという衝動に駆られながらも，結局はそれを抑えた。各巻が20～30年間を対象にした他の二つの概説史から，私はまた別種の恩恵を受けている。類書をもっては代えがたい Élie Halévy の古典的名著 *History of the English People in the Nineteenth Century* の第5巻 *Imperialism and the Rise of Labour, 1895-1905* (1926；英語版，1929)，および第6巻 *The Rule of Democracy, 1905-14* (1932；英語版，1934) は，我々の世紀である20世紀に踏み込んでいる。対象とする時期が終わってから20年もたたないうちにこのような洞察に富んだ本を出版できるということは，現代史の可能性に自信をもたせてくれる。まったく同じことが，Charles Loch Mowat, *Britain between the Wars, 1918-1940* (1955) についても言うことができる。その本に対して，A. J. P. Taylorは，オックスフォード版イングランド叢書の中でも広範な影響力をもった彼自身の *English History, 1914-1945** (Oxford, 1965)［都築忠七訳『イギリス現代史』I・II，みすず書房，1968年］を出版した時に，しごく当然な賛辞――「私自身，独立のための努力を続けたにもかかわらず，たえず本書に依存してきた」――を書いた。今度は，このTaylorの本との距離を保つことが，私自身の独立のための努力の一部となった。

近年，異例とも言えるほど豊かな成果を生んでいる通観的な諸研究は，20世紀イギリス史の広い領域を扱っている。P. J. Cain and A. G. Hopkins, *British Imperialism* (2vols., 1993)［竹内幸雄・秋田茂訳『ジェントルマン資本主義の帝国』I「創生と膨張 1688-1914」：木畑洋一・旦祐介訳，II「危機と解体 1914-1990」，名古屋大学出版会，1997年］は，「ジェントルマン資本主義」の概念を用いて，帝国の政治経済とその諸結果について意欲的な解釈をしており，私も大筋でそれに同意する。David Reynoldsの *Britannia Overruled : British Policy and World Power in the Twentieth Century* (1991) は，イギリスの外交政策の形成について信頼できる歯切れのいい書である。Roderick Floud and Donald McClosky (eds.), *The Economic History of Britain since 1700** (Cambridge, 1994) は，本書の議論の大きな方向性を左右するには，その出版が遅すぎた。それでも，1939～92年を扱った第3巻からは相当な恩恵を得ることができ，Peter Howlettの戦時経済，Charles Feinsteinの経済成長，Leslie Hannahの国有化，Susan Howsonの通貨政策，Jim Tomlinsonの経済政策，Barry Suppleの衰退の問題に関する論文からは，諸々の点を吸収した。

イギリス文化史研究は，Raymond Williamsによる一連のマルクス主義的（色彩をしだいに薄めていった）研究から，逃れえない恩恵を受けている。その中でも，私自身は *The Country and the City* (1975)［山本和平他訳『田舎と都会』晶文社，1985年］が好きである。スタイルはまったく違うけれども，John Grossは *The Decline and Fall of the English Man of Letters* (1969)［橋口稔・高見幸郎訳『イギリス文壇史――1800年以後の文人の盛衰』みすず書房，1972年］において，忘れ去られた文学および政治の状況を復元した。F. M. L. Thompson (ed.), *The Cambridge Social History of Britain, 1750-1950** (3 vols., 1990) には，T. C. Smoutによるスコットランドに関する見事な鳥瞰的論文がある。ウェールズ史に関しては，Kenneth O. Morgan, *Rebirth of a Nation : Wales, 1880-1980* (Oxford, 1982) を頻繁に利用した。K. T. Hoppen, *Ireland since 1800 : Conflict and Conformity* (1989) は，簡潔なすばらしい研究であるし，F. S. L. Lyons, *Ireland since the Famine* (rev. edn, 1973) が下している

評価は，より十全でほとんど念入り過ぎるくらいに片寄りがない。修正主義的解釈をもっと前面に出しつつも，同時に洗練された説明で人を惹きつけるのが，Roy Foster, *Modern Ireland, 1600–1972*（1988）である。

John Benson の見事な概説書 *The Rise of Consumer Society in Britain, 1880–1980*（1994）は，社会史研究における多くの新しい方向を示している。社会の動向と「中道的な」政治の傾向との絶えざる結びつきは，Brian Harrison, *Peaceable Kingdom : Stability and Change in Modern Britain*（1985）で折衷的に論じられている。Keith Middlemas, *Politics in Industrial Society : The Experience of the British System since 1911*（1979）は，20 世紀を通して見た，国家による利害集団の調整の解釈において，「団体偏向」'corporate bias' のモデルを構築した。Robert Blake, *The Conservative Party from Peel to Thatcher*（2nd edn, 1985）と Henry Pelling, *A Short History of the Labour Party*（9th edn, 1991）は，二大政党についての定評ある書物であり，同じように簡潔で公平である。二大政党の敵対的形態が，実は両者の間にある相当程度の収斂を隠しているという論点を提起した古典的研究は，Robert McKenzie, *British Political Parties : The Distribution of Power within the Conservative and Labour Parties*（1955）［早川崇・三澤潤生訳『英国の政党――保守党・労働党内の権力配置』上・下，有斐閣，1965〜70 年］である。同様に，J. P. Mackintosh, *The British Cabinet*（1962）は，20 世紀の政府で首相の力が際だっていたと見なす主張の古典的な議論である。Mackintosh は，有益な論文集 *British Prime Ministers of the Twentieth Century*（2 vols., 1977–78）を編集し，他方，Peter Clarke は――何と，1 人で――12 人の伝記的論稿を *A Question of Leadership : Gladstone to Thatcher*（1991）としてまとめ，驚くほど軽視されてきたテーマを検証した。

以下にあげる文献は，もっとも関連が深いと思われる各章に分類されている。文献リストは，どうしても選択的になり，そのためにまた主観的である。そこには，研究史上の里程標と見なされる書物が含まれているのと同時に，数多くの最近の論文，とくに *20th Century British History*（*20thCBH* と略記する）に掲載されたもの，私が感化を受けた若い研究者の学位論文への参照，種々さまざまな史料――回想録，あるいは，読む価値があると思われた同時代の他の出版物――が含まれている。

第 1 章

世紀転換期の政治制度については，Martin Pugh, *The Making of Modern British Politics, 1867–1939*（1982）が，大衆レベルの制度の形成に注意を集中しているのに対して，Robert Rhodes James, *The British Revolution, 1880–1939*（1978）は，より伝統的な中央政治の物語を展開している。David Cannadine, *The Decline and Fall of the British Aristocracy*（1990）は，伝統的エリートの（あらゆる意味における）命運に関する素晴らしい研究になっている。遺言検認記録を使った W. D. Rubinstein の先駆的研究は，彼の主著 *Men of Property : The Very Wealthy in Britain since the Industrial Revolution*（1981）の中心部分となっているが，この研究の含意に対しては，とりわけ M. J. Daunton, ' "Gentlemanly capitalism" and British industry, 1820–1914', *Past & Present*, 122（1989）が疑問を提起した。「非公式の帝国」という考え方を展開し古典になったのは，J. Gallagher and R. E. Robinson, 'The imperialism of free trade', *Economic History Review*, vi（1953）である。

チェンバレンの実業家としての経歴の重要性は，Peter Marsh, *Joseph Chamberlain : Entre-*

preneur in Politics（1994）がよく描いており，他方 Richard Jay, *Joseph Chamberlain : A Political Biography*（Oxford, 1981）は，彼の後半生の最も首尾一貫した説明をしている。Andrew Porter, *Britain and the Origins of the South African War*（1980）は，帝国主義の唱導者としてのチェンバレンを描き，Richard Price, *An Imperial War and the British Working Class*（1972）は，熱狂的帝国主義《ジンゴイズム》の大衆に対する訴えに（おそらくは不当に）疑い深い目を向けている。Bernard Semmel の画期的な研究，*Imperialism and Social Reform, 1895-1914*（1960）［野口建彦・野口照子訳『社会帝国主義史――イギリスの経験，1895-1914』みすず書房，1982 年］は，社会―帝国主義者の結びつきについての命題を強調しすぎたかもしれないが，その後の多くの研究の主題を先取りしていることは注目すべきである。Alan Sykes, *Tariff Reform and British Politics, 1903-13*,（1979）は，チェンバレンの最後の改革運動の見事な説明である。今や E. H. H. Green, *The Crisis of Conservatism, 1880-1914*（1994）によって，急進的保守主義の思想的源泉と選挙上の影響との双方についての優れた研究が得られた。

L. G. Sandberg, *Lancashire in Decline*（Columbus, Ohio, 1974）は，興味深い修正主義的解釈の本であるが，そのタイトルにもかかわらず，綿工業の実績と見通しについて，私よりも楽観的な見方をしている。労働組合の組織と活動に関する信頼できる歴史書は，依然として H. A. Clegg, Alan Fox and A. F. Thompson, *British Trade Unions**, vol. 1, *1899-1910*（Oxford, 1965）である。これは，とくに立法上の問題について明晰であり，その側面では Norman McCord, 'Taff Vale revisited', *History*, lxxvii（1993）も欠かせない。組織された労働者の政治活動についての古典的な研究は，Henry Pelling, *The Origins of the Labour Party, 1880-1900*（1954），およびその続編の Frank Bealey and Henry Pelling, *Labour Politics, 1900-1906*（1958）である。これらは，今では David Howell, *British Workers and the Independent Labour Party, 1888-1906*（1983）によって補う必要がある。労働者階級の政治文化の特徴は，Ross McKibbin, 'Why was there no Marxism in Great Britain ?', *English Historical Review*, xcix（1984）が的確に捉えており，これは，労働者階級の賭け事や趣味に関する独創的な論文とともに McKibbin, *Ideologies of Class*（1990）に再録されている。

選挙政治については，Paul Thompson の優れた研究 *Socialists, Liberals and Labour : Struggle for London, 1885-1914*（1967）が，自由党の復活と見通しについて「悲観的な」見方をしているのに対して，P. F. Clarke, *Lancashire and the New Liberalism*（1971）は，「楽観的な」主張をしている。これは今もなお十分な論拠をもつように思われ，Kenneth D. Wald, *Crosses on the Ballot : Patterns of British Voter Alignment since 1885*（1983）のように，「オールド・リベラリズム」の持続的な強さを示すことによって損なわれるものではないように思われる。Michael Bentley, *The Climax of Liberal Politics, 1868-1918*（1987）および G. R. Searle, *The Liberal Party : Triumph and Disintegration, 1886-1929*（1992）は，研究史にもとづいたバランスのいい概観を提供している。

第 2 章

Jose Harris, *Private Lives, Public Spirit : A Social History of Britain 1870-1914**（Oxford, 1993）の思慮深い再解釈は，示唆に富む詳細な記述が多く，19 世紀の第 3 四半期からの社会規範の強力な持続性についてきわめて重要な論点を提示している。これは，F. M. L. Thompson (ed.), *The Cambridge Social History of Britain, 1750-1950**（3 vols., 1990）に収録されている彼女のもっと早い論文のなかですでに示されていた。*The Cambridge Social History of*

Britain には，町と都市に関する編者の優れた論文，Michael Anderson による人口動態変化，Leonore Davidoff による家族，Patrick Joyce による労働，Pat Thane による政府と社会，F. K. Prochaska による博愛主義に関する優れた論文も収録されている。私は，Pat Jalland の，悲痛な内容ではあるが，説得力のある研究 *Death in the Victorian Family*（Oxford, 1996）を，公刊される前に読むことができた。Roderick Floud, Kenneth Wachter and Annabel Gregory, *Height, Health and History : Nutritional Status in the United Kingdom, 1750-1980*（Cambridge, 1990）は，新種の資料を用いて生活水準に関する議論を進めている。

Michael Freeden の *The New Liberalism*（1978）は，自由主義思想の首尾一貫した説明である。ボーア戦争のような出来事の影響をよりよく説明しているのは，H. C. G. Matthew, *The Liberal Imperialists*（1973）や G. R. Searle, *The Quest for National Efficiency, 1902-11*（1971）であり，前者は，自由帝国主義者が国内の社会問題に関心を集中させていたことを明らかにし，また後者は，フェビアン主義者による帝国主義への順応の試みを探求している。Peter Clarke, *Liberals and Social Democrats*（1978）は，ホブソン，ホブハウス，ウォレスのような新自由主義者が，独自に自由主義的な社会民主主義的思考をいかに確立したかについての研究であり，そういう立場の思想面での影響を追ったのが Stefan Collini の格調高い研究 *Liberalism and Sociology : L. T. Hobhouse and Political Argument in England, 1880-1914*（1979）である。

Norman and Jeanne Mackenzie, *The First Fabians*（1977）[土屋宏之他訳『フェビアン協会物語』ありえす書房，1984 年] は，フェビアン主義者という集団の親しみやすい伝記であり，それは，Michael Holroyd, *Bernard Shaw*, vol. 1, 1856-98 : *The Search for Love*（1988 ; Penguin 1990）と vol. 2, 1898-1918 : *The Pursuit of Power*（1989 ; Penguin 1991）の詳細で余すところない叙述によって，補うことができる。これらよりもずっと短いもの――洞察ではなく，ページ数が少ないだけであるが――は，Margaret Drabble, *Arnold Bennett*（1974）であり，他の有益な伝記に Janet Adam Smith, *John Buchan*（1965）がある。H. G. Wells, *Experiment in Autobiography*（2 vols., 1934）は，彼の生涯の関心の所在を描いており，科学教育の実状については，D. S. L. Cardwell, *The Organization of Science in England*（1957 ; rev. edn, 1972）[宮下晋吉・和田武・慈道裕治他訳『イギリスにおける科学の組織化』昭和堂，1989 年] が主題にしている。

Gareth Stedman Jones, 'Working-class politics and working-class culture 1850-1914' は，彼の *Languages of Class*（Cambridge, 1983）に再録されているが，とくにミュージック・ホールについての描写が優れている。ミュージック・ホールについては，近年，多くのものが出版された。Peter Bailey は，'Conspiracies of meaning : music hall and the knowingness of popular culture', *Past & Present*, 144（August 1994）で，演者と聴衆が互いに共謀する関係を検証している。Michael Rosenthal, *The Character Factory : Baden-Powell and the Boy Scout Movement*（1986）は，いささか厳しい見方であり，Martin Dedman, 'Baden-Powell, militarism, and the "invisible contributors" to the Boy Scout scheme, 1904-20', *20thCBH*, iv（1993）による修正の余地があった。今では，スポーツにおける非公式の帝国について興味深い文献があり，J. A. Mangan (ed.), *The Cultural Bond : Sport, Empire, Society*（1992）の中の，James Bradley と Harold Perkin の二つの論文はとりわけ優れている。Tony Mason, *Association Football and English Society, 1863-1915*（Sussex, 1980）は，レジャーについての先駆的研究であった。

アスキスは，現代における二つの優れた伝記の対象になった。Roy Jenkins の *Asquith* (1964) は，評価が甘くなりがちであり，他方，Stephen Koss の *Asquith* (1976) は，より厳しい見方をしている。本書を書いている時には，入念な構成をもつ John Grigg の 3 巻本 *The Young Lloyd George* (1973)，*Lloyd George, the People's Champion, 1902–11* (1978)，*Lloyd George, from Peace to War, 1912–16* (1985) は，ロイド=ジョージの首相の時期には及んでいなかった。最も持続性のある 1 巻本の伝記は，長いこと Thomas Jones, *Lloyd George* (Oxford, 1951) であったが，Martin Pugh, *Lloyd George* (1988) は，彼の生涯についての現代における見事な解説である。

福祉をめぐる政治学については，Bentley B. Gilbert, *The Evolution of National Insurance in Great Britain* (1966) が，友愛組合的背景についてとくに優れている。Jose Harris, *Unemployment and Politics, 1886–1914* (1972) は，政策の展開に関する代表的な研究である。救貧法に関する王立委員会内部の対立関係は，A. M. McBriar, *An Edwardian Mixed Doubles : The Bosanquets versus the Webbs* (1987) で，丹念に再現されている。Avner Offer, *Property and Politics : Landownership, Law, Ideology and Urban Development in England 1870–1914* (1981) は，エドワード時代の財政危機の多面的研究であり，財政危機に対するロイド・ジョージの対応は Bruce K. Murray, *The People's Budget, 1909–10* (1980) でよく概観されている。1910 年選挙について信頼できる研究は，Neal Blewett, *The Peers, the Parties and the People* (1972) である。

この時期のアイルランド史に関して刺激的な見通しを与えているのは，J. J. Lee, *The Modernization of Irish Society 1848–1918* (1973) であり，自治問題の危機は，Pat Jalland, *The Liberals and Ireland : The Ulster Problem in British Politics to 1914* (1980) で，明快に取り扱われている。この時期についての古典的な解釈は長らく，George Dangerfield, *The Strange Death of Liberal England, 1910–14* (1936) であり，今では研究史上の地位を奪われてしまっているが，依然として賞賛すべき書物である。労働組合史へのより新しい接近手法については，Wolfgang J. Mommsen and Hans-Gerhard Husung (eds.), *The Development of Trade Unionism in Great Britain and Germany, 1880–1914* (1985) のなかの Alastair Reid の論文がいい範例である。

Michael Howard, *The Continental Commitment* (1972) は，イギリスの外交戦略の背後にあった思考を説得的に分析しており，Paul Kennedy, *The Realities behind Diplomacy : Background Influences on British External Policy, 1865–1980* (1981) も，同じように多くの知見を凝縮して分かりやすく述べている。Zara Steiner, *Britain and the Origins of the First World War* (1977) は，地雷のように論争の種が埋もれている中で，的確に方向を見定めている。Keith Robbins は，*Sir Edward Grey* (1971) ではグレイの外交政策について，また *The Abolition of War : The Peace Movement in Britain, 1914–19* (1976) では，その急進主義的批判者たちについて，冷静な洞察力で描いている。

第 3 章

A. J. P. Taylor, *The First World War* (1963) は，明晰な語り口がいとも容易であるかのように見せる著者の無類の才能が発揮されているが，もともと 1930 年に少し違った形式で出版されていた B. H. Liddell Hart, *History of the First World War* (1970) に遡ることもまだ有益である。John Keegan, *The Face of Battle* (Penguin, 1976) は，それ以前の時代と比較し

て，西部戦線における兵士の経験の歴史的に際立ったいくつかの特徴を明らかにしている。イギリスの宣伝活動の描写について，私は Cate Haste, *Keep the Home Fires Burning*（1977）を参考にした。Jon Silkin (ed.), *The Penguin Book of First World War Poetry* (Penguin, 1979) には引用したほとんどの詩が載っている。他の多くの読者と同じように，私も想像力を大いにかきたてられる Paul Fussell の作品 *The Great War and Modern Memory*（1975）から強い影響を受け，Samuel Hynes, *A War Imagined*（1988）からも影響された。Jay Winter, *Sites of Memory, Sites of Mourning*（1995）は，戦争の文化的衝撃に関する多くの洞察を含んでいる。そして終戦記念式典については，David Cannadine, *Aspects of Aristocracy*（1994）におけるカーゾンの役割に関する寸描とともに，Adrian Gregory のすばらしい概説書，*The Silence of Memory : Armistice Day, 1919-46*（1994）がこれを補足している。戦争画家の研究で欠かせないのは，Maria Tippett, *Art at the Service of War*（1984）である。

Trevor Wilson, *The Myriad Faces of War*（1988）は博識に裏打ちされた広範で包括的な労作である。戦略上の諸問題については，John Turner, *British Politics and the Great War**（1992）が，多くのテーマの中で適切に論じている。また，帝国および海軍の食糧供給の兵站については，Avner Offer, *The First World War : An Agrarian Interpretation*（1989）が刺激的であり，（ほとんど）全般にわたって説得的である。

Arthur Marwick, *The Deluge*（1965 ; 2nd edn 1991）は，戦争が国内に及ぼした影響に関するもっとも親しみやすい解説であり，彼の *Women at War*（1978）によりこれを補足することができる。Jane Lewis, *Women in England, 1870-1950*（1984）は，労働と福祉の両面にわたる幾多の長期傾向の意義を手際よく描き出している。Susan Pedersen, *Family, Dependence and the Origins of the Welfare State : Britain and France, 1914-45*（1993）は，家族の処遇に見られたイギリス特有の側面を明らかにするために比較史を採用している。他方，Joanna Bourke は，'Housewifery in working-class England, 1860-1914', *Past & Present*, 143（May 1994）の中で，既婚女性の家庭における役割に共感豊かな説明を加えている。Margaret Llewelyn Davies (ed.), *Life As We Have Known It*（1931 ; republished 1977）は，働く女性たちの自伝を載せた先駆的な編著である。

Jay Winter, *The Great War and the British People*（1985）は，軍隊加入と生活水準の変化がそれぞれ人口に与えた相対的影響を明らかにした。1918 年の選挙法改正法に結実する戦争の政治的波紋については，今では多くの有益な研究がなされているが，Martin Pugh, *Electoral Reform in Peace and War 1906-18*（1978）は，それをうまく解説している。戸主選挙権に見られたとされる強い階級的偏向が，頻繁に引用される H. C. G. Matthew, R. McKibbin and J. Kay, 'The franchise factor in the rise of the Labour Party', *English Historical Review*, xci（1976）のテーマであり，これは Ross McKibbin, *The Ideologies of Class : Social Relations in Britain, 1880-1950*（1990）に再録されている。しかし Duncan Tanner の信頼すべき研究 *Political Change and the Labour Party, 1900-18*（1990）はこの点について説得力のある修正を加えており，これは，Ross McKibbin の卓越した初期の研究である *The Evolution of the Labour Party, 1910-24*（1975）と併読されるべきである。

自由主義的な思考様式の崩壊は，Michael Bentley, *The Liberal Mind, 1914-29* (Cambridge, 1977）が正確に考察しているけれども，Trevor Willson, *The Downfall of the Liberal Party, 1914-35*（1966）は，依然として政党自身についての最良の研究である。和平の形成過程に関する洞察力に満ちた扱いが見られる未公刊の論文は，David Dubinsky, 'British Liberals and

Radicals and the Treatment of Germany, 1914-20' (Cambridge PhD, 1992) である。David Lloyd George が 1930 年代にずっと書き続けた *The War Memoirs*［内山賢次他訳『世界大戦回顧録』改造社，1940〜42 年］は 2 巻本（1938 年）が簡単に入手できるけれども，今ではあまり読まれずに過小評価されている。A. J. P. Taylor (ed.), *Lloyd George : A Diary by Frances Stevenson*（1971）は，彼の愛人兼政治秘書の眼から見た首相についてのユニークな知見を含み，他方 Harold Nicolson, *Peacemaking 1919*（1933 および続編）は，並べて読むと後の彼の回顧を含む若き外交官の日記として面白い。

戦後期では，Kenneth O. Morgan, *Consensus and Disunity : The Lloyd George Coalition Government, 1918-22*（Oxford, 1979）が最も信頼できる著作である。高度な政治戦術については，二大政党制への回帰が予め定められた運命ではなかったと主張する Maurice Cowling, *The Impact of Labour, 1920-24*（Cambridge, 1971）で補うことができる。Robert Blake は *The Unknown Prime Minister : Bonar Law*（1955）を書いたとき，ビーヴァーブルック文書を早期に利用するという恩恵に欲し，その成果はいまだに他の追随を許していない。J. J. Lee の重厚な探究の書 *Ireland 1912-85 : Politics and Society*（Cambridge, 1989）には，独立アイルランドの展開に関する挑戦的な新しい展望が見られる。

第 4 章

F. M. L. Thompson による教授就任講演 *Victorian England : The Horse-Drawn Society* (Bedford College, London, 1970) は，その学識を軽く装ってはいるが，多くの挑発的な考えを投げかけている。新聞史研究上の二つの主要な業績は，Alan J. Lee, *The Origins of the Popular Press in England, 1855-1914*（1976）と，Stephen Koss, *The Rise and Fall of the Political Press*（その第 2 巻が 20 世紀を対象としている）（1984）である——そのいずれもが，悲しいことに，著者の早世のため最後の著作となっている。David Ayerst, *Guardian : Biography of a Newspaper*（1971）は，とりわけ C. P. スコットの黄金時代に関して優れている。この時代のもっとも魅力ある新聞王は，二つの抜きん出た伝記をもたらした。A. J. P. Taylor が遠慮なく理想化して描いた *Beaverbrook*（1972）と，Anne Chisholm and Michael Davie が全体としては輪をかけて遠慮のなく高い再評価をしている *Beaverbrook*（1992）である。放送と映画，そしてまた出版に関する本書の説明は，Dan LeMahieu, *A Culture for Democracy : Mass Communication and the Cultirated Mind in Britain between the Wars* (Oxford, 1988) に多く依拠している。重要な文化的なジレンマについては，Peter Mandler and Susan Pedersen (eds.), *After the Victorians : Private Conscience and Public Duty in Modern Britain*（1994）所収の諸論文で，とくに，リースについての LeMahieu の論文とプリーストリについての Chris Waters の論文で取り上げられている。

1920 年代初頭の混乱した選挙政治は，Chris Cook, *The Age of Alignment : Electoral Politics in Britain, 1922-9*（1975）において分析されているし，Michael Kinnear, *The British Voter : An Atlas and Survey since 1885*（1968）の地図はこの時期に関してとくに有益である。本書執筆時点においては，ボールドウィンに関する完全に満足のいく伝記は見当たらなかった。Roy Jenkins の洗練された *Baldwin*（1987）は論文を拡張したもので，鋭い指摘が少なくないが短すぎる。その一方，Keith Middlemas and John Barnes, *Baldwin*（1969）のあおり止めは反対の方向へ行き過ぎている。今のところ，Philip Williamson の論文 'The doctrinal politics of Stanley Baldwin', in *Public and Private Doctrine*, (ed.) M. Bentley (Cambridge,

1993）が宗教的雰囲気を回復するのに成功しているし，保守党の歴史におけるこの時期は John Ramsden, *The Age of Balfour and Baldwin*（1978）がうまく取り扱っている。マクドナルドは，David Marquand のような優れた能力のある伝記作家を引き付けているという点で，少なくとも死後においては幸運であった。Marquand の *Ramsay MacDonald*（1977）は，一筋縄ではいかず，死後嘲笑されていた人物の，適切な再評価を成し遂げている。Bernard Wasserstein の公正な態度で書かれた伝記 *Herbert Samuel*（1992）は，パレスチナに関する叙述がとくに信頼できるし，John E. Kendle, *The Round Table Movement and Imperial Union*（Toronto, 1975）は，英連邦という概念の起源を知るのに有益である。

Paul Addison の *Churchill on the Home Front 1900–55*（1992）は，未来の戦争指導者チャーチルを，その時々に彼が実際に果たしていた役割においてしっかりと検討しており，非常に新鮮である。Norman Rose は，*Churchill : an Unruly Life*（1994）という，1巻ものとしては最良の伝記を書いているが，シオニズムの問題についても，Robert Blake and Roger Louis（eds.），*Churchill*（Oxford, 1993）の中で優れた論文を書いている。後者においては，Addison がチャーチルと社会改革について鋭い論文を寄せ，Peter Clarke もチャーチルの経済思想について書いている。大蔵省の政策に関して，研究者は，Mary Short の未公刊の卓越した学位論文 'The Politics of Personal Taxation : Budget-making in Britain, 1917–31'（Cambridge, 1985）から便益を受けよう。金本位制への復帰についての信頼できる研究は，D. E. Moggridge, *British Monetary Policy, 1924–1931*（Cambridge, 1972）である。失業問題のあらゆる側面についての広範囲にわたる有益な概観が，W. R. Garside, *British Unemployment, 1919–39**（Cambridge, 1990）においてなされている。H. A. Clegg, *A History of British Trade Unions*, vol. 2, *1911–33**（Oxford, 1985）は1920年代のストライキを歴史的文脈の中で検討しているし，石炭産業の扱いにくく込み入った問題の模範的な説明については，*The History of the British Coal Industry*（Oxford, 1987）の第4巻で1913〜46年の時期を扱っている Barry Supple を参照されたい。

ネヴィル・チェンバレンについては，David Dilks, *Neville Chamberlain*, vol. I, *Pioneering and Reform, 1869–1929*（Cambridge, 1984）が丹念に足跡をたどっている。ネヴィルの保健省における仕事については，Bentley B. Gilbert, *British Social Policy 1914–39*（1970）が入念に説明をしている。Paul Johnson は 'The employment and retirement of older men in England and Wales, 1881–1961'（*Economic History Review*, xlvii, 1994）について明らかにしている。政治体制の内部における女性の影響が，Martin Pugh, *Women and the Women's Movement in Britain, 1914–59*（1992）の主題である。選挙面およびそれに劣らず知性面での自由党の復活は，John Campbell, *Lloyd George : The Goat in the Wilderness*（1977）においてよく検証されている。

第5章

両大戦間期の社会史については，John Stevenson, *British Society 1914–45*（1984）が格好の出発点となる。さらに F. M. L. Thompson (ed.), *The Cambridge Social History of Britain, 1750–1950*（1990）所収の，住宅に関する M. J. Daunton の論文と，宗教に関する James Obelkevich の論文を参照されたい。Boris Ford (ed.), *The Cambridge Cultural History of Britain*, vol. 8, *Early Twentieth Century Britain*（Cambridge, 1992）は，Simon Pepper が建築を論じたものが秀逸であり，また Jacques Berthaud と John Beer がそれぞれ文学について優れ

た論文を寄せている。A. D. Gilbert, *Religion and Society in Industrial England : Church, Chapel and Social Change 1740–1914*（1976）によって，教会信仰に見られた経年変化を測定するための信頼のおける方法論が確立された。A. H. Halsey (ed.), *Trends in British Society since 1900**（1972）中の Gilbert と Robert Currie による章が，これを引き継いでその後の時期を検討している。

近年刊行された一群の文献によって，この時期の政治経済に関する研究史は様変わりしている。ケインズ自身については，ほぼ時を同じくして 2 冊の浩瀚な伝記が出版された。Donald Moggridge, *John Maynard Keynes : an Economist's Biography**（1992）と Robert Skidelsky, *John Maynard Keynes*, vol. 2, *The Economist as Saviour 1920–37*（1992）である。また大蔵省の考え方については，Mary Furner and Barry Supple (eds.), *The State and Economic Knowledge*（1990）に，それぞれ George Peden と Peter Clarke の論文がある。Peter Clarke, *The Keynesian Revolution in the Making, 1924–36*（Oxford, 1988）は，とくにマクミラン委員会を舞台に展開された経済政策をめぐる議論の顚末を，その理論的かつ実践的含意とともに伝えている。少し古いが，並行する経済諮問会議における同様の議論を検討した Susan Howson and Donald Winch, *The Economic Advisory Council*（Cambridge, 1977）は，今なお必須文献である。

ケインズ主義的計画を実施することへの障害は，J. Tomlinson, *Problems in British Economic Policy, 1870–1945*（London, 1981）と A. Booth and M. Pack, *Employment, Capital and Economic Policy*（Oxford, 1985）所収の数編の論文で明らかにされている。G. C. Peden, 'Sir Richard Hopkins and the "Keynesian Revolution" in employment policy', *Economic History Review*, xxxvi（1983）は，この特筆すべき官僚の経歴を好意的に論じている。Roger Middleton, *Towards the Managed Economy*（London, 1985）は，当時の政策モデルを近代経済学の視角から分析しており，有益である。

労働党の経済政策について，Robert Skidelsky, *Politicians and the Slump*（1967）は今日なお十分読むに値するが，モズリーの失墜した名声の回復を目論んだ同じ著者の伝記 *Oswald Mosley*（1975）は影が薄れてしまった。Skidelsky の見解は，Ross McKibbin の論文によって早い時期に挑戦を受けた。この論文 'The economic policy of the second Labour Government' は，最初 1975 年に *Past & Present* 誌に掲載され，彼の *Ideologies of Class*（1990）に再録された。この時期の政治に関して，今日の学徒はためらうことなく Stuart Ball, *Baldwin and the Conservative Party*（1988），Andrew Thorpe, *The British General Election of 1931*（1991）および Philip Williamson, *National Crisis and National Government, 1926–32*（1992）を参照できる。こうした修正主義的解釈のいくらかは，Reginald Bassett の先駆的な研究 *1931 : Political Crisis*（*1958*）にすでにその片鱗が見られることも確かである。John Stevenson and Chris Cook, *The Slump*（1977）は，とりわけ選挙の分析に強く，これを D. H. Close, 'The realignment of the British electorate in 1931', *History*, xvii（1982）と Tom Stannage, *Baldwin Thwarts the Opposition : The General Election of 1935*（1980）によって補うことができる。

Stefan Collini の名高い研究 *Public Moralists*（1992）で探求されているテーマのひとつが，ヴィクトリア時代の感性からの離反を促した文芸思潮の役割である。Noel Annan, *Our Age*（1990）は，第 1 次大戦後イギリスの政治文化に関する風変わりで，主観的な観察となっている。Samuel Hynes, *The Auden Generation : Literature and Politics in the 1930s*（1976）は，若き作家たちの反応についての優れた研究であり，また Gary Werskey, *The Visible College*

(1978) は，同じ世代の数人の科学者に焦点を当てており有益である。数ある伝記の中でも，とりわけ Quentin Bell, *Virginia Woolf* (2 vols., 1972) [黒沢茂訳『ヴァージニア・ウルフ伝』上・下，みすず書房，1976，1977 年] と Peter Ackroyd, *T. S. Eliot* (1984) [武谷紀久雄訳『T・S・エリオット』みすず書房，1988 年] に教えられるところが多かった。私はまた，Nigel Nicolson (ed.), *The Letters of Virginia Woolf*, vol. v, *1932–35* (1979) を活用した。

第 6 章

チャーチルとインドについては，Robert Rhodes James, *Churchill : A Study in Failure 1900–39* (1970) が多くの重要な指摘をしているが，私は，Graham Stewart の未公刊の有益な学位論文 'Churchill and the Conservative Party, 1929–37' (Cambridge PhD, 1995) からも多くを教えられた。Max Beloff は，Robert Blake and Wm Roger Louis (eds.), *Churchill* (1993) で，インドについてのチャーチルの洞察を非常に高く評価しているが，一方 Clive Ponting, *Churchill* (1993) は，彼の時代錯誤的な考え方を鋭く指摘している。

宥和政策に関する文献は，いつでもその豊富さと偏向ぶりとが目立っている。影響力をもったチャーチル自身の弁明は，Winston S. Churchill, *The Second World War*, vol. I, *The Gathering Storm* (1948) [佐藤亮一訳『第 2 次世界大戦 1』河出書房新社，1975 年，ただし翻訳はチャーチル自身による抄訳版：同訳『第 2 次世界大戦 1〜4』河出文庫，1983〜84 年，新装版 2001 年] で述べられ，その後，彼の公認の伝記作家 Martin Gilbert による伝記，とくに *Winston S. Churchill*, vol. 5, *1922–39* (1976) とその有益な史料版の必携書とで強化された。A. J. P. Taylor の *The Origins of the Second World War* (1961) [吉田輝夫訳『第 2 次世界大戦の起源』中央公論社，1977 年] は，刊行時にはチャーチルに対する侮辱を引き起こし，その後の数十年間には研究史上の革命を引き起こす原因となった。Gordon Martel (ed.), *The Origins of the Second World War Reconsidered* (1986) は，冷静に過去を顧みている。チャーチルの敵対者の立場に情状酌量の余地を与える初期のもっとも優れた修正主義的研究のひとつは，奇妙なことに，後の公認の伝記作家 Martin Gilbert の *The Roots of Appeasement* (1966) であった。Keith Robbins, *Munich 1938* (1968) は，党派的な偏向を超越しようとすることに際だって成功しており，依然として一読に値する。一方，John Charmley, *Chamberlain and the Lost Peace* (1989) は，チェンバレンの政策をもっとも好意的に記述している。彼の論点の多くに先鞭をつけたのが，Maurice Cowling の説得力ある研究 *The Impact of Hitler : British Politics and British Policy, 1933–40* (1975) である。今では，R. A. C. Parker の *Chamberlain and Appeasement* (1993) が，深い学識にもとづいた，バランスのいい評価を提供している。大衆世論の操作は，Richard Cockett, *Twilight of Truth : Chamberlain, Appeasement and the Manipulation of the Press* (1989) の好個のテーマとなっている。

経済をどう把握するかがイギリスの政策にもたらした制約は，G. C. Peden, *British Rearmament and the Treasury* (1980) で明快に説明されている。一方，アメリカ合衆国との関係における緊張は，David Reynolds, *The Creation of the Anglo-American Alliance, 1937–41* (1981) で有効に解明されている。高まる危機は，Donald Cameron Watt, *How War Came* (1989) [鈴木主税訳『第 2 次世界大戦はこうして始まった』上・下，河出書房新社，1995 年] において，段階を追って見事に描写されている。Henry Pelling, *Britain and the Second World War* (1970) は，英雄崇拝的でない調子でうまく書かれた，簡にして要をえた概説書である。他方，Clive Ponting, *1940 : Myth and Reality* (1990) に見られるいくらかの暴露調

の記述は，さもなくば有益な研究を損ねている。John Charmley, *Churchill : The End of Glory* (1993) は，交渉による和平がイギリスに益したかもしれないことを示唆している。もっとも，Richard Langhorne (ed.), *Diplomacy and Intelligence during the Second World War* (1985) 所収の David Reynolds, ‘Churchill and the decision to fight on in 1940 : right policy, wrong reasons’ に要約されている正反対の主張の方が，依然としてより説得力をもっている。チャーチルがとった立場の免れ得ない悲劇的な側面は，Keith Robbins, *Churchill* (1992) でよく捉えられている。そして彼の私設秘書 John Colville は，*The Fringes of Power : Downing Street Diaries, 1939-51* (1985) [都築忠七・見市雅俊・光永雅明訳『ダウニング街日記――首相チャーチルのかたわらで』上・下，平凡社，1990～91 年] に，多くの当時の洞察をうまく留めている。

Michael Balfour, *Propaganda in War, 1939-45* (1979) は，考察の範囲がタイトルが示唆するよりずっと広く，戦争の経過に関して申し分なく支持できる見解を提示している。F. H. Hinsley は，Alan Stripp との共編著 *Codebreakers* (1993) で，内部の事情に通じた者として暗号情報「ウルトラ」(Ultra) の重要性について述べている。David Reynolds の優れた研究である *Rich Relations : The American Occupation of Britain, 1942-5* (1995) は，軍事戦略と社会史の両方について多くのことを示している。戦争の国内での影響と，雲散した変革の可能性は，Angus Calder の大著 *The People's War* (1969) のテーマである。そして，文化の問題に関する三篇の当を得た論文に，以下のものがある。F. M. Leventhal, ‘“The best for the most” : CEMA and state sponsorship of the arts in wartime, 1939-45’, *20thCBH*, i (1990) ; Nicholas Joicey, ‘A paperback guide to progress : Penguin books, 1935-51’, *20thCBH*, iv (1993) ; Sian Nicholas, ‘ “Sly demagogues” and wartime radio : J. B. Priestley and the BBC’, *20thCBH*, vi (1996).

戦争が政府支出の長期的な増加に果たした役割は，Alan T. Peacock and Jack Wiseman, *The Growth of Public Expenditure in the United Kingdom* (Oxford and Princeton, 1961) のテーマである。この過程は，James Cronin, *The Politics of State Expansion* (1991) において，より明白に政治的な文脈で分析されている。公文書を用いて，経済運営にケインズ的な手法が展開するさまを示した二つの優れた研究が，Jim Tomlinson, *Employment Policy : The Crucial Years, 1939-51* (Oxford, 1987) と，Alan Booth, *British Economic Policy, 1939-49 : Was There a Keynesian Revolution ?* (1989) である。Correlli Barnett, *The Audit of War* (1986) は，「新しい理想社会」(New Jerusalem) のようなイギリスの創出という戦後再建の見当違いの目標に標的をあわせて，イギリスの失敗を辛辣に非難している。この見解に対する鋭い批判が，Jose Harris による ‘Enterprise and welfare states : a comparative perspective’, *Transactions of the Royal Historical Society*, xl (1990) に見られる。彼女による伝記 *William Beveridge* (1977) [その後，同じタイトルでの原著の改訂版 (1997) が出され，その一部が，柏野健三訳『ウィリアム・ベヴァリッジ――その生涯』上・中・下，西日本法規出版，1995～99 年：『福祉国家の父ベヴァリッジ――その生涯と社会福祉政策』西日本法規出版，2003 年として翻訳された] は，社会保障計画の考案者についての権威ある研究である。Paul Addison, *The Road to 1945* (1975) は，依然として，新しい合意《コンセンサス》の形成に関するもっとも説得力のある研究である。ただし，それを補足する有益な研究に，Stephen Brooke, *Labour's War* (1992) があり，戦後再建政策の策定において党派的な色合が根強かったことを強調している。Rodney Lowe, ‘The Second World War, consensus, and the foundation of the welfare state’, *20thCBH*,

i (1990) は，大戦時における合意《コンセンサス》形成の度合いを批判的に評価している。Steven Fielding, Peter Thompson and Nick Tiratsoo, *England, Arise ! The Labour Party and Popular Politics in 1940s Britain* (1995) は，社会的・文化的な態度の分析を通して，急進的な変化の可能性に関する懐疑的な見解を示している。

第 7 章

Peter Hennessy and Anthony Seldon (eds.), *Ruling Performance : British Governments from Attlee to Thatcher* (Oxford, 1987) 所収の諸論文は，第 2 次大戦後の政党政治入門として優れている。Kenneth Harris による伝記 *Attlee* (1982) は，アトリー本人との個人的交流から得られた強みを持っている。これに対して Trevor Burridge, *Clement Attlee* (1985) は，もっと距離を置いており，おそらくより客観的である。Alan Bullock の *Ernest Bevin, Foreign Secretary, 1945-51* (1983) は，この重要人物の生涯と時代に関する卓越した三部作の完結編で，ベヴィンが私的文書をほとんど残していないというハンディキャップにもかかわらず，終始説得力ある描写を展開している。Bernard Donoughue と G. W. Jones の好意的だが学術的な研究である *Herbert Morrison* (1973) もまた，同様の問題に対処しなければならなかった。Ben Pimlott は，理解を深めてくれる 2 巻の日記集 *The Political Diary of Hugh Dalton, 1918-40, 1945-60* (1987) と *The Second World War Diary of Hugh Dalton, 1940-5* (1986) の編者であるだけでなく，秀逸な伝記 *Hugh Dalton* (1985) の著者でもある。クリップスに関しても，同様の伝記が書かれてしかるべきである。

私の人口問題に関する知見は，原稿段階で目を通すことができた Simon Szreterの *Fertility, Class and Gender in Britain, 1860-1940* (Cambridge, 1996) に負っている。Correlli Barnett, *The Lost Victory : British Dreams, British Realities, 1945-50* (1995) は，福祉国家の実現が道を誤った選択であったとするある種偏った見方を提示している。Jim Tomlinson の手厳しい分析 'Welfare and the economy : the economic impact of the welfare state', *20thCBH*, vi (1995) が，それに対する有益な反論である。国民保健サービス (NHS) の創設については，その公式の歴史を著した Charles Webster による 'Conflict and consensus : explaining the British Health Service', *20thCBH*, i (1990) と 'Doctors, public service and profit : GPs and the NHS', *Transactions of the Royal Historical Society*, xl (1990) が当を得ている。Michael Foot, *Aneurin Bevan, 1945-60* (1973) は，著者の英雄ベヴァンのこの時期の経歴を，お定まりのヒロイズムで描いている。これは，John Campbell, *Nye Bevan and the Mirage of British Socialism* (1987) によってバランスをとる必要がある。

経済政策については，Alec Cairncross, *Years of Recovery : British Economic Policy, 1945-51* (1985) と Susan Howson, *British Monetary Policy, 1941-51* (1993) という二つの傑出した研究が，お互いに補完し合っている。原子力政策について私は，膨大な資料に裏づけられた Margaret Gowing の一連の労作 *Britain and Atomic Energy, 1939-45* (1964) と *Independence and Deterrence : Britain and Atomic Energy, 1945-52* (2 vols., 1974) [柴田治呂・柴田百合子訳『独立国家と核抑止力——原子力外交秘話』電力新報社，1993 年] に依拠した。Kenneth O. Morgan, *Labour in Power, 1945-51* (1984) は，当時の文脈を踏まえたアトリー政府の先駆的な研究であり，Henry Pelling, *The Labour Governments, 1945-51* (1984) は，同政府の公式の政策姿勢について，簡にして要を得た見事な説明を与えている。一方，Jonathan Schneer, *Labour's Conscience : The Labour Left, 1945-51* (1988) は，政府の批判者たちをより好意的

に扱っている。Peter Hennessey の *Never Again : Britain 1945–51* (1992) の功績は，戦争直後の暮らしの実相を再構成するには，単なる政治史だけではいかに不十分であるかを改めて認識させたことにある。今では，Ina Zweiniger-Bargielowska の 2 本の有益な論文 'Bread rationing in Britain, 1946–8', *20thCBH*, iv (1993) と 'Rationing, austerity and the Conservative Party recovery after 1945', *Historical Journal*, xxxvii (1994) によって，耐乏生活の経済的影響のみならず，その政治的影響も立証されている。

Anthony Seldon と Stuart Ball 編集による概説的な論集 *Conservative Century** (1994) は，多くの重要な論稿を含んでいる。とりわけ，党組織を扱った Stuart Ball，党大会を扱った Richard Kelly，そしてイデオロギーと政策を扱った John Barnes と Richard Cockett の諸論文は，本章の時代と関係が深い。J. D. Hoffman の研究 *The Conservative Party in Opposition, 1945–51* (1964) は，このテーマに関する限り，いまだに他の追随を許さない。Anthony Howard は，公認の伝記執筆者でありながら，*RAB : A Life of R. A. Butler* (1987) で主人公を理想化することはなかった。とはいえ，それでバトラーが戦後の保守党政治で演じた中核的な役割の評価が減じることもなかった。最後のチャーチル政府が，Anthony Seldon の学識豊かな研究 *Churchill's Indian Summer*, 1951–5 (1981) のテーマである。平和論者になった往年の戦士をめぐる魅力的な描写を含む Paul Addison, *Churchill on the Home Front 1900–55* (1992) も，チャーチル晩年の輝きを描き，それを秋の日になぞらえている。

第 8 章

Arthur Marwick, *Culture in Britain since 1945* (1991) は，枠にとらわれず全体を幅広く見渡した入門書であり，切れのいい着想があちこちに見られる。Robert Hewison の刺激的な集大成である *Culture and Consensus : England, Art and Politics since 1940* (1995) は，彼のそれ以前の著作に取って代わるものではないが，それらの著作で出されていたいくつかの主題を総合している。Boris Ford (ed.), *The Cambridge Cultural History of Britain*, vol. 9, *Modern Britain* (Cambridge, 1992) には，文化状況について Roy and Gwen Shaw の論文，映画について Neil Sinyard の論文，第三放送については編者の論文が有益にも収録されている。メディアの役割については，James Curran and Jean Seaton, *Power without Responsibility : The Press and Broadcasting in Britain** (4th edn, 1991) が全体をよく取り扱っている。Vernon Bogdanor and Robert Skidelsky (eds.), *The Age of Affluence 1951–64* (1970) は，この時代を意味づけようとした最初期の試みのひとつであり，関連のある幅広い論文をいくつか収録している。

Robert Rhodes James の *Anthony Eden* (1986) は，イーデンに対する同情を深めているが，それはときに正当である。スエズについては Hugh Thomas, *The Suez Affair* (rev. edn, 1970) が，多くの論争点の真実に首尾よく近づいている。Keith Kyle の *Suez* (1991) は，今では決定版と見なされるべきであり，現役のジャーナリストである著者の同時代的な直観が今後の文書史料調査によって検証されることになろう。Harold Macmillan の大部の回想録 *Memoirs* は，とりわけその第 4 巻 *Riding the Storm* (1971) のスエズ事件の不正直な説明では，著者マクミランの謎は少しも解明されていない。Alistair Horne の *Macmillan* (2 vols., 1987–88) は，私的な側面についてはしばしば率直であるが，公式の伝記の印があまりに多く見受けられる。それは，John Turner の鋭い（しかし敵対的というにはほど遠い）*Macmillan* (1994) によって埋め合わされるべきところが多くある。また，Anthony Sampson, *Macmillan : A Study in Ambiguity* (1967) も，依然として洞察に満ちている。D. R. Thorpe の学術的な伝記 *Selwyn*

Lloyd（1989）は，見下されているその主題を首尾よく救い出している。サンズの国防見直しに関して文書史料が何を明らかにし，あるいは明らかにしていないのかについては，Simon J. Ball, 'Harold Macmillan and the politics of defence', *20thCBH*, vi（1995）を参照のこと。選挙上の動機が顕著に政策に影響を与える点は，Ritchie Ovendale, 'Macmillan and the wind of change in Africa, 1957–60', *Historical Journal*, xxxviii（1995）および未公刊の学位論文 Richard Aldous, 'Harold Macmillan and the Serach for a Summit with the USSR, 1958–60'（Cambridge PhD, 1992）においてよく検証されている。

スーパーマックの創造については，当時の鋭く観察された他の多くの図像とならんで，Russell Davies and Liz Ottaway, *Vicky*（1987）が魅力のある導き役を果たしている。投票行動については，ゲイツケル派の雑誌 *Socialist Commentary* が Richard Rose and Mark Abrams に委託した調査 *Must Labour Lose ?*（1960）が，大きな影響力を持つ研究となり，その後政治論争ばかりでなく学界での論争も引き起こした。かくして，ブルジョア化テーゼのより洗練された調査検討が David Lockwood and John Goldthorpe, *The Affluent Worker : Political Attitudes and Behaviour*（1968）で実行された。一方，Robert McKenzie and Allan Silver, *Angels in Marble*（1968）［早川崇訳『大理石のなかの天使――英国労働者階級の保守主義者』労働法令協会，1973 年］は，労働者階級の保守党支持《トーリーズム》の伝統的な源泉を思い起こさせてくれた。David Butler and Donald Stokes による 2 つの版にわたる主要著作 *Political Change in Britain*（1969 and 1974）は，世代的な変化を理解するための経験的かつ概念的な地歩を築いている。Frank Parkin, 'Working-class Conservatives : a theory of political deviance', *British Journal of Sociology*, xvii（1967）は，保守党の価値観の社会的浸透によるヘゲモニーの掌握に着目して問題全体を明晰に再定義したものであり，またこの分析路線は，Andrew Gamble, *The Conservative Nation*（1974）において有意義に掘り下げられている。

労働党の政治については，アーサー・ディーキンに関する著作 V. L. Allen, *Trade Union Leadership*（1957）が，今でも多くのことを教えてくれるが，制度の研究としては Lewis Minkin, *The Labour Party Conference*（Manchester, 1978）がそれを追い抜いている。Philip Williams は献身的なゲイツケル派であるが，それにもかかわらず，彼の *Hugh Gaitskell*（1979）は公平であると同時に学術的にも十全である。こうした美徳が Williams を *The Diary of Hugh Gaitskell, 1945–56*（1983）の優れた編者にした。Janet Morgan の編集した *Backbench Diaries of Richard Crossman*（1981）は，その長大さにもかかわらず，ベヴァン派からの（実を言えばウィルソン的立場からの）記録として，読む者を釘付けにする。

第 9 章

F. M. L. Thompson (ed.), *The Cambridge Social History of Britain, 1750–1950**（1990），vol. 3 に，Gillian Sutherland による教育に関する優れた研究が収められている。彼女の単著 *Ability, Merit and Measurement : Mental Testing and English Education 1880–1940*（1984）は，選抜についての問題を理解する上で必読である。H. L. Smith（ed.），*War and Social Change : British Society in the Second World War*（1986）に所収の Deborah Thom の 'The 1944 Education Act' も，非常に有益である。John Carswell, *Government and the Universities in Britain : Programme and Performance 1960–1980*（1985）は，ロビンズ時代の大学教育拡張を知る最良の手引きである。A. H. Halsey はこの分野で並ぶ者がないほどの専門家であるから，*Trends in British Society since 1900**（1972）および *British Social Trends since 1900**

(1988) に，教育，とくに大学教育の広まりに関する，彼の手による貴重な史料が収められていることは驚きではない。Ralf Dahrendorf の *LSE* (1995) は，単に大学史という以上に，それがカバーする時代の知識の歴史についての優れた貢献である。Maurice Kogan (ed.), *The Politics of Education : Conversations with Edward Boyle and Anthony Crosland* (1971) は，本質的には自由主義者である 2 名の政治的な敵対者の間で戦わされた当時の議論の調子を思い出させる。クロスランドの妻 Susan Crosland による生き生きとした夫の描写 *Tony Crosland* (1987) も参照のこと。Roy Porter (ed.), *Man Masters Nature* (BBC, 1987) [市場泰男訳『大科学者たちの肖像』朝日選書，1989 年] 所収の Edward Yoxen による DNA 発見についてのわかりやすい解説に先行するといえるのが，*The Double Helix* (1970) [江上不二夫・中村桂子訳『二重らせん』講談社，1986 年] での J. D. Watson によるかなり主観的ではあるが，夢中にさせるような説明である。Arthur Marwick, *British Society since 1945* (1982) は，魅力ある伸び伸びした筆致で書かれており，とくに 60 年代について優れている。

左派が，ウィルソンの存命中においても彼を批評するさいに示した軽蔑は，引用を効果的に用いた Paul Foot, *The Politics of Harold Wilson* (1968) において忠実に伝えられている。ウィルソンの死後，彼についてのより寛大な見方が，歴史的文脈で見直そうという Ben Pimlott の綿密な研究 *Harold Wilson* (1992) によってすでに示され，これに Philip Ziegler の好意的な伝記 *Harold Wilson* (1993) が続いた。David Howell, *British Social Democracy : A Study in Development and Decay* (1976) は，公平な概観である。Clive Ponting, *Breach of Promises : Labour in Power, 1964-70* (1989) は，評価は厳しいが，アメリカの文書史料を見事に用いた手法は学術的である。R. Coopey, S. Fielding and N. Tiratsoo (eds.), *The Wilson Governments, 1964-70* (1993) には，より若い世代の歴史家による偏りのない綿密な論文が多数収められている。

Wilfred Beckerman (ed.), *The Economic Record of the Labour Government, 1964-70* (1972) に所収の論文のほとんどは，政府の方策，とくに為替政策を批判的に見ている。そして，Michael Stewart は *The Jekyll and Hyde Years* (1977) で，この分析を敵対的な政治という文脈で行い，同書は *Politics and Economic Policy in the UK since 1964* (1978) として再発行された。Roderick Floud and Donald McCloskey (eds.), *The Economic History of Britain since 1700* vol. 3 (Cambridge, 1994) 所収の Paul Johnson による福祉国家についての示唆に富む論文は，Rodney Lowe, *The Welfare State in Britain since 1945** (1993) におけるより詳しい論述によって支持されよう。Lowe の著書には有益な付表があり，公共支出の統計が明確に示されている。Geoffrey Finlayson, *Citizen, State, and Social Welfare in Britain, 1830-1990** (Oxford, 1994) は，長期にわたる福祉の諸問題を理解するための補足的な「非統計学的」枠組みを示している。

ウィルソン内閣閣内での確執は，日記をつけていたユニークな 3 人組によって記録されている。Richard Crossman の *The Diaries of a Cabinet Minister, 1961-70* (3 vols., 1975-77) の出版が先例となったのであるが，これには，思わず口をすべらせている部分があるゆえに，当時の政治家よりも歴史家たちの方が感謝してきた。Crossman の同僚 Barbara Castle が *The Castle Diaries, 1964-70* (1984) で，当然のごとく期待に応えて，多くを明らかにすることでこれに続き，Tony Benn, *Diaries* (5vols., 1987-93) の最初の 2 巻は，1963 年から 72 年までの時期をカバーしている。とはいえ，Peter Jenkins は，*The Battle of Downing Street* (1970) で，特定の人しか見られない文書なしでも，情報に通じた当時のジャーナリストがどれだけ多

くのことを見抜けたかを示した。同書は，問題の多かった労働党の労働組合関連の提案にかんする記述として今でも優れている。

第10章

移民に関しては，A. H. Halsey (ed.), *Trends in British Society since 1900*（1972）所収の Juliet Cheetham の章が興味深い時期に関する非常に有益な証拠をまとめている。Tom Nairn の注目すべき *The Break-up of Britain*（1977； new edn 1981）は，ナショナリズムというテーマを論じるのに時宜を得たものであった。ウェールズの状況については，Kenneth O. Morgan, *Rebirth of a Nation : Wales, 1880–1980* (Oxford, 1982) が信頼できる。それに劣らず，Paul Bew, Peter Gibbon and Henry Patterson, *Northern Ireland, 1921–94*（1995）の新版も，私は参照した。Patrick Cosgrave, *The Lives of Enoch Powell*（1989）は，人種と国籍の問題に対するイノック・パウエルのこだわりを理解するのに役立つ。

John Campbell は，過不足のない伝記 *Edward Heath*（1993）を出版した。ここでは，ヒース政府が軌道をそれていった点について説得力のある説明がされている。予想通り寛大さにひどく欠けているのが，この時期を論じた Margaret Thatcher の回顧録 *The Path to Power* (1995)［石塚雅彦訳『サッチャー　私の半生』上・下，日本経済新聞社，1995年］に示された見解である。他方 William Whitelaw の *The Whitelaw Memoirs*（1989）は，新旧の指導者の長所を当り障りなく捉えており，アイルランド問題に関する啓示的な章を含んでいる。Michael Crick の Penguin Special 叢書の一冊 *Scargill and Miners*（1985）は，NUM（全国炭鉱労働組合）内に生じていた路線の転換を跡付けている。Michael Charlton, *The Price of Victory*（1983）は当初 BBC の依頼で作られ，保管されていた映像フィルムとインタビューを利用して，イギリスの戦後における国際的な役割の認識に関する説得力ある研究に厚みを与えている。Uwe Kitzinger による詳細な記録 *Diplomacy and Persuasion : How Britain Joined the Common Market*（1973）は，交渉の進展過程を真近で捉えたことで，失うよりも得ているものの方が大きい。対照的に John W. Young, *Britain and European Unity, 1945–1992*（1993）は，イギリスの対ヨーロッパ関係の軌跡をより長期的な視野に収めている点で有益である。Roy Jenkins, *European Diary, 1977–81*（1989）には，イギリスが EEC との関係で抱える問題を解決することの困難に関する当事者の感想が含まれている。

David Coates, *Labour in Power ? A Study of the Labour Governments, 1974–9*（1980）には，首尾一貫した痛烈なマルクス主義者の分析が示されている。一方，M. Artis, D. Cobham and M. Wickham-Jones, 'Social democracy in hard times : the economic record of the Labour Government, 1974–9', *20thCBH*, iii,（1992）には，政府の難題に対してより好意的な理解が示されている。政府機構の実際の機能に関しては，Hugh Heclo and Aaron Wildavsky, *The Private Government of Public Money*（2nd edn, 1981）及び Peter Hennessy, *Whitehall*（1989）という二つの重要な研究がある。後者は官僚との有力なコネに恵まれ，独自の学術的な関心をもつジャーナリストのインタビューに拠るものである。更に Bernard Donoughue, *Prime Minister : The Conduct of Policy under Wilson and Callaghan*（1987）は，政策立案の本質に対する学問的関心とかつてのダウニング街の内部の人物ならではの迫真の臨場感とをうまく一体化させている。また，当時の閣僚による明晰な解説である Edmund Dell, *A Hard Pounding : Politics and Economic Crisis, 1974–6*（1991）は同様の臨場感にあふれている。これは，Kathleen Burk and Alec Cairncross, *Goodbye, Great Britain : The 1976 IMF Crisis*（1991）およ

び Keith Middlemas, *Power, Competition and the State*, vol. 3, *1974–91*, (1991) と併せて読まれるべきである。前者は，現代史研究にとって勝利とも言える成果である。

Peter Kellner and Christopher Hitchens, *Callaghan : The Road to Number Ten* (1976) の，大いに批判的な意見は，出版後キャラハンがやすやすと首相に就任したことによって覆されてしまったように見える。しかし，この本は旧式のレイバリズムが実を結ばないという見通しについて，ある洞察を示した。James Callaghan, *Time and Chance* (1987) に見られる自己弁明は，彼が直面したジレンマの本質を真に摑むにはいたっていない。リブ＝ラブ協定に関しては，David Steel, *Against Goliath* (1989) ——この題名はキャラハンを指しているわけではない——および当時出版された Alastair Michie and Simon Hoggart, *The Pact* (1978) を参照のこと。この時期についての最良の回顧録は，Denis Healey, *The Time of My Life* (1989) である。これは，明晰かつ堅固な労働党右派の擁護論を展開する一方で，料簡の狭い自己正当化を退けている。

第 11 章

Jane Lewis, *Women in Britain since 1945* (1992) は，ジェンダーが問題となる多くの論点への優れた入門書であり，的確な統計資料に充分裏付けられている。女性問題に関しては，Anthony Seldon and Stuart Ball (eds.), *Conservative Century** (1994) に，Joni Lovenduski, Pippa Norris and Catriona Burgess による卓越した一章が収められている。また同書には，保守党党首の選出に関する Vernon Bogdanor の章，産業界とシティに関する Keith Middlemas の章，労働組合に関する Andrew Taylor の章，選挙の支持に関する Robert Waller の章など当を得た章が含まれている。サッチャー自身については，Peter Jenkins, *Mrs Thatcher's Revolution* (1987) が，彼女の全盛期における功績に対して（驚くほど好意的な）評価を下しつつ，伝記的な洞察を多数含んでいる。また，同様に Kenneth Harris, *Thatcher* (1988) [大空博訳『マーガレット・サッチャー——英国を復権させた鉄の女』読売新聞社，1991 年] はジャーナリストの手腕を発揮し，読むに耐えうる伝記となっている。しかし，現段階で最良かつ完全な伝記は，Hugo Young, *One of Us : A Biography of Margaret Thatcher* (1989 ; final edn. 1991) であり，これに代わるものは容易に出ないだろう。

Dennis Kavanagh, *Thatcherism and British Politics* (Oxford, 1987) は，この時期の政治を手際よくコンテキストの中に収めている。Dennis Kavanagh and Anthony Seldon (eds.), *The Thatcher Effect* (Oxford, 1987) は，有益な論文集としてその後に続くものである。Stuart Hall, *The Hard Road to Renewal* (1988) には，影響力の大きかった論文，とくに *Marxism Today* 誌に掲載され，サッチャリズムの本質に関する著者の解釈を示すものが転載されている。Andrew Gamble, *The Free Economy and the Strong State* (1988) [小笠原欣幸訳『自由経済と強い国家——サッチャリズムの政治学』みすず書房，1990 年] は，自由主義的な経済政策をサッチャリズムの中央集権的な政治の傾向とうまく区別している。Richard Cockett, *Thinking the Unthinkable : Think Tanks and the Economic Counter-revolution* (1994) には，IEA（経済問題研究所）の創設についての有益な史料が含まれている。William Keegan, *Mrs Thatcher's Economic Experiment* (1984) および *Mr Lawson's Gamble* (1989) は，共に洞察力と予見力のあるものである。経済ジャーナリストによる的を射た別の分析については，David Smith, *From Boom to Bust : Trial and Error in British Economic Policy* (1993) を参照のこと。Jonathan Michie (ed.), *The Economic Legacy, 1979–92* (1992) には重要な評論，

概して有効な批評が収められている。私自身，とくに，その計り知れないほど貴重な統計上の裏付けのためにも最も多く依拠したのは，Christopher Johnson, *The Economy under Mrs Thatcher, 1979–92*（1991）である。

Jad Adams, *Tony Benn*（1992）は，ベンの日記に大いに依拠した，職人気質の伝記であり，労働党内の強硬左派《ハード・レフト》の抬頭を洞察したものである。それは，労働党内のミリタント的傾向について解説した Michael Crick, *The March of Militant*（1986）によって補足されよう。労働党と労働組合との結びつきについての制度的研究の中でも権威あるものといえば，Lewis Minkin, *The Contentious Alliance : Trade Unions and the Labour Party*（1991）である。SDP の歴史に関する二つの有益な同時代の解釈は，Ian Bradley, *Breaking the Mould ? The Birth and Prospects of the SDP*（Oxford, 1981）と Hugh Stephenson, *Claret and Chips : The Rise of the SDP*（1982）である。また現段階で信頼できる研究は，Ivor Crewe and Anthony King, *SDP : The Birth, Life and Death of the Social Democratic Party*（1995）である。Kenneth Harris, *David Owen*（1987）は，ひとりの横暴な人物の抬頭と失墜を説明するのに役立つ。Roy Jenkins が品良く描いた回顧録 *A Life at the Centre*（1991）は，ウィルソン政権における Jenkins の初期の閣僚経験についてだけでなく，この時期の自らの功績についても賢明に距離をおいている。「フォークランド戦争の影響」については，*Contemporary Record*（autumn 1987, winter 1988）の Lawrence Freedman と Helmut Norpoth の論考を参照のこと。「ナフィールド・カレッジ」のシリーズである選挙研究は，歴史研究者にとって長年貴重なものであり続けてきたが，近年の David Butler and Denis Kavanagh, *The British General Elections of 1979/1983/1987/1992*（1980/1984/1988/1992）においても，その質は充分に維持されている。David Butler, Andrew Adonis and Tony Travers, *Failure in British Government : The Politics of the Poll Tax*（1994）は，サッチャー失墜を語るのに不可欠なエピソードを多面的に論じている。Ivor Crewe による世論調査結果のすぐれた検討は，大衆が「サッチャー支持」の態度に転向したことへの疑いを示唆するものであり，Robert Skidelsky (ed.), *Thatcherism*（1988）に収められている。同書には広範囲にわたる評論が集められ，その中にはサッチャーの経済面の功績に対する Patrick Minford の評価――特筆すべき堅固な弁護論――も含まれている。

しかし，Margaret Thatcher, *The Downing Street Years*（1993）［石塚雅彦訳『サッチャー回顧録』日本経済新聞社，上・下，1996年］ほど堅固なものはない。もちろん，これは公文書を利用できるという特権によって集められた比類なき史料集となっており，頑固なまでに彼女自身の立場の弁明に終始している。そうして同書は，この種の本が展開する典型的な論争に関与しているのであるが，とくに，1000頁に及ぶ Nigel Lawson, *The View from No. 11**（1992）において示された説得力のある解釈に異議を唱えている。そして，次いでそのサッチャーが，Geoffrey Howe の魅力ある洗練された回顧録 *Conflict of Loyalty*（1994）で，効果的な一斉攻撃の標的にされている。サッチャリズム全体のプロジェクトに対する批判的な態度は，Ian Gilmour, *Dancing with Dogma*（1992）で辛辣に表明されている。より赤裸々で奔放な――そしてしばしば自嘲的な機知に富んだ――閣僚生活の危険と衝動を綴った記録，Alan Clark, *Diaries*（1993）は必読書である。

Harold Perkin, *The Rise of Professional Society : England since 1880*（1989）は，説得力のある歴史的文脈の中に，集産主義《コレクティヴィズム》とそれに結びついた専門職に従事する人々に対する反発を位置づけている。Brian Harrison, 'Mrs Thatcher and the intellectuals' *20thCBH*, v,（1994）

は，サッチャー時代に起こった文化面での衝突を明らかにしている。Jeremy Paxman, *Friends in High Places : Who Runs Britain ?*（1990）は，新しいサッチャー支持派のエリートの確立を，ジャーナリストの立場から証明する最新情報を多く提供している。過去をどう見るかについては，Martin Wiener の刺激的な研究 *English Culture and the Decline of the Industrial Spirit*（1982）［原剛訳『英国産業精神の衰退——文化史的接近』勁草書房，1984 年］が幅広く引用されてきたが，悪気があるにせよ，ないにせよ，誤った解釈もまた多い。復権を試みた注意深い論考 David Cannadine, *G. M. Trevelyan*（1992）および，Adam Sisman の啓発的な伝記 *A. J. P. Taylor*（1994）は，非常に大きな影響力をもった 2 人の歴史家の見解をそれぞれ大変うまく捉えている。

第 12 章

選挙における保守党勝利の長期的な要因については，Anthony Seldon and Stuart Ball (eds.), *Conservative Century : The Conservative Party since 1900*（1994）* に学ぶべき多くのことがあり，そこには Vernon Bogdanor による党首選出に関する論争的な章もある。後者のテーマは，Robert Shepherd, *The Power Brokers : the Tory Party and its Leaders*（1991）でも探求されている。ジョン・メイジャーがにわかに首相として登場したことは，彼の生涯について速成的な研究を誘発したが，Edward Pearce, *The Quiet Rise of John Major*（1991）と Bruce Anderson, *John Major : The Making of the Prime Minister*（1991）［吉田純子訳『栄光への挑戦——英国首相ジョン・メージャー伝：大志を貫き世に出た男の生き方』経済界，1992 年］の双方が依然として好著である。この二著は，Anthony Seldon が Lewis Baston とともに企画した非常に優れた研究 *John Major : A Political Life*（1997）を強化するのを助けることになった。メイジャーの束の間の勝利は，総選挙中に特別の準備をせずに書かれた Edward Pearce, *Election Rides*（1992）における描写でよく捉えられている。メイジャー自身が後に *The Autobiography*（1999）を出版して，思いがけずも魅力的な著者であることを示し，また彼の前任者よりもはるかに容易にいくつかの誤りを認めた（すべてではないが)。「暗黒の水曜日」の出来事は，Philip Stephens, *Politics and the Pound. The Conservatives' Struggle with Sterling*（1996）で説得的に説明されており，また国内の金融政策に関する慎重な評価が，Colin Thain and Maurice Wright, *The Treasury and Whitehall. The Planning and Control of Public Expenditure, 1976-1993*（1995）で行われている。

イギリスという国の統治の仕方を改革する必要性についての強い意識が，当時ジャーナリストであった Andrew Marr の *Ruling Britannia. The Failure and Future of British Democracy*（1995）において，また *The New Reckoning : Capitalism, States and Citizens*（1997）の David Marquand によって，もっとアカデミックな流儀で表明された。これは，*The Blair Revolution : Can New Labour Deliver ?*（1996 ; new edn. 2002）におけるブレア派のプロジェクトの背後で，Peter Mandelson と Roger Liddle が与そうとした潮流であった。同様に熱烈な主張は，勝利の波が絶頂のときに出版された，世論調査業者 Philip Gould による *The Unfinished Revolution : How the Modernisers Saved the Labour Party*（1998）における説明にも染み込んでいた。

ニュー・レイバーについてのこのような無批判的な見方は，イギリス社会主義の長い軌跡に対抗して立てられたブレア派のプロジェクトに対して，明らかに懐疑の余地を残している。Edmund Dell の著書（彼の最後の著書）*A Strange Eventful History. Democratic Socialism in*

Britain (2000) が辛辣すぎるように思われるとすれば，2人の若い研究者 Brian Brivati and Tim Bale (eds.), *New Labour in Power : Precedents and Prospects* (1997) による評価はもっとバランスのとれた見方を提供している。そして，それは今では，Duncan Tanner, Pat Thane and Nick Tiratsoo (eds.) *Labour's First Century* (2000)* のなかの洞察力に富むいくつかの論文によって，またニュー・レイバーによる過去の利用ぶりを十全に批判した Steven Fielding の *The Labour Party* (2000) によって補うことができる。

Tony Blair, *New Britain : My Vision of a Young Country* (1996) には，ブレアが権力の座に就くまでの彼の主要な主張の原文《テキスト》が載っている。Jon Sopel, *Tony Blair : The Modernizer* (1995) は初期の有益な伝記であり，John Rentoul の伝記もそうであったが，後者は *Tony Blair : Prime Minister* (2001) として改訂され，今や不可欠な文献になっている。そこでは確かにブレアの力量が認められているが，妥当な部分に関してのみである。他のジャーナリスト Andrew Rawnsley は *Servants of the People : The Inside Story of New Labour* (2000) で，ニュー・レイバーの見かけの背後にある個人的格闘の暴露をテーマにした。次の二つの信頼できる研究では，内部に通じた者の知識と歴史的展望とがうまく融合し多くのことを明らかにしている。すなわち，政府の構造に関する Peter Hennessy, *The Prime Minister ; The Office and its Holders since 1945* (2001)*，および変化著しいヨーロッパ問題に関する Hugo Young, *This Blessed Plot : Britain and Europe from Churchill to Blair* (1998) である。アイルランド問題については，好著 Marianne Elliott, *The Catholics of Ulster* (2000) が多くのことを教えてくれる。ブレアを道徳的大衆主義者《ポピュリスト》として捉える私の解釈は，もともと改訂版の *A Question of Leadership : Gladstone to Blair* (1999) で試みられたものである。

非常に最近の時期における文化の発展を取り扱う際に私が依拠した文献は，どうしても短命のものが多くならざるをえなかった。それでも受けた恩恵については謝辞を記す必要がある。明らかに影響を受けたもののひとつは，衝撃的な Naomi Klein, *No Logo : Taking Aim at the Brand Bullies* (2000) [松島聖子訳『ブランドなんか，いらない――搾取で巨大化する大企業の非情』はまの出版，2001年] で，それは，主題に忠実にも，市場開拓の戦略を明らかにするトップ商品として自らを直ちに確立した。音楽産業研究に関する有益な概観としては，Simon Frith, 'Middle eight', *Popular Music*, xix (2000) が参照されるべきだし，Elizabeth Eva Leach の興味深い個別研究 'Vicars of "Wannabe": authenticity and the Spice Girls', *Popular Music*, xx (2001) もある。Ellis Cashmore の先駆的研究 *Beckham* (2002) には，そのタイトルが示唆するであろうものよりも，はるかに多く学ぶべきことがある。全国宝くじ基金の配分に関する有益な要約が Alex Stetter (ed.), *Pride of Place* (2000) にある。また，ミレニアム委員会とドームについては，Culture, Media and Sport Select Committee, 2nd Report (HC 1997-98, 818-1) および 8th Report (HC 1999-2000, 818-1) を参照のこと。いつものことであるが，Leonard Maltin の *Movie and Video Guide* (2002 edn) は，手引書としてなくてはならないものであったし，同様に政治動向の分析については，ナフィールド・カレッジの選挙シリーズの最新刊である David Butler and Denis Kavanagh, *The British General Elections of 1997/2001* (1997, 2002) が不可欠であった。他の統計については，Anthony King (ed.), Robert J. Wybrow (compiler), *British Political Opinion, 1937-2000 : The Gallup Polls* (2001); および Stationary Office の二つのシリーズである *Annual Abstract of Statistics* (2001 edn) と *United Kingdom National Accounts : The Blue Book* (2002 edn) から取られている。

付録　歴代政府と選挙 1895～2000 年

統一党政府（1895～1905 年）

・首相：第 3 代ソールズベリ侯爵（1895 年 6 月 25 日就任）

・総選挙（1900 年 9 月 28 日～10 月 24 日）
有権者 670 万人：投票率 75%：無投票議席数 243

	自由党	統一党	労働党	アイルランド国民党
得票率（%）	45.0	50.3	1.3	2.6
議席数	184	402	2	82
(無投票議席数)	(22)	(163)	-	(58)

・首相：アーサー・ジェームズ・バルフォア（1902 年 7 月 12 日就任）

自由党政府（1905～15 年）

・首相：サー・ヘンリー・キャンベル=バナマン（1905 年 12 月 5 日就任）

・総選挙（1906 年 1 月 12 日～2 月 7 日）
有権者 730 万人：投票率 83%：無投票議席数 114

	自由党	統一党	労働党	アイルランド国民党
得票率（%）	49.4	43.4	4.8	0.6
議席数	400	157	30	83
(無投票議席数)	(27)	(13)	-	(74)

・首相：ハーバート・ヘンリー・アスキス［自由党］（1908 年 4 月 7 日就任）

・総選挙（1910 年 1 月 14 日～2 月 9 日）
有権者 770 万人：投票率 87%：無投票議席数 75

	自由党	統一党	労働党	アイルランド国民党
得票率（%）	43.5	46.8	7.0	1.9
議席数	275	273	40	82
(無投票議席数)	(1)	(19)	-	(55)

・総選挙（1910 年 12 月 2 日～19 日）
有権者 770 万人：投票率 82%：無投票議席数 163

	自由党	統一党	労働党	アイルランド国民党
得票率（%）	44.2	43.6	6.4	2.5
議席数	272	272	42	84
(無投票議席数)	(35)	(72)	(3)	(53)

第1次連立政府（1915〜16年）

・1915年5月25日にアスキス首相留任のまま発足

ロイド=ジョージ連立政府（1916〜22年）

・首相：デーヴィッド・ロイド=ジョージ（1916年12月7日就任）

・総選挙（1918年12月14日）
連合王国の有権者2140万人：投票率57%：無投票議席数107

	自由党	連立	労働党	シン・フェイン	その他
得票率（%）	13.0	53.2	20.8	4.6	8.4
議席数	36	523	57	73	18*
(無投票議席数)	(4)	(65)	(11)	(25)	(2)

* アイルランド国民党7議席を含む。シン・フェインがこの議席を会派に加えなかったため。

保守党政府（1922〜23年）

・首相：アンドルー・ボナ・ロー（1922年10月23日就任）

・総選挙（1922年11月15日）
有権者2090万人*：投票率73%：無投票議席数57

	自由党	保守党	労働党	その他
得票率（%）	28.3	38.5	29.7	3.5
議席数	115	344	142	14
(無投票議席数)	(10)	(42)	(4)	(1)

* グレート・ブリテンおよび北アイルランドのみ。

・首相：スタンリー・ボールドウィン（1923年5月22日就任）

・総選挙（1923年12月6日）
有権者2130万人：投票率71%：無投票議席数50

	自由党	保守党	労働党	その他
得票率（%）	29.7	38.0	30.7	1.6
議席数	158	258	191	8
(無投票議席数)	(11)	(35)	(3)	(1)

労働党政府（1924 年）

・首相：J・ラムゼイ・マクドナルド（1924 年 1 月 22 日就任）

・総選挙（1924 年 1 月 22 日）
有権者 2170 万人：投票率 77%：無投票議席数 32

	自由党	保守党	労働党	その他
得票率（%）	17.6	48.3	33.0	1.1
議席数	40	419	151	5
(無投票議席数)	(6)	(16)	(9)	(1)

保守党政府（1924～29 年）

・首相：スタンリー・ボールドウィン（1924 年 11 月 4 日就任）

・総選挙（1929 年 5 月 30 日）
有権者 2890 万人：投票率 76%：無投票議席数 7

	自由党	保守党	労働党	その他
得票率（%）	23.6	38.1	37.1	1.2
議席数	59	260	287	8
(無投票議席数)	-	(4)	-	(3)

労働党政府（1929～31 年）

・首相：J・ラムゼイ・マクドナルド（1929 年 6 月 5 日就任）

挙国一致政府（1931～40 年）

・1931 年 8 月 24 日にマクドナルド首相留任のまま発足

・総選挙（1931 年 10 月 27 日）
有権者 3000 万人：投票率 76%：無投票議席数 67

	自由党	挙国一致	労働党	その他
得票率（%）	7.2	60.5	30.8	1.5
議席数	37*	521	52	5
(無投票議席数)	(5)	(56)	(6)	-

* この自由党のうち 33 議席は，挙国一致に含まれる自由党挙国一致派の 35 議席と同様に，挙国一致政府支持者として選出された。1932 年まで独自の立場を堅持したのは自由党のうち（ロイド＝ジョージ派の）4 議席だけ。

・首相：スタンリー・ボールドウィン（1935 年 6 月 7 日就任）

・総選挙（1935 年 11 月 14 日）
有権者 3140 万人：投票率 71%：無投票議席数 40

	自由党	挙国一致	労働党	その他
得票率（%）	6.8	53.3	38.1	1.8
議席数	21	429	154	10
（無投票議席数）	-	(26)	(13)	(1)

・首相：ネヴィル・チェンバレン（1937年5月28日就任）

連立政府（1940〜45年）

・首相：ウィンストン・S・チャーチル（1940年5月10日就任）

保守党政府（1945年）

・「選挙管理」内閣として1945年5月23日にチャーチル首相留任のまま発足

・総選挙（1945年7月5日）
有権者3320万人：投票率73%：無投票議席数3

	自由党	保守党	労働党	その他
得票率（%）	9.0	39.6	48.0	2.4
議席数	12	210	393	25

労働党政府（1945〜51年）

・首相：クレメント・アトリー（1945年7月26日就任）

・総選挙（1950年2月23日）
有権者3440万人：投票率84%：無投票議席数2

	自由党	保守党	労働党	その他
得票率（%）	9.1	43.5	46.1	1.3
議席数	9	298	315	3

・総選挙（1951年10月25日）
有権者3490万人：投票率83%：無投票議席数4

	自由党	保守党	労働党	その他
得票率（%）	2.6	48.0	48.8	0.6
議席数	6	321	295	3

保守党政府（1951〜64年）

・首相：（サー・）ウィンストン・チャーチル（1951年10月26日就任）

・首相：サー・アンソニー・イーデン（1955年4月6日就任）

・総選挙（1955 年 5 月 26 日）
有権者 3490 万人：投票率 77%

	自由党	保守党	労働党	その他
得票率（%）	2.7	49.7	46.4	1.2
議席数	6	345	277	2

・首相：ハロルド・マクミラン（1957 年 1 月 10 日就任）

・総選挙（1959 年 10 月 8 日）
有権者 3540 万人：投票率 79%

	自由党	保守党	労働党	その他
得票率（%）	5.9	49.3	43.9	0.9
議席数	6	365	258	1

・首相：第 14 代ヒューム伯爵／サー・アレック・ダグラス=ヒューム（1963 年 10 月 19 日就任）

・総選挙（1964 年 10 月 15 日）
有権者 3590 万人：投票率 77%

	自由党	保守党	労働党	その他
得票率（%）	11.2	43.4	44.1	1.3
議席数	9	304	317	–

労働党政府（1964～70 年）

・首相：ハロルド・ウィルソン（1964 年 10 月 16 日就任）

・総選挙（1966 年 3 月 31 日）
有権者 3600 万人：投票率 76%

	自由党	保守党	労働党	その他
得票率（%）	8.5	41.9	48.0	1.5
議席数	12	253	364	1

・総選挙（1970 年 6 月 18 日）
有権者 3930 万人：投票率 72%

	自由党	保守党	労働党	その他
得票率（%）	7.5	46.0	43.0	3.2
議席数	6	330	287	6*

＊内訳は，北アイルランドが 4 議席（プロテスタント統一党 1 議席と共和党 3 議席），スコットランド国民党（SNP）が 1 議席，ウェールズ国民党（PC）が 1 議席。

保守党政府（1970〜74 年）

・首相：エドワード・ヒース（1970 年 6 月 19 日就任）

・総選挙（1974 年 2 月 28 日）
有権者 3980 万人：投票率 79%

	自由党	保守党	労働党	SNP/PC	北アイルランド	その他
得票率（%）	19.3	37.9	37.1	2.6	2.3	0.8
議席数	14	297	301	9	12	2

労働党政府（1974〜79 年）

・首相：ハロルド・ウィルソン（1974 年 3 月 4 日就任）

・総選挙（1974 年 10 月 10 日）
有権者 4010 万人：投票率 73%

	自由党	保守党	労働党	SNP/PC	北アイルランド
得票率（%）	18.3	35.8	39.2	3.5	2.4
議席数	13	277	319	14	12

・首相：ジェームズ・キャラハン（1976 年 4 月 5 日就任）

・総選挙（1979 年 5 月 3 日）
有権者 4110 万人：投票率 76%

	自由党	保守党	労働党	SNP/PC	北アイルランド
得票率（%）	13.8	43.9	36.9	2.0	2.2
議席数	11	339	269	4	12

保守党政府（1979〜97 年）

・首相：マーガレット・サッチャー（1979 年 5 月 4 日就任）

・総選挙（1983 年 6 月 9 日）
有権者 4220 万人：投票率 73%

	連合	保守党	労働党	SNP/PC	北アイルランド
得票率（%）	25.4	42.4	27.6	1.5	3.1
議席数	23	397	209	4	17

・総選挙（1987 年 6 月 11 日）
有権者 4320 万人：投票率 75%

	連合	保守党	労働党	SNP/PC	北アイルランド
得票率（%）	22.5	42.3	30.8	1.6	2.2
議席数	22	376	229	6	17

・首相：ジョン・メイジャー（1990 年 11 月 28 日就任）

・総選挙（1992 年 4 月 9 日）
有権者 4330 万人：投票率 78%

	自由民主党	保守党	労働党	SNP/PC	北アイルランド
得票率（%）	17.9	41.9	34.4	2.3	1.7
議席数	20	336	271	7	17

・総選挙（1997 年 5 月 2 日）
有権者 4380 万人：投票率 72%

	自由民主党	保守党	労働党	SNP/PC	北アイルランド	無所属
得票率（%）	16.8	30.7	43.3	2.5	1.8	0.2
議席数	46	165	419	10	18	1

労働党政府（1997 年～）

・首相：トニー・ブレア（1997 年 5 月 2 日就任）

・総選挙（2001 年 6 月 7 日）
有権者 4440 万人：投票率 59%

	自由民主党	保守党	労働党	SNP/PC	北アイルランド	無所属
得票率（%）	18.3	31.7	40.7	2.5	2.8	0.1
議席数	52	166	413	9	18	1*

* 独立キダーミンスター病院と医療問題（Independent Kidderminster Hospital and Health Concern）の 1 議席。